新版 日蓮の思想と生涯

須田晴夫
SUIDA Haruo

鳥影社

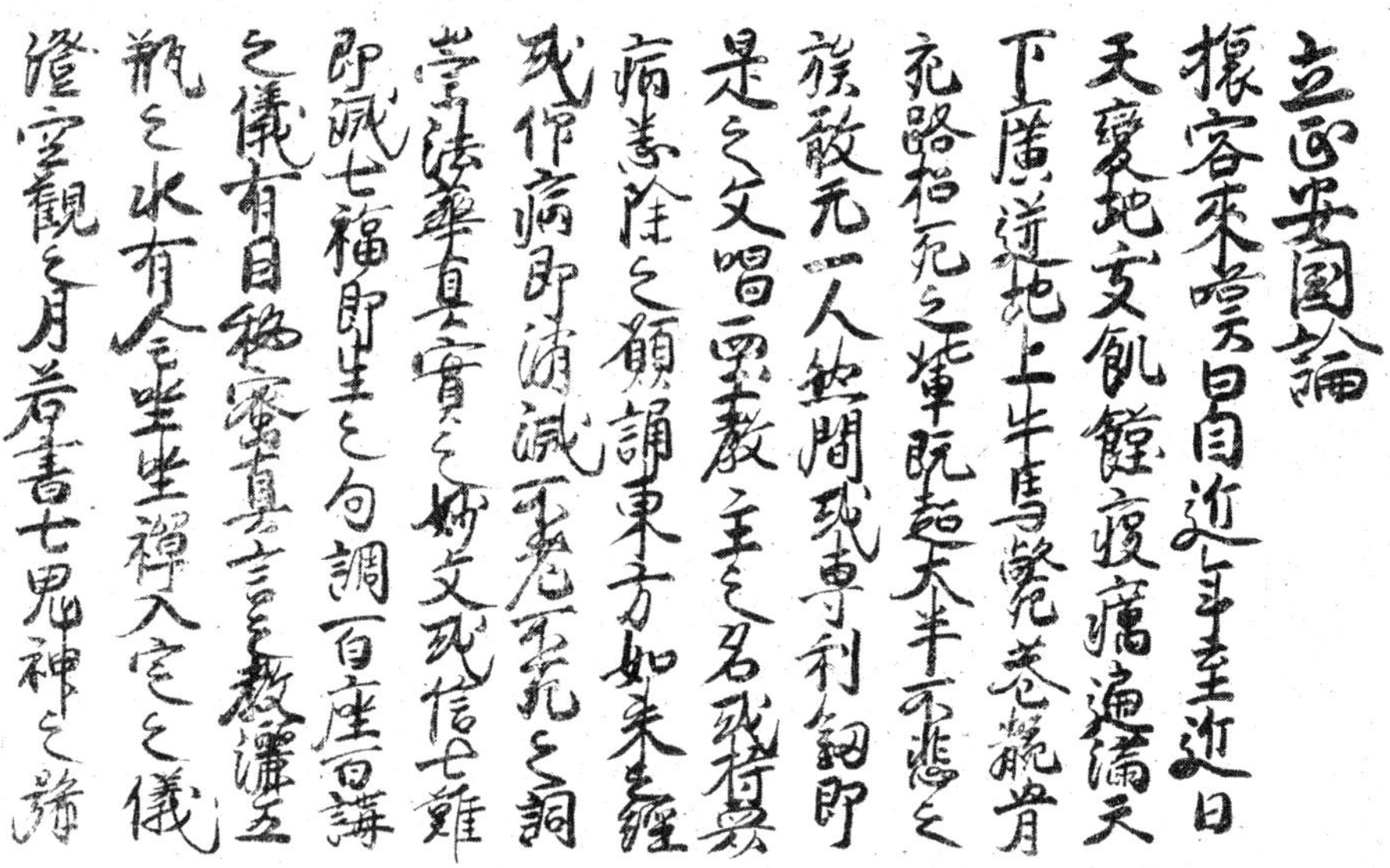

立正安国論
旅客来嘆曰自近年至近日
天変地夭飢饉疫癘遍満天
下広迸地上牛馬斃巷骸骨
充路招死之輩既超大半不悲之
族敢無一人然間或専利剣即
是之文唱西方教主之名或持衆
病悉除之願誦東方如来之経
或仰病即消滅不老不死之詞
崇法華真実之妙文或信七難
即滅七福即生之句調百座百講
之儀有因秘密真言之教灑五
瓶之水有全坐禅入定之儀
澄空観之月若書七鬼神之号

立正安国論（国宝）
中山法華経寺蔵

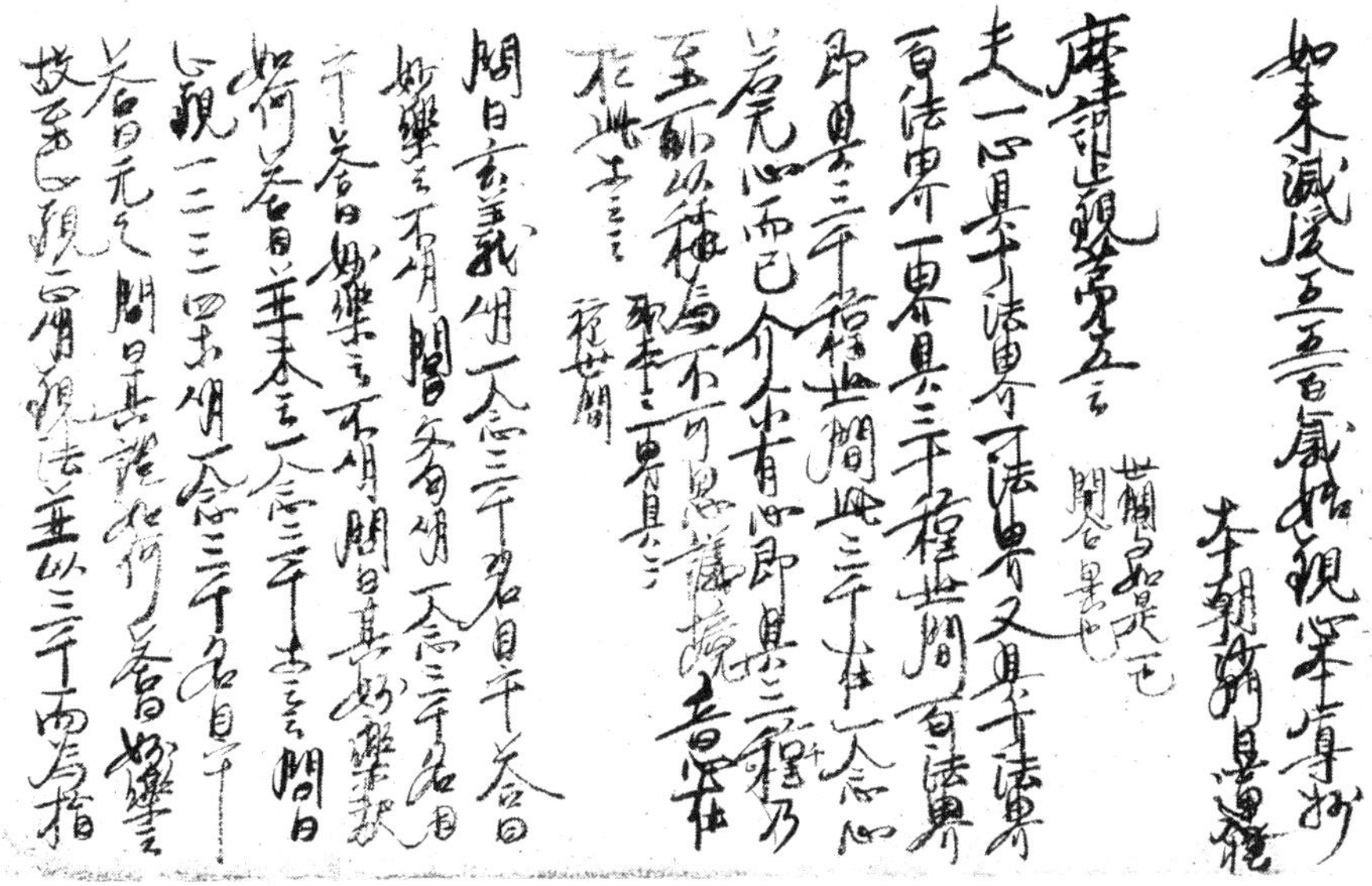

如来滅後五五百歳始観心本尊抄
本朝沙門日蓮撰
摩訶止観第五云 世間与如是一也 開合異也
夫一心具十法界一法界又具十法界
百法界一界具三十種世間百法界
即具三千種世間此三千在一念心
若無心而已介爾有心即具三千 乃至
所以称為不可思議境意在於此
等云云 或本云一界具三種世間
問曰玄義明一念三千名目乎答曰
妙楽云不明 問曰文句明一念三千名目
乎答曰妙楽云不明 問曰其妙楽釈
如何答曰並未云一念三千等云云 問曰
止観一二三四等明一念三千名目乎
答曰無之 問曰其証如何 答曰妙楽云
故至止観正明観法並以三千而為指

観心本尊抄（国宝）
中山法華経寺蔵

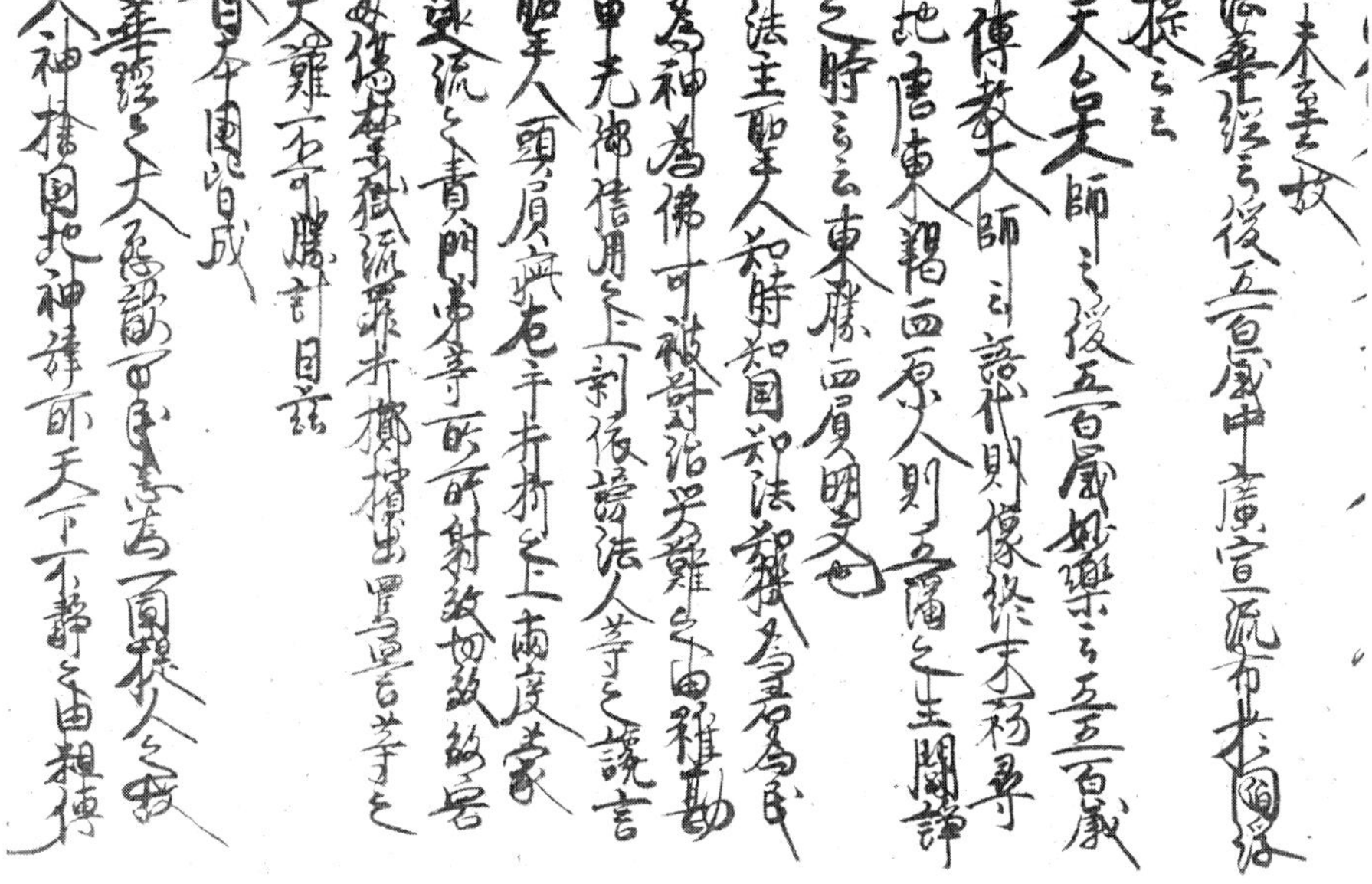

滝泉寺申状
中山法華経寺蔵

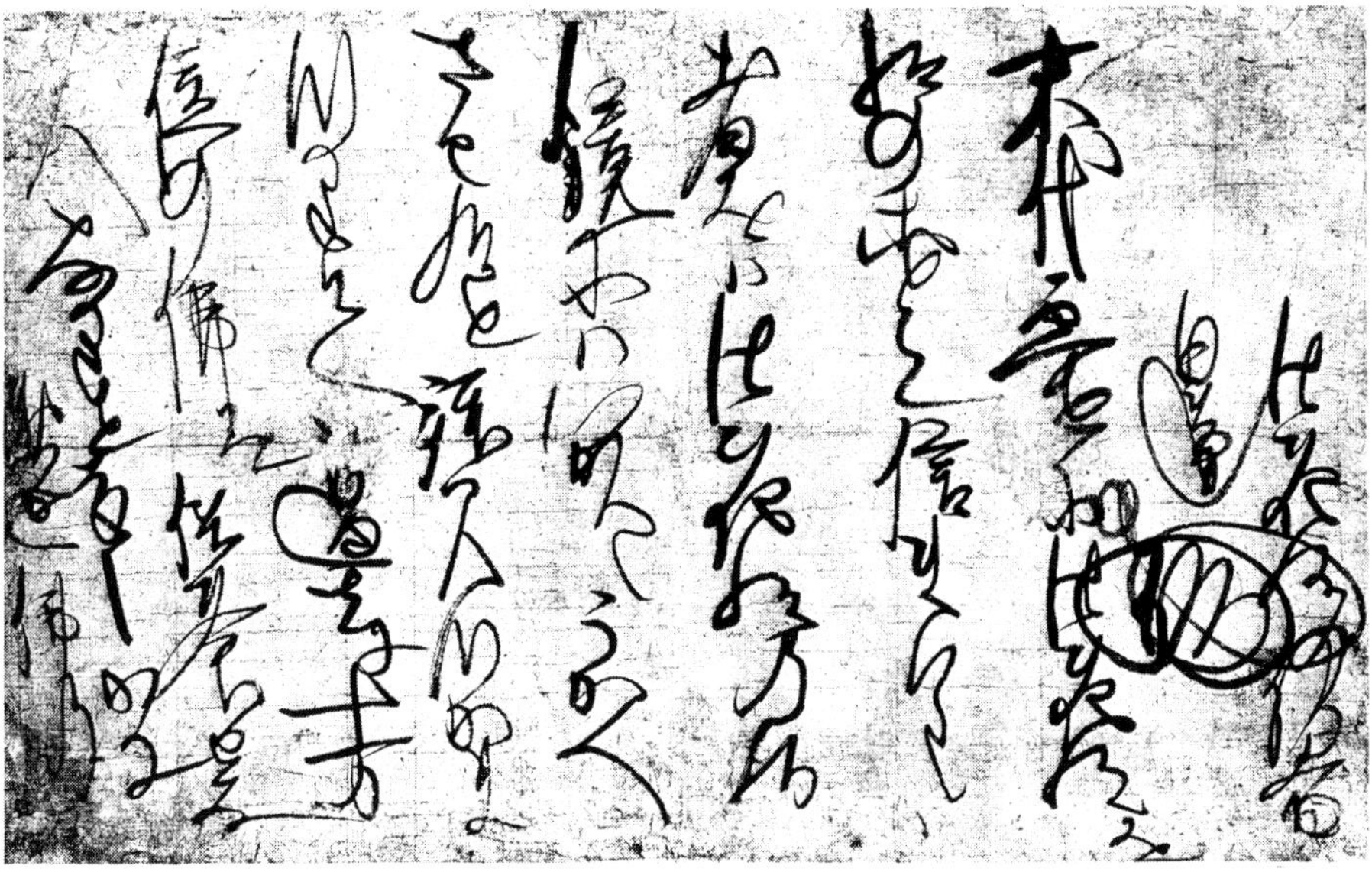

法華証明抄冒頭部分
一乗寺蔵

新版の序

旧版『日蓮の思想と生涯』を上梓したのは二〇一二年九月であった。これは、長期間にわたって少しずつ書きためてきた原稿をまとめたものなので、かなり以前に執筆した内容もあり、今日から見ると不十分であったり改めるべき箇所があることが感じられるようになった。そこで、旧版の記述を基本的には維持しながら、必要と思われる加筆と修正を行ったのが本書『新版　日蓮の思想と生涯』である。

もちろん、この新版においても、日蓮が生きた時代状況を近年の歴史学の知見に照らして掌握することに努めながら、日蓮独自の思想展開の過程を考察して日蓮の全体像に迫ろうとする方針には変わりはない。

日本仏教の伝統教団各宗派は、都市化や少子高齢化などに象徴される日本社会の急激な変動を受けて住職のいない「無住寺」が増加し、「寺院消滅」という言葉が出るほど深刻な状況にある。しかし、その一方で、日蓮の仏教は、創価学会インタナショナル（ＳＧＩ）の運動によって、僧侶主義を超えた市民宗教として地球上のほとんどの国家に信徒を獲得し、いまや日本という枠を大きく超えて世界的な広がりを見せつつある。その根底には、日蓮の思想そのものが持つ普遍性があろう。今日、日蓮の思想と事跡について世界的な関心が寄せられている気配がある。

日蓮の思想と事跡については、これまでも多くの研究が積み重ねられてきたが、これからは世界的な視野のもとに諸学問の知見を踏まえながら、さらに多様な視点から考察していくことが求められよう。

本書が、多くの人にとって、日蓮という人類史的巨峰に近づくための機縁になれば、それに勝る喜びはない。

二〇一六年二月十六日　日蓮生誕の日に

著者　記す

旧版　はじめに

本書は、書名の通り、日蓮の思想展開と生涯の事跡を考察したものである。

まず事跡の面については、法制史的観点も含めて歴史学の近年の知見をできる限り吸収して、日蓮が生きた時代状況を把握することに努めた。もとより、日蓮の事跡に関連することに限ったので、本書で参照できたのは歴史学の成果のほんの一部にとどまる。

日蓮の事跡については、古来、多くの伝承が伝えられている。文献上の根拠がないので、確かな事実とは言えないが、だからといって全て無意味なものばかりではない。文献以外の要素を考察して、その伝承を認めても差し支えないと判断できる場合もある。そこで本書では、今日的な視点から伝承を検証してみた。

思想の面では、いわゆる「十大部」を含めて主要著作を成立順に読み解き、日蓮の思想展開の過程をたどった。中でも「唱法華題目抄」「守護国家論」「立正安国論」「観心《かんじんの》本尊抄《ほんぞんしょう》」「法華取要抄」「曾谷入道殿許御書」「撰時抄」「報恩抄」については各章（ないしは各問答）ごとの内容を考察し、それぞれの御抄の理解に役立てるようにした（「開目抄」については別の方式をとった）。

日蓮が弘めた仏教は、従来の仏教を継承するとともに、それを超克した新しい仏教であった。日蓮の著作を読み解くならば、その思想の射程が現在および未来の人類に及んでいることが理解できよう。

日蓮に限らず、人の体験（行動）と思想は一体不二であり、両者は別々に切り離して捉えられるものではない。その意味で本書は、日蓮の思想展開と行動の軌跡をできる限り有機的・総合的に考察することを目指したものである。本書において、その意図が十分に果たされているとは言えないかもしれないが、少なくともその試みとして了解されたい。

もちろん、本書の内容は全て個人的見解であり、どこまでも私個人の責任に帰するものである。日蓮の全体像の理解のため、本書が少しでも役立てれば幸いである。

二〇一二年七月十六日

著者　記す

目　次

凡例

一、日蓮遺文（御書）の引用は、創価学会版『日蓮大聖人御書全集』（堀日亨編）による。書名を示さずページ数のみ示すものは同書の引用であることを示す。ただし、読み易さを考慮して、句読点を整え、送り仮名を加えるなどした。副詞など漢字を平仮名に改めた箇所もある。また、仮名づかいも現代仮名づかいに改めた。漢文は読み下しにした場合もある。

一、『日蓮大聖人御書全集』に未収録の御書の引用は『昭和定本　日蓮聖人遺文』による。句読点などは前記と同様とした。

一、法華経の引用は、創価学会版『妙法蓮華経並開結』による。読み下し文は改めたものもある。

一、『富士宗学要集』『六巻抄』『日寛上人文段集』『日蓮宗宗学全書』の引用は、御書と同様に句読点・送り仮名などを改めた。

一、御書の題号および仏教用語の読み方については『仏教哲学大辞典　第三版』（創価学会）を参照した。

新版　日蓮の思想と生涯

第一章　生　誕

日蓮は、貞応元《じょうおう》（一二二二）年二月十六日（現在の暦では四月六日）、当時の安房国長狭郡《ながさのこおり》東条郷片海（千葉県鴨川市）の漁村で誕生した（かつて生誕の地は「小湊」とされていたが、御書に見る限り、生誕の地は「片海」と見るべきであろう。「片海」の地名は今日では失われている）。

この点については元弘《げんこう》三（一三三三）年に成立したとされる日蓮の最古の伝記で、その故に伝記資料の中でも比較的信憑性の高い「三師御伝土代《さんしごでんどだい》」（これまで大石寺第四世日道の著とされてきたが、近年、同六世日時の著とする説が出された）に「日蓮聖人は本地これ地涌千界上行菩薩の後身なり。垂迹は則ち安房国長狭の郡東条・片海の郷、海人《あま》の子なり。後の堀河の院の御宇《ぎょう》、貞応元年二月十六日誕生なり」（『富士宗学要集』第五巻一頁）と記されている。

また「片海」の場所については諸説あり、正確には特定できないが、内浦湾《うちうらわん》東岸の地であることは確実である（「片海」の位置については一五六頁の地図③参照）。生家の跡は、今日までの何度かの地震によって水没したと見られている。

1　漁民の出身

出自について日蓮自身は、次のように言うのみで、家系などについては一切述べていない。

「日蓮は安房国、東条・片海の石中《いそなか》の賤民が子なり」（「善無畏三蔵抄」八八三頁）、

「日蓮は日本国・東夷《とうい》・東条・安房国、海辺の旃陀羅《せんだら》が子なり」（「佐渡御勘気抄」八九一頁）

「安房国長狭郡・東条郷・片海の海人が子なり」（「本尊問答抄」三七〇頁）

両親について、父を貫名重忠《ぬきなしげただ》、母を梅菊とする伝承があるが、確証はなく、信用しがたい。この点に関して、近年、富木常忍関連の文書に「ぬきなの御局《おつぼね》」の名を持つ女性が登場することから、日蓮の父親を貫名氏とし、日蓮の生家を「文筆官僚の家」とする説がある（中尾堯『日蓮』）。しかし、この説は先の伝承を検証せずに鵜呑みにしており、「ぬきなの御局」なる女性と日蓮を結びつける根拠もなく、支持しがたい。

日蓮自身が繰り返し「賤民が子」「海人が子」等と述べていることの意味は重い。やはり、日蓮は漁業を生業とする家庭の出身と考えるべきである。

両親は荘園を所有する領家の夫人（領家の尼）から保護

を受けていた。この点は「清澄寺大衆中《せいちょうじたいしゅうちゅう》」に領家の尼について、「日蓮が父母等に恩をかほらせたる人」（八九五頁）とあることからも明らかである。領家の夫人から保護の配慮を受けるということは、両親は最下層の漁民ではなく、漁民をまとめる立場にあったと見られる。

また、「開目抄」に、「これを一言も申し出だすならば、父母・兄弟・師匠に国主の王難必ず来たるべし」（二〇〇頁）とあることから、兄弟もいたようである。

天福元《てんぷく》（一二三三）年春、日蓮は十二歳（数え年。以下、日蓮の年齢については数え年を用いる）の時、修学のため、安房国の有力寺院で、東条郷にある清澄寺《せいちょうじ》に登った。このことから両親は、漁業を生業にしていても、子弟に教育の機会を与えられるだけの余裕を持つ階層にあったものと考えられる（高木豊氏は『日蓮とその門弟』二頁で「荘官《しょうかん》級の出自」と推定している）。

また、「父母の墓を見ずして数年なり」（「妙法比丘尼御返事」一四一三頁）とあるように、両親が墓に葬られていたことも両親がある程度の地位にあったことをうかがわせる。この時代、最底辺の庶民に墓が設けられることは例外的であったからである。

大乗仏教の歴史において、インドや中国でも、指導的立場に立つ僧侶の多くは支配階層の出身であった。一宗を開くほどの人物が庶民の出身であることは希なケースである。日本においても鎌倉仏教を代表する法然、親鸞、栄西、道元らは全て貴族や武家などの支配階層から出ている（親鸞と道元は貴族、法然は武家、栄西は神官の出身）。それに対し、鎌倉仏教の祖師の中で日蓮だけが民衆の出身だった。また出身地も、他の祖師たちが文化の先進地である近畿ないしは西国の出身であるのに対し、日蓮だけが文化的後進地域であった東国の出身であることも注目に値する。

しかも日蓮自身が、「日蓮、今生には貧窮下賤の者と生まれ、旃陀羅が家より出でたり」（「佐渡御書」九五八頁）、「日蓮は中国、都の者にもあらず、辺国の将軍等の子息にもあらず。遠国の者、民が子にて候いしかば」（「中興《なかおき》入道消息」一三三二頁）と民衆の出身であることを誇り高く宣言している。

「旃陀羅」とはサンスクリット語の「チャンダーラ」の音写で、インドではバラモン（司祭者）、クシャトリア（王族）、ヴァイシャ（平民）、シュードラ（奴隷）の四姓のさらに下に置かれ、厳しい差別の対象とされていた不可触賤民を指す。彼等は屠殺や死体処理を業としていた。日本の鎌倉時代の漁民が農業民などと比べて格別に差別されていたのではないが、漁労を生業とする故に漁民を「旃陀羅」と述べたのであろう。

門地・家柄が社会的に大きな意味をもっていた鎌倉時代において――例えば、皇位の継承者も決定するほど実質的な権力を持っていた北条氏でも、形式的には皇族や貴族の将軍を戴いて将軍に仕える立場を取らざるを得なかったのは、伊豆の在庁官人（諸国の国衙《こくが》で実務に従事した地方役人）一族に過ぎないという門地の制約を超えることができなかったからである――民衆の出身であることを宣言したところに、既成の社会的権威を超越して人間の実質を重んじた日蓮の、時代を超越した普遍的な人間観をうかがうことができる。また、そこに日蓮の宗教の民衆性が表れているといえよう。

日蓮は「東国」の庶民の出身であることにいささかの劣等感も持っていなかった。例えば、弟子の三位房《さんみぼう》が京都遊学中に貴族に招かれて説法したことを「面目を施した」と述べたのに対し、日蓮は「日蓮を賤しんで言うのか」と厳しく戒め、京なめりの言葉など使うのではなく「田舎言葉」であるべきであると教訓している（「法門申さるべき様の事」一二六八頁）。

日蓮が両親をはじめとする漁民の中で成長したことは日蓮の人間形成の上で重要な意味をもったと考えられる。生地があった内浦湾東岸の地形は海の近くまで山が迫っていて農地は極めて少なく、漁労の他に生計の道がほとんど見出しにくい環境である（「片海」という地名は、一方が崖で、海が他の一方に開けている地形を物語っている）。

当時の船は丸太を刳《く》りぬいて作った原始的な「刳り船」が基本であり（豊田武・児玉幸多編『交通史』八一頁）、航法は陸を見ながら進む「地乗り航法」、動力は櫓走《ろそう》が主で、「帆走は順風時に行なう程度でしかなかった」（同書九三頁）。そのような小規模な船による漁業では気象の急変などによって人命が失われることも少なくなかった。「船体は刳船であるために幅に限度があり（横幅は二㍍前後）、〈中略〉波が高く潮流の速い海域では、船体の構造から転覆の恐れもあり、いちじるしく危険であった」（新井孝重『蒙古襲来』八七頁）。奈良時代には遣唐使船など、竜骨《りゅうこつ》と隔壁を持つ中国渡来系の構造船があったが、律令国家の解体とともに構造船を造る技術も組織も失われてしまった（同書九三頁）。

実際に中世において海難事故は頻繁であった。この点について、先の『交通史』は次のように述べている。

「建久年間（一一九〇年～九八年）、東大寺の俊乗坊重源《しゅんじょうぼうちょうげん》が、摂津大輪田泊《おおわだのとまり》を修築したのは、当時、同港において公私の船舶十中八、九が漂没し、多数の人命が喪失するためであった（摂津国古文書）。また筑前宗像《ちくぜんむなかた》神社が、平安中ごろより中世を通じ数百年間、本社・末社合わせて七十余社の修理用途を、すべて近くの葦屋津《あしやのつ》・新宮浜に打ち上げられる難破船の漂着物をもって充当し、しかもその年収は優に田地四〇町歩の収益高を越す尨大《ぼうだい》なものであったが、この一事は、当時北九州の海難の日常性を示すに十分であろう（宗

像神社文書」（『交通史』五三頁）

これは北九州についての記述であるが、海難の状況は安房においてもそれほど相違はなかったと思われる。

日蓮は十二歳の年に東条郷にある清澄寺に登り、初等教育の学習を開始したが、次の文にうかがえるように、その頃すでに日蓮の脳裏には生死の問題があった。

「日蓮、幼少の時より仏法を学び候いしが、念願すらく人の寿命は無常なり。出ずる気《いき》は入る気を待つことなし。風の前の露、なお譬えにあらず。かしこきもはかなきも、老いたるも若きも、定め無き習いなり。されば、まず臨終の事を習うて後に他事を習うべしと思いて、一代聖教の論師・人師の書釈あらあらかんがえあつめてこれを明鏡として、一切の諸人の死する時と並びに臨終の後とに引き向かえてみ候えば、すこしもくもりなし」（「妙法尼御前御返事」一四〇四頁）

少年期にこのような問題意識が生まれる背景には、成長の段階ですでに死が身近な事柄であったということが考えられる。死と隣り合わせの厳しい生活をしていた漁民の中で成長した日蓮は、幼少の時から、死の問題の解決なくして人間の根本的な救済はありえないことを自覚していたのであろう。

また、日蓮生誕の貞応元（一二二二）年は、鎌倉幕府が朝廷勢力を破って実質的な全国支配を確立した承久《じょうきゅう》の乱の翌年に当たる。幕府の勝利によって幕府が配置した地頭の勢力は拡大し、全国的に荘園領主（領家）と地頭との確執は従来以上に激化した。東条郷においてもその影響はあったと推測される。後に東条郷の地頭東条景信《とうじょうかげのぶ》が清澄寺と二《ふた》間寺《まじ》を支配下に置こうと図り、領家を圧迫した抗争事件が起きたが、その背景には荘園領主勢力に対して武家勢力が強まっていく時代の潮流があった。

片海の漁民たちは、武家勢力の台頭という時代状況のもと、零細漁業によって生活していた。両親をはじめとする庶民の生活の中で成長した日蓮は、自然のうちに民衆に対する愛情・共感を育んでいったと思われる。後年、門下との交流の中で示される深い民衆愛は、日蓮の成長過程の中で生まれたと考えられる。日蓮の仏法がもつ民衆性は、日蓮が人格形成をした東国の漁村という社会的・自然的環境にその基盤があるといえよう。

2　伊勢神宮の御厨

ところで、東条郷には天照太神を祭神とする伊勢神宮外《げ》宮《くう》の御厨《みくりや》（皇室や貴族、神社の所領）があった。鎌倉幕府を開いた源頼朝（一一四七〜一一九九）が、元暦《げんりゃく》元（一一八四）年、安房国東条郷を伊勢神宮の御厨として寄進したのである（『吾妻鏡』元暦元年五月三日条）。

東条御厨は合併以前の旧鴨川市東部から旧天津小湊町の地域にあったと推定されている（『日本歴史地名大系12　千葉県の地名』一一六二頁）。また伊勢神宮の領地一覧表である「神鳳鈔《じんぽうしょう》」によれば、日蓮が誕生した旧天津小湊町の地域には東条御厨の一部である白浜御厨があった。そこから考えると、日蓮誕生の地である片海は白浜御厨の中にあった可能性がある。

一般に中世において、神社の御厨と漁民の関係は深い。「神社の場合、魚類は神に供える贄《にえ》、祭に当っての供祭物として必要なものであった」（豊田武編『産業史Ⅰ』三八一頁）からである。そこで「全国にひろがる神社の多くは、その経済体系の中に、漁業生産物を入手するための道を積極的に用意した」（同書同頁）。そこから、荘官クラスの地位にあったと推定される日蓮の両親は、御厨に魚介類や海藻などを貢進する供御人《くごにん》かそれに近い存在であったとも考えられる。その点については今後の研究を待ちたい。

日蓮は、郷里の東条郷に日本の氏神である天照太神の御厨があることをもって東条郷を日本の中心であるとしていた。

領家の新尼《にいあま》に与えられた「新尼御前御返事」には、次のように述べられている。

「しかるを安房国東条郷は辺国なれども日本国の中心のごとし。その故は天照太神、跡を垂れ給えり。昔は伊勢国に跡を垂れさせ給いてこそありしかども、国王は八幡・加茂等を御帰依深くありて、天照太神の御帰依浅かりしかば、太神瞋《いか》りおぼせし時、源右将軍と申せし人、御起請文をもってあおか（会加）の小大夫に仰せつけて頂戴し、伊勢の外宮にしのびおさめしかば、太神の御心に叶わせ給いけるかの故に日本を手ににぎる将軍となり給いぬ。この人、東条の郡を天照太神の御栖《おんすみか》と定めさせ給う。されば、この太神は伊勢国にはおわしまさず、安房国東条の郡にすませ給うか」（九〇六頁）

また「聖人御難事」にも、「安房国長狭郡の内、東条郷、今は郡なり。天照太神の御くりや、右大将家（源頼朝のこと――引用者）の立て始め給いし日本第二のみくりや、今は日本第一なり」（一一八九頁）と述べられている。

いずれにしても日蓮は、源頼朝が東条郷に天照太神の御厨を寄進したことを意義深いこととし、その故に東条郷には日本国の中心の意義があるとしていた。

その理由として日蓮が挙げているのは天照太神の御厨があるということであるが、諸天善神が住むのは正法の行者の頂であるという論理からすれば、法華経の行者である日蓮を離れて天照太神もないことになるから、日蓮が東条郷を日本の中心地とする真の理由は、日蓮が誕生した地であるということころに帰する。

また、日蓮の御書には両親をはじめとして故郷を深く懐かしむ記述が多く見られる。例えば「新尼御前御返事」には故郷から届けられた「あまのり」に寄せて、次のような感慨が述べられている。

「古郷《ふるさと》のこと、はるかに思いわすれて候いつるに、今このあまのりを見候いて、よしなき心おもいいでて、う(憂)くつらし。かたうみ(片海)・いちかわ(市河)・こみなと(小湊)の磯のほとりにて昔見しあまのりなり。色形あじわいもかわらず。など我が父母かわらせ給いけんと、かたちがえ(方違)なるうらめしさ、なみだおさえがたし」(九〇四頁)

日蓮にとって、故郷は常に懐かしく、慕わしいところであった。ここに、幼年時代において、日蓮が両親の愛情を受けて極めて健全な人格形成をしたことがうかがわれるのである。

第二章 修学と得度

「本尊問答抄」に、「生年十二、同じき郷の内、清澄寺《せいちょうじ》と申す山にまかり登り住しき」(三七〇頁)とあるように、日蓮は十二歳の時、安房国の有力寺院である清澄寺に登り、修学を開始した。当時、地域の子弟が寺院に登って初等教育を受けることは一般的なことであった。日蓮の両親は将来を嘱望する子供に初等教育を受けさせるだけの資力があったと推測できる(あるいは領家の援助があった可能性もある)。ただし、この時の清澄寺入山は必ずしも出家を前提としていたものではない。

清澄寺は宝亀《ほうき》二(七七一)年、無名の法師が虚空蔵菩薩《こくうぞうぼさつ》像を刻んで小堂を営んだのが始まりとされ、一時中絶したのを承和《じょうわ》年間(八三四~八四八)に慈覚大師円仁《えんにん》が再興し、天台宗に改めたと伝えられる。承久《じょうきゅう》年間(一二一九~一二二二)には源頼朝の妻北条政子の発願で千日講御願が行われ、宝塔の造立や大蔵経の納経もあったと伝えられる(『法華霊場縁起集』)。日蓮が入山した当時、北条執権家の帰依を得て繁栄していたと見られる。また、清澄寺は東条郷の中の「東北荘」と呼ばれるところにあった(日蓮が遊学前に書写した「授決円多羅義集唐決上《じゅけつえんたらぎしゅうとうけつ》」の奥書による）。

清澄寺は天台宗の寺院であったが、真言密教で信仰される虚空蔵菩薩像を本尊としていたことが示すように、当時の天台寺院の通例として、本来の天台仏教に加えて真言密教や念仏信仰が広く行われていた。その念仏信仰は専修念仏ではなく、他の修行との併存を認める信仰である。

清澄寺で日蓮の師匠となったのは道善房《どうぜんぼう》であった。道善房の清澄寺における地位は不明であるが、「報恩抄」に、「円智・実成が上と下とに居ておどせしをあながちにおそれて」（三二三頁）とあるので、道善房《どうぜんぼう》の上に円智房という僧侶がいたと考えられ、そこから道善房は清澄寺の最高責任者（別当）ではなかったと推定できる。

また、入門時に日蓮に学問の手ほどきをしたのは浄顕房・義浄房という二人の先輩僧侶であった。このことは「報恩抄」に、「各々二人は日蓮が幼少の師匠にておわします」（三二四頁）とあることから明らかである。

入門当時の幼名は、日興門流の伝承を記した「産湯相承《うぶゆそうじょう》事《こと》」に、「予が童名をば善日」（八七九頁）とあり、「善日麿《ぜんにちまろ》」と伝承されている。ただし、「善日」という言葉は仏教的なので、善日麿の幼名は清澄寺に登った以後の名称であった可能性もあろう。

入門当時の状況について「破良観等御書《はりょうかんとうごしょ》」には、「予はかつしろしめされて候がごとく、幼少の時より学文に心をかけし上、大虚空蔵菩薩の御宝前に願《がん》を立て、日本第一の智者となし給え。十二のとしよりこの願を立つ。その所願に子細あり。今くわしくのせがたし。その後、まず浄土宗・禅宗をきく」（一二九二頁）と述べられている。

すなわち、清澄寺に登る以前から学問を志向していた善日麿は、入門の時、清澄寺の本尊である虚空蔵菩薩に「日本第一の智者となし給え」という「願」を立てた。それは、「その所願に子細あり」とあるように、既に深い問題意識があったからである。少年時代の日蓮は真理を探求する強い意志と決意をもって清澄寺に登ったのであった。

清澄寺に登った当時、善日麿が抱いた問題意識とは、一つには、誕生の前年に起きた承久の乱で、後鳥羽《ごとば》上皇を中心とする朝廷方が真言密教のさまざまな秘法を用いて幕府の調伏を祈ったにもかかわらず、臣下である鎌倉幕府方に惨敗したのは何故か、というものであった。

この点については「神国王御書《しんこくおうごしょ》」に、「日蓮このこと（承久の乱で朝廷方が敗北したこと——引用者）を疑いしゆえに、幼少の比《ころ》より随分に顕密二道並びに諸宗の一切の経をあるいは人にならい、あるいは我と開見し、勘《かんが》え見て候えば、故の候いけるぞ。我が面《おもて》を見ることは明鏡によるべし。国土の盛衰を計ることは仏鏡にはすぐべからず」（一五二一頁）と記されている。

後鳥羽上皇を中心とする朝廷方は幕府から見れば主人の

立場にあり、しかも当時における最高度の祈禱を行った。それに対して家臣の立場である幕府方は、さほどの祈禱もすることもなかった。朝廷の権威を重視し、また祈禱に兵力と同様の現実的な力があると考えていた中世の観念からすれば、朝廷方が勝利を収めて当然と考えられたが、実際には幕府方の勝利で終わった。当時の既成観念を覆す事態がなぜ起きたのか、少年時代から日蓮はこの問題について思索してきたのである。

承久の乱は、鎌倉幕府が支配権力を東国のみならず日本全体に確立する契機になった政治上の大事件であった。いずれにしても、日蓮が少年時代から社会情勢について強い関心をもっていたことがうかがえる。後に日蓮は、承久の乱における朝廷方の敗北について、真言密教が邪教であることを示す現証として繰り返し指摘している。

また第二の問題意識は、なぜ仏教の内部にいくつもの宗派が分立し、それぞれの宗派が争っているのか、というものであった。

この点については「報恩抄」に次のように述べられている。

「何《いず》れの経にてもおわせ、一経こそ一切経の大王にてはおわすらめ。しかるに、十宗七宗まで各々諍論して随わず。国に七人・十人の大王ありて万民おだやかならじ。いかんがせんと疑うところに一つの願を立つ。我、八宗十宗に随わじ。天台大師の専ら経文を師として一代の勝劣をかんがえしがごとく、一切経を開きみるに、涅槃経と申す経に云わく『法に依って人に依らざれ』等云々。依法と申すは一切経、不依人と申すは仏を除き奉りて外《ほか》の普賢菩薩・文殊師利菩薩、乃至、上にあぐるところの諸の人師なり。この経にまた云わく『了義経に依って不了義経に依らざれ』等云々」(二九四頁)

「一経こそ一切経の大王にてはおわすらめ」という認識は、日蓮がこの時期において既に「仏教であれば宗派は何でもよい」という「融和主義」を退けていたことを示している。

ここで「我、八宗十宗に随わじ」とあるように、日蓮は既存の宗派の論理に盲従せず、涅槃経に示された「法に依って人に依らざれ」「了義経に依って不了義経に依らざれ」の原理に随い、あくまでも「経文を師として」主体的に思索していった。さまざまな宗派を開いた人師・論師ではなく、仏説(経典)そのものを基準にすることによって、仏が到達した真理に接近しようとしたのである。

この姿勢は、後に鎌倉・叡山などへ遊学してからも変わることはなかった。それは遊学後のことを述べた「破良観等御書」に、「いずれも仏説に証拠分明に道理現前ならんを用ゆべし。論師・訳者・人師等にはよるべからず。専ら経文を詮とせん」(一二九三頁)と明確に述べられている。さらに、経典の中に了義経と不了義経の区別を見極めようとする「経典批判」の姿勢をもそこにうかがうことができる。

第三の問題意識は、念仏の行者の臨終が狂乱の姿であることが多いのは何故か、というものであった。

この点については弘安元（一二七八）年成立とされる「妙法比丘尼御返事」に「皆人の願わせ給うことなれば、阿弥陀仏をたのみ奉り、幼少より名号を唱え候いしほどに、いささかのことありて、このことを疑いし故に一つの願をおこす」（一四〇七頁）と記されている。

ここで「いささかのことありて」とは念仏行者の臨終の狂乱を指すと思われる。日蓮は「当世念仏者無間地獄《とうせいねんぶつしゃむけんじごく》事《じ》」に、「十悪五逆を作らざる当世の念仏の上人達、並びに大檀那等の臨終の悪瘡等の諸の悪重病、並びに臨終の狂乱は意を得ざることなり。（中略）念仏宗の長者たる善慧《ぜんね》・隆観《りゅうかん》・聖光《しょうこう》・薩生《さっしょう》・南無・真光等、皆悪瘡等の重病を受けて臨終に狂乱して死するの由《よし》、これを聞き、またこれを知る」（一〇五頁）と述べている。

清澄寺では念仏信仰も行われていたので、日蓮も少年期には浄土教を行じていた。先の「破良観等御書」に「その後、まず浄土宗・禅宗をきく」とあるのは、その事情を物語っている。日蓮は、念仏や禅宗を学ぶ中で念仏行者の悲惨な臨終を知って、念仏信仰に対する疑念を抱いたと考えられる。そこで、なぜこのような事態が起きるのか、思索を続けたのである。

この三つの問題意識が全て十二歳の入門時点で既に存在していたと言うことはできない。特に第三の問題意識は入門後、念仏を行ずる過程で生じたものと考えられる。

清澄寺は、「遠国なるうえ、寺とはなづけて候えども修学の人なし」（三七〇頁）という状況で、先の疑問に答えを示しうる学匠もいなかった。そこで善日麿は自身で経典に取り組み、経典を基準にしつつ主体的な思索を続けた。

そして十六歳の時、道善房を師匠として正式に得度し、是聖房蓮長《ぜしょうぼうれんちょう》と名乗ったと伝えられる。このことは「妙法比丘尼御返事」に、「十二・十六の年より三十二に至るまで」（一四〇七頁）とあることが根拠となる。十二は入門、三十二は立宗宣言の年であるから、十六は出家・得度の年と考えられるからである。また「是聖房」の名については「産湯相承事」に、「予が童名をば善日、仮名は是生、実名は即ち日蓮なり」（八七九頁）とあり、また十七歳の時に日蓮が書写し、真筆が現存する「授決円多羅義集唐決上《じゅけつえんたらぎしゅうとうけつ》」に「是聖房」の直筆署名がある。

「蓮長」の名は二十一歳の時の著述とされる「戒体即身成仏義」に見えるが、同抄は偽書の疑いもあるので「蓮長」の名は確定的なものとはいえない。

いうまでもなく出家・得度とは、世俗の栄誉栄達の道を放棄して、全ての人生を真理への求道と民衆救済の実践に捧げることを意味する。文字通りの出家として、両親・家族との生活もなげうつことになる。十二歳の時から仏教を基盤に学問を続けてきた善日麿にとっても、得度が重大な人生の決断であったことは当然であろう。

得度を決意した動機については、次のような文からうかがうことができる。

「日蓮、幼少の時より仏法を学び候いしが、念願すらく人の寿命は無常なり。出ずる気《いき》は入る気を待つことなし。風の前の露、なお譬えにあらず。かしこきもはかなきも、老いたるも若きも、定め無き習いなり。されば、まず臨終の事を習うて後に他事を習うべしと思いて、一代聖教の論師・人師の書釈あらあらかんがえあつめてこれを明鏡として、一切の諸人の死する時と並びに臨終の後とに引き向かえてみ候えば、すこしもくもりなし」（「妙法尼御前御返事」一四〇四頁）

「この度いかにもして仏種をもうえ、生死を離るる身とならんと思いて候いしほどに」（「妙法比丘尼御返事」一四〇七頁）

「いかにいわうや仏教をならわん者、父母・師匠・国恩をわするべしや。この大恩をほうぜんには必ず仏法をならいきわめ、智者とならで叶うべきか。（中略）仏法を習い極めんとおもわば、いとまあらずば叶うべからず。いとまあらんとおもわば、父母・師匠・国主等に随いては叶うべからず。是非につけて出離の道をわきまえざらんほどは、父母・師匠等の心に随うべからず」（「報恩抄」二九三頁）

これらの文から、日蓮は幼少の頃より人間の生死という根本問題の解決を求め、その答えを得ることによって人々を利益《りやく》しようとしていたことが分かる。少年時代より、既に深い宗教性を持つ人格が形成されていたといえよう。日蓮が得度に踏み切った背景には、生命と宇宙を貫く根本真理を把握することによって人々を救おうとする明確な意志が働いていたのである。

第三章　悟りと遊学

1　根底の真理を覚知

十六歳の時、正式に得度した日蓮は、以前にも増して真剣な求道を続けた。疑問に答えてくれる師匠もなく、ひたすら経典等の文献を頼りに主体的な思索を重ねていた日蓮は、真理を求めて清澄寺の本尊である虚空蔵菩薩像に強く祈願した。

思索と祈りに貫かれた激しい求道は、遂にある日、重大な宗教体験をもたらすこととなった。

この体験について、御書には次のように述べられている。

「生身の虚空蔵菩薩より大智慧を給わりしことありき。『日本第一の智者となし給え』と申せしことを不便《ふびん》とや思《おぼ》しめしけん、明星の如くなる大宝珠を給びて右の袖にうけとり候いし故に、一切経を見候いしかば、八宗並びに一切経の勝劣ほぼこれを知りぬ」（「清澄寺大衆中」八九三頁）

「幼少の時より虚空蔵菩薩に願を立てて云わく『日本第一の智者となし給え』と云々。虚空蔵菩薩、眼前に高僧とならせ給いて、明星の如くなる智慧の宝珠を授けさせ給いき。そのしるしにや、日本国の八宗並びに禅宗・念仏宗等の大綱、ほぼ伺い侍りぬ」（「善無畏三蔵抄」八八八頁）

この宗教体験の意義をどのように捉えるかが重要な問題となる。いずれにしても、この体験によって日蓮は、各宗派や一切経の勝劣を明瞭に把握できる境地に到達したと述べている。

各宗派や一切経の勝劣を知るとは、その判断の基準となる根底の真理を得たことを意味している。つまり、日蓮はこの時、宇宙根源の法すなわち妙法そのものを覚知したと考えられる。この点について戸田城聖創価学会第二代会長は「われらが御本仏日蓮大聖人は、御年十六歳にして人類救済の大願に目覚められ、かつまた宇宙の哲理をお悟りあそばされて」（『戸田城聖全集』第三巻二九二頁、昭和三十二年の年頭の言葉）として、日蓮は十六歳の時に「宇宙の哲理」を悟ったとの認識を述べている。

日蓮に悟りをもたらした虚空蔵菩薩は清澄寺でまつっていた真言密教の本尊ではなく、日蓮己心《こしん》の虚空蔵菩薩というべきであろう。虚空蔵とは文字通り大宇宙を意味する。大宇宙を貫く智慧の人格的表現が虚空蔵菩薩であるからである。

日蓮自身の内部において、このとき根源の妙法が把握されたというべきであろう。そこで次に、その悟りを経典の上から確認し、諸宗の教義を検証する作業に移ったと考えられる。しかし、仏教の奥底まで研究することは地方寺院の清澄寺では不可能であった。そこで日蓮は、鎌倉・京都・叡山などへの遊学に踏み切ることとなった。

　諸宗の教義の検証としては、たとえば念仏宗については「南条兵衛七郎殿御書」に、「法然・善導等がかきおきて候ほどの法門は、日蓮らは十七八の時よりしりて候いき」（一四九八頁）と述べられている。日蓮は十七、八歳の頃には法然に始まる専修念仏の教義についてすでに検討していたと思われる。

なお、遊学を記した文には次のようなものがある。

「鎌倉・京・叡山・園城寺《おんじょうじ》・高野《こうや》・天王寺等の国々寺々、あらあら習い回り候いしほどに」（「妙法比丘尼御返事」一四〇七頁）

「その後、叡山・園城・高野・京中・田舎等、処々に修行して自他宗の法門をならいしかども」（「破良観等御書」一二九三頁）

　日蓮の遊学について確かな事跡は文献上では確認できない。江戸時代に成立した『本化別頭仏祖統紀《ほんげべつずぶっそとうき》』（一七三〇年成立、六牙院日潮著）、『法華霊場記』（一六八六年成立、豊臣義俊著）が次のように日蓮の遊学について述べているが、根拠は明らかでなく、確証はない。しかし江戸時代に、遊学中の事跡について、以下に示されている伝承があった事実は認識しておく必要がある。

一二四一年　二十歳　鶴岡《つるがおか》八幡で大蔵経を閲覧
一二四二年　二十一歳　比叡山に遊学
一二四五年　二十四歳　比叡山の横川《よかわ》定光院に住す
一二四六年　二十五歳　園城寺と奈良の諸寺に遊学
　　　　　　京都の泉涌寺《せんにゅうじ》に蘭渓道隆《らんけいどうりゅう》を訪ねる
　　　　　　藤原為家《ふじわらのためいえ》に歌道と書道を学ぶ
一二四八年　二十七歳　高野山、園城寺、東寺、仁和寺《にんなじ》に遊学
一二四九年　二十八歳　比叡山に帰り、定光院に住す
一二五〇年　二十九歳　大阪の四天王寺に学ぶ
一二五二年　三十一歳　比叡山を出て園城寺に学ぶ（法華霊場記）

　この中で日蓮が比叡山の横川定光院に住したことは比叡山でも認めており、ほぼ間違いない事実であろう。清澄寺が天台宗の中でも横川系であったとされていることから、その関係で横川が叡山留学の拠点になったと考えられる。

　日蓮の遊学は鎌倉・京都・奈良・大阪・高野山・三井《みい》（園城寺）などの各地に及んだと伝えられるが、その中心は比

叡山延暦寺であった。この叡山での遊学がどのようなものであったか、確定した記録はないが、御書の記述などからある程度のことは推定できる。

一つには、日蓮が比叡山で「阿闍梨《あじゃり》」の称号を得ていたことである。それは、後に鎌倉で他宗の僧侶から「日蓮阿闍梨」と呼ばれていたことが根拠となりうる。

他宗の僧が日蓮を「日蓮阿闍梨」と呼んでいた例としては、極楽寺良観《りょうかん》の配下にいた念仏僧行敏《ぎょうびん》からの「難状」に「日蓮阿闍梨御房」（一七九頁）とあり、また「十住毘婆沙《じゅうじゅうびばしゃ》論尋出御書《ろんじんしゅつごしょ》」に同じく「日蓮阿闍梨御房」（一二八八頁）と記されている。

また、日蓮滅後七年にあたる正応元年（一二八八年）、日興は身延離山を前にして波木井実長《はきいさねなが》の一族に「原殿御返事」を与えたが、そこでも日蓮について「日蓮阿闍梨」と述べている（編年体御書一七三二頁）。

このように日蓮は、内外ともに「阿闍梨」号を持つ僧侶として認識されていた。

当時の比叡山における「阿闍梨」号の意義についてはさらに考察していく必要があるが、梵語「アーチャーリヤ」の音写である阿闍梨は、尊者・教授・正行などと訳されることからもうかがえるように、一定の学識を積んで他を教授できる立場にある僧の呼称である。要するに三十二歳で遊学を終了した時点において、日蓮は既に他を教授しうる資格をもつ学僧として比叡山で認知されていたことが推定できる。

もう一つは、日蓮が比叡山において迹門戒《しゃくもんかい》を受けていたと考えられることである。この点は先の「阿闍梨」号に比べて明確な根拠に欠けるが、以下の諸点から推論できる。

理由の一つは日蓮が阿闍梨号を持っていたことである。叡山において迹門戒を受けることは一人前の正式な僧侶として出発することを意味する儀式であり、阿闍梨号を持つほどの僧侶が出家の前提である戒を受けていないことは不自然である。

「富士《ふじ》一跡門徒《いっせきもんと》存知《ぞんち》の事」に、「五人一同に云わく、聖人の法門は天台宗なり、よって比叡山に於いて出家受戒し畢わんぬ」（一六〇二頁）とあり、日蓮の滅後、日興と決別したいわゆる五老僧は、日蓮が比叡山において出家受戒したと認識していたことが分かる。五老僧は、その認識を「聖人の法門は天台宗なり」と主張する理由とした。もちろん、その法門上の主張は不当であるが、五老僧たちが日蓮が叡山で受戒していたとの認識に立っていたことは確かであろう。また日興も、日蓮の叡山受戒という点については特に反対していない。これらの点も日蓮が比叡山で受戒していたことをうかがわせる。

2　遊学時代の叡山の概要

日蓮が遊学した当時の比叡山延暦寺は、いわゆる旧仏教の頂点として絶大な権威と勢力を誇っていたが、平安時代後期から皇族・貴族の子弟が山内の要職を独占するなど、世俗の身分が教団内部に決定的な影響を持つようになっていた。叡山で出家することは、貴族の子弟らが社会的な地位と勢力を獲得するための手段と化していたのである。当時の天台宗の状況についていては「東密と共々専ら加持祈禱をのみこれ事とし、ただ形式故実を尊ぶにいたり、また僧風堕落し、特に悪僧一味の跋扈《ばっこ》をきたして、真の宗教的生命を失墜せる」（硲慈弘《はざまじこう》『天台宗史概説』一七〇頁）と評されている。

比叡山の歴史でいえば、日蓮が遊学した時期は『愚管抄』で有名な慈円《じえん》（一一五五～一二二五）が四回にわたって天台座主に就いた時期からほぼ二十年後に当たっている。慈円は摂政・関白であった藤原忠通《ふじわらのただみち》の子で、四回にわたって座主の就任と退任を繰り返したのも兄である九条兼実《くじょうかねざね》の政治的消長によるものであった。このように天台座主の地位も世俗の政治状況を反映していたのである。慈円は勧学講を起こすなど仏教の興隆に努めたが、そこには天台宗の荒廃に対する深い危機意識があったとされる。

当時の叡山では密教による加持祈禱や念仏信仰が盛んに行われていたが、天台宗本来の法華経を中心とする学問に真摯に取り組んでいた学僧も少なくなかった。

当時の叡山の天台教学には二つの流れがあった。一つは宝地房証真《ほうちぼうしょうしん》の『法華三大部私記』に見られるような、教相を重視する文献実証的な学問である。慈円の起こした勧学講もこの流れにあるものであった。もう一つは教相よりも観心を重視する、いわゆる天台本覚思想（中古天台）である（高木豊『日蓮――その思想と行動』旧版三七頁）。日蓮が叡山で学んだのは主として前者であるが、天台本覚思想の思潮もまた深く吸収している。

その根拠としては日蓮が座右に置いていた「注法華経」に「蓮実房口伝《れんじつぼうくでん》」などの中古天台文献の引用が見られることが挙げられる（高木豊・前掲書三八頁）。日蓮が叡山において教えを受けたと伝えられる俊範も中古天台の恵心流の流れをくむ学僧であった。ただし、俊範《しゅんぱん》が日蓮の師匠だったのではない。日蓮は御書の中で俊範から学んだということは一切述べていないからである。俊範から学んだとしても師としたというのではなく、講義の場に参加したという程度であろう。

当時の天台宗において天台本覚思想は既に主要な思潮になっていたのであるから、日蓮がそれを深く汲み取っていたのは当然である。この当時、天台本覚思想の流れには恵心流と檀那流の二流があったが、日蓮は両者を十分に自分のものにしていた。そのことは文永九年（または同十年）の「四条金吾殿御返事」（煩悩即菩提御書）の次の文からもうかがうことができる。

「日本にしては伝教より義真《ぎしん》・円澄・慈覚等、相伝して弘め給う。第十八代の座主慈慧《じえ》大師なり。御弟子あまたあり。その中に檀那・恵心・僧賀《そうが》・禅瑜《ぜんゆ》等と申して四人まします。法門また二つに分かれたり。檀那僧正は教を伝う。恵心僧都は観をまなぶ。されば、教と観とは日月のごとし。教はあさく、観はふかし。されば、檀那の法門はひろくしてあさし。恵心の法門はせばくしてふかし」（一一一六頁）

日蓮の御書について、かつて天台本覚思想の影響が見られるというだけの理由で偽書と見なすことが行われたが、それは思想史の実態を無視する議論といわなければならない。

3　立宗宣言以前の書写・著述

日蓮の遊学中の事跡は明確ではないが、その間の日蓮の思索を示すものとして、日蓮の著作ないしは書写がある。書写の文献としては、「授決円多羅義集唐決上《じゅけつえんたらぎしゅうとうけつ》」と「五輪《ごりん》九字明秘密釈《くじみょうひみつしゃく》」の二つがあり、いずれも真筆が現存する。

著作としては「戒体即身成仏義」「戒法門」「色心二法抄」「師子頬王《きょうおう》抄」「堯舜禹王抄《ぎょうしゅんうおうしょう》」「所願成就抄」の六編が「昭和定本」などに挙げられているが、いずれも真筆はなく、内容的にも真書として扱うには疑問が多い。

①「授決円多羅義集唐決上」

暦仁《りゃくにん》元（一二三八）年、遊学の前に日蓮は清澄寺において天台宗の口伝書「授決円多羅義集唐決上」を書写している（日蓮の真筆は金沢文庫に所蔵されている）。

これは日蓮の現存する真筆としては最初のもので、その奥書には次のように記されている。

「嘉禎《かてい》四年太歳戊戌《つちのえいぬ》十一月十四日
阿房国東北御庄清澄山　道善房
東面執筆是聖房　生年十七歳
後見人々是無非謗」（昭和定本二八七五頁）

この奥書から、日蓮は十七歳の時には清澄寺内の道善房の住房にいたことが分かる。「円多羅義集」は天台本覚思想の初期の作品で、天台密教（台密）を基本にしている。「円多羅義集」を書写した事実は、十七歳の時点で日蓮が台密の法門を研究していたことを示している。

②「戒体即身成仏義」

同書は、仁治《にんじ》三（一二四二）年、日蓮二十一歳の時に記された最初の著述とされる。題号が示す通り、戒体を論じたこの書では、小乗の戒体、権大乗の戒体、法華開会《かいえ》の戒体、真言宗の戒体の四つを冒頭の表題に掲げる。しかし、論じているのは法華開会の戒体までで、第四の真言宗の戒体は説かれていない。

もっとも中心的に論じられているのは法華開会の戒体で、ここで無量義経の「四十余年未顕真実」の文をもとに法華経以前の教えが「虚妄方便の説」であることが示され、念仏について「師は魔師、弟子は魔民」と破折している。また「謗法《ほうぼう》」の観念が明確に現れていることも注目される点で、法華経の信心を損なう念仏信仰について「法華経流布の国に生まれて、信ぜざるも行ぜざるも即ち謗なり」（昭和定本一二頁）と述べている。

すなわち、二十一歳の時点で日蓮が明確に念仏を謗法の教えと位置づけていることが分かる。

しかし、真言と法華経の関係については、本抄の末尾に、「ただ標章に載することは、人をして顕教より密教の勝ることを知らしめんがためなり」（同一五頁）とあるように、真言密教が法華経に勝るという立場に立っている。

ただし、本抄には偽書の疑いも残っている。この点は今後の研究に待たなければならないが、仮に真書とした場合には、全人格的体験の次元では根源の法を把握しながらも、宗派の勝劣の判断という知的次元においては二十一歳の時点ではまだ台密の影響下にあったということであろうか。

青年期に密教ならびに天台本覚思想の影響を受けていたことについて、日蓮は「題目弥陀名号勝劣事《だいもくみだみょうごうしょうれつじ》」で次のように述べている。

「妙法蓮華経は能開なり、南無阿弥陀仏は所開なり。能開・所開を弁《わきま》えずして『南無阿弥陀仏こそ南無妙法蓮華経よ』と物知りがほに申し侍るなり。日蓮幼少の時、習いそこないの天台宗・真言宗に教えられて、この義を存じて数十年の間ありしなり」（一一五頁）。

この文で「南無阿弥陀仏こそ南無妙法蓮華経よ」とは天台本覚思想の立場であり、「習いそこないの天台宗・真言宗」とは台密・東密を指していると解せられる。

③「五輪九字明秘密釈」

日蓮は新義真言宗を開いた覚鑁《かくばん》の「五輪九字明秘密釈」を建長三（一二五一）年に京都で書写している（書写真筆本は中山法華経寺に所蔵）。このことは、日蓮の研究が台密だけでなく東密にも及んでいたことを示している。

なお、かつて日蓮が真言宗小野派に属する理性院《りしょういん》流の血脈を受けた（金沢文庫蔵の「理性院血脈」による）と見られていたことがあった。しかし、今日では、理性院血脈を受けた「日蓮」は日蓮を字《あざな》とする密教僧の釈重如《しゃくじゅうにょ》であることがほぼ実証されている（高木豊「〈二人の日蓮〉改稿」）。

4　遊学の社会的背景

十数年に及ぶ日蓮の遊学を経済的・社会的に支えていたものは何であったか。

一つは清澄寺そのものが日蓮の優れた資質を評価して、次代の清澄寺を担う人材として育成するために、遊学の便宜を図るだけでなく、経済面を含めて応援をしたことが考えられる。優れた学僧を持つことは清澄寺自体においても貴重な人的財産となったからである。当時の清澄寺は北条政子の支援を受けるなどして繁栄しており、将来有望な人材を遊学させるだけの充分な余裕があったと思われる。

もう一つ、日蓮の遊学を支援した存在として「領家」が考えられる。「領家の尼」について日蓮は、「日蓮が父母等に恩をかほらせたる人」（「清澄寺大衆中」八九五頁）、「日蓮が重恩の人」（「新尼御前御返事」九〇六頁）と述べていることから、領家は日蓮の生家に対して何らかの経済的・社会的な支援をしていたことが分かる。その関係から、日蓮の遊学についても、領家がさまざまな支援をした可能性は十分に考えられる。

ところで、この「領家」とは何か、ということが問題になる。これまで領家について、これまで北条一門の名越家《なごえ》とする見解が行われてきた。しかし、その説は今日では否定されている。

領家は東条郷の地頭東条景信との間で清澄寺・二間寺《ふたまじ》の領有をめぐって紛争を起こしたことがあった（「清澄寺大衆中」八九四頁）。第三代執権北条泰時《やすとき》の弟北条朝時《ともとき》が創始した名越家は北条得宗家に次ぐ家格を持ち、評定衆など鎌倉幕府の中枢に人を出して北条得宗家に対抗できるほどの勢力をもっていた。これほどの権勢家が安房国の一地頭と領地を巡って争うことは考えにくい。

そもそも名越家自体が将軍の御家人として守護・地頭職についており、同じ東条郷に幕府が東条景信と名越家の両者を地頭に任命する道理はない。また御家人である名越家が荘園の所有者を意味する「領家」と呼ばれることは不自然である。

鎌倉時代の初期、東条郷の豪族としては東条氏と長狭《ながさ》氏の二つがあった（『日本歴史地名大系12　千葉県の地名』一一六三頁）。

長狭氏は源頼朝と対立し、三浦氏に滅ぼされたとされているが、鈴木正知氏が『日蓮伝承考』で主張するように、長狭氏の一部が残存していた可能性は否定できない。そこで鈴木氏は「領家」について、東条氏以前に東条郷を領有していた長狭氏としている。

鈴木氏は長狭氏について次のように述べている。

「安房国における律令制下の郡は、平群《へぐり》・安房・朝夷《あさひな》・長狭の四郡であり、日蓮の時代にも国司は藤原長国《おさくに》・源顕清《あきすみ》・藤原範保《のりやす》・源親家《ちかいえ》と代ったが、郡司の方は世襲を旨としてきていたから、長狭郡は長狭氏が郡司等の行政官として代々国衙《こくが》の在庁官人の勤めをも兼ねていたはずで、長狭氏は領主と郡司とを兼ねた領家住であったのである」（『日蓮伝承考』一三五頁）

「（長狭）氏は単に武士団の頭領としてだけでなく、その名によって分かるように、さきにあげた長狭国造《くにのみやつこ》の血をひく旧豪族として、王朝時代からの荘園と伝統的な権威をそのまま維持してきた」（同書一三六頁）

いずれにしても「領家」については、東条御厨《みくりや》との関係も含めて、今後の研究の進展を待ちたい。

5　遊学の意義

日蓮の遊学時代の研鑽は仏教全般ならびに各宗派の教義の奥底にまで及ぶ徹底的なものであった。それでは、その研鑽はどのような意義を持つものであろうか。結論していえば、その研鑽は、日蓮が自ら証得した根源の妙法を当時と未来の衆生に弘通するための準備であったといえよう。

絶対永遠の真理であり、根源の法である妙法は「言語道断・心行所滅」で、言葉で表現しきれるものではないが、他者を教化するためには言語を用い、またその時代の歴史的文化的状況を踏まえなければならない。その時代の文化的状況を無視した言説を人々が受け止めることは到底できないからである。

三十二歳にして妙法弘通に踏み切るまで、日蓮は妙法弘通の方途について深く思索し、周到な用意をした。その作業に十六年もの歳月を必要としたのである。

十六年間に及ぶ研究の結果、日蓮が到達した結論は、第一に、一切経の中で法華経が最勝の経典であるということであった。その意味において日蓮は、法華経を最勝と位置づけた天台大師の「五時八教」の教判を正当と認めたともいえる。

法華経が最勝の経典と認められるのは、一切経の中では法華経が根源の妙法をもっとも的確に捉え、文上に明示してこそいないが、文底において妙法を指し示しているからである。後に「三大秘法抄」で、日蓮は法華経最勝の理由について、「法華経を諸仏出世の一大事と説かせ給いて候は、この三大秘法を含めたる経にて渡らせ給えばなり」（一〇二三頁）と述べている。すなわち、法華経そのものというよりも、妙法（ないしは、その展開としての三大秘法）を含んでいるからこそ法華経は諸仏の出世の本懐と位置づけられるとしている。

すなわち、日蓮は二十八品の法華経を信奉・帰依したのではない。また二十八品の文上の法華経を弘通しようとしたのでもない。日蓮の本意はあくまでも妙法（南無妙法蓮華経）の弘通であって、法華経は妙法を弘通する手段として用いたと解すべきである。

序分・正宗分・流通分という区別でいえば、三大秘法こそが日蓮が弘通した正宗分であり、二十八品の法華経は序分および流通分に位置づけられる。この点について池田大作創価学会名誉会長は「二十八品は、三大秘法の仏法の序分として流通分として用いるのである」（旧版『創価学会版妙法蓮華経並開結』序文）と述べている。

また大石寺第六十五世日淳《にちじゅん》は「けつして聖人の御主意は法華経そのものを御弘通なさるものではない。（中略）聖人が法華経を最第一として此の経を押し立てられたのは、一には諸宗の謗法を破する順序からと、一には此の経がその権威を現はしてこそ初めて末法に上行菩薩と三大秘法とが出現する因縁が明らかになるからである」（『日淳上人全集』八八八頁）と述べている。

繰り返していえば、日蓮は法華経を信じ、行じて悟りに到達したのではない。「寂日房御書」に「日蓮となのること自解仏乗《じげぶつじょう》とも云いつべし」（九〇三頁）とあるように、日蓮は他者や経典の教示によってではなく、自らの力で悟りに至ったのである。根源の悟りが初めにあって、その悟りの当体である妙法を弘める手段として法華経を用いたというべきであろう。

日蓮は仏教全般にわたる検証の結果、釈尊の本意は法華経においてもっとも的確に示されており、また後代においては天台大師・伝教大師が法華経の法理を正しく汲み取り、それぞれの時代において行じた正師であることを確認した。その上で、釈尊・天台・伝教の教説を踏まえ、さらに彼等が自分自身の悟りにおいては把握していても他に対して広く明示的に説くことのなかった根源の法（妙法）を人々に明示し、広く弘通していく実践に踏み切ったのである。

日蓮は三十二歳の立宗宣言において「南無妙法蓮華経」の題目の弘通から妙法弘通を開始した。南無妙法蓮華経の題目を唱えることは天台宗の相伝として伝えられ、南岳・天台・伝教も唱題を「自行真実の内証」（「当体義抄」五一九頁）と認識していたとされているが、その唱題はあくまでも自行のみであり、他に対して弘めるものではなかった。それに対して日蓮は、天台・伝教らの限界を超えて、「末法に入って今日蓮が唱うる所の題目は、前代に異なり、自行・化他に亘《わた》りて南無妙法蓮華経なり」（「三大秘法抄」一〇二二頁）とあるように、唱題の実践を広く人々に弘めたのである。まさに日蓮による題目の弘通は仏教史上、前人未到の実践であった。

なお、釈尊と法華経の関係について、日蓮は法華経が釈尊の直説であると信じていたが（この点では当時の仏教者は全て同じである）、実際には法華経は歴史的釈尊（ゴータマ・シッダルタ）の入滅から数百年が経過した紀元一世紀ないしは二世紀頃に成立したものなので、教義の前提が崩壊しているから宗教としての教義が成り立たない、などという意見がある。

このような学問的知見に基づく見解について言えば、歴史的釈尊の直説ではないということはなにも法華経に限ったものではない。大乗仏典はもちろん、最古層の仏典と見られる「スッタニパータ」などの原始仏典、小乗仏典を含めて、歴史的釈尊の直説と確実に言い切れるものはない。これは絶対に間違いなく歴史的釈尊が実際に説いた言葉であると断定できるものは存在しない（歴史的釈尊の直説ではないという意味では大乗経典に限らず全ての仏典が非仏説である。経典が仏説か非仏説かを問題にすることは意味がない）。歴史的釈尊の言葉でなければ教義が成立しないというのであれば、結局、仏教全体が成立せず、無に帰してしまう。

同様のことはキリスト教などについても言える。イエスの言行を記述した四つの福音書は新約聖書に収められたキリスト教の根本聖典だが、最古の福音書と考えられているマルコ福音書にしてもイエスの死から数十年後に成立したもので、いずれの福音書も歴史的イエスが説いた言葉を正確に記述したものではない。歴史的イエスの言葉は厳密にはどこにも存在していないのである。イエスの言葉だけが教義の前提であるとしたならば、キリスト教全体が成立しないことになる。

仏教経典は、原始経典から大乗経典まで、いずれも後世の経典制作者がそれぞれの立場から、これが釈尊の教えであると信じたものを釈尊の名前を借りて表現したものである（後世の人間が作成したという意味では福音書も同様である）。密教経典や浄土教経典のように、本来は仏教でない異教が仏教の体裁を繕って作成したと思われるものすらある。

従って各経典の内容は多種多様となるから、多数の経典の勝劣を判定し、どの経典を選びとるかという問題は後世の人間の主体的判断に委ねられることになる（例えば涅槃経は、「了義経〈真理を表した経典〉に依って不了義経〈真理を表していない経典〉に依らざれ」として、経典の内容を吟味し、その優劣を検討する作業が必要であるとしている）。

天台大師はその時までに中国に伝来していた仏教経典を検討した結果、五時八教の教判を確立し、法華経こそが仏の悟りをもっとも正確に表した最勝の経典であるとの結論に達した。日蓮もまた、その時代において目にできる一切経を閲覧し、天台の教判が妥当であると判断した。天台や日蓮自身の宗教体験を含めた仏教観そのものがその判断の根底に存したことは当然であろう。

従って経典が歴史的釈尊の直説かどうかなどということは初めから問題にならない。釈尊が説いたから経典が尊いのではない。普遍的真理が示されているからこそその経典が尊いのである。日蓮は、法華経の全ての文字について「六万九千三百八十四字、一一の文字は皆金色の仏なり」（「単衣抄」一五一五頁）と言明した。それは、法華経において一切の仏が共通して悟った普遍の真理が示されているとの洞察があったが故ということができよう。

なお、天台の五時八教の教判について、天台は華厳・阿含・方等・般若・法華涅槃の五時を仏教経典成立の過程と考えたが、近代仏教学の知見によれば経典成立の順序は五時とは大きく異なるので、五時八教の教判は今日では全く有効性を持たないという見解もある。もちろん、天台が五時を仏典成立の順序と捉えたのはその時代の限界、制約の故であり、今日においては実際の経典成立の過程として受け入れることはできない。しかし、だからといって、五時八教の教判が全く無意味であるということではない。五時八教は、天台が一切経をどのように捉えていたかという天台の仏教観そのものの表明である。そこには、今日においてなお深く汲み取るべきものがあると思われる。

誰人でも、自分が生きている時代の限界、制約は免れない。人間のみならず万物が歴史的に限定された存在だからである。天台大師に限らず万人にわたって、後の時代の知見から見れば受け入れられないものが生ずるのは当然である。五時八教の教判に時代的限界があるからといって、その全てが無意味、無効であるとするのは、あまりに皮相的な態度であると言わなければならない。

第二に、遊学において日蓮が確認したのは、天台宗を除く諸宗が「謗法《ほうぼう》（誹謗正法）」の誤りを犯しているということであった。この点については「妙法比丘尼御返事」に次のように述べられている。

「随分にはしりまわり、十二・十六の年より三十二に至るまで二十余年が間、鎌倉・京・叡山・園城寺・高野《こうや》・天王寺等の国々寺々、あらあら習い回り候いしほどに一つの不思議あり。我等がはかなき心に推するに仏法は唯一味なるべし。いずれもいずれも心に入れて習い願わば生死を離るべしとこそ思いて候に、仏法の中に入りて悪しく習い候いぬれば謗法と申す大なる穴に堕ち入って、十悪五逆と申して日々夜々に殺生・偸盗《ちゅうとう》・邪婬・妄語等をおかす人よりも、五逆罪と申して父母等を殺す悪人よりも、比丘・比丘尼となりて身には二百五十戒をかたく持ち心には八万法蔵をうかべて候ようなる、智者・聖人の一生が間に一悪をもつくらず、人には仏のようにおもわれ、我が身もまたさながらに悪道にはよも堕ちじと思うほどに、十悪五逆の罪人よりもつよく地獄に堕ちて阿鼻大城を栖《すみか》として永く地獄をいでぬことの候いけるぞ。(中略)謗法と申す罪をば我もしらず、人も失《とが》とも思わず、ただ仏法をならえば貴しとのみ思いて候ほどに、この人も、またこの人にしたがう弟子・檀那等も無間地獄に堕つることあり」(一四〇七頁)

諸宗が謗法を犯しているとの認識は、修学当初に日蓮が抱いた問題意識である、「なぜ承久《じょうきゅう》の乱で密教の最高の祈禱を行った朝廷方が敗れたのか」、「なぜ仏教が多くの宗派に分かれているのか」、「なぜ念仏をはじめとする諸宗の僧侶の臨終が悪相となるのか」との疑問に対する答えとなるものであった。

すなわち「承久の乱」において朝廷方が敗れたのは、祈禱を行った密教が謗法の邪教であったためである。また多くの宗派が分立しているのは、仏の本意に背いてそれぞれの開祖たちが恣意的な教義を立て、人々がそれに影響されたからである。また、諸宗の行者の臨終が悪相であるのは、彼等が信奉した諸宗そのものが謗法の悪法であるためである。

謗法を戒めることは大乗仏教一般の通例である。例えば法華経譬喩品第三には、「若《も》し人信ぜずしてこの経を毀謗せば、則ち一切世間の仏種を断ぜん」(法華経一九八頁)と説かれ、また無量寿経にも「至心に信楽して我が国に生ぜんと欲し(中略)十念せんに、若し生ぜずば正覚を取らじ。唯《ただ》五逆と誹謗正法とを除く」と説かれている。しかし、日蓮ほど謗法を厳しく排除し、謗法呵責《かしゃく》を強調した仏教者は希であろう。

そもそも諸宗派の分立を疑問とし、謗法厳誡と題目の専修を主張した日蓮の姿勢は、日本中世の精神風土においては極めて希有のことといえる。

日本人は当時(基本的には今日でも)、先に引いた「妙法比丘尼御返事」の文に「ただ仏法をならえば貴しとのみ思いて候ほどに」とあるように、仏教であればおしなべて貴いと考え、経典や宗派の勝劣を判断しようとする知的努力をしてこなかった。各宗の教判は一応はそれぞれの宗派を最勝のものとしていたが、南都六宗は基本的に「兼学」であり、他宗を批判することはなかった。その状況は、平安時代に天台宗・真言宗が、鎌倉時代に禅宗・浄土宗が新たに登場してから後も基本的に同様であった(法然は念仏以外の諸行を否定したが、その態度は弟子たちによってほどなく改められ、各宗と同調する融和的な態度に変化した)。

いわば、日本人はさまざまな信仰を同時に行う「雑信仰」に終始してきたのである(例えば、第六代執権北条時頼《ときより》〈一二二七〜一二六三〉は、鶴岡八幡宮寺における儀式では天台密教を、建長寺を建立して禅宗を、西大寺の叡尊《えいぞん》を招いて戒を受けた時は律宗を、というように複数の宗派を並行的に信仰した。鎌倉前期の南都仏教の代表的な存在である解脱房貞慶《じょうけい》〈一一五五～一二一三〉は、本来は法相宗の僧侶だが、地蔵菩薩や観音菩薩信仰のほか、弥勒念仏、釈迦念仏、光明真言などを行っている。このような雑信仰は一般的であり、むしろ一つの信仰を専修することは例外的であった。しかし、世界的に考えた場合、たとえば一人の人物が同時期に、同じキリスト教だからといって、カトリック、プロテスタント、ロシア正教の信仰を並行して行うなどという事態はまず考えられないであろう）。

そこには「宗教は何でもよい」という、宗教軽視の日本独特の精神風土があるといえよう（よく言われることだが、日本人が誕生後の初参りは神道、結婚式はキリスト教、葬式は仏教と、各宗教の儀式をその時に応じて適当に選択して疑問視しない態度もその表れである）。

宗教・宗派など何でもよいとする態度は、要するに宗教が示す超越的・絶対的な真理よりも現実的・世俗的利害を優先する在り方であり、宗教を蔑視し、世俗的な利害のために利用する態度に他ならない。このような日本人の在り方について中村元《はじめ》博士は『日本人の思惟方法』（中村元選集第三巻）で次のように述べている。

「日本人は、宗派的・派閥的傾向がきわめて顕著であるにもかかわらず、他の見解を懐く人々と理論的に争おうとしない」（同書八五頁）、「日本人は仏教を奉じたが、一般の日本人は形而上学的な領域に思いを馳せる傾向が弱いために、仏教を信じても、かならずしも心の奥底から敬い畏れて尊重しているのではない。むしろ仏を馬鹿にして茶化していることがある。『知らぬが仏』とか『仏の顔も三度』とかいうように、仏ははなはだ慣れ慣れしいものと見なされている。（中略）日本人は仏教を、特定の立場にもとづいて、特定の意向にしたがって、受容したのである。すなわち仏教を、なんらかの社会的・政治的目的のためのひとつの手段あるいは道具として採用したような傾きがある」（同書三五四頁）。

日蓮の時代において、天台宗宗内の地位が出家以前の門地や政治的力関係によって決定されていた事実が示すように、僧侶の立場自体が「渡世」の手段であり、宗教的な真理を追求する態度は社会的には皆無といってよかった。それに対して日蓮は法の正邪の区別を一切に優先して重視し、正法に違背する謗法を排除した。その在り方は日蓮が「法に依って人に依らざれ」、「了義経に依って不了義経に依らざれ」という原理に忠実であった帰結であり、さらには宗教的真理を軽視してきた日本的精神態度を超えたものであった。

一切経の検証の結果、法華経こそが最勝の経典との結論を得た日蓮は、「余経の一偈をも受けざれ」（法華経譬喩品）

の経文に照らして、法華経以外の諸経を依経としている諸宗派を法華経を否定する謗法の宗であると断じた。

――論師・人師の言説ではなく、あくまでも仏説たる経典、なかんずく最勝の経典である法華経によって仏法を行ずべきであるにもかかわらず、天台宗以外の諸宗は恣意的に経典を選択し、勝手な教義を立てている。それはとりもなおさず、釈尊の本意である法華経を否定ないしは軽視し、仏教を歪《ゆが》める謗法に他ならない。

諸宗を謗法として糾弾するところから弘教を展開するのであれば、その実践は既存の諸宗を根底から批判していく厳しい闘争とならざるをえない。それを行うならば、激しい迫害が加えられることは不可避である。

立宗宣言に至る当時の心境を回想して、日蓮は「開目抄」で次のように述べている。

「世間の罪に依って悪道に堕つる者は爪上《そうじょう》の土、仏法によって悪道に堕つる者は十方の土。俗よりも僧、女より尼、多く悪道に堕つべし。(中略) 日本国にこれをしれる者はただ日蓮一人なり。これを一言も申し出だすならば、父母・兄弟・師匠に国主の王難必ず来たるべし」(一九九頁)

日本国で日蓮一人だけが知っていることとは謗法の故に人々が悪道に堕ちているということである。謗法の諸宗に影響されている日本国の衆生を救済するためには、諸宗の誤謬を抉《えぐ》り出し、破折し抜かなければならない。その実践に踏み出すためには、まさに生命に及ぶ迫害をも甘受する透徹した覚悟が必要である。そこに立宗宣言を前にした日蓮の思索があったといえよう。

しかし、日蓮は他宗を権力をもって迫害・排除することを主張したのではない。日蓮が求めたのは公開の場における法論(公場対決)であった。日蓮はあくまでも言論によって他宗の誤謬を明らかにしようとしたのである。

ちなみに、日蓮が諸宗を謗法として批判したことに対してしばしば「排他的」との批判がなされることがある。しかし、その批判は正当なものとはいえない。日蓮が諸宗の謗法を破折したのは、あくまでも真理の探究に真剣であったからである。

譬えて言えば、学問に生きる研究者が自身の学説の正しさを確信し、自説と相違する他の学説を厳しく批判するのと同様である。彼は真理の探究に真剣であるからこそ自説を強く主張し、真理とかけ離れていると考える他説を批判するのである。それは研究者として当然の在り方であり、他説への批判を「排他的」などと非難する方が誤りである。学説など各人の好みに随って選択すればよく、どれを選ぼうとどうでもよいなどという態度は、学問を冒瀆《ぼうとく》し、蔑視する態度と言わなければならない(もちろん「学問の自由」

が尊重されるべきことは当然の前提である）。他説への批判は他者の人格攻撃ではなく、学問を前進させる原動力である。それと同様に他宗を批判することは他者の人格の批判ではなく、宗教の公平な競争を促すものといえよう。

この点に関連して、キリスト教神学の分野から、近年、どのような宗教も真理を表しているとする「宗教多元主義」の主張が出されている。しかし、「宗教多元主義」は、結局、「宗教は何でもよい」というもので、自身の宗教の優越性を信ずるという宗教の本質を見失った議論である。宗教多元主義の議論は、「信教の自由」「宗教の平和的共存」「政教分離」という社会的次元の問題と「各宗教の教義は真理を含んでいるかどうか」という宗教的次元の問題を混同している面がある。宗教の平和的共存のためには、現実的には「信教の自由」を確保・強調することで十分であり、「どの宗教も真理である」などという必要はない。

宗教も、他の団体や企業などと同様に、あくまでも「自由市場」における競争によって、その運命が決定されるものである。宗教においては、あらゆる意味の強制も決して行われてはならない。どの宗教が現代人に対して説得力ある思想と運動を提示できるか、この競争によって各宗教の消長が決まる。宗教者が自身の宗教の優越性を主張することは（他宗教の不十分さを批判することも含めて）、「信教の自由」「表現の自由」の一部として、当然、尊重されなければならない。その主張と運動が説得力をもたなければ、社会から無価値のものと見なされ、その宗教が衰退していくだけのことである。

日蓮は、自身の宗教が最も勝れたものであるとの確信を訴えたが、他者からの批判を一切拒絶するという閉鎖的・独善的態度をとってはいない。このことは、後の佐渡流罪中に書かれた「開目抄」に、「智者に我が義やぶられずば用いじとなり」（二三二頁）と述べられていることにうかがうことができる。

つまり、自分以上の智者が現れて自分の教義が打ち破られる事態にならない限りは、どのような誘惑や迫害にも屈することはないというのである。この言葉は、万一自分の宗教よりも勝れた宗教が現れた場合にはその教えに従うという開かれた姿勢を日蓮がとっていることを示している。日蓮は、自身を絶対無謬の存在として一切の批判を拒絶する独善的・権威的在り方を採用しなかった。日蓮の宗教は絶対的権威によって人間を束縛する宗教ではない。理性と事実を尊重し、それを裏づけとする宗教である。

各人が自己の宗教を信奉する心情は、当然最大に尊重されなければならない。他宗教に対する批判がなされる場合にもその点に配慮し、決して他者の宗教感情を傷つける悪意の攻撃になってはならない。宗教の相違が紛争や対立の要因となる事態はあるべきことではないからである。無用な対立を回避するという意味で、それぞれの宗教が自己の主体性を保持しつつ宗教間の対話がなされることは、日蓮仏教の立場からも推奨されるべきこととなろう。

第三に日蓮が遊学中に確認したことは、時代が「末法」になっているという歴史認識であろう。当時の日本人は一般に、釈尊滅後二千年を迎えるとされた永承《えいしょう》七（一〇五二）年をもって釈尊の教えが人々を救う力を失う末法に入ったと考えていた。日蓮も、修学時代において当時の一般的な認識に従い、末法思想を当然の前提としていたと考えられる。

「正法」「像法《ぞうほう》」「末法」という「三時」の思想は当時の日本仏教界の常識であったが、修学中、または立宗からまもない時期の御書にはまだ明確に示されていない。それが明示されるのは立宗宣言から五年後に成立した「守護国家論」で、同抄には「大文の第二に正像末に就いて仏法の興廃有ることを明かす」（四六頁）と述べられている。

今が末法であるとの時代認識は、当然、像法時代の天台大師・伝教大師とは時代を異にしていることを意味している。日蓮は後に「三大秘法抄」において「前代に異なり」と明言しているが、立宗の時点において既に末法に入っているという明確な歴史認識があったればこそ、天台・伝教が行うことのなかった題目の弘通に踏み切ったと推察されるのである。

なお、永承七年（一〇五二）年に末法に入るという当時の定説は釈尊の入滅が紀元前九四九年であるという「周書異記」の説と正法・像法を二千年とする説に基づいている。ところが、近代仏教学によれば釈尊の入滅は紀元前四八六年あるいは三八三年（そのほか諸説がある）とされており、正像を二千年とすると日蓮の時代はまだ像法時代となってしまう。

日蓮が自身の時代を末法と規定したのは、単に「周書異記」の説や正像二千年説に盲従したためではない。日蓮は仏滅年代や正像の年数について諸説があることを認識しており（「「周書異記」の説について「守護国家論」で「一説なり」〈四六頁〉としている）、そのうえで、時代の状況が大集経が末法の時代を規定した「闘諍言訟・白法隠没」の言葉通りの様相になっていることを洞察して、自身の時代が末法に当たっていると判断したといえよう。

実際に平安時代末期の保元・平治の乱以来、日本国内では戦乱が絶えず、仏教勢力自体も僧兵を蓄えるなど軍事勢力化していた。延暦寺などの大寺院は民衆を救済するどころか逆に宗教的論理を利用して民衆を収奪する権力体となっていた（例えば、寺院への年貢を納めない者は仏神の罰を被るという宗教的脅迫を加えた）。

宗教的にも、伝教大師が確立した天台仏教も内部から変質して密教化し、伝教の思想は完全に空洞化していた。そもそも天台仏教の修行法である観念観法の瞑想行も高度な能力のある僧侶だけがなしうるもので、在家の民衆が行えるものではなかった。

仏教が隠没していたのは日本だけではない。インドにおいては日蓮が生きた十三世紀にイスラム勢力の侵略によって最後の仏教寺院が破壊され、仏教は完全に滅亡した。

中国においても　唐の滅亡後、中国仏教は衰退の過程に入った。教団は経済的・社会的には繁栄したが、度牒（僧であることの証明書）や皇帝から賜る紫衣や師号も売買の対象となり、仏教教団の腐敗が進行していった。民衆に広まったのは仏教としての実体がない浄土教と禅宗のみであり、その上、道教との一体化が進んだ。

女真族（ツングース系民族）の金によって一一二七年に北宋が滅ぼされて以降は、外形的には仏教が行われていても、仏教の内実はほとんど失われた状態になった。このことについて日蓮は、「顕仏未来記」で「漢土に於いて高宗皇帝の時、北狄《ほくてき》、東京《トンキン》（北宋の首都・開封のこと――引用者）を領して今に一百五十余年、仏法・王法ともに尽き了わんぬ」（五〇八㌻）と述べている

日蓮は、そのような時代状況と既成仏教の限界を深く洞察して、もはや時代は従来の釈尊の仏教によって民衆を救済することができない「末法」に突入していると判断し、末法に相応した新しい仏教を創始することを決意したのである。その意味では、釈尊の入滅年や正像の年数などは些末な問題に過ぎない。日蓮が自身の時代が末法に当たると主体的に判断し、その時代に適った宗教を確立し弘通することを決断したことこそが重要なのである。

第四には、日蓮自身が法華経において釈尊から滅後の弘通の付嘱を受けた上行《じょうぎょう》菩薩にあたるとの確信を得ていたことがあげられよう。

法華経は神力品（第二十一章）において、釈尊滅後の弘通の使命を上行菩薩（＝涌出品〈第十五章〉で登場する無数の地涌《じゆ》の菩薩の指導者）に託した。すなわち法華経は、釈尊の滅後に上行菩薩が出現して仏法を弘めることを予言した経典である。従って上行菩薩が出現しなかったならば、法華経そのものが虚妄となってしまう。日蓮は十六年に及ぶ検証の過程で、妙法を覚知した自身こそが末法に妙法を弘めるべき使命を担った存在、すなわち法華経がその出現を予言した上行菩薩に当たることを確信したと思われる。

自身こそ釈尊が妙法弘通の使命を託した上行菩薩に当たるとの確信、すなわち自身に妙法弘通の「資格」があるとの確信がなければ、天台・伝教ですら行うことのなかった題目の弘通に踏み切れる道理はないからである。この点に

ついては「治病大小権実違目《じびょうだいしょうごんじついもく》」に、「詮ずる処は天台と伝教とは内には鑒《かんが》み給うといえども、一には時来らず、二には機なし、三には譲られ給わざる故なり。今末法に入りぬ。地涌出現して弘通有るべきことなり」（九九六頁）と述べられている。

上行菩薩は法華経において釈尊より末法弘通の大権を付嘱されているのであるから、文字通り末法弘通の「教主」である。それ故、自身が上行菩薩に当たるとの自覚をもっていたということは、自身が末法の教主（本仏）であるとの確信に立っていたということになる。もちろん、日蓮が曼荼羅《まんだら》本尊を図顕し、名実ともに末法の教主としての振る舞いを開始するのは竜の口の法難における発迹顕本《ほっしゃくけんぽん》以後のことであるが、既に根源の妙法を覚知していた自身の内証においては、自身が末法の教主として、妙法の弘通によって末法万年の人類を救済していく立場にあることを自覚していたと思われる。

日蓮が弘通した仏教は、これまで誰人も説かなかった未聞の仏教であった。しかも、その弘教にはかつてないほどの激しい迫害が予想された。その迫害を覚悟して日蓮が独自の仏教の弘教を開始できたのは、自身にそれを行う使命と資格があるとの確信があったからであろう。

第四章　立宗宣言

1　弘教の開始

日蓮は十数年に及ぶ遊学を終え、故郷の清澄寺《せいちょうじ》に戻った。その時期は建長《けんちょう》四（一二五二）年の秋、ないしは同五年の春と推定されるが、確かではない。

日蓮が南無妙法蓮華経の唱題を人々に説いて妙法の弘通を開始したのは建長五（一二五三）年四月二十八日のことである。このことについて、日蓮は次のように述べている。

「そのうえ禅宗・浄土宗なんどと申すは、またいうばかりなき僻見《びゃっけん》の者なり。これを申さば必ず日蓮が命と成るべしと存知せしかども、虚空蔵菩薩の御恩をほうぜんがために建長五年四月二十八日、安房国・東条郷・清澄寺・道善の房・持仏堂の南面にして、浄円房と申す者、並びに少々の大衆にこれを申しはじめて、その後二十余年が間、退転なく申す」（「清澄寺大衆中」八九四頁）

「去ぬる建長五年［太歳癸丑］四月二十八日に安房国長狭《ながさ》郡の内、東条郷、今は郡なり。天照太神の御くりや、右大将家の立て始め給いし日本第二のみくりや、今は日本第一なり。この郡の内、清澄寺と申す寺の諸仏坊の持仏堂の南面にして、午《うま》の時にこの法門申しはじめて今に二十七年、弘安二年［太歳己卯］なり」（「聖人御難事《しょうにんごなんじ》」一一八九頁）

「今日蓮は、去ぬる建長五年［癸丑］四月二十八日より今年弘安三年［太歳庚辰］十二月にいたるまで、二十八年が間また他事なし。ただ妙法蓮華経の七字五字を日本国の一切衆生の口に入れんとはげむ計りなり。これ即ち母の赤子の口に乳を入れんとはげむ慈悲なり」（「諫暁八幡抄《かんぎょうはちまんしょう》」五八五頁）

弘教を開始するに当たって日蓮は深く思索し、決意を固めた。その当時の心境は「開目抄」の次の文にうかがうことができる。

「権《ごん》大乗・実大乗経を極めたるような道綽《どうしゃく》・善導・法然等がごとくなる悪魔の身に入りたる者、法華経をつよくほめあげ、機をあながちに下し、『理深解微《りじんげみ》』と立て、『未有一人得者《みういちにんとくしゃ》・千中無一《せんちゅうむいち》』等とすかししものに無量生が間、恒河沙の度すかされて権経に堕ちぬ。権経より小乗経に堕ちぬ。外道・外典に堕ちぬ。結句は悪道に堕ちけりと深くこれをしれり。日本国にこれをしれる者はただ日蓮一人なり。

これを一言も申し出だすならば、父母・兄弟・師匠に国主の王難必ず来たるべし。いわずは慈悲なきににたりと思惟するに、法華経・涅槃経等にこの二辺を合わせ見るに、いわずは今生は事なくとも後生は必ず無間地獄に堕つべし。いうならば三障四魔必ず競い起こるべしとしりぬ。

二辺の中にはいうべし。王難等、出来《しゅったい》の時は、退転すべくは一度に思い止まるべしとしばらくやすらいしほどに、宝塔品の六難九易これなり。我等ほどの小力の者、須弥山はな（投）ぐとも、我等ほどの無通の者、乾草を負うて劫火にはやけずとも、我等ほどの無智の者、恒沙の経々をばよみおぼうとも、法華経は一句一偈も末代に持ちがたしととかるるはこれなるべし。今度、強盛の菩提心をおこして退転せじと願《がん》しぬ」（二〇〇頁）

――諸宗の謗法を破折して妙法弘通を開始したならば、国主からの迫害は必定である。その難に耐えられずに退転するくらいならば、初めから止めておいた方がよい。しかし、弘通に立ち上がらなければ無慈悲であり、今世は何事もなくとも後生は無間地獄となる。宝塔品で仏滅後の弘通の至難であることを六難九易の譬えをもって説かれているのも、法難に耐えるのが困難であるからである。

ひとたび妙法の弘通に踏み出したならば、たとえ命にも及ぶ迫害があっても退くことはできない。それはまさに、臨終のその時まで迫害に耐えて戦い続けることを意味している。
客観的に見れば、日蓮は当時、最高水準の学問を修得し、人々の期待を集める高僧であった。妙法を弘通せず、そのまま清澄寺にとどまっていたならば、平穏無事の安定した人生を約束されていたであろう。妙法弘通の闘争を開始することは、当然、約束された平穏な人生をなげうつことになる。

立宗宣言を前にした日蓮の心境は、あたかもブダガヤの菩提樹下で悟りを開いた後、弘通に踏み出すか否かについて逡巡したと伝えられる釈尊の心事にも通ずるものがあるといえよう。しかし、さまざまな思索の後、ついに日蓮は、未来の人類のため、一身をなげうって妙法弘通の闘争に踏み出す決意を固めたのである。

ただし、立宗の月日については「三月二十八日」とする文献もある。日興《にっこう》は「安国論問答」で「建長五年三月二十八日、安房国東条郡清澄寺、道善房持仏堂南面にして、浄円房並びに大衆中にして始めてこの法門仰せ出でたり」（『日蓮宗宗学全書』第二巻七四頁）と述べ、大石寺第四世日道（あるいは第六世日時）によるとされる「三師御伝土代」にも「建長五年三月二十八日、清澄寺、道善房持仏堂の南面にして、浄円房並びに大衆等、少々会合なして念仏無間地獄、南無妙法蓮華経と唱い始め給い畢《お》わんぬ」（『富士宗学要集』第五巻一頁）と述べられている。この二つの文書には、それぞれ日興と日道（あるいは日時）の正本がある。そこから、「三月二十八日」に立宗があったとする伝承が日興門流に存在したと考えられる。

また「聖人御難事」の真筆には「四月二十八日」とあるのに、別人の筆で「三月二十八日」と注記している。日蓮が「四月二十八日」と明記しているのに、弟子の中にはそれを誤筆と見ていた者がいたようである。弟子は立宗が「三月二十八日」と教えられてきた可能性もある。

一方で「聖人御難事」「諫暁八幡抄」は真筆があり、「清澄寺大衆中」も真筆がかつて存在していた確実な文献であるから「四月二十八日」の立宗は動かすことはできない。そこで両者の関係をどのように考えるかが問題となる。

一つの見方として、三月二十八日は日蓮自身が最終的に立宗の決意を固めた日であり、四月二十八日は対外的な意味での立宗宣言がなされた日と解することもできるのではなかろうか。

妙法弘通に踏み切るべきかどうか、深く思索していた日蓮は、ある時点で、「開目抄」に述べられているように、遂に妙法弘通を決断した。その日が三月二十八日であり、その日を深く心に刻んでいたからこそ、日蓮は弟子たちにその日を立宗の日として示したこともあったのではなかろうか。

自身の胸中で決意が最終的に確定したとしても、具体的に人々の前でそれを行うにはさまざまな準備もあり、相応の期間が必要であることはいうまでもない。その準備を経て、実際に人々の前で自身の見解を初めて開示した日が四月二十八日と考えられる。

ちなみに「法華本門宗要抄」では、「建長五年癸丑《みずのとうし》三月二十二日の夜より一七日の間室内に入る。一七日を満てて同二十八日早朝に朝日に向かって合掌し、十返計り初めて南無妙法蓮華経の七字を唱えしより已来、念仏は無間地獄の業《ごう》、禅宗は天魔の所以《しょい》、戒律は虚妄の国賊、真言は亡国の悪法、天台は過時の古暦《これき》という」（昭和定本二一五九頁、原文は漢文）と述べられている。同抄は日蓮滅後四、五十年頃に作成された偽書とされているが、当時、日蓮門下に伝えられていた伝承を記した文献として理解するならばそれなりの意味がある。

伝承である故に全面的に信頼できるものではないが（たとえば立宗宣言の時から直ちに四箇の格言を述べたことは事実とは考えられていない）、伝承にも真実をうかがわせる幾分かの要素があると見るならば、三月二十八日に自身における立宗宣言として、日蓮が朝日に向かって題目を唱えたということもありえないことではないであろう。

もう一つの可能性としては、日蓮が四月二十八日としていたのが、弟子たちには三月二十八日と誤って受け止められ、その誤伝がそのまま文献化されたとも考えられる。

いずれにしても建長五年四月二十八日の正午、日蓮は清澄寺内の道善房の持仏堂において、妙法弘通の闘争を開始したのである。そこに集っていたのは、「清澄寺大衆中」に、「浄円房と申す者、並びに少々の大衆にこれを申しはじめて」（八九四頁）とあるように、浄円房をはじめとする少数の僧侶であった。浄円房は後に日蓮に帰依し、日蓮の安房地方の弘教に協力した人物である。ちなみに「清澄寺大衆中」に言う「大衆」とは僧侶を指す言葉であるから、庶民が中心になって参集したのではない。是聖房《ぜしょうぼう》の長年にわたる修学の成果を聴聞する意味で、有縁の僧侶が中心になり、少数の在家を含めて参集したのであろう。

この時、日蓮が述べた骨子は、南無妙法蓮華経の唱題行の実践と法華最勝の主張であり、さらには念仏・禅が謗法であるということであったと考えられる。立宗時に念仏・禅を破折したことについては「清澄寺大衆中」に、「先ず序分に禅宗と念仏宗の僻見《びゃっけん》を責めて見んと思う」（八九三頁）と述べられていることが一つの裏づけとなる。

2　唱題行の創唱

念仏と禅の破折は聴く人を大いに驚かせたと思われるが、それ以上に重大なことは修行として南無妙法蓮華経の唱題を示したことである。

南無妙法蓮華経という言葉、また南無妙法蓮華経の唱題は日蓮以前にもあった。高木豊氏の研究によれば（『平安時代法華仏教史研究』四三三頁以下）、元慶《がんぎょう》五（八八一）年に菅原道真《すがわらのみちざね》が亡き両親のために催した法華講経の「願文」には「南無観世音菩薩　南無妙法蓮華経」とあり、恵心僧都源信《げんしん》の『空観』の末尾にも「南無阿弥陀仏　南無妙法蓮華経　南無観世音菩薩」と唱えて往生を願うことが示されている。さらに恵心の弟子覚超《かくちょう》は永延《えいえん》三（九八九）年の『修善講式』で「南尤《なむ》一乗妙法蓮花経」と七遍唱えたとされる。

また天台大師は自身の修行として唱題に励み、唱題は日本天台宗の相伝でもあったと伝えられる。この点については「当体義抄」に次のように述べられている。

「南岳《なんがく》大師は観音の化身、天台大師は薬王の化身なり等云々。もししからば霊山に於いて本門寿量の説を聞きし時はこれを証得すといえども、在生の時は妙法流布の時に非ず。故に妙法の名字を替えて止観と号し、一念三千・一心三観を修し給いしなり。

ただし、これ等の大師等も南無妙法蓮華経と唱うることを自行真実の内証と思しめされしなり。南岳大師の法華懺法《ほっけせんぽう》に云わく『南無妙法蓮華経』文。天台大師の云わく『南無平等大慧一乗妙法蓮華経』文。また云わく『稽首《けいしゅ》妙法蓮華経』云々。また『帰命妙法蓮華経』云々。伝教大師の最後臨終の十生願《じっしょうがん》の記に云わく『南無妙法蓮華経』云々。

問う。文証分明なり。何ぞかくの如く弘通したまわざるや。

答う。これに於いて二意有り。一には時の至らざるが故に。二には付属に非ざるが故なり。およそ妙法の五字は末法流布の大白法なり。地涌千界の大士の付属なり。この故に南岳・天台・伝教等は内に鑑みて末法の導師に之を譲りて弘通し給わざりしなり」（五一九頁）

しかし、日蓮以前に言われてきた「南無妙法蓮華経」は、文字通り「妙法蓮華経」（法華経）という経典に南無（帰命）するという意味の言葉でしかなかった。また、法華経に帰命するということであっても、その表現は「南無妙法蓮華経」に定まっていたのでなく、それ以外に「稽首妙法蓮華経」などさまざまな表現があった。さらに、「南無妙法蓮華経」の唱題があっても、それは「南無阿弥陀仏」や「南無観世音菩薩」などの言葉と並んで唱えられていた。

それに対して日蓮は、念仏などと並んで唱えることを排除し、成仏への正しい行は南無妙法蓮華経の唱題以外にはないとする「専修題目」の立場を表明したのである。たとえば「上野殿御返事」（末法要法御書）では、「この南無妙法蓮華経に余事をまじえば、ゆゆしきひが事なり」（一五四六頁）と述べられている。その意味でも日蓮の教説は未聞の内容となっていた。

また、日蓮において南無妙法蓮華経の意義そのものが従来とは大きく異なっている。

「曾谷入道殿御返事」（如是我聞抄）では、「所詮、妙法蓮華経の五字をば当時の人々は名と計りと思えり。さにては候わず、体《たい》なり。体とは心にて候」（一〇五九頁）と述べられている。

すなわち、日蓮における「妙法蓮華経」とは単なる経典の題名ではない。法華経という経典が指し示そうとした（文上では明示せず、文底の次元において暗示した）根源の法体（妙法）に他ならない。

仏の悟りの当体である根源の法は「言語道断・心行所滅」で、本来、言語によって説明できるものではない。しかし、何らかの命名をし、言語によって示さなければ、仏だけが根源の法を悟っているにとどまり、人々は妙法を行じ、各自の生命の上に現すことはできない。それ故に日蓮は、根源の法が妙法蓮華経と名づけられることを示し、その名を唱えることによって人々の生命の上に妙法を現す方途を教示したのである。

このことについては「当体義抄」に、「蓮華は譬えに非ず当体に名を得。類せば劫初《こうしょ》に万物名無し。聖人、理を観じて準則して名を作るが如し」との『法華玄義《げんぎ》』の文を引いて、「至理は名無し。聖人、理を観じて万物に名を付くる時、因果倶時・不思議の一法これ有り。これを名づけて妙法蓮華と為す。この妙法蓮華の一法に十界三千の諸法を具足して闕減《けつげん》無し。これを修行する者は仏因・仏果同時にこれを得るなり」（五一三頁）と述べられている。

したがって日蓮が説く南無妙法蓮華経の題目は「法華経に帰依する」ことを意味する言葉ではない。つまり南無妙法蓮華経は仏の悟りに属する言葉であり、一般の言語のように一定の意味内容を伝えるための言葉ではなく、他の言語に「翻訳」できるものでもない。南無妙法蓮華経は根源の法そのものであり、それを唱えることによって人々の生命の上に根源の法を現していく普遍的なキーワードなのである。その意味で南無妙法蓮華経は、日本という制約を超越した人類普遍の「世界語」といえよう。

南無妙法蓮華経は生命の音であり、その故に「なんみょうほうれんげきょう（Nam-myoho-renge-kyo）」という「音」に意義があると考えられる。ただし、その発音は「なむみょうほうれんげきょう」ではない。この点について創価学会の戸田城聖第二代会長は、「なんみょうほうれんげきょう」と「なむみょうほうれんげきょう」の違いに関する質問について、「まずナム妙法蓮華経というのはおかしい。しかし、それが早くなると、ナンとならなければならない」と述べている〈『戸田城聖先生質問会集』一八二頁〉。

「なむみょうほうれんげきょう」の発音では「南無」と「妙法蓮華経」が分かれてしまい、妙法蓮華経という経典に南無（帰命）するというだけの意味になってしまう。それに対して「なんみょうほうれんげきょう」と発音するときは「南無妙法蓮華経」が一体のものとなる。また、戸田会長はここでの回答において、題目だけでは無意味であり、本尊・戒壇と結びついていることが必要である旨を述べている。この点は極めて重要な問題であり、日興を除く五老僧の流れをくむ門流は礼拝の対象である本尊を統一できず、本尊を度外視して題目のみを行う結果になっている。

日蓮が、「この娑婆世界は耳根得道《にこんとくどう》の国なり」（「一念三千法門」四一五頁）と述べているように、耳から入る音は生命を動かす力となる。「音」に意義があるのであるから、漢字は同じであっても中国語による発音など他の発音では妙法を顕現する音律にならない。

南無妙法蓮華経の唱題が仏性を呼び起こす力となることについて、日蓮は「法華初心成仏抄」で次のように述べている。

「およそ妙法蓮華経とは、我等衆生の仏性と梵王・帝釈等の仏性と舎利弗・目連等の仏性と文殊・弥勒等の仏性と三世の諸仏の解《さと》りの妙法と一体不二なる理を妙法蓮華経と名づけたるなり。故に一度妙法蓮華経と唱うれば、一切の仏・一切の法・一切の菩薩・一切の声聞・一切の梵王・帝釈・閻魔法王・日月・衆星・天神・地神、乃至、地獄・餓鬼・畜生・修羅・人・天・一切衆生の心中の仏性をただ一音に喚び顕し奉る功徳、無量無辺なり。我が己心の妙法蓮華経を本尊とあがめ奉りて、我が己心中《こしんちゅう》の仏性・南無妙法蓮華経とよびよばれて顕れ給う処を仏とは云うなり。

譬えば篭の中の鳥なけば、空とぶ鳥のよばれて集まるが如し。空とぶ鳥の集まれば、篭の中の鳥も出でんとするが如し。口に妙法をよび奉れば、我が身の仏性もよばれて必ず顕れ給う。梵王・帝釈の仏性は、よばれて我等を守り給う。仏菩薩の仏性は、よばれて悦び給う。

されば『若《も》し暫くも持つ者は我則ち歓喜す。諸仏もまた然《しか》なり』と説き給うはこの心なり。されば、三世の諸仏も妙法蓮華経の五字をもって仏に成り給いしなり。三世の諸仏の出世の本懐、一切衆生皆成仏道の妙法と云うはこれなり。これ等の趣を能く能く心得て仏になる道には我慢偏執の心なく南無妙法蓮華経と唱え奉るべきものなり」（五五七頁）。

「南無妙法蓮華経」の音について、『法華経の智慧』（第一巻一〇五頁）では、ヴァイオリニストのユージン・メニューイン氏の次のような趣旨の興味深い発言を紹介している。

――「南無妙法蓮華経」の「Nam（南無）」という音に、強い印象を受ける。「M」とは命の源というか、「マザー

(Mother)」の音、子どもが一番、最初に覚える「マー（お母さん)、マー」という音に通じる。この「M」の音が重要な位置を占めている。そのうえ、意味深い「R」の音（蓮）が中央にある——。

音律が生物に深い影響を及ぼすことは、今日の学問でも次第に証明されつつある。「南無妙法蓮華経」の音律の力についても、今後、さまざまな学問の成果によって解明されていくことになろう。

このように考えると、南無妙法蓮華経という言葉は同一であっても、日蓮が唱えた南無妙法蓮華経と、それ以前の題目では全く意義が異なっていることが分かる（端的にいえば妙法蓮華経を法華経という経典の題名と捉えるか、法華経が指し示そうとした根源・永遠の法と捉えるかの相違である）。

そもそも、それまでの唱題は天台宗内部のみに伝わる相伝で、修行者自身のために行う「自行」であり、他者にそれを勧め、弘めるものではなかった。それに対して日蓮は、「三大秘法抄」に、「末法に入って今《いま》日蓮が唱うる所の題目は、前代に異なり、自行・化他に亘《わた》りて南無妙法蓮華経なり。名体宗用教の五重玄の五字なり」（一〇二二頁）と言うように唱題を他者に向かって広く弘通したのである。

しかも、日蓮が示した「南無妙法蓮華経」は文上の法華経への帰命を意味する言葉でなく、宇宙の根源の妙法であり、「我が己心中の仏性」を呼び顕す言葉である。その意味で日蓮が唱題を弘通したことは、それまでの仏教の限界を遥かに超越した前代未聞の出来事であった。

後に日蓮は、唱題弘通の意義について、「撰時抄」で次のように述べている。

「欽明《きんめい》より当帝にいたるまで七百余年、いまだきかず、いまだ見ず、南無妙法蓮華経と唱えよと他人をすすめ、我と唱えたる智人なし。日出でぬれば星かくる、賢王来たれば愚王ほろぶ。実経流布せば権経《ごんきょう》のとどまり、智人、南無妙法蓮華経と唱えば愚人のこれに随わんこと、影と身と声と響きとのごとくならん。日蓮は日本第一の法華経の行者なることあえて疑いなし。これをもってすいせよ。漢土・月支にも一閻浮提《えんぶだい》の内にも肩をならぶる者は有るべからず」（二八四頁）

仏教史上、誰一人として弘めることのなかった宇宙根源の妙法である南無妙法蓮華経を広く衆生に弘めるという空前の実践は、既成宗派の枠組みに納まっている人物が到底なしうることではない。日蓮が立宗宣言において唱題の弘通に踏み切ったということは、まさに自身こそが法華経において末法弘通の使命を付託された上行菩薩、すなわち世界に肩を並べる者のない末法の教主であるとの確信と自覚に立っていたことを物語るものといえよう。

日蓮が唱題行を弘通したことによって、人類史上初めて仏の悟りが万人に開放されたのである。天台宗などにおいて仏の悟りに到達することは、困難な瞑想行に耐え、高度な学解を持つ「選良」「達人」でなければ不可能であった。事実、天台大師には多数の門人があったが、法を体得できた者はほんの一握りであったと伝えられる（晩年、天台は晋王広《こう》〈後の煬帝《ようだい》〉に宛てた書簡の中で、陳の都での化導を振り返って次のように述べている。「陳都にとどまること八年、その間、求法と教導のための努力を払ってきたが、得法者の数は逆に減少するばかりである。この間に払った自分の努力はなんであったのか。これでは利他教導の努力はもとより、自らの求法の態度そのものが、すでに間違っていたことになるであろう」〈田村芳朗・新田雅章『智顗』三五頁〉）。

日蓮は、高い能力を必要とする天台流の瞑想修行を初めから採用せず、自身が覚知した南無妙法蓮華経を直ちに実践する道を説いた。それは、宗教的に見れば、人類史を画する大事件であったといってよい。この時、人類は、初めて万人に内在する尊極の生命を自身の上に現し、不幸の流転を断ち切る方途を示されたからである。

やがて人類の未来を照らし出していく偉大な光源の意義を、当時の人々は到底理解することはできなかった。当時の人々は、日蓮の唱題の教えを聞いても、おそらく従来まで言われてきた唱題の延長としてしか理解できなかったであろう。しかし、清澄寺において宣言された唱題行は、それまでの仏教とは根底的に異なる新しい仏教の誕生を意味していた。その全貌は、この後、鎌倉・佐渡・身延と続く日蓮の化導の全体を通して次第に明らかになってくるのである。

なお、立宗宣言における題目の弘通について、後年の身延期における法華経講義の筆録とされる「御義口伝《おんぎくでん》」と「御講聞書《おこうききがき》」に次のような文がある。

「今日蓮が唱うる所の南無妙法蓮華経は末法一万年の衆生まで成仏せしむるなり。あに『今者已満足《こんじゃいまんぞく》』に非ずや。『已《い》』とは建長五年四月二十八日に初めて唱え出だす処の題目を指して『已』と意得べきなり。妙法の大良薬をもって一切衆生の無明の大病を治せんこと疑い無きなり。これを思い遣る時んば満足なり。『満足』とは成仏と云うことなり」（「御義口伝」七二〇頁）

「日蓮も三十二までは畏《おそ》れありき。もしやこの南無妙法蓮華経を弘めずしてあらんずらんと畏れありき。今は即ちこの恐れ無く、既に末法当時、南無妙法蓮華経の七字を日本国に弘むるあいだ恐れなし」（「御講聞書」八一六頁）

「御義口伝」「御講聞書」については偽作として全面的に退ける見解があるが、後に述べるように、それは適切ではない。両書の中心的な思想は日蓮自身に由来するものと考えるべきである。

そこで、ここに挙げた文から考えるならば、建長五年四月に初めて題目を人々に示したことは、日蓮のその後の化導の出発点であるが、それと同時に一つの「達成」の面もあると見られる。

要するに自身が体得した妙法を南無妙法蓮華経の唱題として人々に示すことは、まさに前人未到の実践であり、それに踏み切ったことによって日蓮の宗教の重要部分が開示されたといえる。だからこそ、不測の事態によってそれが不可能になる事態が危惧されたのであろう。いずれにしても、建長五年の立宗宣言の意義は、今後、さらに深く解明されていく必要があろう。

ところで、唱題行の提唱はそれほど抵抗なく受け入れられたとしても、日蓮が念仏と禅宗を謗法として破折したことは、聴聞していた清澄寺の僧侶にとって大きな衝撃であったと思われる。

念仏は慈覚《じかく》大師以来、天台宗において広く行われてきた行法であり、さらに法然が創始した専修念仏は既に権力者から民衆まで広範な階層に流布しつつあった。そもそも日蓮の師である道善房も念仏の徒であった。また、禅宗は京都に対抗する文化を建設しようとしていた鎌倉幕府に受け入れられ、新たな体制仏教として着実に地歩を固めつつあった。その念仏と禅宗をともに否定するということは、ほとんど民衆と幕府権力の両方を敵に回すにも等しい極めて過激な言説として受け取られたことであろう。その説法は清澄寺全体を揺るがすような波紋を呼んだことと推定される。

3　清澄寺を退出

実際に日蓮の念仏・禅への破折は直ちに地頭東条景信《とうじょうかげのぶ》の耳に入り、景信の激しい反発を招くこととなった。「本尊問答抄」に、「故道善御房は師匠にておわしまししかども、法華経の故に地頭をおそれ給いて、心中には不便《ふびん》とおぼしつめらめども、外にはかたきのようににくみ給いぬ」（三七三頁）とあるように、師匠の道善房も景信を恐れて日蓮を保護できず、結局、日蓮は清澄寺を退出せざるをえない状況となった。「王舎城事《おうしゃじょうのこと》」に、「師にて候いし人、かんどう（勘当）せしかども」（一一三八頁）とあるように、道善房は対外的には日蓮に対して勘当《かんどう》の処分をとったのである。

このとき、日蓮幼少時の師で、兄弟子である浄顕房と義浄房は、景信の手を逃れるため東条郷の外にある西条花房《さいじょうはなぶさ》の僧坊（『元祖化導記』『日蓮聖人註画讃』は坊の名として「青蓮坊《しょうれんぼう》」の名をあげている。文永元年十一月に日蓮が道善房と再会した場所もその僧坊であり、「善無畏三蔵抄《ぜんむいさんぞうしょう》」には「西条華房の僧坊」と記されている）に日蓮を案内した。その働きに対して日蓮は後年、「日蓮が景信にあだまれて清澄山を出でしに、かくしおきてしのび出でられたりしは、天下第一の法華経の奉公なり」（「報恩抄」三二四頁）と賞賛している。

地頭東条景信が日蓮に対して危害を加えようとするほどの激しい反発を見せたことの背景には、景信自身が浄土教徒であったこともあるが、領家と清澄寺の支配をめぐって対立していた事情があったからであろう。先に述べたように、日蓮は両親の代から領家の保護を受けており、日蓮の遊学についても領家の援助があった可能性が高い。このような事情から、景信にとって、日蓮は敵対する領家側の有力な構成員と見られたことであろう。

清澄寺を巡る東条景信と領家の対立について、日蓮は領家を援助して領家の勝利をもたらした。このことについて「清澄寺大衆中」で、「東条左衛門景信が悪人として清澄のかいしし（飼鹿）等をかりとり、房々の法師等を念仏者の所従にしなんとせしに、日蓮敵《かたき》をなして領家のかとうど（方人）となり、『清澄・二間の二箇の寺、東条が方につくならば日蓮、法華経をすてん』と、せいじょう（精誠）の起請をかいて、日蓮が御本尊の手にゆいつけていのりて、一年が内に両寺は東条が手をはなれ候いしなり」（八九四頁）と述べられている。

この出来事について立宗宣言の前後のこととする説もあるが、同意しがたい。

東条景信と領家の争いとは、具体的には法廷における裁判である。この当時、領家と地頭の所領紛争は各地で頻発しており、それを管轄するのは鎌倉幕府の「問注所《もんちゅうじょ》」であった。したがって、その裁判闘争を指導するためには鎌倉の地にいなければならない。また先の文で「日蓮が御本尊の手にゆいつけて」とあるように（この文にある「が」は所有を示す助詞であって、主体を示す助詞ではない。日蓮が助詞の「が」を主体を示す意味で用いる例は少ない）、日蓮は自ら所持する仏像の手に祈願の文を記した紙を結びつけた。日蓮は立宗宣言の当時、まだ仏像を所有していない。日蓮が随身仏として持っていた仏像は、伊豆流罪の際、地頭伊東八郎左衛門尉が日蓮に献上したと伝承される釈尊の一体仏以外にない。したがってこの出来事は、詳しくは「小松原の法難」の章で述べるが、伊豆流罪赦免の後、鎌倉にいた時期と考えるのが妥当であろう。

4 「日蓮」の名乗り

『本化別頭高祖伝《ほんげべつずこうそでん》』によれば、立宗宣言に当たって日蓮は、それまでの「是聖房」の名を改め、「日蓮」と名乗った。それは文献上の根拠がない伝承ではあるが、立宗宣言後の御書がすべて「日蓮」の名をもってしたためられていることを見れば、ある程度、信憑性ある伝承といえるであろう。

「日蓮」の名乗りについて、日蓮は「寂日房御書」に、「一切の物にわたりて名の大切なるなり。さてこそ天台大師、五重玄義の初めに名玄義と釈し給えり。日蓮となのること、自解仏乗《じげぶつじょう》とも云いつべし」（九〇三頁）と述べている。

ここで「自解仏乗」とあることが重要である。「日蓮」の名乗りは、日蓮が他から教示されたのではなく、自ら仏の悟りに到達したことを意味している。この文は十六歳の時における悟りを裏づける文証の一つである。すなわち立宗の時点で、日蓮自身の内的な境地においては末法の衆生を化導する教主の自覚に立っていたことを「日蓮」の名乗りから推察することができる。創価学会の池田名誉会長は『法華経の智慧』第三巻で「日蓮」の名乗りについて「結論を言えば、お名前自体が、日蓮こそ末法の法華経の行者であり、御本仏であるとの大宣言なのです」（同書三〇二頁）と述べている。

「日蓮」の名については日蓮自身が「四条金吾女房御書」に、「明らかなること、日月にすぎんや。浄きこと、蓮華にまさるべきや。法華経は日月と蓮華となり。故に妙法蓮華経と名づく。日蓮、また日月と蓮華との如くなり」（一一〇九頁）と述べている。日蓮が根源の法（南無妙法蓮華経）と一体不二の人格である（人法一箇）という意義を「日蓮」の名に込めたと解せられる。

また法華経は、次のように末法弘通の教主である上行菩薩を「日月」になぞらえている。「日月の光明の能く諸の幽冥《ゆみょう》を除くが如く、斯《こ》の人世間に行じて能く衆生の闇を滅し、無量の菩薩をして畢竟して一乗に住せしめん」（法華経五七五頁）。

日蓮は「寂日房御書」で、「日蓮」の名乗りに関連してこの経文を引用し、次のように述べている。

「日蓮となのること、自解仏乗とも云いつべし。かように申せば利口げに聞えたれども、道理のさすところさもやあらん。経に云わく『日月の光明の能く諸の幽冥《ゆみょう》を除くが如く、斯《こ》の人世間に行じて能く衆生の闇を滅す』と。この文の心よくよく案じさせ給え。『斯人行世間《しにんぎょうせけん》』の五つの文字は、上行菩薩、末法の始めの五百年に出現して、南無妙法蓮華経の五字の光明をさしいだして、無明・煩悩の闇をてらすべしと云うことなり。日蓮はこの上行菩薩の御使いとして、日本国の一切衆生に法華経をうけたもてと勧めしはこれなり」（九〇三頁）

「上行菩薩の御使い」という謙遜の表現ながら、自身が一切衆生を導く末法の教主であることを示した文といえよう。

5　両親を化導

伝承によれば立宗宣言の後、日蓮は両親のもとを訪れ、法華経の信仰に帰依せしめた（『本化別頭高祖伝』）。そしてこの時、両親に「妙日」「妙蓮」の法号を授けたと伝えられる。

「父母、手をす（擦）りてせい（制）せしかども」（「王舎城事」一二三八頁）とあるように、両親は清澄寺での騒ぎを聞いて心を痛め、平穏な僧侶としての生活を送るよう要請したと思われるが、日蓮の強い信念と道理ある化導に接し、日蓮の教えに従うことを決意したのであろう。

後年、日蓮は「日蓮」の名乗りに関連して両親に触れ、その大果報を称賛している。それ自体が両親への報恩の表現と解せられる。

「かかる不思議の日蓮をうみ出だせし父母は日本国の一切衆生の中には大果報の人なり。父母となりその子となるも必ず宿習なり。もし日蓮が法華経・釈迦如来の御使いならば、父母あにその故なからんや。例せば妙荘厳王《みょうしょうごんのう》・浄徳夫人・浄蔵《じょうぞう》・浄眼《じょうげん》の如し。釈迦・多宝の二仏、日蓮が父母と変じ給うか。しからずんば八十万億の菩薩の生まれかわり給うか。また、上行菩薩等の四菩薩の中の垂迹《すいじゃく》か。不思議に覚え候」（「寂日房御書」九〇二頁）

立宗宣言の直後に日蓮が両親を導いたのは、清澄寺における立宗それ自体が父母・師匠などへの報恩の行為であったからであろう。「報恩抄」の冒頭には次のようにある。

「夫《そ》れ老狐は塚をあとにせず、白亀《はくき》は毛宝《もうほう》が恩をほうず。畜生すらかくのごとし。いわうや人倫をや。されば古《いにしえ》の賢者予譲《よじょう》といいし者は剣をのみて智伯《ちはく》が恩にあて、こう演と申せし臣下は腹をさいて衛《えい》の懿公《いこう》が肝《きも》を入れたり。いかにいわうや仏教をならわん者、父母・師匠・国恩をわするべしや。この大恩をほうぜんには必ず仏法をならいきわめ、智者とならで叶うべきか」（二九三頁）

仏法を習い究めた「智者」として立った日蓮は、父母・師匠・国土への報恩の意義を込めて、故郷の地で未聞の大法を宣言した。両親の化導を経て、日蓮は故郷でなすべきことを終え、鎌倉における弘教へと踏み出していったのである。

第五章　鎌倉での弘教

1　鎌倉進出の時期

清澄寺《せいちょうじ》を退出後、日蓮は鎌倉に出て、名越《なごえ》の松葉ケ谷《まつばがやつ》の地に草庵を構えて弘教を開始した。しかし、いつごろ鎌倉に出たのか、明確ではない。従来の伝承では建長《けんちょう》五（一二五三）年とされるが、建長六年春、あるいは建長八年とする説もある。この点については、まだ伝承を覆すほどの十分な根拠はないと判断し、今の時点では従来説をとっておきたい。

建長八年（六年）説の一つの根拠として覚鑁《かくばん》の「五輪九《ごりんく》字明秘密釈《じみょうひみつしゃく》」の金沢文庫本の存在が挙げられる。日蓮は建長三年に「五輪九字明秘密釈」を書写しているが、金沢文庫本が日蓮真筆写本をもとに建長六年に清澄寺で書写されたと推定されることから、建長六年の時点で日蓮がまだ清澄寺に留まっていたとするのである（寺尾英智「日蓮書写の覚鑁『五輪九字明秘密釈』について」『鎌倉仏教の思想と文化』所収）。

しかし、その推論は「五輪九字明秘密釈」の自筆写本を日蓮が建長六年の時点で所持していたこと、また金沢文庫本が日蓮真筆本から直接書写したものであることという二重の前提によっている。第一の前提については、貴重な資料である写本を日蓮が手元に置いていたとも考えられるが、それは絶対に確実なことではない。一つの可能性としては写本を寺の共有財産として清澄寺に残しておいたことも考えられる。第二の前提については、金沢文庫本が日蓮真筆本の写本からさらに書写したものである可能性もある。その場合には、日蓮が真筆本を所持していても、日蓮が建長六年に清澄寺にいたという根拠にはならない。

何よりも立宗宣言の後、日蓮は清澄寺から退出を余儀なくされるほど地頭東条景信《とうじょうかげのぶ》の激しい敵意を受けていたのであるから、建長六年に清澄寺に留まっていることは困難と見るべきではなかろうか。道善房は表向きにせよ日蓮を勘《かん》当《どう》したのであり、また清澄寺には東条景信に通じている僧侶も少なくないのであるから景信に知られずに日蓮を匿《かくま》うことは困難であろう。道善房が景信を強く恐怖していたことについて、「報恩抄」では次のように述べられている。

「故道善房は、いたう弟子なれば日蓮をばにくしとはおぼせざりけるらめども、きわめて臆病なりし上、清澄をはなれじと執せし人なり。地頭景信がおそろしさといい、提婆《だいば》・瞿伽利《くぎゃり》にことならぬ円智・実成が上と下とに居ておどせしをあながちにおそれて、いとおしとおもうとし

ごろの弟子等をだにもすてられし人なれば、後生はいかんがと疑わし」（三一三頁）

建長八年（六年）説は、この東条景信との対立事情について十分に考察していないという弱点がある。

建長八年（六年）説のもう一つの根拠としては「災難対《さいなんたい》治抄《じしょう》」の、「今この国土に種々の災難起こることを見聞するに、いわゆる建長八年八月より正元二年二月に至るまで、大地震、非時の大風、大飢饉・大疫病等、種々の災難連々として今に絶えず。大体国土の人数尽《つ》くべきに似たり」（八〇頁）の文の「建長八年八月」を鎌倉進出の時期と解釈することにある。しかし、これも一つの解釈に過ぎず、確実な根拠とは言い切れない。『吾妻鏡』によれば、建長八年八月六日には鎌倉で暴風雨による洪水、山崩れがあって多数の死者が出た。日蓮にとって、その災害の印象が特に強かったために上記の記述になったと解することもできる。

また、建長五年十二月九日に書かれたと推定されている富《と》木《き》常忍《じょうにん》への書状が残っている（「富木殿御返事」昭和定本一五頁）。その全文は次の通り。

「よろこびて御とのひと給わりて候。ひるはみぐるしう候えば、よるまいり候わんと存じ候。ゆうさり（夕去）、とり（酉）のときばかりに給うべく候。また御わた（渡）り候いて法門をも御だんぎあるべく候。

十二月九日　　日蓮
とき殿」

この書状では、常忍から迎えの人を寄こされたが、昼は差し障りがあるので、夕暮れ時になってから迎えの人を差し向けてもらいたいとしている。また、常忍の方から日蓮のもとにやってくる形で法門などを談義しようと述べている。

そこで、日蓮を招いた時の富木常忍の居宅の場所が問題になる。つまり、下総国八幡荘《しもうさのくにやわたしょう》の本宅か、鎌倉での役宅か、という問題である。

下総国の本宅と考える説もあるが、そのように断定できるだけの十分な根拠はない。やはり、これは鎌倉での役宅と考えるべきではないかと思われる。というのは、下総の本宅とすると、この時点で日蓮はまだ下総にとどまっていたことになる。しかし、清澄寺退出後、日蓮が房総地方にとどまっていたとするのには多くの疑問がある。

後に触れるように、当時、鎌倉幕府は鎌倉市中における僧侶の行動について厳しい監視体制を敷いていた。そこで、当局から要注意人物としてマークされることを避けるために昼間の行動を自制したと見るのが自然であろう。日蓮が昼間の行動を差し控えていた背景には、そのような状況があったと思われる。逆に、下総国八幡荘であったならば、そこは守護である千葉氏の支配下であるから、日蓮が昼間の行動を自制する理由は見いだしにくい。下総滞在説では、日蓮がなぜ昼間の行動を控えたのか説明できない。

清澄寺退出後、日蓮が下総に滞在したと考え難い一つの理由は、日蓮を敵視する東条景信の追及により、房総地方に留まるには多くの危険があったと考えられることである。日蓮が清澄寺を退出した際は、東条景信によって捕らえられる恐れがあり、兄弟子の浄顕房・義浄房が日蓮を守るために日蓮を隠しながら退出しなければならないほど緊迫した状況にあった。この時の浄顕房・義浄房の働きについて「天下第一の法華経の奉公」（三二四頁）であるとまで称賛していることを考えるならば、その時の状況がいかに危険なものであったがうかがわれる。

景信にとって日蓮は、世間的には荘園支配を巡って厳しく対立している領家側につく敵であり、その上、自身が信奉する念仏を全面的に否定している許すことのできない存在であった。その景信による加害の危険がある房総地方に日蓮がとどまる理由は見いだせない。もちろん、富木常忍がいる下総国にまで景信の権力が直接及んでいるわけではないが、それでも危険はなるべく回避するのが自然ではなかろうか。

また第二の理由としては、重大な決意をもって妙法弘通に踏み切ったからには、ただちに弘教の本拠地に向かったと思われるからである。

先に述べたように、立宗宣言は周到な準備のもとに決断された行動であった。当然、立宗のその時から厳しい反発が起こることは予想されており、立宗後の行動も十分に考えられていたと見るべきであろう。その後の行動について何の計画も戦略もなく、日蓮がやみくもに立宗したとは考え難い。立宗後も房総にとどまることに積極的な意味はなく、時間の空費でしかない。鎌倉での弘教は立宗以前から計画されていたと考えられ、清澄寺で弘教開始を宣言した後は、それほど時をおかずに鎌倉に向かったと見るべきであろう。

安房から鎌倉までの経路については、房総半島と三浦半島の間の航路は当時、既に確立されて活発な海運活動が展開されていたので、その航路をたどったものと推定される。日蓮が三浦半島に上陸した地点として『高祖年譜』は現在の横須賀市中心部に近い深田村米ヶ浜としているが、確証はない。

鎌倉進出の時期として『本化別頭仏祖統紀《ほんげべつずぶっそとうき》』は、建長五年十一月に弁阿闍梨日昭《べんあじゃりにっしょう》が松葉ケ谷の草庵を訪れて日蓮の門下となったと伝えている。この伝承によれば、それまでに日蓮が鎌倉に出ていたことになる。

2　松葉ケ谷の草庵

名越の松葉ケ谷に草庵を構えたことについて御書には明確な記述はない。「唱法華題目抄《しょうほっけだいもくしょう》」の末尾には「鎌倉名越に於いて書き畢《お》わんぬ」（一六頁）と記されているが、真筆は現存せず、写本によってはこの部分がないものもあるので、はっきりとした根拠にはならない。しかし、名越の松葉ケ谷には草庵跡と伝えられる寺院が三箇所あり（北から妙法寺、安国論寺、長勝寺）、鎌倉の他の場所に日蓮の草庵があったという伝承は皆無なので、名越の松葉ケ谷に草庵があったことはほぼ間違いないと思われる。

　草庵があったと伝えられる一帯は、名越切通しから若宮大路に通じている幹線道路（大町大路）に近い。大町大路と小町大路が交差する付近には米町、魚町と呼ばれる商業地域があり、町屋が建ち並んでいて民衆が多く居住していた。一般の人々がその場所を容易に訪れることができるという意味で、松葉ケ谷一帯は布教活動には極めて好適な場所といえる（地図①参照）。

　それでは草庵の場所は、どこに比定すべきであろうか。

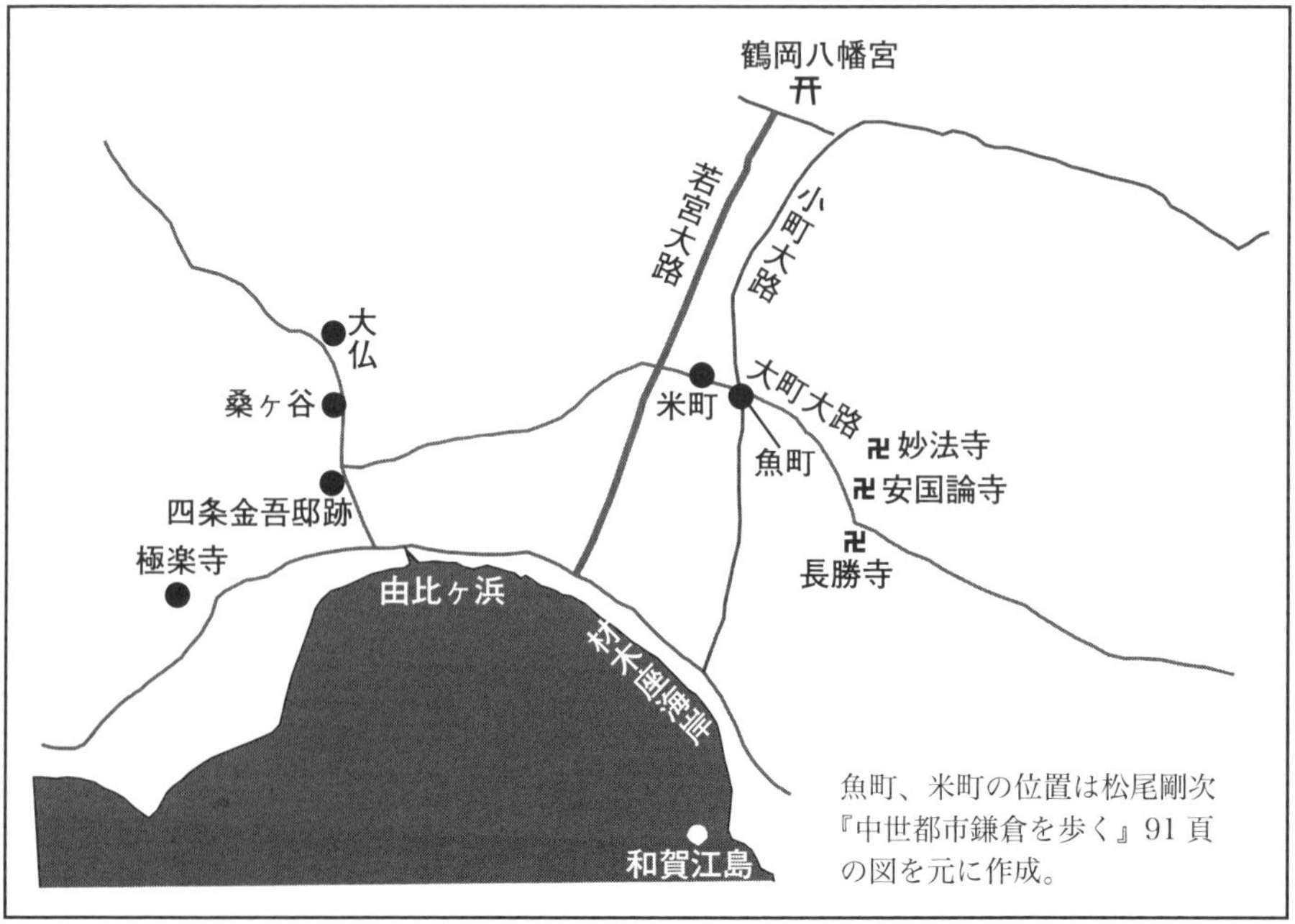

魚町、米町の位置は松尾剛次『中世都市鎌倉を歩く』91 頁の図を元に作成。

地図①　鎌倉図

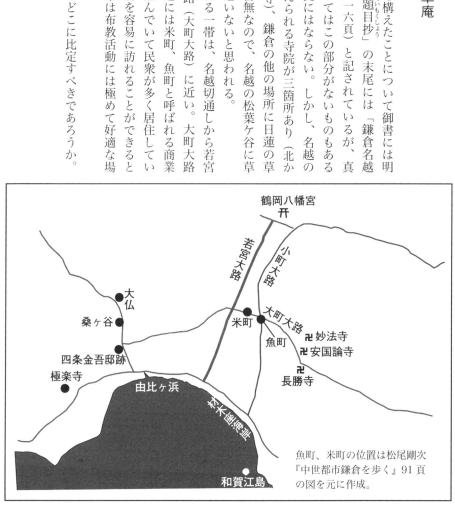

この問題を現地調査して考察した『鎌倉と日蓮大聖人』（鎌倉遺跡研究会編）は、結論として松葉ケ谷の草庵は一箇所ではなく、時期によって移動したと考えている。具体的には鎌倉に進出してから松葉ケ谷法難までの草庵は安国論寺の場所にあり、伊豆流罪赦免後から竜の口の法難までの時期は妙法寺の場所にあったと推定している。その結論は大要、肯定できると考える。

安国論寺の地点は、名越切通しに通じる大町大路から山側にすぐ入った場所にあり、人々の往来が容易であることから、弘教の拠点としてはもっとも適していると見られる。それに対して妙法寺は、さらに山側に入った場所で、草庵跡は山を登ったところにある。安国論寺に比べて妙法寺の方が人が訪れるのには不便だが、それだけ敵の襲撃は受けにくく、万一の際にも後ろがすぐに山の稜線なので避難が容易である。

このような状況から、日蓮は鎌倉に進出した当初は弘教の便宜を鑑みて安国論寺の地に草庵を構えたが、そこはあまりにも無防備な場所なので、松葉ケ谷法難と伊豆流罪を経て再び松葉ケ谷の地に拠点を構えた際には、より安全な妙法寺の地を選んだと考えられる。

ちなみに名越といっても、この地域は北条家の分家である名越家の所領ではない。鎌倉は将軍の直轄地であり、武家も社寺も土地を将軍から給付されていた。名越家の場合も、屋敷を構える場所として幕府から割り当てられたのが名越の地であったので名越家と称されるようになっただけであり、この地域を支配していたということではない。鎌倉の土地利用と建築について松尾剛次氏は次のように述べている。

「鎌倉に住むには土地の入手が必要だが、鎌倉内の土地は将軍のもので、それを将軍は御家人と寺社などに給付していた。それゆえ、商人や職人ら庶民は、御家人と寺社などから土地を借りる必要があった。庶民は、その土地に、礎石をおかず土の中に柱をそのまま埋めこんで建てる掘立柱建物を建てて住んだ。その柱には転用材（一度使われた古材）が使われた。その柱間の寸法は六尺六寸（二㍍）以下であった。部屋ごとに、または全体に建物内部を掘り下げ、外壁の裾を土中に埋めこんだものが多い」（『中世都市鎌倉を歩く』九四頁）

日蓮が住んだ建物は弘教の拠点とするための簡素な草庵であったから、おそらく庶民の住居とそれほど異なるものではなかったであろう。

先に述べたように、日蓮が恩顧を受けた「領家」とは名越家ではない。門下の四条金吾が名越家の一族である江間《えま》光時《みつとき》親子に仕えていたが、それ以外に日蓮と名越家の間に特別の関係があったと見ることはできない。日蓮が名越一族の援助を受けていたと見る向きもあるが、確かな根拠もない推測に過ぎず、賛同しがたい。そこで、日蓮の草庵が名越家の援助によって建てられたと見ることは誤りと考える（ちなみに「名越の尼」と呼ばれる女性信徒を名越家の女性とする説があるが、それは何の根拠もない謬説である。名越の尼とは、名越の地に住んでいた尼という意味で、名越家とは何の関係もない）。

日蓮が松葉ケ谷に草庵を構えたのは、周到な準備によると見るべきであろう。日蓮が十数年間に及ぶ遊学をするには領家などからの相応の経済的支援があったと見られるが、その経済的支援の延長に松葉ケ谷の草庵もあったと見ることができる。

伝承によれば安房から遊学に出て以来、鎌倉は日蓮にとって既に旧知の土地であり、遊学した寺院を中心にして、さまざまな人脈を得ていたと見られる。いうまでもなく、鎌倉は当時、武士政権の中心地であり、文化的にも京都・奈良に対抗する新文化の中心地にもなっていた。日蓮が日本全体に新仏教の波動を起こしていく電源地として鎌倉以上に適した場所はありえないであろう。立宗は報恩のために有縁の清澄寺で行うにしても、妙法弘通の展開は当然、日本全体に影響を及ぼすことのできる政治的・文化的中心地が選ばれなければならない。

そこで妙法弘通を決意するに当たって、日蓮は遊学中から既に立宗宣言の後には鎌倉で弘教を展開する計画をもっており、拠点となる草庵についても当然、かねてから培ってきた人脈を通して、しかるべき準備をしていたと考えるべきであろう。日蓮は社会情勢についても極めて正確・冷静な認識をもっており、弘教の開始という重要な問題について無計画に事を運ぶような人ではないからである。

3 都市・鎌倉

日蓮が松葉ケ谷の草庵で弘教を開始した当時、幕府の御所は当初の大倉御所から宇都宮辻子《うつのみやずし》、さらに若宮大路御所へと移転し、丈尺制《じょうしゃくせい》、戸主制《へぬしせい》、保《ほ》の制度など、京都と同様の統治システムが導入されていた（松尾剛次・前掲書四〇頁）。鎌倉の都市としての形成について『鎌倉市史』（総説編）は次のように述べている。

「鎌倉は平安時代には鎌倉郷といっていた国衙《こくが》領であった。それが頼朝が占拠してそこに幕府を開くと、鎌倉は全く幕府の私領となってしまった。（中略）都市鎌倉の市制として尤《もっと》も注目すべきは保の制である。辺鄙の農漁村であった鎌倉は幕府の開設によって御家人やその被官の集住を来たしたことは勿論であるが、その他多数の非御家人や雑人《ぞうにん》も来住して殷賑《いんしん》な市街を形成したのであった」（同書二一六頁）

保の制は京都のそれを真似たものであった。京都の保は戸数百二十八という定めになっていたが、鎌倉の場合は、そのような規制はなく、地域もかなり自由に区画されていたと考えられている（同書二一七頁）。一つ一つの保にはそれぞれ奉行人が置かれていた。保の奉行人は江戸時代の町名主《まちなぬし》のようなものであったと推定されている。また奉行人とは別に保には保の首長として「保司《ほうし》」があり、保司は課役などの行政面を扱っていたと考えられている。さらに保の奉行人を支配していたのは地奉行《じぶぎょう》であった。これは北条得宗家の被官が任命されており、江戸時代の町奉行のような役割を担っていたと推定される（同書二二五頁）。地奉行は、御家人とその所従を除く民衆（地下人《じげにん》・雑人《ぞうにん》）を支配していた。

また網野善彦氏は『吾妻鏡』などの史料をさらに詳細に検討し、次のように推論している。

「（1）地奉行は二名が並ぶのが原則であった。
（2）二名のうち、一名は政所《まんどころ》職員、他の一名は得宗被官であるのが、通例であった。
（3）地奉行の職掌は、鎌倉の『地』の打渡《うちわたし》、保々《ほほ》奉行人の統轄、それへのさまざまな指令の奉行であり、いわば鎌倉の市政の要をなす存在であった」（『日本中世都市の世界』一四六頁）

幕府は文暦《ぶんりゃく》二（一二三五）年に「追加法」を発令し、保々奉行人に対して頭巾《ずきん》で頭を包んだ僧徒が鎌倉中を横行するのを停止すること、魚鳥を食い、女人を招き、党類を結び、酒宴を好む念仏者の家を破却し、その身を追放することを命じている。このことは、裏返していえば、法令が禁じているような事実が広く存在していたこと、また保々奉行人が僧徒の行動まで厳しく監視することを求められていたことを推測せしめる。

このように鎌倉幕府は、地奉行・保々奉行人・保司などの職分を通して、政権の首都である鎌倉を隅々まで直轄・管理していたのである。

4 鎌倉幕府の宗教政策

日蓮が布教を開始した当時の鎌倉の宗教事情をうかがうためには幕府の宗教政策を確認しておく必要があろう。

幕府の宗教政策の基本は保護と統制にあった。保護の面は幕府法の基本である御成敗式目《ごせいばいしきもく》（一二三二年制定）の第一条と第二条に「神社を修理し祭祀を専らにすべき事」「寺塔を修造し仏事等を勤行すべき事」と規定していることにうかがうことができる。

統制の面は第二条の後半に、寺の財産を私的に貪り、役を勤めない者はその職を解くと定め、第四〇条で鎌倉の僧侶に対して許可なく官位を得ることを禁止していることなどに表れている。僧侶の寺院における役職も幕府の意向によって決定されていたのである。

要するに鎌倉幕府は自らの統治に有用と判断される宗教には保護を与え、そうでないものは禁圧の対象としたといえよう。平雅行《たいらまさゆき》氏が「鎌倉仏教論」（『岩波講座　日本通史8』所収）で指摘しているように、中世前期である鎌倉時代は一般的に政治・経済・軍事・技術などと宗教が未分化であり、社会の営み全体が宗教に覆われていた時代であった。

例えば、天皇は「転輪聖王《てんりんじょうおう》」とされ、また過去世において十善を積んだ功徳によって帝位に就くことができたと信じられていた。天皇の寝室に隣接した部屋には毎晩交替で複数の選ばれた護持僧が護持した。軍事面においても寺社による敵降伏の祈禱は武士による戦闘行為と同様の行為と考えられており、弘安の役で蒙古の軍勢が暴風雨で壊滅した後には蒙古調伏の祈禱を行った寺社に武士よりも優先して恩賞が与えられたほどである。経済行為にも宗教的色彩が濃厚だった。寺院が持つ荘園の農民は年貢を納めることが仏神に適う行為とされ、年貢の未納は仏神による罰を蒙ることとして宗教的な脅迫が加えられた。

このように社会全体が宗教性を帯びていた中で、鎌倉幕府は統治の妨げとなると判断された存在には厳しい禁圧を加えた。いわゆる僧兵による強訴《ごうそ》は禁圧の対象となり、文暦《ぶんりゃく》二（一二三五）年以降、一般僧侶が武器を携帯することを禁じた命令が繰り返し出されている。先に触れたように、治安維持のため僧侶の取り締まりはとくに鎌倉では強化された。

その一方で、幕府は自己の支配のために宗教勢力を活用した。安貞元《あんてい》（一二二七）年に将軍藤原頼経《ふじわらのよりつね》の病気の際には天皇護持僧と同様、将軍護持僧を定めた。それを担当したのは天台宗・真言宗の密教僧である。また、鶴岡《つるがおか》八幡宮寺などを「幕府御願寺《ごがんじ》」と定めて別当や供僧《ぐそう》を任命し、種々の祈禱を行わせた。それ以外の寺社についても、神社を含め、禅宗・律宗の寺院などを広く「関東祈禱所」と定め、朝廷と対抗する幕府独自の祈禱体制を編成していった。

天台宗・真言宗の保護は朝廷と同様であったが、幕府はそれとは別に独自に禅宗と律宗の保護・受容に努めた。禅宗を通して当時先端の中国文化を輸入し、律宗によって非人の労働力を活用して港湾や道路建設などを進める意図があったと考えられる。また、禅宗と律宗は密教とは別の新たな祈禱宗教として用いられた。

幕府の意図に従わない存在は警戒と禁圧の対象とされた。日蓮とその教団は、その代表的存在であったといえよう。

5　鎌倉に進出した諸宗の状況

（1）天台宗・真言宗

慈覚（第三代座主円仁《えんにん》、七九四〜八六四）・智証（第五代座

主円珍《えんちん》、八一四～八九一）以来密教化した天台宗と、当初から密教を標榜した真言宗は、台密（天台宗）・東密（真言宗）として祈禱宗教の中核となり、幕府の保護を受けた。

天台宗は伝教大師以来、東国に地盤を築いていたが、鎌倉幕府の開設に伴い、多くの僧侶が京都から鎌倉に下向し、将軍護持僧となったほか、鶴岡《つるがおか》八幡宮寺など幕府関係寺院の別当や供僧となった。延暦寺（山門）と園城寺（寺門）の両派のうち、幕府は園城寺系を厚遇したが、延暦寺系と対立していたわけではなく、延暦寺系とも協働関係にあった。真言宗も同様の保護を受け、東国に地盤を築いた。とくに台密・東密の密教僧が別当職を独占した鶴岡八幡宮寺は幕府の宗教的中心となり、例年多くの法会が将軍・執権の臨席のもと盛んに執行された。

（2）禅宗

鎌倉に禅宗をもたらした存在としては、中国に渡って宋朝禅を日本にもたらした栄西《えいさい》（一一四一～一二一五）が挙げられる。栄西は禅僧の一面を持ちながら鎌倉においては主に天台の密教僧として活動し、密教と禅を一体化した立場に立った。延暦寺から異端として迫害されて鎌倉に移り、幕府権力に祈禱僧として取り入った。北条政子が将軍家の菩提寺として寿福寺を創建した時、栄西は開山となり（一二〇〇年）、同寺は鎌倉における禅宗寺院の端緒になった。

禅宗が鎌倉に本格的に移入されたのは、執権北条時頼《ときより》が中国から渡来した蘭渓道隆《らんけいどうりゅう》（一二一三～一二七八）を開山として建長寺を建立してからである（一二五三年）。道隆がもたらしたのは密教から独立した純粋禅であった（ただし、密教による祈禱や念仏を否定せず、融和的態度をとった）。その後、幕府は兀庵普寧《ごったんふねい》・大休正念《だいきゅうしょうねん》・無学祖元《むがくそげん》・一山一寧《いっさんいちねい》などの中国の禅僧を招いて禅宗の移入に努めた。

幕府が禅宗の移入に努めた背景には、禅宗を通して先端の中国文化を受容し、京都に対抗して文化的自立を図ろうとしたのと、禅宗を新しい祈禱宗教として用いることにより従来の密教勢力を牽制しようした意図があったものと考えられる。

なお、中国に渡って曹洞宗を日本にもたらした道元（一二〇〇～一二五三）は、祈禱や念仏を否定し、在家成仏や女人成仏も否定する出家第一主義に立った。北条時頼の要請で鎌倉で一時的に布教したこともあったが、半年ほどで鎌倉を去り、世俗や民衆から背を向けて内面世界に閉じこもる観念的・逃避的態度に終始した。その結果、鎌倉の仏教界には見るべき影響を残していない。

（3）念仏宗

法然（源空《げんくう》、一一三三～一二一二）が起こした専修念仏は、鎌倉幕府の成立とともに鎌倉の地にも浸透していった。法然門下の中で鎌倉に念仏を弘めたのは、初めは覚明房長西《ちょうさい》(一一八四〜一二六六)の諸行本願義と、隆寛《りゅうかん》(一一四八〜一二二七、長楽寺流の開祖)の多念義(往生には多くの念仏を必要とするという教義)の門流であった。その中心になったのは、長西の弟子である道教《どうきょう》(道阿)と、隆寛の弟子である南無房智慶《ちぎょう》である。新善光寺を拠点とした道教は「関東往還記」(真言律宗の流祖叡尊《えいぞん》が弘長二〈一二六二〉年に奈良から鎌倉を往復したことの記録)に「念仏者の主領」と評されており、また新長楽寺に住した智慶について日蓮は「一代五時図」で、「南無房　一切鎌倉の人々」(六一七頁)として鎌倉における念仏者の中心者の一人としている。その後、法然の直弟子の一人で九州を中心に教線を張った聖光房弁長《べんちょう》(一一六二〜一二三八)に師事した良忠《りょうちゅう》(念阿、一一九九〜一二八七)が鎌倉に進出した。

長西は晩年の法然に師事した直弟子の一人であったが、法然の死後、天台・真言・禅などの教義を学ぶ中で、念仏だけでなく天台・真言などの諸行もすべて阿弥陀如来の本願であるという諸行本願義を立てるに至った。専修念仏が旧仏教の諸行を否定したために激しい弾圧を被ったことから、長西は念仏以外の諸行の意義を認め、既成勢力との妥協を図ったのである。その妥協によって長西の門流は京都や四国、鎌倉で独自の教団として定着することができた。ちなみに長西の弟子道教は日蓮と対論して破折され(「論談敵対御書」)、後に念仏の良忠、真言律宗の良観とともに日蓮を訴えるなどの行動を起こした(「行敏訴状御会通」)。

法然の直弟子である隆寛は、『弾選択』に対抗して『顕選択』を著したことから嘉禄《かろく》三(一二二七)年に奥州への流罪処分を受けたが、護送の途中で相模国飯山(神奈川県厚木市)に留められ、それが東国に専修念仏を弘める契機となった。

良忠は初めは比叡山で受戒した天台僧であったが、後に念仏に傾斜し、嘉禎《かてい》二(一二三六)年、九州で活動していた弁長の弟子となった。建長元(一二四九)年に関東に入り、後に千葉一族の外護を受けて常陸《ひたち》・上総《かずさ》・下総《しもうさ》の三国で活動した。京都周辺では比叡山など旧仏教勢力による弾圧が厳しかったため、迫害を受ける可能性が比較的低い関東を新たな基盤にしようとしたのであろう。

正元元(一二五九)年ごろ鎌倉に入った良忠は、当初、大仏勧進聖《かんじんひじり》の浄光《じょうこう》の援助を得て鎌倉に定着した。良忠が下総で念仏を弘めていたことは既に世間に知れ渡っており、また弁長以来の正統を主張している存在として注目されていた。しかし、長西や隆寛の流れが既に鎌倉に入っている状況下で良忠が鎌倉に基盤を獲得することは容易ではなく、良忠は有力者に接近し、北条氏の一族である大仏朝直《おさらぎともなお》の帰依を受けることによって急速に念仏勢力の中心的存在になっていった。

　文応元（一二六〇）年の「一代五時図」、文永元（一二六四）年の「当世念仏者無間地獄事」に日蓮は鎌倉の念仏者として道教や智慶の名は挙げているが、良忠の名は見えない。しかし、文永七（一二七〇）年頃の成立と推定される「浄土九品の事」には智慶や道教と並んで「念阿弥陀仏」として良忠の名が挙げられている。このことから、良忠は文永年間初期の数年間に念仏勢力の指導的地位を獲得したと推測できる。

　要するに、法然の時代に諸宗・諸行を否定する「専修念仏」を主張して弾圧を受けた念仏宗は、当初の先鋭的態度を改めて融和的となることで体制に順応し、教団としての基盤を確立していった。ちなみに北条一族の名門名越《なごえ》氏は隆寛の門流を保護して鎌倉に長楽寺などを建て、同様に北条一族の大仏《おさらぎ》氏は良忠を保護して悟真寺《ごしんじ》（後の光明寺）を創建した。

　なお法然の弟子であった親鸞《しんらん》（一一七三〜一二六二）は法然が立てた諸宗否定の立場をさらに徹底し、出家・在家の区別も否定して肉食妻帯を認める特異な教義を形成した（しかし、親鸞以後その門流は諸宗否定の立場を維持できず、親鸞の曾孫で本願寺を創建した覚如《かくにょ》は念仏以外の諸宗でも得脱できると説いて、法然や親鸞の立場を放棄し、諸宗との融和・共存を目指した）。親鸞の在世中は東国で小教団を形成したが、幕府の弾圧に遭い、日蓮の鎌倉布教当時、親鸞の門流は鎌倉にはほとんど足跡を残していない。日蓮の御書の中に親鸞の名が全く見られないのもその事情を示すものといえよう。

（4）律宗

旧仏教のうち、天台・真言の密教が鎌倉にいち早く進出したことは先に述べたが、その他に特筆すべき動きを見せたのは南都六宗の一つである律宗、中でも西大寺《さいだいじ》を拠点とした西大寺流律宗（真言律宗）である。その中心的存在は叡尊《えいぞん》（一二〇一〜一二九〇）と弟子の良観房忍性《にんしょう》（一二一七〜一三〇三）だが、鎌倉を中心に活動したのは良観で、日蓮迫害の最大の黒幕になった。叡尊は戒律の他、文殊菩薩信仰・釈迦念仏・光明真言などの雑多な信仰を導入して民衆への布教を図った。それ故、西大寺流律宗は奈良時代に鑑真《がんじん》が日本にもたらした律宗とは別個の教団になっていたといえる。

　西大寺流律宗の特色は非人救済を名目に非人を組織したことで、その労働力を用いて港湾・道路の建設などの事業を請け負い、幕府権力と結びついた。通行税徴収などの利権を得て隆盛を誇ったが、鎌倉幕府の滅亡とともに急速に衰退した。良観は日蓮との関連が深いので、「第十一章　竜の口の法難」の章で詳しく述べることにする。

6 初期の布教

松葉ケ谷に草庵を構えた当時の日蓮の布教はどのようなものであったであろうか。この点について古来、「辻説法」を行ったと伝えられているが、それは事実と考えるべきであろうか。

結論を先に述べるならば、辻説法の可能性がまったくないとは断定できないが、日蓮の布教方法としては、不特定多数を対象にする方法よりも、人脈をたどって拡大していく方法をとったのではないかと考える。

辻説法に対して否定的な見解になる理由としては、一つには御書の中に辻説法によって日蓮に帰依したという門下の例が一つも見られないことが挙げられる。基本的な弘教方式として辻説法を行ったのであれば、それを通して日蓮の門下となったという例が、たとえわずかであっても御書の記述の中に見られるはずであろう。その例が皆無であるということは、やはり辻説法の方式を採用しなかったと見るのが自然ではないかと思われる。

次に、先に鎌倉の状況について見たように、当時の鎌倉は幕府権力の強い管理統制下にあり、辻説法のような行動があれば直ちに権力から規制・監視される対象になったと考えられるからである。

もちろん日蓮は、後に「立正安国論」を最高権力者の北条時頼に提出して国主諫暁を行ったように、権力といささかも妥協することなく対峙したが、それは相当の準備と重大な決意のもとに初めてなされた行動であって、弘教の当初から当局からマークされるような行動に出たとは考えにくい。鎌倉進出の当初から権力側から危険人物視されたのでは妙法弘教の目的は達せられないからである。日蓮の冷静・周到な性格から考えるならば、弘教の当初であるからこそ慎重な行動をとったであろう。それ故にこの時期の弘教は、松葉ケ谷の草庵か人脈のある人物の自宅における「論談」によったと考える。

7 初期の門下

鎌倉進出後まもない時期に日蓮の門下となった人々としては、僧侶では日昭《にっしょう》（一二二一～一三二三）、日朗《にちろう》（一二四五～一三二〇）、在家信徒では富木常忍（一二一六頃～一二九九）、四条頼基《よりもと》（一二三〇頃～一三〇〇）、池上宗仲《むねなか》（?～一二九三）・宗長《むねなが》兄弟、工藤吉隆《くどうよしたか》らがいる（池上宗長・工藤吉隆の名は伝承によるもので確実ではない）。

日昭は『御書略註』などによれば、承久《じょうきゅう》三（一二二一）年、下総国海上郡能手《ので》郷で印東祐昭《いんどうすけあき》の次男として生まれた。家督を相続した兄の他は、長姉は池上左衛門太夫康光《やすみつ》の妻で宗仲・宗長兄弟の母であり、平賀有国《ひらがありくに》に嫁した妹は日朗の母であったと伝えられる。またこの妹は、有国の死後、再婚した平賀忠晴《ただはる》との間に日像《にちぞう》・日輪《にちりん》の二人の子をもうけている（この二人は日朗の門下となった）。つまり、この伝承によれば、日昭は池上兄弟や日朗・日像・日輪らにとって叔父にあたる存在であった。

日昭は十五歳のとき、近くの天台宗寺院に上って出家し、成弁《じょうべん》と名乗った。後に比叡山延暦寺に赴き、学僧として天台学の修学に努めたと伝えられる。

『高祖年譜攷異《こうい》』が比叡山において日昭と日蓮が同学であったとしていることからもうかがえるように、日昭と日蓮の接点は比叡山での遊学時代にあったと考えられる。年齢がほぼ同じであることに加えて出身地が下総国と安房国という同じ房総方面であることも二人を結びつける要素となったであろう。また『御書略註』は、日蓮は叡山に遊学中に日昭に対して宗旨建立の趣旨を内々に伝え、師弟の契りを結ぶ約束をしていたとする。日昭が立宗まもない時にいち早く鎌倉の日蓮を訪ねて門下となった背景には、それだけの強い人間関係があったと考えられるので、『御書略註』の記述はそれほど事実から離れていないであろう。

あえて想像するならば、日昭は叡山滞在中に日蓮の人格と学識に強く魅了され、日蓮が鎌倉で活動を開始するのであれば、ただちに合流して弟子として活動を共にする意志を表明したのではなかろうか。清澄寺で立宗宣言した後には鎌倉に出て、松葉ケ谷に拠点を構えて活動していく計画についても日昭は日蓮から伝えられていたとも考えられる。日昭は日蓮に深く傾倒して師弟の礼をとったが、日蓮は年長の日昭に対して「弁殿《べんどの》」と敬称をもって呼んでいた。このようなところにも、師弟であることは前提とした上で、二人の間に同学という同志的な心のつながりがいかほどかあったことがうかがえる。

『本化別頭仏祖統紀《ほんげべつずぶっそとうき》』によれば、建長六（一二五四）年十月には日昭の甥である十歳の少年が父親に連れられて松葉ケ谷の草庵を訪れ、日蓮のもとで得度した。その少年が日朗である。筑後房《ちくごぼう》と称し、弘安年間以降、日蓮より阿闍梨号を与えられ、大国《だいこく》阿闍梨と称した。彼の入門の背景には日昭との俗縁があったことはいうまでもない。日朗の父平賀次郎有国について詳細は不詳だが、少なくとも日朗の得度には日朗自身の意志とともに父有国の意志が働いていたと見られる。日蓮の人となりについて平賀有国はかねてから義兄である日昭から聞いていたであろうし、「義兄が師とする人であるならば」との信頼感から、日蓮を我が子の得度の師と定めたのであろう。

日昭と日朗の二人は日蓮在世中に鎌倉に自らの拠点を構えて後の寺院とした（その時期は日蓮の身延入山後と推定される）。日朗所有の坊が発展したのが松葉ケ谷に隣接する比企ケ谷《ひきがやつ》の妙本寺である。日朗所有の坊が最初から比企ケ谷にあったのかどうか確定できないが、その可能性も否定できない。

また日昭も鎌倉に自らの坊を持っていた。この点については弘安二（一二七九）年の「両人御中御書」に日朗と池上宗仲の二人に対し、亡くなった大進《だいしん》阿闍梨の坊を壊し、日昭の坊を修理して広くするよう日蓮が指示していることからもうかがい知ることができる（一一〇一頁）。日昭の坊は鎌倉の浜土にあり、それが法華寺（後に妙法華寺と改称）となった。

このほか、この当時、門下となった弟子として、三位房《さんみぼう》と大進阿闍梨があったとされる。三位房も大進阿闍梨も下総出身とされることから、その地縁によって日蓮の門下となったと考えられるが、入門の時期について確証はない。

三位房は文永六（一二六九）年頃から京都に遊学した学僧であり、建治年間には日蓮から三位阿闍梨と阿闍梨号をもって称された（「教行証御書」一二八三頁）ほど教団内で重きをなした存在であったが、熱原法難の際に退転して急死している。

大進阿闍梨は、文永八年の「五人土籠《つちろう》御書」に、「大進阿闍梨は、これにさた（沙汰）すべきこと、かたがたあり」（一二一二頁）とあることから、日昭と同様、日蓮の門下となったとき既に阿闍梨号を持つ年配の僧であったと推測される。弘安二年の「曾谷殿御返事」に、「故大進阿闍梨のこと、なげかわしく候えども」（一〇六五頁）と、大進阿闍梨の死去を悼む文があることから、曾谷氏と縁故があったとも考えられる。

在家の信徒としてもっとも早く日蓮の門下となった人としては富木常忍がある。先に引いた建長五年十二月九日成立と推定される「富木殿御返事」（昭和定本一五頁）によるならば、この時すでに常忍は日蓮の門下となっていた。

中山法華経寺で発見された「天台肝要文」の紙背文書によれば、常忍は下総国の守護千葉《ちば》頼胤《よりたね》に仕え、所領関係の事務を担当していた有力な家臣であった。「忘持経事《ぼうじきょうじ》」に、「朝《あした》に出でて主君に詣で、夕べに入って私宅に返り」（九七七頁）とあることから、下総にあっては主君の館と自宅を往復する生活をしていたことが分かる。また、下総国の本宅とは別に鎌倉にも役宅があり、先の「富木殿御返事」が示すように、そこで日蓮との交流があったと推測される。

常忍が日蓮の門下となった時期については日蓮の鎌倉進出以後と考えるのが一般的な見解であるが、日蓮の鎌倉進出と常忍の入信の時期がきわめて接近していることから、富木常忍が立宗宣言以前から日蓮と何らかの接触をもっていたとする説もある。その裏づけとされるのが弘安二年執筆とされている「富木殿女房尼御前御書」の次の文である。

「とうじ（当時）とてもたのしきことは候わねども、むかしはことにわびしく候いし時よりやしなわれまいらせて候えば、ことにおんおもく（恩重）おもいまいらせ候」（九九〇頁）

この文から、日蓮の遊学中より常忍は日蓮と何らかの繋がりがあり、日蓮を援助していたとも考えられるからである。下総国の守護千葉氏の有力被官であった常忍が安房国の領家を介して日蓮に繋がる可能性も否定できない。

しかし、このこの文の「むかし」を遊学中ではなく、鎌倉進出直後の時期ととることも可能であり、その場合には常忍は鎌倉進出直後の日蓮を援助してきたという意味になる。いずれにしても、富木常忍はもっとも早い時期に日蓮に帰依した在家信徒と位置づけられる。

『本化別頭仏祖統紀』によれば、建長八（一二五六）年、四条頼基（金吾）、進士義春《しんじよしはる》、工藤吉隆、池上宗仲が日蓮の門下となった。彼らは以前から松葉ケ谷の草庵などで日蓮の示教に接し、その結果、入信に至ったと伝えられる。

四条金吾は北条朝時《ともとき》が開いた北条一族の名門名越家に仕える家臣であった。父の頼員《よりかず》も朝時に仕えていた。四条家は、北条家が伊豆にいた当時からの家臣で、伊豆に領地があったとされている。建長五年当時、金吾は二十七歳前後の青年であった。

『仏祖統紀』は、四条金吾、工藤吉隆、池上宗仲らはそろって蘭渓道隆のもとに参禅に通っていたと伝える。彼らがこの時期に相次いで日蓮の門下となった背景には、相互の人間関係が働いていたことであろう。

なお、四条金吾の入信には母親の影響があった可能性もある。文永八（一二七一）年七月の「四条金吾殿御書」には次のようにある。

「かかる日蓮が弟子・檀那となり給う人々、ことに今月十二日の妙法聖霊《しょうりょう》は法華経の行者なり、日蓮が檀那なり。いかでか餓鬼道におち給うべきや。定めて釈迦・多宝仏・十方の諸仏の御宝前にましまさん。これこそ四条金吾殿の母よ母よと同心に頭をなで悦びほめ給うらめ。あわれ、いみじき子を我はもちたりと釈迦仏とかたらせ給うらん」（一一一二頁）

この文によれば、金吾の母は日蓮の熱心な信徒であった。母親と金吾のどちらが先に日蓮の門下となったかは不明であるが、一つの可能性としては母が先に日蓮に帰依し、その影響で金吾が日蓮の門下となったことも考えられる。四条金吾は鎌倉の在家信徒の中心的存在として活躍することになるが、彼が信仰を深めていった背景には純真な信心を貫いた母の存在もあったのではなかろうか。

8　初期の著述

日蓮の鎌倉における活動は、「立正安国論」の執筆・提出が区切りとなる。そこで、ここでは鎌倉進出から安国論執筆の決意を立てるまでの初期の著述について、主なものを取り上げることとする。

（1）「蓮盛抄」（禅宗問答抄）

この時期の著述の特徴として、諸宗に対する破折や一般仏教の大綱を整理するものが目立つ。立宗の時期の執筆とされる「蓮盛抄《れんじょうしょう》」は、禅宗破折の論点を整理したもので、「禅宗問答抄」とも称される。

「蓮盛抄」の書名は、蓮盛という人物に宛てられた故とされるが、本抄の内容は消息というよりも論文というべきものになっている。

本抄では禅宗が依経とする大梵天王問仏決疑経《だいぼんてんのうもんぶつけつぎきょう》が偽経であることを確認するところから始まり、「本分の田地」「是《ぜ》心即仏即身是仏《しんそくぶつそくしんぜぶつ》」「教外別伝不立文字《きょうげべつでんふりゅうもんじ》」などの禅宗の教義を取り上げ、それらがいずれも何の根拠ももたない邪義であることを強調している。

ここで顕著なのは、経典の文証を重視していることで、その点は「仏は文字をもって衆生を度し給うなり」（一五三頁）、「もし文字を離れば何をもってか仏事とせん」（同頁）などの文にうかがうことができる。経典の文をもって仏教を判断する在り方は日蓮が修学時代から終始一貫してとった態度であり、釈尊・天台・伝教という仏教の正統を貫くものであった。この点については「聖愚問答抄」に次のように述べられている。

「教主釈尊、雙林最後の御遺言《いげん》涅槃経の第六には、依法不依人とて普賢・文殊等の等覚已還の大薩埵《だいさった》、法門を説き給うとも経文を手に把《と》らずば用いざれとなり。天台大師の云わく『修多羅《しゅたら》と合するものは録してこれを用いよ。文無く義無きは信受すべからず』文。釈の意は経文に明らかならんを用いよ。文証無からんをば捨てよとなり。伝教大師の云わく『仏説に依憑《えひょう》して口伝を信ずること莫れ』文、前の釈と同意なり」（四八一頁）

また「蓮盛抄」で顕著に見られることは、自身の心を基準にする「主観主義」を厳しく排除していることである。それは「心の師と作《な》って心を師とせざれ」との涅槃経の文を引いて、「愚癡無懺《むざん》の心をもって即心即仏と立つ。あに未得謂得《みういとく》・未証謂証《みしょういしょう》の人に非ずや」（一五二頁）と破折しているところに明瞭に示されている。

仮に悟りを得たという心理状態になったとしても、それが自己の主観だけにとどまって客観的な現実の裏づけが伴わなければ、それは単なる「妄想」の類いに過ぎず、真実の悟りということはできない。この点は「諸宗問答抄」にも禅宗を破折して、「譬えば民の身として国王と名乗らん者の如くなり。（中略）また瓦礫《がりゃく》を玉と云う者の如し。石瓦を玉と云いたりとも曾《かつ》て石は玉にならず。汝が云う所の即身即仏の名目もかくの如く有《う》名《みょう》無《む》実《じつ》なり」（三八〇頁）と述べていることと同一の趣旨である。

「蓮盛抄」の、「禅宗は理性《りしょう》の仏を尊んで己れ仏に均《ひと》しと思い、増上慢に堕つ。定めてこれ阿鼻の罪人なり」（一五二頁）の文は禅宗の根底を断破した言葉である。仏としての力用、内実をもたない自己を直ちに仏に等しいとする慢心こそが禅宗の本質だからである。

このように「蓮盛抄」には、禅宗の破折を通して、文献や現実の客観性を重視していく日蓮の根本的な宗教観が表れている。なお、本抄で禅宗と対比して日蓮が主張しているのは「法華宗」の立場であり、いわゆる権実相対を軸とし、種脱はもちろん本迹の相違についてはいささかも触れられていない。それは、諸経に対する法華経の卓越性を前面に打ち出した初期の化導の在り方を示すものとなっている。

（2）「一生成仏抄」

建長七（一二五五）年頃の成立とされる「一生成仏抄」の強調点は、南無妙法蓮華経の唱題と一生成仏にあると解せられる。この点は以下の文にうかがうことができる。

「妙法蓮華経と唱えたてまつれば衆生本有《ほんぬ》の妙理を観ずるにてあるなり」（三八三頁）

「深く信心を発《おこ》して日夜朝暮にまた懈《おこた》らず磨くべし。何様にしてか磨くべき。ただ南無妙法蓮華経と唱えたてまつるをこれをみがくとは云うなり」（三八四頁）

「この旨を深く信じて妙法蓮華経と唱えば一生成仏さらに疑いあるべからず」（同頁）

一生成仏の強調は三年後の正嘉《しょうか》二（一二五八）年の作とされる「十如是事」「一念三千法門」の次の諸文にも見られる。

「この覚りに入って仏を顕すほどは久しき様なれども、一生の内に顕して我が身が三身即一の仏となりぬるなり。この道に入りぬる人にも上中下の三根はあれども、同じく一生の内に顕すなり。（中略）これも上中下の差別ある人なれども、同じく一生の内に諸仏如来と一体不二に思い合わせてあるべきことなり」（「十如是事」四一一頁）

「法華経の行者は如説修行せば必ず一生の中に一人も残らず成仏すべし。譬えば春夏田を作るに早晩《わせおく》あれども一年の中には必ずこれを納む。法華の行者も上中下根あれども必ず一生の中に証得す」（「一念三千法門」四一六頁）

一生成仏を強調する意義の一つには、念仏破折があると考えられる。すなわち、死後に極楽浄土に往生し、その後に成仏するとする念仏の教義に対し、今世における成仏を説くことによって、唱題の優越性を示す趣旨である。

「一生成仏抄」の、「衆生の心けがるれば土もけがれ、心清ければ土も清しとて、浄土と云い穢土《えど》と云うも土に二つの隔てなし。ただ我等が心の善悪によると見えたり。衆生と云うも仏と云うもまたかくの如し。迷う時は衆生と名づけ、悟る時をば仏と名づけたり」（三八四頁）の文も、娑婆世界を穢土とし西方を浄土とする浄土教の破折となっている。

日蓮は鎌倉に進出してから、松葉ケ谷の草庵を拠点に諸宗への破折を展開した。建長六、七年の時期の御書を概観してみても、折伏の実践を裏づける諸宗批判の内容が顕著である。中でもこの時期は浄土教と禅宗への破折に重点が置かれていることが分かる。

（3）「不動愛染感見記」

なお、この時期の成立とされるものに「不動愛染感見記《ふどうあいぜんかんけんき》」がある。日蓮の真蹟とされるものが保田妙本寺にあり、そこには建長六年六月二十五日の日付がある。本書は一般には日蓮の真書とされているが、疑問点もあり、むしろ真偽不明として図像学などの観点を含めて改めて検討すべきであろう。

仮に真書として扱うならば、本書は日蓮が愛染明王と不動明王を感見した自身の宗教体験を記したものである。そこでは愛染明王と不動明王ともに日蓮が感見したと見られる図像が梵字とともに記され、また、「大日如来より日蓮に至る二十三代嫡々《ちゃくちゃく》相承　建長六年六月二十五日　日蓮、新仏に授く」（昭和定本一六頁）と述べられている。

本書については多くの問題が残されているが、ただ『本化別頭仏祖統紀』には次のように記されている。『仏祖統紀』自体があまり信用できるものではなく、文意不明の箇所もあるが、一つの資料として掲げておく（原文は漢文）。

「去る正月朔旦《さくたん》日蝕の時、生身の愛染明王、大日宮の中、儼《げん》として現前在す。また十五日より十七日に至って大月宮の中、生身の不動明王、天照皇宮、座を並べて儼然たり。真言家の伝法潅頂、日蓮もまた大日如来嫡嫡相承二十三代なり。所稟《しょほん》の人を呼んで新仏子となすなり。叡山にしていまだ之を承けずや。弁言《い》わく、吾これをいまだ承けず。愛染・不動、皇太神、日月輪中の盛儀その相いかん。高祖曰わく、一時話を助くるのみ。他日、高祖自ら輪中の盛儀を図出して弁闍梨に示して曰わく、真言は畢竟《ひっきょう》、不空・恵果《けいか》の証語《おうご》、実に取るに足らず。我、別頭《べつず》の法を唱えて初めて尊容を拝す。維図維見よ。昭闍梨の言わく、願わくばこの尊毫襲什して之を拝せん。高祖、筆を呼んで書して曰く、生身の愛染明王拝見正月一日日蝕の時、生身の不動明王拝見、十五日より十七日に至る（傍らに呪文を加う）。大日如来より日蓮に至って二十三代嫡嫡相承、建長六年六月二十五日、日蓮、新仏に授く。かつ告げて曰わく、新仏とは汝昭なり。戯れに旧妄を弄し、興を遣すなり。丙丁子に耳附せよと。昭闍梨その親密を忝くして感涙頂戴す（この日月の二図、乱国に展転して今、房の保田妙本寺に在り。近年梓行す。見者あるいは惑潮もまた身延の秘笥を捜るにあらずんば疑網裂けず、故に書す）」（同書九〇頁）

愛染明王と不動明王を示した絵図は日と月に相当している。不動明王の絵図には月を象徴する兎と雲が描かれ、愛染明王の絵図には日輪の光彩が描かれている。『仏祖統紀』は、「新仏」とは門下の日昭を指すとする。日蓮が愛染と不動を感見したのは建長六年の正月であるが、しばらく日昭に対してもそのことについて語らず、後に自ら愛染・不動の絵図を書いて日昭に示したという。本書の日付は六月二十五日であるから、『仏祖統紀』によるならば約半年近く日蓮は自らの体験を胸中に温めていたことになる。

それにしても「大日如来より日蓮に至る二十三代嫡々相承」とは何を意味しているのであろうか。この大日如来とは通途、真言宗で本尊とする大日ではなく、むしろ宇宙根源の仏を指していると見るべきであろう。その仏から嫡々相承を受けたということは、日蓮自身が根源仏と一体の仏であることの表現と解することもできる。

そして日昭に対して日蓮が授ける「新仏」に当たるとしていることは、日蓮自身はもちろん、日蓮の門下もまた根源仏に連なる仏であるとの趣旨と解することもできる。「御義口伝」の、「無作《むさ》の三身の当体の蓮華の仏とは日蓮が弟子・檀那等なり。南無妙法蓮華経の宝号《ほうごう》を持ち奉る故なり」（七五四頁）などの文に端的に示されている「妙法を持ち行ずる日蓮門下こそが仏である」との見解が既に表れていると見ることもできよう。

不動明王と愛染明王は、日蓮が図顕した曼荼羅本尊においてほとんど例外なく記されている。文永八年の佐渡流罪の際、本間六郎左衛門の館にとどめ置かれた時に初めて図顕された曼荼羅（楊枝《ようじ》本尊と称する）は、題目と日蓮の名が示されているのみで十界の存在は省略されているが、そこにおいても不動・愛染は梵字によって記されている。そのような事実から、不動・愛染は日蓮の曼荼羅本尊において極めて重要な意義を持つと考えられる。

ちなみに曼荼羅における不動・愛染の意義については日興門流の相伝である「本尊三度相伝」に次のように述べられている。

「二明王のことは、愛染王は煩悩即菩提の体なり。この色赤きは淫欲の色なり。この淫欲即ちこれ道と観ずれば明王なり。さて不動明王は生死即涅槃の体なり。その色黒きは界内険氷・生死黒業を改めざる即ち不動明王なり。されば、愛染は恵なり、不動は定なり。この愛染・不動は何物ぞ。定恵の二法なり。この定恵の二法は何物ぞ。

我等が境智の二法なり。我等が境智の二法何物ぞ。ただこれ我等が本分の妙法なり。ここをもって経には歓喜して愛敬し能く千万種善巧《ぜんぎょう》の語言をもって分別し演説し法華経を持つ故とも説き、また云わく無量義処三昧に入って身心動ぜずとも説けり。されば、我等が煩悩愛染する時も妙法と唱うれば即ち菩提の明王なり。我等が生死の動転する時も妙法と観ずれば即ち涅槃明王なり。全く愛染・不動とて別体なし。ただこれ我等が色心、境智・定恵の妙法これなり」(『富士宗学要集』第一巻三七頁)

「本尊は皆漢字なり、何ぞ不動・愛染の二尊を梵字に書くやと云わるるは、大師、悉曇《しったん》梵字を知る故に梵漢に通ずる義を顕したまう」(同三九頁)

「問うて云わく、至心敬礼し本尊を拝見するに、皆もって漢字なり。何ぞ不動・愛染に限って西天の梵字を用うるや。答えて云わく、異説有りといえどもしばらく一義を述ぶ。不動・愛染の自体、梵字に於いて利益すべき故に漢字を略して梵字を載せ、例せば陀羅尼品咒の如き梵音を聞いて得益すべき故に直ちに梵語を説いて漢語に翻ぜず。これに准じて知るべし云々」(同四一頁)

日蓮が曼荼羅本尊の相貌を感得したことについて、いわゆる「明星直見の相伝」が日興門流に伝えられている。それは「御本尊七箇相承」に、「明星直見の本尊のこと、いかん。師の曰わく、末代の凡夫、幼稚のために何物をもって本尊とすべきと虚空蔵に御祈請ありし時、古僧示して言わく『汝等《なんだち》が身をもって本尊と為すべし。明星の池を見給え』とのたまえば、即ちかの池を見るに不思議なり、日蓮が影、今の大曼荼羅なり云々。このことを横川《よかわ》の俊範《しゅんぱん》法印に御物語りありしを、法印、讃歎して言わく『善哉《よいかな》々々。釈迦古僧に値《あ》い奉って塔中に直授せるなり。貴し貴し』と讃められたり。日興は浪の上にゆられて見え給いつる処の本尊の御形なりしをば能く能く似せ奉るなり。よって本尊書写のこと、一向《いっこう》日興これを書写し奉る可きこと勿論なるのみ」(同三二頁)と示されている。

また、この相伝について大石寺第二十六世日寛《にちかん》は「取要抄文段」で次のように述べている。

「問う。蓮祖日蓮、我が身は法華経の題目なりと知ろしめし、久遠元初の自受用身《じじゆゆうしん》と顕れたまう文理はいかん。

答う。吾が祖は諸宗遊学の間に普く一代聖教の淵底を究め、滅後弘教の次第を検す。すべて八宗の奥義を尽くして、末法流布の深秘を暁《あき》らむ。御年三十二歳、建長五年癸丑《みずのとうし》の春のころ、再び故郷に帰り、末法の本尊を祈りたまうに、四月二十八日の暁天に、古僧示して云わく『汝が身をもって本尊と為すべし』と。即ち明星池を見たまえば、不思議なり、蓮祖の影即ち今の大曼荼羅なり。この時、正しく我が身は法華経の題目なりと知り、朝日に向かって始めて南無妙法蓮華経と唱え、しかる後、無

量の巨難《こなん》を忍び、三大秘法を弘む」（『日寛上人文段集』六〇一頁）

「御本尊七箇相承」によれば曼荼羅の相貌の感得は比叡山に遊学する前、「取要抄文段」によれば遊学終了後、立宗宣言当日の早朝ということになる。時期の相違の問題は残るが、いずれにしても、それらの伝承によれば、日蓮は建長六年の時点では既に曼荼羅本尊の相貌について感得していたことになる。また日興門流において、曼荼羅本尊を日蓮と一体不二とする信仰が成立していたことが分かる。「不動愛染感見記」が真書であるならば、そこに示された宗教体験は、後に図顕される曼荼羅本尊の相貌と密接な関連があるというべきであろう。

第六章　「立正安国論」

1　「立正安国論」成立の経緯

日蓮の鎌倉での弘教は、僧俗の門下が何人か誕生するなど、着実に展開されていった。そして日蓮の実践は、「立正安国論」の提出による国主諫暁という新しい段階に入っていく。

「立正安国論」の完成と提出は文応《ぶんおう》元（一二六〇）年であるが、執筆の契機となったのは三年前の正嘉《しょうか》元（一二五七）年八月二十三日に起きた大地震であった。この点は文永六（一二六九）年執筆の「立正安国論奥書」によって裏づけられる。すなわち同書には、「文応元年［太歳庚申］これを勘《かんが》う。正嘉よりこれを始め、文応元年に勘え畢わる。去ぬる正嘉元年［太歳丁巳］八月二十三日戌亥《いぬい》の尅《こく》の大地震を見てこれを勘う。その後、文応元年［太歳庚申］七月十六日をもって宿屋禅門に付して故最明寺入道殿に奉れり」（三三頁）と記されている。

『吾妻鏡』によれば、この地震で鎌倉の神社仏閣の建物でも一つとして損害を受けないものはなかった。山崩れが起き、民家は全て倒壊した。所々で生じた地割れからは地下水が噴出し、下馬橋《げばばし》付近では地割れから青色の炎が上がったという。九月まで余震が続き、九月二十四日には余震で将軍御所の東と南の築地が崩壊した。

日蓮が草庵を構えた名越《なごえ》の松葉ケ谷《まつばがやつ》は米町、魚町など庶民が居住していた商業地域に隣接しており、日蓮は、当然、地震の大被害を直接に体験し、悲惨な状況を目にしたことと思われる。まして名越の地には仁治《にんじ》三（一二四二）年の墓葬礼によって定められた葬送地があり（石井進「中世都市鎌倉研究のために」『三浦古文化』二六号所収）、当然、多くの死者も目にしたであろう。

しかも、この年、鎌倉を襲った地震はこれだけではなく、五月十八日と八月一日にも大地震が起きていた。大雨による洪水、大火災、伝染病の流行などの災害が続き、正嘉二（一二五八）年からは全国で飢饉が深刻化した。安国論の冒頭に記されている「近年より近日に至るまで、天変地夭・飢饉疫癘遍く天下に満ち、広く地上に迸《はびこ》る。牛馬巷に斃《たお》れ、骸骨路に充てり。死を招くの輩《ともがら》、既に大半に超え、悲しまざるの族《やから》、敢えて一人も無し」（一七頁）との言葉は決して誇張した表現ではなく、日蓮が直接体験した様相が示されていると考えられる。

そこで、池田正一郎著『日本災変通志』によって立宗宣言がなされた建長五年以降の鎌倉を中心とする主な災害を見てみると、概要、次のようになる。

建長五年　二月三日　鎌倉大風大雨雷（吾妻鏡）
　　　　　五月　旱魃（吾妻鏡）
　　　　　六月十日　鎌倉大地震（吾妻鏡）
建長六年　一月十日　鎌倉大火。人家数百軒被災（吾妻鏡）
　　　　　十一月十八日　鎌倉大地震（吾妻鏡）
建長七年　この年、赤斑病《はしか》流行。児童多く死す（立川寺年代記）
康元元年　夏　冷気は冬のようで、六月・七月に霜雪が降る（吾妻鏡）
　　　　　八月六日　関東で暴風雨。河川の氾濫、山崩れで死者多数（吾妻鏡）
正嘉元年　五月十八日　鎌倉大地震（吾妻鏡）
　　　　　六月、七月　旱魃
　　　　　八月一日　鎌倉大地震
　　　　　八月二十三日　関東大地震
　　　　　十一月八日　鎌倉大地震
　　　　　十一月二十二日　若宮大路焼失（以上、吾妻鏡）
　　　　　この年、旱魃、地震、病による死者多数（立川寺年代記）
正嘉二年　一月十七日　鎌倉大火

六月　寒冷。大飢饉（暦仁《りゃくにん》以来年代記）
八月一日　鎌倉大雨。諸国の田園ことごとく損亡（吾妻鏡）
正元元年　この年、疫病と飢饉で河原に死骸が充満。天下大飢饉（五代帝王物語）
一月　死骸を食う小尼が現れる（五代帝王物語）
文応元年　三月二十五日　鎌倉大地震
四月二十九日　鎌倉大火
六月一日　関東暴風雨。洪水（以上、吾妻鏡）

日蓮は、悲惨な状況を深く受け止め、その原因と対策を思索するために一切経の再検討に踏み切った。この点は文永五（一二六八）年の「安国論御勘由来《あんこくろんごかんゆらい》」に次のように述べられている。

「正嘉元年［太歳丁巳］八月二十三日戌亥《いぬい》の時、前代に超え大いに地振す。同二年［戊午］八月一日大風、同三年［己未］大飢饉、正元元年［己未］大疫病、同二年［庚申］四季に亘って大疫已まず。万民既に大半に超えて死を招き了わんぬ。しかるあいだ、国主これに驚き、内外典に仰せ付けて種々の御祈禱有り。しかりといえども一分の験《しるし》も無く、還って飢疫等を増長す。日蓮、世間の体《てい》を見てほぼ一切経を勘うるに、御祈請験無く還って凶悪を増長するの由、道理・文証これを得了わんぬ」（三三頁）

重要なことは、これほどの国土・社会の惨状を前にして、この現実を自身の思想的課題として受け止めた存在は日本の僧侶の中で日蓮以外には皆無であったということである。しかし、社会的現実に主体的に立ち向かうところに日蓮の宗教の顕著な特質が現れることとなった。

正嘉元年の大地震の惨状を目にした日蓮は、翌年、天台宗山門派の寺院である岩本実相寺（静岡県富士市岩本）に向かい、そこで一切経を閲覧したと伝えられる。この点の真偽についてはなお検討の余地があるものの、完全にその可能性を否定することはできないので、実相寺での一切経閲覧の伝承を受け入れておきたい。

実相寺は比叡山横川の学僧である智印《ちいん》が十二世紀なかばに建立したと伝えられる寺で、智印とその弟子末代《まつだい》の努力により、一切経が整備された。このことについて大石寺第五十九世日亨《にちこう》は『富士日興上人詳伝』で「智印上人の弟子たる末代上人は師に勝る有名の高僧であって、大いに師を助けて一切経の書写の勧化《かんげ》を全国に成しとげた等が、関東方面に乏しき一切経蔵なるがゆえに、日蓮大聖人の態《わざ》との閲蔵となったのである」（同書二二頁）と述べている。

日蓮は比叡山の横川で遊学しており、実相寺は同じ横川系の寺院であるところから、実相寺と何らかのつながりがあったと考えられる。

ところで実相寺での閲蔵の折、大衆の要請に応じてなされた日蓮の説法に感銘を受けて、十三歳の日興《にっこう》が日蓮の門下となったと伝えられる。民衆救済のため、一心に一切経の閲覧に取り組む日蓮の姿に接し、日興は深く感ずるところがあったのであろう。このあたりの事情について大石寺第十七世日精《にっせい》の「家中抄《けちゅうしょう》」（一六六二年成立）では「正嘉元年丁巳《ひのとみ》二月二十三日（八月二十三日の誤り——引用者）の大地震に付いて日蓮聖人、岩本実相寺の経蔵に入り給う。その時、大衆の請いにより御説法あり。大衆、聴聞して難遭《なんぞう》の想い、渇仰の心、日々新たなり。この時、大衆の中より甲斐公（日興を指す——引用者）、承教随喜《しょうきょうずいき》して弟子となり給う」（『富士宗学要集』第五巻一四七頁）と述べている。ただし、日蓮は日興を自身のもとに置かず、当面は実相寺で修学を続けるよう指示したのであった。

いずれにしても日蓮は、正嘉元（一二五七）年八月の大地震を契機に正嘉二年にかけて一切経を閲覧し、仏教全体の大綱を再度整理して確認した。正嘉二（一二五八）年に書かれた「一代聖教大意《いちだいせいきょうたいい》」「一念三千理事」「十如是事《じゅうにょぜじ》」「一念三千法門」などの諸抄は、この折の検討と思索の成果をまとめた書といえよう。

なお、正嘉二年二月十四日には日蓮の父妙日《みょうにち》が逝去している。しかし、日蓮がそのために郷里に戻ったという記録はない。当時、まだ地頭東条景信の敵対が続いていたという事情もあったと思われるが、日蓮は民衆救済のために災難を止める方途を探る課題を優先し、あえて郷里に戻ることなく大蔵経閲覧を続行したのである。

次に、この時期に成立したと推定される著述について確認しておきたい。

2 「一代聖教大意」

「一代聖教大意」では蔵・通・別・円の四教、さらに華厳・阿含・方等・般若・法華涅槃の五時判を軸に一代聖教を整理し、その上で法華経最勝の所以を確認している。

その中で、「法華経とは別のこと無し。十界の因果は爾前の経に明かす。今は十界の因果互具をおきてたる計りなり」（四〇一頁）と、法華経の法門上の卓越性は十界互具が明かされるところにあるとし、さらに、次の文が示すように、十界互具の理が成立してない諸経に成仏が説かれていても、それは有名無実《うみょうむじつ》のものに過ぎないとしている。

「法華経已前の諸経は、十界互具を明かさざれば、仏に成らんと願うには必ず九界を厭《いと》う。九界を仏界に具せざるが故なり。されば、必ず悪を滅し煩悩を断じて仏には成ると談ず。凡夫の身を仏に具すと云わざるが故に。されば、人天悪人の身を失いて仏に成ると申す。これをば妙楽大師は『厭離断九《おんりだんく》の仏』と名づく。されば、爾前の経の人々は仏の九界の形を現ずるをばただ仏の不思議の神変と思い、仏の身に九界が本よりありて現ずるとは言わず。されば、実をもってさぐり給うに、法華経已前にはただ権者《ごんしゃ》の仏のみ有って実の凡夫が仏に成りたりけることは無きなり」（四〇三頁）

さらに、法華経に相待妙《そうたいみょう》・絶待妙《ぜったいみょう》の二妙があるとして、絶待妙は一代聖教を法華経の中に取り入れて開会《かいえ》する立場であることを確認する。その上で、法華経を難行道に入れて末法の機根には適合しないとする法然の主張を破折している。

3 「一念三千理事」「十如是事」「一念三千法門」

正嘉二（一二五八）年成立とされる「一念三千理事」「十如是事」「一念三千法門」の三篇は「一代聖教大意」に、「一念三千は別に委しく書すべし」（四〇三頁）と述べられている著述に相当するものとされる。

「一念三千理事」は、十二因縁、一念三千、三身の法理について、『倶舎論《くしゃろん》』ならびに天台・妙楽等の釈を引いて確認したものである。対外的に発表する著述というよりも、自身の研鑽を整理するためのノートという趣がある。

「十如是事」では如是相・如是性・如是体の三如是と空仮中の三諦、法報応の三身の関係を確認している。

なお、「十如是事」について、恵心僧都源信《げんしん》の「法華即身成仏要記」（『恵心僧都全集』第三巻）の「布衍《ふえん》的注釈にすぎない」とする説がある（執行海秀《しぎょうかいしゅう》『御義口伝の研究』七九頁）。この点について言えば、日蓮は一切経の閲覧と合わせて、源信の著作を研究したと見られる。実際に「立正安国論」の前年に成立した「守護国家論」では源信の「往生要集」や「一乗要訣」が詳細に検討されている。このように日蓮が深く源信を研究していた事実を考えるならば、日蓮が源信の著述を踏まえて論述することは決して不自然なことではなく、まして「十如是事」が「一念三千理事」と同様、研究成果を整理するための研究ノート的な性格を持つことを考え合わせるならば、源信の作品を下敷きにすることも当然ありうることである。

実際に「法華即身成仏要記」と「十如是事」を比較検討してみると、如是相・如是性・如是体の三如是を三身如来および三諦に配することと一部の言葉遣いに類似の表現は見られるものの、「十如是事」の根本主張である上中下根の一生成仏説や南無妙法蓮華経の唱題思想は「法華即身成仏要記」にはない日蓮独自のものである。したがって「十如是事」は「法華即身成仏要記」の単なる「注釈」などではなく、同書を踏まえつつ、その上で日蓮の固有の思想を表明した書というべきであろう。

「一念三千法門」では法華経最勝の根拠は一心三観と一念三千の法門が説かれることにあるとし、三如是と三諦の対応関係を確認して十如是を三転して読むことの意味を述べている。また、「十如是事」と同様に法華経の行者が一生のうちに成仏できるとする。さらに、「我等は妙覚の父母なり、仏は我等が所生の子なり」（四一三頁）として、既に「凡夫本仏」の立場を示していることが注目される。

日蓮は正嘉二（一二五八）年に岩本実相寺において一切経を閲覧して釈尊の仏教全体の大綱を再確認し、さらに災難の根本原因について思索を続けた。仏教の大綱確認の作業が結実を見たのが先に触れた正嘉二年の「一代聖教大意」「一念三千理事」「十如是事」「一念三千法門」であり、また文応元（一二六〇）年の「唱法華題目抄」である。

それに対して、災難の原因を探求した著述は直接「立正安国論」の内容に結びつくもので、安国論成立の前年である正元《しょうげん》元（一二五九）年執筆の「守護国家論」「念仏者追放宣旨事」、および安国論と同じ文応元年成立の「災難対治抄」「災難興起《さいなんこうき》由来《ゆらい》」がそれに当たる。「立正安国論」は、それらの著述に表れている周到な理論的準備を経て完成したものであり、安国論の意義を考察するためには、それらの準備的著述から考えていかなければならない。

4 「守護国家論」

（1）「守護国家論」の概要

「守護国家論」は、日蓮自身が立てた七科の科段に基づき、法然浄土教をその根底から破折した書である。「立正安国論」にも法然破折は展開されているが、それは要点のみに留められているのに対し、「守護国家論」における法然破折は極めて詳細かつ徹底的なものである。安国論では国主諫暁の書という性格の故に要点のみに留められている念仏批判の詳細が「守護国家論」に示されているという意味で、本抄は安国論を補足するものであり、内容的には「立正安国論」と一体になっていると見ることができる。

日蓮が示した科段を挙げれば、次の通りである。

1、如来の経教に於いて権実二経を定むることを明かす（三七頁）

①大部の経の次第を出だして流類を摂することを明かす（同頁）

②諸経の浅深を明かす（四〇頁）

③大小乗を定むることを明かす（四一頁）

④しばらく権経を閣《さしお》いて実経に就くべきことを明かす（四二頁）

2、正像末に就いて仏法の興廃あることを明かす（四六頁）

①爾前四十余年の内の諸経と浄土の三部経と末法に於いて久住・不久住を明かす（同頁）

②法華涅槃と浄土の三部経並びに諸経との久住・不久住とを明かす（四七頁）

3、選択集謗法《せんちゃくしゅうほうぼう》の縁起を明かす（五一頁）

4、謗法の者を対治すべき証文を出だす（五八頁）

①仏法をもって国王・大臣並びに四衆に付嘱することを明かす（同頁）

②正しく謗法の人、王地に処るを対治すべき証文を明かす（六二頁）

5、善知識並びに真実の法に値い難きことを明かす（六三頁）

①受け難き人身、値い難き仏法なることを明かす（同頁）

②受け難き人身を受け、値い難き仏法に値うといえども、悪知識に値うが故に三悪道に堕するを明かす（六五頁）

③正しく末法凡夫のための善知識を明かす（六六頁）

6、法華涅槃に依る行者の用心を明かす（六八頁）

①在家の諸人、正法を護持するをもって生死を離れ、悪法を持つに依って三悪道に堕すべきことを明かす（同頁）

②ただ法華経の題目計りを唱えて三悪道を離るべきことを明かす（七〇頁）

③涅槃経は法華経流通のためにこれを説き給うことを明かす（七二頁）

7、問いに随って答うることを明かす（七四頁）

このように「守護国家論」は、整然とした構成のもとに執筆された一大著述である。

「予、仏弟子の一分に入らんがためにこの書を造り、謗法の失《とが》を顕し、世間に流布す。願わくは十方の仏陀この書に於いて力を副《そ》え、大悪法の流布を止め、一切衆生の謗法を救わしめたまえ」（六三頁）の文が示すように、対外的に公表することを想定して作成されたものと考えられる。

法然に対する批判は、それまでも天台宗や華厳宗などの旧仏教側から試みられていたが、日蓮によれば、それらはいずれも不徹底なものであり、かえって念仏を増長せしめる類いのものに過ぎなかった。従来の法然批判の限界を超えて法然の謗法の根源を明らかにし、法然浄土教を根底から破折するところに「守護国家論」の趣旨がある。この点について日蓮は、次のように記している。

「この悪義（法然が『選択集』で主張した教義——引用者）を破らんがためにまた多くの書有り。いわゆる浄土決義鈔《じょうどけつぎしょう》・弾選択《だんせんちゃく》・摧邪輪《ざいじゃりん》等なり。この書を造る人、皆碩徳の名一天に弥《はびこ》るといえども、恐らくはいまだ選択集謗法の根源を顕さず。故に還って悪法の流布を増す。

譬えば、盛んなる旱魃《かんばつ》の時に小雨を降らせば草木いよいよ枯れ、兵者を打つ刻《とき》に弱兵を先んずれば強敵ますます力を得るが如し。予このことを歎くあいだ、一巻の書を造って選択集謗法の縁起を顕し、名づけて守護国家論と号す」（三七頁）

『浄土決義鈔』は、園城寺の長吏である公胤《こういん》（一一四五～一二一六）の著だが、現存しない。三田全信『成立史的法然上人諸伝の研究』によれば、その内容は法華経に往生思想が説かれているのに法然が法華経を退けるのは不当であると法然を批判したものだが、逆に法然から法華経を観無量寿経の往生行に入れるのは正しくないと反論され、公胤は自らの誤りを認めて本書を焼き捨てたと伝えられる。批判の対象とした法然から逆に論破される程度の書であっては、浄土教の流行にかえって力を与えるようなものであった。

『弾選択』は並榎《なみえ》の竪者《りっしゃ》である定照《じょうしょう》の著で、仏頂房隆真《ぶっちょうぼうりゅうしん》がこれに奥書を加えたとされる。法然の『選択集』を批判した書であるが、早くから散逸したため、その内容は不明である。法然の高弟である長楽寺隆寛はそれに反論して『顕選択』を著したが、定照側が隆寛の罪を挙げて朝廷に訴えたので、隆寛は流罪に処せられた。

『摧邪輪《ざいじゃりん》』は華厳宗の明恵房高弁《みょうえぼうこうべん》が建暦《けんりゃく》二（一二一二）年に著した書。同書で明恵は、『選択集』が菩提心を所廃の行とし、また聖道門を群賊に譬えていることを「二種の大過」であるとして非難している。明恵の基本的立場は、念仏以外の諸行にも功徳があるとする「諸行往生」の立場であった。すなわち、明恵は念仏そのものを批判したのではなく、法然が天台や華厳など聖道門の諸行を否定したことを非難したのである。明恵は法然が依拠した善導や浄土三部経の権威を認めつつ、法然が善導の説を超えて諸行往生の否定に踏み切ったことを非難したのであった。

それに対して日蓮の法然批判は阿弥陀仏の念仏そのものを全面的に否定するものであり、法然が拠り所とした善導・道綽《どうしゃく》・曇鸞《どんらん》らを「いまだ仏教の淵底を探らざる者」（「立正安国論」二五頁）として一蹴し、さらには浄土教の根本依経である浄土三部経までも方便権教に過ぎないとして退けるものであった。そこに日蓮による法然浄土教批判が旧仏教による批判の限界を突き破る根底的破折になっている所以がある。

「正直捨方便」（法華経方便品）を強調した日蓮においては、方便権教であると認めたならば直ちに捨て去らなければならない。法華経が現れた以上、方便に過ぎない浄土経典は切り捨てるべきものとなることを「念仏無間地獄抄」では次のように述べている。

「浄土の三部経とは釈尊一代五時の説教の内、第三方等部の内より出でたり。この四巻三部の経は全く釈尊の本意に非ず。三世諸仏出世の本懐にも非ず。ただ暫く衆生誘引の方便なり。譬えば塔をくむに足代《あししろ》をゆ（結）うがうまでの方便なり。法華は宝塔なり。法華を説き給うまでの方便なり。法華の塔を説き給いて後は念仏の足代をば切り捨つべきなり」（九八頁）

なお「守護国家論」に関連し、「天台真言」「法華真言」と真言宗を天台宗と並べて正法の範疇に入れている表現があることから、この時期の日蓮は真言宗も正法と見なしてまだ真言宗を批判する立場に立っていないとする見解がある。しかし、「守護国家論」で真言を天台と並べて正法の範疇に入れていることは、本抄が対外的に公表する予定の書であるところに理由があると見るべきであろう。すなわち、日蓮は、内々には真言宗の誤謬を認識しつつも、対外的に真言破折を公表することはまだ時期尚早であると判断して、それを控えていたと考えられる。

この点は安国論の場合も同様である。「守護国家論」「立正安国論」において攻撃の対象を念仏に限定したことには周到な戦略的判断があったと見るべきであろう。安国論は北条時頼だけではなく幕府関係者が広く閲覧することが予測されることから、論点を拡大することは得策ではないと考えたのであろう。日蓮が北条時頼と会見した時には、安国論では触れなかった禅宗への批判を口頭で述べている（「故最明寺入道見参御書」）。

また、安国論において天台・真言を破折しなかったことについては「阿仏房尼御前御返事」に、「ただし、謗法に至って浅深あるべし。偽り愚かにしてせめざる時もあるべし。真言・天台宗等は法華誹謗の者、いとう呵責《かしゃく》すべし。しかれども、大智慧の者ならでは日蓮が弘通の法門分別しがたし。しかるあいだ、まずまずさしおくことあるなり。立正安国論のごとし」（一三〇七頁）と述べている。すなわち日蓮は、天台宗・真言宗の謗法を認識していても、「立正安国論」の段階ではそれらを破折の対象とすることはあえて抑制していたのである。

ちなみに「守護国家論」で「法華真言」と併称しながらも、法華経の最勝を強調することに終始し、真言を宣揚する言辞はまったく見られない。そこに日蓮の真意をうかがうことができよう。

（2）法然浄土教の論理

法然が専修念仏を立てた論拠の一つには、いわゆる「末法思想」がある。末法思想は浄土教のみならず当時の日本仏教一般の常識的観念であるが、法然の思想にはとりわけ「末法」の観念が色濃く表れている。すなわち、これまでの仏教の限界を強く意識したところに法然の専修念仏が生まれたのである。その背景には日本における古代社会の崩壊という歴史的な現実があった。

保元《ほうげん》・平治《へいじ》の乱から源平の争乱の過程で、それまでの貴族中心の秩序が崩れていったが、同時に平安時代末期から鎌倉時代は天変地夭・飢饉・疫病などの災害が続発した時代でもあった。例えば養和《ようわ》元（一一八一）年の大飢饉は極めて悲惨な状況をもたらしたことで知られる。この時、仁和《にんな》寺の僧侶が京都で餓死者の額に梵字の阿字を書いて回ったが、一条から九条に至る間でその数は四万二千三百余に上り、死臭が京都の町全体に満ち満ちたという。

しかし、公家や武士は政権の争奪闘争に終始して、民衆の惨状を救うという意志も手立ても持っていなかった。その結果、飢饉や疫病のために一村全体が全滅することも稀ではなかったと伝えられる。

民衆に慈悲の手を差し伸べるべき仏教それ自体も、有力寺院は自ら武力を持つ「権門《けんもん》」となって民衆の上に君臨した。東大寺をはじめとする奈良諸大寺が平家によって焼き討ちにあったのも、南都諸大寺が源氏方についたためとされる。いわば、仏教教団そのものが対外的にも内部的にも権力闘争に血道を上げていたのである。

僧侶の腐敗・堕落も深刻であった。例えば藤原定家《ふじわらのていか》は『明月記《めいげつき》』の寛喜《かんぎ》元（一二二九）年の記事で比叡山延暦寺の僧侶について言及し、妻帯・金貸しをして富を蓄え、悪事を行う者が充満していると記しているが、この時代には既に出家そのものが社会的地位を獲得し世間を渡るための手段と化していた。そのような状況は、人々に既成仏教の限界を痛感させ、「末法到来」の念を深めさせた。

そこで法然は、末法には聖道門の旧仏教がすべて滅んでしまっても念仏の法門だけが衆生を救う力をもっているとして、念仏の専修を強調したのであった。

さらに専修念仏の論拠として、聖道門＝難行、浄土門＝易行という主張があった。事実、旧仏教の修行の基本は学問であり、仏像や伽藍の建立を前提としていた。また戒律を持ち、煩悩を断ずることによって初めて悟りの境地に達し得ると説いた。

そのような聖道門の教義に対して法然は、戒律を持って学問を積み、仏像や堂塔を建立できる者だけが救われるのであるならば、学問もなく、貧困に苦しむ民衆は絶望するしかないではないかと主張した。――聖道門の旧仏教では庶民民衆を救済することはできない。しかし、念仏を称《とな》えるならば、学問も富ももたず、戒律を持つことができなくても阿弥陀如来の救済に預かり、浄土に往生することができる。まさに民衆を救うために念仏の法門が説かれたのである――。

このような法然の教義は、旧仏教に絶望していた人々の心を深く捉えた。それは旧仏教の権門寺院に支配されていた民衆だけでなく、貴族や武士など支配階層にまで浸透していった。法然の専修念仏が旧仏教側からの激しい迫害にも関わらず、急速に勢力を拡大していった理由としては、法然の主張が旧仏教に絶望しつつあった人々の心情に深く合致していたことが挙げられよう。

（3）「守護国家論」各段の内容

「守護国家論」は、時代を席巻しつつあった専修念仏と全面的に対決し、それを根底的に批判した書である。そこには日蓮の、宗教的生命を賭した厳しい思想闘争があった。

日蓮による浄土教破折の基本は、「法に依って人に依らざれ」「了義経に依って不了義経に依らざれ」の原則に基づくものである。すなわち、論師・人師の言ではなく、あくまでも仏説である経典を基準にし、なおかつ一切経の中で了義経・不了義経の区別を立てて経典そのものの勝劣・浅深を明らかにしていくところに日蓮の諸宗批判の基本がある。

この点は大段の第一「如来の経教に於いて権実二教を定むることを明かす」（三七頁）の項に明瞭に表れている。ここでは天台の五時教判に従って諸経の浅深を判じ、浄土三部経が方便のために説かれた権教であり、法華経こそが最勝の了義経であることが確認される。

次に大段の第二「正像末に就いて仏法の興廃有ることを明かす」（四六頁）の項では、正像末という「時」を論じ、末法においては念仏のみが衆生利益の教であるとする浄土教の主張を退け、法華経が末法の衆生を得脱せしめるために仏が留め置いた経典であることを明かしている。

大段の第三「選択集の謗法の縁起を明かす」（五一頁）は、法然の教義が謗法である所以《ゆえん》を論じたところで、法然破折の中核的部分である。その大要は、法然が曇鸞《どんらん》・道綽《どうしゃく》・善導に依拠しながら、その三人が述べていないところまで恣意的に主張を拡大し、法華経を誹謗していることを指摘するところにある。

すなわち、曇鸞・道綽・善導らは一代聖教を聖道門・浄土門、難行・易行、正行・雑行に区別して、聖道門・難行・雑行を時機不相応としたが、その区別は法華経以前の経典について立てた区別で、法華経を聖道門・難行・雑行に入れることはなかった。ところが法然は『選択集』において「之に準じて之を思うに」（準之思之《じゅんししし》）として、その区別を法華経にまで勝手に拡大し、法華経までも聖道門・難行・雑行の範疇に入れて法華経を「捨閉閣抛《しゃへいかくほう》」の対象にして否定したのである。ここに法然の謗法の根源があることについて、「総じて選択集の十六段に亘って無量の謗法を作《な》す根源は、ひとえにこの四字（「準之思之」の四字を指す――引用者）より起こる。誤れるかな、畏しきかな」（五二頁）と述べている。

念仏は、その依経とする浄土三部経それ自体が方便権教として退けられるべきものであるが、法然の場合、善導ら中国浄土教の開祖たちでも主張しなかった法華経の否定まで主張している。そこで「守護国家論」のこの項では法然が善導たち以上の正法誹謗を行っていることを明らかにしている。

　また、ここでは法華が難行であるという念仏宗の主張を否定して、法華経が一字一句の読誦でも一念の随喜でも功徳のある「易行《いぎょう》」であることが強調されている。念仏の易行性を強調する念仏宗の主張を法華経の立場から裏返して、法華こそが末法相応の易行であることを示すところに「守護国家論」の骨子の一つがある。

　さらに爾前経が救えなかった二乗や一闡提《いっせんだい》をも法華経が救うところに法華経の教えの深さが表れているとし、『往生要集』を造った恵心僧都源信の本意も末代の衆生を法華経に入れるところにあったと述べている（五四頁）。

　大段の第四は「謗法の者を対治すべき証文を出だす」（五八頁）ところであるが、その第一「仏法をもって国王・大臣並びに四衆に付嘱することを明かす」では、比丘などの四衆よりも国王に付嘱することを説く仁王経の文、また国王が仏法を擁護しなければ三種の災いが起こり、自身も地獄に堕ちると説いた大集経の文を引き、為政者が「仏法をもって先と為し国を治」めるべきことを強調している。また、諸天も妙法の法味をなめなければ威光勢力を失い、国を捨て去るという「神天上《かみてんじょう》の法門」を示している。正嘉の大地震などの天災はその結果であるとし、具体的な原因として法然の『選択集』の謗法を指摘している。この段の趣旨は、「立正安国論」の主張とほぼ重なっている。また、この項の末尾では「守護国家論」の執筆当時、法然の門弟らが「諸行往生義」を立てていることを指摘し、彼等が迫害を避けるために諸行を否定しない融和路線をとっていることを述べている。

　大段第四の第二「謗法の人、王地に処《よ》るを対治すべき証文を明かす」（六二頁）では、涅槃経などの文を引いて謗法の者を呵責しぬいていくことが真の仏弟子であることを強調している。

　大段の第五「善知識並びに真実の法に値い難きことを明かす」（六三頁）では、法然が「準之思之」の四字をもって法華経を難行の中に入れた謗法を再度指摘し、十界互具を説いた法華経こそが末法の凡夫の善知識であるとする。このように、本抄の論述は基本的には権実相対を軸に展開している。

　大段の第六「法華涅槃に依る行者の用心を明かす」（六八頁）では、第一に「在家の諸人、正法を護持するをもって生死を離れ、悪法を持つに依って三悪道に堕すべきことを明かす」として、有徳王《うとくおう》の故事を挙げて謗法の者を対治する功徳によって生死を離れることを説き、また国王が仏法を破壊する場合には災害が連続し、三悪道に堕ちるとの仁王経の文を引く。この箇所の内容は「立正安国論」と重なりあっている。

第二の「ただ法華経の題目計りを唱えて三悪道を離るべきことを明かす」（七〇頁）では、法華経、涅槃経などの文を引いて、たとえ「解《げ》」がなくても法華経に対する「信」がある限り三悪道に堕ちることがないと強調している。ここで、題目を唱える功徳として「成仏」を説かず、三悪道に堕ちないだけという限定的な表現がされているところが一つの問題となる。

三悪道に堕ちないという趣旨は、「唱法華題目抄」にも見られる。例えば同抄には次のように説かれる。

「かりそめにも法華経を信じていささかも謗を生ぜざらん人は、余の悪にひかれて悪道に堕つべしとはおぼえず。ただし、悪知識と申して、わずかに権教を知れる人、智者の由をして法華経を我等が機に叶い難き由を和らげ申さんを誠《まこと》と思いて法華経を随喜せし心を打ち捨て余教へうつりはてて、一生さて法華経へ帰り入らざらん人は悪道に堕つべきこととも有りなん」（一頁）

「法華経を信じ侍るは、させる解なけれども三悪道には堕すべからず候。六道を出ずることは一分のさとりなからん人は有り難く侍るか。ただし悪知識に値って法華経随喜の心を云いやぶられて候わんは力及ばざるか」（三頁）

その一方で日蓮は、この時期、唱題こそが成仏の直道であることを門下に対して強調している。例えば建長七年の成立とされる「一生成仏抄」には「この旨を深く信じて妙法蓮華経と唱えば一生成仏さらに疑いあるべからず」（三八四頁）と説かれる。

「一念三千法門」では「この妙法蓮華経を唱うる時、心中の本覚の仏顕る」（四一四頁）、「智者は読誦に観念をも並ぶべし。愚者は題目計りを唱うともこの理に会うべし」（四一五頁）と述べられている。

唱題の功徳を限定しているように見える「唱法華題目抄」でも「ただ題目計りを唱うる功徳いかん」との問いを立て、その答えとして、「法華経は四十余年の諸経を一経に収めて十方世界の三身円満の諸仏をあつめて釈迦一仏の分身の諸仏と談ずる故に、一仏一切仏にして妙法の二字に諸仏皆収まれり。故に妙法蓮華経の五字を唱うる功徳莫大なり。諸仏・諸経の題目は法華経の所開なり、妙法は能開なりとしりて法華経の題目を唱うべし」（一三頁）と唱題の功徳が絶大であることを説いている。

この点をどのように解すべきであろうか。

「智者は読誦に観念をも並ぶべし。愚者は題目計りを唱うともこの理に会うべし」（四一五頁）との文が示すように、この時期、日蓮は天台宗の一念三千の観法を全面的には否定せず、それを「智者」の行として認めていた。しかし、それは末法の「愚者」には到底困難な修行であるから、実際の修行としては唱題を勧めたのである。この点は「唱法華題目抄」に、「常の所行は題目を南無妙法蓮華経と唱うべし。たえたらん人は一偈一句をも読み奉るべし。助縁には南無釈迦牟尼仏・多宝仏・十方諸仏・一切の諸菩薩・二乗・天人・竜神・八部等、心に随うべし。愚者多き世となれば一念三千の観を先とせず。その志あらん人は必ず習学してこれを観ずべし」（一二頁）と説かれるところからも裏づけられる。

実際としては、時代は既に一念三千の観法を成就できる智者などは存在しない「愚者多き世」になっているのであるから、日蓮が一念三千の観法を容認したのは天台流の既成観念から脱し切れない当時の状況に応ずる方便であって、日蓮の本意が唱題専修にあることは明らかである。「守護国家論」の当時、日蓮は対外的には天台宗の僧侶として振る舞っていたので（北条時頼に提出した「立正安国論」には天台沙門の名乗りがあった）、対外的な配慮の故から唱題の功徳を強調することはあえて控えていたと解せられる。「守護国家論」と同じく対外的に公表することを予定した書と考えられる「唱法華題目抄」も同様であるが、先に見たように「唱法華題目抄」の場合は唱題思想を「守護国家論」よりも前面に出している。

大段の第七「問いに随って答う」（七四頁）では、日蓮が諸宗破折で用いた論旨が述べられている。

「法華経の行者は心中に『四十余年・已今当《いこんとう》・皆是真実・依法不依人』等の文を存し、しかも外に語《ことば》にこれを出ださず、難に随ってこれを問うべし」（七五頁）とあるように、「四十余年未顕真実」「已今当最難信難解」「皆是真実」「依法不依人」などの経文を機軸としつつ、相手の主張に応じてそれらの文証を駆使して論破していく日蓮の諸宗破折の在り方が示されている。

5　「念仏者追放宣旨事」

正元元（一二五九）年に成立した本抄は、正式には「念仏者・追放せしむる宣旨《せんじ》・御教書《みぎょうしょ》・五篇に集列する勘文状」という。法然の専修念仏の停止を求めた南都六宗や比叡山の奏状、また専修念仏の停止を命じた宣旨や御教書を集めた書である。冒頭と末尾には日蓮の文があるが、内容は一種の史料集の趣をなしている。

しかし、本抄は私的な覚書ではない。

「日蓮不肖なりといえども、かつは天下の安寧を思うがため、かつは仏法の繁昌を致さんがために強《あなが》ちに先賢の語を宣説し、称名の行を停廃せんと欲し、また愚懐の勘文を添え、すこぶる邪人の慢幢を倒さんとす。勘注の文繁くして見難し。知り易からしめんがために要を取り諸を省き、略して五篇を列《つら》ぬ」（八七頁）の文によれば、本抄は外に提出することを想定して作成されたものであり、それ自体が権力者を諫暁する申状になっていることが分かる。

ちなみに「五篇」とは、本文に挙げられた宣旨、御教書、太政官符《だいじょうかんぷ》、下知状《げちじょう》、奏状の五篇を指すと考えられるが、奏状、宣旨の二篇のみで他は略されているとする見方もある。

宣旨とは、天皇の命を伝える公文書のこと。詔勅に比べて簡易な形式で発せられ、「内侍《ないじ》から蔵人《くろうど》に、蔵人から太政官の上卿《しょうけい》に伝え、上卿は少納言または弁官をして外記《げき》または大史《たいし》に命じて文書に作らせ発行した」（『広辞苑』第六版）文書である。また御教書とは、本来は三位以上の公家が発した文書を指すが、鎌倉時代には将軍や執権が発する命令書も御教書と称した。この場合、「関東御教書」という。

なお、「詮を取りてこれを注す。委しくは広本に在り」（八七頁）、「源空が門徒を対治せんがために各々子細を述ぶ。その文、広本に在り」（八九頁）とあるところを見ると、本抄に挙げられている文書はまだ要旨であり、原文書の詳細を収録した「広本」があったことがうかがわれる。いずれにしても、日蓮がこのような広範な公文書の写しを収集できたということは、日蓮の社会的現実を直視する姿勢を示すとともに、日蓮が幕府内部にある程度の人脈をもっていたことを推察せしめる。

最初に挙げられているのは、元久《げんきゅう》二（一二〇五）年、旧仏教の八宗全体の意志として興福寺の僧綱《そうごう》名で専修念仏の停止を朝廷に上申した「興福寺奏状」である。起草したのは南都仏教を代表する学僧である解脱房貞慶《じょうけい》で、旧仏教による専修念仏批判の論理を示す歴史上有名な文書である。本抄では、その中でも、専修念仏が法華経の修行を否定する謗法を犯していること、また、神祇を全面的に否定していることを指摘した同奏状の要旨を挙げている。この奏状の結果、翌年、後鳥羽《ごとば》上皇から専修念仏が禁じられ、翌々年（一二〇七年）には法然も四国に流罪されることとなった。

次に挙げられているのは、元仁《げんにん》元（一二二四）年、比叡山延暦寺が専修念仏の停止を求めて提出した奏状の一部である（八八頁）。そこでは専修念仏が神祇を否定していること、また念仏の流行が国の衰微をもたらした中国と日本の歴史を挙げている。ここで紹介されている唐の武宗時代についての記述は後に「立正安国論」においても用いられている。

以上が奏状篇であるが、次の宣旨篇では、専修念仏の専修念仏の停止を命じた朝廷や幕府の文書が挙げられる。その前半に示されているのは嘉禄《かろく》三（一二二七）年の専修念仏への弾圧に関する文書である。冒頭に延暦寺の学僧である永尊《ようそん》の書簡が挙げられているが、そこには朝廷の裁許のもとで法然の墓所が破却され、また『選択集』の印板を焼却する許可を要請したなどの当時の弾圧の模様が示されている。

その上で挙げられている宣旨・御教書は次の通りである。

①嘉禄三年十月二十日、関白藤原家実《ふじわらのいえざね》の意を参議 平 範《たいらののり》輔《すけ》が鎌倉幕府の北六波羅探題である北条時氏《ときうじ》に伝えた「殿下御教書」（八九頁）。

流罪の処分を受けた念仏僧成覚《じょうかく》が讃岐《さぬき》の大手島にいるという情報の真偽を確認せよとの指示である。

②同年十月十五日、鎌倉幕府の執権北条泰時と連署北条時房の連名で南六波羅探題の北条時盛と北六波羅探題の北条時氏に宛てた「関東御教書」（九〇頁）。

法然の弟子隆寛《りゅうかん》の流罪地を対馬《つしま》に決定したという朝廷の通知を受けて、幕府としても隆寛を捕らえて対馬に流罪することに決めた旨を朝廷に伝えよ、との指示である。これは、後に挙げられている同年九月二十六日の⑧「殿下御教書」に対する幕府の対応を示した文書と考えられる。

③同年六月二十九日、後堀河天皇の意を左衛門府次官の権官《ごんかん》である藤原信盛《ふじわらののぶもり》が天台座主円基《えんき》に伝えた「綸旨」（同頁）。

念仏停止を求める衆徒の蜂起を制止すべしと指示している。

④同年七月六日、左太史小槻宿禰《おづきすくね》、左弁官藤原親俊《ふじわらのちかとし》の連名で出された「右弁官下文《くだしぶみ》」（兵部・刑部・大蔵・宮内の四省を統括する右弁官の命令書、九一頁）。

隆寛・幸西・空阿弥陀仏を流罪し、彼らの度牒（僧侶であることの証明書）を取り上げよとの宣旨を忠実に実行すべしとの関係官庁への指示である。

⑤同年七月十七日、国政の最高機関である太政官《だいじょうかん》から山城・大和・河内・和泉・摂津など諸国の国司に対して発せられた「太政官符」（九一頁）。

諸国における専修念仏を禁止し、隆寛・幸西・空阿弥陀仏らの法然の遺弟を逮捕せよとの命令書である。

⑥同年七月十三日、後堀河天皇の命を右中弁《うちゅうべん》藤原頼隆が天台座主円基に伝えた「綸旨」（九一頁）。

全国で専修念仏を禁止せよとの天皇の意を承知せよとする。念仏を禁圧する天皇と朝廷の意向を比叡山の衆徒に対してよく徹底せよとの命令である。

⑦後堀河天皇の命を藤原頼隆が延暦寺の高僧に伝えた「綸旨」（同頁）。

日付は不明。隆寛の流罪地が対馬に改められたことを知らせよという天皇の指示なので、それを伝えたと述べている。

⑧同年九月二十六日、関白藤原家実の命を参議の平範輔が北六波羅探題北条時氏に伝達した「殿下御教書」（九二頁）。

延暦寺衆徒の申し入れによって隆寛の処分を奥州配

流から対馬配流に変更したので、東国にいるといわれる隆寛を探索して対馬に流罪すべき旨を鎌倉幕府に伝えるよう通知したもの。

⑨同年十月十日、関白藤原家実の命を参議が執権北条泰時に伝えた「殿下御教書」（同頁）。

　専修念仏の停止を全国の守護・地頭に徹底してもらいたいとの訴えが延暦寺から出ているので、その旨を命じてほしいとの趣旨である。

　このような一連の文書から、嘉禄三（一二二七）年の専修念仏への弾圧は延暦寺の衆徒が朝廷や幕府を動かしてなされたものであることが分かる。聖道門の修行をしても意味がないという専修念仏の教義が旧仏教にとって重大な脅威になっていたのである。

　次には嘉禄三年と前後して出された院宣・宣旨などを挙げられている。

⑩建保《けんぽう》七（一二一九）年二月四日、後鳥羽上皇から京都の清涼寺に出された「院宣」（九二頁）。

　清涼寺の周囲に念仏の徒が住みつくことのないよう厳しく禁止するようにとの命令である。

⑪清涼寺の僧良暁《りょうぎょう》が⑩の院宣を受けて出した「請書《うけしょ》」（同頁）。

　清涼寺が念仏の徒を制止できない場合は、その理由を報告すると述べている。

⑫同年閏二月、順徳天皇の宣旨を受けて行政の中心である左弁官から全国の僧尼を統轄する僧綱所《そうごうしょ》に発せられた「左弁官下文」（九三頁）。

　諸寺の執務人に命じて専修念仏を禁断すべきであるとの宣旨を忠実に執行せよとの趣旨である。

⑬僧綱所から⑫の下文を受けて出された「請書」（同頁）。

⑭天福《てんぷく》二（一二三四）年六月、四条天皇が出した「宣旨」。

　専修念仏を改めて禁止し、念仏僧教雅《きょうが》を遠流に処し、その弟子を追放せよとしている。

　次に挙げられている三つの文書は、延暦寺が管轄下に置いていた神社や末寺に対して専修念仏を禁圧するよう命じた下知状と、延暦寺から鎌倉幕府に提出した申状である。

⑮延応《えんおう》二（一二四〇）年五月、延暦寺の大衆が末社の祇《ぎ》園社《おんしゃ》（感神院《かんじんいん》、現在の八坂神社）に対し、専修念仏を禁止するよう指示した下知状（九四頁）。

　追伸では代表的な念仏者の名前と念仏者が集まっている場所まで示して禁圧を命じている。

⑯同年、延暦寺から別院の京都東山雲居寺《うんごじ》に対して出された専修念仏禁止を命ずる下知状（九五頁）。

⑰延暦寺から鎌倉幕府に提出した申状（九六頁）。

ここでは禅宗とならんで専修念仏を顕密二教に反対する

二つの「妖怪」であると非難している。禅宗と専修念仏が旧仏教の権威を脅かしていることに対する強い危機感がうかがわれる。

以上のように専修念仏を禁ずる趣旨を示した「奏状」「宣旨」「御教書」「太政官符」「申状」を挙げた後、末尾に日蓮の見解が改めて示されている。すなわち、専修念仏は朝廷や幕府の命令によって禁止された存在であるから、その命令を忠実に実行すべきであるとの主張を結論にして本抄を結んでいる。

専修念仏が朝廷や幕府によって禁止されていることを示す点は「立正安国論」においても同様である。すなわち安国論第六段では、念仏に対してこれまでの仏教者は誰も念仏を指弾する上奏をしていないではないかとする客に対して答える主人の言葉として、次のようにある。

「その上、去ぬる元仁年中に延暦・興福の両寺より度々奏聞を経、勅宣・御教書を申し下して、法然の選択《せんちゃく》の印板を大講堂に取り上げ、三世の仏恩を報ぜんがためにこれを焼失せしむ。法然の墓所に於いては感神院の犬神人《いぬじにん》に仰せ付けて破却せしむ。その門弟隆観・聖光・成覚《じょうかく》・薩生《さっしょう》等は遠国に配流せらる。その後いまだ御勘気を許されず。あにいまだ勘状を進《まい》らせずと云わんや」(二六頁)。

これらのことについて、日蓮がこの当時、旧来の天台宗の範疇にとどまっていると評する見解がある。しかし、先に述べた通り、南無妙法蓮華経の題目の弘通を開始している日蓮の立場は既に従来の天台宗の範疇を突き抜けたものであり、安国論の第一段においても、「あるいは衆病悉除の願を持ちて東方如来の経を誦し、あるいは病即消滅不老不死の詞を仰いで法華真実の妙文を崇め」(一七頁)と、天台宗が他宗と同様、災難根絶に全く無力であることを指摘している。それにもかかわらず、日蓮が旧仏教による奏状や朝廷・幕府の文書を詳細に挙げているのはどのような理由によるのであろうか。

あえて言えば、それは専修念仏を抑止するためにとった一つの「戦略」と考えられる。先に述べたように、この当時、旧仏教の限界を突いた専修念仏は、広範な人々の心情を捉えて急速な拡大を見せていた。旧仏教勢力による、朝廷と幕府の執拗な弾圧にもかかわらず、専修念仏の勢いが衰えることがなかったのは、専修念仏の思想が権力内部の要人にまで浸透していたからである。

法華経を通して妙法の弘通を進めようとする日蓮にとって、法華経を否定する専修念仏の抑止は重大な課題であった。そこで、専修念仏の拡大を阻むために、専修念仏が当時の国家体制において公式には認められない存在であることを強調する必要があったと考えられる。

6 「災難対治抄」

本抄は正元《しょうげん》二（一二六〇）年に書かれた申状である。執筆の年月日は明記されていないが、本文中に、「今この国土に種々の災難起こることを見聞するに、いわゆる建長八年八月より正元二年二月に至るまで、大地震、非時の大風、大飢饉・大疫病等、種々の災難連々として今に絶えず」（八〇頁）と正元二年二月までの災害について触れられていることから、同年二月後半以後の著作と考えられる。

正元二年は四月に改元されて文応元年となり、この年の七月十六日には「立正安国論」を北条時頼に提出していることから、本抄は安国論成立の数ヵ月前の著作となる。冒頭に、「国土に大地震、非時の大風、大飢饉・大疫病・大兵乱等の種々の災難の起こる根源を知りて対治を加うべきの勘文」（七八頁）と明記されていることにも明らかなように、為政者に提出する申状として執筆されたものである。

ちなみに、本抄に関連して同年二月上旬の明記がある「災難興起由来」がある。ただし、その内容は「災難対治抄」とほぼ同一であり、「由来」は「対治抄」の草稿として作成されたものと考えられる。

「災難対治抄」は、題名の通り、うち続く災難をいかにすれば止めることができるかという問題を正面から扱っている。そこでは安国論第二段で引用されている金光明経、大集経、仁王経の文が引かれ、安国論と同様、為政者が正法に違背している故に国土に災難が生ずるとの主張が展開される。正法に違背する国土は善神・聖人がこれを捨て去るとの「神天上の法門」が説かれることも安国論と同じである。また、謗法を対治する方法は布施を止めることであるとするところも安国論と合致している。法然浄土教への批判が展開されているが、それも安国論と同様、要点を挙げただけの簡潔なもので、詳細の批判は前年の「守護国家論」に委ねられている。

このように本抄では、安国論とほぼ同じ論旨が示されているが、他国侵逼難《たこくしんぴつなん》・自界叛逆難《じかいほんぎゃくなん》の予言、専修念仏を停止する勘文・宣旨の提示、念仏が国土にもたらす悪影響の例示など、安国論に明示されている諸点は対治抄には見られない。逆に、『選択集』の前にも災難があったかどうか、仏法以前の災難は謗法の故といえるか、謗法者でも難に値わない者がいるのは何故か、などの議論は対治抄に示されているが、安国論には見られない。

このような両者の相違について、どのように考えるべきであろうか。両者を比較して見た場合、対治抄は当局を相手にした一般的な上申書の趣であるの対し、安国論は主客問答の形式をとっていることなど、北条時頼という特定の人格を想定している面が強い。安国論の提出と前後して日蓮が北条時頼と会見していたことが安国論の内容に影響した可能性も考えられる。

北条時頼との会見については「法門申さるべき様の事」に、「日本国には日蓮一人計りこそ世間・出世・正直の者にては候え。その故は、故最明寺入道に向かって禅宗は天魔のそい（所為）なるべし、のちに勘文もってこれをつげしらしむ」（一二七二頁）とあり、また真筆のある「故最明寺入道見参御書」にも、「日本国中、旧寺の御帰依を捨てしめんがために、天魔の所為たるの由、故最明寺入道殿に見参の時これを申す。また立正安国論これを挙ぐ」（昭和定本四五六頁）と記されている。それらの文によれば、日蓮は、建長寺を建立するなど禅宗への傾斜を強めていた時頼に対し、禅宗に帰依することの誤りを指摘して諫暁したことが分かる。

「立正安国論」は、時頼の側近である宿屋《やどや》入道を介して北条時頼に提出された。このことを考えるならば、日蓮と時頼の会見の仲介役を果したのも宿屋入道であろう。

実際の会見の際、日蓮は時頼が信奉する禅宗を正面から破折し、禅宗への帰依を止めるべきであると主張した。また「撰時抄」に、「去《い》にし文応元年［太歳庚申］七月十六日に立正安国論を最明寺殿に奏したてまつりし時、宿谷の入道に向かって云わく『禅宗と念仏宗とを失い給うべしと申させ給え。このことを御用いなきならば、この一門より事おこりて他国にせめられさせ給うべし』」（二八七頁）とある通り、安国論を宿屋入道を介して提出した際、日蓮は念仏と並んで禅宗への帰依を停止すべき旨を時頼に伝えるよう宿屋入道に示した。しかし、安国論においては破折の対象は念仏に限定し、禅宗への批判は抑制している。

そこには時頼の立場に対する配慮があったと見られる。安国論は時頼個人だけでなく複数の幕府要人が披見し、検討することを想定しているからである。そこに時頼自身が信奉する禅宗破折があからさまに述べられていたならば、時頼自身の為政者としての威信を傷つけることになりかねない。そこで禅宗への批判は、時頼の立場に配慮して、口頭で述べるにとどめたと考えられる。

いずれにしても「災難対治抄」成立の後、時の最高権力者である北条時頼に諫暁書を提出できる状況が生まれてきたのであろう。そこで日蓮は、諫暁の対象として時頼を具体的に想定し、諫暁書の内容を慎重に再検討したと推察される。このような周到な配慮と検討の結果、最終的に成立したのが「立正安国論」であった。

7 「唱法華題目抄」

「立正安国論」提出の二ヵ月前、文応元年五月に著された「唱法華題目抄《しょうほっけだいもくしょう》」は、南無妙法蓮華経の唱題という日蓮の生涯を貫く重要教義について詳述した法門書である。真筆は現存しないが、日興の部分写本があり、真撰であることについては古来、異論はない。また、その題号は日蓮が自ら付けたものとされている。鎌倉期における日蓮の思想を代表する体系的な著述である。

本抄は全部で十五の問答から成り、その内容は多岐にわたる。そこで、本抄の意義を考察するため、各問答の要旨を述べることとする。

第一問答――一頁一行目「有る人予《よ》に問うて云わく」〜同頁一〇行目「堕つべきことも有りなん」。

冒頭で問者は、法華経の文義を弁《わきま》えない者が法華経の一部一巻、自我偈《じがげ》の一句でも受持し、あるいは読み書き、あるいは経に向かって合掌・礼拝し、また他人が法華経を行ずるのを見て随喜の心を起こすだけで人天に生を受け、浄土に往生し、娑婆世界で成仏することがあるだろうか、と尋ねる。

それに対して答者は、かりそめにも法華経を信じて謗法を犯すことがなければ悪道に堕ちるとは思われないとする。ただし、わずかに権教を知る者が、法華経はわれわれの機根には適《かな》いがたいとして法華経以外の経に心を移し、法華経に帰らない場合は悪道に堕ちることもあるだろうとする。

ここで、法華経が人々の機根に適さないとして法華経以外の経に心を移す者とは念仏の徒を指している。専修念仏が法華経を否定する論理とは、法華経は尊い経典だが末法の衆生には高度過ぎて末法の衆生の機根には適わないとする「理深解微《りじんげみ》（理が深く、理解できる人はわずかであるということ）」の教義であった。

それは、

①法華経は高度な教理を説いた尊い経典である、

②末法の衆生の機根は劣悪である、

③それ故に末法の衆生の機根には法華経は適合せず、法華経を行じても意味がない、

という一種の三段論法的な論理に基づいている。しかも、①と②の主張は、それ自体をとれば正当なものであるため、人々はそこから導き出される③の結論に容易に誘導されることになる。

すなわち、念仏は法華経の卓越性を表面的には認めながら、結果としては人々の心を法華経から遠ざけていく、極めて巧妙な論理的詐術をもって人々の法華経信仰を突き崩していったといえよう。そこで、本抄においては念仏の「理深解微《りじんげみ》」説を真っ向から打ち破る形で念仏批判が展開されていくのである。

第二問答――一頁一〇行目「仰せについて疑わしきこと

侍り」～三頁一二行目「力及ばざるか」。

ここで問者は、法華経に結縁する者は上根の衆生であるはずであるとする。すなわち、三千塵点劫に大通智勝仏《だいつうちしょうぶつ》の十六人の王子から法華経を聴聞した衆生について、天台・妙楽は一念三千の義理を弁えた名字《みょうじ》・観行《かんぎょう》の位であるとし、一念随喜・五十展転の者についても天台・妙楽は全くの凡夫ではなく、観行即の位であるとしていると問者は主張する。ところが、我々は仏法について一分の義理も弁えない劣機の衆生であるからそのままでは法華経に適さず、念仏を称《とな》えて極楽浄土に往生し、そこで法華経を聞いて成仏する以外にないという「理深解微」の教義を主張するのである。

それに対して答者は、大通結縁の者について天台・妙楽は観行即と位置づけているという見解自体が疑問であるとする。そして、法華経は末法の衆生にとって無意味であるとする念仏の主張は、法華経を信ずる心を損なうものであるから、それ自体が謗法に当たるとする。さらに、謗法であるならば念仏を称えても往生はできないと念仏を破折している。

この問答では「理深解微」という念仏の教義がまさに謗法に当たるとの日蓮の主張が力強く示されている。

第三問答――三頁一二行目「また仰せについて驚き覚え侍り」～五頁一七行目「招かんずらんと申す」。

ここで問者は、大通結縁の者や一念随喜・五十展転の者が浅位であるとする根拠、また無解《むげ》であっても法華経を信ずる者は悪道に堕ちないという答者の主張の根拠を尋ねる。それに対して答者は天台・妙楽の釈を引き、天台・妙楽が法華経結縁の者を浅位としていることを明らかにする。法華経のわずかな修行でも絶大な功徳があるとする「法華経＝易行」の主張が、ここでも繰り返し述べられている。

第四問答――五頁一八行目「問うて云わく、何なるすがた」～六頁四行目「法華経を失うべしと見えて候」。

法華経を否定する悪知識とはどのような存在であるかという問いに対し、世間からは智者と思われて阿羅漢《あらかん》（声聞の聖者）のように貴ばれている者こそが法華経を失う者であるとする。

第五問答――六頁五行目「問うて云わく、その証拠如何」～八頁一七行目「悪知識に過ぎたることなきか」。

その証拠を尋ねる問者に対し、答者はここで「三類の強《ごう》敵《てき》」を説く法華経勧持品の文を挙げる。そして「法華経は高度な教えである故に末法劣機の衆生には無用である」という「理深解微」の論理をもって人々の法華経の信仰を破壊する者こそが謗法の者であると断じている。そして、念仏の邪師に人々が誑《たぶら》かされている故に諸天善神はその力を失い、災難が起きるのであると説かれる。この主張は「立正安国論」において、さらに詳しく展開されていく。

以上の第一問答から第五問答までの部分は、「理深解微」という念仏側の論理を批判することに力点を置いて念仏を破折した箇所である。また、念仏の智者が「三類の強敵」に当たるとして、その実態を批判しているところに「立正安国論」にはない本抄の念仏批判の特徴がある。

いわば、第五問答までは念仏破折を中心にした「序論」である。第六問答から第十一問答までは、なぜ法華経が正法といえるのかという教判、また本尊と修行の態様、さらには唱題の功徳が論じられており、本抄の「本論」に当たる中心的な部分になっている。

第六問答――八頁一八行目「問うて云わく、始めに智者の御物語とて」～九頁四行目「一切は賢きが智者にて侍るにや」。

ここで問者は念仏の邪義の恐ろしさを認識し、どうすれば法華経に信を取ることができるのかと求道の態度を示す。

第七問答――九頁五行目「問うて云わく、もしかように疑い候わば」～一〇頁三行目「おぼしめすべし」。

「依法不依人」「依了義経・不依不了義経」という基準に照らすならば、法華経が一切経に優れる経であることが明確になるとする。

第八問答――一〇頁四行目「問うて云わく、ある智者の申され候いしは」～一一頁一四行目「ひとえに天魔の計りごとなり」。

「成仏」については爾前経は難行、法華経は易行だが、「往生」については念仏も法華経も同じく易行であり、機縁に応じてどちらを選んでも構わないのだから、日本国に定着している念仏の方が法華経よりも容易であるとの念仏者の主張を取り上げる。

それに対して、爾前と法華では成仏は別だが往生は同じであるという主張には何の根拠もなく、権実雑乱の大謗法であると破折している。

次に法然以後の念仏宗の「変質」について触れ、念仏以外の諸経を否定する『選択集《せんちゃくしゅう》』の教義のままでは謗法の非難を浴びるので、念仏以外の諸行でも往生できるとする「諸行往生」義を立てるようになったことを指摘する。諸行往生義を言う者は、諸行を否定する者よりも謗法の心は勝っており、念仏を巧妙に弘めようとする「天魔の計りごと」をなす者であると断じている。

先に触れたように、鎌倉に広まった念仏は法然が「選択集」で主張した諸行否定の専修念仏ではなく、諸行往生義が主流であった。その代表者である道教（道阿弥陀仏）は、弘長年間に日蓮と対論をし、論破されているが（「論談敵対御書」）、「唱法華題目抄」の成立当時、既に諸行往生義を唱える長西流の念仏が鎌倉に流布しており、日蓮はその破折に力を入れていたことがうかがわれる。

第九問答――一一頁一五行目「問うて云わく、天台宗の中の人の立つることあり」～一二頁一一行目「委細に見るべし」。

ここでは当時の天台宗からの疑問が挙げられている。それは天台大師の教判の中で約部《やくぶ》（釈尊の一代聖教を華厳・阿含・方等・般若・法華涅槃の五時の視点から論ずること）の場合は爾前と法華を対比して爾前を否定するが、約教《やっきょう》（一代聖教を化法・化儀の四教の視点から論ずること）の場合は爾前の円は法華経と同列になるのではないのかという疑問である。それに対し、結論として、爾前の円は法華経と同列ではなく、退けられなければならないとの見解が示されている。

当時、爾前経であってもその中の円教は法華経と同列であると見る見解が比叡山を中心に広く存在していた。その傾向は、いわゆる天台本覚思想の浸透とともにさらに顕著になっていたが、日蓮はその主張を明確に退けている。

以上の第七、第八、第九問答は法華経の最勝を論証する「教判」の部分に当たる。

第十問答――一二頁一二行目「問うて云わく、法華経を信ぜん人は」～同頁一八行目「これを観ずべし」。

ここでは法華経を信ずる場合、本尊と行儀と常の修行はどのようなものであるべきかとの問いに答えている。

この問いに対し、本尊については法華経の八巻一巻一品を本尊とし、あるいは題目を書いて本尊とすべきであるとする。可能な人は釈迦如来・多宝仏を書いても造っても法華経の左右に立てるべきである。また、可能な人は十方の諸仏や普賢菩薩等の像を造り、あるいは書くべきであると述べている。

後に述べるように、日蓮が礼拝の対象である本尊として門下に授与したのは竜《たつ》の口《くち》の法難の後に顕された文字曼荼羅のみである。竜の口の法難以前は、南無妙法蓮華経の唱題を示すにとどめ、本抄のこの段に見られるように、本尊については必ずしも明確な教示はなされなかった。ただし、ここで題目を書いて本尊とすべきであるとし、また釈迦・多宝の二仏を法華経の左右に配し、また十方の諸仏・菩薩を書き表すべきであるとしていることは、法華経を巻軸の法華経ではなく南無妙法蓮華経と捉えるならば、後の文字曼荼羅をうかがわせる表現となっている。釈迦・多宝の二仏は法華経の左右に配されるものであり、あくまでも法華経が根本で、釈迦・多宝が中心となることはない。この文からも釈迦本仏が成り立たないことは明らかである。

行儀については、本尊の前においては座立行《ざりゅうぎょう》であり、道場を出たならば行住坐臥《ぎょうじゅうざが》を選ぶべきではないとしている。日常生活の全ての行動が仏道修行であるとの「信心即生活」の教示とも解せられる。

常の修行については、南無妙法蓮華経の題目を唱えるべきであるとする。そして、可能な人は法華経の一偈一句でも読むべきであり、さらに助縁として、南無釈迦牟尼仏・多宝仏・十方諸仏・一切の諸菩薩・二乗・天人・竜神・八部衆などを心に従って唱えてもよいとする。また愚者の多い世であるから、一念三千の観法を先にするのではなく、必ず法理を習学してから観法を行うべきであると述べている。

ここで常の修行として、南無妙法蓮華経の唱題を第一に挙げていることが重要である。先に述べてきたように、南無妙法蓮華経の唱題を他者に対して広く説くことは天台宗の枠組みを超越しており、既に日蓮独自の境地が展開されている。ここで一念三千の観法を認めていることは天台宗の範疇にあるように見えるが、一念三千の観法を無条件に認めず「習学」を必須条件としていることは、むしろ一念三千の観法に対して抑止的な姿勢をとっていると解せられる。

すなわち、本抄の立場を単純に「天台附順」と評することは適切ではない。日蓮は既に天台宗の範疇を超え出ていたのであるが、弘教を開始してまもない当時の状況を考慮し、天台宗を全面的に否定することはあえて控えていたと解せられる。それは「守護国家論」において、真言を正法の範疇に置く表現をとっていることと軌を一にするものである。本尊義についても仏像を認めるような言辞があるが、それもまた日蓮の本意を明確に示す以前の段階の表現と見るべきである。

第十一問答――一三頁一行目「問うて云わく、ただ題目計りを唱うる功徳如何」～同頁一四行目「法華経の題目を唱うべし」。

ここでは題目を唱える功徳が莫大であることが説かれる。ここで注目されるのは、「妙法」に法華経に説かれる法門も一切諸仏も、さらには宇宙の森羅万象も収まることを強調していることである。この点は次の諸文に見られる。

「法華経の肝心たる方便・寿量の一念三千・久遠実成の法門は、妙法の二字におさまれり」（一三頁）

「一切の諸仏菩薩、十界の因果、十方の草木、瓦礫等、妙法の二字にあらずと云うことなし」（同頁）

後に日蓮は「曾谷入道殿御返事」で、「所詮、妙法蓮華経の五字をば当時の人々は名と計りと思えり。さにては候わず。体《たい》なり。体とは心にて候」（一〇五九頁）と述べている。すなわち「唱法華題目抄」では明示されていないが、「妙法蓮華経」は経典の単なる題名ではなく、一切を収める宇宙根源の大法であることを示唆していると解せられる。すなわち、後に「観心本尊抄《かんじんのほんぞんしょう》」「開目抄」などで明示される種脱相対が、本抄においても既に暗示的に示されているといえよう。

以上の第十、十一問答が本尊と修行と功徳を明かした部分で、本抄の中核部分を成している。それを受ける第十二問答から末尾までは、末法における仏法弘通の在り方を論じた部分である。

第十二問答――一三頁一五行目「問うて云わく、この法門を承って」〜一四頁六行目「如何と申させ給え」。

ここでは再び念仏側の主張が取り上げられる。その主張とは次のようなものである。――法華経が尊いことはいうまでもないが、末法の凡夫に念仏を捨てさせて法華経を修行させせると、念仏も法華経もともに成就できず、中途半端になってしまう。また法華経を誹謗すれば地獄に堕ちなければならない。だから釈尊も舎利弗に対して無智の者に法華経を説くなと言われたのである。

それに対して答者は、不軽品で不軽菩薩が杖木瓦石の迫害を受けたと説かれたことを考えよという。

第十三問答――一四頁七行目「問うて云わく、一経の内に相違の」〜一五頁一一行目「用否あるべし」。

ここでは、同じ経典の中で一方では無智の者には説くなといい、一方では迫害を受けても説くべきであるとするその矛盾をどのように考えるべきかとの問いが出される。それに対し、「本已有善《ほんいうぜん》（本すでに善あり）」の者には機根を整えながら説くべきだが、「本未有善《ほんみうぜん》（本いまだ善あらず）」の者には強いて法華経を説いて「毒鼓《どっく》の縁」によって救うべきであるとする天台大師の釈を示す。時によって弘教の在り方は異なるのであり、人々が権教を信じて実教を誹謗する時には弾呵《だんか》の心をもって強いて説くべきであるとする。

第十二、十三問答は、末法の弘教が摂受か折伏かという問題を取り上げたものである。本抄で日蓮は末法が折伏の時であることを強調している。この問題は佐渡期、身延期にも繰り返して取り上げられるが、日蓮の基本的立場は文応元年の時点で既に明確になっていることが分かる。

末法の衆生は本未有善の機根である故に逆縁による折伏行を行ずべきであるとの日蓮の主張は、これまた摂受を基調とする天台宗の範疇を超越したものである。この時期の日蓮について単なる「天台僧」と見ることが明らかな誤りであることが分かる。

第十四問答――一五頁一二行目「問うて云わく、唐土の人師の中に一分一向に」～一六頁六行目「とおぼえて候なり」。

中国の人師には権大乗にとどまって実経に入らなかった者があるが、それはどのような理由によるのかとの問いが出される。それに対して、天台大師以外の人師は権実の区別が理解できず、また心が権大乗から出ることができなかったためであると述べている。

第十五問答――一六頁七行目「疑って云わく、唐土の人師の中に慈恩大師は」～本抄末尾。

中国の人師には通力を現じ、三昧を得た者も多いのに、どうして権実を区別して法華経を所詮とすることができなかったのかとの問いが出される。それに対して仏法の正邪は利根や通力によって決まるのではなく、あくまでも法門によって判断されるべきであるとする。

第十四、十五問答は、仏教史上、インド・中国において法華経を宣揚した人々を取り上げ、あくまでも法門によって正邪を判断するという宗教批判の基準を示している。

このように「唱法華題目抄」の概要を見る時、本抄がこの時期の日蓮の教義を体系的に示した書であることが明らかとなる。それでは本抄と「立正安国論」の関係についてどのように考えるべきであろうか。この点について「唱法華題目抄」を考察した「唱法華題目抄に学ぶ」（創価学会宮城県青年部編）は次のように述べている。

「大聖人は、一代聖教大意から唱法華題目抄に至る過程を踏まえて立正安国論を完成されたのであるが、そこで安国論の内容を概観するならば、安国論では法然の浄土教の謗法が災難の元凶であることを指摘されるとともに、その解決の方途を示されるところにその元意があると拝せられる。それ以上のこと、つまり、立てるべき正法は何であるかということについては、安国論では『実乗の一善』と示されるにとどまり、その内容まで立ち入って示すことは敢えて控えられている。

そこで、唱法華題目抄が、教判・宗旨・行法・得益を含んだ総合的・体系的著述であることを考えるならば、唱法華題目抄こそ、立正安国論では示すことを控えられた正法の実体を示された書であるということができよう。いわば安国論が『破邪』の書であるのに対し、唱法華題目抄は『顕正』の書である。その意味で本抄は、立正安国論と表裏一体の関係にあるといえる。

北条時頼に対する国主諫暁は、立正安国論の上呈によって行われた。それに対し、実際には時頼側からの応答は示されなかったのであるが、しかし、安国論を上呈した場合、その諫暁に応えて、それでは大聖人のいう『正法』とは何かという『質疑』や『応答』が時頼側から返ってくる可能性も考えられたわけである。

大聖人におかれては、安国論上呈に対して、幕府側から質疑や応答があった場合に備えて、何の用意もされなかったとすることはむしろ不自然であろう。このように考えるならば、唱法華題目抄をもって、大聖人が国主諫暁の重要部分として、時頼の応答に備えて用意された著述であると推定することもあながち不可能ではなかろう」（「大白蓮華」一九九三年五月号四〇頁）

この見解には、おおむね賛同できる。すなわち「唱法華題目抄」は、国主諫暁の重要な要素として日蓮が用意した著述と考えられるのである。

8 北条時頼

ここで、日蓮が「立正安国論」を提示して諫暁した北条時頼《ときより》（一二二七～一二六三）について触れておくこととする。

時頼は、御成敗式目を制定して執権政治を確立した北条泰時の孫で、泰時の死から四年後の寛元《かんげん》四（一二四六）年三月、兄経時《つねとき》の後を継いで十九歳の若さで執権となった。この執権交代期を狙って北条一門の名越光時《なごえみつとき》が前将軍藤《ふじ》原頼経《わらのよりつね》を擁して時頼打倒を企てたが、時頼は事前にその策謀を察知して名越光時を伊豆に流罪し、藤原頼経を京都に追放した（宮騒動）。それに加えて、頼経の父九条道家《くじょうみちいえ》が関東申次《かんとうもうしつぎ》の職にあって朝廷で権勢を誇っていたのを更迭し、前将軍の勢力を駆逐した。

この名越光時の一味に北条氏と比肩する有力御家人である三浦氏の一族、三浦光村が加わっていたことから、三浦氏と北条氏の対立が顕著となり、宝治《ほうじ》元（一二四七）年六月、時頼は三浦氏を挑発して三浦氏を殲滅した（宝治の合戦）。梶原氏、和田氏、畠山氏など、北条氏と並ぶ有力御家人が相次いで滅んだ後、唯一、北条氏に対抗しうる存在であった三浦氏が滅亡したため、北条氏が権力を独占することとなった。また時頼が名越光時を排除したことは、北条氏の中でも北条氏嫡流（得宗家）に権力が集中する道を開いたことになった。

時頼は建長四（一二五二）年には頼経の子である将軍頼《より》嗣《つぐ》も廃し、後嵯峨上皇の皇子宗尊《むねたか》親王を将軍に迎えた。時頼は前将軍だけでなく現職の将軍までも追放したのである。

得宗専制体制が最終的に確立されるのは時頼の孫貞時《さだとき》の時代とされるが、時頼は公式の評定とは別に私邸で「寄合」と呼ばれる会合を開催し、そこで重要な決定を行った。その意味では得宗専制は時頼の時代に始まっていたとも見られる。時頼は一般に執権政治の完成者と見られているが、同時に彼は執権という公的機関による政治を突き崩す得宗専制に向かっていたのである。

ほとんど絶対的な権力を掌握した時頼は、康元《こうげん》元（一二五六）年、最明寺で出家して家督を嫡子時宗《ときむね》に、執権職を北条長時《ながとき》（泰時の弟重時《しげとき》の子）に譲るが、長時の地位は時宗が成長するまでの一時的なものに過ぎず、実権は依然として時頼の手に握られていた。

一般に時頼は、謡曲「鉢の木」が象徴する「廻国《かいこく》伝説」が伝えるように、「政道」に基いて御家人の保護に当たった名執権のイメージが持たれているが、実際の時頼は自身の権力を脅かす危険がある存在を次々と抹殺、排除していった冷徹な政治家であり、その政治の実態は極めて専制的・抑圧的なものであった。それは、建長五（一二五三）年十月に発せられた諸国の地頭代への指示などに見ることができる。そこでは鎌倉の商業活動を厳しく制限するだけでなく、大勢の酒宴、念仏信者の集会、博打《ばくち》を禁止する等の指令が並んでいる。

宗教の面では、特定の宗派に限って帰依するという態度はなかった。まず、鶴岡八幡宮は以前から園城寺の影響下にあったが、時頼は園城寺の僧隆弁《りゅうべん》を鶴岡八幡宮の別当に就け、園城寺独自の戒壇建立を目指す運動も支援した（この園城寺戒壇の勅許は延暦寺の反対で取り消された）。

一方では禅宗を積極的にとり入れ、中国から来日していた臨済宗の禅僧蘭渓道隆《らんけいどうりゅう》を招いて建長寺の開山とした（一二五三年）。宝治元（一二四七）年には曹洞宗の道元を招いて教えを受けただけでなく、弘長二（一二六二）年には中国僧兀庵普寧《ごったんふねい》に参禅して印可を受けたことも知られている。

後には真言律宗の叡尊《えいぞん》、良観《りょうかん》（忍性）とも接触し、弘長二年、叡尊が関東におもむいた折には叡尊から戒律を受けている。

9　宿屋左衛門入道

「立正安国論」を北条時頼に取り次いだのが宿屋左衛門入道である。この点については「立正安国論奥書」に、「文応元年七月十六日をもって宿屋禅門に付して故最明寺入道殿に奉れり」（三三頁）とあり、「安国論御勘由来」に、「文応元年七月十六日、屋戸野入道に付けて古最明寺入道殿に奉進申し了わんぬ」（同頁）とあることから明らかである。

時頼に提出した安国論の原本は伝わっていないが、そこには「天台沙門日蓮勘之」と記されていた。玉沢妙法華寺所蔵の日興写本によれば、安国論の題号の下にこの旨が記されている。日蓮がこの時「天台沙門」としたのは、この当時、対外的にはまだ天台僧としての立場をとっていたからである。

文永五（一二六八）年に蒙古の国書が到来した際、日蓮は同年十月、北条時宗をはじめとする十一箇所に対していわゆる十一通御書を発したが、それに先立って同年八月に宿屋入道に対し「宿屋入道への御状」（一六九頁）を送っている。これらの事実から宿屋入道は北条時頼と時宗に仕えたいわゆる得宗被官であったことが分かる。

『吾妻鏡』巻五一には、時頼の臨終に際して看病のため出入りを許された七人の中に宿屋入道の名があるので、入道は時頼の信頼が厚かった側近の一人であったと考えられる。日蓮が時頼と会見する機会を得たのも、仲介した宿屋入道が時頼と極めて近い関係にあったからであろう。また、諫暁書を取り次ぐというからには宿屋入道は日蓮との間にかなり深い親交があったと推測される。蘭渓道隆の書状に宿屋入道の名が見えることから、道隆のもとで参禅していたと見られるが、竜《たつ》の口《くち》の法難の際、日朗ら五人の門下が宿屋入道の館内の土籠に入れられたことが縁となって、それまでの信仰を捨てて日蓮に帰依したとの伝承がある。

10 「立正安国論」の位置

日蓮の生涯にとって「立正安国論」の提出はまさに期間を区切る出来事であった。すなわち鎌倉期における日蓮の活動は安国論をもって鎌倉前期と後期に分けることができる。日蓮は生涯において生命に及ぶ幾多の大難を受けたが、それらは全て安国論の提出を契機に惹起したのである。仮に日蓮が「立正安国論」による国主諫暁をしなかったならば、鎌倉の片隅で法華経への信仰と唱題思想を説き、少数の帰依者を得ている特異な僧侶で終わったとも考えられる。最高権力者に対する諫暁という史上空前の行動は日蓮の実践の意味を一変させた。幕府権力の警戒心を惹起することによって日蓮の行動は単なる個人的な次元にとどまらず、強い社会性を帯びることとなった。日蓮の日本社会全体に対する本格的な弘教闘争はまさに「立正安国論」の提出から始まったのである。

安国論は、対外的に日蓮の著作を代表するものであるだけでなく、日蓮自身、生涯を通して安国論を極めて重要視した。日蓮は多くの御書で安国論に言及しているが、このような例は安国論以外にない。そこで、その一端を、ここで挙げることにする。

①「謹んで言上せしめ候。抑も正月十八日、西戎《さいじゅう》大蒙古国の牒状到来すと。日蓮、先年諸経の要文を集め、これを勘えたること、立正安国論の如く少しも違わず普合しぬ。日蓮は聖人の一分に当たれり。未萠《みぼう》を知るが故なり。しかるあいだ、重ねてこの由を驚かし奉る。急ぎ建長寺・寿福寺・極楽寺・多宝寺・浄光明寺・大仏殿等の御帰依を止めたまえ。しからずんば重ねてま

た四方より責め来たるべきなり。速かに蒙古国の人を調伏して我が国を安泰ならしめ給え。彼を調伏せられんこと、日蓮に非ざれば叶うべからざるなり」（「北条時宗への御状」一六九頁）

文永五年閏《うるう》正月、蒙古の国書が鎌倉に到着したことを機会に、日蓮が北条時宗をはじめ幕府要人や鎌倉諸大寺に宛てて発した十一通御書では、安国論における予言が的中したことを強調し、公場対決を要求している。

②「よって立正安国論を造って故最明寺入道殿の御時、宿屋の入道をもって見参に入れ畢わんぬ。しかるに近年の間、多日のほど、犬戎《けんじゅう》浪を乱し、夷敵《いてき》国を伺う。先年勘え申す所、近日符合せしむるものなり。（中略）よって御存知のために立正安国論一巻これを進覧す」（「一昨日御書」一八三頁）

文永八（一二七一）年九月十日、侍所《さむらいどころ》の所司《しょし》（次官）である平左衛門尉頼綱《へいのさえもんのじょうよりつな》の尋問を受けた日蓮は、十二日に「立正安国論」を改めて平左衛門尉に与え、諫暁した。日蓮は安国論を自ら書写して複数の正本を作っており、この時、平左衛門尉に与えたのはその一つと推定される。

③「外典に曰わく、未萠をしるを聖人という。内典に云わく、三世を知るを聖人という。余に三度のこうみょう（高名）あり。一には去《い》にし文応元年［太歳庚申］七月十六日に立正安国論を最明寺殿に奏したてまつりし時、宿谷の入道に向かって云わく『禅宗と念仏宗とを失い給うべしと申させ給え。このことを御用いなきならば、この一門より事おこりて他国にせめられさせ給うべし』」（「撰時抄」二八七頁）

日蓮は「撰時抄」で、三回の予言が的中したことを「三度のこうみょう（高名）」とし、その第一に「立正安国論」の予言的中を挙げている。

④「かくの如く仏法の邪正乱れしかば、王法も漸く尽きぬ。結句はこの国、他国にやぶられて亡国となるべきなり。このこと日蓮独り勘え知れる故に、仏法のため王法のため諸経の要文を集めて一巻の書を造る。よって故最明寺入道殿に奉る。立正安国論と名づけき。その書にくわしく申したれども愚人は知り難し。所詮、現証を引いて申すべし」（「本尊問答抄」三七一頁）

弘安元（一二七八）年九月の「本尊問答抄」で、承久の乱の際に後鳥羽上皇が真言の祈禱を行いながら敗北した事実を挙げ、合わせて「立正安国論」に触れて仏法の邪正が乱れる時は国が亡国となる旨を示している。

⑤「かつ去ぬる文応年中、師匠日蓮聖人、仏法の廃《すた》れた

るを見、未来の災いを鑒《かんが》み、諸経の文を勘え、一巻の書を造る[立正安国論と号す]。異国の来難、果してもって符合し畢わんぬ。未萠を知るを聖と謂いつべきか」(「四十九院申状」八四九頁)

「四十九院申状」は、弘安元(一二七八)年三月、駿河国蒲原荘《かんばらしょう》の四十九院の供僧であった日興《にっこう》・日持《にちじ》らの名で四十九院の寺務であった厳誉《ごんよ》を責めるため幕府に提出した訴状。これは日興らによる文書だが、この当時、日蓮門下が公的機関に訴える場合でも「立正安国論」の予言的中をもって日蓮を「聖人」というべきであると主張していることが分かる。

⑥「この条は日弁等の本師日蓮聖人、去ぬる正嘉以来の大彗星・大地動等を観見し、一切経を勘えて云わく、当時日本国の体たらく権小に執著し実経を失没せるの故にまさに前代未有の二難を起こすべし。いわゆる自界叛逆難・他国侵逼難なり。よって治国の故を思い、兼日かの大災難を対治せらるべきの由、去ぬる文応年中、一巻の書を上表す。立正安国論と号す。勘え申す所、皆もって符合す。既に金口《こんく》の未来記に同じ。あたかも声と響きとの如し。外書に云わく『未萠を知るは聖人なり』。内典に云わく『智人は起を知り、蛇は自ら蛇を知る』云々。これをもってこれを思うに、本師はあに聖人なるかな」(「滝泉寺申状」八五〇頁)

「滝泉寺申状」は、弘安二年(一二七九年)十月、熱原法難に際して日秀・日弁の名で幕府に提出する陳状の文案だが、実際には日蓮が草案を考えたものである。「四十九院申状」と同様、日蓮教団内部における「立正安国論」の認識をうかがうことができる。

⑦「去ぬる文永五年後の正月十八日、西戎《さいじゅう》大蒙古国より日本国をおそうべきよし、牒状をわたす。日蓮が去ぬる文応元年[太歳庚申]に勘えたりし立正安国論、今すこしもたがわず符合しぬ。この書は白楽天が楽府《がふ》にも越え、仏の未来記にもおとらず。末代の不思議なにごとかこれにすぎん。賢王・聖主の御世ならば日本第一の権状《けんじょう》にもおこなわれ、現身に大師号もあるべし。定めて御たづねありていくさの僉義《せんぎ》をもいいあわせ、調伏なんども申しつけられぬらんとおもいしに、その義なかりしかば、その年の末十月に十一通の状をかきて、かたがたへおどろかし申す」(「種種御振舞御書」九〇九頁)

「種種御振舞御書」は、文永五(一二六八)年から建治二(一二七六)年までの日蓮自身の振る舞いを述べた御書であるが、同抄は、ここに引用した通り、蒙古の国書到来によって安国論の予言が的中した事実から書き起こされている。予言の的中について、日蓮自身、白楽天や釈尊の予言をも超越した不思議としているが、まさに安国論が日蓮の化導における重大な画期となったことが分かる。

⑧「まさに知るべし、これよりも大事なることの一閻浮《えんぶ》提《だい》の内に出現すべきなりと勘えて立正安国論を造りて最明寺入道殿に奉る。かの状に云わく〔取詮〕この大瑞は他国よりこの国をほろぼすべき先兆なり。禅宗・念仏宗等が法華経を失う故なり。かの法師原《ほっしばら》が頸をきりて鎌倉ゆい（由比）の浜にすてずば国まさに亡ぶべし等云々。その後、文永の大彗星の時は、また手ににぎりてこれを知る。

去ぬる文永八年九月十二日の御勘気の時、重ねて申して云わく『予は日本国の棟梁なり。我を失うは国を失うなるべし』と。今は用いまじけれども後のためにとて申しにき。また去年の四月八日に平左衛門尉に対面の時、『蒙古国は何比《いつごろ》かよせ候べき』と問うに、答えて云わく『経文は月日をささず。ただし、天眼のいかり頻《しき》りなり。今年をばすぐべからず』と申したりき。『これ等は如何にして知るべし』と人疑うべし。

予、不肖の身なれども、法華経を弘通する行者を王臣・人民これを怨むあいだ、法華経の座にて守護せんと誓いをなせる地神、いかりをなして身をふるい、天神、身より光を出だしてこの国をおどす。いかに諫むれども用いざれば、結局は人の身に入って自界叛逆せしめ、他国より責むべし」（「法蓮抄」一〇五三頁）

建治元（一二七五）年の「法蓮抄」においても「撰時抄」と同様、竜の口の法難の際の逮捕の時、また佐渡流罪赦免後の平左衛門尉との会見の時にも「立正安国論」の趣旨を繰り返し平左衛門尉に主張し、諫暁したことが挙げられている。

⑨「疑って云わく、正嘉の大地震等のことは去ぬる文応元年［太歳庚申］七月十六日、宿屋の入道に付けて故最明寺入道殿へ奉る所の勘文、立正安国論には法然が選択《せんちゃく》に付いて日本国の仏法を失う故に天地瞋りをなし自界叛逆難と他国侵逼難起こるべしと勘えたり。ここには法華経の流布すべき瑞なりと申す。先後の相違これ有るか、いかん。答えて云わく、汝能くこれを問えり」（「呵責謗法滅罪抄」一一二九頁）

安国論において、自界叛逆難と他国侵逼難は日本国に仏法が失われているために生ずる災難であるとされているが、佐渡流罪以後、日蓮はこれらについて法華経流布の瑞相であると位置づけていく。「呵責謗法滅罪抄」ではその相違を問題として取り上げられている。

⑩「知らずはさでもあるべきに、日蓮この二十八年が間、『今此三界《こんしさんがい》』の文を引いてこの迷いをしめせば、信ぜずはさでこそ有るべきに、いつきつ、ころしつ、ながしつ、おうゆえに、八幡大菩薩、宅をやいてこそ天へはのぼり給いぬらめ。日蓮がかんがえて候いし立正安国論これなり。あわれ、他国よりせめ来たりて、たかのきじをとるように、ねこのねずみをかむようにせめられん時、あま（尼）や女房どものあわて候わんずらん」（「智妙房御返事」一二八七頁）

再度の蒙古襲来を予見する中で、神天上《かみてんじょう》の法門を「立正安国論」で示した旨を述べている。

⑪「ただし、謗法に至って浅深あるべし。偽り愚かにしてせめざる時もあるべし。真言・天台宗等は法華誹謗の者、いとう呵責《かしゃく》すべし。しかれども、大智慧の者ならでは日蓮が弘通の法門分別しがたし。しかるあいだ、まずまずさしおくこともあるなり。立正安国論の如し」（「阿仏房尼御前御返事」一三〇七頁）

真言宗・天台宗は、本来ならばその法華誹謗の罪を厳しく呵責していくべき対象だが、安国論においてはあえてそれらの破折は差し控えた旨を述べている。安国論において破折の対象を法然の専修念仏に限定したのには周到な配慮があったことを示す。

⑫「経文の如くならば、日蓮を流罪するは国土滅亡の先兆なり。その上、御勘気已前にその由これを勘え出だす。いわゆる立正安国論これなり。誰かこれを疑わん。これをもって歎きと為す」（「波木井三郎殿御返事」一三七二頁）

安国論において日蓮が国主に警告を発したことは、万人が認識している公然周知の事実であることを強調している。

日蓮が安国論を重視した例としては、建治年間に真言破折などの経文を追加して安国論の増補版を造った事実も挙げることができる。これは「建治の広本」と呼ばれるものである。当初成立した安国論において破折の対象とされているのは法然浄土教のみであったが、本来は正法を誹謗している諸宗全てを破折するところに日蓮の本意があったことが分かる。

また、日蓮が最後まで安国論を重んじたことは、入滅の直前に安国論の講義を行ったと伝えられるところにもうかがうことができる。

すなわち、弘安五（一二八二）年九月二十五日、入滅の地となった武蔵国《むさしのくに》の池上兄弟の館に滞在中、鎌倉をはじめ上総《かずさ》・下総《しもうさ》などから参集してきた門下を前に、日蓮は安国論を講義したと伝えられる。強いて否定すべき要素もないので、この伝承は受け入れてよいであろう。

この安国論講義が日蓮の一般門下に対する最後の教示となった。入滅十八日前のことであるから、恐らく衰弱した病体を押しての説法であったであろう。日蓮の最後の説法が安国論講義であったとされることから、「立正安国」すなわち正法の確立によって世界の平和を実現することこそが日蓮の終生の願望であったことが了解できる。

まさに「立正安国論」は、日蓮の思想と生涯を貫く一書であり、そこに示された立正安国の原理こそ日蓮の宗教全体を貫く脊梁《せきりょう》といって過言ではない。社会の在り方について関心を示してこなかったそれまでの仏教と異なり、日蓮は社会の平和を希求し、その実現に寄与するところに仏教の使命があるとした。その民衆と社会への視座こそ日蓮仏法の根本的な特色の一つといえよう。

11 「立正安国論」の概要

「立正安国論」は客と主人との間に交わされる十の問答から成っている。ただし、最後は客の言葉（問い）で結ばれていて主人の答えはないので、正確には十問九答である。客は提出の相手である北条時頼、主人は日蓮自身を擬していることはいうまでもない。


第一問答――一七頁一行目「旅客来たりて嘆いて曰わく、近年より近日に至るまで」～同頁一四行目「恐れずんばあるべからず」。

旅客が来て嘆いて言う。――近頃、自然災害や飢饉・疫病が蔓延《まんえん》し、多くの人命が失われて、骸骨が路に充満している有様である。そこで、阿弥陀如来の名を唱えたり、法華経を読誦したり、仁王経や真言密教の儀式・祈禱を行い、あるいは座禅を組んだり、七鬼神や五大力菩薩の札《ふだ》を門戸にかけ、あるいは天神・地祇を礼拝して儀式を行い、あるいは人民に恩徳をかける政治を行ったりしているが、何の効き目もない。天体は正しく運行し、仏法も行われているのに、このような惨状を招いているのは、どのような原因によるのか。

主人は言う。――経文を開いて私なりに考えてみると、世間の人は皆、正法に背き、悪法に帰依している。その故に諸天善神や聖人が国を去ってしまい、その代わりに魔や鬼が来て災難が起きているのである。

先に述べたように、人々の遺骸が街に充満しているという記述は決して誇張ではない。京都や鎌倉の市街でも実際にそのような状況が見られたのである。安国論は過酷な現実を直視するところから始まる。死後の世界に救いを求めるのではなく、現実を正面から受け止め、それを克服していく道を示していくのが安国論の根本姿勢である。

ここで既存の仏教宗派や神祇信仰、民間信仰などの限界が明示されていることが注目される。とくに念仏や禅・真言などの諸宗とならんで天台宗の法華信仰も含まれていることは重要である。この事実は、日蓮の意識が既に天台宗の枠組みを超え出ていたことを物語っている。日蓮において、天台宗はもはや立てるべき「正法」ではなくなっているのである。

この点に関連して、「立正安国論」の原本に「天台沙門」と記されていることをもって日蓮が天台宗の範疇にとどまり、天台宗の復興を目指していたとする見解があるが、同意しがたい。妙蓮寺第三世日眼《にちげん》の著とされる「五人所破抄見聞」に「天台沙門と諸御書の中には最初備進の安国論は聖人満四十才の御時、未顕本門法花宗の時は我が師天台、吾が師伝教と師資相承《ししそうじょう》の義分をもって遊ばされたり」（『富士宗学要集』第四巻九頁）とあること、および日興写本によれば、時頼に提出された安国論には「天台沙門」と記されていた。天台沙門の名乗りは、時頼ら幕府要人に対して自身の言葉をより説得力あるものにするためにあえて表明した戦略的言辞と見るべきであり、額面通りに受けとめるべきではない（この点に限らず日蓮の用語法は複雑多様であり、字義通り〈リテラルに〉単純に解したのでは日蓮の本意を把握することはできない）。

日蓮は天台・伝教を仏教正統の正師と認め、外形的には彼らを師匠と立てる場合もあるが（「法華経題目抄」には「根本大師門人」の呼称も見られる）、天台・伝教に「復古」しようとしたのではない。繰り返し述べてきた通り、立宗宣言において南無妙法蓮華経の題目の弘通に踏み切った時点で既に日蓮は天台・伝教も含めて従来の天台宗の枠組みを超え出ており、日蓮にとって天台宗は復興の対象ではなく、乗り越えるべき存在なのである。

また、「独りこのことを愁いて胸臆《くおく》に憤悱《ふんぴ》す」（一七頁）、「言わずんばあるべからず、恐れずんばあるべからず」（同頁）との主人の言葉に安国論提出に至る日蓮の心情をうかがうことができよう。民衆の惨状を放置し、傍観視していることはできないとの心情から、日蓮は厳しい迫害も覚悟のうえで国主諫暁に踏み切ったのである。

また、本抄が客と主人の対話形式をとっていることは、北条時頼に対しても人間として平等の立場を取ることを意味している。それまで日本の仏教者が為政者に提出してきた文書は、先の興福寺や延暦寺から朝廷に出された奏状などに見られるように、上位の権力者に対して下位の者が嘆願するものに過ぎなかった。どのような高僧であっても為政者に対してはへり下った形しか取れなかったのである。

それに対し、安国論で日蓮は、国政を実際に左右する権力を有する時頼に対しても対等の立場を取り、さらには客になぞらえた時頼の迷妄を破り、時頼を教導していく「師」の立場に立っている。そこに、いかなる権威・権力にも屈することがなかった日蓮の強靭な精神が表れている。

これまでの日本仏教は、行基《ぎょうき》や空也《くうや》、あるいは「聖《ひじり》」など、権力に依存せず、直接民衆に働きかけた例もなかったわけではないが、基本的には朝鮮半島から伝来した当初から国家や有力者の保護のもとに存続してきた。従って、仏教者から為政者に対して発言する場合には、保護を受ける存在として従属的な姿勢を取るのが常であった。それに対して日蓮が最高権力者に対していささかも従属的な姿勢を取らず、対等の立場を取ったことは画期的な意義を持っている。

また、安国論は単に問答形式の書というだけでなく、一つの対話劇、思想劇の趣をもっている。このことは、日蓮が実践の原理として「対話」を重視したことを表しているともいえよう。実際に日蓮の布教は、もっぱら対話を通してなされたものであった。意見を異にする人々をも言論によって説得し、動かしていくところに日蓮仏法の基本がある。

ここで、世に仏教が盛んに行われているにもかかわらず何故に災難が続発するのかとの問いに対する答えは、主人の最初の言葉に示されている。それが、「世皆正に背き、人ことごとく悪に帰す。故に善神は国を捨てて相去り、聖人は所を辞して還りたまわず。これをもって魔来たり鬼来たり、災い起こり難起こる」(一七頁)の文である。そこに示されているのは、人々が正法に違背しているゆえに国を守護すべき神が国を捨て去り、そのために災難が起こるとの、いわゆる「神天上の法門」である。

すなわち日蓮は、形式的・外形的に仏法が行われていればよいとの立場を退け、信じられている法の正邪を問わなければならないとした。むしろ、人々が悪法に帰依して正法に背いていることが災難の真の原因であると断じたのである。「破邪顕正」の勇敢な折伏精神こそ安国論の全体を貫く骨格といえよう。

第二問答——一七頁一五行目「客の曰わく、天下の災い、国中の難」〜二〇頁一三行目「悪鬼・外道、災いを成し、難を致す」。

客は言う。——災難を嘆くのは自分一人ではなく、人々が皆悲しんでいることである。善神や聖人が国を去っているために災難が起きるという先の主人の主張は、どの経典に説かれているのか。

主人は、その主張が示された経文は繁多であるとして、金光明経、大集経、仁王経、薬師経の四経の経文を挙げる。

引用されている経文の趣旨を示すならば、まず金光明経は、国王が正法を信ぜず、悪を増長させている場合には四天王や諸天善神は国を捨て去り、その結果、人々は殺し合い、天災や飢饉、他国からの侵略などが起きるとする。また、大集経は、仏法が隠没する時には旱魃《かんばつ》などの災害が生じ、人心も退廃して人々は悪道に堕ちるという。また、国王が正法を擁護しない時には穀貴《こっき》・兵革《ひょうかく》・疫病の三災が起きると説く。

仁王経は、国土が乱れる時にはその以前に鬼神が乱れ、鬼神が乱れるゆえに人々が乱れるとする。賊が国を脅かし、指導層の中で対立が生じ、天体の運行にも異変が生まれる。王の福が尽きる時には聖人が去り、そのために天災や戦乱などの七難が起きるという。また、薬師経は、国王などの難が起きる場合には他国侵逼難・自界叛逆難などの七難が起きると説く。

ここには修学時代以来、日蓮が堅持してきた、客観的な文証の根拠を重視する姿勢が端的に表れている。また、これらの文証の引用は岩本実相寺における一切経閲覧の成果とも見ることができよう。

これらの経文に明らかなように、正法に違背する国土から善神や聖人が去るという「神天上の法門」はこれらの経典において既に説かれていることが分かる。また、日本においても神天上の法門は平安時代からさまざまな文献に表れており、決して日蓮が初めて主張したものではない。日蓮の主張が経典の裏づけを持つものであり、当時の常識から逸脱したものではないことが了解できるのである。

第三問答――二〇頁一四行目「客、色を作《な》して曰わく、後漢の明帝《めいてい》は」～二一頁一六行目「あに善事を成さんや」。

客は色をなして言う。――聖徳太子が日本に仏教を確立して以来、権力者から民衆に至るまで仏教を信仰し、比叡山・南都（奈良）など数多くの寺院が日本中にあるのに、どうして仏教をないがしろにしていると言うのか。

主人は諭して言う。――寺院は軒を並べ、僧侶は無数にいるが、しかし、僧侶は人々に媚びへつらって人々を迷わしている。また為政者も仏法の正邪の区別を弁えていない。

さらに主人は、邪僧が人々に害を及ぼすことを説く仁王経、涅槃経、法華経の経文を挙げる。それぞれの経文の趣旨は次の通りである。

仁王経は、悪比丘が名利を求めて国王や太子の前で破仏法・破国の法を説くが、国王はその言葉を信じて道理に合わない法制をつくったりするため、破仏法・破国の因縁になるとする。涅槃経は、悪象よりも人を三悪道に堕とす悪知識を恐れよと説く。また釈尊滅後には戒律を持つような姿を取る悪侶が利を貪り、邪見を盛んにして正法を誹謗するとする。法華経は、人々から聖者のように尊敬されている比丘が権力と結びついて法華経の行者を迫害すると説く。この部分は、後に妙楽大師によって、法華経の行者を迫害する「三類の強敵」のうち第三の僣聖《せんしょう》増上慢に当たるとされたところである。

客は仏法の隆盛を寺院や僧侶の存在などの外形的なもので判断し、その内容の正邪などは考えようとしない。それに対して主人は、仏法の内容が問題であるとし、僧侶が悪法を説く場合には人々はそれに影響されて、大きな害が及ぶとする。

ここで引用されている経文は、いずれも僧侶が仏法を破壊する存在となることを警告したものである。歴史的に見ても、仏教教団は釈尊滅後まもない時から腐敗堕落の傾向が現れるようになった。その腐敗の当事者は在家信徒ではなく、ほとんど常に出家者であった。多くの経典に、利に囚われ、教団を内部から破壊する悪比丘を指弾する言葉があるのは、そのような歴史的事実を踏まえたものである。

およそ僧侶であれば、仏教の専門家として、おしなべて尊重すべきであるとする素朴な態度は現在でも依然として広く見られるが、仏教の知識が出家者にほとんど独占されていた鎌倉時代はその傾向はさらに強かったであろう。それに対し日蓮は、権威と知識を持つと見られている僧侶こそむしろ仏教破壊の元凶となると主張し、警告したのである。

仏教の教義内容を問題にしようとしない客の態度について考えるならば、外から宗教や思想を受け入れる場合、その内容を厳密に検討し、従来のものとの思想的対決を経過することなく、文化的・政治的価値のみを利用する傾向が強かったのが日本の精神的体質であった。思想内容を検討せずに無批判に受け入れていく日本の精神的雑居性について、思想史家の丸山眞男氏は次のように述べている。

「あらゆる哲学・宗教・学問を——相互に原理的に矛盾するものまで——『無限抱擁』してこれを精神的経歴のなかに『平和共存』させる思想的『寛容』の伝統にとって唯一の異質的なものは、まさにそうした精神的雑居性の原理的否認を要請し、世界経験の論理的および価値的な整序を内面的に要請する思想であった」(「日本の思想」『丸山眞男集』第七巻二〇二頁)

日本が七世紀に仏教を受容した時も、仏は従来の神々と並ぶ「蕃神《ばんしん》」(他国の神)としてしか理解されず、仏教は仏像や寺院建築に象徴される斬新で国際的な文化体系として受け入れられた面が強かった。東大寺の大仏に代表される奈良時代の仏教は国家統合のイデオロギーとして利用され、平安貴族の場合も、彼らが受け入れた仏教は基本的には真言密教による呪術と死後の救済を求める念仏で、現世と来世の利益を端的に期待するものでしかなかった。厳しく見れば、法華経を軸にした天台の教理も貴族たちにとっては知的アクセサリーに過ぎず、各自の生き方を規定する人生観にまで深化していたとは言いがたい。そのような知的風土のもとでは仏教内部に多数の宗派が並び立ち、相互に矛盾する教説を立てていても、それを問題視し、真理を探求しようとする態度は生まれるべくもなかった。

　中村元博士が『日本人の思惟方法』で述べているように、仏教伝来以前から日本人の精神的態度として顕著なのは、現世の利害を最優先する「現世主義」的態度である。「生きているうちが花」として、死をも深刻に捉えず、宗教も現世を彩る装飾（儀式）かあるいは現世利益を期待できる呪術として利用するに過ぎない傾向が強い。人の一生において、初参り、結婚式、葬儀などの儀礼に神道、キリスト教、仏教などを適当に混在させて何ら怪しまない日本人の精神態度は、宗教などはそのときどきの好みや都合で適当に使い分けるべき程度のものとするもので、宗教を真剣に受けとめるものではない。

　鎌倉幕府の為政者にとっても、鎌倉幕府の宗教政策の項で考察したように、宗教は利用できる限度で保護を与えるだけの存在に過ぎなかった。幕府が新来の宗派としての禅宗を保護したのも、禅僧のもつ海外知識に利用価値を認め、また京都に対する対抗の意義があったからである。宗教を利用の対象としか捉えない宗教観からすれば、仏教各派の教義の優劣など当初から問題にならないのは当然である。

　そのような日本の精神風土とは対照的に、日蓮は教説の正邪・勝劣を峻別し、正法に違背する「謗法」を厳しく批判していった。ここに日蓮の宗教が日本的精神土壌の限界を当初から超え出ている面が明確に表れている。

第四問答――二一頁一七行目「客、なお憤りて曰わく、明王は天地によって化を成し」～二四頁四行目「この一凶を禁ぜんには」。

　客は憤って言う。――世間の僧侶は人々が帰依しているところであり、もしも悪侶であるならば賢明な国王が信ずるはずがない。悪比丘と言うのであれば、誰人を指して言うのか。

　主人は言う。――後鳥羽院の時代に法然という者がいて『選択集《せんちゃくしゅう》』を著し、釈尊の一代聖教を破壊し、人々を迷わしている。

　その『選択集』で法然は次のように言っている。――道《どう》綽《しゃく》禅師は聖道門・浄土門の二門を立て、聖道門を捨てて浄土門に帰依せよとする。聖道門には密教も法華経も含む。曇鸞《どんらん》法師は難行道と易行道の二道を立てる。難行道とは聖道門であり、易行道とは浄土門である。善導和尚は正行と雑行の二行を立て、雑行を捨てて正行に帰すべきであるとする。観経などの浄土経典以外の諸経を読誦するのが読誦雑行であり、阿弥陀仏以外の諸仏・菩薩を礼拝するのが礼拝雑行である。

このように法然は、『選択集』で道綽・曇鸞・善導の誤った釈を引いて法華・真言などのすべての大乗経典や一切の諸仏菩薩を聖道門・難行・雑行に入れてそれらを捨閉閣抛《しゃくへいかくほう》せよと説き、すべての仏弟子を群賊と呼んで罵詈《めり》している。それは、浄土三部経の「ただ五逆と誹謗正法を除く」という文に背き、法華経の「若し人が法華経を信ぜずに毀謗するならば、その人は命終わって阿鼻地獄に入るであろう」との戒めの文を知らないものである。

かつて伝教・義真・慈覚・智証らが万里の波涛をわたってもたらした経典や仏像を国主や地頭も供養してきたのに、今や人々は法然に迷わされて阿弥陀仏以外の仏、浄土三部経以外の経典をないがしろにしている。その結果、寺院や僧房は荒廃し、守護の善神も国を捨て去ってしまった。だから災難を止めるためには、いろいろな祈禱をするよりも念仏という一凶を禁ずるほかはない。

この段は、法然浄土教を教理の上から破折したところである。すなわち、法然の『選択集』が道綽・曇鸞・善導など中国浄土教の開祖たちの教義を前提にしながら、浄土教以外の仏教を全て否定していることを明らかにする。そして、法然の教義が法華経はもちろん浄土三部経にも違背するものであることを示している。

先に述べたように、ここで展開されている法理的な法然批判は要点に限られており、詳細は「守護国家論」に譲っている。すなわち、法然が「之に準じて之を思うに（準之《じゅんし》思之《しし》）」という表現で聖道門・浄土門の区別を恣意的に拡大している点について「守護国家論」では強調されているが、安国論では「之を準じて之を思うに」という言葉を引くだけにとどめ、破折の力点は法然が諸経を「捨閉閣抛」せよと全面否定していることに置かれている。時頼をはじめとする為政者が閲読することを考え、論旨をできるかぎり簡潔なものにし、煩瑣な議論は別に譲ったのであろう。

ここで伝教・義真・慈覚・智証の名を挙げ、「法華真言」と併記して真言密教を正法の範疇に入れる表現が見られるのは、「守護国家論」における場合と同様、対外的な「戦略」と見るべきであろう。安国論で日蓮は破折の対象を法然浄土教に絞り、それに歯止めをかけることを当面の目標としたのである。

第五問答――二四頁五行目「客、ことに色を作して曰わく、我が本師釈迦文」～二五頁一八行目「源を塞ぎ、根を截つべし」。

客は色をなして言う。――釈尊が浄土三部経を説いて以来、曇鸞法師はひたすら浄土門に帰し、道綽禅師はひとえに西方極楽浄土の行を弘め、善導和尚は雑行をなげうって専修念仏を立て、日本の恵心僧都は諸経の要文を集めて念仏の一行を根本とした。とくに法然聖人は幼少にして比叡山に昇り、八宗を極めた人である。学匠として智は日月にも等しく、徳は先師を超えている。それでも悟りを得られないので、法然聖人は深く思索した結果、諸経をなげうって専ら念仏を修行することにしたのである。そこで法然聖人は勢至《せいし》菩薩の化身、善導和尚の再誕と尊敬され、日本中の人々が帰依するところとなった。ところが、どうしてあなたは近年の災いの原因を昔の法然聖人のせいにして聖人を罵るのか。このような悪言はいまだ見たことがない。これ以上あなたと対座しているのは恐ろしいことであるから、もう帰ろうと思う。

主人は笑いながら客を制止して言う。——あなたは善の言葉を聞いて悪言と思い、誹謗する者を指して聖人と言い、正しい師を悪侶と考えている。釈尊一代の説法は前後で権教と実教に区別できるが、曇鸞・道綽・善導は権教に従って実教を忘れており、仏教の淵底をまだ究めていない。中でも法然は彼らの流れを酌んでいるが、源としている彼らの迷妄を知らない。なぜかといえば、法然は、浄土三部経以外の全ての大乗経典、また阿弥陀仏以外の一切の諸仏菩薩を「捨閉閣抛」せよと否定している。それは、法然が勝手に言った言葉であって、経典に説かれているものではない。

あなたは近年の災難の原因が過去の法然にあるとすることを恐れているが、若干の先例を引いて示そう。中国周代の末に髪を乱し、裸になって礼儀を守らない者がいた。その姿を見た識者は、あと百年もたたないうちに周は滅びるだろうと述べたという。また中国西晋《せいしん》の阮籍《げんせき》は髪を乱し、着物もだらしなく着て、礼儀を意に介さなかったが、当時の公家の子弟は皆それに倣った。このことを西晋の王である司馬氏が滅亡する前相であるとした。さらに中国の唐の武宗《ぶそう》皇帝は鏡霜《きょうぞう》法師に念仏の教えを弘めさせた。するとウイグルの軍隊が国境を侵略し、武宗は乱を収められず死んでしまった。

法然は後鳥羽院の時代の者であるが、後鳥羽院が承久《じょうきゅう》の乱で敗れて流罪されたことは明白な事実である。このように、念仏が広まると国に災いが起こることは中国と日本に先例がある。だからあなたは、念仏が災難の原因であることを疑ってはならない。法然の念仏という根源の凶を捨てて善法に帰依すべきである。

客は曇鸞・道綽・善導、ならびに法然の権威を無条件で承認し、それに従う姿勢に立つ。曇鸞・道綽・善導は中国浄土教の祖師として日本においても広く認められており、先に「守護国家論」の箇所で触れたように、明恵や貞慶など専修念仏に反対する人々でも彼らを批判の対象にすることはなかった。

法然は天台宗の学僧として各宗にわたる広い学識を持ち、高い評価を得ていた。後に天台座主となった顕真《けんしん》や摂政・関白の九条兼実《くじょうかねざね》（道家の祖父）らの帰依も受け、社会的には厚い尊敬を集めていた。そこで客は、近年の災難の原因を数十年前の法然に求めることに反発する。それは、災難の原因はもっと近い時点にあるはずであるという見解を表している。

日蓮はここで、法然が前提としている曇鸞・道綽・善導らがそもそも誤っているとする。ただし、その理由については「守護国家論」などの他の著述に譲り、安国論では詳述されていない。安国論では専ら法然を破折の対象と定め、法然が『選択集』で「捨閉閣抛」の言葉をもって浄土教以外の経典や仏を全面的に否定していることに破折の論点を絞っている。この点こそ、誰もが認めざるをえない明確な事実であるからである。日蓮は法然を破折するにあたって、ともすれば煩瑣になりがちな教義的論議を避け、仏教の専門知識をもたない人々にも理解できる明快な論理を用いていることが分かる。

また、中国の先例を挙げているのは、「知んぬ徴《しるし》前に顕れ、災い後に至ることを」（二五頁）とあるように、数十年前の法然を現在の災難の原因とするのは不当ではないかとの批判に応える趣旨である。精神の荒廃が国家滅亡の兆しであるとするこれらの例は、人間精神と国家・国土が不可分の関係にあるとする安国論の根本思想にも繋がるものといえよう。

唐の武宗が念仏を弘めさせた結果、戦乱を招いたという事例は、比叡山から出された念仏停止を求める奏状にも挙げられている（「念仏者追放宣旨事」八八頁）。さらに、実例としてここでは承久の乱が挙げられている。承久の乱について日蓮は真言破折のために取り上げることが多いが、安国論では法然浄土教破折の趣旨で取り上げられているのである。

第六問答——二六頁一行目「客、いささか和らぎて曰わく、いまだ淵底を究めざるに」〜同頁一二行目「あにいまだ勘状を進らせずと云わんや」。

客はすこし和らいで言う。——私は仏法の淵底は分からないが、あなたの言う趣旨は理解できた。ただし、京都にも鎌倉にも有力な僧侶がいるのに、法然の念仏を停止せよという勘状や奏状を出したことはない。あなたは身分もない者でありながら、法然を批判しているのは不当ではないか。

主人は言う。——自分は身分もない者だが、大乗仏教を学んでいる者である。仏弟子である以上、仏法の衰微を見て法を惜しむ心を起こさないではおられない。涅槃経にも「法を破る者を見ていながら放置し、呵責しない者は仏法の中の怨《あだ》である」と説かれる。私は、この経文の戒めを免れようと思って大綱の一端を述べたのである。その上、念仏停止については延暦寺・興福寺から朝廷に対してたびたび奏状が出されており、また勅宣・御教書によって『選択集』の印板が焼かれ、法然の墓が破却されている。また法然の門弟も流罪されている。念仏停止の勘状が出されていないなどということはない。

この段は、時頼を初めとする為政者が日蓮に対して抱くであろう感情を、あらかじめ酌み取っての内容になっている。時頼とその周辺にとって、何の社会的立場もない一介の僧侶である日蓮が最高権力者を「諫暁」することを身分不相応の不遜な行為と受けとめる向きもあったであろう。有力寺院の住持でもない一僧侶が、一国の実権を掌握する為政者を公然と諫め、批判するということは前代未聞のことであり、諫暁される側として感情的な反発が起きることはむしろ当然といえる。日蓮は、発言者の社会的地位などに左右されることなく、物事の道理を冷静に受け止めるべきことを求めている。

またこの段には、安国論提出に至った日蓮の心情が端的に示されている。すなわち仏教者として、念仏の悪法によって正統仏法が破壊され衰微するのを放置していることはできないとの心情である。まさに日蓮は、一身の安泰よりも正法を護り民衆を救うことを優先して、前代未聞の国主諫暁に踏み切ったのであった。「立正安国論」が身命を賭しての折伏の書とされる所以である。

次いでこの段では、延暦寺・興福寺など旧仏教側から念仏停止を求める奏状が出されていること、法然門下が流罪されたことなどが挙げられている。それは「念仏者追放宣旨事」を作成した趣旨と同様であろう。すなわち、延暦寺など旧仏教による専修念仏に対する禁圧の事実を挙げたからといって日蓮が旧仏教の範疇にあるということではない。日蓮の宗教的立場は既に旧仏教の枠組みを超えるところにあるが、法然浄土教のこれ以上の浸透を阻止する目的のために旧仏教側の念仏批判を紹介したと解せられる。時頼らに対して、念仏は仏法上謗法に当たるだけではなく、公的にも承認されていない存在であるから、為政者はそれに布施すべきではないと訴えているのである。

第七問答――二六頁一三行目「客、すなわち和らぎて曰わく、経を下し僧を謗ずること」～三〇頁七行目「すべからく国中の謗法を断つべし」。

客は和らいで言う。――法然が『選択集』で浄土三部経以外の大乗経典と阿弥陀仏以外の諸仏菩薩を否定して「捨閉閣抛」と述べていることは明らかである。しかし、法然がこの言葉を迷って言ったのか、悟った上で言ったのか、その是非は定め難い。いずれにしても、天下泰平・国土安穏は君臣も民衆もともに願うところである。国が滅び人が滅んだのでは誰も仏法を信ずることはできない。ゆえに、まず国家の安穏を祈って、そのうえで仏法を立てるべきである。もし災難を止める方法があるならば、それを聞こうと思う。

主人は言う。――謗法の人を戒めて正法の僧侶を重んずるならば天下泰平となる。涅槃経には次のように説かれている。「仏は純陀に語った。一闡提《いっせんだい》以外のものに供養すれば大果報を得る。何をもって一闡提というかといえば、正法を誹謗して懺悔しない者をいう」

「私（釈尊）が過去世で仙予国王《せんよこくおう》であった時、バラモンが正法を誹謗するのを聞き、即時にその命を断った。その因縁によって私はそれ以来、地獄に堕ちることがない」

「殺に上中下の三種がある。下殺は一切の畜生を殺すことである。それでも下殺の因縁によって下の苦を受ける。中殺とは凡夫から阿那含《あなごん》の声聞までを殺すことであり、それによって中の苦を受ける。上殺とは父母、阿羅漢《あらかん》の声聞、縁覚、菩薩を殺すことであり、阿鼻地獄に堕ちる。しかし、一闡提を殺すことはこの三種の殺には入らない」

仁王経には「仏は国王に法を付嘱して、比丘・比丘尼に付嘱しない。彼らには王のような力がないからである」と説かれる。

また、涅槃経には次のように説かれる。

「仏は正法を護持した因縁によって仏身を得た。正法を護る者は五戒を受けず、威儀を修せず、刀剣や弓矢、矛《ほこ》などを持つべきである」、「五戒を受けていなくても正法を護るならば大乗の人といえる」

「歓喜増益如来が涅槃した後の末法に覚徳《かくとく》比丘という僧がいた。破戒の比丘たちが悪心を起こして覚徳比丘を殺害しようとした時、有徳王《うとくおう》が覚徳比丘を護るために駆けつけて悪比丘たちと戦闘した。覚徳比丘はそれによって難を逃れることができたが、有徳王は全身に傷を負い、命を終えた。有徳王とは今日の私（釈尊）である。覚徳比丘は今の迦葉童子菩薩である。法を護る者はこのように無量の果報を受ける。法を護る在家の信徒はこのように刀杖を持つべきである」

さらに法華経には「もしも人が信ぜずにこの経を誹謗するならば、一切世間の仏種を断じ、命終の後に阿鼻地獄に入るであろう」と説かれる。

法華経・涅槃経は一代聖教の肝心である。しかし、正道を忘れている輩は法然の『選択集』によって愚癡をさらに増し、釈迦仏像の手の指を切って阿弥陀仏の印相に変え、天台大師講を停止して善導講としている。早く天下の静謐を願うならば、国中の謗法を断つべきである。

ここで客は、その当否について判断はできないが、法然が『選択集』において「捨閉閣抛」の言葉をもって諸経・諸仏を否定している事実を認める。まさに、この事実を承認させることが安国論における法然破折の要点である。

しかし、客はここで、国が滅んだならば仏法もありえないのであるから、まず国家の安泰を実現してから仏法を立てるべきであると主張する。

それに対して主人は、国家安泰を実現するためには思想、価値観の次元において正法を立てなければならないと主張する。この主人の主張は、まさに「立正安国」の原理そのものである。客に代表される一般の認識においては、国家・国土のあり様と仏法の内容に関係があるとは考えられていない。その認識を破って、法と国の間に密接不可分の関係があることを主張したのが「立正安国論」である。その点を強調したところに安国論の比類ない独自性があるといえよう。

「夫《そ》れ国は法に依って昌《さか》え、法は人に因って貴し。国滅び人滅せば仏を誰か崇むべき。法を誰か信ずべきや」（二六頁）との言葉は、客の発言ではあるが、日蓮の思想を表すものであり、国と人と法の関係を示すものとして極めて重要である。すなわち、国が人間生活の基盤であるとの現実的な認識がそこに表れている。この点は後に「立正安国論の思想」の項で詳述することにしたい。

ここで涅槃経、仁王経を引いて守護付嘱を強調し、仙予国王、有徳王の例を挙げているのは、当然、為政者である北条時頼を意識した故であろう。

涅槃経では一闡提に対する布施を厳しく禁止し、一闡提の殺害は殺に入らないとまで説く。一闡提の問題は涅槃経における重要なテーマであるが（一闡提が最終的に成仏できるのか否かが中国仏教界における論争点になった）、いずれにしても、一闡提を厳しく戒めることが涅槃経の趣旨であることに違いはない。ここで涅槃経の文が引かれているのは、「念仏＝正法否定の一闡提」という規定のもと、時頼に対して念仏への布施の停止を求める趣旨である。

第八問答――三〇頁八行目「客の曰わく、もし謗法の輩を断じ」～三〇頁一八行目「何なる災いか競い来たらん」。

客は言う。――謗法の輩を断ずるというのは、経文が説くように斬罪に行うことをいうのか。僧侶の殺害は仏の金言を破り、罪を得ることになるのではないのか。

主人は言う。――私が言う意味は仏弟子を戒めるのではなく、謗法を憎むことである。釈尊より前は斬罪が説かれたが、釈尊以後は人を斬るのではなく布施を止めるのである。

ここに示されているように、日蓮が時頼に求めたのは、念仏者に対する権力的な禁圧ではない。日蓮が求めているのは、念仏に代表される悪法への帰依——それは具体的には布施として表れる——を止め、正法に帰依することに他ならない。

「禅宗・念仏宗等が法華経を失う故なり。かの法師原《ほっしばら》が頸をきりて鎌倉ゆい（由比）の浜にすてずば国まさに亡ぶべし等云々」（「法蓮抄」一〇五三頁）などの言葉の故に、日蓮が権力者に対して他宗への権力的な抑圧を要求したと考える向きがあるが、賛成できない。先のような言葉は他宗を徹底的に破折する姿勢を示すための一つのレトリックであり、文字通りに受けとめるべきではない。

日蓮は、権力を布教の手段として利用しようとすることは一切なかった。日蓮が権力者に対して繰り返し要求したのは公場対決（公開法論）である。すなわち宗教は宗教の土俵で、あくまでも言論において優劣を争うべきであるとするのが日蓮の一貫した姿勢であった。公開論争の場で敗れるような宗派は、その教義の拙劣さが万人の前に明らかになって、人々の支持を集めることができなくなることは当然である。そこに権力が介入する必要はない。後年、佐渡流罪赦免後、幕府は日蓮に寺院の寄進を申し出て蒙古調伏の祈禱を要請したとされるが、日蓮はその申し出を拒否している。日蓮において終始一貫しているのは権力に対する自立の精神であり、権力に依存して存続を図ろうとする態度は皆無である。

先に「鎌倉幕府の宗教政策」の項で述べたように、この時代、神仏の威力は軍事力と同様の具体的な力と考えられており、祈禱に効果があったと考えられた場合、寺社はそれに応じた「恩賞」を要求した。幕府は寺社が幕府の意志に従い、支配の目的に利用できる限りにおいて寺社に保護を与えた。いわば、幕府と寺社は相互に利用しあう関係にあった。その関係において寺社が奉ずる教義内容は問題とされず、幕府に従う寺社であるというだけで保護の対象となったのである。

それに対して日蓮は、諸宗への布施を停止すべきであると主張したのであるが（安国論において停止の対象は念仏に限定されているが）、その主張はおのずから宗教と政治の癒着、相互依存を排除する趣旨となっている。

それは当然、時頼個人の信仰の変更を求めるものであった。北条氏得宗が圧倒的な権力を掌握していた当時においては、幕府の政策決定が得宗の意志と反することはありえず、得宗個人と幕府の意志は実質的にはほとんど一体不可分であった。

国民主権、権力分立を原則とする近代国家と異なり、得宗が権力をほとんど独占していた当時、時頼は出家して形式的には家督を幼い時宗に譲っていたとしても、実質的には国家の意志を最終的に決定する「国主」の地位にあった。国主が他宗への帰依を止めて一つの宗教に限って帰依することになれば、権力的に他宗を排除したり、臣下や民衆にその信仰を強制することがなくても、事実上、国主の影響力のもとに、国主の帰依する信仰が有力なものとなっていくであろう。仮に時頼が日蓮仏法へと改宗したならば、それはまさに正法の広宣流布に道を開く契機になったであろう。その故にこそ日蓮は、妙法を社会的次元において弘め、確立するために時頼への諫暁に踏み切ったと考えられる。

第九問答――三一頁一行目「客、すなわち席を避け、襟を刷《つくろ》いて曰わく」〜三二頁一七行目「この言、信ずべく、崇むべし」。

　客は襟を正して言う。――仏教は各宗派に分かれてまちまちで、その趣旨は極め難く、それぞれの主張の正邪は明らかではない。しかし、法然聖人が『選択集』で、諸仏・諸経を捨閉閣抛せよとして否定していることは明らかである。そのために聖人と善神が国を去り、飢饉・疫病が起きていることを主人は経文を引いて明らかにした。ここでこれまでの妄執は翻り、物事が明らかになった。国土泰平・天下安穏は誰もが願うところであるから、私は一闡提に対する布施を止めて正法を受持する僧尼を供養したいと思う。そうすれば世は安穏になるであろう。そうしてから法門の浅深を判断し、仏家の棟梁を尊崇しよう。

　主人は喜んで言う。――あなたはよくぞそれまでの見解を改めた。私の言葉を信ずるならば、まもなく世は安穏となろう。しかし、人の心は移ろい易い。今、あなたは私の言葉を信じたとしても、そのままにしていたならば、その心を忘れてしまうだろう。だから、国土の安穏を願うならば、直ちに悪法を破折すべきである。なぜかといえば、薬師経が予言した七難のうち二難がまだ残っている。それは他国侵逼難と自界叛逆難である。経典の予言通り、これまで五つの難が起きているのであるから、そのまま放置していたならば残る二つの難が起こるのは必然である。もし、その残っている難が起きたならば、あなたは一体どうするつもりなのか。

　帝王は国家を基盤にして社会を統治し、人民は田園を所有して生活を営むものである。ところが他国から軍隊が侵略し、また国内に内乱が起きて国土を略奪する事態になったならば、どうして驚かないでおられようか。国を失い、家が滅びたならば、人はどこに逃れればよいのか。あなたは一身の安堵を思うならば、その前に社会の安穏を祈るべきである。

　また人は、死後を恐れて仏法に帰依するが、悲しいことにその教えの是非に迷って邪教を信じ、謗法を貴んでいる。

もしあなたが邪教への執心を改めずにいたならば、早く死を遂げて必ず無間地獄に堕ちることになろう。なぜならば、大集経などには「仏法を滅びようとしている時に国王がそれを放置して仏法を擁護しなければ、その王はまもなく重病となり、死後は大地獄に堕ちる。夫人や太子、大臣なども同様である」などと説かれているからである。

あなたは早く信仰を改めて速やかに実乗の一善に帰依すべきである。そうすれば世界は衰えたり壊れたりすることのない仏国となる。そうすれば身は安全になり、心も安定するであろう。

ここで客は主人の言葉に感服し、対等な主客の立場を辞して、主人に対し弟子の礼を取るに至る。そして法然が「捨閉閣抛」といって諸仏・諸経を否定していることを認め、その謗法に対する布施を止めることを言明するのである。

主人は、その客の変化を喜ぶとともに、その心が変わらないうちに早く謗法を破折すべきであるとする。そして、そのまま悪法を放置していたならば他国侵逼難・自界叛逆難が起きるとの予言がなされる。安国論の大きな特徴の一つは、具体的な事態を予見した予言の書であるというところにある。為政者に提出された公的な文書において明確な予言がなされるということは空前のことであり、ここに「立正安国論」が歴史上、類いを絶する書である所以の一つがあるといえよう。

安国論でなされた予言は、あくまでも薬師経、仁王経などの経典に拠るものであり、行者個人のいわゆる超能力などによるものではない。経典に示す諸難が既に起きているのであるから、そのまま事態が推移すれば、まだ起きていない難が起きるのは当然であるという普遍的な道理に基づくものである。

ここで注目されるのは、「もし残る所の難、悪法の科《とが》に依って並び起こり競い来たらば、その時何《いか》んが為《せ》んや」(三一頁)と、時頼に対して為政者としての責任ある行動を求めていることである。

独裁的な権力を握る為政者に対し、ここまで厳しい言辞をもって迫ることはまさに空前のことであろう。ここにはあくまでも民衆の生活を守るところに権力を預かる為政者の責任と存在意義があるとの日蓮の見解をうかがうことができる。

さらには大集経などの文を借りて、悪法への帰依を続けたならば、国土に災難をもたらすだけではなく為政者個人も堕地獄の報いを受けると断じている。そこに日蓮のいかなる権力も恐れない不屈の精神が表れている。後に日蓮はいかなる権力にも侵されることのない精神の絶対的自由について「撰時抄」に、「王地に生まれたれば身をば随えられたてまつるようなりとも、心をば随えられたてまつるべからず」（二八七頁）と宣言しているが、このような権力に対する自立の精神は、それまでの仏教がほとんど持つことのなかったものであった。

この段における、「汝早く信仰の寸心を改めて速やかに実乗の一善に帰せよ」（三二頁）との言葉は、まさに時頼に対して改宗を促す折伏の言葉である。この時代は最高権力者個人が正法に帰依することが、事実上、正法の広宣流布に通じていたのである。なお、日蓮は帰依すべき正法の内容について、安国論では「実乗の一善」と述べるにとどめ、詳述していない。この点は「唱法華題目抄」の項で述べたように、「唱法華題目抄」などに譲ったものと考えられる。

また、「三界は皆仏国なり。仏国それ衰えんや。十方はことごとく宝土なり。宝土何ぞ壊れんや」（同頁）との言葉もまた重要である。すなわち、立正によって安んじられる国土とは、一つの国に限られるものでなく、「三界」「十方」という表現が示すように普遍的世界である。

第十答――三二頁一八行目「客の曰わく、今生・後生誰か慎まざらん」～末尾。

客は言う。――経文を開いて仏の言葉を承ると、正法誹謗の罪がまことに深いことが分かった。私が阿弥陀如来を信じて諸仏をなげうち、浄土三部経以外の諸経を差し置いてきたのは私自身の見解によるのではなく、先達の言葉に従ったためである。念仏を信じている人々も同様であろう。今世では心を苦しめ、後世には阿鼻地獄に堕ちることは間違いない。早く念仏を破折して今世を安んじ、死後をも助けたいと思う。私一人が正法を信ずるだけではなく、他者の誤りをも戒めていきたい。

正法に帰服し、念仏の謗法を破折していく決意を表明する客の言葉が安国論の結論となっている。ここで注目されるのは、人々の念仏信仰はそれをもたらした「先達」によるとしていることである。この先達とは、中国の曇鸞・道綽・善導、日本の法然がそれに当たることは明らかである。なかんずく法然の破折に安国論の焦点が当てられている。

ある宗教を批判する場合、その宗教の根本教義を形成した宗祖・開祖を破折しなければ根底的な宗教批判にはならないとの日蓮の見解がここに表れている。

また、「ただ我が信ずるのみに非ず、また他の誤りをも誡《いまし》めんのみ」（三三頁）と折伏を誓う言葉が末尾に置かれていることは「立正安国論」の根本精神を示すものとしてまことに象徴的である。最高権力者である北条時頼に対する折伏を通して日蓮は、いわば日本国全体を相手に回しての本格的な折伏を開始した。まさに「千万人といえども我行かん」とする独立不羈の精神を、この末尾の言葉にうかがうことができよう。

12 「立正安国論」の思想

(1) 社会変革の原理

「立正安国論」の基本思想は、その題号が示す通り、正法を確立することによって安国の実現を目指すところにある。すなわち、法と国が密接不可分の関係があるとするのである。ここでいう法とは、仏法に限らず、広くその国に属する人々がもっている価値体系と見ることができる。そして法と国を媒介するのが人である。つまり、「法」・「人」・「国」が立正安国論のキーワードとなる。

この点は第七問答に示される「国は法に依って昌え、法は人に因って貴し」との言葉に表れている。この言葉は客の発言の部分であるが、客の言葉であるからといって、その発言がすべて日蓮の見解と敵対するものと見るべきではない。安国論はあくまでも主客の問答の全体で日蓮の思想を表現しているのであるから、客の言葉にも日蓮の見解が表れている。この立場に立つとき、先の言葉は日蓮の基本的な見解を示していると解することができる。

「国は法に依って昌え」とあるように、国の盛衰はそこに行われている法(価値体系)によって決定される。しかし「法は人に因って貴し」とあるように、法はそれ自体で現実次元に現れることはできず、法を行動規範とする人の存在を媒介にして初めて現実の力として発現する。すなわち、法——人——国という構図が成り立つのである。

また人と国の密接な関係は、いわゆる「依正不二《えしょうふに》」の法理によって裏づけられる。依正不二とは、妙楽大師が一念三千の法理から導き出した法門の一つである。正報とは生活主体である衆生、依報とは衆生が生活の依り所、基盤としている環境、国土をいい、その両者は概念としては区別できるが、実際には一体不二であることをいう。

たとえば衆生の生命境涯が地獄や餓鬼であれば、国土も地獄や餓鬼の国土となり、衆生が仏であるならば、その住する国土は仏国土となる。この点について日蓮は、「それ十方は依報なり、衆生は正報なり。譬えば依報は影のごとし、正報は体のごとし。身なくば影なし、正報なくば依報なし。また、正報をば依報をもってこれをつくる」(「瑞相御書」一一四〇頁)と説き、また「衆生の心けがるれば土もけがれ、心清ければ土も清しとて、浄土と云い穢土と云うも土に二つの隔てなし、ただ我等が心の善悪によると見えたり」(「一生成仏抄」三八四頁)と述べている。

国土と人間の活動には密接な関係がある。近年、人間の経済活動による二酸化炭素の増加の結果、温暖化が進んだり、森林伐採によって砂漠化が進行するなどはその例である。その国土に住する人間が当面の利益を追求するあまり、収奪的な活動を強めれば、資源は枯渇し、国土は荒廃していく。異常気象による洪水などの自然災害も人間の活動と密接に結びついていると仏法は見るのである。

そして人間の行動の在り方、そして生命境涯を決定づけるのは人々が信受している法（思想、価値体系）である。一般論として、偏った法を信受すれば人々の生命に歪みが生じ、人々の心に正法が確立されるならば人々の生命は慈悲と調和の方向へと向かう。

ある意味で、思想（法）ほど恐ろしいものはない。ナチス・ドイツや軍国主義日本が国家の破滅に突き進んでいった原因もナチズムないしは国家神道という当時の支配的な思想にあったことを思うならば、思想が一個人の人生はもちろん国家全体の運命をも決するものであることは容易に理解できよう。

誤った思想は国家をも滅ぼす――。日蓮は、思想のもつ重大な力を直視し、人々の行動の基盤となっている思想の歪みを除かなければ真の意味の社会の安寧・平和はないと主張したのである。そして日蓮は、当時の思想的歪みの典型として専修念仏の存在を指摘し、その克服を説いた。

日蓮が強く念仏を批判した背景には、「立正安国論」では指摘されていないが、浄土教独特の人生観があると考えられる。阿弥陀経など浄土経典が示す信仰の中核は、現世を穢土《えど》として各自の自力による救済の可能性を否定し、その上で臨終時における阿弥陀仏の来迎と死後の極楽世界への往生を説くところにある。たとえ世間的な善をなそうとも、結局のところ全ての人間は極悪人であり、無間地獄は必定である。それを免れるためには阿弥陀仏の絶対他力を頼る以外にない――。

自己を否定的に捉える罪悪感と死後への恐怖を掻き立てる念仏信仰は、人間の根源的な感情を衝いているだけに広範な帰依を集めたが、要するに現世への絶望と無力感を募らせ、極楽への往生を憧憬する態度をもたらすものでしかなかった。このような人生観では、現実の課題に挑戦し、今世に幸福を築こうとする積極的な生き方は生まれない。そこで日蓮は、「念仏をよくよく申せば自害の心出来《しゅったい》し候ぞ」（「上野殿御返事」一五〇九頁）と、浄土教信仰を強く持つ場合には自殺衝動に駆られやすくなると述べている。自然災害や飢饉などの危機的状況に際しても、無力感が蔓延していれば、事態は深刻化するだけであっただろう。現世の救済を諦める浄土教の思想は、娑婆世界こそが仏国土であるとして現実世界における幸福の実現を目指す法華経の思想とは対極のものである。

正法が失われた時には諸天善神が天に上がって善神の働きが失われるとの「神天上の法門」も、神とは生命を育み国土を守る宇宙の働きの象徴であるから、人間の在り方を規定する法（価値体系）と国土の原理的相関関係を示したものと理解できよう。

価値体系が人間の行動の在り方に重大な影響を及ぼすことは、マックス・ウェーバーのプロテスタンティズムをはじめとする研究などによって、今日、基本的に了解されているが、社会形成における価値体系の重要性に着目した日蓮の見識は、今日の宗教社会学的知見を先取りするものといえよう（もちろん価値体系といっても、それを構成するのは宗教だけではない。政治・経済・家族などに関する観念がすべてそれに含まれる。宗教は社会の価値体系を形成する中核的要素の一つではあるが、宗教によって一切が決定されるとするのは、エマニュエル・トッドが『文明の接近』で説くように極論というべきであろう）。

国土の在り方は人間によって左右され、人間の行動の在り方は法によって規定される。だからこそ国土の平和・安穏を根本的に実現するためには人々の心の中に正法を確立しなければならない――。これが日蓮が生涯を通して強調した「立正安国」の思想である。そして日蓮が池上兄弟の館において入滅する前、門下に対して行った最後の説法が「立正安国論」の講義であったと伝えられることが象徴するように、日蓮は立正安国の理想を終生掲げ続けたのである。

災害が起きたのは念仏が広まったためである、などという日蓮の主張は、現代人には到底受け入れられないという意見もある。しかし、そのような主張は、社会における価値体系の力、および人間活動と自然環境の密接な関連を十分に認識していないこと、すなわち「立正安国論」において示された法――人――国という原理的関係性を理解していないところから生じている。

日蓮は仏法の主体性を堅持しつつ、権力と対峙し、社会の変革を目指した。その在り方は権力と癒着し、その庇護のもとで存続を図ってきた仏教、あるいは社会から目を背けて自身の内面世界に沈潜していくことを志向した仏教とは明確に一線を画すものであり、日本はもちろん、およそ仏教の歴史において他に類いを見ない。

この日蓮仏法の特質について、丸山眞男氏は「仏法と王法の否定的媒介による結合」と評している（『丸山眞男講義録』第四分冊二六〇頁以下）。

「仏法と王法の否定的媒介による結合」とは、日蓮仏法においては仏法と王法が無批判に癒着するのではなく、相互に緊張関係を持っていることを意味している。仏法が王法を否定するとは、誤った法を基盤とする国家および為政者は滅亡するという主張に表れており（「仏法に付きて国も盛え人の寿《いのち》も長く、また仏法に付いて国もほろび人の寿も短かかるべし」神国王御書、一五二一頁）、王法が仏法を否定するとは、社会の安泰をもたらすことのできない仏法は邪法と断じられるという論理に表れる（安国論の第七段には中国唐代に念仏が流行した結果、他国の侵略や内乱が絶えなかったという事例が挙げられている）。

丸山氏は鎌倉仏教の権力（王法）に対する態度について、「脱《だつ》王法」「内《ない》王法」「絶《ぜつ》王法」「向《こう》王法」の四つに分類した（前掲書二九〇頁）。

「脱王法」とは、政治権力から距離を置き、権力とは無関係のところで宗教生活を営む態度を指す。「内王法」とは、権力の内部に入り、権力と協同して宗教勢力の維持を図ろうとする態度をいう。「絶王法」とは、明確な意志をもって権力を拒絶し、信仰生活の純粋性を保とうとする姿勢を指す。「向王法」とは、宗教的な自立性を保ちながら社会に積極的に関与し、社会的現実を変革しようとする態度をいう。

「内王法」は、権力への批判を放棄し、権力を所与の存在としてそのまま受容し、それと癒着していく在り方である。仏教伝来以来、天皇や貴族など有力者の庇護のもとに存在してきた日本仏教の基本的な在り方は「内王法」であった。それに対して、「脱王法」「絶王法」の在り方は、政治権力に代表される社会的現実を無視し、社会から切り離された空間で自身の宗教的欲求を満たそうとするものである。それらはいずれも社会との緊張関係を拒否する在り方であった。それに対して「向王法」とは、権力に対する批判精神を保持しながら、積極的に社会に関与していく「第三の道」を選ぶものである。丸山氏は鎌倉仏教を検討して、隠遁者や一遍の踊り念仏を「脱王法」、親鸞と道元を「絶王法」、栄西を「内王法」、日蓮を「向王法」とする。日蓮仏法のみが唯一「向王法」に当たるとして、日蓮仏法の他に類例を見ない特質を浮き彫りにしている。

「立正安国」とは、仏法が王法の在り方を導く指導理念となることを意味する。その意味で日蓮仏法の在り方は、従来の日本仏教が「鎮護国家」を標榜して王法のもとに従属してきたことを百八十度転換するものといえよう。もちろんそれは、宗教が政治や社会の細部まで具体的に指示する、いわゆる「神権政治」を目指すものではない。あらゆる生命に等しく仏性があるとする仏法の生命尊厳の理念と慈悲の精神が、人間の行動を媒介にして、社会運営の在り方に影響を及ぼしていくことを意味する。「立正安国」「王仏冥合」とは、このような意味において理解されるべきであろう。

しかしながら、緊張関係をもって権力と対峙しつつ社会に関与していくという日蓮仏法の特質は、日蓮の滅後、法然や親鸞らの門流と同様、急速に失われることになった。日蓮の高弟六人（六老僧）のうち日興を除く五老僧は、日蓮の滅後まもなく、幕府の脅迫に屈して日蓮が厳しく拒絶した他宗と並んでの国家安泰の祈禱を行った。

日興門流でも権力に対する諫暁は室町時代で途絶し、その後は、他門流と同様、有力者の保護を受けて存続していく「体制宗教」に変質した。また、葬儀等の儀礼や墓管理で存続しようとする「葬式仏教」に化していった。権力迎合の端的な例は、第二次大戦中、勤行の観念文を国家神道に沿う形に改変し、信徒に対して神祇の礼拝を積極的に指導した日蓮正宗などに見ることができる。日蓮門下の中で権力と対峙する「立正安国」の精神が復活するのは、牧口常三郎初代会長が権力と対決して獄死を遂げた創価学会の出現まで待たなければならない。

（２）民衆中心の国家観

「立正安国論」の思想を考える重要要素として、日蓮が国家や権力をどのようなものとして捉えていたかという国家観・権力観の問題がある。そのことを考えるための手がかりとなる文としては、例えば次のような文がある。

「帝王は国家を基《もとい》として天下を治め、人臣は田園を領して世上を保つ。しかるに、他方の賊来たってその国を侵逼し、自界叛逆してその地を掠領《りゃくりょう》せば、あに驚かざらんや、あに騒がざらんや。国を失い家を滅せば、何れの所にか世を遁《のが》れん。汝すべからく一身の安堵を思わば、先ず四表の静謐《せいひつ》を禱《いの》らんものか」（三二頁）

「国亡び人滅せば仏を誰が崇《あが》むべき、法を誰か信ずべきや」（二六頁）

人間は家族を超えて集団生活を営む存在であるから、農耕生活が開始されて富の蓄積がなされた段階になれば階層の区別が生じ、他の集団と対抗しながら自己の集団を統一的に統治する権力が生ずることは当然である。その意味では統一的な権力体である国家は、世界のどの地域においても農耕革命と相前後して発生したと見ることができる。日蓮は、政治的権力体としての国家が人間生活の基盤であることを認識していた。日蓮は、権力や国家を短絡的に罪悪視する無政府主義者や反権力主義者ではなかった。その上で日蓮は、国家と政治権力が存在する意義は人民の生活を保持するところにあると位置づけていた。

すなわち国家は人民の生命と生活を守り発展させていくためにあるのであり、国家のために人民があるのではないという、現代の民主主義にも通ずる民衆中心の国家観が日蓮の基本思想であった。

例えば「守護国家論」で日蓮は、「生を捨てて悪趣に堕《お》つるの縁一つに非ず。あるいは妻子・眷属の哀憐に依り、あるいは殺生・悪逆の重業に依り、あるいは国主と成って民衆の歎きを知らざるに依り」（三六頁）として、国主として権力を預かりながら民衆の苦しみを知ろうとしないことは殺生や悪逆などの悪業と同様に悪道に堕ちる原因になるとしている。

為政者の理想像については次のように述べている。

「周の文王は老いたる者をやしないていくさに勝ち、その末三十七代・八百年の間、すえずえはひが事ありしかども、根本の功によりてさかえさせ給う」（「日女御前御返事」一二五〇頁）、

「殷《いん》の代の濁りて民のわづらいしを、太公望《たいこうぼう》出世して殷の紂《ちゅう》が頸を切りて民のなげきをやめ、二世王《にせいおう》が民の口ににが（苦）かりしを、張良《ちょうりょう》出でて代をおさめ、民の口をあまくせし。これ等は仏法已前なれども、教主釈尊の御使いとして民をたすけしなり。外経の人々はしらざりしかども、彼等の人々の智慧は内心には仏法の智慧をさしはさみたりしなり」（「減劫御書」一四六六頁）

これらの文からは民衆の生活を守っていくことが為政者の役割であるとの日蓮の一貫した見解をうかがうことができる。

また日蓮は「観心本尊抄」で「堯《ぎょう》・舜《しゅん》等の聖人の如きは万民に於いて偏頗《へんぱ》無し。人界の仏界の一分なり」（二四二頁）と述べている。すなわち、偏頗のない公平正大な政治を行った聖王は人界に仏界を具足することを示す実例であるとする。公平に民衆を守る政治は仏法の智慧に繋がっているというのである。

日蓮は、鎌倉幕府の大権力者である平左衛門尉《へいのさえもんのじょう》に対しても、「万民の手足為《た》り」（一七一頁）と断じた。ここでも、権力を預かる者は民衆の手足となって人民の幸福のために奉仕する存在でなければならないとする権力観が明確に示されている。また日蓮は「王は民を親とし、民は食を天とす」（一五五四頁）とも述べている。為政者の持つ権力も民衆を基盤として成立したのであり、為政者は民衆を親として民衆に尽くしていくべきであるとの言明である。ここにも民衆を根本とする日蓮の国家観が表れているといえよう。

このような民衆根本の思想は「立正安国論」の真筆に示された「国」の文字にも表れている。現存している安国論の真筆では、国の文字を書く場合に国構えの中に「玉（王）」、または「或」と書く通常の国の文字は少数で、約八割が国構えの中に「民」と書く文字（囻）が用いられている。国構えは国境線を意味し、「玉（王）」は政治権力、「或」は矛と城郭の合成文字であるから軍事力を意味する。つまり、「国」あるいは「國」の文字には国境を権力あるいは軍事力によって保つものが国家である意味が込められている。それに対して国構えの中に「民」と書く文字には、国家の中心をなすのは民であり、国は民を守るために存在するものであるという国家観が示されている。

このように仏法を根本とする立場から国家権力のあるべき姿を指し示し、権力と仏法との緊張関係を維持し続けた日蓮の立場は、閑静な山林に篭って皇帝の厚い保護を受けながら仏法を行じた天台大師智顗《ちぎ》などの立場とは大きく異

なるものであった。「智顗においては、王法と仏法との間に介在する緊張関係が意識されておらず、その両者の質的違いが規範的に必ずしも明確に捉えられてはいない」（田村芳朗・新田雅章『智顗』四八頁）と言わざるをえないからである。このような天台大師の限界は、大乗戒壇の建立を通して仏教の社会的実現を目指した伝教大師において乗り越えられていくことになる。

元来、伝教には国家ないしは社会の繁栄と平和に寄与していくのが仏教の使命であるとする発想があった。伝教は「六条式」の冒頭に「国宝とは何物ぞ。宝とは道心なり。道心あるの人を名づけて国宝となす」と言い、「能く言いて行うこと能わざるは国の師なり。能く行いて言うこと能わざるは国の用なり。能く行い能く言うは国の宝なり」との古人の言葉を引く。このように伝教は、僧侶は国宝・国師・国用となるべきことを強調し、地方に派遣される講師は国司・郡司のもとで土木事業などに従事すべきとする。ここに伝教の強い社会性をうかがうことができよう。

仏教の社会的使命を主張することはインド・中国の仏教において皆無ではないが、全体の傾向としては極めて希薄であった。インド・中国においても仏教は基本的には権力に従属し、権力に奉仕することで存続してきたのである。その点はそれまでの日本仏教も同様であった。それに対して伝教は、権力に隷属し奉仕する存在として仏教を捉えず、主体性をもって社会に参与し貢献していく道を志向した。伝教が目指したものは、いわば権力に隷属せず、また社会から逃避もしない「第三の道」であった。日蓮は「立正安国」の思想を打ち出すことによって、伝教が切り開いた方向性をさらに明確化したのである。いわば、伝教は日蓮の立正安国思想の先駆と位置づけることもできよう。日蓮が伝教を高く評価し、対外的には時に自身を「根本大師門人」（「法華経題目抄」）と称した所以《ゆえん》もこのようなところにあるといえるのではなかろうか。

第七章　松葉ケ谷の法難

日蓮の諫暁にもかかわらず、北条時頼《ときより》をはじめ幕府要人は「立正安国論」に対して何の反応も示さなかった。日蓮の諫暁を受け入れたならば、幕府は諸宗、なかんずく念仏勢力との協力関係を解消しなければならず、そのような選択は、諸宗を政治支配の道具として利用してきた幕府にとって、政治の現実からは到底考えられないものであったからであろう。

しかし、安国論の内容は当然、幕府関係者をはじめ諸宗の僧侶に知るところとなり、彼等に対して衝撃を与えたと考えられる。その具体的な現れが、安国論提出の四十日後の文応元年八月二十七日夜に起きたと伝えられる松葉ケ谷《まつばがやつ》の法難である。多数の念仏者らの暴徒が松葉ケ谷の草庵を襲撃し、日蓮の殺害を図ろうとした事件であった。ただし、同年八月二十七日という日付については貞享《じょうきょう》三（一六八六）年成立の『法華霊場記』（『日蓮宗宗学全書』所収）に記されているのみで、御書の裏づけはない。『法華霊場記』の記述には何の根拠も示されていないが、それまで伝えられてきた伝承に基いたものと思われる。

念仏者による草庵襲撃については、真筆が残っている断簡「論談敵対御書」（昭和定本二七四頁）がある。それは次のようなものである（原文は漢文）。

「論談敵対の時、二口三口に及ばず、一言二言をもって退屈せしめおわんぬ。いわゆる善光寺道《どう》阿《あ》弥《み》陀仏《だぶつ》、長安寺能《のう》安《あん》等これなり。その後はただ悪口を加え、無知の道俗をあい語らい、留難をなさしむ。あるいは国々の地頭等に語らい、あるいは事を権門《けんもん》に寄せ、あるいは昼夜に私宅を打ち、あるいは杖木を加え、あるいは刀杖に及び、あるいは貴人に向かって謗法者・邪見者・悪口者・犯禁者等の誑言《おうげん》を云うことその数を知らず。終に去年五月十二日戌時《いぬのとき》、念仏者並びに□師・□師・雑人等（以下、欠）」

この御書の成立年次は一般に弘長《こうちょう》二（一二六二）年とされている。そこで「終に去年五月十二日戌時、念仏者並びに□師・□師・雑人等」とあることから、松葉ケ谷法難が起きたのは弘長元年五月十二日であるとする説がある（高木豊「鎌倉名越の日蓮の周辺」）。

しかし、伊豆流罪が決定されたのは弘長元年五月十二日であるから（「報恩抄」に「去ぬる弘長元年辛酉《かのととり》五月十二日に御勘気をこうふりて伊豆国伊東にながされぬ」三二二頁、「聖人御難事」には「しかるに日蓮二十七年が間、弘長元年［辛酉］五月十二日には伊豆国へ流罪」一一八九頁とある）、この説では松葉ケ谷法難が起きたのが伊豆流罪と同日になってしまう。高木氏は、この点について「日蓮にとって、五月十二日夜の襲撃に続いて伊豆流刑があったのであるから、『五月十二日に御勘気をかうぶ』ると意識され、襲撃よりも三年に及んだ流謫生活の方が強く意識されたから、『五月十二日に御勘気をかうぶ』るとの表現になったのではなかろうか」と述べている。

しかし、この説によれば、念仏者の襲撃は安国論提出から一年近く後のことになり、なぜこの時期になって念仏者たちが突然、襲撃に及んだのか、合理的な説明ができない。念仏者たちが夜半に多人数を動員して日蓮の殺害を図るという思いきった行為に出るからには、それを促すだけのよほど強い動機がなければならない。念仏者たちをそこまで突き動かした要因として、「立正安国論」の提出以外の大きな出来事があったとは考えにくい。それ故に松葉ケ谷法難は、やはり従来通り、安国論提出後まもない文応元年八月二十七日としておくのが穏当であろう。ただし、この点については後の研究を待ちたい。

松葉ケ谷法難について、「国主の御用いなき法師なればあやまちたりとも科《とが》あらじとやおもいけん、念仏者並びに檀那等、またさるべき人々も同意したるとぞ聞こえし。夜中に日蓮が小庵に数千人押し寄せて殺害せんとせしかども、いかんがしたりけん、その夜の害もまぬかれぬ。しかれども心を合わせたることなれば、寄せたる者も科なくて大事の政道を破る」(「下山御消息」三五五頁)とあるように、安国論の諫暁を用いないことが確定したことが襲撃の背景にあり、その意味で安国論提出と松葉ケ谷法難は連続したものと見ることが自然と思われる。

また日蓮は、この法難について次のように述べている。

「上《かみ》に奏すれども、人の主となる人は、さすが戒力といい福田《ふくでん》と申し、子細あるべきかとおもいて左右《そう》なく失《とが》にもなされざりしかば、きりもの(権臣)どもよりあいて、まちうど(町人)等をかたらいて、数万人の者をもって夜中におしよせ失わんとせしほどに、十羅刹の御計らいにてやありけん、日蓮その難を脱れしかば」(「破良観等御書」一二九四頁)

これらの文からうかがえることは、北条時頼自身は日蓮を迫害する意志は持たなかったが、幕府内部の有力者が町衆を動かして日蓮の殺害を図ったということである。鎌倉市中でこれほど思いきった行動がとれたということは、「さるべき人々も同意」(「下山御消息」)とあるように、時頼もこの行動を承認せざるを得ないほどの実力をもっていた人物が動いていたことを意味する。

その人物とは、時頼の岳父(妻の父)にして大叔父であり、時の執権北条長時《ながとき》の父である北条重時《しげとき》(極楽寺殿)に他ならない。この点は次の諸文によって裏づけられる。

「極楽寺殿はいみじかりし人ぞかし。念仏者等にたぼらかされて日蓮を怨《あだ》ませ給いしかば、我が身といい、その一門皆ほろびさせ給う」(「兵衛志殿御返事」一〇九三頁)

「去ぬる文応の比《ころ》、故最明寺入道殿に申し上げぬ。されども用い給うことなかりしかば、念仏者等この由を聞きて上下の諸人をかたらい打ち殺さんとせしほどにかなわざりしかば、長時武蔵守《むさしのかみ》殿は極楽寺殿の御子なりし故に親の御心を知りて理不尽に伊豆国へ流し給いぬ。されば、極楽寺殿と長時とかの一門は皆ほろぶるを各御覧あるべし」(「妙法比丘尼御返事」一四一二頁)

しかし、重時が真の張本人であったかといえば、「念仏者等にたぼらかされて」との文によるならば、彼もまた念仏の僧侶らに乗せられて、日蓮襲撃を幕府に容認させるために利用されたと見られる。この場合、松葉ケ谷法難の真実の張本人は、当時、日蓮との法論で破折されていた道教(道阿弥陀仏)らの念仏僧ということになろう。

なお、この「妙法比丘尼御返事」の文に見られるように、日蓮は松葉ケ谷法難と伊豆流罪を一体の法難と捉えており、そこから「論談敵対御書」では伊豆流罪の年月日である弘長元年五月十二日を松葉ケ谷の襲撃の月日と誤記した可能性もありうるのではなかろうか。

いずれにしても深夜、武器を携行した多人数が襲撃に押し寄せたのであるから、集団が松葉ケ谷の草庵に到着する以前に、その動きが鎌倉の町衆に知られないはずはない。松葉ケ谷の草庵は、第五章「鎌倉での弘教」で述べたように、町衆が居住する商業地域に隣接していたから、集団の動きを知った町衆の中から日蓮に危険を知らせる人もあったであろう(「破良観等御書」の「十羅刹の御計らいにてやありけん、日蓮その難を脱れしかば」との十羅刹女の加護を強調した文からは、危険を知らせたのは女性であったとも考えられる)。

日蓮が松葉ケ谷の地に草庵を構えてから既に七年が経過しており、その間には草庵周辺の住民との交流もあり、中には日蓮の門下になっていた人があったと推定される(日蓮の葬送の列に鎌倉の米町の住民も加わっていたという記録〈日位「日蓮御葬送日記」〉がある)。この時、日蓮が白い猿に導かれて難を逃れたとする伝承もあるが、このような伝承も日蓮が誰かの通報や助けを得て危険を免れたことを示唆している。

この当時、日蓮の草庵は現在の安国論寺の地にあったと推定されるが、草庵跡の背後はすぐに丘陵の稜線になっており、通報を受けた日蓮は、襲撃者が到着する前に山道を登って避難したと考えられる。念仏の帰依停止を強く為政者に求めた「立正安国論」を提出したからには、念仏側からの襲撃は十分に予想されることであり、日蓮としては、避難経路を確認するなど、襲撃に対する準備もしていたであろう。深夜に、明かりもない山道を避難することが可能であったのも、心の用意があったためと考えられるのである。

それにしても、幕府要人への根回しをしたうえで多人数を組織し、僧侶の殺害を企てるということは、いかに荒々しい鎌倉時代とはいえ、尋常の行動ではない。念仏勢力がこれほど突出した行動に出たことは、「立正安国論」による念仏批判が彼等にとっていかに深刻な脅威になっていたかを物語っている。日蓮が安国論で為政者に求めたのは、権力と諸宗との癒着を切断することであった。逆に言えば、権力の保護を失うことは念仏勢力にとっては自らの生命線を失うことであった。だからこそ、彼等は自らの存在を脅かすものとして、日蓮の抹殺を図ったのである。

この松葉ケ谷法難の後は、鎌倉は日蓮にとって無事に居られる場所ではなくなった。そこで、日蓮は富木常忍の要請によって、下総国若宮（千葉県市川市）の富木邸に移り、その地で弘教活動を展開したと伝えられる。すなわち『法華霊場記』は富木邸で百座の説法をしたと伝え、また『本《ほん》化別頭仏祖統紀《げべつずぶっそとうき》』はこの時期に大田《おおた》乗明《じょうみょう》、曾谷《そや》教信《きょうしん》、秋元太郎らが日蓮に帰依したと伝える。

故郷の安房も、布教を開始した鎌倉も安住の地ではなくなった日蓮にとって、鎌倉から離れた地に安定した地位を持つ富木常忍の館に避難し、そこで弘教を進めることは

もっとも自然な行動と考えられ、先の伝承も事実に近いものと認めてよいと思われる。

第八章　伊豆流罪

1　流罪の法的根拠

伝承によれば、日蓮は文応元（一二六〇）年八月二十七日の松葉ケ谷法難の後、下総国若宮（千葉県市川市）の富木常忍の館に滞在し、そこを拠点に説法を行うなど弘教活動を展開した。ただし、翌弘長元《こうちょう》（一二六一）年五月の時点では念仏者による襲撃の危険もおさまり、鎌倉に戻ったと見られる。しかし、同年五月十二日、幕府は日蓮を伊豆への流罪に処したのであった。前年の松葉ケ谷の法難が、あくまでも私的な襲撃であったのに対し、伊豆流罪は公権力の発動による刑事処分であった。すなわち、伊豆流罪は日蓮に対する初めての「王難」であった。

その処分は、「妙法比丘尼御返事」に、「去ぬる文応の比《ころ》、故最明寺入道殿に申し上げぬ。されども用い給うことなかりしかば、念仏者等この由を聞きて上下の諸人をかたらい打ち殺さんとせしほどにかなわざりしかば、長時《ながとき》武蔵守殿は極楽寺殿の御子なりし故に親の御心を知りて理不尽に伊豆国へ流し給いぬ。されば、極楽寺殿と長時とかの一門は皆ほろぶるを各御覧あるべし」（一四一二頁）とあるように、父北条重時《しげとき》（極楽寺殿）の意を受けた執権北条長時によるものであった。その背後には、重時をも政治的に利用したと思われる念仏僧の存在があったと見るべきであろう。

それでは伊豆流罪の法的根拠として、どのようなことが考えられるであろうか。日蓮は、「『日蓮がいまだ生きたる、不思議なり』とて伊豆国へ流しぬ。されば、人のあまりににくきには我がほろぶべきとがをもかえりみざるか。御式目をも破らるるか」（「下山御消息」三五五頁）と、この処分が御成敗式目《ごせいばいしきもく》の根拠がない不当なものであるとしている。従来、伊豆流罪の法的根拠として、御成敗式目第十二条の「悪口《あっこう》の咎《とが》」、あるいは第九条の「謀反人の事」が言われてきたが、いずれも伊豆流罪の根拠としてはぴったりしない。

御成敗式目第十二条は「悪口の咎の事」として、次のように規定している。

「右、闘殺の基《もとい》、悪口より起る。その重きは流罪に処せられ、その軽きは召籠《めしこ》めらるべきなり。問註の時、悪口を吐かば、すなはち論所《ろんしょ》（訴訟の対象物権のこと――引用者）を敵人に付けらるべきなり。また論所の事その理《ことわり》なくば他の所領を没収せらるべし。もし所帯なくば流罪に処せらるべきなり」（『中世政治社会思想上　日本思想大系

28』一四頁)」

この法文が示すように、この条文は基本的には裁判の過程での悪口を罰するものだが、日蓮の場合は裁判上の主張ではない。また、「悪口」の罪が認められる場合でも「有罪と認定されたものの殆《ほとん》ど凡てが、『乞食非人』、『恩顧の仁』、『若党』、『甲乙人』などの社会身分上の蔑称」(網野善彦ほか『中世の罪と罰』四頁)である。日蓮の諸宗破折はあくまでも宗教上の主張であって、特定個人に対する誹謗ではない。その意味からも、日蓮の行為を「悪口の咎」の規定で処罰するのは無理であろう。

また「謀反人の事」とする説だが、「立正安国論」をはじめとする他宗批判をもって直ちに国家に対する「謀反」と断ずるのも「悪口の咎」とする以上の無理がある。「謀反」は国家秩序の転覆を図ることであるから、いわば最も重大な犯罪である。この点は御成敗式目の刑法部分の冒頭に「謀反人の事」が挙げられ、「右、式目の趣兼日《けんじつ》定め難きか。且は先例に任せ、且《かつう》は時議によつてこれを行はるべし」(『中世政治社会思想上』一三頁)と、具体的な刑罰を式目においてあらかじめ規定できないとしているところにもうかがわれる。

もし謀反人として逮捕されたならば、処罰は死罪、あるいは遠流など死罪に準ずる重罰となるべきところであり、伊豆という鎌倉に比較的近いところへの流刑処分は、謀反人に対する処罰としては軽すぎる。佐渡流罪の頃はともかく、伊豆流罪当時の日蓮門下はごく少数であり、幕府として「謀反」の大罪を着せて日蓮を弾圧しなければならないほどの切迫した状況があったわけでもない。したがって、伊豆流罪の法的根拠として御成敗式目を挙げるのは適切とは思われない。日蓮が「御式目をも破らるるか」としているのは、伊豆流罪の法的根拠が御成敗式目ではないことを物語っていると考えられる。

むしろ、法的根拠としては、伊豆流罪があった弘長元(一二六一)年の二月に発せられた、四十一か条から成る「関東新制条々」(『鎌倉遺文』一二巻所収。「弘長の新制」と呼ばれる)に注目すべきではなかろうか。これは御成敗式目の追加法として発せられたもので、広範な内容を規定し、追加法としては鎌倉時代を通してもっとも充実したものとされている。

この「関東新制条々」は、訴訟の促進や寺社の修理を促す内容もあるが、生活の細部にわたる禁止事項が目立つところにその特徴がある。たとえば私的な消息に厚紙を用いてはならないとか、引き出物は簡略にせよとか、服装や乗り物、従者の数に至るまで、細々とした禁止事項が並んでいる。博打《ばくち》や人買い、往来での行商を禁止するだけでなく、僧侶に対しても女人を招いての酒宴や魚鳥を食することを禁じ、そのようなことをする者は鎌倉から追放するよう保《ほ》の奉行人に命じている。

この「関東新制条々」は執権北条長時、連署北条政村《まさむら》の連名で発せられたものだが、最高権力者は北条時頼であるから、実質的には時頼を中心にした幕府全体の意志を反映したものといってよい。この条文にうかがわれる限り、幕府は国内秩序の引き締めを断固とした決意をもって開始したといえる。

その背景には、この数年来、自然災害や飢饉、群盗の蜂起、延暦寺僧兵の強訴などが相次ぎ、国内秩序を立て直す必要に迫られていた状況があった。翌弘長二年に発せられた追加法はさらに厳しく、山賊・海賊・夜討・強盗などを見聞きしていながら放置していた守護・地頭の所領を没収するだけでなく、悪党の張本という噂を聞いたならば直ちにその者を逮捕して鎌倉に連行するよう指示している(「悪党」とは「鎌倉後期～南北朝期に公武政権や荘園領主に敵対し、各地で蜂起した集団のこと」〈日本史広辞典〉をいう)。

国内の引き締めを強い意志をもって開始した幕府にとって、諸宗批判を公然と繰り返し、念仏者による襲撃事件の原因にもなった日蓮の存在は、それ自体、秩序をかく乱する要因の一つと見なされ、到底、放置することのできないものとして映ったことであろう。日蓮が鎌倉にいることは治安秩序維持のためにマイナスと判断されたと思われる。

伊豆流罪の処分について、これまで念仏者による訴えがあったとする説が多いが、その確証はどこにもない。むしろ、伊豆流罪の処分は幕府自身の主体的な意志によって行われたと見られる。鎌倉時代の刑事処分は当事者の訴えを待って初めて開始される「当事者主義」が原則だが、現行犯および「謀反」など国家的法益に対する犯罪の場合は当事者の訴えの有無に関わらず職権によって行われた(これを「職権主義」という)。すなわち、犯罪の一般的予防に当たるとされた場合、ないし一般的治安維持にとって有害と見なされる行為は国家に対する公的犯罪として当局の意志によって刑事処分が行われたのである(羽下徳彦「中世本所法における検断の一考察」、石母田正・佐藤進一編『中世の法と国家』所収)。すなわち、日蓮の伊豆流罪は、一般的な治安秩序維持のために幕府の職権によってなされたと見ることができる。

逮捕の後、何らかの取り調べがなされた形跡はない。逮捕後直ちに伊豆に向けて乗船させたのであろう。羅針盤のない当時、航海の方法は海岸を肉眼で確認しながら進む「地乗り航法」であり、朝に出発して夕刻には伊豆に到着したと思われる(地図②参照)。

乗船地と上陸地についていえば、正安《しょうあん》元(一二九九)年に妙長寺という寺が乗船の地をとどめる意味で鎌倉の材木座海岸に建立されたと伝えられる。その寺伝に従うならば、日蓮の乗船の地は材木座海岸となろう。ま

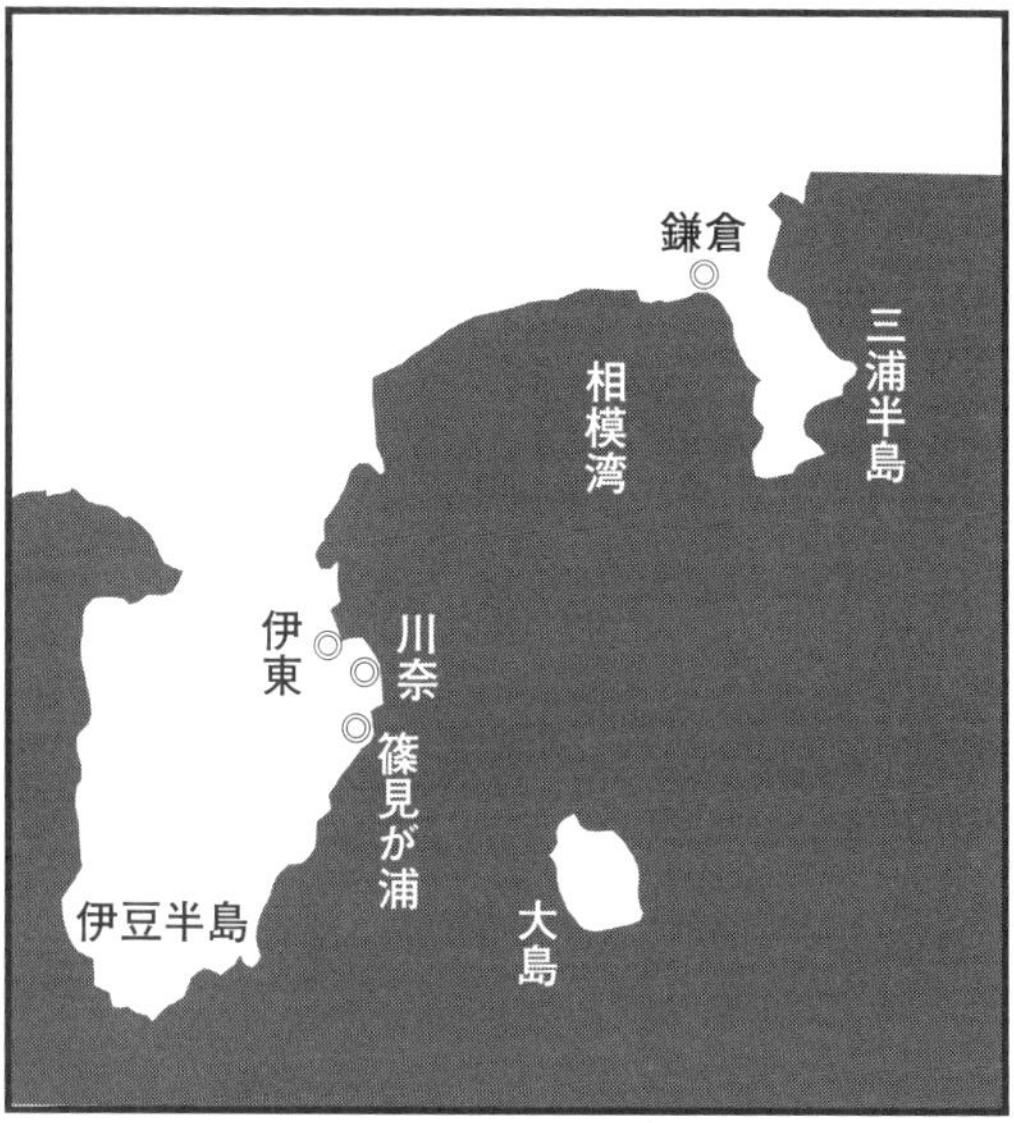

地図②　鎌倉から伊東の図

た、上陸地については川奈《かわな》（『日蓮聖人註画讃』）、篠見《ささみ》が浦（『本化高祖年譜』『本化別頭高祖伝』『日蓮大士真実伝』）などの説があるが、これらの文献はいずれも十六世紀から十九世紀に成立したもので、不確実な伝説を伝えたものに過ぎず、信用できない。

川奈および篠見が浦（明治時代以降、篠見が浦の岬を日蓮崎という）は零細な漁村ないしは単なる海岸であり、流人護送の任務を帯びた官船が着く場所としては不自然である。地乗り航法によって陸を見ながら進んでいる船が、伊東を見ていながら、伊東を通り過ぎてあえて川奈や篠見が浦に船を着ける理由は見いだしがたい。日蓮を監視・保護する任務を担う地頭伊東八郎左衛門の館は伊東にあり、また伊東が伊豆半島東側における政治的な中心地であったことを考えれば、日蓮を護送する官船は伊東に到着したと見るのが自然ではなかろうか。川奈とする説も船守弥三郎《ふなもりやさぶろう》が川奈の人であることを前提にしたもので、後に述べるように船守弥三郎が架空の人物であった場合には川奈説は成り立たない。

ただし、配流の地が温暖で鎌倉に比較的近い伊豆であったことから、その処分は後の佐渡流罪のような重罰ではなく、一時的な追放刑であったと見られる。

「関東新制条々」に基づく治安秩序維持のための追放であるとしても、その処分の理由は極めて薄弱であり、当局者の恣意的な判断によるものというべきであろう。日蓮が「理不尽に伊豆国に流し給いぬ」（一四一三頁）、「大事たる政道を曲げらるる」（三五五頁）と述べている所以である。

2　船守弥三郎

弘長元年五月十二日、日蓮は護送の武士とともに鎌倉の海岸を船出し、その日のうちに伊豆に到着した。その模様について、同年六月二十七日、伊東の地から川奈の船守弥三郎に宛てたとされる「船守弥三郎許《もと》御書」には次のように記されている。

「日蓮、去ぬる五月十二日流罪の時、その津につきて候いしに、いまだ名をもききおよびまいらせず候ところに、船よりあがりくるしみ候いきところに、ねんごろにあたらせ給い候いしことはいかなる宿習なるらん。過去に法華経の行者にてわたらせ給えるが、今、末法にふなもりの弥三郎と生まれかわりて日蓮をあわれみ給うか。たとい男はさもあるべきに、女房の身として食をあたえ、洗足・ちょうず、その外さも事ねんごろなること、日蓮はしらず、不思議とも申すばかりなし。ことに三十日あまりありて内心に法華経を信じ、日蓮を供養し給うこと、いかなることのよしなるや。かかる地頭・万民、日蓮をにくみねだむこと鎌倉よりもすぎたり。みるものは目をひき、きく人はあだむ。ことに五月のころなれば米もとぼしかるらんに、日蓮を内々にてはぐくみ給いしことは日蓮が父母の伊豆の伊東かわなと云うところに生まれかわり給うか」(一四四五頁)

ただし、本抄は真筆がなく、初めて書名が現れるのが文《ぶん》禄《ろく》四年(一五九五年)の『本満寺録外』であるため、後世に作られたものとする説がある。その説をとるならば、船守弥三郎は伝説上の人物ということになる。

このことについては、次のような点が問題として考えられる。

一つは、船守弥三郎の名が本抄以外のどこにも見られないということである(建治三年の「弥三郎殿御返事」の対告衆は船守弥三郎とは別人)。また、流人の護送は幕府の役人にとって重要な公務であり、流人の身柄を誰にも引き継ぐことなく、海岸に放置するということはありえないのではないか。

律令制度における流刑の手続きを定めた養老律令の獄令によれば、流罪の執行が決まると太政官《だいじょうかん》が罪人に随う家人の名や出発の月日を記した命令書(「符」と呼ぶ)を刑部省《ぎょうぶしょう》(罪人の身柄が刑部省に収監されている場合)ないしは諸国(罪人が諸国に収監されている場合)に下し、護送専任の役人をして罪人を配所まで送達せしめた。送達が終わると罪人を送り出した官庁である刑部省ないしは諸国に送達完了の報告をさせ、併せて太政官まで報告することを規定している(『律令 日本思想大系3』四五八頁)。道中は護衛の武士が警護し、食事や馬は沿道の国に負担させていた。護送担当者は配所の国司から請書《うけしょ》を流人と引き替えにもらい、それをもって復命したのである(森末義彰編『流人帖』一二九頁)。

鎌倉幕府による流刑手続きも、基本的には律令時代の在り方を踏襲したと考えられるから、護送担当者は流人警護の任に当たる守護代や地頭などの請書を得てから復命したと見るべきであろう（請書を不要としたならば、流人を途中でどのように処分しても構わないことになる。そのようなことは公務である以上考えにくい）。

また、公的な存在である流人を、三十日以上も、何の権限もない庶民が隠して保護するというのは不自然である（「日蓮を内々にてはぐくみ給いし」との文によれば、弥三郎は日蓮を外に知られないようにして保護していたことになる）。流人を隠匿すれば、それ自体が一つの犯罪に当たり（今日でいう犯人蔵匿罪）、処罰の対象となる行為だからである。

そもそも日蓮は追っ手から逃げなければならない「逃亡者」ではなく、公的にしかるべき保護を与えなければならない「流人」である。仮に流人が遭難していた場合には、保護して、流人を預かる地頭等に連絡すれば十分であり、一庶民が処罰の危険を犯して流人を隠匿しなければならない合理的な理由はない。このように「船守弥三郎許御書」は法的な観点から見た場合、あまりにも多くの疑問点がある。

船守弥三郎の名は「三師御伝土代」など日蓮入滅後まもない時期に成立した伝記資料には見られず、その名が登場するのは円明院日澄《にっちょう》（一四四一～一五一〇）による『日蓮聖人註画讃《ちゅうがさん》』が最初である。『註画讃』は絵画を用いて日蓮の伝記を広く民衆に流布する目的で制作されたもので、潤色した伝説を多く伝えることで知られている（『註画讃』の成立年は明らかでない）。

一方、日澄とほぼ同時代の行学院日朝《にっちょう》（一四二二～一五〇〇）が著した日蓮の伝記『元祖化導記《がんそけどうき》』（一四七八年成立）には船守弥三郎の名は見られない。日朝は伊東に隣接する宇佐美《うさみ》の出身であり、船守弥三郎が実在の人物であるならば日朝がその存在を知らないということはまず考えられず、その事跡を『元祖化導記』に記さないことはありえないのではないか。『元祖化導記』は学究的・実証的な態度を取り、潤色は極めて少ないことで知られる。その『元祖化導記』に船守弥三郎の名が見られないということは、船守弥三郎は実在の人物ではなく、伝説上の存在である可能性が高い。

室町時代には、伊東周辺の寺院ではそれまでの真言宗から日蓮宗・曹洞宗への改宗が進んだ（『伊東市史』二八〇頁）。日蓮宗教団は、伊豆流罪の歴史を教勢拡大の手段として利用し、「俎板岩《まないたいわ》」の上に日蓮が置き去りにされたという類いの多くの伝説を作成したと見られる。十六世紀には日蓮を超人的な神通力を持つ存在として神格化する、いわゆる「祖師信仰」が生まれている。そうして見れば、「船守弥三郎許御書」は、それらの伝説の延長上に作成された偽書と見るべきであろう。ちなみに『註画讃』について研究した新倉善之氏も「船守弥三郎許御書」は「偽作と断定すべき要素の濃いものである」とし、「その成立年代は『註画讃』

成立よりあまり上らない時代のものと推定される」と述べている（「日蓮伝小考――『日蓮聖人註画讃』の成立とその系譜」）。

また、「船守弥三郎許御書」において、海中から発見された仏像が日蓮に贈られたとしていることも中国の「高僧伝」に出てくる奇跡物語を援用したものと見られる。日蓮が所持した一体仏の仏像については、後に日興《にっこう》が弟子の三位日順《にちじゅん》に命じて作成させた「五人所破抄」では「先師所持の釈尊は忝くも弘長配流の昔これを刻み」（一六一四頁）とあり、海中で発見されたものとはしていない。

ただし、ここでは問題点の指摘にとどめ、諸伝説の検討を含めて後の研究に待ちたい。

なお、日蓮が釈迦一体仏の仏像を所持したことをもって日蓮が仏像を本尊とし、釈迦を本仏としたとする見解があるが、ともに誤りである。日蓮が門下に仏像の造立や所持を勧めたことは一例もない。日蓮の一体仏所持について大石寺第二十六世日寛《にちかん》が「末法相応抄」で「吾が祖の観見の前には、一体仏の当体全くこれ一念三千即自受用の本仏の故なり」（『六巻抄』一七二頁）と述べているように、日蓮の一体仏所持は日蓮自身の境地においてなされたことであり、それを一般に敷衍《ふえん》すべきではない。日蓮が礼拝の対象として門下に授与したのは曼荼羅本尊のみであり、その事実にこそ日蓮の本尊義が示されていると解すべきであろう。

3　伊東八郎左衛門

日蓮の伊豆流罪中、日蓮の監視・警護に当たった当地の地頭が伊東八郎左衛門である。八郎左衛門はもともと念仏の徒であったが、病を得た折、日蓮が念仏を捨てて法華経に帰依することを条件に治癒を祈念し、平癒したので日蓮に帰依を誓った。これらの点については、日興の真筆がある「宗祖御遷化記録」に「弘長元年辛酉《かのととり》五月十二日伊豆国に流さる。御歳四十。伊東八郎左衛門尉に預けらる」（『日蓮宗宗学全書』第一巻一〇一頁）とあり、真筆一紙が残っている「弁殿御消息」に、「伊東の八郎ざえもん、今はしなののかみ（信濃守）はげん（現）にし（死）にたりしを、いのりいけて、念仏者等になるまじきよし明性房《みょうしょうぼう》におくりたりしが、かえりて念仏者・真言師になりて無間地獄に堕ちぬ」（一二二五頁）とあるので確実な事実とみられる。

日蓮は伊東の和田久須美《くすみ》にあった八郎左衛門の邸内の草庵で流人生活を送った。しかし、その状況は、後の佐渡流罪の時に比べて比較的恵まれたものであったと思われる。それは、日蓮に着せられた罪が佐渡流罪の際よりも軽微なものであったのに加え、警護役の八郎左衛門自身が日蓮に帰依することになったからである。八郎左衛門の名は古来、伊東朝高《ともたか》と伝えられてきたが、伊東祐光《すけみつ》とする説もある。

この問題について、創価学会大阪・堺〈県〉青年部編『教機時国抄に学ぶ』は、次のように考察し、祐光説をとっている（同書上巻八三頁、要旨）。

――『吾妻鏡』には朝高も祐光も、ともに伊東八郎左衛門として出てくるが、弘長元年から三年の時期に八郎左衛門として登場するのは祐光だけである。また八郎左衛門について日蓮は「弁殿御消息」で信濃守に任官したことを述べているが、この点においても『吾妻鏡』の記述と一致する。

この点に関する同書の考察には十分な説得力があると思われるので、伊東八郎左衛門は伊東祐光である可能性が高いと考える。後に信濃守に任官していることなどから考えれば、伊東八郎左衛門祐光は地方の単なる一地頭ではなく、有力な御家人であった。また八郎左衛門が伊東祐光であるとすれば、日昭の従兄弟（同時に義兄弟）でもある。日昭が当時、日蓮にもっとも近い弟子であったことは幕府も認識していたと思われるので、幕府が日蓮の監視役を伊東祐光に指名した理由として、あるいは祐光が日昭と血縁関係にあることが考慮された可能性もあろう。

なお、鎌倉遺跡研究会編『鎌倉と日蓮大聖人』には伊東八郎左衛門に宛てた日蓮の消息と伝えられる個人蔵文書の写真が掲げられている（同書一二〇頁）。浜野建雄著『伊東誌』にも掲載されているというその文書は次の通り。

「米一荷送給《おくりたび》候畢んぬ、釈迦如来の御寂（宝）前に奉備上事誠に竜の一滴水を供養候也、只生死展転有、抑々日蓮を問人は一心強盛に、南無妙法蓮華経を奉唱より外は無也候也

八月六日　　　　日蓮　花押

伊東八郎左衛門殿御返事」

『鎌倉と日蓮大聖人』に示されている写真は、明瞭なものではなく、それだけでは真偽の判断は困難である。また、この文書は今日刊行されているどの御書全集にも収録されていない。そこで、今後の研究が待たれるところである。この書を真蹟とした場合には、伊東八郎左衛門は後に退転して念仏・真言の徒となったが、ある時期までは日蓮に供養を届けていたことになる。

4　日興の給仕

日興門流においては、日蓮の伊豆流罪中に日興が伊豆に赴いて日蓮に給仕したと伝えられる。伯耆房《ほうきぼう》と称していた日興は、正嘉《しょうか》二（一二五八）年、十三歳の時、日蓮の岩本実相寺における一切経閲覧の際に日蓮の門下となったが、日蓮は引き続き実相寺で修学を続けるよう指示したとされる。その三年後、日蓮の伊豆流罪の報を聞いた日興は、師の苦難を助けるべく、伊豆に向かうことを決意したのであ

る。

このことについて大石寺第十七世日精《にっせい》は「富士門下家中見聞上」(家中抄)に次のように述べている。

「弘長元年の五月、師、伊豆の伊東に配流せられ給う。伯耆公、即ち伊東にゆいて給仕し給えり。行程百五十里、文笈を荷担して遠しとし給わず。道中処々にて説法教化し給えり。給仕の隙《ひま》には伊東の近所を教化し給うに、宇佐美・吉田に信者少々出来る」(『富士宗学要集』第五巻一四八頁)

また同五十九世日亨《にちこう》は『富士日興上人詳伝』で次のように述べている。

「弘長元年・日蓮伊東配流の時は、みずから往いて薪水の労をとり、艱苦を共にし、間をえて附近に行化せらる。熱海においては、密徒の金剛院行満を導きて日蓮に謁せしむ。行満改衣《かいえ》して日行と称せられ、その寺を大乗寺と号し、青年の日興を拝して開山と仰ぐ。しばらくあって師の赦されて鎌倉に帰るや、その陪従たり」(同書一四頁)

これらの記述によれば、十六歳の日興は日蓮に給仕するだけでなく、付近の弘教にも努め、真言密教の寺院を改宗させた。後に日興は富士方面の弘教で大きな成果を収めたが、その能力は既にこの時から現れていたといえよう。

5 「四恩抄」

伊豆流罪中、日蓮は配所において、これまでの留難の体験を踏まえ、今後の弘通の在り方について深く思索した。その成果を述べたのが弘長《こうちょう》二(一二六二)年成立とされる「四恩抄」と「教機時国抄」である。

「四恩抄」は、弘長二年一月十六日、安房国天津《あまつ》の信徒、工藤左近尉《さこんのじょう》に宛てられた消息である。『本化別頭仏祖統紀』は、対告衆を工藤吉隆《よしたか》とし、天津の領主と伝える。しかし、それは伝承であり、確実ではない。本抄の真筆は現存しないが、行学院日朝の目録に挙げられており、真撰であることについて古来疑問とされていない。

伊豆流罪中、日蓮はなぜ工藤氏に消息を送ったのか。日蓮を預かったと見られる伊東八郎左衛門祐光《すけみつ》はもともとは工藤氏から分かれた家系であり、祐光の祖父である祐経《すけつね》(曽我兄弟の仇討ちで討たれた人物)は工藤氏を名乗っていた。「四恩抄」の対告衆である工藤左近尉について確実なことは不明だが、伊東八郎左衛門と俗縁があった可能性もありうるのではなかろうか。この点については今後の研究を待ちたい。

本抄では、冒頭に流罪の身となったことについて「二つの大事」があるとする。一つは「大いなる悦び」であり、一つは「大いなる歎き」である。

「大いなる悦び」とは、流罪の難を受けたことにより、「如来現在・況滅度後」などの法華経の文を身で行ずることができたという喜びである。「大いなる歎き」とは、多くの人に法華経誹謗の罪業を作らせたということである。

まず、法華経を身で行じた喜びという点について、本抄では次のように述べられている。

「法華経をことに信じまいらせ候いしことは、わずかにこの六七年よりこのかたなり。また、信じて候いしかども懈怠《けたい》の身たる上、あるいは学文と云い、あるいは世間のことにさ（障）えられて一日にわずかに一巻一品題目計りなり。去年の五月十二日より今年正月十六日に至るまで、二百四十余日のほどは昼夜十二時に法華経を修行し奉ると存じ候。その故は、法華経の故にかかる身となりて候えば、行住坐臥に法華経を読み行ずるにてこそ候え。人間に生を受けてこれほどの悦びは何事か候べき」（九三六頁）

すなわち、法華経の真の「行」は、権力の迫害を受けることによって初めて成立するとするのである。

その故に迫害を加えた権力者は、自分に法華経を身読させてくれた「恩人」となる。本抄で、「この讒言《ざんげん》の人、国主こそ我が身には恩深き人にはおわしまし候らめ」（九三七頁）、「その上、今度法華経を信じ、今度生死を離るべき国主に値い奉れり。いかでか少分の怨《あだ》に依っておろかに思い奉るべきや」（同頁）と述べているのはその趣旨である。

迫害を加えた国主を「恩深き人」とするところから、本抄では一切衆生の恩、父母の恩、国王の恩、三宝の恩の「四恩」が説かれる。そこには厳しい苦難こそが真実の自己を築く契機になるという日蓮の人生観が表れている。

日蓮に対する本格的な迫害は松葉ケ谷《まつばがやつ》法難、伊豆流罪から始まったが、日蓮はそれらの法難に逢ったことを法華経を身読する実践と位置づけ、自身が法華経の行者であることを証明するものとして逢難《ほうなん》を喜んでいる。日蓮の、難に対するこのような位置づけは生涯において終始一貫しており、例えば弘安二年の「聖人御難事」には、「日蓮二十七年が間、弘長元年［辛酉］五月十二日には伊豆国へ流罪。文永元年［甲子］十一月十一日、頭《こうべ》にきずをかほり、左の手を打ちおらる。同文永八年［辛未］九月十二日、佐渡国へ配流、また頭《くび》の座に望む。その外に弟子を殺され切られ、追い出し・かりょう（過料）等かずをしらず。仏の大難には及ぶか勝れたるか、それは知らず。竜樹・天親・天台・伝教は余に肩を並べがたし。日蓮、末法に出でずば、仏は大妄語の人、多宝・十方の諸仏は大虚妄の証明なり。仏滅後二千二百三十余年が間、一閻浮提の内に仏の御言を助けたる人、ただ日蓮一人なり」（一一八九頁）と述べられている。

権力による迫害という最大の難を受けたことが真実の法

華経の行者である証明としているのである。
また伊豆流罪の逢難を喜びとする心境は、佐渡流罪中に書かれた「呵責謗法滅罪抄」にも次のように述べられている。
「法華経の御ゆえに已前に伊豆国に流され候いしも、こう申せば謙《へ》らぬ口と人はおぼすべけれども、心ばかりは悦び入って候いき。無始より已来、法華経の御ゆえに実にても虚事《そらごと》にても科《とが》に当たるならば、いかでかかかるつたなき凡夫とは生まれ候べき。一端はわびしき様なれども、法華経の御為なれば、うれしと思い候」（一二二五頁）
次の「大いなる歎き」については、「我一人この国に生まれて、多くの人をして一生の業《ごう》を造らしむることを歎く」（九三九頁）と述べられている。それはもちろん「逆縁」による衆生救済の実践であるが、正法誹謗の罪によって人々が苦の報いを受けることを嘆いているのである。

6　「教機時国抄」

「教機時国抄」は、「四恩抄」の翌月、弘長二年二月十日に著された著作である。真筆は現存しないが、中山の日祐と身延の行学院日朝の目録に名が挙げられている。「教」「機」「時」「国」「教法流布の先後」の「五綱《ごこう》」について、初めて整足した形で示した御書で、日蓮の思想体系をうかがうのに重要な著作である。特定の門下に当てられた消息ではなく、日蓮の思想をまとめた論文である。

本抄の論述の特徴は、まず前半で「教」「機」「時」「国」「教法流布の先後」の一般的な意味を示した後、後半で再度、五綱のそれぞれに照らして法華経流布の必然性を強調していることである。したがって、前半と後半を統合して考えることが必要となる。

まず「教」については、前半では経・律・論の中において大小・権実・顕密の区別を弁《わきま》えるべきであるとの一般論を示し、後半では一切経の中では法華経が最第一と知ることが教を知る者であるとされている。

「機」については、仏教を弘めるには機根を知らなければならないとしつつ、智慧第一の舎利弗でさえ衆生の機根を知ることができなかったという故事を引き、機を知らない凡師は衆生の機根に関わらずひたすら法華経を説くべきであるとする。その理由は、相手が信じても誹謗しても、ともに正法を聞くことが下種になるからである。相手の機根に応じて法を説くという通途《つうず》の発想を捨て、実質的に機根を基準とすることを拒否する立場に立っている。これは、末法の衆生は劣機であるから易行《いぎょう》である念仏を行ずべきであるとする、機根中心の浄土教の教判を批判するものである。

このように前半で、いったんは機根に応じて法を説くという発想を拒否した上で、後半では、「日本国の一切衆生は桓武《かんむ》皇帝より已来四百余年、一向に法華経の機なり」（四四〇頁）と断じている。すなわち個々の人間の機根に応じて法を説く在り方ではなく、一切の人間は法華経（妙法）でなければ救われることはないという人間の普遍性を示しているのである。

「時」について、前半では、耕作者が時を違えて秋や冬に田を作れば、種や土地や人の労力は同じであっても作れば作るほど大きな損害を受けるという譬えを挙げて、「時を知らずして法を弘めば益無き上、還って悪道に堕するなり」（四三九頁）としている。すなわち、教（種）や衆生の機根（土地）、衆生を化導する労力（田を作る労力）は同じであっても、時を違えたならばそれ自体が悪道の因になるというのである。

後半においては、日本国の当世が「妙法蓮華経広宣流布の時刻なり。これ時を知れるなり」（四四〇頁）とする。

次に「国」について、前半では国に気候・経済・位置・大きさなどの相違があることを客観的に示す。すなわち、国に寒国・熱国、貧国・富国、中国・辺国、大国・小国などの相違があるだけでなく、一向偸盗《いっこうちゅうとう》国・一向殺生国・一向不孝国など、国民性の相違もあり、また一向小乗の国・一向大乗の国・大小兼学の国など、仏法に有縁の国であってもどのような仏法に有縁であるか相違があるとする。その上で後半では「日本国は一向に法華経の国なり」（四四〇頁）と断定している。

最後に「教法流布の先後」について、前半では、「先に小乗・権大乗弘まらば、後に必ず実大乗を弘むべし。先に実大乗弘まらば、後に小乗・権大乗を弘むべからず」（四三九頁）として、後に弘める法は先に広まっている法よりも低いものであってはならないという道理を示す。後半では、日本では小乗・権大乗が広まった後に伝教大師が実大乗である法華経を弘めたのであるから、その後に禅宗や浄土宗などの権大乗を弘める者は教法流布の先後を知らない者であると破折している。

このように本抄では、五綱を仏法弘通の方軌として示しながら、五綱それぞれの視点から法華経弘通の正当性を確認しているところに特徴がある。ただし、本抄において弘通する教は文上の法華経にとどまり、文底の南無妙法蓮華経まで言及していない。すなわち本抄の論述は、あくまでも権実相対の次元にとどめられ、本迹相対ないしは種脱相対まで踏み込んで述べられていない。

また、本抄において注目すべきは、三類の強敵《ごうてき》の難を顕すのが法華経の行者であるとの視点が示されていることである。すなわち、次の諸文である。

「法華経の勧持品に、後の五百歳・二千余年に当たって法華経の敵人三類有るべしと記し置きたまえり。当世は後五百歳に当たれり。日蓮、仏語の実否を勘《かんが》うるに、三

類の敵人これ有り。これを隠さば法華経の行者に非ず。これを顕さば身命定めて喪《うしな》わんか」（四四一頁）

「三類の敵人を顕さずんば法華経の行者に非ず。これを顕すは法華経の行者なり。しかれども、必ず身命を喪わんか。例せば師子尊者・提婆菩薩等の如くならん」（同頁）

「法華経の行者」の言葉は、これまでに「守護国家論」「一念三千法門」に示されているが、逢難という実践に結び付けて論じられてはいない。それに対してここに挙げた本抄の文は、松葉ケ谷の法難、伊豆流罪という大難を受けることによって法華経を身読しつつある自身こそ法華経が予言した法華経の行者に当たることを示唆するものといえる。後に日蓮は、自身が法華経の行者であるとの宣言をなしていくが、この段階では、まだ身読を完了していないために、法華経の行者としての明確な宣言は控えていると考えられる。

7 「五綱」の形成

先に述べたように、「教」「機」「時」「国」「教法流布の先後」という「五綱」をまとまった形で示したのは「教機時国抄」が最初である。日蓮が五綱という独自の教判を立てた背景には「機」を中心とする浄土教の教判との対決があったと考えられる。

日蓮が立宗宣言以来、当初の破折対象としてきたのは念仏と禅宗だが、とりわけ主要な対象は念仏であった。伊豆流罪の遠因となった「立正安国論」において破折の対象としたのも法然であり、その直後の松葉ケ谷法難も念仏者によるものであった。伊豆流罪の決定も、念仏者であった父北条重時《しげとき》の意向を酌んで、子の執権北条長時《ながとき》が下したものである。すなわち、この時期、日蓮は念仏勢力との厳しい抗争に直面していたのである。

法然の専修念仏の前提には中国浄土教の道綽《どうしゃく》・善導による「理深解微《りじんげみ》」（道理が深くて理解できる人がわずかであること）、「千中無一《せんちゅうむいち》」（往生できる者は千人の中で一人もいないということ）の教義がある。すなわち、念仏以外の聖道門の教えは道理が深くて機根の劣る衆生には理解が困難であるから聖道門の教えを行じても得道・往生できる者はいないとして、諸行・諸経を否定する立場である。ここから、機根の劣る衆生にとって聖道門の教えは実質的に無意味であり、劣機の者はひたすら阿弥陀如来の本願力にすがって極楽浄土に往生する以外に救われる道はないという浄土教の教義が形成されてくる。

法然の場合、この浄土教の教義に末法思想を加え、末法の衆生の劣機を強調した。しかし、法然は聖道門の諸宗を初めから否定しない。法然は次のように言う。――聖道門の深い教えは機根の高い者だけが行ずることができるもので、末法の劣機の衆生が行ずるのは困難であるから、聖道門の諸行では成仏できない。それ故に阿弥陀如来は諸行を捨てて易行である念仏行だけを「選択」したのであり、末法の衆生は「行」としては阿弥陀仏を信じて念仏行のみを行ずべきである。

このような法然浄土教の教義は、分節化して示せば次のようなものとなろう。

①天台宗など聖道門の諸宗の教えは深い道理を説いた尊いものである（聖道門諸宗の肯定）。

②しかし聖道門の教えは高度であり、機根の高い者でなければ行ずることは困難である（聖道門難行説）。

③衆生の機根は時代が下るにつれて劣化するので、末法の衆生の機根は極めて劣る（末法劣機の強調）。

④それ故に末法の衆生は聖道門の教えでは得道できず、易行である念仏を行ずる以外には救われない（専修念仏の主張。聖道門諸宗の実質的な否定）。

①の主張は、聖道門諸宗に属する者でならば当然、否定することはできない（聖道門の諸宗は深い教えであるとして尊重する態度をとり、天台宗の五時八教など他宗の教判との対決を巧みに回避している）。

②の主張も、実際に天台宗の瞑想行などに代表される聖道門の修行は極めて困難な修行であり、高度な教理を理解する能力に恵まれた「達人」でなければ成就しがたいものであったから認めざるをえない。

③の主張も、仏教における常識に属する認識であり、否定できない。

そこで専修念仏の教義は、①②③の論理を媒介にして、必然的に④の結論に導かれてしまうという極めて巧妙な構造になっている。顕真《けんしん》（一一三一〜一一九二）など天台座主にまでなった聖道門の高僧さえもこのような法然浄土教の論理に抵抗することができずに説得され、結局、専修念仏に落ちていった理由がここにあるといえよう。

要するに法然浄土教の教義は教理内容の高低浅深よりも衆生の機根に適合するかどうかで教の価値を決定する立場に立つものである。この機根を基軸とする教判を打ち破らない限り、専修念仏を否定しきることはできない。そこで日蓮は五綱の教判を確立することによって、機根だけを判断軸とする念仏の教理を克服することを目指したのである。

五綱のそれぞれの内容については「教機時国抄」以前の御書にも見ることができる。

まず「教」については、「一代聖教大意」「十如是事」「一念三千法門」などで法華経の最勝が強調され、十界互具が説かれない爾前経では成仏はありえないことが確認される。

「機」については、「唱法華題目抄」に、「末代の師は多くは機を知らず、機を知らざらんには強いてただ実教を説くべきか」（一五頁）と機根の如何に関わらず実教を説くべきであるとされていることが注目される。

「時」については、「守護国家論」に、諸経が滅尽する末法においても法華経は絶えることはないとの趣旨が説かれる（四八頁）。

「国」については、「一大聖教大意」（三九九頁）や「守護国家論」（七一頁）などで日本国が法華経有縁の国土であることが強調されている。

「教法流布の先後」については「教機時国抄」以前には見られないが、いずれにしても五綱を各別なものとせず、総合的な教判として明示したところに伊豆流罪中における日蓮の主体的な思索を見ることができる。五綱の順序にも意義があるが、中でも「機」の前に「教」を置いて、「教」の内容こそが最優先されるべき基軸であることを打ち出したところに念仏破折の明確な意志をうかがうことができよう。

8　真言律宗の鎌倉進出

日蓮の伊豆流罪中、鎌倉の仏教界では注目すべき変化があった。それは、弘長二（一二六二）年二月の西大寺叡《えい》尊《ぞん》（思円《しえん》、一二〇一〜一二九〇）の鎌倉下向にともない、西大寺流の真言律宗が鎌倉に入ったことである。その立役者となったのが叡尊の弟子である良観《りょうかん》（忍性、一二一七〜一三〇三）であった。そこで、叡尊と良観の動きについて略述しておきたい。

叡尊は真言僧として出発したが、後に戒律を学んで嘉禎《かてい》元（一二三五）年に南都七大寺の一つである律宗寺院西大寺に入った。本来、正規の僧侶となるための受戒は十人の僧の前で行われるのが通例だが、叡尊はその儀式によらず、同年、東大寺の観音菩薩像の前で自誓受戒し、戒律復興運動に踏み出した。そのため、東大寺や延暦寺の戒壇での受戒を基本とする正規の官僧から非難され、官僧身分から離脱し、葬送などに従事する遁世僧として活動していくこととなった（官僧は白袈裟を来たので白衣方といい、遁世僧は黒袈裟を来たので黒衣方と呼ばれた）。

次第に弟子を得て自身の教団を持つようになった叡尊は、官僧が手をつけない架橋や道路建設などの社会事業を通して勢力を拡大していく。その過程で乞食やハンセン病患者などの「非人」を救済する形をとりながら、実際には彼らを労働力として統轄した。細川涼一氏は「叡尊にとって非人は、儀式の中で生身の文殊として供養されることとは裏腹に、現実の非人は日雇的な肉体労働に従事する層として扱われている」（『中世の身分制と非人』二七頁）と述べている。叡尊教団（真言律宗教団）が非人に対する統制権をもった背景には朝廷権力と癒着し、その公認を得ていた

ことが指摘されている（同書一五四頁）

橋や道路建設の費用をつくるために各地を遍歴して寄付を集める勧進活動を進めたことも真言律宗教団の大きな特徴だった。また、真言律宗教団は、非人だけでなく鋳物師や石工、猿楽師などの職能民も組織化している（弘長二〈一二六二〉年に完成したと見られる鎌倉大仏の造立も真言律宗教団が組織化した河内《かわち》の鋳物師集団によるものと考えられている〈馬淵和雄『鎌倉大仏の中世史』〉。後に良観が大仏殿の別当になっていることからも真言律宗と鎌倉大仏の密接な関係がうかがわれる）。このような実態から、叡尊が創始した真言律宗（西大寺流律宗）は、かつて鑑真《がんじん》が開いた南都六宗の一つである律宗とは別の教団・宗派と考えられている。

叡尊の思想は真言密教と戒律をはじめ、釈迦信仰、舎利信仰、文殊菩薩信仰、聖徳太子信仰など雑多なものを含み、体系化されていない。儀礼しては真言（マントラ）を唱えながら遺体に土砂をかぶせる「光明真言土砂加持」の祈禱を行い、それによって死者を極楽浄土に往生させる功徳があると喧伝して人々の帰依を獲得していった。宝治元（一二四七）年に叡尊が作成した願文には現世を「穢悪所」と述べていることから、現世を「穢土」とする教義に立っていたと見られる（松尾剛次編『叡尊・忍性』四〇頁）。

良観は十六歳で僧となり、二十三歳の時に叡尊と出会って非人を組織化していく活動を開始する。しばらく叡尊のもとで活動していた良観は、建長四（一二五二）年、真言律宗を関東に拡大する目的で常陸国三村（茨城県つくば市）の三村寺（現在は廃寺）に移った。そこを拠点に約十年にわたって活動した良観は、港湾や道路の建設などを通して霞ヶ浦や北浦の漁民と強い繋がりを作る一方、しばしば祈雨の祈禱を行い、祈禱僧としての地位を固めていった。

良観は正嘉年間（一二五七〜五九）には鎌倉の外港である六浦《むつら》の浄願寺に入って鎌倉進出の機会をうかがい、弘長元（一二六一）年、四十五歳の時に鎌倉の新清涼寺に入って鎌倉に拠点を築いた。その背景には、六浦一帯を統治し、北条時頼の側近として北条一門の中で力をもっていた金沢《かねさわ》実時《さねとき》（一二二四〜一二七六）の支援があったと見られる。弘長二年の叡尊の鎌倉下向も金沢実時の強い働きかけによる。弘長元年の「関東新制条々」の制定など国内秩序の引き締めを強化していた幕府は叡尊の唱える戒律主義を僧侶の統制に利用しようとしたのである。

叡尊は同年二月末から五ヵ月余にわたって鎌倉に滞在し、その間、時頼・実時・政村・長時ら北条一族や御家人だけでなく、将軍の近習や女房、さらには念仏・禅の僧侶などにも授戒した。このような叡尊の鎌倉での活動を支えたのが良観である。叡尊の鎌倉下向は良観が鎌倉に基盤を築く大きな契機となった。その時の行動を通して良観は北条得宗家および重時流北条氏と関係を結び、重時の子息である業時《なりとき》（第六代執権北条長時の弟）は弘長二年頃、多宝寺を創建して良観をそこに招いている。

多宝寺を経て、良観は文永四（一二六七）年、北条長時・業時兄弟の要請を受けて極楽寺に入った。極楽寺は当初、鎌倉西部の深沢に創建された浄土教の寺院であったが、北条重時が現在の地に移し、良観の入寺とともに真言律宗に改宗したとされる。

9　伊豆流罪の赦免

弘長三（一二六三）年二月二十二日、日蓮は伊豆流罪を赦免された（「報恩抄」三二二頁）。この赦免については弘安二年の「聖人御難事」に、「故最明寺殿の日蓮をゆるししとこの殿（北条時宗を指す——引用者）の許ししは、禍《とが》なかりけるを人のざんげん（讒言）と知りて許ししなり」（一一九〇頁）とあるように、最高権力者である北条時頼（最明寺入道）の意志が働いていた。日蓮の伊豆流罪が「人のざんげん」によるものと知って赦免したとは、伊豆流罪の理由となった罪状が冤罪であると判断したということである。

「下山御消息」には、「科《とが》なきことは恥ずかしきかの故にほどなく召し返されしかども」（三五五頁）とある。先に述べたように、日蓮の伊豆流罪の法的根拠は必ずしも明確でなく、執権長時の恣意的な処分の色彩が濃厚であった。時頼による赦免の指示は、伊豆流罪という処分の根拠が薄弱であり、日蓮に罪がないことを時頼が認識するに至ったことを意味している。

また時頼による赦免が実現した理由の一つとしては、伊豆流罪の政治的背景となった北条重時が弘長元（一二六一）年十一月に死去していたことも挙げられよう。時頼にとって大叔父であり義父でもあった重時の存命中は、時頼も重時の意向に配慮しなければならなかったからである。

いずれにしても、日蓮は約一年九ヵ月間の流罪生活を終えて鎌倉に戻り、再び弘教の歩みを開始した。その拠点は、従来通り松葉ケ谷の草庵であったと推定されるが、その場所は、先に考察したように、現在の安国論寺から妙法寺の位置へと移動したと考えられる。

なお、時頼は伊豆流罪を赦免した弘長三年の十一月に死去したが、「故最明寺入道見参御書」によれば生前に日蓮と会見している。同抄には次のようにある（原文は漢文）。
「寺々を挙げて、日本国中旧寺の御帰依を捨てしめんがために、天魔の所為《しょい》たるの由、故最明寺入道殿に見参の時これを申す。また立正安国論これを挙ぐ。総じて日本国中の禅宗・念仏宗（以下、欠）」（昭和定本四五六頁）
同抄によれば、日蓮は時頼との会見の時、禅宗を破折した。「立正安国論」では破折の対象は念仏宗に限られていたが、会見の際には安国論では述べなかった禅宗まで破折したのである。同抄は断簡で執筆年次が明らかでなく、会見が何時行われたかは不明である。

第九章　小松原の法難

1　政村政権の誕生

日蓮が伊豆流罪を赦免されて鎌倉に戻った弘長三（一二六三）年と翌文永元年は、鎌倉幕府にとっても一つの転換期であった。というのも、弘長三年十一月二十二日には最高権力者だった北条時頼が三十七歳で死去し、翌文永元年八月二十一日には執権北条長時も三十五歳で死去しているからである。長時の死が迫った八月十一日には、執権北条政村《まさむら》、連署北条時宗《ときむね》の新体制が発足している。時頼と執権長時の相次ぐ死去は、御家人たちに不安と動揺を与える出来事であった。とくに時頼死去の際には御家人で出家する者が後を絶たず、幕府は御家人の出家を禁ずる布告を発するほどであった。

長時が執権職についた時も、得宗家の嫡子である時宗が成長するまでの「つなぎ」の色彩が強かったが、この新体制も政村が後見人となって、まだ十四歳であった時宗の成長を待つ暫定的な性格をもっていた。そこで、この政村政権は、時宗が将来、安定した政権運営ができるようにさまざまな配慮をした。その一つは新政権発足後まもない十月に金沢実時《かねさわさねとき》と安達泰盛《あだちやすもり》を越訴奉行《おっそぶぎょう》（越訴頭人《とうにん》）に任じたことである。この決定に関して網野善彦氏は次のように考察している。

「原判決の誤りを救う越訴の制は、もとよりこれ以前にもあったが、引付《ひきつけ》と同じようにみずから訴訟を審理する権限をもった越訴方がおかれたのは、これがはじめてである。新政権はまず、幕府政治の要である裁判を慎重のうえにも慎重に行なう姿勢を明らかにすることによって、動揺する御家人たちの信頼を確保しようとしたのであった。だがそれだけではない。この新機関の責任者に、実時・泰盛というもっとも信頼しうる人物を配したところに、時宗・政村の真の意図があったのである」（網野善彦『蒙古襲来』一三六頁）

北条家の支族である金沢実時と御家人の代表格である安達泰盛は、ともに北条時頼を支えてきた有力者であった。彼等を政権中枢部に置くことによって、時宗を守る集団指導体制を確立しようとしたのであろう。時宗の年齢を考えるならば、そこには時宗自身というよりも、後見人としての執権政村の意図が主に働いていたと見られる。

もう一つの措置は、同年十月、時宗の異母兄である北条時輔《ときすけ》を、それまで長く空席であった六波羅探題南方に任じ、京都に赴任させたことである。時輔は時頼の子ではあったが、母の身分が低かったために庶子の立場に甘んじていた。時輔の存在は時宗にとって、将来、何かと障害になるものと考えられたであろう。そこで執権政村は、時輔を鎌倉から遠ざける措置をとったのである。

六波羅探題は幕府と朝廷の連絡・交渉と西国の政務・裁判を担当する重要な職務で、南方と北方の二つがあった。幕府は時輔を南方に任ずる一方、上席の北方には北条重時の子で前執権長時の弟である北条時茂《ときしげ》を置き、時輔の監視に当たらせた。このようなところにも政村政権の時輔への警戒心がうかがわれる。京都に移された時輔は鎌倉に対して対抗的な姿勢をとった。後に文永九（一二七二）年、時宗側が一方的に時輔を謀反の理由で殺害した「二月騒動」が起きる伏線は、既に文永元（一二六四）年当時から存在していたといえよう。

2　天変地夭と延暦寺の焼亡

政権の変動期にあたったこの時期、自然災害も相次いでいた。弘長三（一二六三）年八月には二度にわたって暴風雨が起きて、鎌倉では数十隻の船が漂没した。同年十一月には鎌倉で大地震が起こり、翌文永元年六月には大彗星が現れ、人々の不安をかきたてた。いわゆる「文永の大彗星」と呼ばれるものである。

しかし、比叡山など旧仏教勢力は、世情の不安をよそに各自の権益を巡る争いに終始していた。それを象徴するのが、文永元（一二六四）年、延暦寺と園城寺の堂塔が双方の抗争のために焼亡するという事件であった。

事の発端は、延暦寺の支配下にある日枝《ひえ》社の宮仕《みやじ》が殺害されたことから延暦寺側が犯人の処罰を朝廷に要求したことによる。朝廷は犯人を禁獄にしたが、山門（延暦寺）大衆の怒りは収まらず、文永元年三月、自ら延暦寺の講堂・戒壇堂などを焼いて後嵯峨・後深草の御所に神輿を担ぎ込んで強訴《ごうそ》、さらに五月には対立している園城寺にまで赴いて戒壇堂などの堂塔を焼き払った。

日蓮は同年三月、山門の炎上と神輿による強訴を聞き、「中堂炎上のこと、その義に候か。山門破滅の期、その節に候か。（中略）三千人の大衆は我が山破滅の根源とも知らず、師檀共に破国・破仏の因縁に迷えり。ただ恃《たの》む所は妙法蓮華経第七の巻の後五百歳・於閻浮提・広宣流布の文か」（「御輿振御書」一二六四頁）と山門が破滅していくのは妙法流布の瑞相であるとの意を述べている。

延暦寺・興福寺に代表される旧仏教勢力は、平安時代後期以後、自らも広大な荘園を所領とする「権門《けんもん》」と化していった。領民を支配するその政治的・経済的な力は鎌倉・室町時代を経て安土桃山時代まで続くが、結局は既得権益の確保を目指すものに過ぎず、新しい思想・社会運動にはなりえなかった。比叡山は、いわゆる鎌倉仏教を生み出す母体となったが、文永年間にはもはや歴史的役割を終えていたといっても過言ではない。日蓮は、延暦寺の炎上に旧仏教の衰亡と新仏教興隆の兆しを見てとっていたのである。

3　「持妙法華問答抄」

伊豆流罪から鎌倉に戻った日蓮は、再び弘教の歩みを起こし、著述活動も活発に続けた。

この時期の著述としては、赦免の年の弘長三年に著された「持妙法華問答抄《じみょうほっけもんどうしょう》」がある。同抄は特定の門下に宛てた書簡ではなく、門下全体に与えられた指導書ないしは論文ともいうべき性格のものである。ここでは、その概要を確認しておくことにする。

本抄で強調されているのは、釈尊の一代聖教の中で法華経が最勝の経典であるとの「法華独勝」の主張である。「権実相対」に当たるこの主張は、立宗宣言以来、日蓮の弘通の基本となってきたものであり、伊豆流罪後も、その基本線には変更がないことがうかがわれる。

ただし、日蓮のその主張に対し、本抄に、「法華経独り勝ると候わば、心せばくこそ覚え候え」（四六一頁）とあるように、他宗からは日蓮に対して「排他的」「偏狭的」であるとの批判があったようである。それに対して本抄では、「法華独りいみじと申すが心せばく候わば、釈尊ほど心せばき人は世に候わじ。何ぞ誤りの甚しきや」(同頁)と、法華最勝は釈尊自身が経文で確定しているところであるとして、無量義経・法華経の文を引いて反論している。

さらに「四十余年未顕真実」の文について、「未顕真実というのは声聞について言われることであって、菩薩にとっては未顕真実ではない」という法相宗の得一《とくいち》の説が取り上げられる。この論点は、この時期、日蓮が意識して取り上げていた問題であった。本抄では「爾前経は二乗にとって未顕真実である」との得一の説をいわば逆手にとり、爾前経が不成仏として排除してきた二乗を救うのは法華経のみであることをもって「法華最勝」の論拠としている。

法華最勝を弘教の軸とする日蓮に対し、天台流の法華経による一心三観の修行は優れた機根がなければ行うことはできないという批判がなされていた。これは、末法劣機の衆生は易行道である念仏を行うべきであるとする浄土教が主に主張したものであるが、それに対し本抄では、「利智精進にして観法修行するのみ法華の機ぞと云って無智の人を妨ぐるは当世の学者の所行なり。これ、還って愚癡邪見の至りなり。一切衆生皆成仏道の教なれば、上根・上機は観念・観法もしかるべし。下根・下機はただ信心肝要なり」(四六四頁)と下根・下機の衆生も法華経に対する「信心」によって成仏できることを強調している。

ここに「上根・上機は観念・観法もしかるべし」とあることから、日蓮が天台流の観念観法を容認していたように考える見方もあるが、末法の衆生が下根であることは仏教界共通の前提であるから、日蓮の本意が「下根・下機」にあることはいうまでもない。

観念観法による天台宗の修行は優れた機根が必要とされるから末法下根の衆生では不可能であるという念仏宗の主張は、その限りでは正当なものである。しかし、日蓮は「下根・下機はただ信心肝要なり」として、念仏宗の主張を既に超越していた。末法の衆生にとって観念観法は不要であり、末法の衆生は妙法に対する信心のみによって得道できるとの立場に立っていたからである。当時の人々は、法華経の修行といえば天台流の観念観法であるという既成観念に囚われていたが、既に南無妙法蓮華経の唱題を弘めていた日蓮は、法華最勝を主張する点では天台大師・伝教大師と同じであっても、もはや天台宗の範疇を超え出ていたのである。

本抄では、他宗からの既成観念に囚われた批判を破折しながら、天台宗の枠組みを超越した日蓮の立場を明らかにしている。

4　母の平癒を祈る

文永元（一二六四）年秋、日蓮は母の病の篤《あつ》いことを聞き、故郷の安房片海に戻った。弘安五（一二八二）年に日朗が代筆した「伯耆公御房御消息」に、「聖人の御乳母の、ひととせ（一年）御所労、御大事にならせ給い候て、やがて死なせ給いて候いし時、この経文をあそばし候て、浄水をもってまいらせさせ給いて候いしかば、時をかえずいきかえらせ給いて候」（昭和定本一九〇九頁）とあることから、約一年前から病は進行し、ほとんど絶望的な状況にあったと考えられる。

郷里に戻った日蓮は、懸命に母の看病と平癒の祈りに努めた。その結果、「可延定業書《かえんじょうごうしょ》」に、「日蓮、悲母をいのりて候いしかば、現身に病をいやすのみならず、四箇年の寿命をのべたり」（九八五頁）とあるように、母は危機を脱することができたのである。

日蓮は家族との再会を果しただけではなく、かつての兄弟子である浄顕房・義浄房をはじめ、清澄寺の僧侶たちとも旧交を温めたことであろう。日蓮は、この機会に房総方面の弘教を進めるべく、活動を展開した。ちなみにこの頃、安房国長狭郡尾金の出身である日向《にこう》が日蓮の弟子となったと伝えられる（『本化別頭仏祖統紀』による）。日向十三歳の時であった。

この時期、日蓮は清澄寺の僧坊である花房の僧坊を拠点として活動したと考えられる。この僧坊については『祖師伝』『元祖化導記』『日蓮聖人註画讃』は「青蓮坊」としている。この坊は、立宗宣言後の東条景信による迫害の際、日蓮が難を逃れた所と伝えられ、また「善無畏三蔵抄」に、「文永元年十一月十四日、西条華房の僧坊にして見参に入りし時」（八八九頁）とある通り、小松原の法難の後、道善房と会見した場所であった。

5　領家と地頭東条景信の紛争

地頭東条景信《かげのぶ》は、建長五年の立宗宣言の時から既に日蓮を激しく敵視し、日蓮を害そうと企てていたが、その理由は、浄土教徒として日蓮の念仏破折に反発したという面だけでなく、それ以上に日蓮が領家の味方になっていたからである。

領家と東条景信の紛争に関連して記されている文には次のようなものがある。

「なかんずく清澄寺の大衆は、日蓮を父母にも三宝にもおもいおとさせ給わば、今生には貧窮の乞者とならせ給い、後生には無間地獄に堕ちさせ給うべし。故いかんとなれば、東条左衛門景信が悪人として清澄のかいしし

（飼鹿）等をか（狩）りとり、房々の法師等を念仏者の所従にしなんとせしに、日蓮、敵《かたき》をなして領家のかとうど（方人）となり、『清澄《せいちょう》・二間《ふたま》の二箇の寺、東条が方につくならば、日蓮、法華経をすてん』と、せいじょう（精誠）の起請をかいて日蓮が御本尊の手にゆいつけていのりて、一年が内に両寺は東条が手をはなれ候いしなり」（「清澄寺大衆中」八九四頁）

「地頭東条左衛門尉景信と申せしもの、極楽寺殿・藤次左衛門入道・一切の念仏者にかたらわれて度々の問註ありて、結句は合戦起こりて候上、極楽寺殿の御方人《かとうど》、理をまげられしかば、東条郡ふせがれて入ることなし。父母の墓を見ずして数年なり」（「妙法比丘尼御返事」一四一三頁）

これらの文によれば、事態は次のように要約できよう。地頭東条景信は、従来、領家の下にあった清澄寺と二間寺を支配下に置こうとして、境内の鹿などを狩りとるなどの威嚇を行い、一部の僧侶たちも抱き込んで工作を続けていた。景信は北条重時（極楽寺殿）を後ろ盾にして領家と何回か裁判を行い、一時は武力抗争に至って両寺を支配下に置いたこともあった。日蓮は領家側に味方していたので、景信側の妨害で東条郷に入ることもできない状況が数年続いた。しかし、結局、裁判で領家が勝利し、清澄・二間の二か寺は景信の支配から逃れることができた。

荘園領主と地頭の抗争は鎌倉時代を通じて全国的に見られた現象で、東条景信と領家の紛争もその一つである。その紛争が領家側の勝利に帰したのは日蓮の寄与が決定的な力となった。それは「清澄寺大衆中」に、清澄寺の大衆が日蓮を父母とも三宝とも思わなければ今生には乞食となり、後生には無間地獄に堕ちると述べていることからも裏づけられる。つまり、御成敗式目など幕府法に通達していた日蓮が積極的に訴訟に関与し、その力が領家側勝訴の原動力となったのである。

そこで、この訴訟があった時期が問題となる。これまで立宗宣言の頃とする説が立てられているが、根拠に乏しく賛成できない。領家と地頭の領有権紛争を裁定する裁判が行われるのは鎌倉であるから、東条郷にいたのでは法廷闘争の指揮はとれない。やはり日蓮が鎌倉にいた時期と考えるのが自然である。また「清澄寺大衆中」に「日蓮が御本尊の手にゆいつけていのりて」とあることが重要な手がかりとなる。ここで述べられている「御本尊」とは、「手にゆいつけて」とあることから仏像と考えられる。するとそれは、伊豆流罪の際に地頭伊東氏から贈られたと伝えられ、それ以降、日蓮が随身していた釈迦仏の一体仏であろう。日蓮が草庵に安置されていた随身仏を「本尊」と呼んでいたことについては「神国王御書」に、「その外、小菴には釈尊を本尊とし、一切経を安置したりし。その室を刎ねこぼちて、仏像・経巻を諸人にふ（踏）まするのみならず、糞泥にふみ入れ、日蓮が懐中に法華経を入れまいらせて候いしをとりいだして頭をさんざんに打ちさいなむ」（一五二五頁）の文がある。ちなみに「清澄寺大衆中」でいう「本尊」を清澄寺に安置されている虚空蔵菩薩像とする見方もあるが、清澄寺の虚空蔵菩薩像を日蓮が「本尊」と言った例はなく、また「日蓮が御本尊」とは「日蓮が所有する御本尊」の意なので、この解釈をとることはできない。

したがって、日蓮が領家の訴訟に関与したのは、伊豆流罪を赦免されて鎌倉に戻った弘長三年二月以後と見るべきであろう。そしてその訴訟が一年以内に決着を見たので、翌弘長四年（文永元年）に東条郷に戻る決断をしたと推察される。そうなると、東条景信側にしてみれば、日蓮は長年の宿願を挫折させた最大の宿敵ということになる。景信が小松原において日蓮を襲撃する際、弓矢・太刀で武装した数百人の手勢を揃えるという、ほとんど合戦に向かうに等しい態勢で臨んだのも、日蓮に対する景信の激しい敵意を示すものといえよう。

6　小松原法難の経過

日蓮が東条郷に戻っていることを知った景信は日蓮を襲撃する機会を狙い、周到に態勢を整えていたと思われる。

そして、文永元（一二六四）年十一月十一日、日蓮の一行が花房の青蓮坊を出て天津《あまつ》へと移動を開始したとの情報を得た景信は、直ちに数百人の手勢を率いて日蓮の襲撃に向かった。

東条景信の館の位置は、近年の発掘調査によれば、鴨川市東町宝性寺付近とする説が有力である。ここには近世の東条藩主西郷《さいごう》氏の館があったが、それは中世の東条氏の館跡の上に建てられたと推定されている（一五六頁の地図③参照）。

襲撃時の模様について、翌月、南条兵衛七郎（南条時光の父）に宛てた「南条兵衛七郎殿御書」で、日蓮は次のように述べている。

「今までもいきて候はふかしぎ（不可思議）なり。今年も十一月十一日、安房国東条の松原と申す大路にして、申酉《さるとり》の時、数百人の念仏等にまちかけられて候いて、日蓮は唯一人、十人ばかり。ものの要にあうものはわずかに三四人なり。いるや（矢）はふるあめ（雨）のごとし。うつたち（太刀）はいなずま（稲妻）のごとし。弟子一人は当座にうちとられ、二人は大事のて（手）にて候。自身もきられ、打たれ、結句にて候いしほどに、いかが候いけん、うちもらされて、いままでいきてはべり」（一四九八頁）

弘安二年の「聖人御難事」には、「文永元年甲子十一月

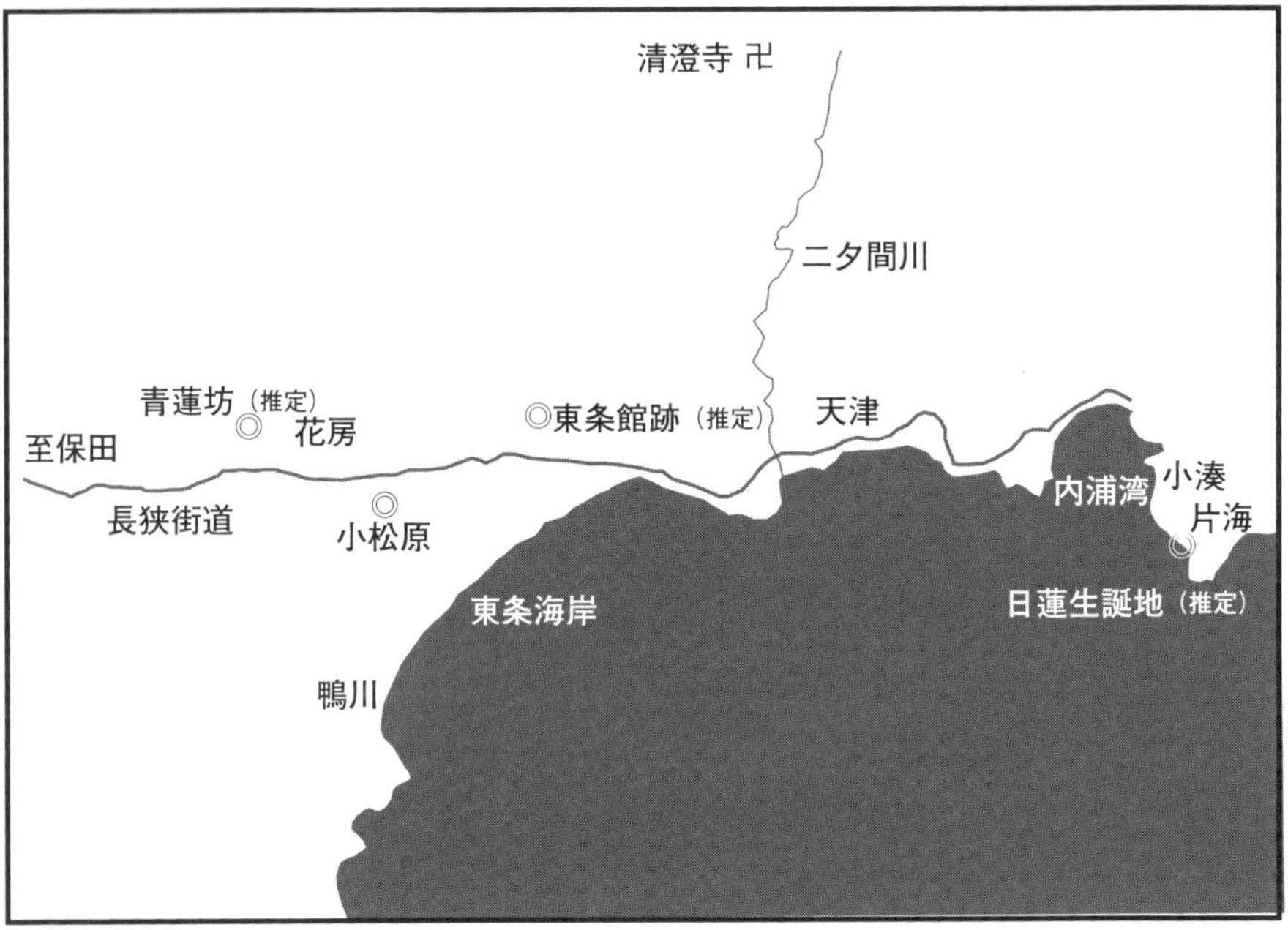

地図③　小松原法難関係図

十一日、頭《こうべ》にきずをかおり、左の手を打ちおらる」（一一八九頁）と記されている。

また、「御伝土代」には「地頭東条左衛門景信、大勢を卒して東条の松原に待ち伏せし奉る。散々に射奉る。御身には左衛門、太刀を抜き切り奉る。御笠を切り破って御頭に疵《きず》を被る。愈えての後も、疵の口四寸あり。右の御額なり。文応元年きのえねとし十一月十一日さるときなり」（『富士宗学要集』第五巻一頁）と述べられている（ただし「御伝土代」では立宗宣言の時と混同した記述になっている）。

この日、日蓮は天津の領主と伝えられる工藤左近尉の招きに応じ、工藤邸に向かった。東条郷の中心地は青蓮坊と天津の中間にあるので、景信もそこに手勢を集結させていたと考えられる。そこで景信の軍勢は日蓮一行を途中で待ち伏せする形となった。文永元年十一月十一日は新暦の十二月九日に当たる。申酉《さるとり》の刻は午後五時ごろであるから、ほとんど夕闇に覆われている時刻であった。

日蓮一行を発見した彼等は一斉に矢を浴びせ掛けた。応戦できるのはわずかに三四人という日蓮の一行は、ひたすら攻撃を避けて逃げ走るばかりであっただろう。伝承によれば、この時、討ち死にした鏡忍房《きょうにんぼう》は、出家以前は武士であったという（鏡忍房の名称も伝承によるもので、確証はない）。日蓮の護衛的な役割を担っていたとも考えられる。日蓮を守る盾となって奮戦した鏡忍房は敵の攻撃の中で落命し、急を聞いて駆けつけた工藤左近尉も瀕死の重傷を負ったと伝えられる（まもなくその傷がもとで死去したという）。さらに日蓮自身も左の手を骨折し、右の額に長さ十二センチに及ぶ刀傷を受けた。工藤らの奮戦により、日蓮はかろうじてその場を逃れることができたのである。

襲撃の際、工藤左近尉が応戦したということから、日蓮一行の危険を感じていた左近尉が途中まで迎えに出ていた可能性がある。小松原から天津までは約四キロの距離で、急報を受けてから救援に向かったのでは戦闘には間に合わないからである。この点について大石寺第十七世日精の「日蓮聖人年譜」は、伝承として「伝に云わく、神僧一人、天津の宿を触れて云わく『日蓮、ただ今帰りたまう。道に於いて必ず難に逢いたまう。早速御迎えに出ずべし』。これによって工藤の一類五十余、馳せ来たって急難を救う」（『富士宗学要集』第五巻八〇頁）と述べている。この伝承は、何らかの情報により日蓮の危険を察知した工藤側が出迎えに向かっていた可能性があることを示している。

危うく難を逃れた日蓮が避難したのは、拠点であった花房の青蓮坊であった（現在の蓮華寺の近くには日蓮が傷を洗ったと伝えられる井戸があるが、真偽のほどは明らかでない）。領家が管轄する清澄寺の僧坊である青蓮坊には地頭東条景信も踏み込むことはできなかったからである。

いずれにしても小松原の法難は「大事の難四度」（「開目抄」二〇〇頁）といわれる日蓮の大難の中でも、実際に受けた被害という点においてはもっとも深刻な事件であった。しかし日蓮は、この法難を法華経身読の喜びとして受け止めた。「南条兵衛七郎殿御書」では先の法難の模様に続いて次のように記されている。

「いよいよ法華経こそ信心まさり候え。第四の巻に云わく『しかもこの経は如来の現在すら猶《なお》怨嫉多し。況んや滅度の後をや』。第五の巻に云わく『一切世間怨多くして信じ難し』等云々。日本国に法華経よみ学する人これ多し。人の妻をねらい、ぬすみ等にて打ちはらるる人は多けれども、法華経の故にあやまたるる人は一人もなし。されば、日本国の持経者はいまだこの経文にはあわせ給わず。ただ日蓮一人こそよみはべれ。『我身命を愛せず、ただ無上道を惜しむ』これなり。されば、日蓮は日本第一の法華経の行者なり」（一四九八頁）

7　旧師道善房との再会

小松原での襲撃から三日後の十一月十四日、日蓮は「善《ぜん》無《む》畏《い》三《さん》蔵《ぞう》抄《しょう》」に、「文永元年十一月十四日、西条華房の僧坊にして見参に入りし時」（八八九頁）とあるように、青蓮坊で旧師道善《どうぜん》房《ぼう》と再会した。それは、小松原での事件を聞いた道善房が日蓮の見舞いに足を運んだからである。日蓮が立宗宣言の後に清澄寺を離れて以来、実に十一年ぶりの再会であった。

道善房は東条景信の圧力に屈して弟子の日蓮を擁護できず、また世間の風潮に従って念仏を称《とな》え、阿弥陀仏五体を作るような、気骨のない人物であった。日蓮は再び会う機会が難しいことを考え、あえて道善房に対して念仏が堕地獄の因であることを説き、法華経の信心に帰すべきことを教示したのである。

この点についてては「善無畏三蔵抄」に次のように述べられている。

「別して中違《なかたが》いまいらすること無けれども、東条左衛門入道蓮智《れんち》がことに依ってこの十余年の間は見奉らず、ただし中不和なるが如し。穏便の義を存じおだやかに申すことこそ礼儀なれとは思いしかども、『生死界の習い老少不定なり。また二度見参のこと難かるべし。この人の兄道義房義尚《どうぎぼうぎしょう》、この人に向かって無間地獄に堕つべき人と申して有りしが、臨終思う様にもましまさざりけるやらん、この人もまたしかるべし』と哀れに思いし故に、思い切って強々《つよづよ》に申したりき。阿弥陀仏を五体作り給えるは五度無間地獄に堕ち給うべし」(同頁)

同抄に、「その後承りしに、法華経を持たるるの由《よし》承りしかば、この人邪見を翻し給うか、善人に成り給いぬと悦び思い候」(同頁)とあるように、この時の日蓮の折伏が縁となって、道善房は後に法華経を受持するようになったが、念仏の執情を断ち切ることができず、その信心ははなはだ微弱なものであった。

ちなみに、その後の東条景信は、「報恩抄」に、「景信と円智・実成とがさきにゆきしこそ一つのたすかりとはおもえども、彼等は法華経・十羅刹のせめをかおりてはやく失せぬ」(三二三頁)とあるように、日蓮に敵対した円智房・実成房とともにまもなく死去した模様である。

文永十二(一二七五)年の「新尼御前御返事」には、「日蓮は一閻浮提の内、日本国・安房国・東条郡に始めてこの正法を弘通し始めたり。随って地頭、敵《かたき》となる。かの者すでに半分ほろびて今半分あり」(九〇六頁)とあるので、景信の死去などにより、文永十二年(建治元年)当時には東条一族の勢力は半減するほど後退していたと思われる。

8 「南条兵衛七郎殿御書」

重傷を負った日蓮は、当然、しばらくは傷の療養に専念したことであろう。しかし、日蓮はその間にも門下の教導を続けた。すなわち、法難から一ヵ月しか経過していない文永元(一二六四)年十二月十三日には、駿河国富士郡上野郷（静岡県富士宮市）の地頭南条兵衛七郎《なんじょうひょうえしちろう》に対して長編の書簡を送り（「南条兵衛七郎殿御書」）、信心を励ましている。

南条兵衛七郎は、おそらく鎌倉番役で鎌倉に出府していた際、日蓮と接触して門下となったものと見られる。ただし、「故なんじょうどの（南条殿）は、ひさしきことには候わざりしかども」（一五一〇頁）とあるように、日蓮の門下となってそれほど時が経っておらず、日蓮の教導を十分に受けていたとはいいがたい。また文永元年当時、兵衛七郎は生命も危ぶまれる重病に臥していた。兵衛七郎の病状を聞いた日蓮が、自身も療養中の身であるにもかかわらず、長文の激励の筆を執ったのが「南条兵衛七郎殿御書」である。

本抄は小松原の法難の模様について述べられているだけでなく、「五綱」について詳しく示されていることからも重要な意義を持つ。ただし本抄は、五綱の意味を説明したものというよりも、五綱を用いて門下を教導した例として理解される。

本抄ではまず、釈尊五十年の説法の中では法華経が最勝の経典であり、また仏の中では釈尊こそが衆生にとって主師親三徳具備の仏であるとして、南無妙法蓮華経の唱題を勧めている。すなわち、ここでは文上の法華経・釈尊と文底の南無妙法蓮華経を区別していない。この教示は、それまで念仏の信徒で、法華経を通して唱題を始めてまもない七郎兵衛の状況を考慮しての指南である。これが「教を知る」に当たる部分である。

次に、当世の人々は鈍根であるうえに法華経を用いず、また法華経を信じていたとしても法華経の敵を責めようとしない謗法の者であると断じている。これは「機を知る」に当たる部分である。

また「時を知る」に当たる部分としては、当世は末法に入って二百余年を経過した時であり、五濁が強盛で、持戒も破戒もなく無戒の者が国に充満している時であるとする。ここでは「伝教・慈覚」と併記して慈覚を伝教大師と並ぶ正師の範疇に入れ、「末代濁世の我等には、念仏等はたとえば冬、田を作るが如し。時があわざるなり」（一四九五頁）と時の観点から念仏を破折している。

次に「国を知る」のところでは、「釈迦如来・弥勒菩薩・須梨耶蘇摩《しゅりやそま》三蔵・羅什《らじゅう》三蔵・僧肇《そうじょう》法師・安然《あんねん》和尚・恵心《えしん》の先徳等の心ならば、日本国は純に法華経の機なり。一句一偈なりとも行ぜば必ず得道なるべし。有縁の法なるが故なり」（一四九六頁）と、日本が法華経有縁の国であることを強調している。佐渡流罪以後は安然・恵心（源信）を厳しく破折しているのに対比して、ここでは安然・恵心も正師の範疇に入れていることが注目される。

最後に「教法流布の先後を知る」に当たるところでは、「例せば、病人に薬をあたうるには、さきに服したる薬の様を知るべし」（一四九六頁）として、病人への投薬を譬えに用いて説明している。その説明は「教機時国抄」には見られなかったものであり、五綱に関する日蓮の思索の深化を示すものといえる。

このように五綱の角度から法華経の信心を勧めた後に、一転して、「定めてかえりて念仏者にぞならせ給いてはべるらん」（一四九七頁）と、逆説的な表現をもって念仏を厳しく退けるべきことを強調している。これは、南条兵衛七郎が法華経に帰依する以前は念仏の信者であり、また親戚縁者に念仏の徒がいて兵衛七郎の信仰を妨害しかねない状況があったからと思われる。

そして小松原の法難の模様を述べ、「猶多怨嫉《ゆたおんしつ》・況滅度《きょうめつど》後《ご》」などの法華経の文を日蓮一人だけが身で読んでいることを示して、「日蓮は日本第一の法華経の行者なり」（一四九八頁）と宣言している。法華経弘通の故に難を受ける存在こそが法華経の行者であるとの命題は、すでに伊豆流罪中の「教機時国抄」に示されているが、本抄ではさらに進んで「日本第一の法華経の行者」との明確な宣言が初めてなされている。しかも、「もし、さきにたたせ給わば、梵天・帝釈・四大天王・閻魔大王等にも申させ給うべし。日本第一の法華経の行者、日蓮房の弟子なりとなのらせ給え。よもほうしん（芳心）なきことは候わじ」（同頁）と、自身が梵天・帝釈・閻魔王などをも左右する存在であるとしていることは、日蓮が諸天をも超越する教主であることを暗示するものといえよう。

「法華経の行者」との言葉は、日蓮仏法においては、単なる法華経の実践者という意味ではなく、末法の本仏・教主を含意する重要な概念であるが、日蓮は法華経身読の深まりに応じて、次第に自身が法華経の行者に当たることを示していく。本抄は、その過程における重要な指標となる著述と位置づけることができる。

しかし、南条兵衛七郎の病は重く、兵衛七郎は翌文永二（一二六五）年三月に逝去した。このころ、日蓮は安房国から鎌倉に戻っている。日蓮は、この年の七月、兵衛七郎の妻（上野殿後家尼）に兵衛七郎の死を悼み、後家尼を励ます書簡を送った。「上野殿後家尼御返事」（一五〇四頁）である（本抄は、これまで文永十一年の書とされてきたが、内容から文永二年に書かれたものと見られる）。

日蓮はこの年、鎌倉から駿河国上野郷まで足を運び、七郎兵衛の墓に詣でて追善回向した。このことについて日蓮は、文永十二年の「春の祝御書」で、「さては故なんじょうどの（南条殿）は、ひさしきことには候わざりしかども、よろず事にふれてなつかしき心ありしかば、おろか（疎）ならずおもいしに、よわい盛んなりしにはかなかりし事、わかれかなしかりしかば、わざとかまくらよりうちくだかり、御はか（墓）をば見候いぬ」（一五一〇頁）と述べている。

日蓮が門下の墓に詣でて回向したことは他に例を見ない。日蓮にとって南条兵衛七郎の人柄がそれだけゆかしく思われたのであろうし、遺族を励ましたいとの心情が鎌倉から富士への墓参という行動として表れたのであろう。

兵衛七郎の妻（上野殿後家尼）は、法華経の信仰を守って子息たちに信心を継承させただけでなく、嫡男の南条時光が成長するまで、夫に代わって地頭職を務めて南条家を守りぬいた。日蓮の身延入山後、既に元服して地頭となっていた時光は日蓮に直接の教導を受け、富士方面の中心的信徒として活躍したが、その背景にも日蓮の文永年間における激励があったと考えられる。

なお、『本化別頭仏祖統紀《ほんげべつずぶっそとうき》』によれば、文永二年には安房国興津《おきつ》の領主である佐久間兵庫助重貞《ひょうごのすけしげさだ》が日蓮を迎えて門下となり、重貞の弟と長男が出家して寂日房日家《にっけ》、美作房日保《みまさかぼうにほ》となった。日家と日保の二人は後に小湊誕生寺を興し、房総方面の教団の発展に寄与した。『仏祖統紀』の記述によるならば、文永二年には日蓮は鎌倉・富士にとどまらず、房総にも弘教の足を運んでいると見られる。

9 「法華経題目抄」

文永三（一二六六）年一月、日蓮は「法華経題目抄」を執筆した。本抄の写本には末尾に「文永三年丙寅《ひのえとら》正月六日、清澄寺に於いて、未《ひつじ》の時、書し畢わんぬ」（九四九頁）との文を置くものがある。もし、その写本の文が事実とすれば、それは日蓮が清澄寺に入る上での障害が除かれたことを意味しており、東条景信が既に死去していたことを推測せしめる

本抄は冒頭に「根本大師門人　日蓮撰」（九四〇頁）と記されている。何度も述べている通り、南無妙法蓮華経の唱題を弘めている日蓮の実践は、実質的には既に従来の天台宗の枠組みを乗り越えているのであるが、対外的にはまだ伝教大師（根本大師）の門人として天台宗の枠内にあるという立場をとることが多かった。これはもちろん、当時の人々の仏教理解の限界を踏まえての配慮というべきである。当時の人々は、日蓮の門下も含めて天台宗こそが仏教の正統権威であるとの観念に囚われており、天台宗をも超越した仏法がありうることを理解できない状態であったからである。

本抄は冒頭に「南無妙法蓮華経」の題目を掲げているように、唱題の意義について詳述した御書である。「唱法華題目抄」「守護国家論」などと並んで日蓮独自の教義である唱題思想を詳述している点において重要な意義を持つ御抄といえる。後半において法華経の女人成仏を強調していることから女性信徒に宛てられたと考えられる。

本抄ではまず、「問うて云わく、法華経の意をもしらずただ南無妙法蓮華経と計り五字七字に限りて、一日に一遍、一月乃至一年十年一期生の間にただ一遍なんど唱えても、軽重の悪に引かれずして四悪趣におもむかず、ついに不退の位にいたるべしや」（九四〇頁）との問いを起こし、「答えて云わく、しかるべきなり」と答えている。

唱題の功徳として成仏ではなく四悪趣に堕ちないという消極的な表現をしていることは「唱法華題目抄」「守護国家論」と同様である。しかし本抄では、爾前経において不成仏とされてきた二乗・悪人・女性をも平等に成仏せしめる法華経の徳用を強調し、また、「大海は衆流を納めたり。大地は有情・非情を持てり。如意宝珠は万財を雨《ふら》し、梵王は三界を領す。妙法蓮華経の五字、またかくの如し。一切の九界の衆生並びに仏界を納む。十界を納むれば、また十界の依報の国土を収む」（九四二頁）と述べているところから、成仏こそ唱題の功徳であるとするのが本抄の本意と解せられる。

唱題思想を展開する上で、本抄にはいくつかの注目すべき点が見られる。

一つには、唱題の功徳を説くに当たって次のような譬喩が説かれていることである。

「師子の筋《すじ》を琴の絃《いと》として一度奏すれば、余の絃ことごとくきれ、梅子のす（酢）き声をきけば、口につ（唾）たまりうるをう。世間の不思議すらかくの如し。況んや法華経の不思議をや」（九四〇頁）

「譬えば蓮華は日に随って回る。蓮《はちす》に心なし。芭蕉は雷によりて増長す。この草に耳なし。我等は蓮華と芭蕉との如く、法華経の題目は日輪と雷との如し。犀《さい》の生角《いきつの》を身に帯して水に入りぬれば、水五尺、身に近づかず。栴《せん》檀《だん》の一葉開きぬれば、四十由旬の伊蘭《いらん》を変ず。我等が悪業は伊蘭と水との如く、法華経の題目は犀の生角と栴檀の一葉との如し。金剛は堅固にして一切の物に破られず。されども羊の角と亀の甲に破らる。尼倶類樹《にくるじゅ》は大鳥にも枝おれざれども、かのまつげ（睫）に巣くうしょうりょう（鷦鷯）鳥にやぶらる。我等が悪業は金剛の如く、尼倶類樹の如し。法華経の題目は羊の角のごとく、しょうりょう鳥の如し。琥珀《こはく》は塵をとり、磁石は鉄をすう。我等が悪業は塵と鉄との如く、法華経の題目は琥珀と磁石との如し」（九四一頁）

これらの譬喩は「譬喩即法体」（当体義抄）の義に照らすならば、単なる譬喩ではなく、法理を指し示すものといえる。すなわち、これらの譬喩は、唱題が直接、行ずる人の生命を動かし、変化させる力用を持つことを意味している。唱題の功徳は、外から僥倖を得ることではなく、唱題を行う者の生命を事実の上で変革していくところにある。日蓮仏法がまさに生命変革の宗教であることをこれらの譬喩は示唆していると解せられる。

第二には、題目を経典としての法華経と区別する視点を示していることである。それは、「一部・八巻・二十八品を受持読誦し随喜護持等するは広《こう》なり。方便品・寿量品等を受持し乃至護持するは略《りゃく》なり。ただ一四句偈乃至題目計りを唱えとなうる者を護持するは要なり。広略要の中には題目は要の内なり」（九四二頁）の文にうかがうことができる。

法華経二十八品を「広」、方便品と寿量品を「略」、題目を「要」とすることについては、後に身延入山直後の「法華取要抄」で、「疑って云わく、何ぞ広略を捨て要を取るや。答えて曰わく、玄奘《げんじょう》三蔵は略を捨てて広を好み、四十巻の大品経を六百巻と成す。羅什三蔵は広を捨て略を好む。千巻の大論を百巻と成せり。日蓮は広略を捨てて肝要を好む。いわゆる上行菩薩所伝の妙法蓮華経の五字なり」（三三六頁）と、広・略の文上を捨てて文底の要法である題目を取ることが明確に示される。「法華経題目抄」は、まだ種脱相対は明示していないが、暗々裏にそれを示唆するものとなっている。

第三には、「開」、「具」（円満）、「蘇生」という、いわゆる「妙の三義」を明かしていることである。この「妙の三義」は、基本的には経典としての法華経の特質を論ずる文脈で示される。

まず「開」の義については、次のようにある。

「妙と申すことは開と云うことなり。世間に財を積める蔵に鑰《かぎ》なければ開くことかたし。開かざれば蔵の内の財を見ず。華厳経は仏説き給いたりしかども、経を開く鑰をば仏かの経に説き給わず。阿含・方等・般若・観経等の四十余年の経々も仏説き給いたりしかども、かの経々の意をば開き給わず。門を閉じておかせ給いたりしかば、人、かの経々をさとる者一人もなかりき。たといさとれりとおもいしも僻見《びゃっけん》にてありしなり。しかるに、仏、法華経を説かせ給いて諸経の蔵を開かせ給いき。この時に四十余年の九界の衆生、始めて諸経の蔵の内の財をば見しりたりしなり」（九四三頁）

すなわち、諸経が説かれた本意も法華経が説かれて初めて明瞭に開示されたとの意である。

次に「具」（円満）の義については、次のようにある。

「妙とは、天竺には薩と云い、漢土には妙と云う。妙とは具の義なり。具とは円満の義なり。法華経の一々の文字・一字一字に余の六万九千三百八十四字を納めたり。譬えば、大海の一滴の水に一切の河の水を納め、一つの如意宝珠の芥子《けし》計りなるが一切の如意宝珠の財を雨《ふ》らすが如し。譬えば、秋冬枯れたる草木の春夏の日に値うて枝葉華菓出来するが如し。爾前の秋冬の草木の如くなる九界の衆生、法華経の妙の一字の春夏の日輪にあいたてまつりて、菩提心の華さき、成仏・往生の菓《このみ》なる」（九四四頁）

すなわち、一切衆生を平等に成仏せしめる法華経の普遍性が「具（円満）」の義の意味とされる。

最後に「蘇生」の義については、一切衆生の中でもそれまで不成仏とされてきた二乗・悪人・女人を法華経が成仏すると説いたことが「蘇生」の義に当たるとしている（九四七頁）。

このように「法華経題目抄」は唱題の功徳を説くに際しても、なお経典としての法華経の卓越性を媒介にして説かれている。しかし、先に見たように、本抄は、南無妙法蓮華経の唱題が最勝の経典である法華経をも超越した次元にあることを示唆している。この点において、佐後における展開を予期させる内容になっているといえよう。

10　母の逝去

『本化別頭仏祖統紀』などによれば、文永二（一二六五）年から同四（一二六七）年にかけて日蓮は上総《かずさ》・下総《しもうさ》の房総方面で弘教したと見られる。文永四年の正月は下総の富木常忍邸で過ごし、この折に常忍の養子である日頂《にっちょう》が入門、得度したと伝えられる。

また、この両三年の間に、下野《しもつけ》（栃木県）、常陸《ひたち》（茨城県）にも門下が生まれたとされる。また下野には日蓮が足を運んだとの伝承もある。例えば、那須の喰初寺《くいぞめじ》には日蓮が傷の療養のため那須を訪れたという伝承がある。外傷の治療法としては温泉療法くらいしかなかった当時の状況から考えれば、小松原の法難で骨折のほかに刀傷を負った日蓮が、湯治のため那須を訪れたことも十分ありえよう。

また、この期間、日蓮が房総方面を活動の舞台とした理由としては、病重い母を気遣ったという面もあったのではなかろうか。文永元年秋に重態に陥り、日蓮の祈りと看護によって危機を乗り越えた母であったが、重病の状態に変わりなかったと思われる。そこで、日蓮は、比較的連絡がとれやすく、行き来も容易な房総の地に留ったと考えられる。

しかし、その母も、文永四年八月十五日、逝去した。日蓮は、後年、母を偲《しの》んで次のように述べている。

「日蓮が母、存生しておわせしに仰せ候いしことをもあまりにそむきまいらせて候いしかば、今おくれまいらせて候が、あながちにくやしく覚えて候えば、一代聖教を撿《かん》えて母の孝養を仕《つかまつ》らんと存じ候」（「刑部左衛門尉女房御返事」一四〇一頁）。

〈現代語訳〉

「日蓮の母が生きておられたころ、母が言われたことに対し、私はあまりにも背いてしまいましたので、母に先立たれた今になって、強い後悔の思いにかられています。そこで、釈尊のすべての経典を探究し、母に孝養しようと思っているのです」

また、次のようにも述べている。

「ただ法華経計りこそ女人成仏、悲母の恩を報ずる実《まこと》の報恩経にて候えと見候いしかば、悲母の恩を報ぜんためにこの経の題目を一切の女人に唱えさせんと願ず」（「千日尼御前御返事」一三一一頁）

〈現代語訳〉

「ただ法華経だけが女人成仏の経であり、悲母の恩を報ずる真実の報恩の経であると見きわめましたので、悲母の恩を報ずるために、この経の題目を一切の女人に唱えさせようと誓願したのです」

母を失った悲しみは、日蓮にとっても、まことに大きなものであったであろう。しかし、日蓮は母への報恩の思いを行動の力として、妙法弘通の実践を展開していったのである。

日蓮は文永四年の年内に鎌倉に戻ったと推測される。同年十二月執筆と推定される「星名五郎太郎殿御返事」は鎌倉から発せられたと考えられている。星名五郎太郎は、『本化別頭仏祖統紀』によれば上総国興津《おきつ》の佐久間兵庫助《ひょうごのすけ》の家臣とされるが、確証はない。

「星名五郎太郎殿御返事」で特筆される特徴は、本格的な真言破折が見られることである。本抄では、二乗・女人・悪人の成仏を説かない真言経はそれらを説く法華経に比べてはるかに劣る経典であり、それにもかかわらず弘法が法華経を下して「戯論《けろん》」と誹謗しているのは大邪見であると破折している。さらに、真言密教について、「かの真言等の流れ、ひとえに現在をもって旨とす。いわゆる畜類を本尊として男女の愛法を祈り、荘園等の望みをいのる。かくの如き少分のしるしをもって奇特《きどく》とす。もしこれをもって勝れたりといわば、かの月氏の外道等にはすぎじ」（一二〇九頁）と真言密教の呪術性を破折し、「これ一切衆生の悪知識なり」（同頁）と断じている。

しかし、「外見あるべからず」（同頁）として、本抄の内容を外に示すことを戒めている。真言破折の主張は、この時期ではまだ門下に教示するだけにとどめ、対外的には公表を差し控えていたことがうかがわれる。

第十章　十一通御書

1　蒙古国書の到来

文永五（一二六八）年正月十六日、蒙古と高麗の国書が九州の大宰府《だざいふ》にもたらされた。大宰府の責任者である鎮西《ちんぜい》奉行の武藤（少弐《しょうに》）資能《すけよし》は、ただちにそれを鎌倉幕府に送付。幕府に両国の国書が到着したのは閏《うるう》正月十八日である。

蒙古の国書は次のようなものであった（国書の原本は失われているが、その写しが東大寺にある）。

「大蒙古国皇帝、書を日本国王に奉る。朕惟《ちんおもう》に、古《いにしえ》より小国の君は境土を相接すればなお信を講じ睦《むつみ》を修するに務む。（中略）高麗は朕の東藩なり。日本は高麗に密邇《みつじ》し、開国以来、時に中国に通ず。朕の躬《み》に至りて、一乗の使い、和好を通ずるなし。なお恐るるは、王の国いまだ之を知ること審《つまびらか》ならざるを。故に使いを遣わし、書を持して朕が志を布告す。ねがわくは今より以往、問《もん》を通じ好《よしみ》を結び、以て相親睦せん。かつ聖人は四海をもって家となす。相通好せざるは、あに一家の理ならんや。兵を用いるに至りては、それたれか好むところぞ、王それ之を図れ。

至元三年八月　日　啓　不宣《ふせん》」

（『鎌倉遺文』第一三巻九五六四号）

国書の結びの「不宣」という言葉は、対等な関係を示し、臣下としないという意味である。日本に対して一定の配慮はうかがえるものの、通交関係を結ぶことを求める趣旨には違いなく、末尾の「兵を用いるに至りては」の文辞には、蒙古の意に反する場合、軍事侵攻もありうるとの威嚇の意味も込められていた。

幕府は両国の国書を朝廷に回送した。朝廷では連日の評議の末、返書を与えず黙殺することに決した。また幕府は、当初から蒙古国書に軍事的侵略の意図が表れていると判断し、軍事力をもって対抗する方針をとった。このことは二月二十七日、幕府が讃岐国《さぬきのくに》守護の北条有時《ありとき》に宛てて発した御教書《みぎょうしょ》に表れている。それは次のようなものであった。

「蒙古人、凶心をさしはさみ、本朝をうかがうべきの由、近日、牒使を進むるところなり。早く用心すべきの旨、讃岐国御家人等に相触れらるべし」

（『鎌倉遺文』第一三巻九八八三号）

同様の御教書は、讃岐だけでなく、広く西国諸国の守護にも発せられていたと考えられている（網野善彦『蒙古襲来』一四三頁）。すなわち、幕府は、西国の御家人などに対し、いち早く蒙古に侵略の意志があることを伝え、防衛の準備に入るよう指示したのである。

蒙古の国書を受けた幕府の危機感は、幕府中枢の体制一新として表れた。三月五日、これまで執権として幕政を指導してきた北条政村《まさむら》が連署に退き、連署であった北条氏得宗の北条時宗《ときむね》が十八歳にして執権に就任した。執権と連署が交代することは前例がなく、蒙古の国書到来がもたらした危機感の大きさを物語る。政村は、時宗が成長するまでの暫定的な意味で執権を務めてきたが、国書到来という緊急事態に当たって、北条氏得宗の時宗を執権に置くことにより、御家人層の求心力を確保しようとしたのである。執権時宗を中心とする当時の幕府中枢は、北条一族の代表である北条政村・金沢実時《かねさわさねとき》、御家人の代表である安達泰盛《あだちやすもり》、得宗被官の代表である平左衛門尉頼綱《よりつな》と見られる（川添昭二『北条時宗』七〇頁）。

2　蒙古国書の背景

蒙古が日本に向けて使者を発したのはこれが最初ではない。文永三（一二六六）年十一月、蒙古の使者二人が蒙古皇帝フビライの詔書二通を持って高麗に到着した。一通は日本国王に宛てたもの、一通は高麗国王に対して蒙古の使いを日本に案内するよう命じたものであった。しかし、蒙古の使いは巨済島《きょさいとう》まで赴いたものの、荒れ狂う海を前にして日本に渡ることなく引き返した。これには、蒙古の日本侵略に巻き込まれるのを回避しようとする高麗側の意図が働いていたと見られる。

フビライは、その結果に満足せず、再度命令を下して、今度は高麗の使いだけが日本にわたって蒙古の国書を届け、日本との交渉に当たるよう厳命した。それによって、蒙古の国書が文永五（一二六八）年閏正月に鎌倉に送達される事態となったのである。

フビライが日本との通好を求めた背景には、南宋征服を目指す戦略の一環という面があったと考えられる。

宋王朝は、女真《じょしん》族から起こった金帝国によって一一二六年に首都開封《かいほう》を占領され、南に移動した翌年、首都を臨安《りんあん》に置いて南宋と称した。チンギスハンのもと急速に台頭してきた蒙古は、一二三四年に金を滅ぼすと、次には南宋の征服を企てるようになった。

チンギスハンの死後、孫のムンゲハンとその弟フビライは一二五六年、南宋への遠征を開始したが、南宋の頑強な抵抗にあい、戦闘は困難を極めた。ムンゲハンの死後、一二六〇年、蒙古帝国第五代皇帝に就いたフビライは、長年抵抗を続けてきた高麗を事実上支配下に置き、日本と交渉する足がかりを獲得した。フビライが日本との通好を求めた背景には、南宋と通商している日本と関係を結ぶことにより、南宋と日本の間に楔を打ち込み、南宋の弱体化を図る意図があったと考えられる。

その一方では、大陸をほぼ制覇した蒙古帝国に好みを結ぼうとしない周辺国家の存在を快しとせず、その服属を求めようとする征服王朝の本能的な征服欲の発現という面があったと見ることもできる。

いずれにしても日本は、文永五年閏一月を区切りとして、国家全体が蒙古の侵略と対峙する緊張状態に突入したのである。

3 「安国論御勘由来」

蒙古国書の内容は自然に一般にまで知れわたることとなり、日本国中に大きな衝撃をもたらした。朝廷と幕府はともに諸社寺に対して蒙古調伏の祈禱を命じ、幕府は軍事的な防衛体制を敷くことに腐心した。しかし、当時の宗教者として、蒙古襲来の危機を主体的に受けとめ、積極的な行動に出た例は、日蓮を除いては皆無に等しい。そこに日本思想史上において日蓮が傑出した位置を占める一つの根拠がある。

八年前の「立正安国論」において日蓮は、時の最高権力者である北条時頼《ときより》に対し、悪法への帰依を続けていたならば自界叛逆難《じかいほんぎゃくなん》（内乱）と他国侵逼難《たこくしんぴつなん》（外国からの侵略）が不可避であると予言し、警告した。蒙古の国書到来は、まさにその他国侵逼難の予言が現実のものとなったことを意味している。そこで日蓮は、文永五年四月五日、幕府に関係する僧侶と見られる法鑒房《ほうがんぼう》に対して「安国論御勘由来《あんこくろんごかんゆらい》」（真筆完存）と呼ばれる書簡を出した。

ここではまず、安国論提出に至った経緯に触れ、人々が念仏と禅宗に傾いているので国を守護する善神が国土を捨てる事態になっているとして、安国論と同様に「神天上《かみてんじょう》の法門」を説いている。次いで、「今年、後の正月、大蒙古国の国書を見るに、日蓮が勘文に相叶うこと、あたかも符契の如し」（三五頁）と安国論の予言が完全に的中したことを指摘し、「日蓮、またこれを対治するの方これを知る。叡山を除いて日本国にはただ一人なり。譬えば、日月の二つ無きが如く、聖人肩を並べざるが故なり。（中略）これを用いざれば定めて後悔有るべし」（同頁）と結んでいる。

この書簡は、その内容が法鑒房から幕府要人へ伝わることを想定して執筆されたものと考えられる。例えばこの書簡で、伝教大師が延暦二十一年に高雄山寺《たかおさんじ》で南都六宗の碩学と法論し、南都側が謝表を天皇に提出したことを挙げているが、そこには幕府に対して諸宗との公場対決を求める意が含められていると解せられる。なお、「日蓮またこれを対治するの方これを知る。叡山を除いて日本国にはただ一人なり」と、比叡山が蒙古調伏の方途を知っているかのような表現があるのは、この時点では日蓮が対外的にはまだ天台宗の学僧の立場を取っていたからであろう。

4 「宿屋入道への御状」「宿屋入道再御状」

しかし、法鑒房への働きかけにもかかわらず、幕府は全く反応を示さなかった。そこで日蓮は、同年八月二十一日、「立正安国論」を北条時頼に提出した際に時頼に安国論を取り次いだ得宗被官の宿屋光則《やどやみつのり》入道に対し、書簡を出した。それが「宿屋入道への御状」（一六九頁）である。

ここでは冒頭に、「その後は書絶えて申さず。不審極まり無く候」とあることから、それ以前にも日蓮は宿屋入道と書簡を交わしていたことがうかがえる。この書簡では、このままでは蒙古の襲来は必然であるとして、日蓮の意向を内奏するよう求めている。内奏の相手は、もちろん宿屋入道が仕える執権時宗であろう。また、詳しくは宿屋入道に見参して申し上げたいとしているが、この書簡に対しても入道の側から特段の反応はなかったようである。

そのことは、近年、真筆が発見された同年九月の「宿屋入道再御状」（原文は漢文）に、「去る八月の比《ころ》、愚札《ぐさつ》を呈せしむるの後、今月に至るも是非につけて返報を給わらず、欝念《うつねん》散じ難し」（昭和定本四二五頁）とあることからも明らかである。この「再御状」では、もし他国の兵が日本を襲う事態になったならば、知っていながら上奏しなかった罪が宿屋入道にかかることになると厳しく宿屋入道に迫っている。

また、同年には執権北条時宗に宛てたと見られる「安国論副状《そえじょう》」がある。同抄はかつて真筆が存在していたことが「日乾《にちけん》目録」に明らかであり、真書であることに疑いはない。同抄には次のように記されている。

「未だ見参に入らずといえども、事に触れ書を奉るは常の習いに候か。そもそも正嘉元年（太歳丁巳）八月二十三日戌亥《いぬい》の尅《とき》の大地震、日蓮、諸経を引いてこれを勘うるに、念仏宗・禅宗等と御帰依有るの故に日本国中の守護の諸大善神、恚《いか》るに依って起こすところの災いなり。もし御対治なくんば、他国のためにこの国を破らるべき悪瑞の由、勘文一通これを撰し、立正安国論と号し、正元二年（太歳庚申）七月十六日、宿屋入道に付けて故最明寺入道殿にこれを進覧せしむ」（昭和定本四二一頁、原文は漢文）

同抄によれば、日蓮は時宗に対しても「立正安国論」を送って働きかけようとしていたことがうかがえる（鈴木一成『日蓮遺文の文献学的研究』、高木豊『日蓮――その行動と思想』）。

5　十一通御書の概要

しかし、日蓮による再度の強い働きかけにもかかわらず、宿屋入道は日蓮の意向を幕府中枢に伝える動きを示さなかった。

そこで日蓮は、熟慮の末、同年十月十一日、執権北条時宗、平左衛門尉らの幕府要人のほか、極楽寺良観《りょうかん》、建長寺道隆《どうりゅう》ら鎌倉の大寺、合計十一箇所に直接、書簡を発して諸宗との公場対決を要求した。これがいわゆる十一通御書である。

十一通御書は真筆がなく、初めて世に出たのが十六世紀末の『本満寺録外』（一五九五年）であるため、従来、偽撰説が出されていたが、今日では真撰と見る見解が有力のようである。

真撰とする根拠の一つは、真筆がかつて存在し、現在、真撰であることがほぼ確定している「種種御振舞御書」に、文永五年の蒙古国書到来に触れて、「その年の末十月に十一通の状をかきて、かたがたへおどろかし申す」（九〇九頁）と明示されていることである。

さらに真筆が現存する「金吾殿御返事」（大師講御書、本抄の対告衆は従来、大田乗明とされてきたが、富木常忍に訂正されるべきと思われる）には次のようにある。

「抑《そもそも》この法門のこと、勘文の有無に依って弘まるべきか弘まらざるか。去年方々に申して候いしかども、いなせの返事候わず候。今年十一月の比《ころ》方々へ申して候えば、少々返事あるかたも候。おおかた人の心もやわらぎて、さもやとおぼしたりげに候」（九九九頁）

「金吾殿御返事」の系年については説が分かれ、文永六年十一月、あるいは文永七年十一月とされる。前後の状況を勘案すれば文永六年が妥当かと思われる。文永六年説をとれば「去年方々に申して候いしかども」とあるのは、文永五年に十一通御書を各所に送ったことを指すと解せられる。その場合には、この箇所の意味は大要、次のようになろう。

――文永五年に十一通御書を出した時には何の返事もなかったので、文永六年の十一月に、十一通御書を出した各所に再度書状を出したところ、少しは返事があったところもあった。一年の間に、私に対する人の心も和らいで、私の主張することを「そういうこともあるかもしれない」と考えているように思われる。

すなわち、文永六年の段階になると、事態が変化してきたことが分かる。

「金吾殿御返事」には、「方々に強言《ごうげん》をかきて挙げおき候なり」（九九九頁）とも述べられており、これらを総合的に考えると、十一通御書はやはり真撰と考えるべきであろう（現行の十一通御書は「種種御振舞御書」「金吾殿御返事」の記述を踏まえて後世に作成されたものという見方もあるが、真筆のある「宿屋入道再御状」、かつて真筆があったことがはっきりしている「安国論副状」との内容的な繋がりも考慮すれば、十一通御書を真撰として扱う方が適切であろう）。「安国論副状」「安国論御勘由来」「宿屋入道への御状」「宿屋入道再御状」を見るならば、幕府を動かそうとする日蓮の意志は明確であり、その一連の行動の帰結として執権時宗をはじめとする各方面への働きかけがあるのはむしろ当然と思われるからである。

十一通御書をもって日蓮が働きかけた十一箇所とは、次の通りである。

①北条時宗
②宿屋光則入道
③平左衛門尉
④北条弥源太《やげんた》
⑤建長寺道隆
⑥極楽寺良観
⑦大仏殿別当
⑧寿福寺
⑨浄光明寺
⑩多宝寺
⑪長楽寺

そこで、この十一箇所について確認しておきたい。

①北条時宗

北条時宗は、この年、十八歳の若年ながら執権に就任し、連署北条政村や金沢実時、安達泰盛らの補佐を得ていたとはいえ、幕府の最高権力者の地位にあった。時の政権を担う最高権力者に直接、諫暁を行うことは文応元年の「立正安国論」の際と同様であった。

時宗に対する書簡「北条時宗への御状」では、まず蒙古の国書到来は「立正安国論」の予言に符合していることを挙げ、建長寺・寿福寺・極楽寺・多宝寺・浄光明寺・大仏殿に対する帰依を止めるよう要請している。そして蒙古調伏は日蓮以外の者では叶わないとし、「所詮は万祈を抛《なげう》って諸宗を御前に召し合わせ、仏法の邪正を決し給え」（一七〇頁）と公場対決（公開法論）を求めている。

②宿屋光則入道

宿屋光則入道は、かつて北条時頼の信頼が厚い家臣であり、この当時は北条時宗に仕えていた。日蓮とは「立正安国論」提出以前から繋がりがあり、蒙古国書到来後も頻繁に書簡を交わしていた関係から、十一箇所の一つとして彼に書簡を発したのは自然であったであろう。「宿屋左衛門光則への御状」では、十一箇所に書簡を発したことを平左衛門尉に告げてあることを記されている。この時の日蓮の行動の全体を宿屋光則に知らせて、協力を求めている。

③平左衛門尉頼綱

平左衛門尉頼綱《よりつな》は、北条氏得宗に仕える家臣（得宗被官）の代表格である。蒙古国書到来の頃には侍所《さむらいどころ》の所司《しょし》(次官、別当は執権が兼務）の職にあったと目され（川添昭二『北条時宗』七八頁)、既に幕府中枢の一角を占める立場にあった。

平頼綱の祖先の本貫地《ほんがんち》は伊豆国田方《たがた》郡長崎であったとされる。もともと北条氏の家臣であったのか、御家人から得宗被官となったものか確定しないが、平氏の系譜については盛綱《もりつな》——盛時《もりとき》——頼綱と考えられている（川添昭二『日蓮とその時代』三二〇頁)。

「平左衛門尉頼綱への御状」では、日蓮が書状を宛てられた十一箇所の名を挙げるとともに、「各々御評議有って、速やかに御報に預かるべく候」（一七二頁）と、日蓮の主張を真剣に検討し、その結果を知らせるよう求めている。

④北条弥源太

北条弥源太は、北条氏の一族で、当時、日蓮の門下になっていたと伝えられる。北条氏の一人として執権時宗にも一定の働きかけができる立場にあったと考えられ、「北条弥源太への御状」に、「ことに貴殿は相模守殿《さがみのかみどの》（北条時宗のこと——引用者）の同姓なり。根本滅するに於いては枝葉あに栄えんや」（一七二頁）とあることから、北条弥源太が日蓮の意を受けて時宗に働きかけることを期待して書状を発せられたと推察される。

そこに、「諸宗を召し合わせ、諸経勝劣を分別せしめ給え」（同頁）とあるように、日蓮が求めたのは権力による諸宗の迫害ではなく、あくまでも言論の場で教義の優劣を判定する公場対決（公開法論）の実現であった。

⑤建長寺道隆

北条時頼の帰依を受けて建長寺の開山となった蘭渓道隆は、北宋の臨済禅を鎌倉に定着させた人物である。建長寺は中国渡来僧の拠点にもなっていた。時頼・時宗父子の帰依を受けていたのでその勢威は大きく、極楽寺良観と並んで当時の鎌倉仏教界の一方を代表する存在であった。「建長寺道隆への御状」で日蓮は、「念仏は無間地獄の業《ごう》、禅宗は天魔の所為《しょい》、真言は亡国の悪法、律宗は国賊の妄説と云々」（一七三頁）と「四箇の格言」を明確に示し、他の大寺の僧侶とともに僭聖増上慢に当たる大悪人であると痛烈に破折している。

この書状で、ほとんど面罵にも等しい、激しい言辞を用いているのは、日蓮への敵意をあえて掻き立てることにより、公場対決を実現しようとする一種の作戦、兆発と見ることもできよう。いずれにしても、「つぶさには紙面に載せ難し。しかしながら対決の時を期す」（一七三頁）の言葉には徹底的に仏法の正邪をただそうとする日蓮の強烈な闘志をうかがうことができる。

⑥極楽寺良観

建長四（一二五二）年に関東に下向した良観（忍性）は、十一通御書の前年の文永四（一二六七）年、かねて北条重時が開いた極楽寺に入り、非人を組織して和賀江《わかえ》港の修復工事を行うなど、幕府権力の職務を分担する形で権力と深く結びついていった。極楽寺は最盛期には七堂伽藍のほか、四十九の子院を持ち、隆盛を極めていた。

「極楽寺良観への御状」では、「長老忍性《にんしょう》速かに嘲哢《ちょうろう》の心を翻えし、早く日蓮房に帰せしめ給え」（一七四頁）と良観を皮肉をもって揶揄した後、「僣聖《せんしょう》増上慢にして今生は国賊、来世は那落に堕在せんこと必定なり」（同頁）と厳しく断罪している。さらに「三蔵浅近の法をもって諸経中王の法華に向かうは、江河と大海と華山と妙高との勝劣の如くならん」（同頁）として、「おまえなどの低レベルの者が私に対抗できるわけがない」と、徹底的に良観の神経を逆なでする挑発的な内容を述べている。

この書状は、相手の怒りと敵意を掻き立てずにおかない激烈な挑戦状といってよい。日蓮は、うわべだけ融和する欺瞞的態度を峻拒し、あえて敵対者を炙《あぶ》り出す方法をもって、仏法の正邪を明らかにしていくことを目指したのである。

⑦大仏殿別当

大仏殿とは、いわゆる鎌倉の大仏を擁する浄土宗寺院である。現在は高徳院《こうとくいん》と称する。初めは、寛元《かんげん》元（一二四三）年に念仏僧浄光《じょうこう》の勧進により、幕府の財政的援助で完成した木像の阿弥陀如来像であったという。現在の金銅の大仏はそれを原形にして、建長四（一二五二）年から鋳造が開始されて完成したものである。鎌倉に浸透していた浄土教信仰の象徴であり、その造立に幕府が積極的に関与した背景には、奈良の大仏に対抗して鎌倉の仏教興隆を喧伝する意図があったものと推測される。

浄光について詳細は不明であるが、後に極楽寺良観と並んで日蓮迫害の中心的存在となった念仏僧良忠《りょうちゅう》（念阿弥陀仏）が鎌倉に進出するのを援助したことで知られる。

⑧寿福寺

寿福寺は鎌倉幕府の創設者である源頼朝の妻北条政子が正治二（一二〇〇）年、禅僧栄西を開山に招いて頼朝の父義朝《よしとも》の館跡に建立した禅宗寺院である。三代将軍源実朝《さねとも》の帰依を得、政子と実朝の墓と伝えられる五輪塔もある。同寺には心地覚心《しんちかくしん》・蘭渓道隆・大休正念《だいきゅうしょうねん》など有力な禅僧も入っており、北条時頼が建長寺を開く以前は鎌倉における禅宗の中心的存在であったと見られる。

⑨浄光明寺

浄光明寺は、建長三（一二五一）年、第五代執権北条時頼、第六代執権北条長時が開基となって創建したと伝えられる真言宗寺院である。ただし、寺の淵源はさらに古く、源頼朝の意を受けた真言僧文覚《もんがく》が不動堂を開いたのが起源と伝えられるが、定かではない。同寺の開山となった真阿《しんあ》は浄土宗の僧侶であったが、後に浄土（諸行本願義）・華厳・真言・律の四宗の兼学の寺となった。良観と日蓮との祈雨の勝負（文永八年、一二七一年）の際には良観に協力して祈禱僧を出している。

⑩多宝寺

浄光明寺の東の隣地にあったとされるが、現在は廃寺となっている。弘長二（一二六二）年頃、第六代執権北条長時の弟である業時の援助で、良観が開山となって創建されたと伝えられる。極楽寺・浄光明寺とともに真言律宗の鎌倉における主要寺院であった。「頼基陳状《よりもとちんじょう》」に「多宝寺の弟子等数百人、呼び集めて力を尽くし祈りたるに」（一一五八頁）とあるように、日蓮と良観との祈雨の勝負の際、極楽寺・浄光明寺と一体となって日蓮に対抗した。

⑪長楽寺

源頼朝の菩提を弔うため北条政子が嘉禄元（一二二五）年に創建した浄土宗寺院。かつては七堂伽藍を持つ大寺院だったが、現在は廃寺になっている。開山は法然の孫弟子にあたる智慶《ちぎょう》（南無房）。智慶は当初は天台宗の僧であったが、京都で浄土宗多念義を唱えた長楽寺隆寛《りゅうかん》の弟子になって浄土宗に転じた。日蓮が「一代五時図」で、隆寛の下に「南無房　一切鎌倉の人々」と記していることから（六一七頁）、智慶（南無房）は鎌倉浄土教勢力の指導的存在の一人として影響力をもっていたと見られる。

また、「兵衛志殿御返事《ひょうえさかんどのごへんじ》」に「なごえの一門の善光寺・長楽寺・大仏殿立てさせ給いてその一門のならせ給うことをみよ」（一〇九三頁）とあることから、北条一門のうち名越家が伽藍の建立に関与したと考えられる。

このように日蓮は、政権の中枢と鎌倉仏教界の諸大寺に直接働きかけることで諸宗との公場対決を実現し、それによって法の正邪を公の場で明らかにしようとしたのである。

そこでは、「彼を調伏せらんこと日蓮に非ざれば叶うべからざるなり」（「北条時宗への御状」）、「日蓮は日本第一の法華経の行者、蒙古国退治の大将為《た》り」（「極楽寺良観への御状」）と、日蓮こそが蒙古を調伏し日本国を救いうる唯一の存在であるとの大確信が表明されている。そのうえで諸宗への帰依の停止を要求したのである。

日本仏教史上だけでなく世界の宗教史上、政治と宗教の有力者に対して、ここまで大胆な行動に出た例はほとんど類例がない。それは強烈な反動、弾圧を覚悟しなければ行うことのできない行動であった。実際、十一通御書と同一の日付で門下一同に向けて書かれた「弟子檀那中への御状」には次のように述べられている。

「大蒙古国の簡牒《かんちょう》到来に就いて十一通の書状をもって方々へ申せしめ候。定めて日蓮が弟子・檀那、流罪・死罪一定ならん。少しもこれを驚くことなかれ。方々への強言《ごうげん》申すに及ばず。これしかしながら而強毒之《にごうどくし》の故なり。日蓮庶幾《しょき》せしむる所に候。各々用心有るべし。少しも妻子眷属を憶うことなかれ、権威を恐るることなかれ。今度生死の縛を切って仏果を遂げしめ給え。鎌倉殿・宿屋入道・平左衛門尉・弥源太・建長寺・寿福寺・極楽寺・多宝寺・浄光明寺・大仏殿・長楽寺〔已上十一箇所〕、よって十一通の状を書して諫訴せしめ候い畢わんぬ。定めて子細有るべし。日蓮が所に来たりて書状等披見せしめ給え」（一七七頁）

それによれば、十一通御書の控えが日蓮の草庵に置かれてあり、日蓮は、門下がそれを披見して、流罪・死罪等の最悪の事態への覚悟を固めることを求めている。

また、翌年の執筆と見られる「金吾殿御返事」（大師講御書、真筆四紙現存）には次のようにある。

「今、死罪に行われぬこそ本意《ほい》ならず候え。『あわれ、さることの出来し候えかし』とこそはげみ候いて、方々に強言をかきて挙げおき候なり。すでに年五十に及びぬ。余命いくばくならず。いたずらに曠野にすてん身を同じくは一乗法華のかたになげて、雪山童子・薬王菩薩の跡をおい、仙予・有徳の名を後代に留めて法華・涅槃経に説き入れられまいらせんと願うところなり」（九九九頁）

日蓮は、蒙古の国書が到来したこの時を国家変革の最大の好機と捉え、文字通り身命を賭しての闘争に踏み切ったのである。

ただし、十一通御書について留意すべきことは、かつて山川智応《やまかわちおう》が『日蓮聖人伝十講』で指摘したように、書簡を発した相手が念仏・禅・律の諸寺に限られ、天台・真言の諸寺は対象とされていないということである。それは、日蓮がこの当時、まだ対外的には天台宗学僧の立場をとっていたからであろう。しかし、十一通御書には、「真言は亡国の悪法」（「建長寺道隆への御状」）、「念仏・真言・禅・律等の悪法」（「寿福寺への御状」）とあるように、真言破折が既に示されている。

真言宗ならびに密教化した天台宗への破折は、この時期から次第に対外的にも主張されてきていることが了解できる。

しかし、十一通御書による働きかけにもかかわらず、幕府は日蓮の主張をまたも黙殺し、何らの反応も示すことがなかった。むしろ、幕府は日蓮を体制に異を唱える危険人物と見なし、日蓮とその教団に対して警戒心を惹起することとなった。その間の状況について「種種御振舞御書」に次のように述べられている。

「その年の末十月に十一通の状をかきて、かたがたへおどろかし申す。国に賢人なんどもあるならば『不思議なることかな。これはひとえにただ事にはあらず。天照太神・正八幡宮のこの僧について日本国のたすかるべきことを御計らいのあるか』とおもわるべきに、さはなくて、あるいは使いを悪口し、あるいはあざむき、あるいはとりも入れず、あるいは返事もなし、あるいは返事をなせども上《かみ》へも申さず。

これひとえにただ事にはあらず。設《たと》い日蓮が身のことなりとも、国主となり、まつり事をなさん人々は取りつぎ申したらんには政道の法ぞかし。いわうやこのことは上の御大事いできらんのみならず、各々の身にあたりておおいなるなげき出来すべきことぞかし。しかるを用うることこそなくとも悪口まではあまりなり。これひとえに日本国の上下万人、一人もなく法華経の強敵となりてとしひさしくなりぬれば、大禍のつもり、大鬼神の各々の身に入る上、蒙古国の牒状に正念をぬかれてくるうなり。

例せば殷の紂王《ちゅうおう》、比干《ひかん》といいし者いさめをなせしかば、用いずして胸をほり、周の文・武王にほろぼされぬ。呉王は伍子胥《ごししょ》がいさめを用いず、自害をせさせしかば、越王勾践《こうせん》の手にかかる。『これもかれがごとくなるべきか』といよいよふびんにおぼえて、名をもおしまず、命をもすてて、強盛に申しはりしかば、風大なれば波大なり、竜大なれば雨たけきように、いよいよあだをなし、ますますにくみて御評定に僉議《せんぎ》あり。頸をはぬべきか、鎌倉をおわるべきか、弟子・檀那等をば所領あらん者は所領を召して頸を切れ、あるいはろう（牢）にてせめ、あるいは遠流すべし等云々」（九〇九頁）

ここに述べられているように、十一通御書に対する各所の反応は、受け取りを拒否したり、使者に悪口を浴びせるなど、極めて厳しいものであった。各寺院にしてみれば、諸宗を厳しく破折している日蓮の主張は既に十分に知るところになっており、公場対決をしても到底日蓮の主張に対抗できないことは認識していたであろう。だからこそ、彼等は日蓮の要求を黙殺したのである。

また幕府においても、建長寺・極楽寺をはじめとする諸大寺は、以前から北条氏各流の厚い保護を受けて支配体制に深く組み込まれた存在になっており、たとえ執権であっても北条氏各流を無視できるほどの絶対的権力を持っているわけではない時宗にしてみれば、時宗個人の判断でそれらへの保護を停止できるものではなかった。幕府側が日蓮の主張を無視したのは、そのような状況があったためと考えられる。

幕府は、日蓮の主張を黙殺しただけでなく、「種種御振舞御書」に見られる通り、日蓮とその教団に対する弾圧を検討していたのである。

しかし、幕府による日蓮教団への弾圧計画は検討されただけにとどまり、実行に移されることはなかった。それは、蒙古襲来の危機がまだ切迫したものになっておらず、ただちに弾圧に踏み切るほどの強い意志が幕府内部に生まれなかったためであろう。この点について「金吾殿御返事」には、「これほどの僻事《ひがごと》申して候えば、流・死の二罪の内は一定と存ぜしが、いままでなにと申すことも候わぬは不思議とおぼえ候」（九九九頁）と述べられている。

「十一通御書」に限らず、日蓮の思想や事跡を考察する根拠として、御書の中でも真筆が現存するもの、真筆がかつて存在していたことについて確証があるもの、直弟子または孫弟子の写本があるもの以外は基本的に偽書と見なして全面的に排除する傾向が見られる。しかし、このような在り方は妥当ではないと思われる。

誰が見ても明らかな偽書と判断されるものを除くのは当然だが、そうでないものは真偽未定となる。真偽未定のものは偽書と断定できないので、真書である可能性があることを否定できない。

かつては真筆や古写本が存在していても、戦乱や火災等の歴史的偶然によってそれらが失われた例も少なくないであろう。真筆や古写本が現存しているのは、それらが失われるような災厄にたまたま遭わなかったという僥倖によ る。真筆が現存しない御書を全面的に排除するということは、不幸にして真筆滅失の災厄に遭った御書をも全て切り捨てることに他ならない。

真筆あるいは古写本が現存（または曾存）するものだけを用いるという在り方は、日蓮の思想を考えるための根拠をサイコロの目のような偶然に委ねることになる。

真偽未定の御書で、かつては偽書の疑いが強いとされていたものでも、後に真筆や古写本が発見された例もある。「諸人御返事」（一二八四頁）はその例である。同抄は録外に属するので、偽書の疑いが強く掛けられていたが、真筆三紙が完全な形で大正時代に発見された（千葉・本土寺蔵）。同抄に限らず、「内記左近入道殿御返事」など、近年になって真筆や古写本が発見される例は少なくない。このような例もあるので、現時点で真筆が存在しない御書をそれだけの理由で偽書と言い切ることはできない。

また、かつて偽書説が強く言われていた御書でも、従来とは全く異なる角度から検討した結果、逆に真書の可能性が高いとの判断が出た例もある。その典型が「三大秘法抄」である。同抄は真筆がないために、古来、真偽の議論が盛んになされてきたが、近年、計量文献学の研究をもとに同抄の用語などをコンピュータで解析した結果、真書の可能性が高いとの結論が出た(伊藤瑞叡『いまなぜ三大秘法抄か』)。

計量文献学だけでなく、将来にはそれまでの発想では考えられない新しい観点から検証されていく可能性も大いにありうるだろう。

このように、真偽の判断も決して確定したものではなく流動的であり、現在、偽書の疑いが濃いとされているものでも一転して真書と見なされることもありうる事態である。このように考えてくると、真偽未定の御書を一律に排除する在り方は多くの真書を切り捨てる恐れが大きく、厳密なように見えて真偽に余りにもこだわり過ぎており、行き過ぎと言うべきであろう。

真偽未定の御書を全面的に排除する在り方について勝呂《すぐろ》信静《しんじょう》博士は「日蓮聖人の宗教思想を実態よりも狭小に限定することになりかねないと思う。それは偏った日蓮像を作りあげることにもなるであろう」(「御遺文の真偽問題」)と述べている。博士の意見に同意したい。

6　大師講

「金吾殿御返事」には大師講について、「大師講に鵞目《がもく》五連、給び候い了わんぬ。この大師講、三四年に始めて候が、今年は第一にて候いつるに候」(同頁)との記述がある。

大師講とは、天台大師の命日である十一月二十四日に行う講会のことで、法華経や摩訶止観などの講説が行われた。日本では伝教大師が開始し、霜月会《しもつきえ》と呼ばれて天台宗の年中行事となっていた。「金吾殿御返事」によれば、文永六年の大師講に際して富木常忍から銭五貫の供養が届けられた。日蓮による大師講は三、四年前、すなわち文永二、三年ごろから始められ、文永六年のそれは、それまでで最も盛況であった。

大師講については、同じ文永六年六月の成立と考えられる「富木殿御消息」にも次のように述べられている。

「大師講の事、今月明性房《みょうしょうぼう》にて候が、『この月はさしあい候。また余人の中、せんと候人候わば、申させ給え』と候。貴辺より仰せを蒙り候え。御指し合いにて候わば、他処へ申すべく候」(九四九頁)

すなわち、大師講を六月は日蓮の弟子である明性房のところで開く予定であったが、明性房から都合が悪いと言ってきたので、富木常忍の都合はどうか、と尋ねている。

この記述によれば、日蓮は、大師講を十一月に限らず、毎月の行事として開催していたようである。

佐渡流罪中の文永十年にも日蓮は、留守を守る日昭《にっしょう》に、「弁殿に申す。大師講をおこなうべし」（一一二四頁）と大師講を行っていくよう指示しており、入滅の前年の弘安四年十一月にも、「坊は十間四面にまたひさしさしてつくりあげ、二十四日に大師講並びに延年《えんねん》、心のごとくつかまつりて」（「地引御書」一三七五頁）とあるように、晩年にも開催した（ただし、身延期においてはこの弘安四年の例以外に大師講の記録はない。身延では門下が集合する大師講は不可能であり、この時の大師講は大坊完成を祝賀する儀式として行われたものである）。

このように日蓮は大師講の開催に努めたが、それはどのような意味であろうか。

一つには、門下の団結を固め、教団運営の軸となる行事として行われたといえよう。門下が参集してくるためには、一定の意義付けのある会合、行事が設定される必要がある。しかもそれは定期的に開催されることが望ましい。その意味で大師講は教団の結束を固める軸として開催されたと考えられる。

もちろん日蓮の弘通は、立宗宣言の当初から、天台・伝教の枠を超えたものであったが、当時の人々は門下も含めてその点が十分に理解できず、日蓮の宗教を天台宗の枠組みの中で理解する傾向が強かった。そのような門下の仏法理解の実情を踏まえて、日蓮は大師講の実施が教団運営の軸として適切であると判断したのであろう。

仮に日蓮が、初めから天台宗を過去の遺物として明確に否定する態度を公にしたならば、多くの門下は日蓮についていけず、日蓮から離れることとなったであろう。そこで日蓮は、天台大師を鑽仰《さんぎょう》する立場を、いわば門下を化導するための「方便」として取ったと解せられる。後に五老僧が、幕府の迫害を回避しようとして「日蓮の弟子」と名乗らず、「天台沙門」と名乗ったのは、この日蓮の真意を理解できなかったためといえよう。

7 「法門申さるべき様の事」

文永六年当時の日蓮の思索がうかがわれる御書としては「法門申さるべき様の事」（真筆現存）がある。本抄は、当時、比叡山延暦寺に遊学中の三位房《さんみぼう》に宛てられたものとされ、念仏に対する法論で主張すべき論点を教示するとともに、比叡山の密教化した実態を指摘している。

念仏破折の論点としては、無量義経の「四十余年未顕真実」の文を根拠に、真実を顕していない四十余年の経典に依拠するのは主師親の三徳を具備する釈尊に背く「不孝」「謗法」であるとする。次いで、捨てられている四十余年の経典が現在まで存在するのはなぜか、との論難に対して、それらの経典は塔を建てるために設けた足場のようなものであり、塔が出来たならば捨てられる方便であるとしている。そのほか、法論の時に念仏側から出されると予想される問題についても回答の仕方を教示している。

また真言密教と同化した日本天台宗については、「天台宗の人々は、我が宗は正なれども邪なる他宗と同ずれば、我が宗の正をもしらぬ者なるべし。譬えば、東に迷う者は対当の西に迷い、東西に迷うゆえに十方に迷うなるべし」（一二六九頁）と破折している。日蓮が台密《たいみつ》に対する本格的な破折を展開していくのは佐渡流罪赦免後であるが、内々の弟子に対しては厳しい天台宗破折を既に教示していたことが分かる。

さらに本抄において注目されるのは、三位房に対して厳しい訓戒が示されていることである。京都の貴族に招かれて法門を語ったのを「面目」と述べた三位房に対し、「島の長《おさ》」に過ぎない日本の支配者に仕える者から招かれたのを面目などと言うのは日蓮を卑しんで言うのか、と厳しく叱責している。三位房が京都の風潮に染まっていることも憂慮し、「定めてことばつき、音なんども京なめりになりたるらん。ねずみがかわほり（蝙蝠）になりたるように、鳥にもあらず、ねずみにもあらず。田舎法師にもあらず、京法師にもにず、しょう（小輔）房がようになりぬとおぼゆ。言《ことば》をばただいなかことばにてあるべし」（一二六八頁）と厳しく訓戒している。

日本の支配者について「島の長」に過ぎないとする言明は、「種種御振舞御書」の、「わずかの小島のぬし（主）らがおどさんを、おじては閻魔王のせめをばいかんがすべき」（九一一頁）との表現と同列である。すなわち日蓮は、あらゆる権力も相対化し、見下ろしていく境地に立っていた。その在り方は、世俗の権力・権威に癒着・従属していく日本仏教界一般の在り方とは対極を成すものであった。

そのような日蓮から見れば、貴族などに招かれたことを「面目」とする三位房の言動は言語道断の所行と映ったことであろう。本抄で日蓮は、退転した少輔房《しょうぼう》と同じ轍を踏むことになると厳しく警告しているが、日蓮が憂慮した通り、三位房は熱原法難の際に退転・反逆し、急死を遂げることとなった。

8　「真言天台勝劣事」

「真言天台勝劣事《しんごんてんだいしょうれつじ》」は文永七（一二七〇）年の作と考えられている。台密《たいみつ》よりも弘法大師空海の主張すなわち東密《とうみつ》を破折している。

まず大日経と法華経の勝劣について、大日経は法華経と比べれば「七重の劣」であるとの主張を具体的に述べている（一三四頁）。

次に弘法や覚鑁《かくばん》に代表される真言宗の主張を取り上げ、それらがいずれも根拠のない謬論《びゅうろん》であることを示していく。まず、法華経が大日経よりも三重の劣であるとする弘法の「十住心」の主張について、それはすでに五大院安然《あんねん》の「教時義」で破折されており、真言宗側がその破折に対して反論できていない事実を指摘している。

次いで、釈尊を成道させたのは大日如来であるとの主張、また「法身説法」「大日如来の無始無終」「法華は理秘密、真言は事理倶密」などの真言宗の教義を取り上げ、破折している。

本抄は特定の個人に宛てられた消息ではなく、東密破折のために論点を整理した研究ノート的なものといえる。真言宗との法論に備えて作成されたものと解せられる。

9 「顕謗法抄」

文永七（一二七〇）年頃の述作と考えられるものに「顕《けん》謗法抄《ほうぼうしょう》」（四四三頁）がある。真筆は、かつて身延山に存在した。従来、弘長二年の作とされてきたが、その根拠は何もない。東密破折があることは弘長二年にはふさわしくなく、その破折内容が文永七年の「善無畏三蔵抄《ぜんむいさんぞうしょう》」と類似しているので、文永七年頃の作と見るべきであろう。題号は日蓮自身によるものと考えられる。「謗法を顕す抄」との題号が示す通り、修学時代から常々念頭に置いていた謗法の問題について、再度、思索した成果をまとめた御抄である。

本抄の題号下には「本朝沙門《ほんちょうしゃもん》　日蓮撰」の署名がある。これまで日蓮は、「天台沙門」（「立正安国論」）、「根本大師門人」（「法華経題目抄」）等、対外的には天台僧である立場を表明していたが、文永七年に至るとそれを超えて日蓮独自の立場を示していることが分かる。佐渡期の代表的著述である「観心本尊抄《かんじんのほんぞんしょう》」に「本朝沙門」と記されていることが示すように、その態度表明は佐渡期の著述に繋がっていくものである。

「顕謗法抄」の内容は、

①八大地獄の因果を明かす、
②無間地獄の因果の軽重を明かす、
③問答料簡を明かす、
④行者、弘経の用心を明かす、

の四つに分かれる。

第一の「八大地獄の因果を明かす」ところは、等活《とうかつ》地獄・黒縄《こくじょう》地獄・衆合《しゅうごう》地獄・叫喚《きょうかん》地獄・大叫喚地獄・焦熱地獄・大焦熱地獄・大阿鼻地獄の八大地獄に堕ちる因果について、経文に説かれる内容をまとめたものである。それは恵心僧《えしん》都源信の『往生要集』の地獄の記述に対応したものと考えられ、日蓮が浄土教との対決を強く意識していたことをうかがわせる内容となっている。

第二の「無間地獄の因果の軽重を明かす」ところでは、五逆罪のほかに無間地獄に堕ちる罪として誹謗正法（謗法）の罪があることを示し、次に五逆罪と謗法の罪の軽重を比較して、懺悔した謗法罪ですら五逆罪の千倍の重罪に当たると述べている。

第三の「問答料簡を明かす」段では、まず謗法の「相貌《そうみょう》」について論じ、正法に背くこと、また正法を人に捨てさせることが謗法に当たるとして、謗法の基本的な意味を確認している。

次に無量義経の「四十余年未顕真実」の文について、他宗からの異論を挙げて破折している。これは、日蓮がこの経文を権実相対の依文として権宗の破折に用いてきたことから、この経文を巡る解釈について踏み込んで論述したと考えられる。

ここで挙げられている他宗の異論とは、次のようなものである。

①「四十余年未顕真実」の文は四十余年の経典の文々句々を全て未顕真実と破したものではなく、四十余年の経典が二乗を不成仏とし、釈尊について始成正覚としたことに限って未顕真実としたものである。

②「未顕真実」とは成仏の道に限って言ったものであり、往生については未顕真実ではない。

③四十余年の経典の中に華厳経は含まれていない。

④「四十余年未顕真実」であるならば、仏は法華経だけを説くはずであり、四十余年の経典を説いた理由が理解できない。

①と②は浄土宗、③は華厳宗からの異論であり、④は各宗全般の主張である。

①について日蓮は、この意見は伝教大師と論争した法相宗の得一《とくいち》の見解に類似しているとした上で、この見解に従っても爾前経が二乗不作仏としたことは未顕真実の「妄語」であり、妄語の人の言葉は一部が妄語となるだけでなく、全体が信用できないものとなるという道理をもって破折している。

②については、爾前経の成仏が未顕真実であるならば、阿弥陀如来の成仏そのものが虚妄《こもう》となり、阿弥陀如来による救済という浄土教の教義の前提が崩壊すると論破している。

③については、これは華厳宗の人師の主張であり、無量義経には「華厳海空」と名前を出して四十余年の経典の中に入れているから問題にならないと一蹴している。

④については、仏が直ちに法華経を説かなかったのは衆

生が法華経を誹謗して三悪道に堕ちることを避けるためであり、衆生の機根に応じて四十余年の経典を説くことにより、法華経を聞いても誹謗しないだけの機根を作ったのであると答えている。

その上で、なぜ日蓮が権教を説かず、直ちに法華経を説くのか、という問いを立てる（四五一頁）。この答えとして日蓮は、末法の衆生の中で初住位に入る機根の者は万人に一人もいないのであるから、機根のいかんを考えることなく法華経を説き、不軽菩薩《ふぎょう》のように逆縁をもって衆生を導くのであるとしている。

「不軽菩薩の逆縁の化導は、末法における仏法弘通の在り方を示すものである」という主張は、佐渡流罪以後に顕著に説かれるところであるが、その主張が佐渡流罪の前に既に確立していることが注目される。

釈尊が爾前経において衆生の機根に応じた法を説き、衆生の機根を整えた上で出世の本懐である法華経を説いたという理解は、天台大師の教判によるものである。すなわち、天台の体系によれば、釈尊の化導方式は衆生が信じているものを初めから否定せず一応は認めながら次第に正法に導いていく「摂受《しょうじゅ》」であった。それに対して、日蓮が立宗宣言以来とってきた弘教の在り方は、衆生が信ずるか誹謗するかに関わらず正法を説いていく「折伏」である。いわば、日蓮の弘教方式は釈尊のそれとは対極にある。そこに、日蓮仏法が釈尊の仏法の範疇を超え出たものであることが示されている。

ここの問答に示されるように、仏法の化導といえば、釈尊が行ったように、初めに権教を説いて衆生の機根を整えながら、最後に究極の正法を説くという「順縁」「摂受」の方式によるとする理解が一般的であった。それに対して日蓮が行った「逆縁」による「折伏」は、当時の理解を超えたものであった。それ故に、後に日蓮が竜《たつ》の口《くち》の法難、佐渡流罪という最大の難に遭遇したとき、「折伏という弘教の在り方が誤っているからだ」という批判が内外から起きたのである。

「顕謗法抄」のこの段では衆生の機根によらず正法を説く「折伏」の実践が強調されている。そこには「末法劣機」という機根を軸に教法を立てた浄土教の論理に対抗する意志をうかがうことができよう。

次いで本抄では、諸宗の祖師も謗法になるといえるか、との問いを立てている。それに対して日蓮は、「似破《じは》」（相手の正しさを認めたうえで、相手の正しさを明らかにするための手段として相手を論難すること）と「能破《のうは》」（相手が正しいことを理解せず、相手を論難すること）の相違があるとしたうえで、諸宗の祖師たちが法華経を非難しているのが似破でなく能破であるならば、彼等は謗法の者と知るべきであるとしている。ここでは、諸宗の祖師たちも法の正邪という客観的な基準に照らして批判されなければならないという立場が鮮明にされている。あくまでも「依法不依人」の原則が根本基準なのである。

この似破・能破については本抄で後に再度取り上げられており（四五八頁）、諸宗の祖師たちによる法華経批判について、それが法華経の卓越性を認識した上でなされたことなのかどうか、その実態を見極める必要を日蓮が感じていたことをうかがわせる。すなわち、彼等が法華経を非難したとしても、後に「悔い還す」（同頁）場合がありえたからである。ちなみに身延期成立と考えられる「真言七重《しんごんしちじゅう》勝劣事《しょうれつじ》」では、三論宗の嘉祥《かじょう》（吉蔵大師）と華厳宗の澄観《ちょうかん》を法華経に「身心ともに移る」、真言宗の善無畏《ぜんむい》・不空、華厳宗の法蔵《ほうぞう》、法相宗の慈恩《じおん》を「心移りて身移らず」、真言宗の弘法を「身心ともに移らず」と位置づけ（一三一一頁）、諸宗の祖師たちの多くが内心では法華経の卓越性を認識していたと捉えている。

最後の「行者、弘経の用心を明かす」部分では、「第四に行者、仏法を弘むる用心を明かさば、夫れ仏法をひろめんとおもわんものは必ず五義を存して正法をひろむべし。五義とは、一には教、二には機、三には時、四には国、五には仏法流布の前後なり」（四五三頁）として、宗教の五綱が仏法弘通のために留意すべき観点であることを強調している。先の「教機時国抄」と合わせ、五綱の教判の確立が重要課題であったことがうかがわれる。

ただし、本抄で問題とされるのは五綱のうちの「教」の問題に限られている。ここでは諸宗の教義を取り上げながら、諸宗に相違があっても皆得道の教であるという説について検討する。この説に対して日蓮は、諸宗それぞれの主張が全て仏意に叶っているというのであれば、そもそも謗法ということ自体が成立しないとして破折する。その根拠として、般若経・法華経・涅槃経がいずれも謗法を重視していること、また大慢婆羅門など、謗法の罪によって阿鼻地獄に堕ちたと説かれる多くの例があることなどを挙げる。

諸宗の教義に相違があっても、それぞれが仏意に叶い、得道できることでは同一であるという「融和の論理」は、今日でも広く見られるもので、日蓮当時においても日本社会一般に顕著な主張であった。日蓮は、一切の論理的対立をあいまいにして解消していく日本的な「融和の論理」をここで鋭く突き破っている。

経典が示す「謗法」の概念を重視し、正法に背く謗法を厳しく退ける日蓮の主張は、まさに丸山眞男氏のいう「精神的雑居性」を峻拒するものであり、日本の精神的風土の限界を突き抜けるものといえる。そこに日蓮が激しい迫害を受け、また今日に至るまで「戦闘的」「排他的」などの安易なレッテルを貼られて正当に理解されなかった原因があるといえよう。

最後に、高い教をもって低い教を破しても謗法とはならないが、その逆は謗法となるという道理を確認し、謗法の本質が正法に対する「不信」であることを述べて本抄を結んでいる。

このように本抄は、諸宗批判の根拠である「謗法」の本質と態様について改めて考察し、整理した書である。日蓮は蒙古の国書到来以後の時期において五綱ならびに謗法の問題を理論的に整理し、今後の弘教に備えたのである。

10 弘教の伸展

文永五年の蒙古国書到来により、「立正安国論」の予言が的中したことは当時の人々に対して衝撃を与えた。すなわち、予言の的中が契機となって、この年から日蓮に帰依する人々が増大していった。

文永七年の「善無畏三蔵抄」には次のように記されている。

「当世この十余年已前は一向《いっこう》念仏者にて候いしが、十人が一二人は一向に南無妙法蓮華経と唱え、二三人は両方になり、また一向念仏申す人も疑いをなす故に心中に法華経を信じ、また釈迦仏を書き造り奉る。これまた日蓮が強言《ごうげん》より起こる」（八九〇頁）

すなわち、この当時、鎌倉では十人のうち一人か二人は題目だけを唱えるという状況が生まれていた。予言の的中によって、「もしかしたら日蓮房の言うことは正しいのかもしれない」という心理が当時の人々の間に生まれたのであろう。しかし、日蓮の教団が急激に伸張したことは、必然的に敵対勢力の厳しい反発を招くこととなったのである。

第十一章　竜の口の法難

文永五（一二六八）年十月、日蓮が十一通御書をもって幕府要人ならびに鎌倉諸大寺を諫暁したにも関わらず、表立った反応はなく、また必然と考えられた厳しい迫害も起きなかった。しかし、その小康状態は文永八（一二七一）年夏に至って急変することとなった。

急変の一つの契機となったのは極楽寺良観《りょうかん》（忍性《にんしょう》、一二一七～一三〇三）との祈雨の勝負である。五月ごろから旱魃《かんばつ》が続いていたこの年、幕府は祈雨の祈願を良観に要請した。良観は、北条時頼の病気平癒を祈願したことで幕府に近づいた経歴が示すように祈禱僧としても知られ、とくに祈雨については定評があった。文永六年にも鎌倉の江ノ島において祈雨の祈禱をして効験を示し、大いに名声を高めた（和島芳男『叡尊・忍性』一二二頁）。文永八年に幕府が良観に祈雨の祈禱を要請したのも、そうした祈禱僧としての実績があったからであろう。

1　極楽寺良観（忍性）

ここで日蓮に対する迫害の元凶と目される良観房忍性について確認しておきたい。

良観は奈良の西大寺を拠点に真言律宗を起こした叡尊《えいぞん》（思円《しえん》、一二〇一～一二九〇）の弟子で、近畿を中心に活動した叡尊に対し、関東を活動の舞台とした。

文永四（一二六七）年に極楽寺に入った良観は、境内に戒壇を設置して授戒活動を進め、極楽寺を真言律宗勢力の中心拠点にしていった。また、ハンセン病患者の宿泊所や病院を建設するなど、非人の慈善救済活動に推進した。その事業は非人への慈善の形をとってはいたが、実態は非人を労働力として組織化するためのものであった。

良観は鎌倉の材木座海岸の沖に築かれた港湾施設である和賀江《わかえ》島の維持管理権と港に入る船から関米《せきまい》を徴収する権利を獲得し、非人を港湾の維持管理の労働力として活用した。和賀江島は貞永元（一二三二）年に念仏僧によって築かれた港であったが、良観の極楽寺入寺とともに真言律宗勢力が取って代わった。良観が非人を労働力として組織化していたことが幕府にとっても有用であったためであろう。和賀江島は鎌倉にある唯一の内港で、鎌倉に物資を搬入するための陸揚港であるだけでなく、幕府が独占的に行っていた日宋貿易の拠点港であった。そのため近くの材《ざい》木座《もくざ》海岸周辺は商業地域として繁栄した。

また、鎌倉の外港である六浦《むつら》を統治していた金沢実時と深く結びついていた良観は、文永四（一二六七）年に真言律宗に改めさせた称名寺を通して六浦津を管理し、関米を徴収する権利を得ていた。朝比奈切通しを通して鎌倉に繋がる六浦津は東京湾から鎌倉に物資を搬入する物流拠点であり、中国や琉球からの船が出入りして繁栄した。

要するに良観が率いる関東の真言律宗教団は、極楽寺と称名寺を通して鎌倉の海運に絶大な影響力を持っていた。真言律宗教団は、非人の救済や道路・橋の建設、港湾の維持管理など、本来は幕府の公的権力が担うべき事業を代行する見返りに通行税を徴収する権利などの利権を得ていたのである。

真言律宗教団が海上交通に持っていた影響力は鎌倉周辺に限られたものではなかった。当時、中国大陸との間で日宋・日元貿易が盛んに行われており、国内の内陸・海上の交通も活発化していた。その中で真言律宗はとくに瀬戸内海から九州の各地に進出し、拠点を築いていたことが知られている。幕府と深く結びついていた極楽寺の実態は「幕府の官寺」（細川涼一『中世の身分制と非人』一四八頁）と評されるものになっていたのである。

しかし、真言律宗教団が設けた各地の通行税は人々にとっては過大な負担であった。「聖愚問答抄」では幕府と癒着した同教団の実態について次のように述べられている。

「飯嶋《いいじま》の津にて六浦《むつら》の関米を取っては諸国の道を作り、七道に木戸をかまえて人別の銭を取っては諸河に橋を渡す」（四七五頁）

「今の律僧の振る舞いを見るに、布絹《ふけん》・財宝をたくわえ、利銭・借請《かりうけ》を業《ぎょう》とす。教行既に相違せり。誰かこれを信受せん。次に道を作り橋を渡すこと、還って人の歎きなり。飯嶋の津にて六浦の関米を取る。諸人の歎きこれ多し。諸国七道の木戸、これも旅人のわずらい、ただこのことに在り」（四七六頁）

良観らは戒律を重視する教義とは裏腹に、通行税の徴収などで財を貯え、金融業にまで手を出していた。日蓮は「一には名は持戒ときこゆれども実には放逸なるか、二には慳《けん》貪《どん》なるか、三には嫉妬なるか、四には邪見なるか、五には婬乱なるか、この五つにはすぐべからず」（「下山御消息」三五〇頁）と良観の偽善性、欺瞞性を鋭く見破り、「今の代の両火房（良観のこと——引用者）が法華経の第三の強《ごう》敵《てき》とならずば釈尊は大妄語の仏、多宝・十方の諸仏は不実の証明なり」（三五一頁）として良観こそが法華経勧持品に説かれる三類の強敵に当たると断じている。

2　祈雨の勝負

文永八（一二七一）年六月十八日より七日間、良観が祈雨の祈禱をすることを聞いた日蓮は、七日の間に雨が降れば日蓮が良観の弟子となり、降らなければ良観が日蓮の弟子となるとの「勝負」を良観に申し入れた。

このことについて、建治三（一二七七）年に日蓮が四条金吾に代わって執筆した「頼基陳状《よりもとちんじょう》」には次のように述べられている。

「去ぬる文永八年［太歳辛未］六月十八日大旱魃の時、かの御房祈雨の法を行いて万民をたすけんと申し付け候由、日蓮聖人聞き給いて、『これ体《てい》は小事なれども、この次いでに日蓮が法験《ほうげん》を万人に知らせばや』と仰せありて、良観房の所へつかわすに云わく『七日の内にふらし給わば、日蓮が念仏無間と申す法門すてて良観上人の弟子と成りて二百五十戒持つべし。雨ふらぬほどならば、かの御房の持戒げなるが大誑惑《おうわく》なるは顕然なるべし』。

上代も祈雨に付いて勝負を決したる例これ多し。いわゆる護命《ごみょう》と伝教大師と、守敏《しゅびん》と弘法なり。よって良観房の所へ周防房・入沢の入道と申す念仏者を遣わす。『御房と入道は良観が弟子、また念仏者なり。いまに日蓮が法門を用うることなし。これをもって勝負とせん。七日の内に雨降るならば、本の八斎戒《はっさいかい》・念仏をもって往生すべしと思うべし。また雨ら《ふ》ずば、一向に法華経になるべし』といわれしかば、これら悦びて極楽寺の良観房にこの由を申し候いけり」（一一五八頁）

良観は喜んでその申し出を受け入れた。彼は、祈雨の祈禱僧としての実績に自信をもっていたので、七日間には降雨があると考えたのであろう。しかし「頼基陳状」に、

「良観房悦びないて七日の内に雨ふらすべき由にて、弟子百二十余人、頭より煙を出だし、声を天にひびかし、あるいは念仏、あるいは請雨経《しょううきょう》、あるいは法華経、あるいは八斎戒を説きて種々に祈請す。四五日まで雨の気無ければ、たましいを失いて、多宝寺の弟子等数百人呼び集めて力を尽くし祈りたるに、七日の内に露ばかりも雨降らず」（同頁）

とあるように、弟子百二十余人、さらには多宝寺の数百人の僧を動員して懸命に祈ったが、まったく雨が降らないばかりか、大風さえ吹くありさまであった。良観は日延べを申し出て、七月四日まで祈禱を続けたが、それでも一滴の雨さえ降らなかった。

日蓮は三度まで使いを遣わして、雨すら降らすことのできない法で成仏が叶うわけがない、と良観を呵責した。このように祈雨の勝負は良観の惨敗に終わったが、良観は日蓮に帰服する態度は微塵も示さず、逆に日蓮への怨念を募らせていくことになった。

もとより、日蓮も良観が素直に日蓮に帰服することは想定していなかったであろう。日蓮が祈雨の勝負を仕掛けた目的は、良観がもっとも得意とする祈雨において良観の自尊心を打ち砕くことにより、日蓮への敵意をあえて掻き立てようとしたのではなかろうか。日蓮は、まさに迫害という「逆縁」によって妙法弘通を進めようとしたと解せられる。

いずれにしても、祈雨の勝負を仕掛けるということは自身の宗教的生命を賭すものであり、自身の祈りが天候をも左右できるという絶対の確信がなければ到底行えることではない。それをなしえたところに凡人ではうかがい知れない日蓮の深遠な境地があるという以外にない。仏法の「依正不二」の法理によれば、環境世界と自己の生命は一体のものであり、自身の一念が世界をも動かしうるものとされる。日蓮の行動はその法理に立脚した上でのものであったといえよう。

3 「行敏訴状御会通」

祈雨の勝負に惨敗した良観は策謀をもって日蓮を攻撃しようと企てた。同年七月四日、良観配下の念仏僧行敏《ぎょうびん》の名で論難の書状が日蓮のもとに送られてきたのである。「行敏初度の難状」（一七九頁）である。行敏は、元来は鎌倉浄土教勢力の中心的人物として知られる智慶《ちぎょう》（南無房）の弟子であったが、智慶の死後、浄土宗鎮西派の第三祖とされる念仏の大立者良忠《りょうちゅう》（念阿弥陀仏、一一九九～一二八七）の弟子となったと伝えられる（山川智応『日蓮聖人伝十講』三八五頁）。

「行敏《ぎょうびん》訴《そ》状《じょう》御《ご》会《え》通《つう》」に見られるように、この時期、良忠と良観は日蓮に敵対することで共同行動をとっており、行敏はいわば良忠・良観一派の配下として、彼等の指示のもとに「難状」を日蓮に送付したものと見られる。この点について大石寺第四世日道（あるいは同六世日時）は「三師御伝土代」に「極楽寺良観房、行敏を代官として聖人を訴え奉る」（『富士宗学要集』第五巻三頁）と述べ、行敏は良観の「代官」として行動したとしている。

「行敏初度の難状」の全文は次のようなものである。

「いまだ見参に入らずといえども、事の次いでをもって申し承るは常の習いに候か。そもそも風聞の如くんば、所立の義もっとももって不審なり。法華の前に説ける一切の諸経は皆これ妄語にして出離の法に非ずと〈これ一〉。大小の戒律は世間を誑惑《おうわく》して悪道に堕せしむるの法と〈これ二〉。念仏は無間地獄の業《ごう》なりと〈これ三〉。禅宗は天魔の説、もし依って行ずる者は悪見を増長すと〈これ四〉。事もし実《まこと》ならば仏法の怨敵なり。よって対面を遂げて悪見を破らんと欲す。はたまたその義無くんば、いかでか悪名を痛ませられざらんや。是非に付き、委しく示し賜るべきなり。恐々謹言。
七月八日　　　　　　　　　　僧行敏　花押
日蓮阿闍梨御房」（一七九頁）

ここにある通り、行敏は日蓮の主張について「不審」であるとし、対論を要求している。行敏は次のように日蓮の主張を挙げる。

①法華経以前の一切経は妄語であり、出離の法ではない。
②大小の戒律は世間を誑惑し、人を悪道に堕とす法である。
③念仏は無間地獄の業である。
④禅宗は天魔の説で、行ずる者は悪見を増長する。

ここではいわゆる「四箇の格言」のうち、「真言亡国」を除いて律・念仏・禅への破折が挙げられていることが注目される。当時、日蓮はこれらの諸宗を厳しく破折していたことがうかがわれる。

この「難状」に対して日蓮は、七月十三日、返事を出した。その全文は次の通り。

「条々御不審のこと、私《わたくし》の問答は事行き難く候か。しかれば上奏を経られ、仰せ下さるるの趣に随って是非を糾明せらる可く候か。この如く仰せを蒙り候条、もっとも庶幾《しょき》する所に候。恐々謹言。
七月十三日　　　　　　　　　　日蓮　花押
行敏御房御返事」（同頁）

すなわち日蓮は、私的な対論を拒否した上で、公場対決を実現するよう要求したのである。

良観・良忠らとしては日蓮を私的な対論の場に引き出し、その場で何らかの策謀を用いることで日蓮に打撃を与えようと企図したのであろう。しかし、その目論見は簡単に見破られて挫折してしまった。良観らとしては公権力が立ち会う公場対決では策謀を用いることも法論で勝利を収めることも不可能なので、公場対決の回避は絶対の命題であった。公場対決で敗北したならば、これまでの立場や権威を全て失うこととなるからである。

公場対決を回避しなければならない良観らは次の策謀を企てた。行敏の名で日蓮を刑事犯として訴え、公権力を利用して日蓮を迫害しようとしたのである。当時は刑事裁判を管轄した機関は侍所《さむらいどころ》であったので、その訴状も侍所に提出されたと推定される。

良観側から訴えが提起されたことに対し、日蓮は当時の刑事裁判手続に従い、答弁書（陳状）を当局に提出した。それが「行敏訴状御会通」である。この訴えは行敏の名を借りていても、実質的には極楽寺良観と良忠（念阿弥陀仏）、道教（道阿弥陀仏、念空）の三人によるものであった。

このことは冒頭の、「当世日本第一の持戒の僧良観聖人、並びに法然上人の孫弟子念阿弥陀仏、道阿弥陀仏等の諸聖人等、日蓮を訴訟する状に云わく、早く日蓮を召し決せられて邪見を摧破し、正義を興隆せんと欲すること云々。日蓮云わく、邪見を摧破し正義を興隆せば、一眼の亀の浮き木の穴に入るならん。幸甚幸甚」（一八〇頁）の文に明らかである。

　良忠（一一九九〜一二八七）は、法然の高弟で諸行往生義を説いた鎮西派の祖弁長《べんちょう》の弟子である。浄土宗鎮西派教学の大成者として知られ、鎮西派においては法然・弁長に次いで第三祖としている。九州で浄土教の教義を弁長の下で学び、建長元（一二四九）年に関東に入って、下総・上総・常陸の三国に法然流の専修念仏を弘めてきた。

　道教（念空、生年不詳〜一二八七）は法然の晩年の弟子で諸行本願義を説いた長西の弟子。北条一門の名越氏の帰依を受け、新善光寺の別当として良忠と並ぶ鎌倉浄土教勢力の中心人物であった。叡尊から具足戒を受け、叡尊の鎌倉下向の記録である「関東往還記」には「念仏者の主領」と記されている。弘長二年述作とされる「論談敵対御書」によれば、日蓮が道教と法論して打ち破ったことから、道教の働きかけで念仏者が日蓮教団を襲撃する事件が起きている（『昭和定本』第一巻二七四頁）。日蓮と道教の厳しい敵対関係は弘長年間から続いていたのである。

「行敏訴状御会通」によれば、良観らが日蓮を訴えた諸点は次のようなものである。

①日蓮は、一代聖教の中で一つを是とし、他を非としている。
②日蓮は、法華経一部だけに執着して他の大乗教を誹謗している。
③日蓮は、法華以前の諸経は妄語であるとしている。
④日蓮は、念仏は無間地獄の業であるとしている。
⑤日蓮は、禅宗は天魔の説であるとしている。
⑥日蓮は、大乗・小乗の戒律は世間を誑惑する法であるとしている。
⑦日蓮は、阿弥陀・観音などの像を火に入れ、水に流している。
⑧日蓮は、凶徒を部屋に集めている。
⑨日蓮は、弓箭・兵杖を貯えて武装している。

①から⑥は、いわば宗教上の非難で、先の「行敏初度の難状」の主張とほぼ重複している。⑦⑧⑨は刑事告発に当たる部分である。現代的にいえば、凶器準備集合罪ないしは騒乱予備罪に当たる罪状の告発といえよう。

　ここで注目すべきは、⑦⑧⑨の刑事告発に当たる部分である。

⑦について日蓮は、確かな証人を出すべきであると反論

し、もし証人を出せないならば、良観らが自ら本尊の仏像を破却し、その罪を日蓮に負わせようとしているものであるとしている。ここから、良観一派が仏像破却などを行い、その罪を日蓮教団に着せる策謀を既に行っていたことがうかがわれる。

⑧について日蓮は、法華経の「三類の強敵《ごうてき》」の法理に照らして建長寺・寿福寺・極楽寺などの鎌倉の諸大寺こそ悪人を集めている「悪所」であると反論している。

ここで「両行は公処に向かう」（一八二頁）は、中国天台宗の智度《ちど》法師（妙楽大師の弟子）の著『東春《とうしゅん》』の文である。「両行」とは「二つの行」の意で、法華経勧持品二十行の偈のうち「僣聖増上慢《せんしょうぞうじょうまん》」について述べた次の八句二行、即ち「常に大衆の中に在って　我等を毀らんと欲するが故に国王・大臣　婆羅門・居士　及び余の比丘衆に向かって　誹謗して我が悪を説いて　是れ邪見の人　外道の論議を説くと謂わん」（法華経四一九頁）の文を指す。

『東春』のこの文は、僣聖増上慢に当たる悪比丘が国王・大臣・婆羅門・居士などの「公処」（公的な力を持つ存在）に対して法華経の行者の悪を言い立て、その力を利用して法華経の行者を迫害する、との意である。日蓮は常々、良観などこそが法華経の行者に対する讒言を権力者に吹き込んで法華経の行者の迫害を企てている悪人であると破折してきた。

⑨の「弓箭・兵杖を貯えて武装している」との批判に対して日蓮は、法華経を守護するために弓箭・兵杖を持つことは国王を守護するために武器を集めるのと同様、仏法において定まった法であるとしている。

ここで日蓮は武器を所持していることを否定していない。当時の鎌倉市内の治安状況は必ずしも良好ではなく、自衛のためには僧侶であっても刀剣などを所持することが一般的であったからである。

さらに「行敏訴状御会通」で重要なことは、良観一派の策謀を暴露していることである。すなわち、同書には次のように記されている。

「良観上人等弘通する所の法、日蓮が難脱れ難きのあいだ、既に露顕せしむべきか。故に、かの邪義を隠さんがために諸国の守護・地頭・雑人《ぞうにん》等を相語らいて言わく『日蓮並びに弟子等は阿弥陀仏を火に入れ、水に流す。汝等が大怨敵なり』と云々。『頸を切れ、所領を追い出せ』等と勧進するが故に、日蓮の身に疵《きず》を被り、弟子等を殺害に及ぶこと数百人なり。これひとえに良観・念阿・道阿等の上人の大妄語より出でたり。心有らん人々は驚くべし、怖るべし」（一八二頁）

すなわち、良観一派は「日蓮とその門下が阿弥陀仏を火に入れ、水に流している」という事実無根のデマを言い立て、「日蓮一派の頸を切れ、追放せよ」との世論を作り上げようとしていたのである。

良観一派が起こしたこの刑事訴訟がどのようになったかといえば、日蓮の陳状に対して良観らが再訴状を出した形跡はない。そこで良観側の主張は、結局、根拠のないものとして取りあげられず、退けられたと考えられる。訴訟を続けた場合、当時の訴訟手続によって訴えた側と訴えられた側の両者が召喚されて法廷上の対論となり（鎌倉時代の刑事裁判すなわち「検断沙汰《けんだんざた》」は、被告に対して答弁を求める「問状《といじょう》」の発行から三問三答の訴陳《そちん》を番《つが》え、告訴人と被告の対決を経て引付で評議し、判決を下した〈石井良助『日本法制史概説』二九三頁〉）、そこで良観らは訴訟を続ける意志を放棄することによって公の場で論破されるという事態を避けようとしたのであろう。

日蓮の陳状によって、訴訟を利用して日蓮を攻撃しようとした良観らの策謀は完全に挫折した。良観らは仏法上の法論でも国法上の訴訟によっても日蓮に勝つことができないことを知り、権力者の夫人たちに働きかけて日蓮の追い落としを図る謀略を行っていくことになる。

良観らの訴訟は挫折に終わったが、良観らが今日でいう凶器準備集合罪ないしは騒乱予備罪などの嫌疑で日蓮を告発したという事実は、容易ならざる意味をもっている。それは、日蓮一派は時の政治秩序に異を唱える危険集団であるとの認識が良観らを含む体制側一般にあったことを示唆している。支配体制の一翼を担っていた良観らが起こしたこの訴訟は、その認識を端的に示したものといえよう。

日蓮と門下に対する文永八年の厳しい弾圧は、後に述べるように、蒙古襲来の危機に直面した幕府権力が国内の統制を強化するために行った悪党禁圧政策の一貫と見られる。日蓮教団を悪党視する政権側の認識は、良観らの訴訟に見られる認識とほぼ軌を一にしているといえよう。

4　良観らの裏面工作

良観らが行った裏面工作について日蓮は次のように述べている。

「たのむところの弥陀念仏をば日蓮が無間地獄の業《ごう》と云うを聞き、真言は亡国の法と云うを聞き、持斎《じさい》は天魔の所為と云うを聞いて、念珠をく（繰）りながら歯をくいちがえ、鈴をふるにくび（頸）おどりたり。戒を持ちながら悪心をいだく極楽寺の生き仏の良観聖人、折紙をささげて上《かみ》へ訴え、建長寺の道隆聖人は輿に乗りて奉行人にひざまずく。諸の五百戒の尼御前等ははく（帛）をつかいてでんそう（伝奏）をなす」（「妙法比丘尼御返事」一四一六頁）

良観・道隆らは尼御前などを動かして幕府要人に日蓮と

門下への迫害を働きかけていった。

「種種御振舞御書」には次のように述べられている。

「念仏者・持斎・真言師等、自身の智は及ばず、訴状も叶わざれば、上郎《じょうろう》・尼ごぜんたちにとりつきて種々にかまえ申す。故最明寺入道殿・極楽寺入道殿を無間地獄に堕ちたりと申し、建長寺・寿福寺・極楽寺・長楽寺・大仏寺等をやきはらえと申し、道隆上人・良観上人等を頸をはねよと申す。御評定になにとなくとも日蓮が罪禍まぬかれがたし」（九一一頁）

それによれば、良観・道隆らがまず働きかけたのは、幕府要人の夫人（上郎）や未亡人（尼御前）たちであった。

そこで彼等が主張した内容は、
①日蓮は、北条時頼（最明寺入道）と北条重時（極楽寺入道）を無間地獄に堕ちたと言っている、
②日蓮は、建長寺・寿福寺・極楽寺などを焼き払えと言っている、
③日蓮は、道隆・良観らを斬首せよと言っている、
④評定によるまでもなく、日蓮の有罪性は明らかである、
というものであった。

道隆は時頼の、良観は重時の帰依を受けていたので、彼らが両者の未亡人に働きかけることは容易であったであろう。彼女たちは道隆・良観らに動かされ、日蓮の処罰を要人たちに主張するようになった。この事情について「報恩抄」には、「禅僧数百人・念仏者数千人・真言師百千人、あるいは奉行につき、あるいはきり（権家）人につき、あるいはきり女房につき、あるいは後家尼御前等について無尽のざんげんをなせしほどに、最後には『天下第一の大事、日本国を失わんと咒《じゅ》そする法師なり。故最明寺殿・極楽寺殿を無間地獄に堕ちたりと申す法師なり。御尋ねあるまでもなし。ただ須臾《しゅゆ》に頸をめせ。弟子等をばまた頸を切り、あるいは遠国につかわし、あるいは籠《ろう》に入れよ』と尼ごぜんたち（御前達）いからせ給いしかば、そのまま行われけり」（三二二頁）と述べられている。

5　召喚と取り調べ

そこで日蓮は、九月十日に幕府に召喚されることとなった。召喚し、取り調べに当たったのは、軍事・警察権を掌握し、刑事事件を管轄する侍所《さむらいどころ》であったと考えられる。

その召喚・取り調べの状況について「種種御振舞御書」には次のように記されている。

「奉行人の云わく『上《かみ》のおほせかくのごとし』と申せしかば、『上件《かみくだん》のこと、一言もたがわず申す。ただし、最明寺殿・極楽寺殿を地獄ということはそらごとなり。この法門は最明寺殿・極楽寺殿、御存生の時より申せしことなり。詮ずるところ、上件のことどもはこの国をおも

いて申すことなれば、世を安穏にたもたんとおぼさば、かの法師ばらを召し合わせてきこしめせ。さなくして彼等にかわりて理不尽に失《とが》に行わるるほどならば、国に後悔あるべし。日蓮御勘気をかほらば、仏の御使いを用いぬになるべし。梵天・帝釈・日月・四天の御とがめありて、遠流・死罪の後、百日・一年・三年・七年が内に自界叛《じかいほん》逆難《ぎゃくなん》とて、この御一門どしうち（同士打）はじまるべし。その後は他国侵逼難《たこくしんぴつなん》とて、四方より、ことには西方よりせめられさせ給うべし。その時、後悔あるべし』と平左《へいの》衛門尉《さえもんのじょう》に申し付けしかども、太政入道《だいじょうにゅうどう》のくるいしように、すこしもはばかることなく物にくるう」（九一一頁）

すなわち侍所の奉行人は、先の①から③の主張について、そのように日蓮が主張していたことは事実かどうか問い質《ただ》した。それに対して日蓮は、「上件のこと、一言もたがわず申す」と一応はそれらの事実を認めつつ、①については「そらごとなり」と否認している。すなわち、悪法に帰依して正法を誹謗すれば誰人であっても地獄に堕ちるとの普遍的な法理は時頼・重時の存命中から主張していたことであり、彼等の死後になってから、とりわけ時頼と重時を名指しして彼らが地獄に堕ちたと言ったということは虚偽であると反論した。良観らは日蓮が主張していた普遍的な法理を利用して、あたかも日蓮が特定の死者を冒涜《ぼうとく》しているような虚像を捏造したのである。

ただし、日蓮は、②の建長寺・極楽寺などの諸大寺を焼き払えと言ったこと、また③の道隆・良観らを斬首せよと主張したことは事実であると承認している。

同様の表現は身延期の「撰時抄」「法蓮抄」にも見られる。すなわち次の文である。

「文永八年九月十二日申《さる》の時に平左衛門尉に向かって云わく『日蓮は日本国の棟梁なり。予を失うは日本国の柱《はし》橦《ら》を倒すなり。只今に自界反逆難とてどしうちして、他国侵逼難とてこの国の人々他国に打ち殺さるるのみならず、多くいけどりにせらるべし。建長寺・寿福寺・極楽寺・大仏・長楽寺等の一切の念仏者・禅僧等が寺塔をばやきはらいて、彼等が頸をゆいのはまにて切らずば日本国必ずほろぶべし』と申し候い了わんぬ」（「撰時抄」二八七頁）

「まさに知るべし、これよりも大事なることの一閻浮提の内に出現すべきなりと勘えて、立正安国論を造りて最明寺入道殿に奉る。かの状に云わく〈取詮〉『この大瑞は他国よりこの国をほろぼすべき先兆なり。禅宗・念仏宗等が法華経を失う故なり。かの法師原が頸をきりて鎌倉ゆいの浜にすてずば国まさに亡ぶべし』等云々」（「法蓮抄」一〇五三頁）

これらの記述によるならば、文永八年当時、日蓮が常々、建長寺などの破却と道隆・良観らの斬首を主張していたと推測できる。この点は、どのように考えるべきであろうか。

日蓮の本意は、「立正安国論」において謗法の僧の斬首に言及する客に対し、主人の言葉として、「全く仏子を禁《いまし》むるには非ず。ただひとえに謗法を悪《にく》むなり。夫れ釈迦の以前、仏教はその罪を斬るといえども、能忍《のうにん》の以後、経説は則ちその施を止む」（三〇頁）とあることからも明らかである。すなわち日蓮は、暴力による他宗の制圧を求めるのではなく、謗法の他宗への帰依を止め、布施を停止すべきであるとしている。このことは九月十日の取り調べの際にも、「世を安穏にたもたんとおぼさば、かの法師ばらを召し合わせてきこしめせ」（九一一頁）と、他宗の僧侶を召喚して公場対決を実現させるよう求めているところにも表れている。どこまでも日蓮は言論による決着を主張したのである。

それにもかかわらず、日蓮が他宗寺院の破却と道隆・良観らの斬首を主張したのは、その主張が良観らの耳に入ることを予見しての言動であり、良観らの怒りを挑発し、法難を惹起せしめる意図であったと考えられる。それは、いわば戦略的なレトリックであり、字義通りに（リテラルに）受け止めるべきではない。十一通御書であえて激越な言辞をもって良観らを痛罵したことと軌を一にしている。

文永六年の「金吾殿御返事」（大師講御書）に、「人身すでにうけぬ。邪師またまぬがれぬ。法華経のゆえに流罪に及びぬ。今、死罪に行われぬこそ本意ならず候え。『あわれ、さることの出来し候えかし』とこそはげみ候いて、方々に強言をかきて挙げおき候なり」（九九九頁）とあるように、日蓮の闘争はあえて自ら難を引き起こす趣をもっていた。法難を引き受けることで法華経の予言を身読し、それによって自身が法華経の行者であることを客観的に証明しようとしたからである。

ところで「種種御振舞御書」には、当初、取り調べに当たったのは「奉行人」であったと記されている。鎌倉時代末期に成立した法律用語の解説書である『沙汰未練書《さたみれんしょ》』によれば、侍所の構成員は所司（頭人）と奉行人から成り、侍所の次官である所司が得宗家身内人（得宗被官）であったのに対し、奉行人は外様の御家人であった。判決前の手続を進める奉行人は弘安末期まで侍所専属の者ではなく、従来の訴訟機関である問注所・政所などの訴訟事務に練達した文筆技術者から選ばれて侍所奉行人の任に当たったものと考えられている（佐藤進一『鎌倉幕府訴訟制度の研究』九八頁）。

しかし、この日の取り調べは奉行人ではなく、実質的に侍所の実権を掌握する所司（次官）である平左衛門尉が直接当たることとなった。先に引いた「種種御振舞御書」の文に明らかなように、日蓮は平左衛門尉に対し、日蓮への弾圧に踏み切るならば百日・一年・三年・七年のうちに自界叛逆難・他国侵逼難が起こると予言し、厳しく警告した。侍所の所司は、全国の守護・地頭を統率し、軍事警察権、刑事裁判権を実質的に掌握する権力者である。平左衛門尉がこの日、「太政入道（平清盛《たいらのきよもり》のこと――引用者）のくるいしように、すこしもはばかることなく物にくるう」とあるように激怒したのは、その権力・権威を日蓮から全く無視されたように感じたからであろう。

鎌倉幕府の侍所は、治承《じしょう》四（一一八〇）年十一月、源頼朝が和田義盛《わだよしもり》を侍所の別当（長官）に任命したことをもって始まる。侍所の機能は、守護・地頭を指揮・統轄して御家人の掌握・統制に当たることであり、また鎌倉の警察を担うことであった。その後、その権限が逐次拡大され、刑事訴訟をも管轄するに至った。鎌倉幕府の軍事的・経済的基盤が御家人にあったことを考えれば、御家人を統轄する侍所は幕府の生命線ともいうべき中枢の機関であった。執権の北条氏が、その別当（長官）職を他に譲らず、また所司（次官）に自らの家臣（得宗被官）を置いたのも、侍所こそが幕府権力の源泉を担う機関であったからである。したがって、その侍所を実質的に掌握する所司職が大きな権力を握っていたことも理解できよう。

平左衛門尉頼綱《よりつな》がいつから侍所所司の職にあったか、正確には明らかでない。頼綱の父と見られる平左衛門尉盛時《もりとき》が正嘉年間に所司を務めており（『吾妻鏡』正嘉二年三月一日条）、その後、頼綱がその職を継承したものと考えられる。

6　「一昨日御書」

九月十日の召喚・取り調べで平左衛門尉は激怒したものの、その時は日蓮に対して具体的な措置を取ることはなかった。その二日後の九月十二日、日蓮は平左衛門尉に対して書簡を送った。それが「一昨日御書」である。真筆はないが、写本に「日朝本」と「平賀本」がある。

公人に対する書簡として、細部の言辞にも配慮した堂々たる漢文で記されている。

まず、「一昨日、見参に罷《まか》り入り候の条、悦び入り候」（一八三頁）と、九月十日に平左衛門尉と会見したことを喜びとする。刑事警察の事実上の責任者による取り調べであったにも関わらず、日蓮がその点をまったく意に介していないことが分かる。そして日蓮は、人々が正法に背いて邪法に帰している故に聖人・善神が国を捨て去っているとの「立正安国論」の主張を要約して述べ、安国論における予言が現実のものとなっていることを指摘して、日蓮の言葉に耳を傾けるべきことを説いている。

本抄によれば、この時、日蓮は「立正安国論」一巻を平左衛門尉に進呈した。「貴辺は当時、天下の棟梁なり」と平左衛門尉が実質的に大きな権力を掌握している存在であることを認め、その故に、「早く賢慮を回《めぐ》らして、すべからく異敵を退くべし」（同頁）と、平左衛門尉に対して諫暁しているのである。

しかし、同日夕刻、平左衛門尉は数百人の兵士を率いて松葉ケ谷の草庵に現れ、日蓮を逮捕するに至った。九月十日の召喚・取り調べから二日の間に幕府において日蓮の処置が検討・決定され、平左衛門尉自らがその執行に当たったのである。

7　逮捕と連行

その時の模様について「種種御振舞御書」では次のように述べられている。
「去ぬる文永八年［太歳辛未］九月十二日、御勘気をかおる。その時の御勘気のようも常ならず、法にすぎてみゆ。了行《りょうこう》が謀反をおこし、大夫《たいふ》の律師が世をみださんとせしをめしとられしにもこえたり。平左衛門尉、大将として数百人の兵者《つわもの》にどうまろ(胴丸)きせて、えぼうし(烏帽子）かけして眼をいからし、声をあらうす。（中略）
さて、平左衛門尉が一の郎従少輔房《しょうぼう》と申す者、はしりよりて日蓮が懐中せる法華経の第五の巻を取り出だして、おもてを三度さいなみて、さんざんとうちちらす。また九巻の法華経を兵者ども打ちちらして、あるいは足にふみ、あるいは身にまとい、あるいはいたじき・たたみ等、家の二三間にちらさぬ所もなし。日蓮、大高声を放ちて申す。『あらおもしろや、平左衛門尉がものにくるうを見よ。とのばら、ただ今日本国の柱をたおす』とよばわりしかば、上下万人あわてて見えし。日蓮こそ御勘気をかおれば、おくして見ゆべかりしに、さはなくして、『これはひがことなり』とやおもいけん、兵者どものいろこそへんじて見えしか。十日並びに十二日の間、真言宗の失《とが》、禅宗・念仏等、良観が雨ふらさぬこと、つぶさに平左衛門尉にいいきかせてありしに、あるいはどっとわらい、あるいはいかりなんどせしことどもは、しげければしるさず」（九一一頁）
この記述によれば、逮捕の際、平左衛門尉の郎党などが法華経の巻軸をもって日蓮を打擲《ちょうちゃく》し、法華経を室内に撒き散らすなどの狼藉を働いたが、日蓮が大音声を放って「平左衛門尉がものに狂う様を見よ。あなたたちは今、日本国の柱を倒したのである」と言い切ったので、兵士たちの方が「この逮捕は誤りかもしれない」と疑念を抱くことになってしまった。そして諸宗の誤りや良観の祈雨の失敗などについて、兵士たちが日蓮から話を聞くような状況となったのである。
また「撰時抄」には次のようにある。
「去にし文永八年九月十二日申《さる》の時に平左衛門尉に向かって云わく、『日蓮は日本国の棟梁なり。予を失うは日本国の柱《はしら》を倒すなり。只今に自界反逆難とてどしうちして、他国侵逼難とてこの国の人々、他国に打ち殺さるのみならず、多くいけどりにせらるべし。建長寺・寿福寺・極楽寺・大仏・長楽寺等の一切の念仏者・禅僧等が寺塔をばやきはらいて、彼等が頸をゆいのはまにて切らずば日本国必ずほろぶべし』と申し候い了わんぬ」(二八七頁)

日蓮は平左衛門尉に向かって、このままでは自界叛逆難・他国侵逼難が不可避であることを指摘し、諫暁した。日蓮は、権力によって逮捕・連行される時をも国主諫暁の機会としたのである。

そもそも、捕縛に向かう体制が「常ならず、法にすぎてみゆ」とあるように異様であった。日蓮とわずかな弟子しかいないところに完全武装をした数百人の兵士を率いて逮捕に臨んだのである。この異様な逮捕劇は、まさに日蓮とその門下が秩序転覆を企てる危険集団であるかのように世間に示そうとするプロパガンダであった面があったと思われる。ここに日蓮とその門下を「謀反」を企てた罪人として処断しようとする幕府権力の意志が示されていたといえよう。

しかし、日蓮を謀反を企図する国事犯として逮捕しようとすること自体に事実歪曲の無理がある。だからこそ、兵士たちも不当逮捕の気配を感じて日蓮の言葉に耳を傾けることになったのであろう。

この逮捕は先の「撰時抄」の文に「申の時《さる》」とあることから午後四時ごろと考えられる。次いで、「日中に鎌倉の小路をわたすこと、朝敵のごとし」(一五二五頁)、「この十二日酉《とり》の時、御勘気、武蔵守《むさしのかみ》殿御あずかりにて」(九五一頁)とあるように、当局は、まだ日のあるうちに日蓮を馬に乗せて鎌倉の小路を引きまわし、酉の時すなわち午後六時ごろ処分を言い渡して武蔵守(北条宣時《のぶとき》)の「預かり」とした。ここでも「朝敵のごとし」とあるように、日蓮への幕府の対応はまさに謀反人に対するものであった。酉の時に処分を言い渡した場所は逮捕の経過から侍所であり、言い渡したのは侍所の事実上の頭領である平左衛門尉であったと見るべきであろう。

ここでは通常の刑事裁判のように告発人との弁論のやり取りはない。侍所は告発を待たず、職権で逮捕し、処分を言い渡したのである。

「光日房御書」に、「念仏者・禅宗・律僧等が寺をばやきはらい、念仏者どもが頸をはねらるべしと申す上、故最明寺・極楽寺の両入道殿を阿鼻地獄に堕ち給いたりと申すほどの大禍ある身なり。これ程の大事を上下万人に申しつけられぬる上は設《たと》いそらごとなりともこの世にはうかびがたし。いかにいわうや、これはみな朝夕に申し、昼夜に談ぜしうえ、平左衛門尉等の数百人の奉行人に申しきかせ、いかにとがに行わるとも申しやむまじきよし、したたかにいいきかせぬ」（九二七頁）とあり、また「頼基陳状《よりもとちんじょう》」に、「日蓮、御勘気を蒙る時、このこと御尋ね有りしかば、有りのままに申し給いき」（一一五八頁）とあることから考えるならば、処分申し渡しの前に尋問があり、日蓮はどのような処罰を受けようとも自身の主張を撤回する意志は毛頭ないことを改めて言い切ったと推測される。

竜《たつ》の口《くち》の法難における処置の法的側面についてはなお研究されるべきことは多い。当時、国家権力に対する犯罪は当事者の告訴を待たず職権主義によって処理されたのが通例である（石母田正・佐藤進一編『中世の法と国家』三八〇頁）。その故に、職権による逮捕と判決申し渡しに踏み切った事実は、刑事当局がまさに日蓮を謀反人に類する国事犯として処断したことを示している。

言い渡しの内容は「下山御消息」に、「外には遠流と聞えしかども、内には頸を切ると定めぬ」（三五六頁）とあるように、表向きは佐渡への流罪であった。だからこそ佐渡国の守護である北条宣時邸に「預かり」としたのである。しかし、少なくとも処断に当たった平左衛門尉は、内々で日蓮を斬首する意志を固めていた。

佐渡流罪という処分は、幕府全体の判断であったと考えられる。もしも侍所だけで決定したのであれば、流罪ではなく、事実上の長官である平左衛門尉の意志のままに死罪となっていたと思われるからである。竜の口での処刑失敗後、日蓮の最終処分が約一ヵ月も決定しなかったという事実は、日蓮の処分について幕府内部で多様な意見があったことを物語っている。すなわち、日蓮の処分は侍所という一機関を超える幕府全体の意志によるものであったことを考えれば、当初言い渡された佐渡流罪という決定は幕府中枢の総意によるものと考えるべきであろう。だからこそ、その処分に不満な平左衛門尉は、内々で日蓮を斬首しようとしたのである。

日蓮への処分については、蒙古の国書が当来した文永五年の時点で「種種御振舞御書」には、「御評定に詮議あり」（九一〇頁）とあり、また文永八年の段階でも「御評定になにとなくとも」（九一一頁）とある。「御評定」とあることから推察すれば、日蓮の処分については評定衆によって検討されたと考えられる。すなわち、日蓮とその教団に関する問題は単なる刑事事件としてではなく、政治問題の一環として扱われたと見られる。

日蓮への処分が九月十二日の時点で行われたことも、このことを裏づけるものといえよう。というのは、翌日の九月十三日、幕府は御教書《みぎょうしょ》を発し、九州に所領を持つ関東の御家人に対して九州に下向して蒙古襲来に備えるとともに所領内の「悪党」を鎮圧するよう命じている。

このとき発せられた関東御教書の例を挙げれば、次のようなものである（原文は漢文）。

「蒙古人襲来すべきの由、その聞こえ有るの間、御家人等を鎮西に差し遣わすところなり。早速、自身肥後国の所領に下向し、守護人に相伴い、かつうは異国の防御を致さしめ、かつうは領内の悪党を鎮《しず》むべし。てえれば、仰せによって執達件《くだん》の如し。

文永八年九月十三日　相模守（北条時宗）花押

左京権大夫（北条政村）花押

小代右衛門尉子息等」

（『中世法制資料集』第一巻三二八頁）

蒙古に日本への軍事攻勢の意志があることは文永五年の国書到来以来、広く知られていたが、その後、蒙古側に具体的な準備の動きが見られなかったため、しばらくその危機感は薄らいでいた。しかし、文永八年九月の時点で事態は急速に緊迫した。蒙古襲来の危機を伝える高麗の国書が日本にもたらされたからである。それによって、蒙古による日本襲来が単なる脅しではなく具体性のある計画であることが分かり、幕府は急遽、防衛体制を改めて強化する必要に迫られることとなった。

そこで、幕府にとって、幕府の指示に従わずに国内の統制を乱す恐れのある「悪党」を押さえ込むことが急務になった。日蓮とその教団に対する弾圧は当時の防衛体制強化の一環としてなされたものと考えられる。

北条宣時邸《のぶとき》に預かりになっていた日蓮は、夜半になって竜の口の刑場へと連行された。このことは斬首の処分について、平左衛門尉と北条宣時が連携を保っていたことを暗示している。宣時が預っている罪人を夜半に連行するということは、当然、宣時の同意がなければできないことであるからである。

北条宣時は、大仏家《おさらぎ》を開いた北条時房《ときふさ》（初代執権北条時政《ときまさ》の子、第二代執権北条義時《よしとき》の弟）の孫で、大仏宣時ともいう。大仏家は北条得宗家に終始協力的で、宣時も評定衆・連署などの要職を歴任し、北条得宗家の独裁体制を補佐している。

連行の途中、日蓮は馬から降り、鶴岡《つるがおか》八幡宮に向かって八幡神を厳しく諫暁した。その時の模様は「種種御振舞御書」に次のように述べられている。

「さては十二日の夜、武蔵守殿のあずかりにて夜半に及び、頸を切らんがために鎌倉をいでしに、わかみやこうじ（若宮小路）にうちいでて四方に兵のうちつつみてありしかども、日蓮云わく『各々さわがせ給うな。べち（別）のことはなし。八幡大菩薩に最後に申すべきことあり』とて、馬よりさしおりて高声に申すよう。『いかに八幡大菩薩はまことの神か。和気清丸《わけのきよまろ》が頸を刎ねられんとせし時は長《たけ》一丈の月と顕れさせ給い、伝教大師の法華経をこう（講）ぜさせ給いし時はむらさきの袈裟を御布施にさずけさせ給いき。今、日蓮は日本第一の法華経の行者なり。その上、身に一分のあやまちなし。日本国の一切衆生の法華経を謗じて無間大城におつべきをたすけんがために申す法門なり。また大蒙古国よりこの国をせむるならば、天照太神・正八幡とても安穏におわすべきか。その上、釈迦仏、法華経を説き給いしかば、多宝仏・十方の諸仏・菩薩あつまりて日と日と月と月と星と星と鏡と鏡とをならべたるがごとくなりし時、無量の諸天並びに天竺・漢土・日本国等の善神・聖人あつまりたりし時、各々法華経の行者におろかなるまじき由の誓状まいらせよとせめられしかば、一々に御誓状を立てられしぞかし。さるにては日蓮が申すまでもなし。いそぎいそぎこそ誓状の宿願をとげさせ給うべきに、いかにこの処にはおちあわせ給わぬぞ』とたかだかと申す。

さて、最後には『日蓮、今夜頸切られて霊山浄土へまいりてあらん時は、まず天照太神・正八幡こそ起請を用いぬかみ（神）にて候いけれと、さしきりて教主釈尊に申し上げ候わんずるぞ。いたしとおぼさば、いそぎいそぎ御計らいあるべし』とて、また馬にのりぬ」（九一二頁）。

いうまでもなく鶴岡八幡宮は鎌倉幕府にとって幕府そのものの守護神ともいうべき中心的な宗教施設である。毎年、将軍が参詣することはもちろん、八月に将軍臨席のもとに行われる流鏑馬《やぶさめ》の行事は幕府の御家人にとって最も重要な行事であった。鎌倉幕府の宗教的主柱ともいうべき鶴岡八幡宮を日蓮は痛烈に叱咤・諫暁したのである。このような言動は、恐らく護衛の兵士を驚愕させるものであっただろう。「幕府が挙げて崇拝する八幡大菩薩をも叱咤・譴責する日蓮とは一体、何者なのか。このような人物を斬首することは、もしかすると取り返しのつかない重大な誤りとなるのではないか」――。常人では到底考えられない日蓮の行動は、兵士たちの心に少なからぬ波動を及ぼしたと見ることができよう。

逮捕の際に平左衛門尉を堂々と諫暁した日蓮の振る舞い、また八幡大菩薩をも叱咤する言動に接して、兵士たちの心は竜の口の刑場に到着する前にかなりの動揺を来たしていたのではなかろうか。竜の口の刑場における斬首の挫折は、連行の時点においてその原因が存していたと思われる。

連行の途中、御霊《ごりょう》神社の前にさしかかった所で、日蓮は童子を四条金吾のところに遣わして竜の口の刑場に向かうことを告げさせた。四条金吾としては、日蓮が斬首の刑を受けるとは寝耳に水の事態である。驚愕して兄弟とともに駆けつけた金吾は、夢中で日蓮を乗せた馬の口に取りつき、日蓮が処刑されることになれば自分も殉教する決意で供をした。

このことについて「種種御振舞御書」には次のように述べられている。

「ゆいのはまにうちいでて、御りょうのまえにいたりてまた云わく『しばしとのばら、これにつぐべき人あり』とて、中務《なかつかさ》三郎左衛門尉と申す者のもとへ熊王と申す童子をつかわしたりしかば、いそぎいでぬ。

『今夜、頸切られへまかるなり。この数年が間願いつることこれなり。この娑婆世界にしてきじ（雉）となりし時はたか（鷹）につかまれ、ねずみとなりし時はねこにくらわれき。あるいはめこ（妻子）のかたきに身を失いしこと大地微塵より多し。法華経の御ためには一度だも失うことなし。されば日蓮、貧道の身と生まれて父母の孝養、心にたらず、国の恩を報ずべき力なし。今度頸を法華経に奉りてその功徳を父母に回向せん。そのあまりは弟子・檀那等にはぶくべしと申せしことこれなり』と申せしかば、左衛門尉・兄弟四人、馬の口にとりつきて、こしごえ（腰越）たつの口にゆきぬ」（九一三頁）

いよいよ刑の執行という時、金吾は声を上げて泣いた。長年従ってきた師との永別の時が来たと思ったからであろう。日蓮に続いて自分も殉教を遂げようとする気配であった。

日蓮は、この時の四条金吾の振る舞いを深く受け止め、後年、金吾に宛てて次のように述べている。

「返す返す今に忘れぬことは、頸切れんとせし時、殿はとも（供）して馬の口に付きて、なきかなしみ給いしをばいかなる世にか忘れなん。設《たと》い殿の罪ふかくして地獄に入り給わば、日蓮をいかに仏になれと釈迦仏こしら（誘）えさせ給うとも、用いまいらせ候べからず。同じく地獄なるべし。日蓮と殿と共に地獄に入るならば、釈迦仏・法華経も地獄にこそおわしまさずらめ」（一一七三頁）

「何事よりも文永八年の御勘気の時、既に相模国・竜の口にて頸切られんとせし時にも殿は馬の口に付いて足歩赤足《かちはだし》にて泣き悲しみ給いしこと、実《まこと》にならば腹きらんとの気色なりしをば、いつの世にか思い忘るべき」（一一九三頁）

四条金吾は、鎌倉の信徒の中心的存在であり、日蓮をもっとも深く慕っていた門下の一人であった。ちなみに四条金吾は、日蓮が佐渡に流刑された後、佐渡まで足を運び、日蓮の配所を訪ねている。男性の在家信徒で佐渡の配所まで赴いた門下は四条金吾だけであった。この事実にも金吾の日蓮を慕う心の深さがうかがえる。日蓮が、斬首の場に臨むという生涯最大の事件にあえて金吾を立ち合わせようとしたのも、金吾との深い心情的な絆を酌み取っていた故であろうか。

8　斬首の場

竜の口の刑場に到着した日蓮は、いよいよ斬首の場に臨んだ。そして遂に刑が執行されようとした時、突然、江ノ島の方角から強烈な光り物が現れ、刑の執行は中止となった。その模様は「種種御振舞御書」には次のように述べられている。

「ここにてぞ有らんずらんとおもうところに、案にたがわず兵士《つわもの》どもうちまわりさわぎしかば、左衛門尉申すよう、『只今なり』となく。日蓮申すよう、『不かくのとのばらかな。これほどの悦びをばわらえかし。いかにやくそくをばたがえらるるぞ』と申せし時、江のしまのかたより月のごとくひかりたる物、まり（毬）のようにて、辰巳《たつみ》のかたより戌亥《いぬい》のかたへひかりわたる。

十二日の夜のあけぐれ（明暗）、人の面もみえざりしが、物のひかり月よのようにて、人々の面もみなみゆ。太刀取り目くらみ、たふれ臥し、兵共おじ怖れ、きょうさめ（興醒）て一町計りはせのき、あるいは馬よりおりてかしこまり、あるいは馬の上にてうずくまれるもあり。日蓮申すよう、『いかにとのばら、かかる大禍ある召人《めしうど》にはとおのくぞ。近く打ちよれや、打ちよれや』とたかだかとよばわれども、いそぎよる人もなし。さて『よあけば、いかにいかに。頸切るべくはいそぎ切るべし。夜明けなばみぐるしかりなん』とすすめしかども、とかくのへんじもなし」（九一三頁）

刑の執行という時、竜の口から江ノ島を見る南の空に、東から西に向かって、満月のような光り物が突然現れ、強烈な光を放ちながら流れていった。その光は、太刀を取る武士の目がくらむほどのものであった。

この光り物については、頸の座からまもない九月二十一日の「四条金吾殿御消息」には次のように述べられている。

「三光天子の中に月天子は光り物とあらわれ、竜の口の頸をたすけ、明星天子は四五日已前に下りて日蓮に見参し給う。いま日天子ばかりのこり給う。定めて守護あるべきかとたのもしたのもし」（一一一四頁）

また「妙法比丘尼御返事」には次のように記されている。

「外には遠流と聞こえしかども内には頸を切るべしとて、鎌倉竜の口と申す処に九月十二日の丑《うし》の時に頸の座に引きすえられて候いき。いかがして候いけん、月の如くにおわせし物、江の島より飛び出でて使いの頭《こうべ》へかかり候いしかば、使いおそれてきらず」（一四一三頁）

この時、現れた光り物が何であったか、それについてはさまざまに考えられるが、隕石、あるいは明るい流星である「火球」と見られる。火球の中には満月よりも強い光を放つものがあるとされるので、この時に現れたのは特別に明るい火球ではなかろうか。

草庵での逮捕の状況、また鶴岡八幡宮に対する日蓮の諫暁などから、日蓮の斬首について内心では確信がもてなくなっていた兵士たちは、強烈な光り物の出現という突然の現象に遭遇し、斬首を断行する気力を失ってしまった。

いずれにしても、幕府の強大な権力をもってしても一人の日蓮を害せなかったことは事実である。自然界をも揺り動かした日蓮の境涯が権力に打ち勝った姿であった。

処刑のその時に光り物が出現したなどということは現代人には信じがたい「神話」に過ぎないと見る立場もあろう。しかし、「種種御振舞御書」を偽書とする見解は今日ほぼ退けられており、また先に挙げた「四条金吾殿御消息」に偽書の疑いはなく、「妙法比丘尼御返事」も「日祐《にちゆう》目録」「日朝本目録」「平賀本目録」にその名があるだけでなく行学院日朝《にっちょう》の写本もあり、真撰とされている。光り物の出現を記しているこれらの文献の確実さから考えれば、竜の口の「奇跡」は事実として受け入れられるべきであろう。

宇宙と生命の全てが人間の理性的思考で把握しきれるものではない以上、斬首のその時に都合よく光り物が現れるなどという「神話」は受け入れられないとして頭から否定することは、合理性に偏った小賢しい態度として慎まなければならないのではなかろうか。

9　発迹顕本

斬首の場に臨み、なおかつ権力の企図を打ち破った竜の口の法難は、日蓮の生涯を画する重大な事件であった。この点について、翌年二月に完成した「開目抄」で日蓮は次のように述べている。

「日蓮といいし者は去年九月十二日子丑《ねうし》の時に頸はねられぬ。これは魂魄《こんぱく》、佐土の国にいたりて、返る年の二月、雪中にしるして有縁の弟子へおくれば、おそろしくておそろしからず。みん人いかにおじぬらん。これは釈迦・多宝・十方の諸仏の未来日本国、当世をうつし給う明鏡なり。かたみともみるべし」（二二三頁）

日蓮という者は文永八年九月十二日の子丑の時に頸を刎ねられたとの言葉は、竜の口の頸の座において何かが終わり、何かが始まったことを意味している。何が終わり、何が始まったと解すべきであろうか。

この文について、大石寺第二十六世日寛《にちかん》は「開目抄文段」で次のように釈している。

「まさに知るべし、この文の元意は、蓮祖大聖は名字凡夫の御身の当体、全くこれ久遠元初の自受用身《じじゅゆうしん》と成り給い、内証真身の成道を唱え、末法下種の本仏と顕れたまう明文なり。

問う、その謂われ如何。
答う、およそ丑寅《うしとら》の時とは陰の終わり、陽の始め、即ちこれ陰陽の中間なり。またこれ死の終わり、生の始め、即ちこれ生死の中間なり。古徳の云わく『丑《うし》はこれ大陰の指帰、寅《とら》はこれ小陽の萠動《ぼうどう》なり。生々の始め、死々の終わりなり』と云云。

宗祖云わく『相かまえて相かまえて、自他の生死はしらねども、御臨終のきざみ、生死の中間に日蓮かならずむかいにまいり候べし。三世の諸仏の成道はねうし（子丑）のおわり、とら（寅）のきざみの成道なり。仏法の住処、鬼門の方に三国ともにたつなり。これらは相承の法門なるべし』等云云。

故に知んぬ、『子丑の時』は末法の蓮祖、名字凡身の死の終わりなることを。故に『頸はねられぬ』というなり。

寅の時は久遠元初の自受用身の生の始めなり。故に『魂魄』等というなり（中略）。

いわゆる、当世の諸人を経文に引き合わせ、面に法華の怨敵、無間の罪人なりと書したまえば、まことに濁劫悪世の中に多く諸の恐怖あらん。故に一往は怖ろしきに似たり。しかりといえども、日蓮は『不愛身命、但惜無上道』の法華経の行者なり。何の恐怖かあらん。故に『おそろしくておそろしからず』と云云」（『日寛上人文段集』一九二頁）

すなわち、日寛が教義を整理・体系化した日興門流では、竜の口の法難において日蓮が末法下種の本仏（教主）の境地を顕したとする。このことを教学上では「発迹顕本《ほっしゃくけんぽん》」という。「大聖人は竜の口の法難の時に、名字凡夫という迹（仮の姿）を開き、凡夫の身のままで久遠元初自受用報身如来《じじゅゆうほうしんにょらい》という本地（本来の境地）を顕された」（創価学会教学部編『教学の基礎』四六頁）と解するのである。

この点は、竜の口の法難以後の日蓮自身の言動において、一定の裏づけを得ることができる。例えば、竜の口の法難の後、佐渡国の守護代である本間六郎左衛門重連《しげつら》の館に留めおかれた日蓮は、九月二十一日に四条金吾に宛てて書簡を発したが、そこでは次のように、竜の口を「仏土」「寂光土」と述べている。

「今度法華経の行者として流罪・死罪に及ぶ。流罪は伊東、死罪はたつのくち。相州のたつのくちこそ日蓮が命を捨てたる処なれ。仏土におとるべしや。（中略）日蓮が難にあう所ごとに仏土なるべきか。娑婆世界の中には日本国、日本国の中には相模国《さがみのくに》、相模国の中には片瀬《かたせ》、片瀬の中には竜の口に日蓮が命をとどめおくことは法華経の御故なれば寂光土ともいうべきか」（「四条金吾殿御消息」一一一三頁）

竜の口が諸仏の国土にも劣ることのない仏土・寂光土であるとの言明は、国土の視点から自身が本仏（教主）であることを示唆したものと解せられる。

また日蓮は、佐渡流罪の処分が最終的に確定した後、佐渡に向けて出発する前日の文永八年十月九日に初めて文字曼荼羅を図顕している。この曼荼羅は、身辺に筆がなかったためか「楊枝《ようじ》」で記されており（当時は柳などの木の枝の一端をかみ砕いてブラシ状にし、口中の汚れを取るのに用いた。これを房楊枝と呼ぶ）、そのため「楊枝本尊」と称される（京都・立本寺《りゅうほんじ》蔵）。

楊枝本尊

中央に「南無妙法蓮華経」の首題が大書され、その向かって左に「日蓮（花押）」の名が示されている。左右の肩に梵字で不動明王と愛染明王が記されているが、釈迦牟尼仏・多宝如来を含めて後の曼荼羅に記されている十界の諸尊も四大天王も一切書かれていない。もっとも簡略な形の曼荼羅である。しかし「文永八年太歳辛 未《かのとひつじ》十月九日」「相州本間依智郷　書之」と、日付および図顕の地が明記されている。

楊枝本尊はもっとも簡略な形の曼荼羅であるため、その相貌には日蓮図顕の曼荼羅の本質が表れている。すなわちこの最初の文字曼荼羅の相貌は、文字曼荼羅の本質的要素が南無妙法蓮華経と日蓮花押にあり、釈迦・多宝の二仏は略されてもよい派生的なものであることを物語っている（二仏を略した曼荼羅は日蓮真筆の曼荼羅でも数幅存在する）。もちろん日蓮は御書の随所において釈迦仏を宣揚しているが、それは浄土教と密教が優勢であった当時、ともすれば阿弥陀仏や大日如来に傾きがちな人々を導くための教示であって、本尊という日蓮仏教の本質的・根本的次元を見た場合、決して釈迦が本仏となることはない。楊枝本尊の相貌はその裏づけの一つといえよう。

日蓮が顕した文字曼荼羅は、今日、百二十数幅が現存している。日蓮が図顕したこの曼荼羅が信仰・礼拝の対象である「本尊」に他ならない。この点については次の文に明示されている。

「その本尊の為体《ていたらく》、本師の娑婆の上に宝塔空に居し、塔中の妙法蓮華経の左右に釈迦牟尼仏・多宝仏、釈尊の脇士上行等の四菩薩、文殊・弥勒等は四菩薩の眷属として末座に居し、迹化・他方の大小の諸菩薩は万民の大地に処して雲閣月卿を見るが如く、十方の諸仏は大地の上に処し給う。迹仏・迹土を表する故なり」(「観心本尊抄」二四七頁)

「ここに日蓮いかなる不思議にてや候らん、竜樹・天親等、天台・妙楽等だにも顕し給わざる大曼荼羅を末法二百余年のころ、はじめて法華弘通のはたじるしとして顕し奉るなり。これ全く日蓮が自作にあらず。多宝塔中の大牟尼世尊、分身の諸仏すりかたぎ(摺形木)たる本尊なり」(「日女御前御返事」一二四三頁)、

「日蓮がたましいをすみにそめながしてかきて候ぞ、信じさせ給え。仏の御意《みこころ》は法華経なり。日蓮がたましいは南無妙法蓮華経にすぎたるはなし。妙楽云わく『顕本遠寿をもってその命と為す』と釈し給う。経王御前にはわざわい転じて幸いとなるべし。あいかまえて御信心を出だし、この御本尊に祈念せしめ給え。何事か成就せざるべき」(「経王殿御返事」一一二四頁)

身延派など五老僧の流れを汲む流派は、礼拝の対象は仏像であるとする従来の観念から脱却できず、文字曼荼羅を仏像の配置図であるなどと解し、その結果、礼拝の対象について、釈迦仏像を中心とする一尊四士としたり、あるいは釈迦・多宝の像を中心とする二尊四士としたり、あるいは鬼子母神、七面大明神、稲荷、三十番神(一ヵ月三十日、日替わりで国土を守護するという三十の神々)等を礼拝するなど、まったくの雑乱状況にある(五老僧が曼荼羅が本尊であることが理解できずに曼荼羅を死者とともに葬ったり、放置するなどしていたことについて、日興《にっこう》は「富士一跡門徒存知の事」「五人所破抄」で厳しく破折している〈日興が曼荼羅本尊正意説に立ち、生涯にわたって仏像造立を制止し続けたことは確実である〉。日蓮は伊豆流罪以後、地頭から贈られた釈迦一体の仏像を随身し、また化導上の配慮から四条金吾夫妻や富木常忍など門下の釈迦像造立を容認したが、積極的に門下に対して仏像造立を勧めたことは皆無である。その一方で、門下に礼拝の対象として授与したのは文字曼荼羅以外にない。ここに、仏像ではなく曼荼羅を本尊とした日蓮の本意は明らかであろう)。

日蓮が仏像ではなく文字曼荼羅を本尊としたのはなぜか。これは重大な問題であり、軽々に論ずることはできないが、一つの視点として、法を表現できるのは文字のみであり、仏像では法を表現できないということが挙げられよう。仏像は仏への憧憬の心を引き起こし、また瞑想していく上で精神集中に役立つことはあっても、法を示すことはできないからである。日蓮が図顕した文字曼荼羅は南無妙法蓮華経という根源の法を表した「法本尊」である(その上で、曼荼羅本尊において南無妙法蓮華経と日蓮が一体である

という「人法一箇」の意義がある）。根源の妙法を直接に表し、行じていくところに、日蓮の宗教の他に類を見ない特質がある。

また、仏像を礼拝の対象とした場合、典型的な偶像崇拝として、偶像崇拝を拒否するユダヤ教、キリスト教、イスラム教文化圏の中で生きる人々には受け入れがたいものとなる。さらに仏像自体が人間や自然に対して何らかの力を有すると信じた場合には呪物信仰ともなろう。それに対して普遍的な法を表現した文字曼荼羅は、偶像崇拝や呪物信仰になることがない。それ故に文字曼荼羅本尊は偶像崇拝を拒絶する人々にも受け入れられる普遍性を備えているといえよう。

信仰の対境・依拠である本尊を顕すことはその時代の教主でなければできない行為である。日蓮以前に誰人も顕すことのなかった曼荼羅本尊を日蓮が初めて図顕したということは、日蓮が竜の口の法難以後、まさに教主としての振る舞いを開始したことを意味している。

佐渡流罪の前後によって日蓮の思想展開が大きく分けられることは、古来、「佐前《さぜん》」「佐後《さご》」という言葉によって示される。この点は、日蓮自身が「三沢抄」で、「法門のことは、さどの国へながされ候いし已前の法門はただ仏の爾前の経とおぼしめせ」（一四八九頁）と述べていることに裏づけられる。佐渡流罪前の法門は、いわば法華経以前の爾前経であり、佐渡流罪以降の法門こそが釈尊の出世の本懐である法華経に当たるとの意である。この文が示す通り、竜の口の法難を乗り越えた日蓮は、末法の教主の自覚に立って新たな活動を開始した。その新たな展開は、依智から佐渡へと至る日蓮の軌跡において早くもうかがうことができる。

第十二章　依智と寺泊

1　依智での勾留

竜の口における斬首を免れた日蓮は、ただちに相模国《さがみのくに》依《え》智《ち》（神奈川県厚木市。現在は「依知」と表記する）にある佐《さ》渡国《どのくに》の守護代本間六郎左衛門重連《しげつら》の館へと護送され、そこに留め置かれることとなった。その状況については「種種御振舞御書」に次のように記されている。

「はるか計りありて云わく『さがみのえち（依智）と申すところへ入らせ給え』と申す。『これは道知る者なし。さきうち（先打）すべし』と申せども、うつ人もなかりしかば、さてやすらうほどに、ある兵士の云わく『それこそその道にて候え』と申せしかば、道にまかせてゆく。午の時計りに、えちと申すところへゆきつきたりしかば、本間六郎左衛門がいえに入りぬ」（九一四頁）

本間六郎左衛門は相模国の豪族である海老名《えびな》氏の一族で、佐渡国の守護北条（大仏《おさらぎ》）宣時《のぶとき》の家臣であった。御家人であるとともに大仏氏の家臣になっていたと推定される。守護代である本間の館に留められたのは、既に佐渡流罪の処分が下されていたからであろう。

依智は竜の口から直線距離にして三十キロほど離れたところで、相模川の中流に沿った地域である。本間六郎左衛門の屋敷跡とされる地は依智に三箇所（相模川上流から、現在の地名で上依知、中依知、下依知という）あったとされる。日蓮が留め置かれた場所が三箇所のうちのどこか明確ではないが、本間の下屋敷跡といわれる上依知の寺院（日蓮宗妙伝寺）に平左衛門尉頼綱《よりつな》から本間六郎左衛門に宛てた頼綱直筆とされる書状が現存していることなどから考えるならば、日蓮が留め置かれた館は上依知にあった可能性が高いと思われる。

平左衛門尉のこの書簡は鎌倉遺跡研究会編『鎌倉と日蓮大聖人』の巻頭に写真が掲載されている。その文面は次のようなものである。

「日蓮房佐渡国へ遣され候　両三年も候て御免有るべく候　若し《もし》承って（具し）下さる　若殿原の中にも　死罪の行わるる事候ては　御預りの為《ため》悪しかる可く候間　可様申し候　恐恐謹言

九月十四日　　頼綱在判

本間六郎左衛門尉殿」（『鎌倉と日蓮大聖人』二〇六頁）

この書状は大石寺第十七世日精《にっせい》の「日蓮聖人年譜」にも引用されており（『富士宗学要集』第五巻一〇五頁）、『日蓮上人註画讃《ちゅうがさん》』にもある。写真だけでは判断できないが、平左衛門尉の直筆の可能性は高い。直筆とすれば、平左衛門尉頼綱の現存する唯一の筆跡であろう。

この書状は、竜の口の法難直後の平左衛門尉の状況を示唆するものとして貴重である。まず、日蓮の佐渡流罪の処分は、当初、両三年の期限が付けられていた。そして、平左衛門尉は、本間六郎左衛門に対して日蓮を死罪に行うことのないよう注意を促している。このことは何を意味しているのであろうか。

日蓮が本間の館に到着したのは九月十三日の正午頃であるが、その日の午後八時頃に鎌倉から幕府の使者が早馬で命令書（立文）を届けにきた。人々は日蓮を処刑せよとの命令かと身構えたが、命令書には「この人（日蓮）は罪のない人であるから、しばらくすれば許されるだろう。過ちがあっては後悔するだろう」（現代語訳）と記されていた。そして、北条宣時（武蔵守）は十三日の早朝六時頃に熱海《あたみ》の湯へ向けて出発してしまったので、万一過ちがあってはならないとして、宣時を通さず、直接、本間の館に書状を届けたというのである。そして使者は、今夜のうちに熱海に行って、この趣旨を宣時に伝達するということであった。

この経過は「種種御振舞御書」に次のように記されている。

「その日の戌《いぬ》の時計りに、かまくらより上《かみ》の御使いとてたてぶみをもちて来たりぬ。『頚切れ』というかさねたる御使いかとものゝふどもはおもいてありしほどに、六郎左衛門が代官、右馬《うま》のじょうと申す者、立ぶみもちてはしり来たり、ひざまずいて申す。今夜にて候べし、あらあさましやと存じて候いつるに、かかる御悦びの御ふみ来たりて候。武蔵守殿は今日卯《う》の時にあたみの御ゆ（湯）へ御出でて候えば、いそぎあやなきこともやと、まずこれへはしりまいりて候と申す。かまくらより御つかいは二時にはしりて候。今夜の内にあたみの御ゆへはしりまいるべしとしてまかりいでぬ。追状《ついじょう》に云わく『この人はとがなき人なり。今しばらくありてゆるさせ給うべし。あやまちしては後悔あるべし』と云々」（九一四頁）

この命令書を発した当事者は、総合的に考えて執権北条時宗であろう。平左衛門尉と北条宣時の共謀による処刑を制止できる存在は時宗以外には考えられないからである。

時宗は、竜の口での処刑が失敗して日蓮が本間六郎左衛門の館に移されたと聞き、誤って日蓮が処刑される事態は回避しなければならないと考えて急使を派遣したのであろう。このことは、竜の口での処刑は平左衛門尉と北条宣時の意志によってなされた私的なものであり、執権時宗の了解を得たものではなかったことを物語っている。宣時が十三日の早朝六時に熱海に向けて急遽出立するという不自然な行動を見せたのも、平左衛門尉と宣時の「私刑」が失敗に終わったため、責任を回避しようとする一種の「逃亡」と見ることができよう。鎌倉にいたのでは時宗などから責任を追及されることを恐れたための行動であろう。

命令書（立文）が届いた翌日の十四日に、平左衛門尉が本間六郎左衛門に宛てて日蓮の処刑を制止する書簡を出しているのも、日蓮を勝手に処刑しようとした行為の責任を糊塗しようとしたものと考えられる。

また、山川智応《やまかわちおう》は『日蓮聖人研究』第二巻で、平左衛門尉が同様の趣旨の書簡を北条宣時の家臣にも出していたとして、その文書を紹介している（同書一四二頁）。私的な処刑の企てが失敗し、発覚した責任を平左衛門尉が回避しようとしていることが推定される。

立文が届いた十三日の夜中、日蓮が庭に出て自我偈を読誦し、法華経の行者を守護するしるしを示さないのかと月天《がってん》を責めたところ、突然、明星のような光が空より降りて庭の木の枝にかかった。「種種御振舞御書」には次のように記されている。

「『いかに月天、いかに月天』とせめしかば、そのしるしにや、天より明星の如くなる大星下りて前の梅の木の枝にかかりてありしかば、もののふども皆えん（縁）よりとびおり、あるいは大庭にひれふし、あるいは家のうしろへにげぬ。やがて即ち天かきくもりて大風吹き来たりて、江の島のな（鳴）るとて空のひびくこと、大なるつづみを打つがごとし」（九一五頁）

このことについては九月二十一日の「四条金吾殿御消息」にも、「三光天子の中に月天子は光り物とあらわれ、竜の口の頸をたすけ、明星天子は四五日已前に下りて日蓮に見参し給う」（一一一四頁）とある。

竜の口の法難に続いて、日蓮の一念が自然現象まで動かしたことを示す出来事である。この事象について科学的な観点からはさまざまな解釈ができる。空が鼓を打つように鳴ったという記述から考えれば、地震の予兆としての鳴動と発光現象か、雷放電による発光現象と見ることも可能であろう。

2　鎌倉での評議と陰謀

十四日の早朝六時前後、鎌倉の門下である十郎入道が一つの情報をもたらした。十三日の夜八時前後に北条時宗邸で騒ぎがあり、陰陽師を召して占わせたところ、この騒ぎは日蓮を罰したためだというので、早く赦免すべきだという人もあれば、百日以内に戦が起きるという日蓮の予言が当たるかどうか様子を見るべきだと主張する人もいたというのである。

「種種御振舞御書」には次のように記されている。

「夜明くれば十四日卯《う》の時に十郎入道と申すもの来たりて云わく『昨日の夜の戌《いぬ》の時計りにこうどの（守殿）に大なるさわぎあり。陰陽師を召して御うらない候えば、申せしは大いに国みだれ候べし。この御房御勘気のゆえなり。いそぎいそぎ召しかえさずんば世の中いかが候べかるらんと申せば、ゆるさせ給え候と申す人もあり、また百日の内に軍《いくさ》あるべしと申しつればそれを待つべしとも申す』」（九一五頁）

時宗邸での騒ぎとは何か不明であるが、時宗の妻が懐妊中だったので（この年の暮れに嫡男貞時《さだとき》が誕生）、それに関するものである可能性がある。いずれにしても、日蓮の処置について十三日夜の時点で既に時宗周辺においてさまざまな議論があったことが分かる。

幕府として一応は佐渡流罪という処分を決定していたが、竜の口における斬首の失敗という事態を受けて、最終的な処分をどのようにするか、幕府内部でも相当な議論があったと思われる。

竜の口での処刑を画策した平左衛門尉と北条宣時は、当然、死罪を主張したであろう。それに対して、日蓮の檀越であった大学三郎は、日蓮を助命すべく懸命に運動したようである。御家人勢力の代表格で、大学三郎と親交の深かった安達泰盛《あだちやすもり》も、幕府内部において平左衛門尉と対抗する立場にあったことから死罪に反対したのではなかろうか。この事情については「大学三郎御書」に、「大がくと申す人は、ふつうの人にはにず、日蓮が御かんきの時、身をすててかとうど（方人）して候いし人なり。この仰せは城殿《じょうどの》（安達泰盛を指す──引用者）の御計らいなり。城殿と大がく殿は知音《ちいん》にておわし候」（昭和定本一六一九頁）とあることからもうかがうことができる。

幕府内部で議論が揺れていた時期に、鎌倉市内において放火や殺人事件が相次ぎ、日蓮門下の仕業《しわざ》であるとの風評が流された。それは、日蓮を亡き者にしようとする良観一派らが行った策謀であった。しかし、幕府は結局、これらの事件の背後関係を十分に調べることなく、臆断をもって日蓮教団を危険集団視し、鎌倉における日蓮門下の弾圧に踏み切ったのである。この点について「種種御振舞御書」には次のように記されている。

「依智にして二十余日、その間鎌倉にあるいは火をつくること七八度、あるいは人をころすことひまなし。讒言《ざんげん》の者共の云わく『日蓮が弟子共の火をつくるなり』と。『さもあるらん』とて、『日蓮が弟子等を鎌倉に置くべからず』とて、二百六十余人しるさる。『皆遠島へ遣すべし。ろうにある弟子共をば頸をはねらるべし』と聞こう。さるほどに、火をつくる等は持斎《じさい》・念仏者が計り事なり。その余はしげければかかず」（九一五頁）

幕府は、鎌倉の日蓮門下二百六十余人をリストアップし、職権によって追放・所領没収・罰金などの処分を下した。それは、「一人もなく失わんとせしが如し」（一二八九頁）とあるように、鎌倉の日蓮教団の壊滅を企図した徹底的なものであった。その迫害は、教団の正式メンバーはもちろん、日蓮の説法を聴聞して共感する態度を示す「共感層」の人々にまで及ぶものであった。

この点について、日蓮は次のように述べている。

「今度はすでに我が身命に及ぶ。そのうえ弟子といい、檀那といい、わずかの聴聞の俗人なんど来たって重科に行わる。謀反なんどの者のごとし」（「開目抄」二〇〇頁）

「弟子乃至檀那まで少しも日蓮に心よせなる人あらば科《とが》になし、我が身もあやうく命にも及ばんずらん」（「妙法比丘尼御返事」一四一二頁）

「謀反なんどの者のごとし」とあるように、幕府は日蓮教団をあたかも国家権力の転覆をもくろむ危険集団であるかのように見なしてその壊滅を計ったと見ることができる。

3　依智における述作

日蓮が佐渡へ出発するまでの約一ヵ月の間、依智において著したと考えられる御書は、次の六編である（この項は創価学会新潟県青年部編「佐渡御書に学ぶ」〈「創価新報」掲載〉を参照した）。

①「土木殿御返事」（九月十四日、富木常忍宛て）
②「四条金吾殿御消息」（九月二十一日、四条頼基宛て）
③「五人土籠御書」（十月三日、日朗など五人宛て）
④「転重軽受法門」（十月五日、大田乗明・曾谷教信・金原法橋《かなはらほっきょう》宛て）
⑤「土籠御書」（十月九日、日朗宛て）
⑥「佐渡御勘気抄」（十月、清澄寺の知友宛て）

①「土木殿御返事」（九五〇頁）

九月十四日の「土木殿御返事」は竜の口の法難の二日後、富木常忍に宛てて書かれた消息である。竜の口の法難から佐渡流罪に至る時期において日蓮は富木常忍を門下への連絡の窓口にした。法難直後に常忍に書信を発していることがそのことを物語っている。

本抄では冒頭に「上《かみ》のせめさせ給うにこそ法華経を信じたる色もあらわれ候え。月はかけてみち、しおはひ（干）てみつること疑いなし。これも罰あり、必ず徳あるべし。なにしにかなげ（嘆）かん」（九五〇頁）と、権力の迫害を受けたことが必ず功徳となるとの確信を表明している。

「十三日丑《うし》の時にかまくらをいでて佐土の国へながされ候が、（中略）いま四五日はあるべげに候」（九五一頁）とあるように、この時点で日蓮は、本間の館に四、五日滞在した後、直ちに佐渡に向かうと考えていたようである。

また、「数々見擯出《さくさくけんひんずい》とかかれて、度々失《とが》にあたりて重罪をけしてこそ仏にもなり候わんずれば、我と苦行をいたすことは心ゆえなり」（同頁）とある。難に遭うことによって自身の罪障を滅することができるとすることは、佐渡到着後、「開目抄」「佐渡御書」などで強調されるが、依智滞在中において既にその罪障消滅の法理が示されている。

②「四条金吾殿御消息」（一一一三頁）

九月二十一日の本抄では「さてもさても、去ぬる十二日の難のとき、貴辺たつのくちまでつれさせ給い、しかのみならず腹を切らんと仰せられしことこそ不思議とも申すばかりなけれ」（一一一三頁）、「かかる日蓮にともないて法華経の行者として腹を切らんとの給うこと、かの弘演が腹をさいて主の懿公《いこう》がきもを入れたるよりも百千万倍すぐれたることなり。日蓮、霊山にまいりて、まず『四条金吾こそ法華経の御故に日蓮とおなじく腹切らんと申し候なり』と申し上げ候べきぞ」（同頁）と、竜の口の難の際に殉教の覚悟で日蓮につき従った四条金吾の振る舞いを最大に讃嘆している。日蓮は自分と苦難を共にしようとした金吾の行動と心情を深く命に刻み、終生忘れることなく繰り返し筆にしているが、その最初の言明が本抄である。

また、前章で触れた通り、「今度法華経の行者として流罪・死罪に及ぶ。流罪は伊東、死罪はたつのくち。相州のたつのくちこそ日蓮が命を捨てたる処なれ。仏土におとるべしや。（中略）もししからば日蓮が難にあう所ごとに仏土なるべきか。娑婆世界の中には日本国、日本国の中には相模国、相模国の中には片瀬、片瀬の中には竜の口に日蓮が命をとどめおくことは法華経の御故なれば寂光土ともいうべきか」（同頁）と述べられていることは重要である。自身が衆生を救済する「仏」「教主」であるとの自覚に立っていなければ「仏土」「寂光土」との言明はありえない。「日蓮本仏」の教義は、佐渡期・身延期のおいて更に明確に示されることとなる。

「かまくらどのの仰せとて、内々、佐渡国へつかわすべき由承り候」（同頁）とあることから、幕府内部で議論されている日蓮の処分を巡って、執権北条時宗の判断もほぼ佐渡流罪に傾いていることがうかがわれる（「鎌倉殿」とは本来、将軍を指す言葉だが、鎌倉幕府の実質的な首長である執権も鎌倉殿と呼ばれる）。

③「五人土籠御書」（一二一二頁）

十月三日付けの「五人土籠《つちろう》御書」は捕らえられて土牢に投獄されている日朗《にちろう》はじめ五人の門下に与えた書である（日朗に宛てられたものであることは本抄の上書に真筆で「ちくご」とあることから明らかである）。日朗以外の四名は、日心・坂部《さかべ》入道・伊沢入道・得業寺《とくぎょうじ》入道と伝えられているが、確実な裏づけはない。

本抄で日蓮は、「各各は法華経一部づつあそばして候えば、我が身並びに父母・兄弟・存亡等に回向しましまし候らん」（一二一二頁）と、五人の逢難は法華経を身読したことであり、その功徳は父母・兄弟などにも及んでいくと激励している。

また、「今夜のかん（寒）ずるにつけて、いよいよ我が身より心くるしさ申すばかりなし」（同頁）と、自身の身の上よりも門下の苦しみを心配している。「今夜のかんずるにつけて」とあるのは、当時の十月三日は既に冷え込みの厳しい季節に入っているからである。

本抄では「大進阿闍梨《だいしんあじゃり》については私から指図すべきことがあれこれとある。また、あなた方の身の上を見届けさせるために大進阿闍梨を留めておくのである」（現代語訳）とあり、自身が罪人として佐渡に護送される境遇にありながらも獄中にある門下に対して心を砕いていることが分かる。

また、本抄で「今月七日、さどの国へまかるなり」（同頁）とあることから、十月三日の時点では日蓮の処分が佐渡流罪と最終的に決定し、本間の館まで通達されていたことが判明する。

④「転重軽受法門」（一〇〇〇頁）

十月五日に下総国の有力門下である大田乗明・曾谷教信・金原法橋に宛てた書簡である。この三名が日蓮の身を気遣って書簡を届けたのに対する返報とされている。

本抄では、まず「涅槃経に転重軽受《てんじゅうきょうじゅ》と申す法門あり。先業の重き、今生につきずして、未来に地獄の苦を受くべきが、今生にかかる重苦に値い候えば、地獄の苦みぱっときえて死に候えば、人天・三乗・一乗の益をうることの候」（一〇〇〇頁）と、涅槃経に説かれる転重軽受の法理が示され、さらに「不軽菩薩の悪口罵詈せられ、杖木瓦礫をかほるもゆえなきにはあらず。過去の誹謗正法のゆえかとみえて、其罪畢已《ございひっち》と説かれて候は不軽菩薩の難に値うゆえに過去の罪の滅するかとみえはんべり」（同頁）と、法華経不軽品に説かれる罪障消滅の法理が示される。

竜の口の頸の座と佐渡流罪という大難を受けたことは重い罪業を今世に軽く受けた姿であり、それによって自身の罪業を滅することができるとの趣旨である。

次に付法蔵の正師の例を通して、正像時代のインドにおいても正法の行者が多くの難を受けたのであるから末法の辺国である日本において難を受けることは当然であり、以前から覚悟していたことであると述べている。

そしてさらに、「過去の不軽菩薩・覚徳比丘なんどこそ身にあたりてよみまいらせて候いけるとみえはんべれ。現在には正像二千年はさておきぬ、末法に入っては、この日本国には当時は日蓮一人みえ候か」（一〇〇一頁）と、日蓮だけが法華経の文を身読していることを述べている。依智滞在中から逢難による法華経身読を強調していることが注目される。

⑤「土籠御書」（一二一三頁）

十月九日に日朗に宛てて出された本抄で日蓮は、「今夜のさむきに付けてもろう（牢）のうちのありさま思いやられて、いたわしくこそ候え」（一二一三頁）と、土牢にいる日朗らの苦しみを思いやりながら、「あわれ、殿は法華経一部を色心二法ともにあそばしたる御身なれば、父母・六親・一切衆生をもたすけ給うべき御身なり」（同頁）と、日朗の逢難が法華経の身読にあたるとしてその功徳を称賛している。ここでも法華経の身読を強調していることが注目される。

⑥「佐渡御勘気抄」（八九一頁）

「佐渡御勘気抄」は、「十月　日」として日付が明記されていないが、「九月十二日に御勘気を蒙って、今年十月十日、佐渡国へまかり候なり」（八九一頁）とあるので、佐渡へ出発する以前の消息と見られる。円浄房宛てとする説もあるが、確証はなく支持できない。道善房と領家の尼への伝言を託しているところから清澄寺の知友宛ての書簡と考えられる。

ここでは、「既に経文のごとく悪口・罵詈・刀杖・瓦礫・数々《さくさく》見擯出《けんひんずい》と説かれて、かかるめに値い候こそ法華経をよむにて候らめと、いよいよ信心もおこり後生もたのもしく候」（同頁）と、逢難によって法華経を身読することを喜びとし、さらに、「死して候わば、必ず各々をもたすけたてまつるべし。（中略）いたずらにくちん身を法華経の御故に捨てまいらせんこと、あに石に金をかうるにあらずや。各々なげかせ給うべからず」（同頁）として殉教の覚悟を述べている。佐渡流罪直前の心境を示した書簡といえよう。

4　門下への迫害

日朗などの五人の門下が長期間にわたって土牢に押し込められた事実が示すように、この時の弾圧は日蓮一人に限られず、鎌倉を中心に門下全体に及んだ。先に述べたように、幕府は日蓮教団を蒙古襲来の危機が迫っている非常時にも当局の意に従わない危険集団と見なしていたからである。

先に述べた通り、所領没収、追放、罰金などの処分が門下に加えられた。その迫害によって多くの門下が法華経の信心に疑いを起こし、退転していった。

「新尼御前御返事」に、「かまくらにも御勘気の時、千が九百九十九人は堕ちて候」（九〇七頁）とあるように、鎌倉の日蓮教団はほとんど壊滅的な打撃を受けたのである。退転した人々は、「法華経の信心には功徳があると聞いて信心を始めたのに、迫害を受けるのでは話が違う」という思いであったであろう。

また、日蓮に対しても、「日蓮房が法華経の行者であるならば、諸天善神の守護があるはずであるのに、守護されずに佐渡に流罪されたのは、日蓮房が法華経の行者ではないということではないのか」という疑問を起こした。この疑問を打ち破るべく、日蓮は佐渡に到着して直ちに「開目抄」の執筆に着手していくこととなる。

5　曼荼羅本尊の図顕

前章で述べたように、日蓮は佐渡に出発する前日の文永八年十月九日、本間六郎左衛門の館において初めて文字曼荼羅を顕した。その初めて図顕された本尊は、筆ではなく、木の枝の先を噛み砕いて口中の衛生に用いた「楊枝《ようじ》」でしたためられているところから「楊枝本尊」と呼ばれ、京都立本寺に所蔵されている。

日蓮は流罪地の佐渡で多くの曼荼羅本尊を図顕したが、それに先だって初の曼荼羅本尊を佐渡に出立する直前に顕し、後世に残したのである。

日蓮がその時に当たって本尊を初めて図顕した深意は到底うかがうべくもないが、生きて帰ることは希《まれ》であるとされる佐渡流罪の旅に向かうに当たり、最悪の事態も想定して、三大秘法の中心である「本門の本尊」を簡略な形ながら具体的に示したと推察することもできよう。

6　佐渡への道

十月十日に依智を出発した日蓮護送の一行は、当時の幹線道路である鎌倉街道の「上道《かみつみち》」を通って現在の群馬県高崎市を経由し、十月二十一日に佐渡に渡る港である寺泊《てらどまり》に到着した。
その道程については「寺泊御書」に次のように記されている。
「今月（十月なり）十日、相州愛京《あいこう》郡依智《えち》郷を起って武蔵国久目河《くめがわ》の宿《しゅく》に付き、十二日を経て越後国《えちごのくに》寺泊の津に付きぬ。これより大海を亘って佐渡国《さどのくに》に至らんと欲するに、順風定まらず、その期を知らず。道の間のこと、心も及ぶことなく、また筆にも及ばず。ただ暗に推し度《はか》るべし。また本より存知の上なれば、始めて歎くべきに非ざれば、これを止む」（九五一頁）
高崎から先の行程については、碓井《うすい》峠から小諸、長野、野尻《のじり》峠、直江津、柏崎の行程をとる「北国街道」説と、三国峠から湯沢、長岡を経由する「三国街道」説の両説がある。この点について詳しく考察した創価学会新潟県青年部編「佐渡御書に学ぶ」（「創価新報」掲載）は北国街道説が妥当であるとする。

その理由としては、三国峠越えの記録が初めて現れるのが十五世紀末であることからうかがえるように、三国街道は鎌倉時代には未整備であったのに対し（街道として整備されたのは江戸時代以降である）、北国街道は鎌倉時代当時、鎌倉から越後に抜ける主要街道であったことを挙げている。その他、日蓮に関する伝承や日蓮宗の寺院が北陸街道に沿って数多く見られるのに対し、三国街道の方にはそれらが極めて少ないことも指摘される。

日蓮の護送が重要な公務であったことを考えると、宿の設備が整っていて、途中で食糧の補給や馬の交換などの便宜が保証されていることが必要であり、できる限り安全な行程をとったと見るのが自然であろう。佐渡から鎌倉に戻る復路が北陸街道であったことも考え合わせるならば、往路においても北陸街道をとったと見るべきであろう。

雪が降り始める初冬の時期に碓井峠や野尻峠などの山道を行く行程は、当時としては老境とされる五十歳に達していた日蓮にとって誠に困難なものであったと推察される。その上に日蓮は念仏者などから敵視される状況もあった。このことについて「法蓮抄」には次のように述べられている。

「今度の御勘気には死罪に及ぶべきが、いかが思われけん佐渡国につかわされしかば、かの国へ趣く者は死は多く生は稀なり。からくして行きつきたりしかば、殺害・謀叛の者よりもなお重く思われたり。鎌倉を出でしより日々に強敵《ごうてき》かさなるが如し。ありとある人は念仏の持者なり。野を行き山を行くにも、そばひら（岨坦）の草木の風に随ってそよめく声も、かたきの我を責むるかとおぼゆ」（一〇五二頁）

依智から寺泊に至る道中は、若干の弟子が従っていたとはいえ、重罪人として厳しい敵視にさらされる過酷なものであった。その模様について日蓮は「道の間のこと、心も及ぶことなく、また筆にも及ばず。ただ暗に推し度《はか》るべし」（九五一頁）と述べている。

7　寺泊

日蓮を護送する一行は佐渡に渡る際、風待ちのため七日間、日本海に臨む港町の寺泊に滞在した。寺泊は古代から佐渡にわたる港として知られ、鎌倉時代も佐渡への公式の港とされていた。

伝承によれば、風待ちの間、日蓮は、寺泊の有力者である石川右衛門吉広《よしひろ》の館に滞在したとされる。『寺泊町史』は次のように記している。

「寺泊は、日蓮が佐渡配流の時に石川吉広の家で七日間の風待ちをし、日蓮教学上、大きな意味を持つとされる『寺泊御書』を書いた宗門の聖地である。この表口八間三尺五寸、裏行八間三尺五寸の遺跡は、宝永《ほうえい》三年(一七〇六年)、吉広の子孫石川太郎右衛門から法福寺へ寄進された」(『寺泊町史』二五六ジー)

このように、日蓮が滞在した場所はほぼ確定しており、町の中心部にあった。石川吉広の館は現在の法福寺祖師堂の場所にあったと推定される。

また伝承によれば、寺泊での逗留の間、日蓮は求めに応じて説法をし、館主の石川吉広をはじめ多くの人が法華経に帰依するに至ったといわれる。

8 「寺泊御書」

十月二十一日に寺泊に到着した日蓮は、翌二十二日、富木常忍に対して書状を発した。それが「寺泊御書」(真筆九紙完存)である。佐渡流罪の前後、日蓮は富木常忍を主な連絡先としている。中でも「寺泊御書」は、佐渡到着までの状況を示すものとしても貴重である。例えば末尾に、「この入道、佐渡国へ御共《おんとも》為すべきの由これを申す。しかるべき用途と云い、かたがた煩い有るの故にこれを還す」(九五四頁)とあることから、富木常忍が日蓮の下人として入道を付けていたが、その入道を寺泊から帰していたことが分かる。本抄は、その入道に託して富木常忍に送られたものと推定される。さらに、「ただし囹僧《れいそう》等のみ心に懸かり候。便宜の時、早々これを聴かすべし」(同頁)と、牢に収監されている弟子の状況を心配し、その状況を早く報告するよう求めている。

道中の模様を述べた後、本抄の中心部分に入って示されているのは「この経は如来の現在にすら猶《なお》怨嫉多し。況んや滅度の後をや」「一切世間の怨《あだ》多くして信じ難し」など、仏滅後における法華経の行者への留難を予言した経文である。これらの文について日蓮は、釈尊に対する迫害を述べたものではなく、「一切の声聞・縁覚並びに近成《ごんじょう》を楽《ねが》う菩薩」、すなわち法華経に同意できない仏教者が法華経の行者を迫害することを意味するものであるとしている。

またここでは、釈尊在世の外道が王に向かって釈尊を大悪人として誹謗したとの涅槃経の文を挙げ、今日、日蓮を迫害している諸宗の僧侶が釈尊在世の外道に当たり、彼等が大悪人とした釈尊は日蓮に当たるとしている。

すなわち、本抄では、日蓮への迫害は、釈尊および法華経の行者が外道や爾前経の徒から迫害されたのと同じ構図であるとしているのである。

当時、日蓮が難を受けたことについて、多くの門下が疑いを起こして動揺を来たしている状況を踏まえ、日蓮の逢難が法華経、涅槃経に説かれている通りであることを述べ、門下の疑いを払拭せしめようとの意と解せられる。

次に挙げられているのは、法華経が命で諸経は命を購《あがな》う宝に過ぎないとする「贖命重宝《しょくみょうじゅうほう》」の法門である。諸宗の徒がそれは天台一宗の義に過ぎないと言うのに対し、日蓮は諸宗の義が論師・人師によるのに対して天台は一切経の趣旨に合致しているとして天台の主張を擁護している。

さらに、大日経の教主について大日如来としたり釈尊としたりと諸説が混乱している真言宗に対し、法華以前であれば華厳経、以後ならば涅槃経などと同じであるとして破折している。

これらの論点は、佐渡における著述においてさらに詳しく展開されていく。すなわち、寺泊到着の時点において、実質的には佐渡期の思想展開が既に開始されていると見ることができる。

次に本抄では、当時、日蓮に対して加えられていた批判が四点挙げられている(九五三頁)。

それは次の四点である。

①「或る人、日蓮を難じて云わく、機を知らずして麤義《あらぎ》を立て難に値う」

②「或る人云わく、勧持品の如きは深位の菩薩の義なり、安楽行品に違す」

③「或る人云わく、我もこの義を存すれども言わず」

④「或る人云わく、ただ教門計りなり」

①は日蓮の弘通が人々の機根を無視したものであるとの批判である。この批判は、機根を中心に教義を立てた専修念仏の勢力から主に寄せられたものと考えられる。日蓮は相手が信じようと誹謗しようと、相手の機根に関わらず諸宗の謗法を破折してきた。

それに対して、ここで示されているのは「相手の機根を無視して折伏などを行うから難を受けるのだ」という批判である。日蓮の折伏について、無用の迫害を招く粗雑なやり方であると非難しているのである。この批判は、迫害を受けないような在り方こそが賢明であるとする当時の仏教者一般の姿勢を表すものといえよう。

②も①と同じく、折伏に対する批判である。法華経勧持品で説かれる折伏行は深位の菩薩であってこそ可能な修行であり、末法の未熟の者ができることではない。浅位の者が行うべき修行は安楽行品に説かれる摂受の行であり、日蓮が行っている折伏は安楽行品の教えに反していて誤りであるとの批判である。

当時、法華経の修行としては、天台宗が立てる一念三千の観法が主流であった。具体的には、常座三昧・常行三昧・半行半座三昧・非行非座三昧の「四種三昧」による瞑想の修行である。この天台宗の観法は摂受と位置づけられてきた。天台・伝教も摂受の行を立てたのであるから、それに反して折伏行を立てること自体が誤りであるとの批判である。

③は、そのままではまだ日蓮への批判にはなっていない。しかし「日蓮が言うようなことは自分も既に知っていることで、格別目新しいものではない」という反応が当時あったのであろう。

「法華第一」の立場は、天台宗の基本前提であり、日蓮がこと改めて主張したことではない。しかし、その立場から諸宗の「謗法」を破折していったところに日蓮の弘教の特質があった。③のような態度は「仏法の法門は自分一人の胸中にとどめておけばよいのに、それを無理に弘めようとするから迫害を招くのだ」という非難に転ずるものといえよう。その意味では③も①②と同じく、折伏に対する非難に含められる。

④は、日蓮の弘通は教理に関する教相門だけで修行を論じた観心門がないというものである。「日蓮の教義においては観心門すなわち修行に関する教義が明確に示されていない」との非難である。法華第一の立場から諸宗を破折することは教相面の法門であり、修行論ではない。もちろん、日蓮が示す修行が南無妙法蓮華経の唱題であることは明白であるが、批判者からすれば唱題が何故に修行となるのか、その論理が明確でないというのであろう。

これらの批判に対し、日蓮は佐渡に渡ってからの著述で応答していくことになる。すなわち、折伏に対する批判については「開目抄」「佐渡御書」「如説修行抄」などで、観心門に対する批判については「観心本尊抄《かんじんのほんぞんしょう》」で、日蓮の教義が提示される。

次いで法華経勧持品の「諸の無智の人有って悪口罵詈し」との三類の強敵の文を挙げ、「日蓮この経文に当たれり。汝等何ぞこの経文に入らざる」（九五三頁）と、批判者に対して反論している。日蓮は法華経が予言した通りの大難を受けているのに、賢そうに日蓮を批判している者はどうして何の難も受けていないのか、と。

これは、実に本質的な反論である。何事につけても賢そうに批判する者はいる。しかし、批判だけなら誰にでもできる。批判するからには同時に批判している当人が何をしてきたのかということが問われなければならない。ここで日蓮は、自分を何の難も受けない安全圏に置いて、自らは何一つ事を成そうともせず、無責任な批判に終始している者の卑劣さを痛烈に破折しているのである。

本抄では次いで、「過去の不軽品は今の勧持品、今の勧持品は過去の不軽品なり。今の勧持品は未来は不軽品為《た》るべし。その時は日蓮は即ち不軽菩薩為るべし」（九五四頁）

と、自身の逢難について勧持品と不軽品に言及している。

勧持品は、末法の法華経の行者に三類の強敵の迫害があることを予言した品である。一方、不軽品は、法華経の行者が難を受けるのは行者自身の宿業の故であることを説く。勧持品は行者の逢難の客観的・外形的側面について、不軽品は逢難の主体的・内面的な側面について示されている。いわば、両品はあいまって行者の逢難の意義を明かすものとなっている。

「過去の不軽品は今の勧持品、今の勧持品は過去の不軽品なり」とは、現在、三類の強敵の迫害を受けていることは不軽菩薩と同じく過去の宿業の故であるとの意と解せられる。また「今の勧持品は未来は不軽品為るべし」とは、「その時は日蓮は即ち不軽菩薩為るべし」とある通り、現在、仏法弘通の故に迫害を受けていることによって、日蓮が不軽菩薩と同じく罪障を滅し、未来に成仏していくことは間違いないとの意と解せられよう。

いずれにしても、本抄で日蓮は、自身と不軽菩薩を重ね合うものとして捉えている。この点もまた佐渡期の著述において、より詳しく展開されることとなるのである。

第十三章　佐渡・塚原

文永八（一二七一）年十月二十八日、日蓮は佐渡に到着した。上陸の場所は、当時、公の港であった松ヶ崎《まつがさき》であったと伝えられる。日蓮の護送は重要な公務であり、寺泊――松ヶ崎は佐渡への最短ルートであるから、公の港である松ヶ崎に着いたと考えるのが自然である。

護送されてきた流人を受け入れる佐渡国守護所は島の中央部の国中《くになか》平野にあり、松ヶ崎から小佐渡山脈を越える守護所までの行程は丸一日がかりのものとなるため、流人は松ヶ崎で一泊するのが通例であった。日蓮の場合も松ヶ崎に一泊し、翌日、守護所に向かったものと思われる（二五五頁の地図⑤参照）。

なお、日蓮には日興《にっこう》らごく少数の弟子が随行していた。日興が従っていたことは「御伝土代」に「文永八年九月十二日、日蓮御勘気の時、佐渡の嶋へ御供あり。御年二十六歳なり」（『富士宗学要集』第五巻七頁）とあることからもうかがえる。この「御伝土代」の文に従うならば、日興は九月十二日の竜の口の法難の時から日蓮と行動をともにしていたことになる。

日亨《にちこう》著『富士日興上人詳伝』は、「日興の蓮祖への奉仕の不怠なる、信行の熱烈なる、本間の一族および阿仏《あぶつ》一家を動かしたることは、甚大なるものにして、佐渡の仏法は、上代においては、純一に富士門徒たりしなり」（同書三〇頁）と述べている。佐渡の門下阿仏房《あぶつぼう》の曽孫である日満《にちまん》が日興の弟子であった事実が示すように、上古においては佐渡の門下は日興門流に属していたのである。

1　塚原三昧堂

十一月一日、日蓮は配所である塚原三昧堂に入った。その模様について「種種御振舞御書」には次のように記されている。

「同十月十日に依智を立って、同十月二十八日に佐渡国へ著きぬ。十一月一日に六郎左衛門が家のうしろ、塚原と申す山野の中に、洛陽の蓮台野《れんだいの》のように死人を捨つる所に、一間四面なる堂の仏もなし。上はいたま（板間）あわず、四壁はあばらに、雪ふりつもりて消ゆることなし。かかる所にしきがわ（敷皮）打ちしき蓑《みの》うちきて、夜をあかし日をくらす。夜は雪・雹《あられ》・雷電《いなずま》ひまなし。昼は日の光もささせ給わず。心細かるべきすまいなり」（九一六頁）

また、「妙法比丘尼御返事」には次のようにある。

「佐渡国にありし時は、里より遥かにへだたれる野と山との中間に、つかはらと申す御三昧所あり。かの処に一間四面の堂あり。そら（空）はいたま（板間）あわず、四壁はやぶれたり。雨はそと（外）の如し、雪は内に積もる。仏はおわせず、筵畳は一枚もなし。しかれども、我が根本より持ちまいらせて候教主釈尊を立てまいらせ、法華経を手ににぎり、蓑をき、笠をさして居たり」（一四一三頁）

これらの文に示されるように、塚原三昧堂は墓地に建てられた粗末な小堂であった。三昧堂とは「墓所にある葬式用の堂」（『広辞苑』第六版）をいう。要するに、火葬ないしは土葬する前に遺体を一時的に安置し、葬送儀礼を行うために設けられた施設であり、居住を考えて作られたものではない。「塚原」の地名自体、塚（墓）のある野原を意味する。

最低限の食糧は支給されたとはいえ、日興など従う弟子もあり、食糧事情は極めて厳しかった。しかも、日蓮の場合、命を狙う念仏者もあった。室内に雪が降り込むような所で冬を過ごすことは、きわめて過酷な状況である。当時の模様について「種種御振舞御書」には、「かくてすごすほどに、庭には雪つもりて人もかよわず、堂にはあらき風より外はおとずるるものなし。眼には止観・法華をさらし、口には南無妙法蓮華経と唱え、夜は月・星に向かい奉りて諸宗の違目と法華経の深義を談ずるほどに、年もかえりぬ」（九一七頁）と記されている。

そこで塚原三昧堂の位置が問題になる。三昧堂の位置は佐渡における日蓮の生活、処遇などを考えるうえで重要な要素となるからである。塚原三昧堂の位置については、これまで次のような諸説が立てられてきた。

①「旧新穂村《にいぼむら》大野」説
②「旧畑野町仙道」説
③「やせがひら丘陵」説
④「旧畑野町目黒町」説

①は江戸時代から昭和初期まで、ほとんど定説と考えられてきたもので、そこには日蓮宗根本寺が建てられている。この説は、十六世紀末、佐渡に渡った京都妙覚寺第十八世日典《にちでん》が旧新穂村大野周辺を日蓮ゆかりの地としてそこに草庵を構えたことに由来する。しかし、この説は根拠が極めて薄弱であり、日典もこの地が塚原三昧堂の場所であると明確に述べているわけではない。「種種御振舞御書」に示されている本間六郎左衛門の館や守護所との位置関係も考えられていない点など、近年、多くの弱点が指摘されるようになった。今日では、この説は到底、支持しがたい。

②は佐渡の郷土史家橘正隆《たちばなまさたか》氏が『日蓮聖人佐渡霊跡研究』で立てた説である。しかし、この説の根拠とされるものも橘氏の主観的な思い込みによるものが多く、客観的根拠に乏しいため、今日ではほとんど支持されていない。

③は佐渡博物館館長だった本間嘉晴《ほんまよしはる》氏が『日蓮と京極為《きょうごくため》兼《かね》』で立てた説である。しかし、根拠の一つとしている「波木井殿御書」が後世に作られた偽書であることが明らかになっており、「種種御振舞御書」の文の解釈にも無理があって支持しがたい。

創価学会新潟県青年部編「佐渡御書に学ぶ」では、これらの説を詳細に批判して退け、結論として、④の「旧畑野町目黒町」説が妥当であるとしている。この説は田中圭一氏が『新版　日蓮と佐渡』で主張する説である。

「旧畑野町目黒町」説は、塚原三昧堂に関する御書の記述を基準に、日蓮を預かった守護代本間六郎左衛門の館、および彼が執務した守護所との位置関係を重視する立場から立てられている。

塚原三昧堂について、日蓮は「種種御振舞御書」「妙法比丘尼御返事」「法蓮抄」に次のように記している。

「十一月一日に六郎左衛門が家のうしろ、塚原と申す山野の中に、洛陽の蓮台野のように死人を捨つる所に、一間四面なる堂の仏もなし」（「種種御振舞御書」九一六頁）

「佐渡国にありし時は、里より遥かにへだたれる野と山との中間に、つかはらと申す御三昧所あり」（「妙法比丘

尼御返事」一四一三頁）
「棲《すみか》にはおばな（尾花）・かるかや（苅萱）おいしげれる野中の三昧ばらに……」（「法蓮抄」一〇五二頁）

これらの文から、塚原三昧堂は「六郎左衛門が家のうしろ」で「野と山との中間」にあったことが分かる。

一方、日蓮の佐渡流罪当時の守護所は波多郷《はたごう》（旧畑野町下畑《しもはた》）にあったと考えられている（『畑野町史』一二二頁）。波多郷は奈良時代から条理制による水田開発が進められており、佐渡の中心的な地域であった。その条理地域の中央に四町方形の特殊な地割りがあり、そこが守護所があった場所と考えられている（現在は「下畑玉作《たまつくり》遺跡」の標識が立っている。田中圭一・前掲書六六頁）。また本間六郎左衛門の館は、平安・鎌倉期の須恵器《すえき》が数多く出土し、またかつて水濠がめぐらされていたことなどから、守護所に南面する熊野神社跡と推定されている（田中圭一・前掲書六七頁）。守護代本間重連《しげつら》の館が守護所に隣接していたのはむしろ自然であろう。

「六郎左衛門が家のうしろ」ということからすると、塚原三昧堂は本間六郎左衛門の館の後方にあった。それは、本間の館から見える場所にあったと考えられる。日蓮の保護と監視は六郎左衛門にとって重要な任務であり、また日蓮は念仏者に命を狙われているという特殊な状況にあったから、常に監視でき、緊急事態には直ちに急行できる間近な場所を配所に選ぶのは当然である。旧熊野神社跡が本間六郎左衛門の館であるとすると、目黒町の丘陵こそが本間の館から近くに見える野山に当たる。しかも、この丘陵は小佐渡山脈から下って国中平野に移る中間に位置しており、「野と山との中間」という条件にも当てはまっている。

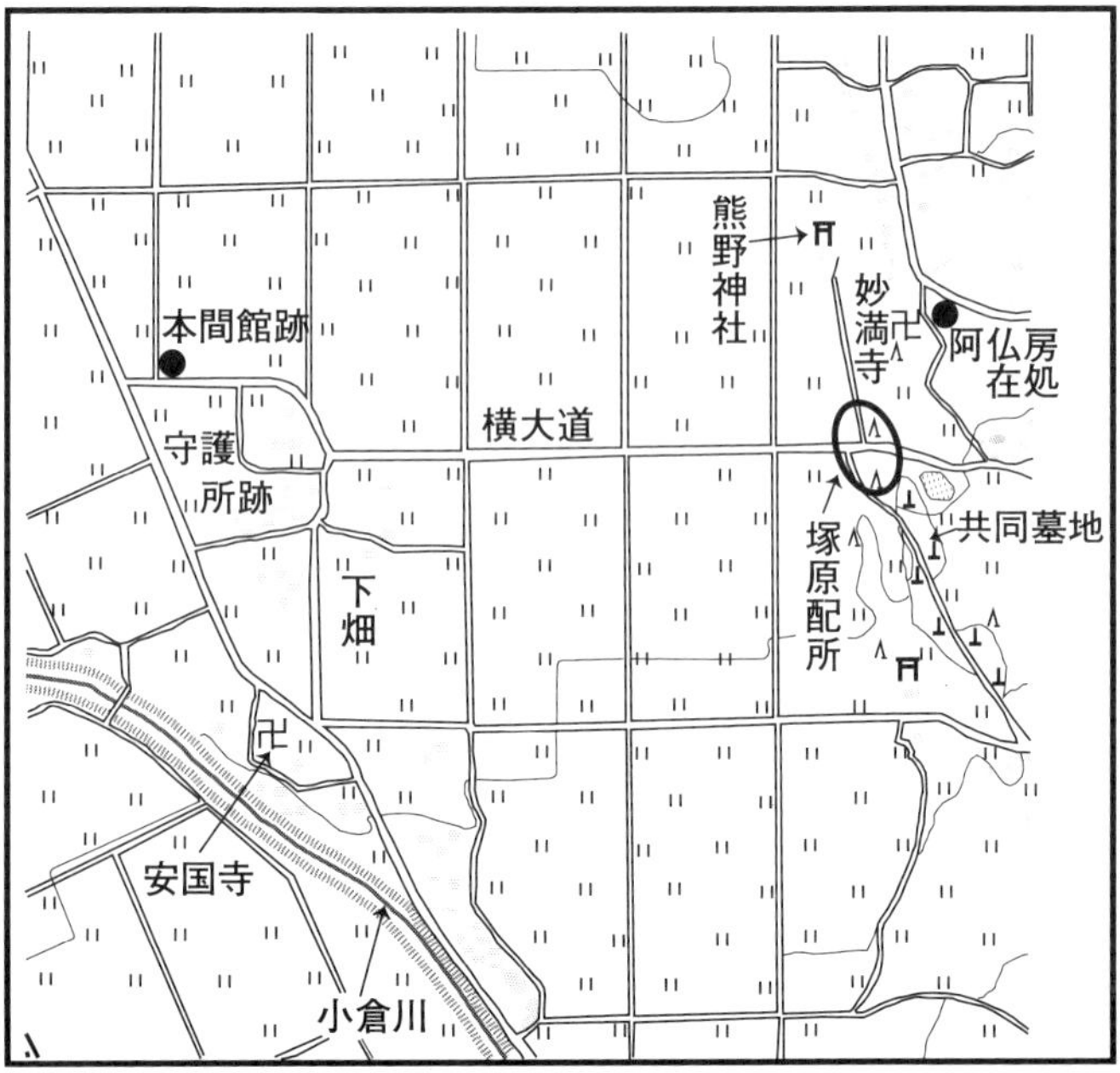

地図④　塚原三昧堂関係図

また、この丘陵の近くには古い共同墓地があり、この点も「種種御振舞御書」などの記述に適っている。

さらに目黒町の丘陵近くには阿仏房の子である藤九郎盛綱《とうくろうもりつな》の墓があり、また阿仏房の曽孫で日興の門下となった日満が創建したと伝えられる妙満寺がある。また日満自身の墓も直近にある。これらの事実から、阿仏房一族とこの周辺の場所が極めて密接な関係にあったことを物語る。田中圭一氏は、この地域こそ阿仏房の住居地であり、阿仏房は日蓮を預かった名主《みょうしゅ》であったと推定している（前掲書八八頁）。阿仏房について直ちに結論を下すことはできないが、田中説が成立する可能性は高いと見られる（地図④参照）。

これらの諸点を総合的に考えるとき、塚原三昧堂の位置としては、現時点においては「旧畑野町目黒町」説をとるのが妥当と考える。なお、この点については今後の新たな研究を待ちたい。

2 流人の生活

佐渡が流刑の地と定められたのは七二四年である（『続日本紀《しょくにほんぎ》』）。佐渡の流人は政治犯・思想犯で、貴族や武士・僧侶など社会的地位が比較的高い者が大半であった。その点、江戸時代の佐渡の流人が刑事犯であったことと相違している。

『延喜式《えんぎしき》』によれば、国司は流人に一日米一升と塩一勺を給付し、春になると田と種子を与えて耕作させ、収穫が終わると給付を停止して流人の自活に任せたという（『流人帖』一三九頁）。しかし、身分ある人の場合、本人は耕作に従事せず、従者や近在の農民が代わって耕作したと推定される。島外から仕送りを受けるのも自由であった。ただし、日蓮の場合、田と種子を与える措置がとられたかどうか定かではない。

流人は常時、監禁・拘束されていたわけではなく、ある程度、自由に歩くことも許されていたようである。日蓮の場合も、御書には高い山に登って大音声で天照太神・八幡大菩薩を諫めたという記述がある（「光日房御書」九二七頁）。永仁《えいにん》六（一二九八）年に佐渡に流された歌人の京極為兼は、島人とともに「塩焼き」をしたり、歌会に招待されたりしている。永享《えいきょう》六（一四三四）年に佐渡に流された能の大成者世阿弥《ぜあみ》も家族からの仕送りを受け、佐渡で「金島集《きんとうしゅう》」を執筆している。これらの事実から佐渡の流人の状況をうかがうことができよう。

3 「富木入道殿御返事」

文永八（一二七一）年十一月二十三日、日蓮は塚原三昧堂から富木常忍に宛てて書簡を出した。「富木入道殿御返事」である。追伸部分に「小僧達、少々還えし候。この国の体為《ていたらく》、在所の有様、御問い有るべく候。筆端に載せ難く候」（九五六頁）とあることから明らかなように、寺泊で帰した入道に続いて小僧たちも帰国させることにした。本抄は彼等に託して富木常忍に届けさせた書簡である。

冒頭には「この比《ころ》は十一月の下旬なれば、相州鎌倉に候いし時の思いには四節の転変は万国皆同じかるべしと存じ候いし処に、この北国佐渡国に下著《げちゃく》候いて後、二月《ふたつき》は寒風頻《しき》りに吹いて、霜雪さらに降らざる時はあれども日の光をば見ることなし。八寒を現身に感ず。人の心は禽獣に同じく、主師親を知らず。何に況んや仏法の邪正、師の善悪は思いもよらざるをや」（九五五頁）と、三昧堂での生活について述べられている。この文にうかがえるように、日蓮に対して佐渡の国人は厳しい態度で接したようである。諸宗を悪口し幕府を批判する悪僧という観念をもって日蓮に接したのであろう。

本抄では、「已に眼前なり、仏滅後二千二百余年に月氏・漢土・日本・一閻浮提の内に天親・竜樹『内鑑冷然《ないがんれいねん》外適時宜《げちゃくじぎ》』云々。天台・伝教はほぼ釈し給えども、これを弘め残せる一大事の秘法をこの国に初めてこれを弘む。日蓮、あにその人に非ずや」（同頁）として、日蓮が天台・伝教さえも弘めなかった「一大事の秘法」を弘通する存在であることを示されている。これは、事実上、日蓮こそが末法の教主、人本尊であることを示唆するものといえる。日蓮が末法の本仏、人本尊であることの宣言は、周知の通り、翌年二月に完成する「開目抄」でなされるのであるが、この時点で実質的に「開目抄」の趣旨に合致する言明がなされていることが注目される。鎌倉期において日蓮は、対外的には基本的に天台僧の立場をとったが、「発迹顕本《ほっしゃくけんぽん》」以後の日蓮は、明確に天台宗の枠組みを超越していることを対外的にも明らかにするに至ったのである。

次いで本抄では、「前相已に顕れぬ。去ぬる正嘉の大地震、前代未聞の大端なり。神世十二・人王九十代と仏滅後二千二百余年未曾有の大瑞なり」（同頁）と正嘉の大地震などの天変地夭が大法弘通の「大瑞」であるとし、また「末法の初め西を照らす」との遵式《じゅんしき》の言葉を引いて「仏法西還」の意を示している。これは明らかに二年後に著される「観《かん》心本尊抄《じんのほんぞんしょう》」「顕仏未来記」に連なる趣旨である。

さらに「貴辺に申し付けし一切経の要文、智論の要文五帖、一処に取り集めらるべく候。その外《ほか》論釈の要文、散在あるべからず候。また小僧達、談義あるべしと仰せらるべく候」（同頁）と述べていることが注目される。富木常忍に対して日蓮は文献・書籍の散逸を防ぐよう指示している。鎌倉では日昭や大進阿闍梨らが中心になって留守を護っていたと思われるが、彼等を外護する存在として、四条金吾のほかに富木常忍の力に期待することが大きかったと推測される。佐渡到着前後の時期において、日蓮が富木常忍を中心に連絡を取っていたことは、その事情をうかがわせるものとなっている。

末尾においては、「勧持品に云わく、不軽品に云わく」（同頁）として「寺泊御書」と同じく勧持品と不軽品に言及し、「命限り有り、惜しむべからず。遂に願うべきは仏国なり」（九五六頁）と不惜身命の心情を述べてこの書簡を結んでいる。

佐渡到着直後の状況と心情をうかがえるものとして、貴重な書簡といえよう。

4　塚原問答

冬の季節風が吹きつける塚原三昧堂で、日蓮は少数の弟子とともに年を越した。年が改まった文永九（一二七二）年一月、日蓮を論破しようとして参集した数百人の僧侶との法論が三昧堂で行われた。いわゆる「塚原問答」である。

その経過について「種種御振舞御書」には次のように述べられている。

「佐渡国の持斎・念仏者の唯阿弥陀仏《ゆいあみだぶつ》・生喩房《しょうゆぼう》・印性《いんしょう》房《ぼう》・慈道房《じどうぼう》等の数百人、より合いて僉議《せんぎ》すと承る。『聞こうる阿弥陀仏の大怨敵、一切衆生の悪知識の日蓮房、この国にながされたり。なにとなくともこの国へ流されたる人の始終い（生）けらるることなし。設《たと》いいけらるるともかえることなし。また、打ちころしたりとも御とがめなし。塚原と云う所にただ一人あり。いかにごう（剛）なりとも力つよくとも、人なき処なれば集まりていころせ（射殺）かし』と云うものもありけり。また『なにとなくとも頸を切らるべかりけるが、守殿《こうどの》の御台所《みだいどころ》の御懐妊なればしばらくきられず。終には一定ときく』。また云わく『六郎左衛門尉殿に申してきらずんば、はからうべし』と云う。多くの義の中にこれについて守護所に数百人集まりぬ。

六郎左衛門尉云わく『上《かみ》より殺しもうすまじき副状《そえじょう》下りて、あなずるべき流人にはあらず。あやまちあるならば重連《しげつら》が大なる失なるべし。それよりはただ法門にてせめよかし』と云いければ、念仏者等、あるいは浄土の三部経、あるいは止観、あるいは真言等を小法師等が頸にかけさせ、あるいはわき（腋）にはさませて正月十六日にあつまる。佐渡国のみならず越後・越中・出羽・奥州・信濃等の国々より集まれる法師等なれば、塚原の堂の大庭・山野に数百人、六郎左衛門尉・兄弟一家、さならぬもの百姓の入道等、かずをしらず集まりたり」（九一七頁）

すなわち、佐渡の念仏者・真言師など数百人が守護所が押しかけて日蓮の殺害を要求した。しかし、本間六郎左衛門重連は、幕府より殺害を禁ずる命令書が来ていることを理由にその要求を拒否し、それに代わって法論の開催を提案した。そこで、佐渡だけでなく、越後・越中・出羽・奥州・信濃などから僧侶数百人が集結し、一月十六日に三昧堂の前の庭で法論が行われることになった。それは本間六郎左衛門をはじめ多くの人々が見守る中で行われた。

ここで本間重連に日蓮の殺害を禁ずる命令が到達していたことが注目される。それは幕府当局が日蓮の存在を重視していた証左である。幕府は、対蒙古の防衛体制を固めるため日蓮を流刑に処したものの、日蓮の存在を無視することができず、不測の事態が起きることのないよう、守護代の本間重連に特例の命令を出していたのである。平左衛門尉から本間重連に宛てた書簡などによれば、幕府内部では日蓮の流罪期間が三年と予定されていた可能性もある。

さて、大勢の僧侶が集まって日蓮を罵ったものの、法論が始まってみると、各宗の法門を一つ一つ確認しながら明快に論破していく日蓮の破折に対抗することができず、法論は諸宗側の完全な敗北に終わってしまった。その模様は「種種御振舞御書」に次のように述べられている。

「念仏者は口々に悪口をなし、真言師は面々に色を失い、天台宗ぞ勝つべきよしをののしる。在家の者どもは『聞こうる阿弥陀仏のかたきよ』とののしりさわぎひびくこと震動雷電の如し。日蓮は暫くさわがせて後、『各々しずまらせ給え。法門の御為にこそ御渡りあるらめ。悪口等よしなし』と申せしかば、六郎左衛門を始めて諸人『しかるべし』とて悪口せし念仏者をばそくびをつきいだしぬ。

さて、止観・真言・念仏の法門、一々にかれが申す様をでっしあげて承伏せさせてはちょうとはつめつめ、一言二言にはすぎず。鎌倉の真言師・禅宗・念仏者・天台の者よりもはかなきものどもなれば、ただ思いやらせ給え。利剣をもてうり（瓜）をきり、大風の草をなびかすが如し。仏法のおろかなるのみならず、あるいは自語相違し、あるいは経文をわすれて論と云い、釈をわすれて論と云う。善導が柳より落ち、弘法大師の三鈷《さんこ》を投げたる、大日如来と現じたる等をば、あるいは妄語、あるいは物にくるえる処を一々にせめたるに、あるいは悪口し、あるいは口を閉じ、あるいは色を失い、あるいは念仏ひが事なりけりと云うものもあり。あるいは当座に袈裟・平念珠をすてて念仏申すまじきよし誓状を立つる者もあり」（九一八頁）

ここでは、天台宗がこの時点で日蓮に敵対する勢力として現れていることが注目される。すなわち日蓮は、社会的にもはや天台宗の僧侶と見なされていなかった。天台宗の枠組みを逸脱した「異端」として、天台宗からも批判・攻撃を受ける立場にあったことが分かる。

この塚原問答については、同年三月の「佐渡御書」でも次のように述べられている。

「今年正月十六日十七日に佐渡国の念仏者等数百人、印性房と申すは念仏者の棟梁なり、日蓮が許に来たって云わく『法然上人は法華経を抛《なげう》てよとかかせ給うには非ず。一切衆生に念仏を申させ給いて候この大功徳に御往生疑いなしと書き付けて候を山僧等の流されたる並びに寺法師等、善哉《よきかな》善哉とほめ候を、いかがこれを破し給う』と申しき。鎌倉の念仏者よりもはるかにはかなく候ぞ。無慚とも申す計りなし」（九五九頁）

翌十七日、念仏僧弁成《べんじょう》が塚原三昧堂を訪ね、日蓮と問答した。その記録が「法華浄土問答抄」（一一七頁）である。同抄には「正月十七日」と記されているが、十七日に行われた問答を後日、整理し、成立した文書に弁成と日蓮がそれぞれ花押したものと見られる。

弁成について『本化高祖年譜攷異《こうい》』は「種種御振舞御書」「佐渡御書」に見える念仏僧の棟梁印性房の諱《いみな》としている。「佐渡御書」に「十六日十七日」とあることから、十七日にも印性房が訪ねてきたと見られるから、印性房が弁成である可能性は高い。「種種御振舞御書」「佐渡御書」に弁成の名はないが、僧侶を指すのに房名だけ示して諱を略すことは通例であるから、弁成の名がないことは別人とする理由にはならない。

「法華浄土問答抄」では、穢土で法華を捨閉閣抛《しゃへいかくほう》し、浄土に往生してから悟ると主張する印性房弁成に対して、日蓮はまずその根拠となる文証を求めている。弁成が文証として観無量寿経などを挙げるのに対し、日蓮は観無量寿経は四十余年未顕真実とされた経典であり、観無量寿経が将来説かれる法華経を捨閉閣抛せよと説く道理はないと破折している。

結論として、法華経を捨閉閣抛せよとする法然の教義には文証の根拠がなく、正法を誹謗すれば阿鼻地獄に堕ちるとの釈尊の戒めを免れることはできないと断じている。これに対する弁成の反論は示されていない。日蓮の破折に対抗できる論理を弁成は見いだせず、日蓮の主張に承服せざるを得なかったことがうかがわれる。

十六日の塚原問答が終わった時、日蓮は帰ろうとする本間六郎左衛門重連を呼びとめて不思議なことを語りかけた。鎌倉で戦があるから、それに間に合うように急いで鎌倉に上り、高名と所領を得るべきであると述べたのである。六郎左衛門は何も返答することができず、念仏者たちも怪しむばかりであった。このことについては「種種御振舞御書」に次のように述べられている。

「皆人立ち帰るほどに六郎左衛門尉も立ち帰る、一家の者も返る。日蓮、不思議一つ云わんと思いて、六郎左衛門尉を大庭よりよび返して云わく『いつか鎌倉へのぼり給うべき』。かれ答えて云わく『下人共《ども》に農せさせて七月の比《ころ》』と云々。日蓮云わく『弓箭とる者はおおやけの御大事にあいて所領をも給わり候をこそ田畠つくるとは申せ。只今いくさのあらんずるに、急ぎうちのぼり高名して所知を給わらぬか。さすがに和殿原《わどのばら》はさがみの国には名ある侍ぞかし。田舎にて田つくり、いくさにはずれたらんは恥なるべし』と申せしかば、いかにや思いけめ、あわててものもいわず。念仏者・持斎・在家の者どももなにと云うことぞやと怪《あや》しむ」（九一八頁）

約一ヵ月後の二月十八日に着いた船は鎌倉と京都で起きた内乱（二月騒動）の勃発を知らせた。塚原問答の際の警告が的中したのである。本間六郎左衛門は一門の郎党を引き連れてその日の夜、急遽、佐渡を立ったが、予言的中の事実に衝撃を受けた彼は、念仏を捨てて日蓮に帰服することを申し出たのだった。このことについて「種種御振舞御書」には次のようにある。

「二月の十八日に島に船つく。鎌倉に軍《いくさ》あり、京にもあり。そのよう申す計りなし。六郎左衛門尉、その夜にはやふね（早舟）をもって一門相具《あいぐ》してわたる。日蓮にたな心を合わせて『たすけさせ給え。去ぬる正月十六日の御言いかにやとこのほど疑い申しつるに、いくほどなく三十日が内にあい候いぬ。また蒙古国も一定渡り候いなん。念仏無間地獄も一定にてぞ候わんずらん。永く念仏申し候まじ』と申せし」（九一九頁）

5　阿仏房

数百人の諸宗の僧侶が一人の日蓮に論破された塚原問答の模様は、佐渡の人々に大きな波紋を及ぼしたと思われる。塚原問答の前後から阿仏房《あぶつぼう》や最蓮房《さいれんぼう》など、佐渡在住で日蓮の門下になる人々が見られるようになった。中でも阿仏房とその妻千日尼《せんにちあま》は、もっとも早い時期に門下になった存在であった。「千日尼御前御返事」に、「地頭・地頭、念仏者・念仏者等、日蓮が庵室に昼夜に立ちそいてかよう人もあるをまどわさんとせめしに、阿仏房にひつ（櫃）をしおわせ、夜中に度々御わたりありしこと、いつの世にかわすらん。ただ悲母の佐渡国に生まれかわりて有るか」（一三一三頁）とあるように、阿仏房夫妻は夜中に警戒の目をくぐって、日蓮のもとに食糧を届けるなど、献身的な行為を行っている。

阿仏房は、その名が示すように、もともとは念仏者であったと思われる。田中圭一氏は阿仏房について、先に述べた通り、日蓮の保護に当たった名主《みょうしゅ》であると推定しているが、警護の目を盗んで食糧を届けたその行動を考えるとき、その可能性も大いにありうると思われる。日蓮に対して、もっともっとも近い立場にあったからこそ、日蓮の人格に触れてもっとも早い門下となったと考えられる。阿仏房が三昧堂の日蓮を責めようとして逆に論破され、日蓮に帰依するようになったという伝承に根拠はない。まして、順徳上皇に仕えた北面の武士遠藤為盛《えんどうためもり》とする伝承は、今日、全く受け入れられていない。阿仏房を九十歳前後の老人とするのも阿仏房を遠藤為盛にするための操作であり、認められない。

ただし、日蓮の赦免後、阿仏房が佐渡から身延まで三度往復し、また息子の藤九郎盛綱《もりつな》も阿仏房の没後、身延の日蓮を訪ねているところから、ある程度の経済的余力をもった階層に属していたと考えられる。

「阿仏房御書」では、阿仏房は法華経に説かれる宝塔の意義について日蓮に質問している。すなわち、阿仏房は法華経の内容について一定の理解をもち、日蓮に教理に関する質問をするほどの知的能力を備えていた。日蓮は阿仏房に曼荼羅本尊を授与し、「北国の導師」として佐渡の門下の中心軸となるよう激励している。

阿仏房の供養について、「浄行菩薩うまれかわり給いてや日蓮を御とふらい給うか。不思議なり不思議なり。この御志をば日蓮はしらず、上行菩薩の御出現の力にまかせたてまつり候ぞ」(一三〇四頁)と通常の表現を超えた甚深の謝意を示していることは、佐渡流罪中において阿仏房夫妻の働きが大きかったことを物語っている。

いずれにしても「北国の導師」との表現は、阿仏房が佐渡の地域社会で指導的階層に属していたことを示唆するものといえる。

田中圭一氏は、日蓮を保護していた本間六郎左衛門が佐渡を離れたため、念仏勢力の反攻が生じ、阿仏房も迫害を受けて元の場所に居られなくなり、余所に移されたのではないかと推論している(『新版　日蓮と佐渡』九七頁)。弘安元年七月の「千日尼御前御返事」に漢の高祖劉邦《りゅうほう》の故事を引いて、「あるいは所をおい、あるいはかりょう(科料)をひき、あるいは宅をとられなんどせしに、ついにとおらせ給いぬ」(一三一四頁)と述べているのは阿仏房が移転を余儀なくされたことを示すものである。

6　最蓮房

塚原問答直後の文永九(一二七二)年二月に門下になった佐渡の人として最蓮房が挙げられる。『本化《ほんげ》別頭《べつず》仏祖《ぶっそ》統紀《とうき》』などによると、最蓮房は比叡山延暦寺の学僧で、文永元年、山門など諸堂が炎上した事件に連座して佐渡に流罪されたと伝えられるが、確証はない。「生死一大事血脈抄」「当体義抄」「諸法実相抄」など、最蓮房宛ての御書には真筆がなく、最蓮房の伝記には不明な点が多いが、「祈禱経送状」は身延で日蓮の教導を受けた日像《にちぞう》(一二六九～

一三四二）がその一部を自著『祈禱経之事』（一三一八年成立、自筆現存）に引用しており、最蓮房の実在性は確実である。

流人の境遇をともにする者として日蓮に接触するうちに日蓮の学識と人格に傾倒し、門下になったと思われる。あるいは塚原問答の模様が伝えられたことが入信の一契機となった可能性もあろう。最蓮房は天台宗の学僧らしく、生死一大事血脈など重要な法門について日蓮に質問し、日蓮が奥底の法門を開示する契機を作った。

ただし、「生死一大事血脈抄」に、「しかるに貴辺、日蓮に随順し、また難に値い給うこと、心中思い遣られて痛ましく候ぞ」（一三三七頁）とあるように、最蓮房は日蓮と接触し、門下となったことによって何らかの迫害を受けたと見られる。迫害という点については阿仏房とほぼ同様の事情があったと思われる。

「最蓮房御返事」に、「何となくとも貴辺に去ぬる二月の比《ころ》より大事の法門を教え奉りぬ。結句は卯月八日夜半寅《とら》の時に妙法の本円戒をもって受職灌頂《じゅしきかんじょう》せしめ奉る者なり」（一三四二頁）とあるように、入門直後から甚深の法門を最蓮房に教示した日蓮は、文永九年四月には最蓮房に受職灌頂を行っている。「受職灌頂」とは、阿闍梨が受者の頭に水を注いで印可を与えることで、天台宗で伝えられてきた法門伝授の儀式である。日蓮がこの儀式を他に行った例はなく、最蓮房が天台宗の学僧であるため、特例として行ったのであろう。

最蓮房は病弱であったため、山に籠りたいとの願望があった。それに対して日蓮は、病気が平癒したならば身命を捨てて仏法を弘通すべきであると教示している（「祈禱経送状」一三六七頁）。学僧だった最蓮房は、おそらく仏法の実践において「学」に偏る傾向があったのであろう。日蓮が「諸法実相抄」で、「行学の二道をはげみ候べし。行学たえなば仏法はあるべからず。我もいたし、人をも教化候え。行学は信心よりおこるべく候。力あらば一文一句なりともかたらせ給うべし」（一三六一頁）と弘教の実践を強調しているのも、そのような最蓮房の傾向性を戒める趣旨が含まれていると解せられる。

最蓮房について日蓮は、「過去の宿縁追い来たって今度日蓮が弟子と成り給うか」（「生死一大事血脈抄」一三三八頁）、「過去無量劫より已来、師弟の契約ありしか」（「最蓮房御返事」一三四〇頁）、「まことに宿縁のおうところ、予が弟子となり給う」（「諸法実相抄」一三六二頁）と、師弟となったことを宿縁であると強調している。奥底の法門を教示できる弟子の一人が誕生したことを喜んでいるのである。

最蓮房に宛てられた御書には日蓮の重要な思想が開示されている。そこで、塚原三昧堂における時期の代表的な御書について略述することとする。

7 「生死一大事血脈抄」

文永九年二月十一日、最蓮房が日蓮の門下となった直後にしたためられた御書である。最蓮房が生死一大事血脈の意義について日蓮に質問したことに対し回答している。生死一大事血脈とは、当時、天台宗で論議されていた問題の一つであったと思われる。

血脈とは、師匠から弟子に法が伝えられることを肉身の血統が連続していることに譬えた言葉である。真言密教、ないしは密教化した当時の日本天台宗で重視され、さまざまな意味内容に展開された。とくに法門の伝承が秘密化し、ごく限られた者にしか伝えられない傾向が強まり、相承の内容を記した切紙《きりがみ》が金銭の対価を伴ってやりとりされることなども生じていた。

生死一大事血脈とは、文字通り生死を貫く肝要、一大事の法ということである。それについて日蓮は本抄の冒頭で、「夫れ生死一大事血脈とは、いわゆる妙法蓮華経これなり」（一三三六頁）と結論を示している。すなわち、宇宙と生命を貫く根源の妙法（南無妙法蓮華経）こそが生死一大事血脈であるとしているのである。

妙法が生死一大事血脈であるとの根本命題を明示した上で、日蓮は本抄で生死一大事血脈の意義を三点に分けて示している。

まず第一に、「久遠実成の釈尊と皆成仏道の法華経と我等衆生との三つ全く差別無しと解《さと》りて妙法蓮華経と唱え奉る処を生死一大事の血脈とは云うなり」（一三三七頁）と述べ、仏と衆生と妙法が一体無差別であると信じて唱題することが生死一大事血脈であるとする。仏と衆生も妙法の当体として一体無差別であることは、法華経に示される諸法実相、十界互具の法理から必然的に導き出される命題である。自身が仏と妙法と一体の尊極の当体であることを確信して唱題に励む信心こそが生死一大事血脈であるとしているのである。

第二には、「過去の生死、現在の生死、未来の生死、三世の生死に法華経を離れ切れざるを法華の血脈相承とは云うなり」（同頁）として、三世にわたって妙法から離れない持続の信心が生死一大事血脈であるとしている。また、「謗法不信の者は『即断一切世間仏種《そくだんいっさいせけんぶっしゅ》』とて仏に成るべき種子を断絶するが故に生死一大事の血脈これ無きなり」（同頁）と、生死一大事血脈の実体は「信心」に他ならないことを示している。いわゆる血脈イコール信心という「信心の血脈」論である。

第三には、「総じて日蓮が弟子・檀那等、自他彼此《じたひし》の心なく、水魚の思いを成して、異体同心にして南無妙法蓮華経と唱え奉る処を生死一大事の血脈とは云うなり。しかも今、日蓮が弘通する処の所詮これなり。もししからば、広宣流布の大願も叶うべきものか」（同頁）と、異体同心の団結で結ばれた和合僧において信心の実践に励むことが生死一大事血脈であるとし、その和合僧を軸にした実践に広宣流布実現の要諦があることを教示している。仏法を正しく継承し、弘通する和合僧を離れて血脈がないことを明示していることは重要である。

また、「日本国の一切衆生に法華経を信ぜしめて仏に成る血脈を継がしめんとするに」（同頁）として、血脈とは万人に開かれたものであることを述べている。一部の者しか所有できないとする閉鎖的・秘密主義的な血脈観を否定しているのである。

第一の点は法理、第二の点は個人の信心、第三の点は教団という視点から生死一大事血脈の意義を論じているといえよう。しかし、いずれも「妙法蓮華経と唱え奉る処を」等とあることから明らかなように、結局、血脈といっても各人の強盛な信心に帰せられるのである。この点は本抄の末尾に、「相構え相構えて、強盛の大信力を致して、南無妙法蓮華経・臨終正念と祈念し給え。生死一大事の血脈これより外に全く求むることなかれ」（一三三八頁）と強調されていることからも明らかである。

さらに結論として、「信心の血脈なくんば法華経を持つとも無益《むやく》なり」（同頁）としていることは重大な教示である。すなわち、法華経（本尊）を受持したとしても、その者の信心が日蓮に違背したものであれば、本尊の力用は現れない。本尊の働きは、あくまでも受持する者の信心と実践にかかっているとの道理を明示している。

たとえ日蓮真筆の本尊を受持していたとしても、信ずる教理が日蓮の教示から反していたならば、本尊の力用が生ずることはない。むしろ、「かかる日蓮を用いぬるとも、あしくうやまわば国亡ぶべし」（「種種御振舞御書」九一九頁）との文が示す通り、いかに日蓮を尊崇する形をとっても日蓮の教示に違背している場合には、功徳どころか生命を歪める結果しか現れないことになる。今日の日蓮正宗が主張するような、血脈は大石寺の法主のみが持つという閉鎖的・権威的な血脈観は、先に述べたように、日蓮の教示に全面的に違背するものであり、「信心の血脈」を喪失した姿であると言わなければならない。

今日の日蓮正宗に見られるような、教団の代表者に過ぎない法主（貫首）を絶対視し、本尊と並んで崇拝の対象とする異様な在り方は、日蓮および日興には全く見ることはできない。むしろ日興は「時の貫首《かんず》たりといえども、仏法に相違して己義を構えば、これを用うべからざること」（「日興遺誡置文」一六一八頁）と、仏法に違背して勝手な我見を構える法主が現れることを想定しており、法主を絶対視する態度とは対極の立場に立っている（日蓮の場合、法主に対する言及すらない。法主など問題にしていないのである。「本因妙抄」「百六箇抄」などの相伝書に見られる貫首に言及した箇所は、大石寺第五十九世日亨が『富士宗学要集』第一巻に明示している通り、全て後世の者が加えた後加分であり、法主への服従を要求するこのような加筆を行って恥じない態度にも信徒を欺き続ける当該教団の体質が顕著に表れている）。

大石寺の法主を絶対視する教義は、十五世紀後半から少年貫首が続いた時代に、実力をもたない少年貫首の権威を高めるために作り出されたものであり、日蓮の宗教には本来、存在しない（最年少の大石寺貫首は、一五二七年に十歳で貫首となった十三世日院《にちいん》。初めて法主絶対論を唱えたのは日尊門流から大石寺に転入した左京日教〈一四二八～不明〉である）。教団の都合に合わせて途中で形成された教義を日蓮本来の教義であるかのように偽る「だまし」を続けているのが大石寺である。

8　「草木成仏口決」

日蓮が塚原にいた時期に書かれた最蓮房宛て御書に「草木成仏口決」がある。題名が示す通り、草木成仏の法理について教示した御書である。

「一念三千の法門をふりすすぎたてたるは大曼荼羅なり。当世の習いそこないの学者、ゆめにもしらざる法門なり」（一三三九頁）と説かれるように、草木成仏を説く一念三千の法理が曼荼羅本尊の理論的前提であることを示している。曼荼羅本尊が紙や木で造られるものである以上、紙木が仏の働きを示しうることが理論的に確認されなければならないからである。草木成仏と曼荼羅御本尊の関係を示すという点においては、本抄は翌年に著される「観心本尊《かんじんのほんぞん》抄《しょう》」の内容を先取りするものとなっている。

本抄では、「有情は生の成仏、非情は死の成仏」（一三三八頁）として、生死を軸にした生命論が展開されている。有情とは動物など感情や神経がある生命を指す。非情とは草木・岩石など感情や神経を持たない生命を指す。生きている間は感情・神経を有するので有情であるが、死後の生命はそれを失って非情となる。ただし、有情と非情は連続したもので別々のものではない。本抄に、「爪と髪とは非情なり。きるにもいたまず。その外は有情なれば、切るにもいたみ、くるしむなり。一身所具の有情・非情なり」（同頁）とあるように、一個の生命に有情・非情の両面が具わるのである。

成仏とは生きている間に限られるものではなく、死後の生命においても成り立つ。「草木成仏とは死人の成仏なり」（同頁）と説かれる通り、死後の生命の成仏が非情の成仏すなわち草木成仏である。

一念三千の構成要素である三世間のうち、五陰世間・衆生世間が有情に当たり、国土世間は非情に当たる。したがって一念三千の法理とは、生命を有情・非情の両面を含むものとして捉える理論である。

本抄は、このように草木成仏の法理を確認しつつ、草木成仏の義を含む一念三千の法理が曼荼羅御本尊の理論的根拠であることを示すものになっている。

一念三千の法理について深い知識を備えていたと思われる最蓮房だからこそ、本抄のような甚深の法門を説く御書を与えたのであろう。

9 「開目抄」

日蓮は、塚原三昧堂にいた文永九年二月、生涯最大の著述である「開目抄」を完成した。「種種御振舞御書」に、「去年の十一月より勘えたる開目抄と申す文二巻造りたり」(九一九頁)とある通り、文永八年十一月に三昧堂に入った直後から構想し、執筆していた御抄である。

本抄執筆の背景には、文永八年の法難によって多くの門下が信心に疑いを抱き、退転していった厳しい事実がある。門下が抱いた疑問とは、要するに、「法華経の行者には諸天の守護があるはずであるのに、どうして日蓮房に諸天の守護がなく難に遭ったのか。日蓮房に守護がないということは日蓮房が真実の法華経の行者ではないことを意味するのではないのか」というものであった。その疑問を迫害者についていえば、「法華経の行者を迫害する者には諸天による現罰があるはずであるのに、なぜ現罰がないのか」というものであった。

この疑問は、これまでの日蓮の実践の意義を根本的に否定するものである。この疑問と正面から対決し克服することなくして今後の日蓮の弘通は不可能であるといってよい。そこで日蓮は、「開目抄」において、この疑問と真っ向から対峙し、その疑問を克服していくことを通して、自身が真正の法華経の行者、すなわち末法の教主であることを証明する闘争を展開したのである。それは日蓮にとって、立宗宣言から展開してきた自身の実践の正当性を一から検証し直す作業でもあった。

日蓮が、「開目抄」において、いわば自身の存在意義に関わるこの疑問と徹底的に対決したことは次の諸文にうかがうことができる。

「定んで天の御計らいにもあずかるべしと存ずれども、一分のしるしもなし。いよいよ重科に沈む。還ってこのことを計りみれば、我が身の法華経の行者にあらざるか。また諸天善神等のこの国をすてて去り給えるか。かたがた疑わし」(二〇二頁)

「ただし、世間の疑いといい、自心の疑いと申し、いかでか天扶《たす》け給わざるらん。諸天等の守護神は仏前の御誓言あり。法華経の行者にはさる（猿）になりとも法華経の行者とごう（号）して早々に仏前の御誓言をとげんとこそおぼすべきに、その義なきは我が身法華経の行者にあらざるか。この疑いはこの書の肝心、一期の大事なれば、処々にこれをかく上、疑いを強くして答えをかまうべし」（二〇三頁）

「法華経の行者あるならば、これらの聖者は大火の中をすぎても大石の中をとおりてもとぶらわせ給うべし。迦葉の入定もことにこそよれ。いかにとなりぬるぞ、いぶかしとも申すばかりなし。後五百歳のあたらざるか、広宣流布の妄語となるべきか、日蓮が法華経の行者ならざるか。法華経を教内と下して別伝と称する大妄語の者をまほり給うべきか。捨閉閣抛《しゃへいかくほう》と定めて法華経の門をとじよ巻をなげすてよとえりつけて法華堂を失える者を守護し給うべきか。仏前の誓いはありしかども、濁世の大難のはげしさをみて、諸天、下り給わざるか。日月、天にましまします。須弥山、いまもくずれず。海潮も増減す。四季もかたのごとくたがわず。いかになりぬるやらんと大疑いよいよつもり候」（二〇七頁）

「日月等の諸天は法華経の行者出来せば磁石の鉄を吸うがごとく月の水に遷るがごとく須臾《しゅゆ》に来たって行者に代わり仏前の御誓いをはたさせ給うべしとこそおぼえ候に、いままで日蓮をとぶらい給わぬは日蓮法華経の行者にあらざるか。されば、重ねて経文を勘えて、我が身にあてて身の失をしるべし」（二一七頁）

「日蓮は法華経の行者にあらず、天これをすて給うゆへに。誰をか当世の法華経の行者として仏語を実語とせん。仏と提婆とは身と影とのごとし。生々にはなれず。聖徳太子と守屋とは蓮華の花菓同時なるがごとし。法華経の行者あらば必ず三類の怨敵あるべし。三類はすでにあり。法華経の行者は誰なるらん。求めて師とすべし。一眼の亀の浮き木に値うなるべし」（二三〇頁）

「開目抄」は、「守護国家論」「立正安国論」「観心本尊抄」などのように整理された体系に基く著述ではない。同一のテーマを繰り返し取り上げていくその展開には、自身の存在意義を問う根本的な疑問と対決する日蓮の激しい思索の過程がそのまま示されている趣がある。

「開目抄」全編を貫くテーマは、冒頭の次の文に示されている。

「夫れ一切衆生の尊敬すべき者三つあり。いわゆる主師親これなり。また習学すべき物三つあり。いわゆる儒外内これなり」（一八六頁）

すなわち、末法の一切衆生が帰依・尊敬すべき主師親の当体を、儒教（中国古代思想）、外道（インド古代思想）、内道（仏教）、すなわち当時の日本で知られていた全ての思想、宗教を検証することを通して明らかにすることが本抄の根本趣旨に他ならない。

日蓮の実践の正当性を確認することとは、日蓮が弘める南無妙法蓮華経が末法今時の弘通の「教」として正当なものであるかを検証することでもある。そこで「開目抄」では、後に「五重の相対」としてまとめられる「教」の検証を通して、南無妙法蓮華経こそが末法に弘めるべき「正法」であることが示されていく。

「五重の相対」とは、

①「内外相対」（内道〈仏教〉と外道〈仏教以外の宗教〉を相対し、仏教が勝るとする）、

②「大小相対」（仏教の中の大乗教と小乗教を相対し、大乗教が勝るとする）、

③「権実相対」（大乗教の中で実教〈法華経〉と権教〈法華経以外の大乗教〉を相対し、法華経が勝るとする）、

④「本迹相対」（法華経の中で前半の迹門と後半の本門を相対し、本門が勝るとする）、

⑤「種脱相対」（脱益《だっちゃく》〈法華経文上本門〉と下種益〈文底独一本門の南無妙法蓮華経〉を相対し、文底独一本門の南無妙法蓮華経が勝るとする）

によって、一切の教の中で南無妙法蓮華経が最勝の教であることを明かした「教判」である。

「開目抄」では先に挙げた冒頭の文に続いて直ちに儒教・道教・外道（この場合はバラモン教などインドの古代思想を指す）と仏教を対比して仏教が勝ることを明らかにし（内外相対）、さらに仏教の中でも、「法華経計り教主釈尊の正言なり」（一八八頁）として「権実相対」を明示する。そしてすぐに、「一念三千の法門は、ただ法華経の本門・寿量品の文の底にしずめたり。竜樹・天親、知ってしかもいまだひろいいださず、ただ我が天台智者のみこれをいだけり」（一八九頁）と、最要の一念三千の法門が法華経本門の「文底」にあることを説いて「本迹相対」「種脱相対」の結論を出している。

このように「開目抄」では、まず「五重の相対」全体の結論をまず提示して、その後に、その内容を詳しく論ずるという展開になっている。その中でも詳しく論証されているのは「権実相対」「本迹相対」に当たる部分である。

そこで、本抄における「五重の相対」の展開を概観することにする。

①「内外相対」

まず日蓮は、儒教・道教に対して、「いまだ過去・未来を一分もしらず」（一八六頁）と儒教・道教が過去世・来世を知らないことを指摘する。儒教・道教が「死後」の問題について何の答えも持っていないからである。またイン

ドの外道は、過去・現在・未来をある程度知るが、因果の把握において不十分であるとする。

外道の因果論とは、「あるいは因中有果、あるいは因中無果、あるいは因中亦有果《いんちゅうやくうか》・亦無果《やくむか》等云々。これ外道の極理なり」（一八七頁）とあるように、原因の中に結果が内在するとする説（因中有果、数論《すろん》師〈サーンキャ学派〉の説）、因の中には果はなく、さまざまな因が集まって新しい果が生ずるとする説（因中無果、勝論《かつろん》師〈ヴァイシェーシカ学派〉の説）、因の中に果がある場合もない場合もあるとする説（因中亦有果・亦無果、勒娑婆《ろくしゃば》外道の説）である。

それらの説はいずれも因果を固定的・実体的に捉え、因から直接的に果が生ずるという決定論的な思考に傾いている。それに対して仏教は、因から直接的に果がもたらされるものではなく、因と外在的間接因である「縁」が合わさることによって果が生ずるとして、決定論的な思考を乗り越えている。

本抄で外道について、「因果を弁えざること嬰児のごとし」（一八八頁）と破折しているのは、外道の因果論が仏教のそれに比べて未熟であるからである。

②「大小相対」

「開目抄」において「大小相対」はほとんど論じられていない。それは、小乗教と大乗教の勝劣は日本仏教においてはほとんど自明のものとされていたからであろう。

本抄では、「大小相対」について「倶舎・成実・律宗等は阿含経によれり。六界を明きらめて四界をしらず。『十方にただ一仏有り』と云って一方有仏だにもあかさず。一切有情・悉有仏性《しつうぶっしょう》とこそとかざらめ。一人の仏性なおゆるさず。しかるを律宗・成実宗等の『十方に仏有り、仏性有り』なんど申すは、仏滅後の人師等の大乗の義を自宗に盗み入れたるなるべし」（一八九頁）と述べられているが、それ以上に立ち入って言及されていない。

③「権実相対」

「開目抄」で最も詳しく論述されているのが「権実相対」である。それは、法華経第一の立場をとる日蓮と天台宗を除く諸宗との思想的対決点がここにあるからであろう。

「ここに予愚見をもって前四十余年と後八年との相違をかんがえみるに、その相違多しといえども先ず世間の学者もゆるし我が身にもさもやとうちおぼうることは二乗作仏・久遠実成なるべし」（一九〇頁）とあるように、日蓮が「権実相対」「本迹相対」の論点として挙げているのは二乗作仏と久遠実成である。日蓮は、二乗作仏と久遠実成を、「一代の綱骨、一切経の心髄なり」（一九七頁）として、一切経の勝劣を判定する際の最要としている。

そこで「開目抄」では、法華経と権大乗経の対比について二乗作仏・不作仏に焦点を当てて論じ、爾前の権大乗経において釈尊から二乗が厳しく弾呵されて成仏を許されなかったことを繰り返し詳述している（一九一頁一〇行目「しかれども爾前の権経も」～一九三頁一五行目「あしかりぬべしとしりぬ」。また、二〇五頁六行目「諸の声聞等は前四味の経々に」～二〇六頁一六行目「餓鬼道にこそおわすべけれ」）。

それに対して法華経が二乗作仏を説いたのは仏説として前後矛盾する「自語相違」であり、にわかに信じ難いことであるが、それを信ぜしめるために多宝如来や十方分身の諸仏の証明が説かれたとする（一九四頁）。

そして法華経によって成仏することができた声聞らが法華経の行者を守護することは当然であるとする（二〇七頁）

二乗や悪人・女人は成仏できないという「差別」を残していたのでは、真の意味で全ての存在を貫く普遍・平等の法は顕れない。二乗や悪人の生命は万人の生命にも存在するのであるから、二乗や悪人の成仏を否定することはひいては万人の成仏を否定することになるからである。

法華経迹門は爾前権教が残していた差別を全て払拭することにより、後に天台大師が一念三千の法門として整理した普遍の法理を初めて明かしたのである。

④「本迹相対」

「本迹相対」の要点は、当然、釈尊は今世で初めて成仏した仏であるとする「始成正覚」と、釈尊は久遠の昔から仏であったとする「久遠実成」の相違である。

この点について本抄では、爾前迹門の諸経が始成正覚の立場に立ってきたことを具体的な経文を挙げて繰り返し確認する（一九六頁、二一三頁）。そして法華経本門を除く全ての経典が当然の前提としてきた始成正覚の仏陀観を、本門寿量品が五百塵点成道を説いて覆したことを指摘している（一九七頁、二一三頁）。

久遠実成を説く本門が始成正覚に留まる爾前迹門に勝るのはなぜか――。この論点について、本抄では次のように示されている。

「迹門方便品は一念三千・二乗作仏を説いて爾前二種の失一つを脱れたり。しかりといえども、いまだ発迹顕本せざればまことの一念三千もあらわれず、二乗作仏も定まらず。水中の月を見るがごとし。根なし草の波の上に浮かべるにたり。本門にいたりて始成正覚をやぶれば四教の果をやぶる。四教の果をやぶれば四教の因やぶれぬ。爾前迹門の十界の因果を打ちやぶって本門の十界の因果をとき顕す。これ即ち本因本果の法門なり。九界も無始の仏界に具し、仏界も無始の九界に備りて、真の十界互具・百界千如・一念三千なるべし」（一九七頁）

すなわち、釈尊が初めて成道したのは五百塵点劫という久遠の昔であるとして釈尊の本果（真実の仏果）を寿量品が明かしたことは、釈尊は今世で初めて成道した仏であるという爾前迹門が示す仏果を打ち破ることになる。それはまた、今世で成道するまで長遠の歴劫修行を重ねてきたことが成仏の因であるとする爾前迹門の説く仏因をも否定するものになっている。

今世で初めて成道した仏は、入滅したならばこの世から消滅する仏に他ならない。釈迦仏は入滅後は他の仏土に行ってしまい、この娑婆世界に現れることはない。釈尊滅後は、未来に弥勒仏が現れるまで、この世は「無仏」の世界となる。娑婆世界はあくまでも「苦」の世界であり、仏の国土となることはない――。爾前迹門の仏陀観によれば、そのような結論にならざるを得ない。それでは二乗作仏が説かれても、その成仏は今世の娑婆世界において成仏することではなく遠い未来の話であるから、言葉だけで実体が伴わない。

それに対して寿量品は、釈迦仏は五百塵点劫という長遠の昔に成道し、それ以来、娑婆世界において常に仏として の化導をしている「永遠の仏」であることを明かしたのである。釈迦仏は入滅によってこの世から消える存在ではなく、常にこの娑婆世界にいる。それが仏の真実の在り方である――。端的に言えば、寿量品が明かしたこの仏陀観は、従来の仏教の限界を突き破る革命的なものであった。それによって、衆生がこの娑婆世界で救済されていく道筋が示されたといえる。

また、久遠実成の意義について「開目抄」では、「この過去常顕《かこじょう》る時、諸仏、皆釈尊の分身なり。爾前・迹門の時は、諸仏、釈尊に肩を並べて各修各行の仏なり」（二一四頁）と説かれている。

すなわち、爾前迹門の始成正覚の段階では釈尊は他の諸仏と同列の、肩を並べる存在であったが、釈尊が「久遠の仏」であることが明かされたことにより、釈尊こそが諸仏の根本仏であり、諸仏は釈尊の分身仏に過ぎないことが明らかになったというのである。

大乗の諸経典において多数の仏が説かれるが、寿量品は久遠の仏を示すことによって、その久遠仏に諸仏を統合したのである。諸仏を統合する久遠の本仏の存在を示すことによって、一切の諸仏を成仏せしめた仏種（根源の妙法）を指し示そうとしたのが寿量品であるといえよう。

法華経にこそ諸仏を仏ならしめた「種」が示されていることを「開目抄」では次のように述べている。

「宗々互いに種を諍う。予これをあらそわず。ただ経に任すべし。法華経の種に依って天親菩薩は種子無上を立てたり。天台の一念三千これなり。華厳経乃至諸大乗経・大日経等の諸尊の種子、皆一念三千なり。天台智者大師一人、この法門を得給えり」（二一五頁）

ただし、根源の仏種は寿量品においても「文上」ではなお明示されておらず、「文底」に隠されている。この「文上」と「文底」の相違を明らかにするのが次の「種脱相対」である。

⑤「種脱相対」

「種脱相対」について「開目抄」で言及されているのは先に挙げた次の文である。

「一念三千の法門は、ただ法華経の本門・寿量品の文の底にしずめたり。竜樹・天親、知ってしかもいまだひろいいださず。ただ我が天台智者のみこれをいだけり」（一八九頁）

ただし、この文で言う「一念三千の法門」とは法華経文上には示されなかった「事の一念三千」（南無妙法蓮華経）であり、天台大師が説いた「理の一念三千」ではない。天台は理の一念三千のみを弘め、事の一念三千は弘めなかったので「これをいだけり」と言うのである（『日寛上人文段集』七五頁）。

「開目抄」において「種脱相対」に言及した文は他に見ることはできない。それは「種脱相対」が教判論としては最奥の法門であるためであり、また、他宗の誤謬と日蓮の正当性を論証することが眼目となっている「開目抄」においては詳しく論ずる必要がないからとも考えられる。

このように弘めるべき「教」の検証を続けることで「開目抄」が示そうとするのは、諸宗の誤謬・謗法性と日蓮の正当性という二点に要約されよう。すなわち、

（1）諸宗は教の浅深を知らずに低い教に執着する謗法を犯し、その謗法が人々を不幸に陥れる原因になっている。しかも正法を弘通している日蓮を迫害する者は法華経勧持品に説かれる「三類の強敵」に当たる。

（2）日蓮こそ教の勝劣を正しく知る真正の「法華経の行者」であり、それは日蓮が命に及ぶ大難を受けて法華経の予言を身読したことによって裏づけられる。

（1）の、諸宗の謗法を指弾する「開目抄」の文は枚挙に暇がないが、代表的なものとしては次の文などが挙げられよう。

「世間の悪縁・王難・外道の難・小乗経の難なんどは忍びしほどに、権大乗・実大乗経を極めたるようなる道綽《どうしゃく》・善導・法然等がごとくなる悪魔の身に入りたる者、法華経をつよくほめあげ、機をあながちに下し、理深解《りじんげ》微《み》と立て、未有一人得者《みういちにんとくしゃ》・千中無一《せんちゅうむいち》等とすかししものに無量生が間、恒河沙の度すかされて、権経に堕ちぬ。権経より小乗経に堕ちぬ。外道・外典に堕ちぬ。結句は悪

道に堕ちけりと深くこれをしれり」（二〇〇頁）

「夫れ鷲峯《じゅほう》・雙林の日月、毘湛《ひだん》・東春の明鏡に当世の諸宗並びに国中の禅・律・念仏者が醜面を浮かべたるに一分もくもりなし。

妙法華経に云わく『於仏滅度後恐怖悪世中』。安楽行品に云わく『於後悪世』。また云わく『於末世中』。また云わく『於後末世法欲滅時』。分別功徳品に云わく『悪世末法時』。薬王品に云わく『後五百歳』等云々。正法華経の勧説品に云わく『然後末世』。また云わく『然後来末世』等云々。添品法華経に云わく等。天台の云わく『像法の中の南三北七は法華経の怨敵なり』。伝教の云わく『像法の末、南都六宗の学者は法華の怨敵なり』等云々。

彼等の時はいまだ分明ならず。これは教主釈尊・多宝仏、宝塔の中に日月の並ぶがごとく、十方分身の諸仏、樹下に星を列ねたりし中にして正法一千年・像法一千年、二千年すぎて末法の始めに法華経の怨敵三類あるべしと八十万億那由佗の諸菩薩の定め給いし、虚妄となるべしや。当世は如来滅後二千二百余年なり。大地は指さばはずるとも、春は花はさかずとも、三類の敵人必ず日本国にあるべし」（二二五頁）

「天台宗より外の諸宗は本尊にまどえり。倶舎・成実・律宗は三十四心・断結成道の釈尊を本尊とせり。天尊の太子が迷惑して我が身は民の子とおもうがごとし。華厳宗・真言宗・三論宗・法相宗等の四宗は大乗の宗なり。法相・三論は勝応身ににたる仏を本尊とす。天王の太子、我が父は侍とおもうがごとし。華厳宗・真言宗は釈尊を下げて盧舎那《るしゃな》の大日等を本尊と定む。天子たる父を下げて種姓もなき者の法王のごとくなるにつけり。浄土宗は釈迦の分身の阿弥陀仏を有縁の仏とおもうて教主をすてたり。禅宗は下賤の者、一分の徳あって父母をさぐるがごとし。仏をさげ、経を下す。これ皆本尊に迷えり。例せば三皇已前に父をしらず、人皆禽獣に同ぜしが如し。寿量品をしらざる諸宗の者は畜に同じ不知恩の者なり」（二二五頁）

「第二の悪世中比丘と指さるるは法然等の無戒邪見の者なり（中略）爾前のごとくかの経の極理を行ずる猶悪道なり。況んや観経等のなお華厳・般若経等に及ばざる小法を本として法華経を観経に取り入れて、還って念仏に対して閣抛閉捨《かくほうへいしゃ》せるは、法然並びに所化の弟子等・檀那等は誹謗正法の者にあらずや」（二二七頁）

「今末法の始めには良観・念阿等、偽書を注して将軍家にささぐ。あに三類の怨敵にあらずや」（二二九頁）

（2）の点については次の文などが挙げられよう。

「法華経の第五の巻・勧持品の二十行の偈は日蓮だにもこの国に生れずばほとおど世尊は大妄語の人、八十万億那由佗の菩薩は提婆が虚誑罪《こおうざい》にも堕ちぬべし。経に云わく『諸の無智の人あって悪口罵詈等し、刀杖瓦石を加う』等云々。今の世を見るに、日蓮より外の諸僧、たれの人か法華経につけて諸人に悪口罵詈せられ、刀杖等を加えらるる者ある。日蓮なくばこの一偈の未来記は妄語となりぬ。

『悪世の中の比丘は邪智にして心諂曲』。また云わく『白衣の与《ため》に法を説いて世に恭敬せらるること六通の羅漢の如し』。これ等の経文は今の世の念仏者・禅宗・律宗等の法師なくば世尊は又大妄語の人、常在大衆中乃至向国王大臣婆羅門居士等、今の世の僧等日蓮を讒奏して流罪せずばこの経文むなし。また云わく『数々見擯出《さくさくけんひんずい》』等云々。日蓮、法華経のゆえに度々ながされずば、数々の二字いかんがせん。この二字は天台・伝教もいまだよみ給わず。況んや余人をや。末法の始めのしるし、恐怖悪世中の金言のあうゆえにただ日蓮一人これをよめり」（二〇二頁）

「当世法華の三類の強敵なくば誰か仏説を信受せん。日蓮なくば誰をか法華経の行者として仏語をたすけん。南三北七・七大寺等、なお像法の法華経の敵の内、何に況んや当世の禅・律・念仏者等は脱るべしや。経文に我が身普合せり。御勘気をかおればいよいよ悦びをますべし」（二〇三頁）

「日本国にこの法顕るること二度なり。伝教大師と日蓮となりとしれ」（二一八頁）

「日蓮は諸経の勝劣をしること華厳の澄観《ちょうかん》・三論の嘉《か》祥《じょう》・法相の慈恩・真言の弘法にすぐれたり。天台・伝教の跡をしのぶゆえなり。かの人々は天台・伝教に帰せさせ給わずば謗法の失《とが》脱れさせ給うべしや。当世日本国に第一に富める者は日蓮なるべし。命は法華経にたてまつり、名をば後代に留むべし」（二二三頁）

このように「開目抄」で日蓮は、自身こそが法華経の予言を身読し、法華経が真実であることを証明した行者であることを確認している。しかし、その法華経の行者になぜ諸天の加護がなく、迫害者に罰が現れないのか、という当初の疑問にはなおしばらく答えは示されない。その答えが遂に示されるのは御書全集の二三〇頁十二行目「答えて云わく、汝が疑い大いに吉《よ》し」以下の部分である。

そこでは、まず第一に経文と歴史上の事例を引いて、法華経の行者が難を受けるのはむしろ当然である、との主張が示される。挙げられている経文は不軽品の「悪口罵詈」「杖木瓦石」、法師品の「猶多怨嫉」などの文であり、歴史的な事例は釈尊、目蓮、提婆菩薩、竺《じく》の道生、法道三蔵などである。「法華経の行者は諸天に護らるるはずであるから難に遭うのはおかしい」という前提それ自体が誤っているというのである。

答えの第二は、法華経の行者が難に遭うのは行者に過去世の謗法の罪があるからである、というものである。不軽菩薩が自身の罪の故に迫害を受けたという不軽品の意に基づくものである。

答えの第三は、迫害者が順次生《じゅんじしょう》に地獄に堕ちる重罪がある場合には現世に現罰がない、というものである。罰は誤りを犯した者に警告してその誤りを正す意義があるが、その可能性がない場合には罰の意味がなく、罰が現れないという道理を示している。

答えの第四は、諸天善神が国を去っているために迫害者に罰がない、というものである。迫害者を罰するのは善神の働きであるから、その働きが現れない場合には罰が生じないというのである。

ここに、「開目抄」執筆の動機となった疑問に対して明快な回答が示されたことになる。しかし、「開目抄」の展開は、その直後から一転する。すなわち、回答が示された直後の、「詮ずるところは天もすて給え、諸難にもあえ。身命を期《ご》とせん」（二三二頁）以下において、日蓮自身の内心の心境が語られていくのである。

すなわち、それまでは法華経を弘通してきた日蓮がなぜ難に遭い、迫害者に罰がないのか、という世間一般の疑問に答えることに眼目が置かれてきたのに対し、疑問への答えを示した後は一転して日蓮の主体的な心境が示されていく。つまり、諸天の加護がないのはなぜかという次元を超えて、諸天の加護があろうとなかろうと身命を捨てて妙法を弘通するとの誓い、決意が示されるのである。

「大願を立てん。日本国の位をゆずらん、法華経をすてて観経等について後生をごせよ、父母の頸を刎ねん、念仏申さずば、なんどの種々の大難出来すとも、智者に我が義やぶられずば用いじとなり。その外の大難、風の前の塵なるべし。我日本の柱とならん、我日本の眼目とならん、我日本の大船とならん等とちかいし願いやぶるべからず」（二三二頁）の文は、いかなる迫害にも誘惑にも屈することなく一切衆生を救い続けるとの、末法の教主としての境地を宣言したものである。

また、ここで「智者に我が義やぶられずば用いじとなり」と述べられていることが重要であろう。万一、自分以上の智者によって自身の教義が破られた場合はその智者に従うとの言明は、自己を絶対無謬の存在として批判を拒絶する閉ざされた立場に立たないことを示している。いうまでもなく、この言葉は「開目抄」で徹底的に検証してきた教義に対する絶対的な確信を表明したものであるが、日蓮の「法華経の行者」としての確信は、決して単なる主観ではなく、どこまでも理性によって裏づけられた客観的な教義の確証と一体であることを示すものである。

次に、逢難は過去世に犯した重罪を現世に軽く受けている「転重軽受《てんじゅうきょうじゅ》」の姿であることを述べ、また、「我並びに我が弟子、諸難ありとも疑う心なくば自然に仏界にいたるべし」（二三四頁）と、諸難に屈することなく信仰を貫いていくならば成仏は疑いないと門下を励ましている。

この言葉は、迫害に耐えて信仰を貫いている門下への、万感の思いを込めた呼び掛けである。日蓮は「開目抄」において門下に生じていた疑問を断破し、絶対の確信に立つべきことを門下に教えたのである。ここで、「我並びに我が弟子」として、日蓮自身と門下を一体の存在として述べていることが重要であろう。日蓮は、自身を門下から超越した絶対の存在とはしなかった。自分自身も門下と同じく難を受けながら戦い続けている一人の人間であるとの言明がここにある。

さらに「開目抄」の末尾で論及されているのは摂受・折伏の問題である。それが示されるのは、「無智・悪人の国土に充満の時は摂受を前《さき》とす。安楽行品のごとし。邪智・謗法の者の多き時は折伏を前とす。常不軽品のごとし。譬えば、熱き時に寒水を用い、寒き時に火をこのむがごとし。草木は日輪の眷属、寒月に苦をう。諸水は月輪の所従、熱時に本性を失う。末法に摂受・折伏あるべし。いわゆる悪国・破法の両国あるべきゆえなり。日本国の当世は悪国か破法の国かとしるべし」（二三五頁）の文である。

これは「折伏という弘教の方法が誤りである」との批判に答えたものである。すなわち、国土の視点から邪智・謗法の者の多い日本においては折伏を行ずべきであると主張している。

「念仏者・禅宗等を責めて彼等にあだまれたる、いかなる利益かあるや」（二三六頁）とあるように、日蓮が諸宗を厳しく破折していることについて、「敵を作るだけで何の利益にもならない」との批判がなされていた。それに対し、日蓮は仏法の破壊を放置しているのは「仏法の中の怨《あだ》」であり、それを呵責《かしゃく》するのが真実の仏弟子であると答えている。

最後に、「日蓮は日本国の諸人にしうし（主師）父母なり」（二三七頁）と述べられている。これは本抄冒頭の、「夫れ一切衆生の尊敬すべき者三つあり。いわゆる主師親これなり」（一八六頁）の文に対応していることはいうまでもない。すなわち末尾のこの文は、日蓮が主師親の三徳を具える末法の教主・本仏であることを宣言した文である。末法の教主としての振る舞いは竜の口の法難における発迹顕本以後、本尊図顕という形で既に開始されているが、「開目抄」において末法の教主としての本地を初めて明確に示したのである。「開目抄」が「人本尊開顕の書」とされる所以である。

10　二月騒動

日蓮が「開目抄」を完成させた文永九（一二七二）年二月、鎌倉と京都という政治の要衝で内乱が起きた。いわゆる「二月騒動」と呼ばれる事件である。日蓮が文応元（一二六〇）年に「立正安国論」で予言し、十一通御書などで繰り返し警告した自界叛逆難（内乱）と他国侵逼難（外国からの侵略）のうち、自界叛逆難が現実のものとなったのである。

二月十一日、北条一族でありながら得宗家と対抗する姿勢を取って来た名越《なごえ》家の名越時章《ときあき》・教時《のりとき》の兄弟が幕府の軍勢によって鎌倉で誅殺され、また二月十五日、六波羅探題南方の職にあった執権時宗の庶兄時輔《ときすけ》が六波羅探題北方の軍勢に殺害された。

二月十一日に幕府が発した御教書《みぎょうしょ》（命令書）に「謀反の企て有るの輩、今月十一日召し取られ了わんぬ」とあるように、幕府は名越兄弟と北条時輔に「謀反」の罪を着せたが、実際には彼らに謀反の具体的計画や行動があったわけではなく、幕府首脳部（執権北条時宗、連署北条政村、評定衆金沢実時、同安達泰盛《あだちやすもり》ら）が一方的に殺害したのである（川添昭二『日蓮とその時代』二八八頁）。

この事件の背景には得宗《とくそう》北条時宗を中核とする幕府中枢と名越家、および北条時輔との対立があった

名越家は、第三代執権北条泰時《やすとき》（時宗の曾祖父）の異母弟である北条朝時《ともとき》が起こした家系で、鎌倉の名越に館があったので名越家と称される。得宗家に次ぐ家格を持っていたためか、朝時以来、得宗家に必ずしも従属せず、むしろ対抗的な姿勢をとってきた。

得宗家と名越家の軋轢は、寛元《かんげん》四（一二四六）年、北条時頼が執権に就任した直後、朝時の子の名越光時《みつとき》が前将軍藤原頼経《ふじわらのよりつね》を擁して時頼の打倒を企てて失敗し、伊豆の江間《えま》に流された事件（宮騒動）で顕著となった（このことから光時は江間光時といわれるようになった。四条金吾が仕えた主君である。後の「頼基陳状」によれば、光時が伊豆に流罪された時、多くの家臣は光時から離れたが、四条金吾の父頼員《よりかず》は光時に仕え続けたという）。

光時の流罪は後に許されたが、名越家には依然として得宗家に対して対抗的な姿勢を取る面があった。そのことは光時の弟教時《のりとき》の行動に端的に見られる。文永三（一二六六）年、将軍宗尊《むねたか》親王が謀反の疑いで将軍職を奪われ、京都に送還されるという事件が起きたが、名越教時は挙兵を企て、北条得宗家よりも将軍に付く姿勢を明らかにした。この時、教時はとくに処分されなかったが、得宗家にとって名越教時の反抗的な姿勢は明確になったのである。

しかし名越家は、名越時章（教時の兄、光時の弟）が評定衆の筆頭である一番引付頭人《ひきつけとうにん》となっているなど、北条一

門の評定衆の半数を占め、北条一門の中で大きな力をもっていた（『日本歴史大系4　武家政権の形成』二五七頁）。

筑後・肥後・大隅三国の守護でもあった時章は、弟教時と違って得宗家に忠誠を誓う立場をとっており、名越家の中心的存在であった。しかし、蒙古襲来に備えて国内体制の強化を目指す幕府中枢にとって、名越教時の対抗的な態度は黙視できないものとなっていく。あわせて、蒙古に対する防衛上、重要な意味を持つ筑後・肥後・大隅の守護職が名越家に握られていることは中枢部にとって不都合であったと推測される。

そこで、幕府中枢は、防衛体制確立のため時章・教時の排除を決断し、二月十一日、時宗・政村の家臣を中心とする軍勢を動かして彼ら二人を誅殺した。時章の場合、「誤殺」であったとして時章を殺害した者が処罰されたが、事件の後、筑後と肥後の守護職が蒙古防衛に当たっていた大友氏と武藤氏に与えられていることを考えれば、それは当初から計画された「誤殺」であったと見られる。得宗家に従順であった時章を誅殺する理由がないため、当初から「誤殺」として処理する計画であったのであろう（もっとも「二月騒動」で時章・教時の一族が全て滅びたのではない。二月騒動の後、その一族は得宗家への忠誠を明確にし、時章の子公時《きみとき》などは評定衆などの要職にも付いている）。

時宗の庶兄である北条時輔が誅殺された意味は、時章・教時とは異なる。北条時輔は宝治《ほうじ》二（一二四八）年に北条時頼と側室の間に生まれた。生母の門地が低いため、正室の子として生まれた弟時宗が正嫡として扱われたのに対し、時輔は常に低い立場に置かれ続けた。

時頼が死去した翌年の文永元（一二六四）年、時宗が十四歳で連署に就いた時、十七歳の時輔は六波羅探題南方に任ぜられて京都に赴いた。その人事は、時宗の対抗勢力となる可能性がある時輔を鎌倉から遠ざける意味があった。それまで六波羅探題南方の職は長いあいだ空席になっており、その職を埋めなければならない必然性は必ずしもなかったからである。当時、六波羅探題の役割は、重時の子で長時の弟である時茂《ときしげ》が北方の職にあって十分に果していた。時輔は、得宗派である時茂の監視下に置かれたと見られる。

しかし、文永七（一二七〇）年に時茂が死去して、その後、二年間、北方の職の後任が決まらなかったので、六波羅探題における時輔の影響力が増大してきた。文永五年に執権に就いた得宗時宗に対し、時輔は決して公然と反抗したわけではないが、その姿勢は反鎌倉的な傾向が強く、幕府中枢にとって極めて扱いにくい存在になっていた。鎌倉幕府において六波羅探題は西国を統治する重要な機関であり、しかも蒙古襲来の危機が切迫してくると、朝廷との連絡役でもある六波羅探題が幕府中枢に従順でないことは次第に許されない状況になってきた。そこで、時宗と政村を中核とする幕府中枢は、名越時章・教時とともに時輔を一気に排除する意向を固めていったものと思われる。

鎌倉における名越時章・教時と京都の北条時輔を一挙に誅殺した「二月騒動」は、蒙古襲来を前にして幕府中枢に権力を集中するための「粛清」であった。

11 「佐渡御書」

「二月騒動」の情報は二月十八日、早くも佐渡にもたらされた。守護代本間六郎左衛門重連は、その日の夜、一門に武装させ、早船で鎌倉に向かっていった。その前に重連は日蓮に対し、念仏を捨てて日蓮に帰依する旨を申し出た。一月の「塚原問答」の際、日蓮が重連に告げた予言が現実のものとなったことに驚愕し、衝撃を受けたからである。

他国侵逼難と並んで自界叛逆難も現実のものとなったことを受けて、翌三月、日蓮は門下一同を激励・教導する書を記し、富木常忍のもとに送った。それが佐渡期を代表する述作の一つである「佐渡御書」である。本抄は追伸部分に、「佐渡国は紙候はぬ上、面々に申せば煩いあり。一人ももるれば恨みありぬべし。この文を心ざしあらん人々は寄り合って御覧じ、料簡候いて心なぐさませ給え」（九六一頁）とあるように、門下に広く閲覧せしめて信心の前進に資することを念頭において執筆されたものである。

「日蓮が法華経の行者であるならば、諸天の加護があるはずであるのに、諸天の加護がなく難に遭っているは不可解である」との疑問に答えたのが「開目抄」だが、同抄は極めて膨大な著述であり、門下が広く閲読し、学習することは困難であった。また日蓮にも「開目抄」を門下が広く閲読せよとの指示はない。そこで日蓮は、「佐渡御書」において「開目抄」の論旨を要約し、また二月騒動の勃発という新たな情勢も踏まえて、門下の迷いを晴らす趣旨で執筆したと推察される。

「佐渡御書」ではまず、「京・鎌倉に軍《いくさ》に死せる人々を書き付けてたび候え。外典抄、文句の二、玄の四の本末、勘文・宣旨等、これへの人々もちてわたらせ給え」（九五六頁）として、門下の中に二月騒動の犠牲者がいればその名を知らせるよう指示するとともに、種々の典籍を送るよう要請している。門下を追善回向していくことと、佐渡において執筆活動を展開していく意志を明示したといえよう。

本段に入って最初に述べられているのは「死身弘法」の覚悟である。

「世間に人の恐るる者は火炎《ほのお》の中と刀剣《つるぎ》の影とこの身の死するとなるべし。牛馬なお身を惜しむ。況んや人身をや。癩人《らいにん》なお命を惜しむ。何に況んや壮人をや」（同頁）と、万人にとって生命が無上の宝であることを確認しつつ、「人もまたかくの如し。世間の浅きことには身命を失えども大事の仏法なんどには捨つること難し。故に仏になる人もなかるべし」（同頁）と、仏法のためにその命をなげうっていくところに成仏の要諦があることを教示している。それは、いわば「何のために生きるべきか」との人生の根本問題に対する回答でもある。低次元のことに人生を費やし、身命を捨てる例も少なくないことを挙げ、同じく命を費やすならば仏法のために身命を捧げる覚悟を持つよう、門下を促しているのである。

当時、鎌倉の門下には、追放・所領没収・勘当など、まさに生活の基盤を奪われる弾圧に直面していた人々が少なくなかった。その厳しい状況を鑑みた日蓮は、あえて仏法のために身命をなげうつ覚悟を門下に求めている。その覚悟がなければ弾圧に抗して信心を貫くことはできなかったからである。そこに、門下に対する厳愛の指導をうかがうことができる。

次に取り上げられるのは摂受・折伏の問題である。「開目抄」においては、先に見たように国土に約して、邪智・謗法の国土である日本で折伏を行ずるのは当然である旨が示されたが、本抄においては「仏法は摂受・折伏、時によるべし」（九五七頁）と、時の視点から論じられている。

そこでは過去の聖人・正師がいずれも時の状況に適った修行を立てたことを述べ、「悪王の正法を破るに、邪法の僧等が方人《かとうど》をなして智者を失わん時は、師子王の如くなる心をもてる者必ず仏になるべし。例せば日蓮が如し」（同頁）と、権力と邪教の徒が結託して正法を弘通する智者を失おうとする時には師子王のような勇猛心をもって戦うことが肝要であると教示している。要するに、敵が正法を攻撃してくる「時」には、それと戦う折伏が必要であるとの意である。この趣旨は、後に「如説修行抄」でさらに踏み込んで展開される。

次に、「宝治の合戦すでに二十六年、今年二月十一日・十七日また合戦あり」（同頁）と二月騒動に言及し、自界叛逆難の予言が現実のものになったことを説いている。そして、「世間の作法兼ねて知るによって注し置くこと、これ違うべからず。現世に云いおく言《ことば》の違わざらんをもって、後生の疑いをなすべからず」（同頁）と、現世の予言が的中した事実に照らして、後生についての疑いをもってはならないと戒めている。予言的中の事実が、日蓮の教えが真実であることを裏づけるものであるとしているのである。

予言の的中は万人が認めざるを得ない客観的な事実であった。日蓮は、その事実の重みをもって自身の正当性を自ら証明し、当時の人々の心を動かしていったのである。その意味で予言の的中は、日蓮による法華経身読と同様の意義をもっていると解することができよう。

日蓮はさまざまな難を受けて「猶多怨嫉・況滅度後」などの法華経の予言を身読し、自身が法華経が予言した「法華経の行者」であることを自ら証明した。それも、まさに万人が認めざるを得ない事実であったが故に、人々の心を動かす力をもっていた。いわば、日蓮は、法華経の身読ならびに予言の的中という客観的事実の重みをもって人々の心を動かし、化導の助縁としたと解せられる。

「立正安国論」においてなされた他国侵逼難・自界叛逆難の予言は、蒙古襲来の切迫と二月騒動の勃発によって二つともに現実のものとなった。日蓮は本抄でそのことを確認し、「日蓮はこの関東の御一門の棟梁なり、日月なり、亀鏡なり、眼目なり。日蓮捨て去る時、七難必ず起こるべし」（同頁）、「日蓮、当世にはこの御一門の父母なり。仏・阿羅漢の如し」（九五八頁）と、自身が主師親の三徳を具備する末法の本仏であることを宣言している。

そして日蓮が難に遭う理由について、「日蓮もまたかくせめらるるも先業なきにあらず。不軽品に云わく『其罪畢《ございひっ》已《ち》』等云々」（同頁）と、迫害は行者自身の宿業の故であるとの趣旨を述べていく。この点は「転重軽受法門」や「開目抄」で既に説かれているが、「佐渡御書」では逢難による罪障消滅・宿命転換の法理をさらに強調している。

それは、「善男子、過去に無量の諸罪・種々の悪業を作らんに、この諸の罪報、あるいは軽易せられ、あるいは形状醜陋《しゅうる》、衣服足らず、飲食麤疎《そそ》、財を求めて利あらず、貧賤の家及び邪見の家に生まれ、あるいは王難に遇う」、「及び余の種々の人間の苦報、現世に軽く受くるはこれ護法の功徳力に由る故なり」との般泥洹経《はつないおんきょう》の文を引用した段において見られる。

「この八種は尽未来際が間一づつこそ現ずべかりしを、日蓮つよく法華経の敵を責めるによって一時に聚《あつ》まり起こせるなり。譬えば、民の郷郡なんどにあるにはいかなる利銭を地頭等におおせたれどもいたくせめず、年々にのべゆく。その所を出ずる時に競い起こるがごとし。『これ護法の功徳力に由る故なり』等はこれなり」（九六〇頁）として、謗法を呵責する折伏の功徳によって、未来に生ずる罪業の報いを現世に引きつけて起こし、罪業を滅するとの法理を述べている。

迫害を受けることによって自身の罪業を滅するという法理は法華経不軽品で「其罪畢已《ございひっち》（其の罪畢《お》え已って）」（法華経五六四頁）として説かれるところであるが、本抄ではこの点を強調して、「日蓮は過去の不軽の如く、当世の人々はかの軽毀の四衆の如し。人は替われども因はこれ一なり。父母を殺せる人異なれども同じ無間地獄におつ。いかなれば不軽の因を行じて日蓮一人釈迦仏とならざるべき。また、かの諸人は跋陀婆羅《ばつだばら》等と云われざらんや」（同頁）と、自身の実践を不軽菩薩の振る舞いと重ねている。すなわち「日蓮の逢難は不軽菩薩の実践と一致しているのであるから、日蓮が法華経の行者であることを疑ってはならない」との教導であると解せられる。それはまた、難を受けている門下に対しても、現在の逢難が各自の罪障消滅と未来の成仏を確定する実践であることを教える趣旨である。

最後の段には次のように述べられている。

「これはさておきぬ、日蓮を信ずるようなりし者どもが、日蓮がかくなれば疑いをおこして法華経をすつるのみならず、かえりて日蓮を教訓して我賢しと思わん僻人《びゃくにん》等が、念仏者よりも久しく阿鼻地獄にあらんこと、不便《ふびん》とも申す計りなし。修羅が『仏は十八界、我は十九界』と云い、外道が云わく『仏は一究竟道、我は九十五究竟道』と云いしが如く、『日蓮御房は師匠にておわせども余りにこわ（剛）し。我等はやわら（柔）かに法華経を弘むべし』と云わんは、螢火が日月をわらい、蟻塚が華山を下し、井江《せいこう》が河海をあなずり、烏鵲《かささぎ》が鸞鳳《らんほう》をわらうなるべし、わらうなるべし」（同頁）

この文から、当時の門下がどのようにして退転していったかをうかがうことができる。すなわち彼らは、逢難の意義を全く理解できず、他宗の者と同様に日蓮の折伏行を非難し、「折伏などをするから難を受けるのだ」と日蓮を批判していったのである。それは師匠よりも「我賢しと思」う不遜な態度であった。日蓮は退転・反逆の徒の本質を痛烈に指摘し、踏みとどまっている門下への戒めとしたのである。

なお日蓮は、いったん本抄を結んでから、追伸として土牢に入れられていたと推定される伊沢入道らの消息を伝えるよう指示している。自身が最悪の環境に置かれながら、迫害の最中にいる門下の苦衷を偲び同苦する日蓮の境地をうかがうことができる。

第十四章　佐渡・一谷

1　一谷の地

文永九（一二七二）年の初夏、日蓮の配所は塚原三昧堂から一谷《いちのさわ》の地に移された。一谷は塚原よりも国中《くになか》平野の西方に位置する（地図⑤参照）。

塚原三昧堂にあった時は守護代の本間六郎左衛門重連《しげつら》が直接、監視の任に当たっていたのに対し、一谷では監視は別の名主《みょうしゅ》に託されたことになる。塚原三昧堂が居住用の建物ではない小屋同然のものだったのに比べれば、居住環境

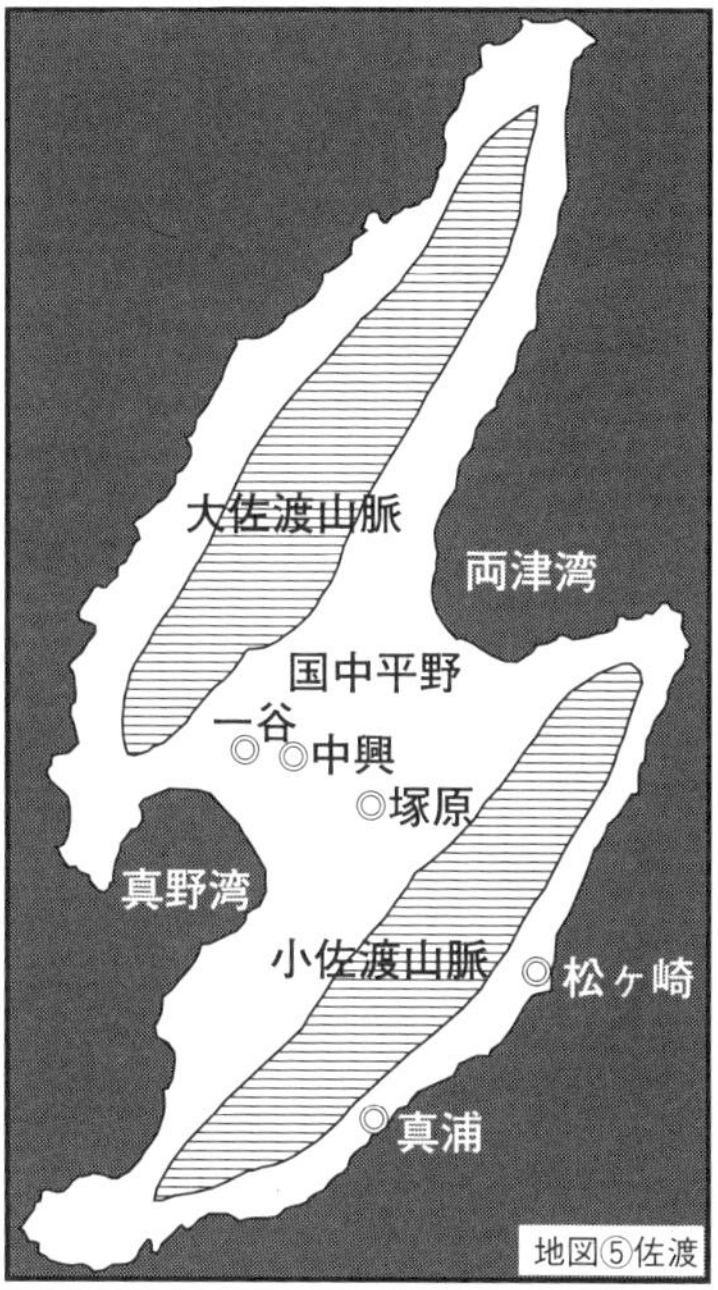

地図⑤佐渡

という点では改善されたことになろう。

日蓮が一谷に移された理由は不明だが、本間重連が同年の二月騒動の勃発にともない鎌倉に行って不在となったことが一つの要因になっていると思われる。日蓮は佐渡の念仏者から命を狙われるなど、当初から念仏側との緊張関係があったが、塚原問答や自界叛逆難の予言的中などを契機に日蓮に帰依する人々が増えてくると、その緊張はますます激しいものになっていったと推測される。念仏側の害意を抑えて日蓮の保護に当たってきた本間重連が佐渡を離れると、念仏勢力による襲撃も危惧される状態になったのではなかろうか。

塚原三昧堂は、重連のいる守護代の館から見える場所にあったからこそ安全な地であったのだが、重連とその郎党が不在では塚原は決して安全な地とはいえなくなる。本間重連は、佐渡を離れるに当たって日蓮と弟子の保護を島に残る者に託したはずであるから、その後事を託された人物が、より安全な場所に日蓮を移したと見ることもできる。

田中圭一氏は『新版　日蓮と佐渡』で「重連から後事を託された者が、日蓮の配所を自分の居館近くに移したと考えるのがもっとも妥当のように思われるのである。すると、重連から後事を託された者とは、一谷のある石田郷の地頭ということになる」（同書一三四頁）と述べている。重連から託されたのが石田郷の地頭と断定できるかどうか検討の

余地はあるものの、基本的には支持できる見解といえよう。

一谷を支配していた名主は、日蓮に対して厳しい態度で臨んだが、直接、日蓮の世話に当たった「宿《しゅく》の入道」である一谷入道は、日蓮に対して極めて同情的であった。このことは「一谷入道御書」に、「文永九年の夏の比《ころ》、佐渡国石田郷一谷と云いし処に有りしに、預かりたる名主等は公と云い私と云い父母の敵よりも宿世の敵よりも悪げにありしに、宿の入道と云い、妻と云い、つかう者と云い、始めはおじおそれしかども、先世のことにやありけん、内々不《ふ》便《びん》と思う心付きぬ」（一三二八頁）と述べられている。

一谷入道は念仏の信者で、地頭などへの遠慮もあったため、最後まで日蓮の門下となることはなかった。しかし、日蓮とその弟子たちに対し、いろいろと配慮をしたようである。その点については「一谷入道御書」に、「預かりよりあずかる食は少なし、付ける弟子は多くありしに、僅かの飯の二口三口ありしをあるいはおしき（折敷）に分け、あるいは手に入れて食いしに、宅主、内々心あって、外にはおそるる様なれども内には不便げにありしこと、何れの世にかわすれん。我を生みておわせし父母よりも当時は大事とこそ思いしか」（一三二九頁）と述べられている。

2　乙御前の母と四条金吾の来訪

日蓮には日興をはじめとして随順する弟子が数人あり、島外からの面会・連絡も許されていた。

一谷に移ってまもなく、幼子の乙御前《おとごぜん》を連れて、鎌倉の女性信徒である乙御前の母が日蓮を訪れている（乙御前を伴っていないとの見方もある）。

日蓮はその信心を大きく称賛し、「日本第一の法華経の行者の女人なり。故に名を一つつけたてまつりて不軽菩薩の義になぞらえん。日妙聖人等云々」（一二一七頁）と「日妙聖人」の号を授けている。

しかも日蓮は、乙御前の母の帰りの旅費が十分でないことを心配し、法華経一部を後で与える約束をして一谷入道から旅費を用立てた。

自身が監視されている流人で、しかも命を狙われる身でありながら、門下の経済状況まで心配し、具体的な援助までするところに日蓮の慈悲がうかがわれる。また、このような深い人格の故に、佐渡においても日蓮を慕う多くの門下が生まれたのであろう。

また、乙御前の母と前後して、同年四月、四条金吾が日蓮のもとを訪れている。日蓮は金吾の妻日眼女《にちげんにょ》に書簡を送り、「はかばかしき下人もなきに、かかる乱れたる世にこのとのをつかわされたる心ざし、大地よりもあつし。地神定めてしりぬらん。虚空よりもたかし。梵天・帝釈もしらせ給いぬらん」（「同生同名御書」一一一五頁）とその真心を称えている。

翌五月、日蓮は金吾に書簡を送り、佐渡訪問に対する謝意を述べている。「四条金吾殿御返事」（煩悩即菩提御書）である（文永十年とする説もある）。そこでは、「今、日蓮が弘通する法門は、せばきようなれどもはなはだふかし。その故は、かの天台・伝教等の所弘の法よりは一重立ち入りたる故なり。本門寿量品の三大事とはこれなり。南無妙法蓮華経の七字ばかりを修行すればせばきが如し。されども、三世の諸仏の師範、十方薩埵《さった》の導師、一切衆生皆成仏道の指南にてましますなれば、ふかきなり。（中略）その法体とはまたなにものぞ、南無妙法蓮華経これなり」（一一一六頁）と、日蓮の法門が天台・伝教を越えるものであるとし、「本門寿量品の三大事」との表現で三大秘法を示唆しつつ、南無妙法蓮華経が諸仏成道の師範となる法体であることを明かしている。「開目抄」と「観心本尊抄《かんじんのほんぞんしょう》」の間に執筆された御抄として、南無妙法蓮華経の意義を明示していることが注目される。

3　赦免運動を制止

文永九年のこの頃、門下の中、なかんずく富木常忍の周辺で、日蓮の赦免を幕府に働きかける動きがあった。それを知った日蓮は、同年五月の「真言諸宗違目《しんごんしょしゅういもく》」（真筆完存）で次のように赦免運動を制止している。

「土木殿等の人々御中　日蓮

空《そら》に読み覚えよ。老人等は具《つぶ》さに聞き奉れ。早々に御免を蒙らざることはこれを歎くべからず。定めて天これを抑うるか。藤河入道をもってこれを知れ。去年流罪有らば、今年横死に値うべからざるか。彼をもってこれを惟《おも》うに、愚者は用いざることなり。日蓮が御免を蒙らんと欲するのことを色に出だす弟子は不孝の者なり。敢えて後生を扶《たす》くべからず。各々この旨を知れ」（一三九頁）

富木常忍は下総国の守護千葉氏の有力家臣（被官）であり、当然、幕府内部にも多くの知己があった。常忍の周辺の門下にも幕府に人脈のある者は少なくなかったであろう。そこから、日蓮の赦免を幕府に働きかけるという動きが生まれたと考えられる。

佐渡流罪は、日蓮にとって法華経身読の完成という重大な意義を持つ法難であった。また、日蓮は後年、四条金吾への書簡（不可惜所領事）で、佐渡流罪を「釈迦仏の御計らい」

として、流罪にならなかったならば鎌倉の戦闘（二月騒動）で殺害されていたであろうと述べている（一一六四頁）。赦免を幕府に働きかけた門下には、そのような法難の意義が理解できていなかったのである。

さらにいえば、幕府に赦免を嘆願するということは、日蓮の教団として幕府に屈したことになる。そのような卑屈な態度は、厳しく幕府を諫暁してきた日蓮が到底認めることではなかった。たとえ門下の行動であったとしても、それを容認することは日蓮の行動の一貫性を著しく損なうものとなろう。日蓮が門下の赦免運動を厳しく禁じたのは当然であったのである。

また、この「真言諸宗違目」では、「日蓮は日本国の人の為には賢父なり、聖親なり、導師なり」（二四〇頁）と、自身が主師親三徳を具備する教主であることを示していることが注目される。本抄では、「日蓮、流罪に当たれば、教主釈尊、衣をもってこれを覆いたまわんか」（一四一頁）と釈尊を尊重する姿勢を残しつつも、日蓮の本地を婉曲な形ながら示していく教示がうかがわれるのである。

4 「観心本尊抄」

文永十年四月、日蓮は「開目抄」と並んで自身の教義の骨格を示す重書「観心本尊抄《かんじんのほんぞんしょう》」を述作した。

日蓮が自ら付けた正式な題号は「如来滅後五五百歳始観心本尊抄」である。この題号をどのように読むか、古来、多くの説が出されたが、大石寺第二十六世日寛《にちかん》は、どのような時代に、仏がいかなる機根の衆生に応じて、どのような法を説くか、という「時・応・機・法」の四義の視点から「如来滅後五五百歳に始む観心の本尊抄」と読むべきであると教示している（『日寛上人文段集』四四五頁）。すなわち「如来滅後五五百歳」が「時」、「始む」が「応」、「観心」が「機」、「本尊」が「法」に当たる。

ちなみに「観心」とは、天台宗で用いられてきた言葉で、文字通り「心を観ずる」こと、すなわち瞑想の実践によって悟りを目指していくことを指す。教理・理論の様相を意味する「教相《きょうそう》」の対語である。この「教相」と「観心」という対比を教判論の文脈で用いる場合には、教相が法華経の文上、観心が文底の教を指す言葉として用いられる。

ところで「如来滅後五五百歳」が末法の初めを表すことは明白であるから、「時」に当たる。「始む」と読むのは、ここに仏の能動性が表れていると解するからである。仏法は決して自然に始まるものではなく、教主である仏の能動的な意志によって展開されるという趣旨が示されている。「観心」が「機」である理由は、末法の衆生の機根が文上・教相の教えによって救われる機根ではなく、文底・観心の法によってのみ得道できる機根であるからである。「本尊」

が「法」であるのは、日蓮が図顕した曼荼羅本尊は末法の衆生を救済する法を示したものであるからである。

すなわち、この題号は、「末法の初めに、文底の教えによってのみ救済される衆生のために仏が説き始めた本尊を論ずる抄」という意味になる。「観心の本尊抄」と「の」の文字を入れて読むのは、その本尊が文上・教相の本尊ではなく、あくまでも文底・観心の本尊であることを明確にするためである。

「開目抄」が日蓮が末法の本仏であることを宣言して末法の「人本尊」を明示した書であるのに対し、「観心本尊抄」は、日蓮が図顕した文字曼荼羅本尊すなわち末法の「法本尊」の意義を明かした書とされる。

また同抄は、日蓮の仏法における修行すなわち「観心」を示した書と位置づけられる。当時、日蓮に対して、教相面だけの教義しかなく、観心（実践）面がないという批判が加えられていた（「寺泊御書」）。「観心本尊抄」は、その批判に応えて、曼荼羅本尊を受持して南無妙法蓮華経の唱題に励むことが成仏への修行（観心）であること（＝受持即観心）を示し、日蓮の仏法における実践を明らかにしたのである。

本抄は、富木常忍に「送状《おくりじょう》」を付して送付された。その「観心本尊抄送状」には次のように記されている。

「帷《かたびら》一つ・墨三長・筆五官、給び候い了わんぬ。観心の法門少々これを注して大田殿・教信御房等に奉る。このこと日蓮身に当たるの大事なり、これを秘す。無二の志を見ば、これを開拓せらるべきか。この書は難多く答え少なし。未聞のことなれば、人、耳目を驚動すべきか。設《たと》い他見に及ぶとも三人四人坐を並べてこれを読むことなかれ。仏滅後二千二百二十余年、いまだこの書の心有らず。国難を顧みず五五百歳を期《き》してこれを演説す。乞い願わくば、一見を歴来《へき》たるの輩は師弟共に霊山浄土に詣でて三仏の顔貌《がんみょう》を拝見したてまつらん」（二五五頁）

この文が示すように、「観心本尊抄」は、当初は富木常忍周辺の数人の信徒、また日興《にっこう》など佐渡流罪中に常随給仕していたわずかな弟子にしか存在が知られていなかった。本抄には日蓮の奥底の法門が述べられているため、公開が禁じられていた。本尊抄の内容を人々が受けとめられる状況が当時はまだなかったからである。その意味で本尊抄は、当時の人々に対するものではなく、未来の人類のために残された書といえる。

「観心本尊抄送状」で「日蓮身に当たるの大事」と言われていることが重要であろう。「観心本尊抄」は法本尊の意義を明かす目的で述べられているため、本文中に「日蓮」の名はまったく示されていない。しかし、本抄に示される本尊は日蓮の「身に当たるの大事」、すなわち日蓮と一体不二であることがここに示されていると解せられる。

富木常忍など本抄を読むことのできた信徒も、本抄の本意を十分に了解できていたのではない。たとえば、「観心《かんじんの》本尊得意抄《ほんぞんとくいしょう》」に、「抑も今の御状に云わく、教信の御房、観心本尊抄の『未得』等の文字に付いて迹門をよまじと疑心の候なること、不相伝の僻見《びゃっけん》にて候か」（九七二頁）とあるように、曾谷教信は本尊抄を読むことのできた一人であったが、修行として迹門不読の誤りを犯し、日蓮からの教戒を受けることとなった。

　また富木常忍自身も、日蓮図顕の文字曼荼羅が本尊であることを了解できず、本尊として釈尊像を造立し、脇士《きょうじ》として上行・安立行・浄行・無辺行の四菩薩像を立てることを日蓮に申し出たが、日蓮から婉曲に制止されている（「四菩薩造立抄」）。本抄で日蓮が「その本尊の為体《ていたらく》」（二四七頁）として文字曼荼羅の相貌を教示し、明確に曼荼羅を「本尊」と規定しているにもかかわらず、富木常忍は本尊といえば仏像であるとする旧来の本尊観に囚われ、文字曼荼羅が本尊であることを理解できなかったのである。

　ちなみに、本尊観の問題に触れるならば、本尊を仏像とする観念は富木常忍一人ではなく、「富士一跡門徒存知の事」「五人所破抄」に明示されている通り、いわゆる五老僧にも共通して見られるものであった。仏像本尊への執着が身延派など五老僧の流れをくむ宗派に今日なお広く見られることは周知の通りである。

　本尊として仏像を立てることは、それまでの仏教の常識であり、文字曼荼羅を本尊とすることは、いわば仏教の既成観念を超えた前代未聞の主張であった。その故に本尊抄で日蓮がその趣旨を示しても、当時の人々は容易にそれを受けとめることはできなかったのである。五老僧にしても、日昭・日朗など佐渡流罪に随順していなかった者は「観心本尊抄」の存在と内容を知っていたかどうか定かでなく、本抄に示される本尊義の理解にはほど遠い状況であったと見られる。門下にも秘せられていた本抄の本尊義を了解することは、佐渡流罪に随順して佐渡期における日蓮の思想展開を身近で感得していた弟子でなければ不可能であった。日興《にっこう》が「観心本尊抄」に示される、文字曼荼羅を本尊とする本尊義に立ったのは、佐渡流罪中の常随給仕を通して日蓮の内奥の思想を正しく了解していたからに他ならない。

　したがって、日蓮が富木常忍に本抄を送った理由は、常忍に本尊抄の内容を了解できる能力があったからではない。本尊抄を後世に確実に伝え、残す役割を期待してのことと考えられる。下総国の守護千葉氏の有力な家臣であった富木常忍は、他の門下に比較して安定した社会的地位にあり、御書を格護するには最も適任の一人であったと推定される。実際に常忍は御書の格護に努力し、今日まで多くの御書が伝えられている一つの要因になった。

ここで「観心本尊抄」の概要を述べるならば、本抄は全体で四つに分かれる。

第一の部分は、冒頭（二三八頁）から二三九頁一八行目「縁了を具足す』等云々」までで、本尊の理論的前提として「一念三千」の法理を確認する箇所である。

第二の部分は、二四〇頁一行目「問うて曰わく、出処既にこれを聞く。観心の心如何」から二四七頁八行目「一身一念法界に遍し』等云々」までで、「観心の本尊」のうち「観心」の意義を論じている箇所である。

第三の部分は、二四七頁九行目「夫れ始め寂滅道場」から二五四頁一七行目「法華を識る者は世法を得べきか」までで、「観心の本尊」のうち「本尊」を論じている箇所である。

第四の部分は、二五四頁一八行目「一念三千を識らざる者には」から末尾「恵帝に侍奉せしに異ならざる者なり」までで、本抄の結論を提示する箇所である。

次に、『日蓮大聖人御書十大部講義　観心本尊抄』（戸田城聖著、池田大作補訂）の章立てに従って本抄の内容を概観する。

第一章――二三八頁冒頭「摩訶止観第五に云わく」～同頁四行目「意ここに在り』等云々」。

一念三千の法門が説かれている『摩訶止観』第五巻正修止観章の文の引用である。本尊抄の冒頭で一念三千の法門が提示されているのは、一念三千の法理が日蓮図顕の曼荼羅本尊の理論的前提であるからと解せられる。一念三千の法理が曼荼羅本尊の理論的前提であることは「草木成仏《そうもくじょうぶつ》口決《くけつ》」に、「一念三千の法門をふりすす（振濯）ぎたてたるは大曼荼羅なり」（一三三九頁）と述べられている。

一念三千とは、天台大師が法華経の思想を理論的に体系化し、整理した法門である。すなわち、法華経迹門で説かれる十如是、二乗や悪人・女人の成仏（十界互具）と、本門で説かれる三世間の法理を総合し、体系化したのが一念三千の法門である。三千の法数は十如是・十界互具（百法界）・三世間の法数を乗じたものである。乗ずる意味は、あたかも立体が縦・横・高さの三次元の視点から見て初めて捉えることができるように、十如是・十界互具・三世間という異なった視点の法理を総合することによって一個の生命（一念）の全体像を捉えようとする趣旨と解せられる。

天台大師は、この一念三千の法理によって、法華経が説き示そうとした生命と宇宙を貫く真理を表現したのである。その思想は、まさに釈尊仏法の範疇における最高峰の哲理と評することができる。

本尊抄の冒頭で一念三千の法門が確認されていることに深い意味がある。その一つの意義として、法華経――一念三千の法門――曼荼羅本尊の三つが、真理を指し示すものという意味において共通していることを示唆している点が挙げられる。創価学会の戸田城聖第二代会長が、釈尊の法華経、天台の摩訶止観、日蓮の南無妙法蓮華経を「三種の法華経」と評したこと（『戸田城聖全集』第七巻）からもうかがえるように、法華経・一念三千・曼荼羅本尊は、表現は異なっていても、仏が覚知した永遠の真理を表すものとしては共通なのである。

日蓮は曼荼羅本尊について「日女御前御返事」で、「ここに日蓮いかなる不思議にてや候らん、竜樹・天親等、天台・妙楽等だにも顕し給わざる大曼荼羅を末法二百余年のころ、はじめて法華弘通のはたじるしとして顕し奉るなり。これ全く日蓮が自作にあらず。多宝塔中の大牟尼世尊、分身の諸仏すりかたぎ（摺形木）たる本尊なり」（一二四三頁）と述べている。すなわち、曼荼羅本尊は日蓮が恣意的に創作したものではなく、法華経の虚空会の儀式において示された仏の悟りの世界を、あたかも版木で刷り出したようにそのまま表現したものであるとしている。

日蓮は本尊抄で、曼荼羅本尊が理論的な根拠のない勝手な独創ではなく、法華経あるいは一念三千の法門という裏づけの上に顕されるものであることを述べているのである。

第二章——二三八頁五行目「問うて云わく、玄義に一念三千の名目を明かすや」〜二三九頁二行目「心に異縁無かれ』等云々」

一念三千が天台三大部の中でも『法華玄義』『法華文句』ならびに『摩訶止観』前半の四巻に明かされていないことを確認する。

『法華玄義』と『法華文句』は教相を論じたものであり、また『摩訶止観』の前半も止観行の準備として法門の理解を生ぜしめる部分である。それに対して一念三千が説かれる『摩訶止観』第五巻から第十巻では「正修止観」（十乗観法・一心三観）という天台の中心的な修行が述べられている。妙楽大師が「三千をもって指南と為す」と述べているように、天台宗では一念三千の法門を瞑想行を行うための指標とした。インドで仏教が行われていた正法時代は瞑想によって直ちに悟りに到達することが可能であったが、天台大師の時代は衆生の悟りに近づく能力（機根）が低下して、既に一念三千のような理論的指針がなければ観法を成就できない時代になっていたのである。

この点について大石寺第二十六世日寛は、本抄の文段で、「およそ観心とは、正法一千年は最上利根の故に、あるいは不起《ふき》の一念を観じ、あるいは八識元初の一念を観ず。もし像法に至れば、人随って鈍根なり。故に不起の一念、元初の一念は所観の境界に堪えず。故に根塵相対して芥爾《けに》の六識に三千の性を具するを観ず。これを観心と名づく」（『日寛上人文段集』四五四頁）と述べている。すなわち、正法時代は瞑想によって生命の根源（不起の一念、八識元初の一念）を直ちに感得できる機根であったが、像法時代には機根が低下してそれが不可能となったので、一念三千の理論が必要となってきたということである。

すなわち、一念三千の法門は単なる抽象的な理論ではなく、成仏のための修行（観心）に結びついたものである。一念三千の法門は確かに一つの理論ではあるが、成仏という現実的・具体的な生命変革に結びついているという意味においては「理」の中に「事」を志向するものといえよう。日蓮が本尊抄のこの部分で一念三千の法門が教相・理論の範疇ではなく、具体的実践に即したものであることを確認しているのはその故であると解せられる。

天台大師の仏法においては一念三千の法門が修行の拠り所であったのに対し、日蓮の仏法においては曼荼羅本尊が修行の拠り所となるのである。

第三章――二三九頁三行目「夫れ智者の弘法三十年」～同頁七行目「将来悲しむべし』云々」。

一念三千の法門が、天台大師の滅後、中国に渡ってきた華厳・真言などの諸宗に盗み取られていったことを述べる。

法華経の卓越性についてはインドの竜樹も注目し、天親も『法華論』を著して強調したが、彼らは法華経に展開されている思想を総合的に体系化して修行に結びつけることはなかった。その意味で天台大師が説いた一念三千の法門は前人未到の高みに到達していたといえる。しかし、その卓越した哲理は、華厳宗・真言宗など、天台大師滅後、中国に渡った諸宗の知るところとなり、彼等の教義の中に巧みに組み込まれていった。彼等は、天台宗と対抗するため、一念三千と同様の思想が自宗の中にもあると主張していったのである。しかも、それらの諸宗は皇帝など有力者の帰依を受け、社会的には極めて大きな勢力になっていった。一方、天台・章安《しょうあん》以後の中国天台宗は、諸宗に押されて停滞し、低迷していった。天台宗の中にはかえって諸宗から思想的に影響を受ける者まで出る事態となった。「還って彼等が門家と成りぬ」とは、その事情を指摘したものである。

第四章――二三九頁八行目「問うて曰わく、百界千如と一念三千と差別如何」～同頁一八行目「縁・了を具足す』等云々」。

百界千如と一念三千の相違を論じ、百界千如が有情に限るのに対し、一念三千が有情・非情の全ての生命にわたる法理であることを確認する箇所である。

有情とは、人間や動物など、感情や意識を持つ存在をいうのに対し、非情とは草木や岩石・国土など、感情を持たないとされるものを指す。一念三千の要素である三世間のうち、五陰世間・衆生世間は有情に属するが、国土世間が非情に属するので、それを含む一念三千の法門は有情・非情の両面にわたるものとなる。

有情と非情とは仏教上の概念であるが、その相違は画然と区切られるものではなく、むしろ連続したものと考えられる。例えば、ある種のウイルスは条件のよい状況では活発に分裂・増殖して生物の面を示すが、条件が悪くなると活動を停止して結晶の形をとる。結晶は鉱物の特性であるから、その意味では非情である。このように有情と非情の境界上にあるようなものも存在する。また、植物も、従来は意識がないように見られてきたが、実は、人間の働きかけに微妙に反応することが指摘されるようになっている。これまで一般に無機物は生物ではないとされてきたが、今日の哲学は物質にも生命の意志を見いだす流れにある。

このように見てくれば、有情・非情の全てを含んだ法理でなければ生命と世界の全体を把握することはできないことは自明である。その意味で一念三千は、まさに世界の全体を把握する総合的な哲理になっている。

ここで一念三千が非情すなわち草木成仏を裏づける法理であることを確認しているのは、曼荼羅本尊の哲学的前提を確認する趣旨である。紙に記され、あるいは木の板に刻まれた草木である曼荼羅が、何ゆえに本尊として衆生を利益する仏の力用を持つのかという問題について、草木成仏を説く一念三千の法門は草木も仏としての働きを持ちうることを示しているからである。

第五章――二四〇頁一行目「問うて曰わく、出処既にこれを聞く」～同頁四行目「一念三千を知らざるなり」。

ここからは「観心の本尊」の「観心」を論ずる部分となる。第五章では、まず「観心」の意義を示されている。「観心」とは、天台宗においては、文字通り心を観察していく瞑想行をいうが、日蓮は「我が己心を観じて十法界を見る。これを観心と云うなり」（二四〇頁）と、自身の生命に十界が具わることを見ていくことが観心の意義であるとしている。しかもそれは、単に瞑想して自身の生命を観察しても成就できるものではなく、十界互具の法理を明かした法華経や『摩訶止観』などに依らなければ不可能であるとする。天台大師の時代においては既に、法華経や『摩訶止観』に示された十界互具の法理が瞑想の「指南」として必要不可欠であったのである。

もちろん日蓮の仏法における観心は天台流の瞑想ではなく、後に示されるように曼荼羅本尊の受持であるが、ここではまず、元来の観心の意味を確認しているのである。

第六章――二四〇頁五行目「問うて云わく、法華経は何れの文ぞ」～同頁一六行目「仏界所具《しょぐ》の十界なり」。

十界互具を示した法華経の文が挙げられている。例えば、釈尊に敵対し、地獄界の衆生の代表とされる提婆達多が提婆品で天王如来として成仏するとの授記を受けたことは「地獄界所具の仏界」を示し、陀羅尼品で鬼神である十羅刹女が法華経の行者を護る福徳は無量であると説くことは「餓鬼界所具の仏界」を表している。

このように、法華経では諸文において九界の各界に仏界が具する旨を説き、また仏に九界が具わることを示して十界互具の法理を説いている。法華経のそれぞれの箇所で説かれる内容を天台は十界互具として論理化したのである。

第七章――二四〇頁一七行目「問うて曰わく、自他面の六根共にこれを見る」〜二四一頁四行目「正法に非じ」。

ここでは十界互具の法理が難信難解であることを示している。

法華経以前の経典（爾前経）で説かれる十界は、文字通り、固定的・個別的な十の世界であって、それぞれが交わることはなかった。例えば、人間として生まれたならば人界の衆生であり、それ以外のものではありえなかった。他の界に生ずるためには今世の生を終えて転生することが必要であった。今世における行為（業）が因となり、その果報として来世に生まれる界が決定されるとしたのである。したがって、人間が最高の仏界に到達するには長遠の時間にわたって生を繰り返していく、いわゆる「歴劫《りゃっこう》修行」が必要とされた。

そのような生命観は、いわばインド古来の観念を継承した仏教一般の共通観念であり、その立場からすれば、一個の生命のうちに十界全てが具わるとする十界互具の法理が受け入れ難いものであったことは当然である。法華経は、いわば仏教一般の固定観念を根底から覆す革命的な思想を孕《はら》んでいるために、法華経を奉ずる勢力は既成勢力から厳しい攻撃を被ることとなった。法華経が難信難解であると自ら述べているのは、そのような事情を示したものといえよう。

第八章――二四一頁五行目「問うて曰わく、経文並びに天台・章安等」〜同頁九行目「これを尋ねばこれ有るべし」。

十界互具のうち、まず人界に六道（地獄・餓鬼・畜生・修羅・人・天）が具わることを示す箇所である。

ここの問いの言葉は爾前経の十界観を代表するものである。その立場からすれば、例えば地獄界の衆生は生きている限り地獄界の衆生、人界の衆生の世界はどこまでも人界であって、それぞれが存在している世界が変化することはない。人間に生まれたならば人界があるだけで、他の界はない。その立場によれば、例えば人界に十界が具わるとすることはおよそ論理矛盾であり、たとえ仏説であろうとも受け入れ難いというのである。

それに対して答えにおいては、生命の実感が外界の状況に応じて喜んだり、怒ったり、平静であったりと、さまざまに変化することに注目し、その刻々と変化する実感が十界であるとする。

この両者の相違は、大げさにいえば、世界に対する根本的な認識態度の違いといってもよい。爾前経の立場は、生命を固定的・静的なものとして捉えているのに対し、法華経の示す十界互具は生命を動的なものとして捉え、刻々と動いているままに把握していく立場である。

十界互具の立場に立てば、人間として生まれただけで人界の境涯にあるのではない。例えば、人間であっても、絶え間ない苦しみに苛まれ、生きる力も希望も見いだすことができない境涯、生きること自体が苦しいという境涯であれば、その生命は地獄界である。あるいは目先の感情や利害に囚われて行動し、未来の展望や善悪是非を判断する理性の力が働かない「愚か」な状態であれば、畜生界の衆生となる。人界にあるということは、地獄・餓鬼・畜生・修羅の境涯を超え、理性によって自身を制御できることを意味している。

このようにこの章では、十界が生命の実感ないしは境地の表現であり、十界互具が生命を動的に把握する論理であることが示されている。

第九章――二四一頁一〇行目「問うて曰わく、六道に於いて分明ならずといえども」～同頁一六行目「人界に仏界を具足する故なり」。

第八章を受けて、人界に声聞・縁覚・菩薩・仏の四聖《ししょう》が具わることを示す箇所である。

まず声聞・縁覚の二乗は、世間の無常が眼前にあることを了解する境地であるとされる。

地獄から天界までの六道は、外の状況に応じて現れる生命実感であるという意味で状況に縛られているのに対し、二乗・菩薩・仏の四聖は、状況に規定されない自由と主体性を具えた境地である。

六道が、いわば日常性に埋没して自身を見つめることのない境地であるのに対し、二乗は日常性を超越して、自身を客観視できる境地である。二乗は、自身と世界の全てが「無常」であることを了解する境地だからである。

自身の無常を知るとは、自身が死んでいく存在であることを自覚すること、人生の有限性を了解することである。人間と動物を分ける分水嶺は、おそらく自身が死んでいく存在であることを自覚するところにあるといえるのではなかろうか。動物にも喜怒哀楽の豊かな感情があることは自明の事実である。その意味では地獄から天界までの六道の生命実感は動物にも明らかに見ることができる。しかし、自分自身の生が限りあるものであることを認識することは動物に見ることはできない。人間にもっとも近い存在と考えられるチンパンジーやオランウータンなどでも自身が死すべき存在であることを自覚することはないようである。

いわば、今世の生の有限性を自覚しつつ、状況の束縛を克服して、自由なる自身を築いていく能力を持つところに人間存在の意義がある。十界の中の「四聖」は、まさに人間が目指すべき自己変革、境涯革命の道筋と目標を示すものともいえよう。

次の菩薩界は「無顧の悪人もなお妻子を慈愛す」とあるように、他者を利していく慈悲の境地である。二乗が自身の問題に囚われ、他者に働きかけることができないのに対し、菩薩の境涯は他者を自身の中に包み、利他の行動に出る力を持つ。それ故に菩薩は、二乗よりもさらに大きな能力と自由性を持つ境涯である。

また、人界所具の仏界については法華経、涅槃経の文が文証として挙げられている。法華経方便品の「衆生をして仏知見を開かしめんと欲す」の文は、当然、人界に仏界が具足していることが前提となる。人界に仏界が具わっていなければ仏の知見を開くことも不可能であるからである。このように、経典は人間が仏界を具足していることを明かしているが、その上で日蓮は、凡夫が法華経を信じているのは人界に仏界が具足している故であるとしている。

仏の悟りの当体である南無妙法蓮華経を信じ行ずることは、凡夫が仏界を志向していることの表れであり、むしろそれ自体が凡夫に仏界が具足している姿と言えるからである。すなわち、信じて行じていく先に仏界に到達するというのではなく、信ずるところに既に仏界が現れているとする。いわば、信じ行ずる「因」に仏の「果」が含まれているとする「因果俱時」の立場であるといえよう。

第十章——二四一頁一七行目「問うて曰わく、十界互具の仏語分明なり」～二四二頁一三行目「現証をもってこれを信ずべきなり」。

前章を受けて、とくに人界に具わるところの仏界に焦点を絞って論じられている。万人成仏の可能性が確定するためには十界互具の中でも人界所具の仏界が成立することが要点となるからである。

十界互具とは、例えば地獄界の生命にも仏界があるということであるから、地獄と仏という相容れないものが一つの生命の上に存在していると見ることである。それは固定的・静的な生命観では受け入れ難い論理であるが、それを理解させるために、ここでは石から火が生じ、木から花が生ずるという譬えが示される。石と火、木と花は、それだけをとれば全く別々の異なった存在である。そこでこの譬えは、自身の内に異質なもの、相互に矛盾するものを生成していく生命のダイナミズムを示すものとなっている。

また、ここでは人界所具の仏界の現証を三つ示している。一つは堯《ぎょう》・舜《しゅん》などの聖王が民衆に平等に接したことであり、二つは法華経に説かれる不軽菩薩が人々に仏身を見て礼拝したことであり、三つは釈尊が人間に生まれて仏身を成就したことである。すなわち、成仏が単なる観念ではなく、現実の人生の上に実現する事象であることを強調している。仏を人間と隔絶した超越者とするのでなく、生身《なまみ》の人間の上に確立される生命境涯としているのである。

第十一章――二四二頁一四行目「問うて曰わく、教主釈尊は」～二四三頁一〇行目「仏説為りといえどもこれを信ず可からず」。

人界所具の仏界について、釈尊という具体的な仏の生命が自身に具わるという、より具体的なイメージをもって論じられている。

ここで言われるのは、一切衆生を教化する偉大な仏陀釈尊の生命が自分にも具わるということは信じられないという言明である。十界互具という抽象的な法理は観念の上では理解できたとしても、自分自身の実感の上では仏が自己に具わることは受け入れ難いという現実の生き方に即した問いが示されている。

この「教主釈尊と同じ生命が自身の内に具わることは信じられない」という問いに対し、答えは直ちには示されない。その問いは、単に理論的なものでなく、現実の生き方に関わるものであるから、理論を示すことでは答えにならない。そこで、本抄においても、この問いに対しては答えが保留されている。

第十二章――二四三頁一一行目「これをもってこれを思うに」～二四四頁六行目「如何がこれを信ぜん」。

爾前経の立場では十界互具の論理が受け入れ難いものであったために、十界互具を説いた天台大師、伝教大師が他宗から非難されたことを述べている。

十界互具の思想は、先に見たように法華経そのものに存在するが、それを論理として体系化したのが天台大師であった。他宗の学僧は、十界互具の法理が法華経に由来していることを理解できず、天台が根拠のない勝手な教義を立てているものと誤解して天台を非難したのである。一念三千の法理を日本に伝えた伝教大師も、天台と同様に他宗の批判を受け、他宗との論争に多くの力を割かざるを得なかった。一念三千の法理が、仏教史においていかに革命的な思想であったかがうかがえよう。

第十三章――二四四頁七行目「答えて曰わく、この難最も甚し」～同頁一七行目「『示す所あらんや』等云々」。

ここで、爾前経と法華経の相違は経文の上にも明確であるとする。爾前経に対する法華経の優越性を知ることが十界互具を了解する前提となるからである。

法華経の説くところは爾前経と大きく異なっているが、法華経が爾前経に勝ることは法華経が二乗作仏や久遠実成を明かしているという教相の上からも明確であるとする。そして竜樹・天親などの論師が一念三千を説かなかったことについて、天台は「内鑒冷然《ないがんれいねん》」、すなわち竜樹・天親らは自身では一念三千の法理を了解していたが、時代状況を鑑みてそれを説かなかったのであるとした。日蓮も、その天台の見解に従って竜樹らを位置づけている。

「宗教の五綱」の法理が示すように、衆生に対する仏の化導は、時代状況や衆生の機根などを総合的に判断した上でなされるものである。衆生に対する責任の上からも、化導には周到な配慮を要するのであり、決して無造作になされるものではない。竜樹・天親らの化導にもそのような配慮があったと見るのが当然である。すなわち彼等は自分自身の悟りにおいては根源の妙法を覚知していたけれども、対外的な化導においては法華経の卓越性を示すに留め、一念三千の法理を説くことはなかった。それは、小乗仏教に対して大乗仏教を流布することが急務であった当時のインドの状況を鑑みての化導であったためであろう。

中国の人師においては、南岳大師など一念三千の法門を内心において漠然とでも認識していた者も、または全く知らない者もあったが、一念三千の説が示されるや、中国仏教界に大きな波動を及ぼし、受け入れるにしても反発するにしても一念三千の法理は広い影響を与えることとなった。その意味では決して「天台一人の僻見《びゃっけん》」ということではなかったのである。

第十四章――二四四頁一八行目「ただし、会し難き所は」~二四五頁八行目「一向に帰伏せしなり」。

これまでに続いて法華経の難信難解を示し、また天台・伝教がそれ以後の仏教者に甚大な影響を与えていることを指摘している。

法華経が自ら難信難解であることを強調しているのは、法華経の思想が従来の経典とは隔絶した革命的な内容を持っているからである。

また、ここで釈尊・天台・伝教の三人を「内典の聖人」と位置づけていることは、後の「顕仏未来記」でこの三人に日蓮自身を加えて「三国四師《さんごくしし》」と述べていることと合致する。彼等が「内典の聖人」とされるのは、釈尊・天台・伝教が、法華経ないしは一念三千の法門という形で仏の悟りを表明しているからである。

ここで日蓮は、華厳宗の法蔵《ほうぞう》や法相宗の玄奘《げんじょう》らの名を挙げて、彼等が天台の法理に帰伏したとしている。彼等は天台宗と対立する立場にあったが、表面上の言明はどうであれ、思想的な内実においては天台の思想から深い影響を受けているとする。つまり、日蓮は、一念三千の思想こそ天台宗のみならず法相宗・華厳宗・真言宗・律宗などをも影響下に置いた仏教全体の中心思想であるとするのである。日蓮の曼荼羅本尊の図顕が一念三千の法門を受けてなされているということは、曼荼羅本尊が仏教の帰結であることを示すものである。なお、天台思想の他宗への影響という点については、今後、踏み込んだ検証が必要であることはいうまでもない。

第十五章――二四五頁九行目「ただし、初めの大難を遮せば」～二四六頁九行目「木画二像の本尊は有名無実なり」。

無量義経と普賢経の文を引いて、法が仏を生み出した「能生《のうしょう》」の存在であり、仏は法によって生み出された「所《しょ》生《しょう》」の存在であることが強調されている。

釈尊の仏法においては法＝能生、仏＝所生であるから、あくまでも法が根本であり、「法勝人（仏）劣〈＝法が勝り、仏が劣る〉」である。譬えて言えば、法は親であり、仏は子に位置づけられる。普賢経では法について「大乗経典」「方等経」と表現しているが、その指し示すところは根源の妙法に他ならない。すなわち、ここは、一切の仏を生み出す妙法の働きを示した章である。

妙法が一切の仏を仏にさせた根源であるから、仏が有するものは全て妙法に含まれていることになる。譬えて言えば、大地はその上に生長する植物が持っている全ての元素を含んでいるようなものである。それ故に、妙法を受持するところには仏が所有する一切の功徳が具わることになる。このように、この段は、後に明かされる、本尊の受持に仏の一切の功徳が具わるという「受持即観心」の原理の前提になっている。

第十六章――二四六頁一〇行目「問うて曰わく、上《かみ》の大難いまだその会通《えつう》を聞かず」～二四七頁八行目「一身一念法界に遍し』等云々」。

曼荼羅本尊の受持が成仏の修行すなわち観心であるという「受持即観心」の法理を明かす箇所である。

まず無量義経や涅槃経などの経典、さらに竜樹や天台の言葉を引いて強調されるのは「具足」ということである。すなわち、妙法に一切が「具足」されている故に、妙法を受持するところに仏が有する全ての功徳が具わるという原理が表明される。曼荼羅本尊に妙法が表されているのであるから、ここで「この五字を受持すれば」とは具体的には「本尊を受持すれば」という意味である。さらに日寛は、この「受持」について「信心口唱」であるとしている。すなわち「受持」とは曼荼羅本尊を信じ、自行化他にわたって題目を唱えていくことに他ならない。

また「妙覚の釈尊は我等が血肉なり。因果の功徳は骨髄にあらずや」（二四六頁）の文も重要である。すなわち「血肉」「骨髄」の表現をもって具体的な身体を持つ凡夫が仏の当体であることを示し、妙法を受持した凡夫こそが現実の仏（本仏）に他ならないとの「凡夫本仏義」を説いている。

ところで、ここで「上の大難いまだその会通を聞かず」とあるように、釈尊の大境涯が我々のような凡夫の劣心に具わるはずがない、という論難に対しては、まだ答えられていない。釈尊のような偉大な仏が自分の中に具わるのかという、いわば理論を超えた実感に即する問いに対しては、単なる理論的な回答は回答にならないからである。そこで日蓮は、本尊の受持によって釈尊が有する一切の功徳を得ることができるという実践上の結論を提示することをもってその回答としている。人生を賭けた実存的な問いは、自身の実践による全人格的な把握による以外に答えは得られないからである。

第十七章――二四七頁九行目「夫れ始め寂滅道場」～同頁一一行目「またもってかくの如し」。

ここからは「観心の本尊」における「本尊」を明かす部分で、この章は爾前権教と法華経迹門の本尊について述べている。

爾前・迹門の教主は、今世で初めて成道を遂げた「始成《しじょう》正覚《しょうかく》」の仏であるから、その仏は、入滅すれば娑婆世界には存在しなくなる、今世限りの無常の仏である。仏が入滅とともに存在しなくなるのであるから、その仏の国土も仏の入滅とともに無に帰することとなる。阿弥陀如来や薬師如来など、諸経典に説かれる諸仏も釈迦仏の分身であるから、釈迦仏が無常の存在であるならば、それらの諸仏の国土も無常を免れない。要するにこの章は、爾前・迹門における本尊が無常を免れず、永遠常住の本尊となりえないことを確認するものである。このような仏陀観の背景には、涅槃に入った覚者は輪廻を脱して浄土に生じ、穢土である娑婆世界には二度と生ずることはないとするインド古来の観念がある。

第十八章――二四七頁一二行目「今本時の娑婆世界は」～同頁一四行目「時機未熟の故なるか」。

法華経文上本門の本尊を明かす段である。

法華経寿量品で、釈迦仏が五百塵点劫の久遠の昔に成道した仏であることを明かし（本果妙）、また娑婆世界が、釈迦仏が衆生を化導してきた国土であることを明らかにした（本国土妙）。また、釈迦仏が五百塵点劫に成道する以前には、成仏の因の修行として菩薩道を行じていたことも示された（本因妙）。

五百塵点劫は、およそ人間の思惟を絶した長遠の過去であり、概念の上では有限であっても、実質的に指し示すのは無限、無始である。要するに寿量品は、釈迦仏が娑婆世界において常に衆生を化導し続けている常住の仏であることを明かした。そして、その国土である娑婆世界も、常住の仏国土であることが示されたのである。

教主が常住の存在であるならば、その化導を受ける衆生も常住の存在となる。この寿量品の仏陀観、仏国土観は、爾前・迹門に示されてきた仏教一般の通念を覆すものであった。一般には娑婆世界を穢土として忌避し、釈尊入滅後は「無仏」の時代に入ったと考えられてきたのに対し（そこから未来仏である弥勒仏の出現を待つ信仰や、他土の阿弥陀如来を恃《たの》んでその浄土に往生して救済されることを期待する信仰などが生じた）、寿量品は、仏も衆生も国土も常住の存在であることを説いたのである。

しかし、五百塵点劫において釈迦仏が初めて成道したとする以上、それまで仏でなかった存在がある時点（五百塵点劫）において初めて仏と成ったという構図は残る。また、仏因として菩薩道を行じていたというのであれば行じた法がなければならない。釈迦仏は成道する以前にいかなる法を行じていたのか、何が釈迦仏を仏に成らしめたのか、その根源は明示されていない。寿量品は、釈迦仏の本因・本果・本国土を明かしていく展開の中で、釈迦仏を仏ならしめた根源の法が存在することを暗々裏に示したのである。しかし、その根源の法は、文上寿量品においては遂に明示されない（文底秘沈）。その根源の妙法を南無妙法蓮華経と名づけ、衆生に広く明示したのが日蓮の化導であった。

第十九章――二四七頁一五行目「この本門の肝心・南無妙法蓮華経」～二四八頁三行目「この仏像出現せしむべきか」。

いよいよ日蓮図顕の曼荼羅本尊の意義を明かし、曼荼羅本尊が文底下種の本尊であることを示されている。これまでの記述に見るように、爾前・迹門、文上本門、文底本門という段階を追って本尊義が示されている。

ここで「本門の肝心・南無妙法蓮華経」とある「肝心」とは、日寛が「撰時抄愚記」に「『肝心』とは即ちこれ文底なり」（『日寛上人文段集』二一八頁）と述べているように、「文底」と同義である。すなわち南無妙法蓮華経は寿量品の文上には明示されず、その文底に秘沈されているのである。つまり、ここは「開目抄」の、「一念三千の法門は、ただ法華経の本門・寿量品の文の底にしずめたり」（一八九頁）の文と対応している。そして、この章では、諸仏を仏ならしめた能生の法体である南無妙法蓮華経こそ地涌の菩薩に付嘱された法体であるとする。

「その本尊の為体《ていたらく》」から「迹仏迹土を表する故なり」までは曼荼羅本尊の相貌を示したところであり、「塔中の妙法蓮華経」とは本尊の中央にしたためられた「南無妙法蓮華経」であることはいうまでもない。すなわち曼荼羅本尊は、ここに明らかなように、根源の法である南無妙法蓮華経を具体の形に表した「法本尊」である。それは本門文上の次元においてはまだ明示されず、文底に秘沈されていた南無妙法蓮華経が明らかになって初めて出現する。「時」の次元から言えば、「これらの仏をば正像に造り画《えが》けども、いまだ寿量の仏有《まし》まさず。末法に来入して始めてこの仏像出現せしむべきか」（二四八頁）とあるように、正法・像法時代ではなく、末法において初めて出現する本尊である。

ただし、本尊抄では南無妙法蓮華経が中心となることは示されるものの、曼荼羅本尊の中で南無妙法蓮華経の左右に配される十界の衆生との関係についてはまだ明らかにされていない。その点については建治三年成立の「日女御前御返事」（御本尊相貌抄）を待たなければならない。すなわち同抄において本尊の相貌を述べた後、「これらの仏菩薩・大聖等、総じて序品列坐の二界八番の雑衆等一人ももれず、この御本尊の中に住し給い、妙法五字の光明にてらされて本有《ほんぬ》の尊形《そんぎょう》となる。これを本尊とは申すなり」（一二四三頁）として、妙法の力によって十界の衆生が本有の尊形となっている姿を示すとされている。

なお、本章で「この本尊の為体」とあるように、文字曼荼羅こそが帰依の対象である「本尊」であることは明確であり、五老僧などのように彫刻や絵画で表した像を本尊として礼拝の対象とすることは根本的な誤りとなる。繰り返し述べてきたように、日蓮が礼拝の対象として門下に授与したのは文字曼荼羅のみであり、門下に対して積極的に木像・絵像の造立を勧めたことは一切ない。このような日蓮の振る舞いに照らしても日蓮仏法の「本尊」は文字曼荼羅以外にない。従って、本尊抄のこの文を一尊四士、二尊四士造立と結びつけてはならない。

なお、ここで論じられているのが法本尊である曼荼羅であるにも関わらず、「寿量の仏」「仏像」と言われていることについて、日寛は文段で、人法体一の意義から曼荼羅本尊の姿は久遠元初の自受用身の姿である故と述べている（『日寛上人文段集』五〇二頁）。日蓮は釈迦仏を本尊としないので、ここで言う「寿量の仏」とは久遠実成の釈迦仏ではなく、寿量品が暗々裏に示した根源仏と解さなければならない。また、日寛は「仏像」の言葉は木や絵による像に限定されるものではないとする（同書五〇四頁）。文字通り、「仏像」とは仏の姿（像）という意味であり、曼荼羅即ち根源仏（久遠元初の自受用身）であるから、曼荼羅がこの文の仏像に当たると解せられる。また、曼荼羅本尊の中心となる南無妙法蓮華経が他の品ではなく寿量品の文底に指し示されている故に「寿量の仏」と述べたと解せられるのである。

第二十章――二四八頁四行目「問う、正像二千余年の間」〜同頁六行目「委細にこれを聞かん」。

前章で結論的に示された、寿量文底の本尊が末法に初めて出現するという命題について、さらに詳しい説明を求める趣旨である。そこで、次の二十一章以後、この命題について、「五重三段」の法義を通し、詳しい展開がなされていく。

ここで「本門寿量品の本尊」とあるのは、もちろん寿量品文上の本尊ではなく、寿量品文底の本尊の意義である。

第二十一章――二四八頁七行目「答えて曰わく、法華経一部八巻二十八品」〜同頁一一行目「十一品半と一巻は流通分なり」。

五重三段のうち、第一の「一代一経三段」と第二の「法華十巻三段」を述べたところである。

経典を解釈する上で一経を序分・正宗分・流通分の三つに分けること（三分科経）は東晋《とうしん》の釈道安《しゃくどうあん》（三一二〜三八五）が始めたもので、大乗仏教各宗に広く用いられている。経典の中心部分が正宗分、そこに導くための導入部分が序分、中心的教説を弘通していく役割を担う部分が流通分で、一つの経典はこの三つの部分に分けることができるという説である。日蓮は、「観心本尊抄」においてこの三分科経を五重に立て、一切経を判別する教判とした（五重三段）。

まず、「一代一経三段」とは、天台大師の五時八教の体系を前提にして華厳経から涅槃経に至る釈尊一代全ての経典を一つの経と見なし、そこに序分・正宗分・流通分の区別を立てたもので、華厳経から般若経までを序分、無量義経・法華経・普賢経の十巻を正宗分、涅槃経を流通分とする。

次の「法華十巻三段」は、無量義経・法華経・普賢経の合計十巻を一経と見なしてそこに序分・正宗分・流通分の区別を立て、無量義経と法華経序品を序分、法華経の方便品から分別功徳品前半までを正宗分、そして分別功徳品の後半から普賢経までを流通分とする。

この「一代一経三段」と「法華十巻三段」の二つは、後半の三つの三段と区別して「一往総の三段」と呼ばれる。

第二十二章――二四八頁一二行目「また法華経等の十巻に於いても二経有り」〜同頁一八行目「前四味の者の如し」。

五重三段の第三「迹門熟益三段」を明かした章である。

無量義経（開経）と普賢経（結経）を含む法華経十巻を前半の迹門と後半の本門に分け、それぞれに序・正・流通の分科を立てるのである。法華経十巻の前半（無量義経から安楽行品まで）においては無量義経と法華経序品が序分となり、方便品から人記品までが正宗分、法師品から安楽行品までが流通分となる。方便品から人記品は、二乗への授記を説いて迹門の中心法理である「開三顕一」を明かすところであるから正宗分となり、人記品以降は、それを受けて仏弟子に対して仏滅後の弘通を促していく部分なので流通分とされる。

なお、ここでは迹門の説法を聞く衆生に三種類の区別があるとしている。第一は、爾前経を聞いて種子を覚知し、得脱した者である。第二は、爾前経を縁として機根を整え、法華経に至って得脱した衆生である。第三は、法華経の八品（涌出品から嘱累品まで）を聞いて初めて発心した衆生である。その中には法華経で直ちに得脱した者もあれば、普賢経・涅槃経に至って得脱した衆生もあり、あるいは小乗教や権大乗教を助縁として法華経に入り、得脱した者もあったとされている。

このように、衆生の機根によって、何を縁として得脱するかは異なることを示されている。当然、機根の高い衆生は低い教えでも得脱できるが、機根が劣るほど高い教えでなければ得脱できないという道理になるのである。

第二十三章——二四九頁一行目「また本門十四品の一経に」〜同頁四行目「難信難解、随自意なり」。

五重三段の第四「本門脱益《だっちゃく》三段」を示す箇所である。法華経十巻の後半（涌出品から結経の普賢経まで）について序・正・流通に分けるのである。

すなわち、本門冒頭の涌出品の前半が序分となり、涌出品の後半と寿量品、そして分別功徳品の前半までの「一品二半」が正宗分、さらに分別功徳品の後半から普賢品第二十八までと法華経の結経である普賢経が流通分となる。

爾前・迹門の釈尊が始成正覚の仏であったのに対して、この本門の教主は久遠実成の仏であり、また迹門が百界千如に留まっていたのに対し、本門寿量品は国土世間を含む三世間の義を示して一念三千の法門が完成される。このように爾前・迹門と本門では天地のように法門の位相が異なるが、文底下種本門から見れば、その相違も「竹膜《ちくまく》」のようにわずかなものに過ぎないとする。文上本門は釈尊の仏法の到達点ではあるが、日蓮の法門はそこに留まっていない。そこで、次章でいよいよ文上本門を超越する文底本門が明かされることとなる。

第二十四章——二四九頁五行目「また本門に於いて序・正・流通有り」〜同頁一〇行目「これ等はしばらくこれを閣《お》く」。

五重三段の第五「文底下種三段」のうち、序分と正宗分を明かした箇所である。

「また本門に於いて序・正・流通有り」とあるが、この「本門」は文上本門ではない。文上本門については前章で既に述べられており、釈尊一代の諸経を含めて十方三世諸仏の微塵の経々も全て序分とするその内容が文上本門の序分と大きく異なるところからも明らかである。

すなわち、ここでの「本門」は文底本門を指しており、またここでの「寿量」「一品二半」とは文上の寿量品や一品二半ではなく、文底内証の寿量品ないし一品二半、すなわち南無妙法蓮華経を意味する。道理の上からも、三世諸仏の全ての経を序分とするというのであれば、それに対応する正宗分は諸仏の全ての教えを成り立たしめる根源でなければならないからである。先に述べたように、文上寿量品はなお諸仏成道の根源を明かしていないので、文上寿量品はここでの正宗分とは成り得ないのである。

日蓮はここで文上・文底の相違を明示的に示していないが、表面的な字義に囚われて、含まれている真意を見失ってはならない。

第二十五章——二四九頁一〇行目「迹門十四品の正宗の八品は」～同頁一七行目「ただ題目の五字なり」。

「文底下種三段」の流通分を明かした部分である。ここで、迹門と本門が説かれた意義は、一往は法華経の会座《えざ》の衆生を得脱させるためと捉えられるが、再往真実の意義は、いずれも末法の始めのために説かれたのであるとする。

法華経迹門では二乗作仏が説かれ、それまで不成仏とされてきた二乗を救済した。また本門寿量品では五百塵点劫の昔に衆生に下種し、大通智勝仏の時から爾前経・法華経迹門に至るまででその仏種を調熟して、寿量品において得脱せしめたという構成になっている。これだけを見れば、迹門・本門ともに法華経の会座に参加した衆生を得脱せしめる目的で説かれたかのように見えるが、法華経の本意はそこにはなく、釈尊滅後、なかんずく末法の始めのためにあると述べられている。いいかえれば、二十八品の法華経全体が南無妙法蓮華経を弘通するための流通分であるとの趣旨である。ただし、その根拠についてはここでは示されず、次章以下において述べられることになる（さらにこの点は佐渡流罪赦免後、身延に入山してすぐに著された「法華取要抄」に詳述される）。

なお、「在世の本門と末法の始めは一同に純円なり。ただし、彼は脱、これは種なり。彼は一品二半、これはただ題目の五字なり」（二四九頁）との文は、文上本門の法門と文底の南無妙法蓮華経を明確に区別し、種脱相対を明示したものとして極めて重要である。すなわち、文上本門は釈尊在世の衆生を得脱せしめる脱益《だっちゃく》の法門であるのに対し、末法において弘通する題目の五字（南無妙法蓮華経）は、いまだ下種を受けていない衆生に下種する下種益の法門である。ここに日蓮が弘通する法体が文上の法華経ではなく、南無妙法蓮華経であることが宣言されたのである。

しばしば世間において、日蓮が法華経を信仰し、法華経の流布を目的としたとの理解があるが、それがいかに皮相的な理解であり、根本的な誤謬であるか、日蓮自身のこの文によって明らかである。あえて言えば、日蓮において二十八品の法華経（文上の法華経）は手段に過ぎない。日蓮の真意は法華経二十八品を用いて南無妙法蓮華経を弘通するところにある。

この文に照らすならば、他の御書において日蓮が流布する法体として法華経とあったとしても、その実体は文上の法華経二十八品ではなく、文底に秘沈された南無妙法蓮華経であると解さなければならない。法華経とあったならば二十八品の法華経以外にないと短絡的に受けとめることは、日蓮の用語の多義性を知らない誤りというべきである。

また、日蓮がここまで自身の奥底の見解を鮮明に打ち出すことは異例であり、それ故に「観心本尊抄」は見ることが極めて限られた範囲に限定された「秘められた書」とされたのである。

第二十六章――二四九頁一八行目「問うて曰わく、その証文如何」～二五〇頁一三行目「久成の人に付す』等云々」。

本門が説かれた真実の意義は末法の初めのためであるとの前章の主張を裏づける趣旨である。すなわち、ここでは涌出品で登場した地涌の菩薩について述べられていく。

「所詮、迹化・他方の大菩薩等に我が内証の寿量品をもって授与すべからず。末法の初めは謗法の国にして悪機なる故に、これを止めて地涌千界の大菩薩を召して寿量品の肝心たる妙法蓮華経の五字をもって閻浮の衆生に授与せしめ給う」（二五〇頁）と、釈尊が地涌の菩薩を召し出して付嘱したのは末法において「寿量品の肝心たる妙法蓮華経の五字」を全世界の衆生に弘通するためであるとしている。

「寿量品の肝心たる妙法蓮華経の五字」とは寿量品の文底に秘沈された南無妙法蓮華経であり、文上寿量品ではない。すなわち、地涌の菩薩を登場させて付嘱を行った本門の展開は、末法に地涌の菩薩が南無妙法蓮華経を弘通することを示すためであった。さらに言えば、末法における地涌の菩薩の弘通を予言し、その弘通を助けるために本門が説かれたことを意味する。したがって、文上本門全体が正宗分である南無妙法蓮華経の弘通を助けるための「流通分」となるのである。

第二十七章――二五〇頁一四行目「また弥勒菩薩、疑請《ぎしょう》して云わく」～二五一頁一〇行目「何に況んや他方をや」。

本門の中心である寿量品が仏滅後の末法のために説かれたものであること、また末法に法を流布する主体は地涌の菩薩であり、その弘通する法は寿量文底の南無妙法蓮華経であることを明かしている。

寿量品は、前品の涌出品で弥勒菩薩が釈尊に説法を要請したことに応えて説かれた形になっているが、その要請自体が仏滅後の新たに発心する菩薩のためにという前提でなされていることから、寿量品の説法が釈尊滅後の衆生のために説かれたものであることは明確である。

また、ここでは寿量品の「良医病子の譬え」が挙げられているが、毒を飲んで本心を失って薬を飲もうとしない病子のために父である良医が良薬を留め置いたというこの譬え自体が、滅後末法の衆生のために釈尊が正法を残したことを表している。

父からは薬を飲めなかった病子も派遣された使いによって薬を飲むことができたということは、末法の衆生は釈尊ではなく地涌の菩薩によって救済される衆生であることを意味している。また、父親が良薬を留め置いたということは、法華経がその文底において末法の衆生を救済する南無妙法蓮華経を含んでいることを指している。まさに、この一点に法華経の真実の意義がある。それは「三大秘法抄」の、「法華経を諸仏出世の一大事と説かせ給いて候は、この三大秘法を含めたる経にて渡らせ給えばなり」（一〇二三頁）の文にも明らかである。

法華経は、その文底に南無妙法蓮華経を秘沈することによって末法の衆生をも利益しようとしたといえよう。「上野殿御返事」に「末法に入りぬれば余経も法華経もせんなし、ただ南無妙法蓮華経なるべし」（一五四六頁）とあるように、二十八品の法華経そのものは末法の衆生を救済する力を持たないが、末法の衆生が妙法を信受することを容易にし、助ける働きを有するのである。すなわち法華経編纂の根底には、同時代の人々を利益するだけでなく、未来永遠の衆生をも利益する意図が込められていたと解せられる。

第二十八章――二五一頁一一行目「神力品に云わく」～二五二頁一七行目「捃拾遺嘱《くんじゅういぞく》これなり」。

ここでは地涌の菩薩への付嘱が行われた神力品の結要《けっちょう》付嘱の文と、全ての菩薩への付嘱を説いた嘱累品の総付嘱の文が挙げられているが、中心は当然、結要付嘱にある。

神力品の結要付嘱には法華経の本質的意義が込められている。結要付嘱とは、要するに釈尊滅後、なかんずく末法において妙法を弘通する使命を釈尊が地涌の菩薩（なかんずく、その上首である上行菩薩）に託したことをいう。地涌の菩薩が付嘱を受け、末法に弘通する法体は文上の法華経ではなく、文底の妙法五字（南無妙法蓮華経）である。「御義口伝」に、『唯四』とは名・用・体・宗の四つなり。『枢柄』とはただ題目の五字なり」（七九四頁）と明示されている通り、神力品の言う「如来の一切の所有の法、如来の一切の自在の神力、如来の一切の秘要の蔵、如来の一切の甚深の事」とは寿量品の肝要である南無妙法蓮華経に他ならない。

結要付嘱とは、正像の釈尊から末法の上行菩薩へ、仏法の教主が交代することを宣言する儀式である。法華経は、神力品において、末法の教主として上行菩薩が出現することを予言することによって上行菩薩の化導を助けているのである。

いわば、結要付嘱は法華経と日蓮仏法の接点をなす。その故に「観心本尊抄」において結要付嘱が強調されていることは重大な意義を孕む。すなわち、本抄においては日蓮が末法の本仏・教主であるという「人本尊」の側面は直接的には取り上げられていないが、上行菩薩が末法の教主として妙法五字を弘通することを明らかにすることにより、上行菩薩の再誕である日蓮が妙法を弘通する末法の教主であることを示唆しているからである。そのことは後の「法華取要抄」には、「日蓮は広・略を捨てて肝要を好む。いわゆる上行菩薩所伝の妙法蓮華経の五字なり」(三三六頁)と、より明確に示されている。

第二十九章——二五二頁一八行目「疑って云わく、正像二千年の間に」〜二五四頁二行目「僧と成って正法を弘持す」。

地涌の菩薩が出現する時は正法・像法ではなく末法であることが確認される。

正法時代は小乗教と権大乗教、像法時代は文上法華経に基づく天台の一念三千の法門によって人々を利益した時代であるから、文底の南無妙法蓮華経を弘通する時代ではなかった。それに対して末法は地涌の菩薩が出現して南無妙法蓮華経を弘通する時代となる。そのことを、この段では、「この時、地涌の菩薩始めて世に出現し、ただ妙法蓮華経の五字をもって幼稚に服せしむ」(二五三頁)と述べられている。この文において、末法弘通の主体者(=地涌の菩薩)と弘通の法体(=妙法蓮華経の五字)と衆生の機根(=幼稚)が明示されていることに留意したい。

また、この段の、「この四菩薩、折伏を現ずる時は賢王と成って愚王を誡責《かいしゃく》し、摂受を行ずる時は僧と成って正法を弘持す」(二五四頁)の文は地涌の菩薩の行動の在り方を示すものである。

ここでは地涌の菩薩の上首である四菩薩の現れ方として折伏=賢王(在家)と摂受=僧(出家)の二つの在り方があるとされている。この文について日寛は「観心本尊抄文段」で、「折伏を現ずる時は賢王と成って愚王を誡責し」の部分が「化儀の折伏」、「摂受を行ずる時は僧と成って正法を弘持す」が「法体の折伏」であるとする(『日寛上人文段集』五四六頁)。

「化儀の折伏」の「化儀」とは法の具体化ということであるから、現実社会の中で法を実際に弘通していくことをいう。それは「愚王を誡責」する「賢王」の働きであり、「王」

とあることから、当然、在家の振る舞いとなる。

それに対して「法体の折伏」とは法体を確立して法の正邪を明らかにしていくことである。それは「僧と成って」とある通り、出家の働きであり、日寛は「蓮祖の修行これなり」（同書同頁）として、日蓮の実践、弘通がこの「法体の折伏」に当たるとしている。日蓮の実践は、まさに末法弘通の法体を確立する行動であったからである。その日蓮の実践も、法を現実社会の上で広く弘通していく在家の実践に比べるならば摂受に当たるとする。もちろん末法において南無妙法蓮華経を弘通する行動は全て「折伏」になるのであるが、「折伏の上の折伏」と「折伏の上の摂受」に分けられるのである。

日蓮が確立した三大秘法の法体を事実の上で日本と世界に弘通してきた教団は創価学会のほかにない。日蓮系の伝統教団は日本に多数存在するが、「葬式仏教」という形骸化した形で存続しているのみで、世界はもちろん日本においても生きた宗教として日蓮仏法を社会に弘通することに成功していない（法華系の新宗教教団も、今や衰退して見る影もない）。その事実から、創価学会が「化儀の折伏」を行ずる「賢王」に当たるといえよう。まさにこの文は、創価学会の仏法的意義を示す文となっている。

要するに地涌の菩薩の実践は、法体を確立した日蓮の行動と、その法体を社会に実現している創価学会の運動に要約される。日蓮正宗宗門は、創価学会の出現まで日蓮仏法を保持し学会に伝える「つなぎ」の役割を担ってきたと言えないこともない。しかし今日、創価学会が日蓮仏法の正統を継承し、世界に仏法を弘通している現実に照らすならば、日蓮正宗の歴史的使命はもはや完全に終了している。まして日蓮正宗が創価学会の仏法弘通を妨げる事態となっては、むしろ無益有害な「宗教廃棄物」と化しているというべきであろう。


第三十章――二五四頁三行目「問うて曰わく、仏の記文は如何」～同頁一七行目「法華を識る者は世法を得べきか」。

ここでは末法の広宣流布を釈尊・天台・伝教があらかじめ認識し、予言していたことを示す。地涌の菩薩による末法広宣流布は、決して日蓮一人の主張ではなく、経文や天台・伝教らの言葉と合致していることを示す趣旨である。

この章における「この時、地涌千界出現して本門の釈尊を脇士《きょうじ》と為す一閻浮提第一の本尊この国に立つべし」（二五四頁）の文は実に重要である。すなわち、インド・中国にこれまで出現したことのない「一閻浮提第一の本尊」を建立する主体者すなわち教主は地涌の菩薩であり、「本門の釈尊」はその本尊においては脇士となるのである。このことは先に本尊の相貌を明かした部分で「塔中の妙法蓮華経の左右に釈迦牟尼仏・多宝仏」と記されているところと合致する。すなわち釈迦仏はあくまでも中央の教主でなく、左右に位置する脇士となる（実際に曼荼羅本尊においては、中央にしたためられている「南無妙法蓮華経　日蓮」の左右に、脇士として釈迦牟尼仏と多宝如来がしたためられている）。

身延派などでは、この部分について、地涌千界が本門の釈尊の脇士となるという意味に解しているが、誤りである。それは、この文の直後に、「伝教大師、ほぼ法華経の実義を顕示す。しかりといえども、時いまだ来たらざるの故に東方の鵝王《がおう》を建立して本門の四菩薩を顕さず。所詮、地涌千界の為にこれを譲り与え給う故なり。この菩薩、仏勅を蒙りて近く大地の下に在り。正像にいまだ出現せず。末法にもまた出で来たり給わずば大妄語の大士なり」（二五四頁）とあることからも明らかである。

伝教大師が薬師如来（東方の鵝王）の造立にとどめて「一閻浮提第一の本尊」の建立を自身では行わずに地涌千界に譲ったということは、地涌千界が末法に「一閻浮提第一の本尊」を建立する主体者であることを示しているからである。地涌が釈迦の脇士になったのでは本尊建立の主体者になりえない。

本抄の内容に照らして「一閻浮提第一の本尊」とは絵像・木像ではなく文字曼荼羅本尊であることは明らかであり、曼荼羅本尊を建立した主体者が日蓮であることを考えるならば、おのずから日蓮を末法の教主とする道理となる。このように、人本尊を開顕した「開目抄」だけでなく、「観心本尊抄」の示す本尊論の視点からも「日蓮本仏」が導きだされるのである。

第三十一章——二五四頁一八行目「一念三千を識らざる者には」～二五二頁一行目「侍奉せしに異ならざる者なり」。

本抄全体の結論である。

これまでの本抄の流れを踏まえるならば、この「一念三千を識らざる者には仏、大慈悲を起こし、五字の内にこの珠を裹《つつ》み、末代幼稚の頸に懸けさしめ給う」（二五四頁）の文は、日蓮（＝仏）が、大慈悲を起こして、曼荼羅本尊（＝五字）という具体の本尊に南無妙法蓮華経（＝この珠）を顕し、末法の衆生（＝一念三千を識らざる者、末代幼稚）に与えるのである、との意となる。このように、日蓮による本尊建立の宣言が本尊抄の結論となっている。

5 「諸法実相抄」

佐渡流罪中、日蓮は、人本尊開顕の書「開目抄」、法本尊開顕の書「観心本尊抄」を執筆して自身の教義の骨格を明示したが、それだけでなく、四十余編の御書を著して門下を化導した。そのうち、塚原で書かれた主な御書については前章で言及したので、ここでは一谷《いちのさわ》で書かれた重要御抄について、その一端を述べることとする。

「観心本尊抄」執筆後に書かれた重要御抄としては、本尊抄の翌月、文永十年五月に執筆された「諸法実相抄《しょほうじっそうしょう》」がある。本抄は、最蓮房に対して諸法実相の義を説くことを通して人本尊と法本尊を示しており、いわば「開目抄」と「観心本尊抄」の結論を要約する趣になっている。それは次の文に明らかである。

「地涌の菩薩の中の上首唱導、上行・無辺行等の菩薩より外は、末法の始めの五百年に出現して法体の妙法蓮華経の五字を弘め給うのみならず、宝塔の中の二仏並座の儀式を作り顕すべき人なし」（一三五八頁）

ここでは地涌の菩薩の上首こそが、南無妙法蓮華経の法体を弘通し、曼荼羅本尊（「宝塔の中の二仏並座の儀式」＝法本尊）を図顕する主体（＝人本尊）であることが明示されている。その主体について、具体的には日蓮自身であることが明示される。このことは次の文に明らかである。

「日蓮、末法に生まれて上行菩薩の弘め給うべき所の妙法を先立ってほぼひろめ、つくりあらわし給うべき本門寿量品の古仏たる釈迦仏、迹門宝塔品の時涌出し給う多宝仏、涌出品の時出現し給う地涌の菩薩等をまず作り顕し奉ること、予が分斉にはいみじきことなり」（一三五九頁）

また、「天台・妙楽・伝教等は心には知り給えども言《ことば》に出だし給うまではなし。胸の中にしてくらし給えり。それも道理なり。付嘱なきが故に、時のいまだいたらざる故に、仏の久遠の弟子にあらざる故に」（一三五八頁）との文は、日蓮が天台・妙楽・伝教等もなし得なかった妙法五字の弘通を行う末法の教主であることを示すものといえよう。

さらに本抄で注目されるのは、「釈迦迹仏」「凡夫本仏」の思想が明確に打ち出されていることである。それは次の文に明らかである。

「釈迦・多宝の二仏と云うも、妙法等の五字より用《ゆう》の利益を施し給う時、事相に二仏と顕れて宝塔の中にしてうなずき合い給う」（一三五八頁）

「されば、釈迦・多宝の二仏と云うも用の仏なり。妙法蓮華経こそ本仏にては御座《おわし》候え。経に云わく『如来秘密《にょらいひみつ》神通之力《じんつうしりき》』これなり。『如来秘密』は体《たい》の三身にして本仏なり。『神通之力』は用の三身にして迹仏ぞかし。凡夫は体の三身にして本仏ぞかし。仏は用の三身にして迹仏なり。しかれば、釈迦仏は我等衆生のためには主師親の三徳を備え給うと思いしに、さにては候わず。返って仏に三徳をこうらせ奉るは凡夫なり」（同頁）

虚空会の会座において宝塔の中に並坐した釈迦・多宝は迹仏であり、妙法蓮華経と凡夫が本仏であるとする。この妙法蓮華経と凡夫とは、曼荼羅本尊の相貌に約して言う場合は曼荼羅の中央にしたためられた「南無妙法蓮華経　日蓮」に他ならない。すなわち、この文は、曼荼羅本尊の相貌と照らし合わせて解するとき、まさに「日蓮本仏」の根拠となる文といえよう。

もちろん、この「凡夫」を広く解する場合は、日蓮の門下として南無妙法蓮華経を受持し、弘通する人々を指す。まさに妙法を弘通する凡夫こそ現実に実在する仏（本仏）であり、経典に示される諸仏は仏の生命の働き（用）を示すために説かれた架空の仏（迹仏）に他ならない。

この凡夫こそが現実の仏であるという「凡夫本仏」の思想は、「超越的な存在である仏によって救済される凡夫」という従来の仏教の観念を覆す革命的な思想である。ここに、人間の尊厳を謳う日蓮仏法の真髄が表れている。

本抄の一つの特徴は、日蓮とその門下が地涌の菩薩に当たることを明示していることである。その点は次の諸文に明らかである。

「地涌の菩薩のさきがけ日蓮一人なり。地涌の菩薩の数にもや入りなまし。もし日蓮、地涌の菩薩の数に入らば、あに日蓮が弟子・檀那、地涌の流類に非ずや」（一三五九頁）、

「日蓮と同意ならば地涌の菩薩たらんか。地涌の菩薩にさだまりなば釈尊久遠の弟子たることあに疑わんや」（一三六〇頁）、

「皆地涌の菩薩の出現に非ずんば唱えがたき題目なり。日蓮一人はじめは南無妙法蓮華経と唱えしが、二人三人百人と次第に唱えつたうるなり。未来もまたしかるべし。これあに地涌の義に非ずや」（同頁）

地涌の菩薩が末法弘通の主体者であることは「観心本尊抄」の後半で強調されたところであるが、「諸法実相抄」においてはさらに具体的に、地涌の菩薩とは日蓮とその門下であることが明示されることとなった。本抄の教示を踏まえるならば、師である日蓮と同じく自身も地涌の菩薩であるとの自覚こそ、日蓮門下として日蓮仏法を実践する者の信仰の要となる。すなわち、自身が広宣流布の主体者であるとの自覚である。僧侶に依存して祈禱を依頼する類いの「おすがり信仰」は、日蓮仏法の実践とはおよそ無縁といわなければならない。

日蓮の門下として、明確な「地涌の自覚」を得た人が創価学会の戸田城聖第二代会長であった。戦時中に投獄された東京拘置所の独房で、唱題を重ねながら法華経を読んでいた戸田会長（当時、理事長）は、昭和十九年秋、虚空会において地涌の菩薩の一人として本尊に向かって唱題している自分を発見するという宗教的体験を得た。この体験について戸田会長は、自身をモデルにした小説『人間革命』で次のように記している。

「時間にして、数秒であったか、数分であったか、それ

とも数時間であったか…計りようがなかったが、彼は、数限りない大衆と一緒に虚空にあって、金色燦然たる大御本尊に向かって合掌している自分を発見した。(中略)題目を唱え終わった刹那、彼の胸の内に叫び声が起こった。(おお！　おれは地涌の菩薩ぞ！　日蓮大聖人が口決相承を受けられた場所に、光栄にも立ち会ったのだぞ！)」(『戸田城聖全集』第八巻五一七頁)

「われ、地涌の菩薩なり」というこの「獄中の悟達」こそ、戦後の創価学会の宗教的確信の要であった。学会員は、自身も地涌の菩薩であり、広宣流布を担う主体者であるとの自覚を戸田会長と共有したのである。そしてこの自覚が創価学会の飛躍的発展をもたらした精神的な力となった。戸田会長のこの時の「悟達」が創価学会の「原点」であるといわれる所以である。まさに戸田会長のこの確信が、創価学会を「日蓮大聖人直結」の教団とすることとなった。自身と同じく門下もまた地涌の菩薩であるとした日蓮の心は、創価学会において初めて人々に受けとめられたのである。

それに対して、創価学会以外の諸門流においては、僧俗ともに自身を地涌の菩薩として意義づける宗教的心情はほとんど見られない。そこに創価学会とその他の日蓮系教団を画する宗教的内実の一つがあるといえよう。

6 「如説修行抄」

「諸法実相抄」と同じ文永十年五月に執筆された「如説修《にょせつしゅ》行抄《぀ぎょうしょう》」は、「佐渡御書」と同様に摂受・折伏の問題を取り上げ、折伏が末法の正しい修行(仏の説いた通りの修行＝如説修行)であることを述べた書である。末尾に「人々御中へ」とある通り、「佐渡御書」と同様、門下全体に対して信心の在り方を教導した御抄である。真筆は現存しないが、日興の弟子日尊《にちぞん》(一二六五〜一三四五)が永仁《えいにん》五(一二九七)年に書写したと伝えられる写本があり、真撰であることに疑いはない。

本抄の冒頭では、当時の迫害に直面して退転していった門下が抱いた疑問が端的に示されている。すなわち、「問うて云わく、如説修行の行者は現世安穏なるべし。何が故ぞ三類の強敵盛んならんや」(五〇一頁)と。この問いは、まさに難に遭って動揺していた門下の心を示すものと考えられる。要するに、「法華経の信心をすれば功徳があり、現世安穏であると聞いて信心をしたのに、実際には迫害ばかりである。こんな信心はおかしいのではないか」という疑いである。

日蓮は本抄に、「真実の法華経の如説修行の行者の師弟・檀那とならんには三類の敵人決定せり。されば、この経を聴聞し始めん日より思い定むべし。『況滅度後《きょうめつどご》』の大難の三類甚しかるべしと。しかるに、我が弟子等の中にも兼ねて聴聞せしかども、大小の難来たる時は今始めて驚き肝をけして信心を破りぬ」（同頁）とあるように、日蓮は法華経の行者の檀那となれば三類の強敵の出現は必然であると普段から説いていたが、実際に所領没収・追放などの厳しい弾圧が始まると、多くの門下はもろくも退転してしまった。当時の門下の多くは、当面の現世利益を期待する素朴な信仰の域を出ていなかったからであろう。

日蓮は本抄で、先の疑問に対し、如説修行の人である釈尊や竺《じく》の道生・法道三蔵・師子尊者・天台大師・伝教大師などが迫害にあった事実を挙げ、正法を行ずれば厳しい迫害に遭うことはむしろ必然であると答えている。「開目抄」で示された同様の教示を繰り返し説いていることが分かる。

本抄で注目される点の一つは、如説修行を論ずる中で「法華経によって開会《かいえ》した後は諸経は同一で、勝劣浅深の相違はない」という当時の見解を否定していることである。この点は次の文に示されている。

「当世日本国中の諸人一同に如説修行の人と申し候は、『諸乗一仏乗と開会しぬれば何れの法も皆法華経にして、勝劣浅深あることなし。念仏を申すも、真言を持つも、禅を修行するも、総じて一切の諸経並びに仏菩薩の御名を持ちて唱うるも、皆法華経なり、と信ずるが如説修行の人とは云われ候なり』等云々。予が云わく『しからず』（五〇二頁）

この文で取り上げられている見解は、当時の日本天台宗に広がっていた本覚思想に基づくものである。

周知のように、平安時代末期から台頭した「天台本覚思想」は、天台大師が立てた開会の思想に基づき、開会されたならば爾前諸経も法華経と一味平等であるとするものであるが、日蓮はその見解を厳しく否定する。日蓮が反「天台本覚思想」の立場に立つことは「如説修行抄」に限らず、複数の御書に明示されている。

例えば日興の弟子日代《にちだい》の写本がある「諸宗問答抄」には次のようにある。

「絶待妙《ぜったいみょう》と申すは開会の法門にて候なり。この時は爾前権教とて嫌い捨てらるる所の教を皆法華の大海におさめ入るるなり。随って法華の大海に入りぬれば爾前の権教とて嫌わるるもの無きなり。皆法華の大海の不可思議の徳として南無妙法蓮華経と云う一味にたたきなしつるあいだ、念仏・戒・真言・禅とて別の名言を呼び出すべき道理かつて無きなり。随って釈に云わく『諸水、海に入っては一鹹味に同ず。諸智、如実智に入っては本の名字を失う』等と釈して本の名字を一言も呼び顕すべからずと釈せられて候なり。

世間の人、天台宗は開会の後は相待妙《そうたいみょう》の時斥《きら》い捨てられし所の前四味の諸経の名言を唱うるも、また諸仏諸菩薩の名言を唱うるも、皆これ法華の妙体にて有るなり。大海に入らざるほどこそ各別の思いなりけれ、大海に入って後に見れば日来よしわるしと嫌い用いけるは大僻見にて有りけり。嫌わるる諸流も、用いらるる冷水も、源はただ大海より出でたる一水にて有りけり。しかれば、何れの水と呼びたりとてもただ大海の一水に於いて別々の名言をよびたるにてこそあれ、各別各別の物と思うてよぶにこそ科《とが》はあれ、ただ大海の一水と思うて何れをも心に任せて有縁に従って唱え持つに苦しかるべからずとて、念仏をも真言をも何れをも心に任せて持ち唱うるなり。

今云うこの義は、与えて云う時はさも有るべきかと覚うれども、奪って云う時は随分堕地獄の義にて有るなり。その故は、縦《たと》い一人かくの如く意得、何れをも持ち唱うるとても万人この心根を得ざる時はただ例の偏見・偏情にて、持ち唱えれば一人成仏するとも万人は皆地獄に堕すべき邪見の悪義なり」(三七七頁)

また真筆が現存する「法門申さるべき様の事」には、「天台宗の人々は、我が宗は正なれども邪なる他宗と同ずれば、我が宗の正をもしらぬ者なるべし。(中略)天台宗の人々は、我が宗は実義とも知らざるゆえに、我が宗のほろび我が身のかろくなるをばしらずして、他宗を助けて我が宗を失うなるべし」(一二六九頁)と説かれている。

天台本覚思想は、与えられた現実を絶対肯定し、ありのままの凡夫がそのまま仏であるとして、修行の必要もないとする。その思想からは、現実に立ち向かい、それを変革しようとする力は出てこない。まさに精神の頽廃をもたらすものであり、日蓮が厳しくそれを退けたのは当然といえよう。

摂受・折伏の選択の問題について「佐渡御書」では「時」によって判断すべきであるとの見解が示されたが、「如説修行抄」ではさらに進んで末法という時の特質を論じている。それは次の文に明らかである。

「極寒の時は厚き衣は用《よう》なり、極熱の夏はなにかせん。涼風は夏の用なり、冬はなにかせん。仏法も亦復かくの如し。小乗の流布して得益あるべき時もあり、権大乗の流布して得益あるべき時もあり、実教の流布して仏果を得べき時もあり。

しかるに、正像二千年は小乗・権大乗の流布の時なり。末法の始めの五百年には純円一実の法華経のみ広宣流布の時なり。この時は闘諍堅固・白法隠没の時と定めて権実雑乱の砌《みぎり》なり。敵有る時は刀杖弓箭を持つ可し。敵無き時は弓箭兵杖何にかせん。今の時は権教即実教の敵と成るなり。一乗流布の時は、権教有って敵と成りてまぎらわしくば、実教よりこれを責むべし。これを摂折二門の中には法華経の折伏とは申すなり。天台云わく『法華の折伏は権門《ごんもん》の理を破す』と。まことに故あるかな。しかるに、摂受たる四安楽の修行を今の時行ずるならば、冬種子を下して春菓を求むる者にあらずや。鶏の暁に鳴くは用なり、宵に鳴くは物怪《もっけ》なり。権実雑乱の時、法華経の御敵を責めずして山林に閉じ篭もり摂受を修行せんは、あに法華経修行の時を失う物怪にあらずや」(五〇三頁)

すなわち、末法という時代の特質として、正法を迫害する敵が現れる時であるから、そういう時には敵と戦う折伏を行じなければならないとする。

このように本抄は、迫害を覚悟して正法の敵と戦いぬく闘争心を徹底して訴えている。そして、門下に対し、生命をなげうつ殉教の覚悟を促すに至る。それは末尾の次の文である。

「一期を過ぐること程も無ければ、いかに強敵重なるともゆめゆめ退する心なかれ、恐るる心なかれ。縦《たと》い頸をば鋸《のこぎり》にて引き切り、どう(胴)をばひしほこ(菱鉾)をもってつつき、足にはほだし(絆)を打ってきり(錐)をもってもむとも、命のかよわんほどは南無妙法蓮華経・南無妙法蓮華経と唱えて、唱え死にに死ぬるならば、釈迦・多宝・十方の諸仏、霊山会上にして御契約なれば、須臾《しゅゆ》のほどに飛び来たりて、手をとり肩に引っ懸けて霊山へはしり給わば、二聖・二天・十羅刹女は受持の者を擁護し、諸天善神は天蓋を指し旛を上げて我等を守護してたしかに寂光の宝刹へ送り給うべきなり。あらうれしや、あらうれしや」(五〇四頁)

実際に、当時は所領没収・追放など、生活の基盤を奪われる厳しい迫害に直面していた門下が少なくなかった。日朗など、地下牢に幽閉された門下もあった。迫害が激化すれば処刑される門下が出る恐れもあったと考えられる。本抄で指摘される事態は決してありえない絵空事ではなかった。当時の弾圧はそれほど苛烈なものであった。日蓮は、門下に対し、最悪の事態にあっても従容として死に赴く覚悟を求めたのである。

7 「顕仏未来記」

(1)「顕仏未来記」の概要

「如説修行抄」の翌月、文永十年閏五月に執筆された「顕仏未来記」は、消息ではなく、独立の論書である。「佐渡御書」「如説修行抄」が当時の門下に広く宛てられたものであるのに対し、「顕仏未来記」にはその性格はない。同時代の門下に閲覧させる趣旨ではなく、むしろ、後世のために日蓮独自の思想を明らかにした書と解される。日祐《にちゆう》・日意《にちい》・

日乾《にちけん》の目録に全て「顕仏未来記」と記され、古来、異称がないことから「顕仏未来記」の書名は日蓮自身によるものと考えられている。真筆は現存しないが、かつて全文の真筆が身延に存在したことは諸記録から明らかである（本抄については創価学会沖縄県青年部編『顕仏未来記に学ぶ』を参照されたい）。

「仏の未来記を顕す」との題名が示すように、本抄は釈尊の予言（未来記）について論じているが、それとともに、日蓮自身の未来記を明示した書である。

まず冒頭に、釈尊の未来記である法華経薬王品の「我が滅度の後、後の五百歳の中に閻浮提に広宣流布して断絶せしむること無けん」の文を引く。この経文は、まさに末法（後の五百歳）に正法が全世界（閻浮提）に広宣流布することを宣言したものである。もっとも、経文は「後の五百歳」であるから、釈尊滅後の最初の五百年とも正法千年の後半の五百年とも解することも可能である。しかし、妙楽大師は「後の五百年」について大集経の「第五の五百年」と解し、「末法の初め」の意であるとしている（『法華文句記』巻一）。日蓮も「後の五百年」について本抄で、「何なる幸いあって後五百歳に生まれてこの真文を拝見することぞや」（五〇五頁）と、明らかに末法の意味に解している。

また日蓮は、ここで天台大師の「後の五百歳遠く妙道に沾《うるお》わん（『法華文句』巻一）の文、また伝教大師の「正像やや過ぎ已って末法はなはだ近きに有り」（『守護国界章』巻上）の文を「末法の始めを願楽《がんぎょう》するの言《ことば》」として引用し、末法という時代の果報は正法・像法に勝るとしている。一般の認識では、末法は「法滅」の時代として否定的に考えられてきたが、日蓮はその時代認識を覆して末法を正像以上に偉大な時代であると位置づけたのである。

本抄の冒頭で挙げられている法華経薬王品の文と天台・伝教の言葉は「観心本尊抄」の第三十章で挙げられたものである。「観心本尊抄」の二ヵ月後に執筆された「顕仏未来記」は、本尊抄の第三十章で示された内容をさらに詳しく論じたものになっている。

また「顕仏未来記」で注目されるのは末法弘通の法体を「本門の本尊・妙法蓮華経の五字」と明示し、また弘通の主体者・教主が日蓮自身であることを示していることである。それは次の文に明らかである。

「しかりといえども、仏の滅後に於いて四味・三教等の邪執を捨て、実大乗の法華経に帰せば、諸天善神並びに地涌千界等の菩薩、法華の行者を守護せん。この人は守護の力を得て、本門の本尊・妙法蓮華経の五字をもって閻浮提に広宣流布せしめんか。例せば、威音王仏《いおんのうぶつ》の像法の時、不軽菩薩、『我深敬《がんじんきょう》』等の二十四字をもってかの土に広宣流布し、一国の杖木等の大難を招きしが如し。

かの二十四字とこの五字と、その語ことなりといえどもその意これ同じ。かの像法の末とこの末法の初めと全く同じ。かの不軽菩薩は初随喜の人、日蓮は名字の凡夫なり」(五〇七頁)

ここで日蓮自身と不軽菩薩が同一の立場にあるとされる。すなわち日蓮と不軽菩薩は、弘通の法体は南無妙法蓮華経と二十四文字の法華経で異なるが、一切衆生の成仏を目指すことにおいてその意は同一であり、また時代が悪世であること、位が低いことについても同一である。また、人々の機根の如何《いかん》に関わらず法を説き、逆縁によって人々を化導していくという弘通の方軌も同一である。不軽の実践は人々を直接破折したのではないが、杖木瓦石の迫害を受けたことによって摂受ではなく折伏に当たるとされる。不軽菩薩は釈尊の過去世の姿であったと説かれるが、釈尊の化導の基本は人々の機根に応ずる順縁によるものであったから、不軽の化導はむしろ釈尊の在り方とは逆である。日蓮が、「釈尊、我が因位の所行を引き載せて末法の始めを勧励したまう」(「波木井三郎殿御返事」一三七一頁)と述べているように、不軽品は、釈尊の因位を説く形を借りて実際には末法の法華経の行者の実践を説いたものと解せられる。

そして日蓮を末法弘通の教主(法華経の行者)とする根拠として、仏滅後の法華経の行者に大難があるとの法華経の予言(仏の未来記)を、日蓮が大難を受けることによって身読した事実を挙げている。

本抄に限らず「法華経の行者」という概念は日蓮仏法において重要な意義を持つ。表面的には文字通り「二十八品の法華経を行ずる人」という意味に受けとられるが、もう一面では文底の法華経(南無妙法蓮華経)を弘通する末法の教主・本仏との意義を含む。すなわち「法華経の行者」という言葉には、仏の予言通りに諸難を受けることで法華経を身読した行者という意味と、法華経の文底に秘められた南無妙法蓮華経を弘通する教主・本仏との意義が込められている。「法華経」という言葉について、日蓮は「文上の法華経」と「文底の法華経」という両義を込めて用いられていることを見逃してはならない(そこに、文上の法華経を用いて南無妙法蓮華経を弘通した日蓮の意図があると見ることができよう)。

また本抄の重要な意義は、日蓮の未来記として末法における「仏法西還」を宣言しているところにある。それは次の文に見られる。

「月は西より出でて東を照らし、日は東より出でて西を照らす。仏法もまたもってかくの如し。正像には西より東に向かい、末法には東より西に往く」(五〇八頁)

ここで日蓮は、明確に、西より東に伝わった正像の仏教と東より西に流布する末法の仏教を対比し、前者を月に、後者を太陽に譬えている。すなわち、日蓮が弘通する末法の仏法は、正像時代にインドより中国・朝鮮・日本へと伝来してきた仏法とは異なる新仏教であることを明示している。西より日本に伝わった仏教とは、法華経を含む、釈尊を教主とする仏法である。それに対して日蓮が末法に弘通する仏法は、釈尊を教主とする正像の仏法を超えた仏法であることが明らかである。

この明確な対比は、「観心本尊抄」の、「在世の本門と末法の始めは一同に純円なり。ただし、彼は脱、これは種なり。彼は一品二半、これはただ題目の五字なり」(二四九頁)との、いわゆる「種脱相対」を示した文などと全く軌を一にする。

本抄で示された「仏法西還」の未来記は、弘安三年の「諫暁八幡抄」(真筆現存)の次の文において、さらに明確となる。

「天竺国をば月氏国と申すは仏の出現し給うべき名なり。扶桑《ふそう》国をば日本国と申す。あに聖人出で給わざらん。月は西より東に向かえり。月氏の仏法の東へ流るべき相なり。日は東より出ず。日本の仏法の月氏へかえるべき瑞相なり。月は光あきらかならず。在世はただ八年なり。日は光明月に勝れり。五五百歳の長き闇を照らすべき瑞相なり。仏は法華経謗法の者を治し給わず。在世には無きゆえに。末法には一乗の強敵充満すべし。不軽菩薩の利益これなり」(五八八頁)

ここではインドから日本に伝来してきた仏法と日本からインドへと西に流布する仏法を対比し、後者が前者に勝ることを明示されている。しかも「扶桑国をば日本国と申す。あに聖人出で給わざらむ」と日本における聖人出現まで示されている。聖人とは仏の異名である。その聖人とは、自身のことである故に明言はされていないが、末法弘通の法である南無妙法蓮華経を説いた日蓮自身を指す意であることは明瞭であろう(「顕仏未来記」においても正嘉の大地震、文永の大彗星などの事象を「大法興廃の大瑞なり」と仏法の交代〈興隆と衰廃〉を示す瑞相であるとし、「仏の如き聖人生まれたまわんか」として末法における聖人〈仏〉出現の意が示されている)。

両抄の他にも、正像に流布した釈尊の仏法と末法に弘通する南無妙法蓮華経を対比している文は少なくない。その一端を挙げるならば、次の諸文が挙げられる。

「仏の御意《みこころ》は法華経なり。日蓮がたましいは南無妙法蓮華経にすぎたるはなし」(「経王殿御返事」一一二四頁)

「医師の習い、病に随いて薬をさずくることなれば、我が滅後五百年が間は迦葉・阿難等に小乗経の薬をもって一切衆生にあたえよ。次の五百年が間は文殊師利菩薩・弥勒菩薩・竜樹菩薩・天親菩薩に華厳経・大日経・般若経等の薬を一切衆生にさずけよ。我が滅後一千年すぎて像法の時には薬王菩薩・観世音菩薩等、法華経の題目を除いて余の法門の薬を一切衆生にさずけよ。末法に入りなば迦葉・阿難等、文殊・弥勒菩薩等、薬王・観音等のゆずられしところの小乗経・大乗経並びに法華経は文字はありとも衆生の病の薬とはなるべからず。いわゆる病は重し、薬はあさし。その時、上行菩薩出現して妙法蓮華経の五字を一閻浮提の一切衆生にさずくべし」(「高橋入道殿御返事」〈真筆現存〉一四五八頁)、

「今末法に入りぬれば余経も法華経もせんなし。ただ南無妙法蓮華経なるべし。こう申し出だして候も、わたくしの計らいにはあらず。釈迦・多宝・十方の諸仏・地涌千界の御計らいなり。この南無妙法蓮華経に余事をまじえばゆゆしきひが事なり」(「上野殿御返事」一五四六頁)

これらの諸文を見るとき、釈尊を正像の教主とするに対して日蓮を末法の教主・本仏と定めるべきことは必然となろう。

(2) 三国四師

「顕仏未来記」の末尾には有名な「三国四師《さんごくしし》」の言明がある。それは次の文である。

「伝教大師云わく『浅きは易く深きは難しとは釈迦の所判なり。浅きを去って深きに就くは丈夫の心なり。天台大師は釈迦に信順し法華宗を助けて震旦《しんたん》に敷揚《ふよう》し、叡山の一家は天台に相承し法華宗を助けて日本に弘通す』等云々。安州の日蓮は、恐らくは三師に相承し、法華宗を助けて末法に流通す。三に一を加えて三国四師と号《なづ》く」(五〇九頁)

三国四師とは、仏法正統の系譜が釈尊・天台・伝教・日蓮という流れにあることを宣言した言葉である。ただし、天台と伝教がそれぞれ「釈迦に信順し」「天台に相承」する立場であるとされるのに対し、日蓮の場合「三師に相承し」とあるところに注目したい。日蓮が単に伝教を継承するのであれば、「伝教に相承し」となるべきところであるが、そうではなく「三師に相承」するとされているのは、日蓮が伝教の単なる継承者ではなく、釈尊・天台・伝教をまとめて総括する立場にあることを示したものと解せられる。

日蓮は釈尊の仏教は法華経に集約されていると洞察し、また一念三千の法門を説くことによって法華経の思想を体系化し、かつ実践の道筋をつけた天台大師を仏教の正当な継承者と見なした。また、天台宗を日本に移植し、さらに天台大師がなしえなかった大乗戒壇建立を実現した伝教大師を釈尊・天台の継承者とした。そして日蓮自身をこの三人の系譜を末法に正しく受け継ぐ存在として自己規定したのである。

法華経を最勝の経典として宣揚した点において日蓮は天台・伝教と同一である。その意味では、客観的・歴史的に見て、釈尊――天台――伝教――日蓮という系譜が成立す

る。「三国四師」という言葉は、仏法流伝の歴史を客観的に見た上で、釈尊以来の仏法の正統が日蓮自身にあることの宣言と解せられる。

8 「当体義抄」

文永十（一二七三）年成立とされる重要著作に「当体義抄」がある。真偽不明とされるが、偽作と断定するだけの十分な根拠はなく、行学院日朝の写本もあり、むしろ内容的には真書として扱うべきであろう。最蓮房に与えられたとされる。成立年代には異説もある。

本抄では冒頭に十界の依正すなわち森羅万象が妙法蓮華経の当体であることを言明する。すなわち、いわゆる「諸法実相」の法理について、染浄の二法、無明・法性論などの視点から、より踏み込んで論じており、「諸法実相抄」に示された趣旨をさらに展開した内容となっている。

「諸法実相抄」では「凡夫は体《たい》の三身にして本仏ぞかし、仏は用《ゆう》の三身にして迹仏なり」（一三五八頁）として「凡夫本仏」を明示したが、「当体義抄」ではさらに進んで、仏である凡夫は権教の徒ではなく、妙法を信受する正信の人であることが示される。それは次の文である。

「当世の諸人これ多しといえども二人を出でず。謂《いわ》ゆる権教の人、実教の人なり。しかも権教方便の念仏等を信ずる人は妙法蓮華の当体と云わるべからず。実教の法華経を信ずる人は即ち当体の蓮華、真如の妙体これなり」（五一一頁）

「能居《のうご》・所居《しょご》・身土・色心・倶体倶用《くたいくゆう》・無作三身の本門寿量の当体蓮華の仏とは日蓮が弟子・檀那等の中のことなり」（五一二頁）

次に本抄では『法華玄義』の「蓮華釈」における譬喩蓮華・当体蓮華の説を取り上げ、「至理は名無し。聖人、理を観じて万物に名を付くる時、因果倶時・不思議の一法これ有り。これを名づけて妙法蓮華と為す」（五一三頁）と、南無妙法蓮華経こそが当体蓮華であるとする。本来名前のない不思議の一法を南無妙法蓮華経とするのは仏（日蓮）の命名であるとの意である。

さらに法華経の文の中で当体蓮華を説いた文は何かとの問いを設け、方便品の諸法実相の文であるとする天台の説を挙げた後、日蓮は、「日蓮は方便品の文と神力品の『如来の一切の所有の法』等の文となり」（五一四頁）として、諸法実相の文に加えて神力品の四句の要法・結要《けっちょう》付嘱の文を挙げている。

結要付嘱を重視・強調するところは「観心本尊抄」と同一である。上行菩薩への結要付嘱を説いた神力品は、要するに釈尊から上行への教主の交代を宣言したものであり、上行菩薩の妙法弘通を予言し証明するものである。その意味で神力品こそ法華経と日蓮仏法を繋ぐ接点であり、佐渡流罪以降、日蓮が結要付嘱を重視する所以であるといえよう。

9 佐渡の門下

先に述べた阿仏房夫妻、最蓮房の他にも日蓮の人格に触れて多くの佐渡の人々が門下となった。それは、「塚原問答」で日蓮が多数の他宗僧侶を完璧に破折したことや、守護代の本間六郎左衛門重連が日蓮に帰依したことなども影響したと推測される。ここでは代表的な門下に触れることとする。

（1）国府入道夫妻

国府《こう》入道夫妻は、佐渡の国府に住んでいた夫妻である。国府は律令時代に国司の役所が置かれていた所で、日蓮当時は既にその施設は存在しなかったが、地名が残っていた。「和名抄《わみょうしょう》」によれば、奈良時代の国府は雑太《さわた》に置かれていた。その地は本間重連の館や阿仏房の屋敷に近く、国府入道夫妻は阿仏房夫妻とも強いつながりがあった。日蓮の門下になる以前から国府入道夫妻と阿仏房夫妻は緊密な関係にあったと考えられる。国府入道夫妻の入信も阿仏房夫妻の縁による可能性もある。阿仏房尼に宛てられた御書には国府入道夫妻への記述が多く見られる。赦免後、身延に入った日蓮のもとに、国府尼は千日尼から預かった銭三百文を届けている（「国府尼御前御書」一三二四頁）。

弘安元年、国府入道は阿仏房と共に身延に向けて出発したが、稲刈りの時期が迫ってきたため、途中で引き返さざるを得ない状況になった（「千日尼御前御返事」一三一四頁）。国府入道には子がなく、稲刈りも自分でしなければならない境遇であったのである。

日蓮の佐渡在島中、国府入道夫妻は阿仏房夫妻と同様、夜中に人目を隠れて日蓮のもとに食糧を運び、日蓮を擁護した。このことについて「国府尼御前御書」には、「しかるに、尼ごぜん並びに入道殿は、かの国に有る時は人めをおそれて夜中に食をおくり、ある時は国のせめ（責）をもはばからず身にもかわらんとせし人々なり」（一三二五頁）と述べられている。

文永十二年には国府入道は、人に託して身延の日蓮のもとへ甘海苔の紙袋二つ、わかめ十帖、小藻《こも》の紙袋一つ、タコの干物一つを届けている（「国府入道殿御返事」一三二三頁）。いかにも佐渡の風土を思い起こすのにふさわしい供養の品々である。この供養にも国府入道の素朴な人柄が偲ばれる。日蓮も国府入道夫妻の人となりを深く愛し、佐渡に蒙古が襲来するような時、また晩年には身延に身を寄せるように促している。

（2）中興入道

中興《なかおき》入道は佐渡の中興に住み、日蓮が一谷《いちのさわ》に移された頃に入信した信徒である。父は中興の次郎入道といい、初めは念仏の信者であったが、日蓮の人格に触れて日蓮の門下となった。中興入道も父と相前後して入信したと見られる。夫人も舅《しゅうと》や夫とともに純真な信心に励んだ。一家の模様は弘安二年に中興入道の夫人に宛てられた「中興入道消息」にうかがえる。

同抄によれば、次郎入道は年輩で、地域において影響力のある有力者であった。日蓮に対する敵意が充満していた中で、次郎入道は日蓮を「ゆえある人」であるとして擁護した。そのことは同抄に次のように述べられている。

「上《かみ》ににくまれたる上、万民も父母のかたきのようにおもいたれば、道にてもまた国にても若しはころすか若しはかつえし（餓死）ぬるかにならんずらんとあてがわれて有りしに、法華経・十羅刹の御めぐみにやありけん、あるいは天とが（失）なきよしを御らんずらんにやありけん、島にてあだむ者は多かりしかども、中興の次郎入道と申せし老人ありき。かの人は年ふりたる上、心かしこく、身もたのしくて、国の人にも人とおもわれたりし人の『この御房はゆえある人にや』と申しけるかのゆえに子息等もいとうもにくまず、その已下の者ども、たいし（大旨）彼等の人々の下人にてありしかば、内々あやまつこともなく、ただ上の御計らいのままにてありし」（一三三三頁）

本抄では日本における仏教の伝来と興隆の経過、また日蓮が他宗から迫害を受けるに至った事情について詳細に述べられている。このような点から考えれば、中興入道の妻は、それだけの教示を理解できる素養を具えていたと見られる。また、「法華経の行者をやしなわせ給いて、としどしに千里の道をおくりむかえ」（一三三四頁）とあるように、日蓮が身延に入った後も毎年のように供養を届けていたことが分かる。

さらに本抄には中興入道夫妻が亡き娘の十三回忌の供養のために塔婆の表に南無妙法蓮華経と記して供養した旨が述べられている。これは日蓮の門下が塔婆供養を行った唯一の例として注目される。日蓮は、追善のために塔婆建立を積極的に勧めたことはないが、当時既に佐渡にまで及んでいた塔婆建立の風習をあえて否定せず、塔婆に南無妙法蓮華経としたためた夫妻の信心を容認したのである。

その故に「追善回向のためには僧侶が書いた塔婆が必要不可欠である」などとする日蓮正宗の態度は明らかな仏法の歪曲であり、人を欺くものである。葬儀・法要などの儀礼を利用する「葬式仏教」の典型といえよう。

（3）一谷入道

一谷入道は日蓮が塚原から一谷の地に移された時、その屋敷内に日蓮と弟子を保護した人物である。一谷村（佐渡市市野沢）に住していた名主《みょうしゅ》であった。主の一谷入道は念仏者で、最後まで念仏を捨てきれなかったが、日蓮の人格に接して内心では日蓮に心を寄せていた。入道の妻は入道よりも法華経の信心に傾き、日蓮の門下になったと見られ、「一谷入道御書」（一三二六頁）は入道の妻に宛てられている。真蹟の断簡がいくつか現存している本抄では、阿弥陀仏に対して釈迦仏を尊重することを説きながらも、末尾では「日蓮は日本国の人々の父母ぞかし、主君ぞかし、明師ぞかし。これを背かんことよ」（一三三〇頁）と、日蓮が主師親三徳を具える存在であると宣言していることが注目される。

また乙御前の母が佐渡を来訪した際、帰りの旅費を一谷入道が用立てたが、日蓮はその謝礼に法華経一部を書写して一谷入道に与えることを約束した。日蓮が書写したその法華経も一谷入道ではなく、入道の妻に与えられている。

なお阿仏房夫妻に宛てられた御書に一谷入道の名があるので（一三一四頁）、阿仏房夫妻と一谷入道夫妻は極めて近しい関係にあったと推測される。

10　虚御教書

彼等の他にも日蓮の門下となる佐渡の人々は少なくなく、念仏を捨てる人々が続出したことは念仏の僧侶にとって大きな脅威と感じられたようである。そのことは「種種御振舞御書」に、「また念仏者集りて僉議《せんぎ》す。こうてあらんには我等かつえしぬべし。いかにもしてこの法師を失わばや。既に国の者も大体つきぬ。いかんがせん」（九二〇頁）とあることからもうかがわれる。

そこで、念仏者たちは律宗の僧侶たちと共同して佐渡国の守護北条宣時《のぶとき》に働きかけ、日蓮の門下が広がる動きを阻止しようと計画した。彼等の訴えを聞いた宣時は、文永十年十二月、幕府上層部に諮ることなく私的な命令書（虚御《そらみ》教書《ぎょうしょ》）を発し、日蓮に従う者を処罰するよう命じたのである。このことは「種種御振舞御書」に次のように述べられている。

「念仏者の長者の唯阿弥陀仏《ゆいあみだぶつ》、持斎の長者の性諭房《しょうゆぼう》、良観が弟子の道観等、鎌倉に走り登りて武蔵守殿（北条宣時を指す――引用者）に申す。この御房、島に候ものならば、堂塔一宇も候べからず。僧一人も候まじ。阿弥陀仏をばあるいは火に入れ、あるいは河にながす。夜もひるも高き山に登りて日月に向かって大音声を放って上《かみ》を呪咀し奉る。その音声、一国に聞こうと申す。武蔵前司《むさしのぜんじ》殿これをきき、『上《かみ》へ申すまでもあるまじ。先ず国中のもの日蓮房につくならば、あるいは国をおい、あるいはろう（牢）に入れよ』と私の下知を下す。また下文《くだしぶみ》下る。かくの如く三度。その間のこと、申さざるに心をもって計りぬべし。あるいはその前をとおれりと云うてろうに入れ、あるいはその御房に物をまいらせけりと云うて国をおい、あるいは妻子をとる」（同頁）

日蓮の流罪の処分は幕府全体の意志で決定されたものであるから、日蓮に関して新たな命令を下すのであれば、本来は評定衆の討議にかけ、執権の裁可を得るなどしなければならない。北条宣時は、その原則を無視し、佐渡国守護の地位を利用して私的な命令を下したのであった。しかもその私的な命令は三度にも及んだ。

その偽御教書は、「法華行者逢難事《ほっけぎょうじゃほうなんじ》」によれば次のようなものである。

「佐渡国の流人の僧日蓮、弟子等を引率し悪行を巧らむの由、その聞こえ有り。所行の企て、はなはだもって奇怪なり。今より以後、かの僧に相い随わん輩に於いては炳誡《へいかい》を加えしむべし。なおもって違犯せしめば交名を注進せらるべきの由の所に候なり。よって執達件《くだん》の如し。

文永十年十二月七日　沙門観恵上《たてまつ》る

依智六郎左衛門尉等云々」（九六六頁）

この文永十年十二月七日付けの偽御教書が早くも翌年正月十四日の「法華行者逢難事」に引用されていることを見ると、偽御教書の内容は佐渡に着いて間もなく日蓮のもとに伝えられたと見られる。しかも「法華行者逢難事」の末尾では、「一切の諸人これを見聞し、志有らん人々は互いにこれを語れ」（九六七頁）と指示している。宣時が偽御教書を出した事実は、鎌倉の門下によって広く知られることになったと推測される。執権時宗が佐渡流罪赦免の決定を下した背景の一つには宣時の偽御教書が発覚したことも働いていたのではなかろうか。

北条宣時が偽御教書を発するに至った背後には極楽寺良観の策謀があったようである。この点は「千日尼御前御返事」に次のように述べられている。

「極楽寺の良観房等は、武蔵の前司殿の私の御教書を申して弟子に持たせて日蓮をあだみなんとせしかば、いかにも命たすかるべきようはなかりし」（一三一三頁）

同抄によれば、宣時の偽御教書を良観の弟子が佐渡に運んでいた。平左衛門尉頼綱・北条宣時・極楽寺良観らは、この時期においても連携をとって日蓮への弾圧を続けていたのである。

11　佐渡流罪の赦免

文永十一（一二七四）年二月、執権北条時宗は、周囲の反対を押し切って日蓮の赦免を決定した。このことは「中興入道消息」に、「水は濁れどもまたす（澄）み、月は雲かくせどもまたは（晴）るることわりなれば、科《とが》なきことすでにあらわれて、いいしこともむなしからざりけるかのゆえに、御一門・諸大名はゆるすべからざるよし申されけれども、相模守《さがみのかみ》殿の御計らいばかりにて、ついにゆりて候いてのぼりぬ」（一三三三頁）とあり、また「聖人御難事」には、「故最明寺殿の日蓮をゆるししとこの殿（北条時宗のこと――引用者）の許ししは、禍なかりけるを人のざんげんと知りて許ししなり」（一一九〇頁）と述べられている。

要するに、日蓮の佐渡流罪の処分が根拠のない讒言によるものであったことが判明したからである。また、蒙古襲来の危機がいよいよ切迫し、さらに日蓮の予言が次々に的中したことも赦免の動機となったと考えられる。予言の的中によって、日蓮は幕府にとっても無視できない存在となってきたといえよう。

蒙古襲来が切迫してきた状況にあって、執権時宗は蒙古に対抗する力として日蓮を用いようとしたのであろう。この点は、日蓮が鎌倉に戻った直後、平左衛門尉を通して日蓮に蒙古調伏の祈禱を依頼したことにも表れている。

幕府の赦免状は文永十一年二月十四日付けで発せられ、三月八日に佐渡に着いた（「種種御振舞御書」九二〇頁）。赦免状を門下の日朗がもたらしたという伝承があるが、重要な公文書である赦免状の送達を罪人の弟子に託すことは考えられない。当然、幕府の役人が伝達したと考えるべきであろう。

佐渡から鎌倉に至る過程については、「光日房御書」では次のように述べられている。

「文永十一年二月十四日の御赦免状、同三月八日に佐渡国につきぬ。同十三日に国を立ちて、まうら（真浦）というつ（津）におりて、十四日はかのつにとどまり、同じき十五日に越後の寺どまり（泊）のつにつくべきが、大風にはなたれ、さいわいにふつかじ（二日路）をすぎてかしわざき（柏崎）につきて、次の日はこう（国府）につき、中十二日をへて三月二十六日に鎌倉へ入りぬ」（九二八頁）

三月十三日に佐渡国を立ったというのは、当時の公の港である松ヶ崎から出発したということである。しかし、悪天候のため、佐渡の真浦《まうら》に着いてそこで天候の回復を待ち、十五日に真浦を出たところ（二五五頁の地図⑤参照）、強い風のため、その日のうちに柏崎に着くことができた。通常は松ヶ崎から寺泊に着くまでに海路で一日、寺泊から陸路で柏崎まで行くのに一日、合計で二日かかる行程だが、それを一日で行くことができたというのである。

赦免の報らせを聞いて佐渡の念仏者たちは憤慨し、佐渡でも途中の北国街道でも日蓮を襲撃して亡き者にしようと策謀したが、警備が厳重でそれもなし得なかった（「種種御振舞御書」九二〇頁）。日蓮の一行は三月二十六日に無事に鎌倉に到着したのであった。

第十五章　身延入山

1　平左衛門尉との会見

文永十一（一二七四）年三月二十六日、日蓮は約二年四ヵ月ぶりに鎌倉に帰還した。生きて帰ることは希《まれ》といわれた佐渡流罪の大難を見事に乗り越えての帰還であった。日蓮の不在中、迫害に耐えて信仰を守ってきた門下の喜びは格別のものがあったであろう。この鎌倉への帰還について「種種御振舞御書」には、「三月二十六日に鎌倉へ打ち入りぬ」（九二二頁）と記されている。「打ち入りぬ」との表現から、日蓮は再度、幕府を諫暁する決意をもって鎌倉に入ったと推察できる。佐渡流罪を赦免したということは、ある意味では幕府が日蓮に屈したということである。その延長には幕府が日蓮の主張に耳を傾ける事態が生まれることも十分に予見できた。

実際に、日蓮が鎌倉に帰還してほどなく、幕府から出頭の要請があり、四月八日、日蓮は平左衛門尉頼綱《へいのさえもんのじょうよりつな》と会見することとなった。平左衛門尉の態度は三年前の逮捕の時とはうって変わって極めて丁重なものであった。この会見の模様は「種種御振舞御書」に次のように記されている。

「同四月八日、平左衛門尉に見参しぬ。さきにはにるべくもなく威儀を和らげてただしくする上、ある入道は念仏をとう。ある俗は真言をとう。ある人は禅をとう。平左衛門尉は爾前得道の有無をとう。一々に経文を引いて申しぬ。平左衛門尉は上《かみ》の御使いの様にて『大蒙古国はいつか渡り候べき』と申す。日蓮答えて云わく『今年は一定なり。それにとっては日蓮已前より勘え申すをば御用いなし。譬えば病の起こりを知らざる人の病を治せば、いよいよ病は倍増すべし。真言師だにも調伏するならば、いよいよこの国、軍にま（負）くべし。穴賢《あなかしこ》、穴賢。真言師、総じて当世の法師等をもって御祈り有るべからず。各々は仏法をしらせ給うておわさばこそ、申すともしらせ給わめ』。また何なる不思議にやあるらん、他事にはことにして日蓮が申すことは御用いなし」（九二二頁）

平左衛門尉が蒙古襲来の時期について尋ねたのに対し、日蓮は年内の襲来は必然であると答えている。幕府としては、日本攻撃を目指す蒙古による艦船建造や兵士の集結などの情報は朝鮮半島と日本を往来する商人や僧侶などから数多く入手していたであろう。その上で日蓮に蒙古襲来の時期について尋ねたのは、自界叛逆難《じかいほんぎゃくなん》・他国侵逼難《たこくしんぴつなん》を予言し的中させた日蓮の予見能力を活用しようとしたためと思われる。

この機会に日蓮は、蒙古調伏の祈禱を真言師に命じないように頼綱を諫めたが、この諫暁は受け入れるところにはならなかった。この諫暁が日蓮の第三回目の諫暁であり、「撰時抄」に言う「三度のこうみょう（高名）」のうちの三回目に当たるものである。

この会見は、「上の御使いの様にて」とあるように、執権時宗の意向によるものであったと考えられる。時宗としては、日蓮の力を対蒙古防衛戦争を戦う戦力の一部として動員しようとしたのであろう（当時は僧侶や神官の祈禱は武士の武力と同等の具体的戦闘力と考えられていた）。

大石寺第四世日道（または同第六世日時）の「御伝土代」に「大聖は法光寺禅門、西の御門の東郷入道屋形の跡に坊作って帰依せんとの給う」（『富士宗学要集』第五巻八頁）とあることからうかがえるように、この時、執権時宗（法光寺禅門）は、寺院を寄進することを条件に蒙古調伏の祈禱を行うことを日蓮に要請したと見られる。諸宗と同様の保護を与える条件として幕府の権力に従うことを求めたのである。幕府にとって、あくまでも宗教は権力に従属し、幕府の政治目的に奉仕すべきものであった。日蓮に対しても、その宗教政策の基本を崩すことはなかった。

この時の幕府の申し出について、日亨は『富士日興上人詳伝』で次のように述べている。

「西御門というのは、鎌倉幕府のありし大倉の西手で鶴岡の真東に当たる地に、東郷覚忠の子の武藤三郎景資《かげすけ》等が住んでいたが、蒙古対治のために鎮西に派遣せられて、その邸址が空虚になっていた。位置も大倉館に近いし狭隘でないから、そのところに坊舎を建て増して、松葉谷やその他に散在する数十の御弟子を収容して、衣食住に御不自由のないように御供養しようという鎌倉幕府の案は、決して突飛でも雄大でもない」（同書三二頁）

その申し出に対し、日蓮は明確に拒絶した。日蓮にとって、謗法の諸宗への帰依を止めることが災難を防ぐ最要の道であるとの主張は「立正安国論」以来一貫しており、諸宗と並んで蒙古調伏の祈禱を行うことなど論外というほかなかった。しかし、その日蓮の主張は、幕府が受け入れるものではなかった。正法を政治の在り方を導く指導理念にして国土の安穏・平和を実現しようとする日蓮の立場と、宗教を統治のための手段とする幕府の立場は根本的に相容れないものだったからである。

この時の日蓮の決断は、日蓮の宗教の未来を決める重大な意義があった。日本仏教の常識から言えば、権力者の保護を得て、存続と繁栄を図ることは通例の在り方である。通常の仏教者であれば、誰もが幕府の申し出を一も二もなく受け入れたであろう。しかし、その道は、権力と対峙する主体性と自由を放棄することに他ならない。日蓮が幕府の申し出を拒絶したことは、権力に服従する宗教の在り方を拒否することでもあった。それによって日蓮とその教団は、再び、対蒙古戦争という非常時にも関わらず国策に従わない「反体制分子」として危険視されることとなったのである。

2　身延入山

三回に及ぶ諫暁も幕府の受け入れるところとならなかったことを確認した日蓮は、幕府に対してこれ以上の働きかけを行っても無意味であると判断し、鎌倉を去って山林の地に入ることを決意した。当面の弘通よりも未来に向けて仏法の法門を確立し、将来の仏法弘通を担う人材を育成することを目指したのである。

この点について日蓮は次のように述べている。

「国恩を報ぜんがために三度までは諫暁すべし、用いずば山林に身を隠さんとおもいしなり」（「下山御消息」三五八頁）

「日本国のほろびんを助けんがために三度いさめんに御用いなくば山林にまじわるべきよし存ぜしゆえに、同五月十二日に鎌倉をいでぬ」（「光日房御書」九二八頁）

鎌倉を出て日蓮が目指したのは、日興の折伏で日蓮の門下となっていた波木井実長《はきいさねなが》が地頭として治めている甲斐国《かいのくに》身延《みのぶ》（山梨県身延町）の地である。

身延の地は、富士山からおよそ西へ三十キロ、南流して駿河湾に注ぐ富士川中流域の西側にあたる。その様子は多くの御書に記されているが、例えば「新尼御前御返事」には次のように述べられている。

「この所をば身延の嶽《たけ》と申す。駿河国は南にあたりたり。かの国の浮島がはらの海ぎわよりこの甲斐国波木井郷身延の嶺《みね》へは百余里に及ぶ。余の道、千里よりもわずらわし。富士河と申す日本第一のはやき河、北より南へ流れたり。この河は、東西は高山なり。谷深く、左右は大石にして、高き屏風を立て並べたるがごとくなり。河の水は筒の中に強兵が矢を射出《いだ》したるがごとし。この河の左右の岸をつたい、あるいは河を渡り、ある時は河はやく石多ければ、舟破れて微塵となる。かかる所をすぎゆきて身延の嶺と申す大山あり。東は天子の嶺、南は鷹取の嶺、西は七面の嶺、北は身延の嶺なり。高き屏風を四つついたて（衝立）たるがごとし。峯に上ってみれば、草木森々たり。谷に下ってたずぬれば、大石連々たり。大《おお》狼《かみ》の音、山に充満し、猿猴《ましら》のなき、谷にひびき、鹿のつまをこ（恋）うる音あわれしく、蟬のひびきかまびすし。春の花は夏にさき、秋の菓は冬になる。たまたま見るものはやまかつ（山人）がたき木をひろうすがた、時々とぶらう人は昔なれし同朋なり」（九〇四頁）

この身延の地は、それまで日蓮が活動の舞台としてきた相模・下総・安房などからも極端な遠隔地ではなく、それらの地に住する門下とも連絡が可能であり、また幕府権力から比較的独立を保ち得る位置関係にあった。そのようなところから、仏法を後世に残すための活動を進める地として適切と判断したのであろう。また、日蓮が身延を選んだ背景には日興の存在が大きかったと推察される。日興は佐渡流罪中も終始、日蓮に常随給仕し、日蓮が最も信頼を置いた門弟であった。その日興の勧めを日蓮は受け入れ、身延を当面の目的地に選んだと考えられる。

鎌倉から身延に至る行程の模様は、身延に到着した五月十七日、富木常忍に宛てられた「富木殿御書」に次のように記されている。

「けかち（飢渴）申すばかりなし。米一合もうらず、がし（餓死）しぬべし。この御房たちもみなかえして、ただ一人候べし。このよしを御房たちにもかたりさせ給え。十二日さかわ（酒匂）、十三日たけのした（竹下）、十四日くるまがえし（車返）、十五日おおみや（大宮）、十六日なんぶ（南部）、十七日このところ、いまださだまらずといえども、たいし（大旨）はこの山中、心中に叶いて候えば、しばらくは候わんずらん。結句は一人になりて日本国に流浪すべきみ（身）にて候。また、たちとどまるみ(身)ならば、けさん(見参)に入り候べし」(九六四頁)

同抄によれば、当時は飢饉が厳しく、米を入手することも困難であったので、弟子たちを次々と帰さざるを得ない状況であった。また、身延に到着したものの、初めから永住の地と定めていなかったと推察される。ただし、地頭の波木井実長は、日蓮を迎えた喜びをもって日蓮一行の保護に当たったと思われる。それは、日蓮滅後、日興が身延山に入った際、実長が日蓮の入山と同じように思うと述べて歓迎したこと（実長の書状は『日蓮宗宗学全書』第一巻一九五頁）からもうかがわれる（波木井実長の人物像については創価学会山梨県青年部編『五人所破抄に学ぶ』下巻三〇一頁以下を参照）。

実長は、早速、日蓮と門下が生活する草庵の建設にとりかかった。しかし、日蓮は、この間も仏法を後世に残すための活動を止めず、身延に到着した五月に十大部の一つに挙げられる「法華取要抄」を完成させている。

「庵室修復書」に、「去ぬる文永十一年六月十七日に、この山のなかにき（木）をうちきりて、かりそめにあじち（庵室）をつくりて候」（一五四二頁）とあるように、日蓮の庵室は六月十七日に完成した。しかし「かりそめにあじちをつくりて」とあるように、その草庵は本格的な建築物ではなく、四年後には柱や壁が傾いて倒れかかるような簡素なものであった。その規模は、「十二のはしら」（同頁）とあることから、横三間・奥行き二間（広さ六坪）の小さなものであったことが分かる。しかし、当時の一間の長さは現在とは異なるので正確な広さは不詳である。『本化別頭仏祖統紀《ほんげべつずぶっそとうき》』によれば、この庵室について当初、波木井実長は本格的な建物を建設する意向であったが、日蓮がそれを制止し、簡素なものとなったと伝えられる。その真偽は詳らかでないが、少欲知足を旨とした日蓮の姿勢、また、対外的には「遁世」でなければならなかった状況から考えれば、ありうることであると思われる。

日蓮は、この身延の地で、従来に増して旺盛な執筆活動を開始し、「撰時抄」「報恩抄」などの重要な法門書を残すとともに、書簡を通して各地に散在する多くの門下を激励し、各人が信仰を根本に人生の勝利を勝ち取れるよう、全魂の指導に努めた（身延での九年間に執筆された御書は全体の約三分の二にのぼる）。また、法華経などの講義を通して弟子の育成に力を注いでいる。まことに繁多・多忙の日々であったと推察される。要するに日蓮にとって、身延での生活は決して消極的な「隠棲」などではなく、未来の人類に向けて自身の大仏法を確立する精神闘争であった。

もっとも鎌倉を退去した後も、日蓮と鎌倉幕府との緊張感は、なお続いていたと見られる。鎌倉幕府の申し出を拒否したことは、幕府権力の支配下に組み込まれることを拒絶したことであり、幕府から見れば、支配体制に属さない「異分子」として警戒と監視の対象となることを意味した。

このあたりの事情は、身延入山の翌年、富士方面の檀越である高橋六郎入道に宛てた「高橋入道殿御返事」にうかがうことができる。

同抄には次のようにある。

「たすけんがために申すをこれ程あだまるることなれば、ゆり（赦免）て候いし時、さどの国よりいかなる山中・海辺にもまぎれ入るべかりしかども、このことをいま一度平左衛門に申しきかせて日本国にせめのこされん衆生をたすけんがためにのぼりて候いき。また申しきかせ候いし後は、かまくらに有るべきならねば、足にまかせていでしほどに、便宜にて候いしかば、設い各々はいとわせ給うとも今一度はみたてまつらんと千度おもいしかども、心に心をたたかいてすぎ候いき。そのゆえは、するがの国は守殿《こうどの》の御領、ことにふじ（富士）なんどは後家尼ごぜんの内の人々多し。故最明寺殿・極楽寺殿のかたきといきどおらせ給うなれば、ききつけられば各々の御なげきなるべしとおもいし心計りなり。いまにいたるまでも不便《ふびん》におもいまいらせ候えば、御返事までも申さず候いき。この御房たちのゆきずりにも、あなかしこあなかしこ、ふじかじま（富士賀島）のへん（辺）へ立ちよるべからずと申せども、いかが候らんとおぼつかなし」

（一四六一頁）

〈現代語訳〉

「日本国を助けるために言ったのをこれほどまでに憎悪されるということですから、佐渡流罪を赦免された時、佐渡国から直接、どのような山中や海の辺にでも紛れ入るべきであったかも知れませんが、蒙古襲来を免れるためには法華経に帰依すべきであることをもう一度、平左衛門尉に申し聞かせて、日本国に攻め残された人々を助けるために鎌倉まで上ったのです。

平左衛門尉に申し聞かせた後は、もはや鎌倉にいるべきでもありませんから、足に任せて鎌倉から出たのですが、身延への途中でちょうど都合もよいので、たとえあなた方は迷惑に思われても一度はお会いしておこうと千回も思いましたが、心と心を戦わせて、あなたとお会いすることなく通り過ぎたのです。

その理由は、駿河国は北条時宗殿の所領であり、とりわけ富士方面などは有力者の未亡人（後家尼）の身内の人々が大勢います。彼女たちが『日蓮は故最明寺殿（北条時頼）、故極楽寺殿（北条重時）のかたき』と憤っていますから、日蓮があなたの家を訪れたと聞きつけたならば、あなた方の困難を招くであろうと思っただけなのです。

今に至るまで、迫害などされたら可愛そうだと思っていますので、お便りなども申し上げなかったのです。こちらにいる弟子たちにも『通りすがりでも高橋宅のある富士の賀島あたりに立ち寄ってはならない』と言ってありますが、どうなっているか心配です」

高橋六郎入道の妻は日興の叔母に当たり、高橋入道はその縁から日蓮の門下となった人であった。日蓮は鎌倉から身延に入る途中、富士の高橋入道宅を訪れたいと願望していたが、高橋入道宅に立ち寄った場合、富士には北条時頼らの未亡人の縁者が多いので入道に迷惑をかけることを恐れ、あえて立ち寄ることを避けたと述べている。日蓮はまだ北条時頼や重時の関係者から敵視される状態にあり、日蓮が立ち寄った場合、高橋入道も迫害される恐れがあったのである。

日蓮が逝去の年まで身延を離れなかった理由について「報恩抄送文」に、「自身は内心は存ぜずといえども、人目には遁世のように見えて候えば、なにとなくこの山を出でず候」(三三〇頁)とあるように、身延入山は対外的には「遁世」でなければならなかった。幕府権力の内部には日蓮に対して強い敵意を持ち続ける者が少なくなかったのである。仮に日蓮が身延を出て活動したならば、権力を刺激して門下に対する弾圧を招くことが予測された。

対外的には「遁世」であったから、身延において日蓮は門下以外の者と会うことは拒絶していたと見られる。その事情は「下山御消息」に、「さるべき人々、御法門承るべきの由候えども、御制止ありて入れられず」(三四三頁)とあることからもうかがうことができる。身分のある人が日蓮との面会を要請しても、それを断っていたのである。

身延は地頭波木井実長が治めている地であり、実長が日蓮の門下として日蓮の外護に当たったので、幕府の露骨な介入は回避できた。しかし、弘安元(一二七八)年になって幕府が日蓮を三度、流罪に処するとの風評が立った。このことは「檀越某御返事」に次のように述べられている。

「日蓮流罪して先々にわざわいども重なりて候に、またなにと申すことか候べきとはおもえども、人のそん(損)ぜんとし候には不可思議のことの候えば、さが候わんずらん。もしその義候わば、用いて候わんには百千万億倍のさいわいなり。今度ぞ三度になり候。法華経もよも日蓮をばゆるき行者とはおぼせじ」(一二九四頁)

〈現代語訳〉

「日蓮を流罪して、それまでに多くの災難が重なっているので、これ以上何ということがあろうかと思ったけれども、人が滅びる時には考えられないことも起こるので、日蓮をまた流罪しようということもあるのであろう。もしも、そのようなことになれば、日蓮の主張が用いられるよりも百千万億倍以上の幸いである。今度流罪になれば三度目の流罪となる。そうなれば法華経も、よもや日蓮をいいかげんな行者だとは思わないだろう」

日蓮が入滅の直前まで、身延の地から一歩も出ることのなかった背景には、このような幕府との厳しい緊張関係があったからと推察される。

3 「法華取要抄」

文永十一年五月に完成した「法華取要抄」(三三一頁)は、十大部の一つであり、日蓮の法華経観をうかがう上で欠くことのできない重書である。また、三大秘法の名目を挙げているところにも本抄の重要な意義がある。佐渡流罪中から構想を練り、草稿を作成して、身延到着後に完成を見たものと考えられる。真筆は完全な形で現存しており、草稿も身延にかつて存在したと見られる。なお、題号も日蓮自ら付けたものである。

対告衆は富木常忍であるが、それは常忍が本抄を理解できるからということではなく、奥底の思想を記した本抄を後世に格護するのに相応しい人物として選ばれたと推察される。その点では「観心本尊抄」と同様であろう。

本抄は大きく分けて五段に分けられる。

第一段――冒頭～三三二頁一〇行目「地涌千界の上行等には非ず」。

諸経の中で法華経が最勝であることを確認する部分である。

諸経はそれぞれ自らの経典が第一であると述べているが、それは限定された対象に対して勝れていると言うだけで、法華経のように一切経の中で第一と言ったものではない。しかも諸経の勝劣は釈迦一仏が述べているだけで、法華経のように多宝如来や分身の諸仏が加わって客観的な証明をしたものでもない――。このような視点から、第一段では法華経が一切経の中で最勝の経典であることが強調される。

第二段――三三二頁一〇行目「今、法華経と諸経とを相対するに」～三三三頁一五行目「応生すること亦復かくの如し』等云々」。

法華経に説かれる釈迦仏と諸仏の勝劣を述べている。

三千塵点劫、五百塵点劫という久遠の昔から娑婆世界の一切衆生を教化してきた仏は法華経以外の諸経では全く説かれておらず、五百塵点劫成道の釈迦仏から見れば、大日・薬師などの諸仏は全て釈迦仏の所従となる。それにも関わらず、釈迦仏を忘れて諸仏につくことは阿闍世王が釈尊に背いて提婆達多についたようなものである――。このような観点から、法華経に説かれる釈迦仏が諸仏に勝る仏であることが述べられている。

このように第一段、第二段に述べられている内容は、「開目抄」等で繰り返し示されてきた「権実相対」の趣旨であり、本抄独特の内容が展開されているものではない。それに対して第三段以降に本抄独自の内容が示されていく。

第三段――三三三頁一六行目「問うて云わく、法華経は誰人のためにこれを説くや」〜三三六頁一行目「法華経流布の世に非ずと云う釈なり」。

法華経は誰のために説かれた経典かという問題を取り上げ、法華経が迹門・本門両方にわたって日蓮とその門下のために説かれた経典であるとの日蓮独自の法華経観が示されている。

まず、迹門について、方便品第二から人記品第九までは順次に読むと「第一は菩薩、第二は二乗、第三は凡夫」として釈尊在世の衆生のために説かれた経典と読めるが、安楽行品第十四・勧持品第十三・提婆品第十二・宝塔品第十一・法師品第十と逆次に読むと滅後の衆生のために説かれた経典として読める。滅後といっても特に末法、さらに「末法の中には日蓮をもって正と為す」（三三四頁）経典であると読めると述べている。逆次から読むとは、要するに流通の視点から読んでいくということである。

また、本門については、「寿量品の一品二半は、始めより終わりに至るまで正しく滅後衆生の為《ため》なり。滅後の中には末法今時の日蓮等が為なり」（同頁）と結論している。

さらに、「多宝の証明、十方の助舌《じょぜつ》、地涌の涌出、これらは誰人の為ぞや」（三三五頁）との問いを起こし、それに対しても、「これらの経文をもってこれを案ずるに、ひとえに我等が為なり」（同頁）と断じている。

法華経を末法のために説かれた経典と見る視点は、既に「観心本尊抄」において、「迹門十四品の正宗の八品は、一往これを見るに、二乗をもって正と為し、菩薩・凡夫をもって傍と為す。再往これを勘うれば、凡夫・正像末をもって正と為す。正像末の三時の中にも末法の始めをもって正が中の正と為す。（中略）本門をもってこれを論ずれば、一向に末法の初めをもって正機と為す」（二四九頁）と述べられているが、「法華取要抄」においてはさらに踏み込んで、日蓮とその門下のための経典としている。

日蓮とその門下のために法華経が説かれたと見ることは、法華経が日蓮の出現を予言し、日蓮とその門下による下種仏法の弘通を助けるために説かれた経典と位置づけることに他ならない。それは、日蓮が弘通する三大秘法の南無妙法蓮華経を正宗分とし、文上法華経を序分・流通分とする立場である。日蓮が弘通する法華経は文上二十八品の法華経ではなく、あくまでも南無妙法蓮華経（三大秘法）であり、文上の法華経二十八品は三大秘法を弘通するための手段と位置づけるのである。

日蓮は、法華経を過去の、インド成立の仏典として客観的に理解するにとどまらず「自身と門下の妙法弘通を助けるために釈尊が残した、今日、ここで働いている経典」として主体的に捉えたといえる。その点は、寿量品の「是の好き良薬を今留めて此《ここ》に在く」の文、また涅槃経の「父母平等ならざるに非ざれども、しかも病者に於て心則ち偏《ひとえ》に重し」の文などを挙げているところにうかがえる。すなわち、釈尊は謗法の病重い末法の衆生のために、南無妙法蓮華経の大良薬を法華経の文底に留めて末法に残したのであるとの理解である。釈尊は在世の衆生を救済するのみならず、上行菩薩に末法弘通を付嘱し、その弘通を助けることによって末法の衆生をも利益しようとした――。日蓮は、このように法華経における釈尊の心を受けとめたのである。

第四段――三三六頁二行目「問うて云わく、如来滅後二千余年」〜同頁一一行目「当世異義有るべからず」。

ここでは日蓮弘通の法体が三大秘法であることが示されている。それは、「問うて云わく、如来滅後二千余年、竜樹・天親・天台・伝教の残したまえる所の秘法は何物ぞや。答えて云わく、本門の本尊と戒壇と題目の五字となり」(三三六頁)の文に明示される。その三大秘法の法体は、正像ではなく世界が謗法となっている末法において、「順縁」ではなく「逆縁」の方軌によって弘通される法であり、二十八品の広・略の法華経ではなく、法華経の要法である。このことについては、この段で次のように述べられている。

「末法に於いては大小・権実・顕密共に教のみ有って得道無し。一閻浮提皆謗法と為り畢わんぬ。逆縁の為にはただ妙法蓮華経の五字に限る。例せば不軽品の如し。(中略)疑って云わく、何ぞ広・略を捨て、要を取るや。答えて曰わく、玄奘《げんじょう》三蔵は略を捨てて広を好み、四十巻の大品経を六百巻と成す。羅什三蔵は広を捨て略を好む。千巻の大論を百巻と成せり。日蓮は広・略を捨てて肝要を好む。いわゆる上行菩薩所伝の妙法蓮華経の五字なり」(同頁)

「広」の法華経とは二十八品全体であり、「略」とは法華経の法門の骨格を形成する方便品・寿量品などを指す。それに対して「要」とは法華経の文底に秘沈されている南無妙法蓮華経に他ならない。「広」「略」は文上であるのに対し、「要」は文底に当たる。つまり、この文は文上と文底の勝劣、種脱相対の義を示すもので、「開目抄」の、「一念三千の法門は、ただ法華経の本門寿量品の文の底にしずめたり」(一八九頁)の文、また「観心本尊抄」の、「彼は脱、これは種なり。彼は一品二半、これはただ題目の五字なり」(二四九頁)の文と符合している。

本門の本尊・戒壇・題目の三大秘法については、文永九年または同十年の「四条金吾殿御返事」(煩悩即菩提御書)

に、「本門寿量品の三大事」（一一一六頁）と述べられたのが最初で、この時はまだ三大秘法の内容は示されていない。文永十年の「義浄房御書」にも、「寿量品の事の一念三千の三大秘法」（八九二頁）と述べられているが、内容はまだ示されない。初めて三大秘法の内容に言及したのは文永十一年一月、佐渡流罪赦免直前に記された「法華行者逢難事」で、その追伸部分には、「竜樹・天親は共に千部の論師なり。ただ権大乗を申べて法華経をば心に存して口に吐きたまわず。ここに口伝有り。天台・伝教はこれを宣べて、本門の本尊と四菩薩と戒壇と南無妙法蓮華経の五字とこれを残したまう」（九六五頁）と述べられている。

「法華取要抄」は三大秘法の内容を初めて整足した形で示した書で、その点で重要な意義を持つ。三大秘法についてはその後、「報恩抄」「御義口伝」「三大秘法抄」で展開されていくが、本抄はその出発点となるものである。つまり日蓮は、身延入山に際し、佐渡期での著述を踏まえ、さらに立ち入った思想の展開を開始したのである。

第五段――三三六頁一二行目「疑って云わく、今世にこの法を流布せば」以後、末尾。

三大秘法が流布する瑞相を述べた箇所である。ここでは正嘉の大地震、文永の大彗星、複数の太陽を見るなどの天変地夭を三大秘法流布の「瑞相」として捉えている。この視点は佐渡期の「顕仏未来記」などで既に示されているところである。

天変地夭が正法誹謗のために諸天善神が去った結果、生ずるものであることは「立正安国論」に強調されているが、本抄ではその点を踏まえた上で、その国土の混乱が三大秘法の流布を示す瑞相であるとしている。それは次の末尾の文に明らかである。

「かくの如く国土乱れて後に上行等の聖人出現し、本門の三つの法門これを建立し、一四天四海一同に妙法蓮華経の広宣流布疑い無からんものか」（三三八頁）

すなわち、この文では、

①上行菩薩等の聖人の出現、
②その聖人による三大秘法の建立、
③三大秘法の全世界への広宣流布、

の三点が宣言されている。

この文は「顕仏未来記」の、「仏の滅後に於いて四味三教等の邪執を捨て、実大乗の法華経に帰せば、諸天善神並びに地涌千界等の菩薩、法華の行者を守護せん。この人は守護の力を得て、本門の本尊・妙法蓮華経の五字をもって閻浮提に広宣流布せしめんか」（五〇七頁）の文と同一の趣旨であるが、流布の法体を三大秘法として明示していること、上行菩薩が三大秘法を建立する聖人であると示していることにおいて「顕仏未来記」からさらに進んだ表現となっている。

上行が三大秘法建立の聖人であるとは、上行菩薩が末法弘通の教主（本仏）であることを意味する。本抄では、まだ「上行＝日蓮」という線は明示されていないが、三大秘法の建立を実際に行ったのが日蓮であるという事実を踏まえるならば、本抄のこの末尾の文は、まさに「日蓮本仏」を裏づける文証と解することができよう。

4　南条家とのつながり

日蓮が身延の庵室に落ち着くと、その知らせを聞いた各地の門下が次々と身延の日蓮を訪れるようになった。中でもいち早く日蓮のもとを訪れた門下が南条時光とその母である。

駿河国富士郡上野郷の地頭である南条家では、南条兵衛七郎が文永元（一二六四）年頃に日蓮に帰依したが、翌年三月に病没している。文永元年十二月、病にあった兵衛七郎を激励した書簡が「南条兵衛七郎殿御書」である。

翌年、日蓮は兵衛七郎の死を深く悼み、鎌倉から上野郷まで赴いて兵衛七郎の墓に詣で、追善回向した。日蓮が門下の墓所を訪れて追善したのは他に例を見ない。日蓮が兵衛七郎の人格を高く評価し、また兵衛七郎の遺族に対して深く配慮し激励したことが推察される。この墓参の時、嫡子の南条時光はまだ七歳であった。しかし、この時に接した日蓮の姿は、幼い時光の心にも強い印象を残したと思われる。

兵衛七郎の死後、七郎の妻（上野殿後家尼）が法華経の信心を受け継いだ。また、七郎の妻は時光が元服して一人前になるまで地頭職を務めてきたと推定される（石井良助『法制史』などによれば、実子が幼年の場合、実子が成長するまで後家が中継的に家督を相続することも認められていた）。

兵衛七郎の死後まもない文永二年七月にしたためられたとみられる「上野殿後家尼御返事」では、まず亡き南条兵衛七郎に触れて、次のように述べられている。

「さだめて霊山浄土にてさば（娑婆）のことをばちゅうや（昼夜）にきき御覧じ候らん。妻子等は肉眼なれば、みさせきかせ給うことなし。ついには一所とおぼしめせ。生々世々の間ちぎりし夫は大海のいさご（沙）のかずよりもおおくこそおわしまし候いけん、今度のちぎりこそまことのちぎりのおとこよ。そのゆえは、おとこのすすめによりて法華経の行者とならせ給えば仏とおがませ給うべし」（一五〇四頁）

亡き夫の思い出を支えに一家を守ってきた後家尼にとって、この日蓮の言葉は何よりも心を癒すものと受けとめられたであろう。そして、「これをきかせ給いて後は、いよいよ信心をいたさせ給え。法華経の法門をきくにつけてなおなお信心をはげむをまことの道心者とは申すなり」（一五〇五頁）との励ましの言葉に触れて、後家尼は以前に増して信仰に励む決意を固めたと思われる。

この後家尼の存在によって、時光も信仰を継承することができたのである。

日蓮の佐渡流罪中、日蓮と南条家との音信を示す御書は見いだせない。その間は、後家尼も日蓮と連絡を取ることは控えていたようである。それは、夫の死後、女性の身で、時光が成人するまで地頭職を守らなければならないという不安定な立場にあったためと思われる。日蓮が身延に入った後、後家尼と時光は、頻繁に日蓮のもとに供養を届け、指導を受けるようになった。

時光は七歳の時、墓参に上野郷を訪れた日蓮の姿に触れた後、久しく日蓮に接する機会がなかったが、日蓮の身延入山を聞いて、早速、身延に日蓮を訪ねた。数えで十六歳であった。

日蓮は時光が父と同様の正信を継承し、容姿も父兵衛七郎に似た爽やかな青年に成長していることを深く喜び、時光の母に宛てた文永十一年七月二十六日の「上野殿御返事」に次のように述べている。

「こうえのどの（故上野殿）だにもおわせしかばつねに申しうけ給わりなんとなげきおもい候いつるに、おんかたみ（御遺愛）に御みをわかくしてとどめおかれけるか。すがたのたがわせ給わぬに、御心さいに（似）られけるこというばかりなし」（一五〇七頁）

この当時、時光は既に元服し、地頭職を母から受け継いでいたと思われる。同抄で日蓮は、一人前の大人として時光を遇しているからである。ただし、日蓮は時光に対して同抄の追伸で、「人にあながちにかたらせ給うべからず」（同頁）と、無理な弘教を行うことのないよう注意している。まだ年若い時光が他人に対してむやみに弘教することは不必要な軋轢を生じ、南条家にとっても得策ではないと考えたからであろう。

時光は、日蓮に再会してから、頻繁に供養を届けるようになった。鎌倉や下総・安房などに住む門下に比べ、身延の近くに居住していたという事情を考えあわせても、その頻度は門下の中で群を抜いている。

この年の十一月にも、時光は清酒、こんにゃく、やまいもなどの食料を供養した。それに対する返書が「上野殿御返事」（信心継承の事）である。同抄は、前月に起きた第一回蒙古襲来（文永の役）について日蓮が初めて言及した書として知られているが、そこで日蓮は、幼くして父親と死別しなければならなかった時光の心情を深く酌みとり、次のように励ましている。

「その上、殿はおさなくおわしき。故親父は武士なりしかどもあながちに法華経を尊み給いしかば、臨終正念なりけるよし、うけ給わりき。その親の跡をつがせ給いて、また、この経を御信用あれば、故聖霊《こしょうりょう》いかに草のかげにても喜びおぼすらん。あわれ、いきておわせばいかにうれしかるべき。

この経を持つ人々は他人なれども同じ霊山へまいりあわせ給うなり。いかにいわんや故聖霊も殿も同じく法華経を信じさせ給えば、同じところに生まれさせ給うべし。いかなれば他人は五六十までも親と同じしらが（白髪）なる人もあり、我がわかき身に親にはやくおくれて教訓をもうけ給わらざるらんと御心のうちおしはかるこそなみだもとまり候わね」（一五〇八頁）

また、時光は、日蓮の身延入山後、富士方面の弘教を積極的に展開していた日興から教示を受け、強い絆を結ぶようになった。建治元年（文永十二年）一月、日興は日蓮の命を受け、日蓮の代理として故南条兵衛七郎の墓に詣でている（「春の祝御書」一五一〇頁）。そこには、南条家に対する教導を富士方面の中心者である日興に託すとの日蓮の判断があったと推察される。

5　第一回蒙古襲来（文永の役）

文永十一年十月五日の午後、二万の元軍と一万数千の高《こう》麗《らい》軍を乗せた約九百隻の軍船が対馬《つしま》の海上に姿を現し、同日、対馬に上陸した。当時の対馬は守護・地頭が少弐《しょうに》（武藤）氏で、地頭代として宗資国《そうすけくに》が島を守っていた。資国は奮戦したが、圧倒的な数の元・高麗連合軍の前に同日、配下の武士とともに戦死。元・高麗軍は住民のうち男は殺戮し、女は連行したと伝えられる。

次に元・高麗軍は壱岐《いき》に向かった。ここでも守護代平《たいらの》景隆《かげたか》は百余騎の武士とともに奮戦したが、翌日全滅した。ここでも島の住人に対して対馬と同様の殺戮が行われたという。対馬・壱岐を攻略した元・高麗軍は九州に向かい、その途中、水軍として知られる松浦党《まつらとう》の武士数百人を殺害したと伝えられる。

この模様について日蓮は、一年後の建治二年に記した「一谷入道御書」で次のように述べている。

「去ぬる文永十一年［太歳甲戌］十月に蒙古国より筑紫によせて有りしに、対馬の者かためて有りしに、宗総馬《そうそうまの》尉《じょう》逃げければ、百姓等は男をばあるいは殺し、あるいは生け取りにし、女をばあるいは取り集めて手をとおして船に結い付け、あるいは生け取りにす。一人も助かる者なし。壱岐によせてもまたかくの如し。船おしよせて有りけるには奉行入道豊前前司《ぶぜんのぜんじ》は逃げて落ちぬ。松浦党は数百人打たれ、あるいは生け取りにせられしかば、寄せたりける浦々の百姓ども壱岐・対馬の如し」（一三二九頁）

壱岐・対馬の戦闘状況に関する日本側の史料として「八《はち》幡愚童訓《まんぐどうくん》」があるが、同書は鎌倉時代末期に成立したものであり、同時代の記録としては「一谷入道御書」が唯一のものとなる。もっとも、同抄で宗資国（宗総馬尉）と奉行入道豊前前司（鎮西東方奉行大友頼泰《おおともよりやす》）が逃亡したと記されているのは、当時、そのように誤伝されていた内容がそのまま記録されたためであろう。

十五世紀に成立した朝鮮の歴史書『高麗史』『東国通鑑《とうごくつがん》』には、この戦闘で捕虜となった壱岐・対馬の少年少女二百人が高麗王に献じられたと記されている。それは壱岐・対馬の住人が連行されたことを裏づけるものとなっている。

蒙古襲来の報は、現地から十月十七日に京都にもたらされ、九州の武士たちは応戦のため博多に集結していった。日本側の総司令官は少弐景資《かげすけ》である。

博多湾に入った元・高麗軍は、十月十九日夜から二十日未明にかけて「はしけ」に分乗し、博多湾各地に上陸。日本の武士との激烈な戦闘が開始された。

元・高麗連合軍は、日本の武士がいまだかつて遭遇したことのない敵であり、その戦闘方法は日本側がまったく予想もしないものであった。

日本の武士は家長を中心にイエ単位で行動したが、元・高麗軍は太鼓や銅鑼《どら》を合図に兵士を組織的に動かす集団戦術で、用兵の方法が全く異なっていた。単独で敵の集団に懸け入った日本の武士は集団にとり込まれ、次々と戦死した。また、当時の日本では乗馬を標的に矢を射ることはタブーとされてきたが（馬がそれほど貴重であったからである）、元・高麗軍は、ためらいもなく日本側の馬に射かけてきた。落馬した日本の武士は、たちどころに囲まれて惨殺された。

また、弓矢も日本のものとは構造を異にしており、日本のものに比べて遥かに強力であった。元・高麗軍の弓は短弓で射程は二百㍍強とされ、日本の長弓のおよそ二倍の射程距離をもっていた。そのため日本側の甲冑は元・高麗軍の矢を十分に防御できず、さらに矢に毒が塗ってあったことも日本側の被害をより甚大なものにした。また、元・高麗軍が「てつはう（鉄砲）」と呼ばれる火薬を仕込んだ鉄球を炸裂させたことも日本側を驚かせた。

「八幡愚童訓」を基本史料とする従来説によれば、日本軍は装備と戦術に勝る元・高麗軍の前に敗退を余儀なくされ、夕刻には博多を放棄して大宰府《だざいふ》近くに構築してあった「水《みず》城《き》」まで退却したとされるが、この点は近年、疑問視されている。

従来説によれば、元・高麗軍は博多に留まらず、二十日の夜、全て船に引き上げた。そして二十一日の朝には、一隻を除いた元・高麗軍の兵船は全て博多湾から姿を消していたという。

この従来説に対して、「愚童訓」は八幡神の霊験記であり、実録ではない、との立場から疑問を提示したのが服部英雄氏である（服部英雄『歴史を読み解く』）。服部氏は外国からの遠征軍が一日の戦闘で引き上げるなどということは不自然であり、唯一の同時代史料である『勘仲記《かんちゅうき》』に基づいて二十日中の大宰府・水城までの日本側の退却は認められないとし、元・高麗軍の撤退は十月二十七日頃とする（同書二七頁）。確かに数万の兵員が一夜のうちに乗船を完了することは実際には困難であろう。

撤退の理由について、従来説では二十日の夜半に大暴風雨が起こり、元・高麗の兵船が覆没したためとしている。それに対して、服部氏を含めて近年は、元・高麗軍の撤退は暴風雨によるものではなく自発的なものであったとする説が有力である。真相はなお不明であるが、元・高麗軍の艦船が暴風雨に遭遇したことは日本と朝鮮双方の史料に記されており、『高麗史』が一万三千五百余人の未帰還者を出したと記していることから、暴風雨が襲ったのはいつか判然としないが（暴風雨は退却の途中とする説が有力である）、元・高麗軍に大きな損害をもたらした原因になったことは間違いないであろう。

もし、元・高麗軍が撤退せずに進軍を継続していたならば、どのような事態になっただろうか。当初は勝利を収めたとしても、後続の援軍と兵站の補給が続かなければ、日本側のゲリラ的攻撃を受けて、結局は殲滅の運命をたどったであろう。蒙古は当初から軍事行動は短期的なものにとどめ、本格的な日本征服の意図をもっていなかったと考えられる。この点について杉山正明氏は、蒙古も二万七千余の兵力で日本征服が可能とは思っていなかったのではないかとして、第一回の襲来は日本側の軍事的実力を瀬踏みする目的ではないかと推論している（『日本の時代史9　モンゴルの襲来』一三六頁）。あるいは、具体的な軍事力を示すことで日本側に衝撃を与え、国交締結という当初の目的を達成しようとする意図であったとも考えられる。いずれにしても、日本は、元・高麗側の消極的な態度によって、辛くも侵略を免れたのであった。

文永の役における本格的な戦闘は短期間であったが、その実態は極めて凄惨なものであり、多くの損害を受けた事実は、日本の支配層から民衆に至るまで極めて大きな衝撃を与えた。それは戦術や装備も含めて、日本が形成してきた軍事文化が対外的にほとんど通用しないことを見せつけられたカルチャー・ショックともいうべきものであった。

自分たちの文化では理解できない残虐を経験した日本人は、蒙古に対する深い恐怖感と憎悪を抱くこととなった。

文永の役の翌年の建治元年四月、元朝の官僚である杜世忠《とせいちゅう》らが蒙古の使者として長門に到着したが、幕府は彼らを鎌倉に護送し、同年九月、彼等を竜の口で斬首している。国家を代表する使節を罪人同様に斬首することは当時としても異常であったが、その異常な行動に出たところに幕府当局の蒙古に対する激しい憎悪がうかがわれる。使節が斬首されたという情報は後に蒙古に伝わって皇帝フビライの激怒をかい、第二回蒙古襲来（弘安の役）をもたらす原因の一つとなった。

ちなみに日蓮は、使者斬首の知らせに接し、同月、「蒙古の人の頸を刎ねられ候こと、承り候。日本国の敵にて候念仏・真言・禅・律等の法師は切られずして科《とが》なき蒙古の使いの頸を刎ねられ候いけることこそ不便《ふびん》に候え」（一四七二頁）との感慨を述べている。また「兵衛志殿御書」では、「あわれ、平左衛門殿・さがみ殿の日蓮をだに用いられて候いしかば、すぎにし蒙古国の朝使のくびはよも切らせまいらせ候わじ。くやしくおわすらなん」（一〇九五頁）と記している。日蓮は、使者の殺害は不当であるとし、犠牲となった使者に深い同情を寄せた。残虐と憎悪の応酬に反対した日蓮は、当時の日本人が深く囚われていた他民族に対する憎悪を超越していたのである。

6　戦時体制の強化

蒙古襲来の衝撃は日本の社会を大きく変えていった。

例えば、元・高麗軍が撤退してまもない十一月一日、幕府は、これまで不介入が原則になっていた「本所領家」の住人（すなわち非御家人）をも守護の指揮下において動員するという命令を下している。これは「幕府はじまって以来の基本原則の大修正であり、幕府政治史上最大のできごとの一つ」（網野善彦『蒙古襲来』一六五頁）とされる。

また、翌建治元年九月、幕府は諸国の有力な寺社に対して異国降伏の祈禱をすることを命じた。それまで京都周辺の寺社に祈禱を命ずるのは朝廷であり、幕府が命令するのは東国の寺社に限られていたが、この時、幕府は、その制約を超越して全国の寺社を指揮下に置いたのである。

幕府は、蒙古襲来の危機を実質的な全国政権へと飛躍を遂げる機会とした。しかし、それは一面では支配下においた勢力に対して恩賞を与え、紛争を調停する責任をも背負い込んだことになる。その責任が果たせない場合は、直ちに反幕府の動きを招くことになりかねない。蒙古襲来は幕府権力の拡大とともに、その衰退・崩壊への要因をも抱える契機となった。

元軍と戦闘するまで、幕府には事態を甘くみていた面もあったが、元軍の強大な力に実際に触れた幕府は、非常な緊張感をもって蒙古の再来に備えた。「今回は、たまたまの僥倖で救われたものの、再度の上陸と進撃を許せば、今度こそ日本全土が侵略され、一国滅亡の事態に直面する」

――。この強烈な危機感が幕府を突き動かしていった。

建治元年と同二年は、戦時体制が急速に強化されていった時期で、建治元年秋には豊前・肥後・筑後・周防・長門・石見・伯耆・越前・能登・備中・播磨の守護が交代し、そのうち肥後・越前・伯耆を除く八カ国の守護職が得宗時宗を含む北条一門で固められた。幕府中枢の意志を的確かつ迅速にそれらの諸国に伝え、実行に移すことを目的とした措置であることはいうまでもない。

また、御家人の京都大番役《おおばんやく》も在京人以外は免除し、御家人の力を蒙古防衛に集中させた。

もちろん、蒙古再来の危機感は支配層だけでなく、民衆次元にまで及んでいたと見られる。

例えば、建治二年五月八日成立と推定される「一谷入道御書」では、「また今度は如何が有るらん。かの国の百千万億の兵、日本国を引き回ぐらして寄せて有るならば、如何に成るべきぞ。北の手はまず佐渡の島に付いて地頭・守護をば須臾《しゅゆ》に打ち殺し、百姓等は北山へにげんほどに、あるいは殺され、あるいは生け取られ、あるいは山にして死ぬべし」(一三三〇頁)と述べられている。この表現は、まさに日本の民衆が抱いていた危機感を代弁するものといえよう。

幕府は建治元(一二七五)年十二月、翌年三月に実行に移すべく高麗出兵計画を策定。総司令官となる武藤(少弐)経資《つねすけ》に対して、九州各国から梶取《かんどり》・水手《かこ》を動員すること、もし九州で不足ならば山陰・山陽・南海道の守護に足りない梶取・水手を用意させることを命じた(ちなみに高麗出兵計画は、この時だけではなく、弘安四〈一二八一〉年、正応五〈一二九二〉年にも策定されている)。

建治二年三月の進発に向けて準備が着々と重ねられた。同年二月には少弐経資は、九州各国の守護に対して出兵者名簿の提出を命令。守護は、国内の個々の武士に異国征伐要員であることを伝え、閏三月までに博多に到着するよう指示している。

この高麗出兵計画は、どのような意図のもとに考えられたのであろうか。

軍事的な観点から言えば、高麗への出兵は敵の前線基地を攻撃するとともに、制海権を確保する狙いがあったと考えられる(海津一朗『蒙古襲来』四五頁)。敵の上陸攻撃を待つだけであれば、いかに水際での防衛を準備したとしても、それは本当の意味の防衛にはならない。敵が兵力を海上移送できない状況を作ってこそ真の意味の防衛になるからである。高麗出兵は、まさに積極的防衛を計る軍事計画であった。

当時の日本船は「刳《く》り舟」で、外洋航海はできなかったが、島を見ながら朝鮮半島に至る航海は可能だった。当時の日本船の劣悪な航海能力にもかかわらず、高麗出兵が繰り返し計画されたのは制海権確保の願望がそれだけ強かったからであろう。

　高麗出兵計画の意味は、軍事的な文脈だけではなく、その政治的な意味も考えなければならない。この点については「幕府は、動揺しつつある防御体制で侵略を待つより、むしろ攻撃を通じて敵の軍勢に打撃を加えると同時に、対外戦争の遂行を転機とする臨戦体制下で国内統制の強化を図った」（南基鶴《ナンキハク》『蒙古襲来と鎌倉幕府』二六頁）と見られる。この計画で、九州および山陰・山陽諸国に当てられた梶取・水手などの動員命令は幕府御家人だけでなく幕府の支配が本来及ばなかった本所一円領にまで所領に応じて均一に課せられた（これを「国中平均」という）もので、これまで例を見ない大動員であった。要するに高麗出兵計画の遂行によって、幕府は全国を実質的に支配する体制を築こうとしたのである。

　しかし、高麗出兵計画は、実行寸前になって中止された。出兵が予定されていた建治二年三月には要害石築地《いしついじ》（蒙古防塁）構築の工事が開始されており、石築地構築と同時に出兵を行うのは困難と判断されたためであろう。

　幕府は高麗出兵計画と平行して元軍の襲来が予想される博多湾沿岸に石築地を構築する計画を立て、建治二年三月から工事に着手した。西は柑子岳《こうじたけ》の麓から東は香椎《かしい》に至るまで全長約二十キロに及ぶ。石築地の規模は、前面の高さが二・五メートルから三メートル、後面の高さ一・五メートル、上面の幅二・五メートルであった。構築する土地によって担当の国が決められ、高麗出兵に向けての動員と同様、御家人・本所一円地の区別なく、所領地の大きさに応じて築造が命じられた。

　石築地は着工から約一年ほどで完成し、その後、諸国の武士は、それぞれが石築地築造を担当した場所で防衛の任に当たることとなった。石築地は大正時代から「防塁」と称され、防衛用の石垣として考えられてきたが、近年、そのような理解に異論が出されている。例えば海津一朗氏は『蒙古襲来』で次のように述べている。「要所に警固の役所を設けて兵船・盾・征矢《そや》などを常備し、武士を詰めさせた要塞にほかならない。（中略）石築地は、初発には高麗出兵の後方基地として作られ、その後は海上警固の要塞として使用された城郭と考えるべきではないか」（同書四五頁）、「実は高麗出兵計画と表裏一体の異国征伐の一環にほかならなかった」（同書四七頁）。

　石築地の意味については議論の余地があるが、いずれにしても石築地の構築は、高麗出兵計画と並んで、幕府の国内の統制・支配を強化する一環として進められた。蒙古防衛の任務に当たった中心は九州在住の武士であるが、九州の地頭の九割は東国出身者であり、九州土着の武士たちは東国出身御家人の支配に服していた（海津一朗・前掲書五一頁)。九州に所領をもつ東国御家人に対して九州下向の命令は文永八年当時から既に発せられているが、建治元年秋の守護職の大幅な入れ替えの際には新任の守護は本人またはその代理(代官)が実際に任国に赴任しており、それにともなって多数の武士が東国から九州方面に赴いた。また武士だけでなく、高麗出兵や石築地構築のため、動員された人々は膨大な数に上ったと思われる。

故郷の家族と別れて戦地に赴く人々の痛切な心情は察するに余りあるものがある。その人々の心を、同時代において誰よりも深く酌み取り、表現したのが日蓮であった。ここで、その代表的なものを挙げてみよう。

「文永九年二月の十一日にさかんなりし華の大風におるるがごとく、清絹《すずし》の大火にやかるるがごとくなりしに、世をいとう人のいかでかなかるらん。文永十一年の十月、ゆき(壱岐)・つしま(対馬)のものども、一時に死人となりしことは、いかに人の上とおぼすか。当時も、かのうて(討手)に向かいたる人々のなげき、老いたるおや、おさなき子、わかき妻、めずらしかりしすみか(住居)うちすてて、よしなき海をまほり、雲のみうればはた(旗)かと疑い、つりぶねのみゆれば兵船かと肝心《きも》をけす。日に一二度山へのぼり、夜に三四度馬にくら(鞍)をおく。現身に修羅道をかんぜり」(建治二年四月「兄弟抄」一〇八三頁)

「当時つくし(筑紫)へむかえば、とどまるめこ(妻子)、ゆくおとこ、はなるるときはかわ(皮)をはぐがごとく、かお(顔)とかおとをとりあわせ、目と目とをあわせてなげきしが、次第にはなれてゆいのはま(由比浜)・いなぶら(稲村)・こしごえ(腰越)・さかわ(酒匂)・はこねさか(箱根坂)、一日二日すぐるほどに、あゆみあゆみとおざかる。あゆみをかわ(川)も山もへだて、雲もへだつれば、うちそうものはなみだなり。ともなうものはなげきなり。いかにかなしかるらん。かくなげかんほどに、もうこ(蒙古)のつわもの(兵者)せめきたらば山か海もいけどりか、ふねの内か、かうらい(高麗)かにてうきめにあわん」(建治二年三月「富木尼御前御返事」九七五頁)

「よのなか上につけ下によせて、なげきこそおおく候え。よにある人々をばよになき人々は、きじ(雉)のたか(鷹)をみ、がき(餓鬼)の毘沙門をたのしむがごとく候えども、たか(鷹)はわし(鷲)につかまれ、びしゃもん(毘沙門)はすら(修羅)にせめらる。そのように当時、日本国のたのしき人々は蒙古国のことをききてはひつじ(羊)の虎の声を聞くがごとし。また筑紫へおもむきて、いとおしきめ(妻)をはなれ、子をみぬは、皮をはぎ、肉をやぶるがごとくにこそ候らめ。いわうや、かの国よりおしよせなば、蛇の口のかえる（蛙）、ほうちょうし（庖丁師）がまないた（俎板）におけるこい（鯉）・ふな（鮒）のごとくこそおもわれ候らめ」（弘安三年七月「上野殿御返事」一五六五頁）

蒙古襲来関係の史料の中で、防衛の任に着いた人々の心情を述べた文書は日蓮の御書以外にほとんど見当たらない（川添昭二『日蓮と鎌倉文化』一三九頁）。そこに日蓮が、日本社会の激動と同時代の人々の苦悩を正面から深く受けとめていたことがうかがわれるのである。

第十六章　身延での教化

日蓮の身延での活動の柱の一つは、各地の門下への教導であった。それは頻繁に消息を執筆し、門下に送ることによってなされた。門下からの供養が届けられた折に、供養を運んできた使者に消息を託したり、また出家の弟子が消息を在家の門下へ伝達する形で教導がなされた。日蓮が鎌倉にいた時は、門下が直接日蓮に面会して指導を受けることが容易であったが、身延に移ってからは直接、面会する機会が少なくなったので、消息による指導が頻繁になされることとなったのである。

身延で著述されたと考えられる御書は、『編年体日蓮大聖人御書』（創価学会教学部編）によれば、法門書・消息を含めて二百九十編ほどになる。日蓮が身延に在山した期間は八年三ヵ月であるから、現在伝わっている御書だけでも一ヵ月に平均三編の御書を執筆したことになる。散逸した御書も数多くあるので、実際にはそれに倍するほどの執筆活動があったと思われる。日本はもとより世界においても、十三世紀の人がこれほど膨大な執筆活動を展開し、その著述のかなりの部分が現存している例はほとんど例を見ない。この事実を見ても、いかに日蓮が当時の門下の教導に心血を注いだかがうかがわれる。

もちろん、日蓮の教化は、同時代の門下のみを対象としたものではない。日蓮は、同時代の門下を通して未来の人類に対する教導を行ったのである。三十四歳の時、「仏は文字に依って衆生を度し給うなり」（「蓮盛抄」一五三頁）と述べているように、文字こそが時代と空間を超えて思想を伝え弘めるものであることを日蓮は深く認識していた。身延に居を定めた日蓮は、膨大な著述を通し、未来の人類に対する教導作業を本格的に展開したのである。

日蓮の身延入山後、門下をめぐる情勢に一つの変化が見られるようになった。それは、日蓮への迫害が一応、峠を越えたことと対応するかのように、一部の主要門下に対する迫害が顕著になったことである。その代表として池上兄弟と四条金吾に対する迫害がある。

両者に共通する背景として極楽寺良観の存在がある。

池上兄弟に対する迫害の中心人物は兄弟の父池上康光《やすみつ》だが、康光は良観の信者であった。池上家は幕府の作事《さくじ》奉行を務める家柄で、武蔵国池上郷の地頭でもあり、高い家格をもっていた。

建治二（一二七六）年、康光は兄弟の兄宗仲《むねなか》を日蓮に帰依していることを理由に勘当した。弟宗長《むねなが》はそれにより、信仰を取るか家督・財産を取るかという岐路に立たされることとなった。兄だけを勘当することによって兄弟を離間させ、彼らの信仰を突き崩そうとしたのである。日蓮は、この背後には良観の策謀があると洞察していた。それは次の文に明らかである。

「おや（親）というおやの世をすてて仏になれと申すおやは一人もなきなり。これは、とによせかくによせて、わどのばらを持斎《じさい》・念仏者等がつくりおとさんためにおやをすすめおとすなり。両火房（極楽寺良観のこと——引用者）は百万反の念仏をすすめて人々の内をせき（塞）て、法華経のたねをたたんとはかるときくなり」（「兵衛志殿御返事」一〇九三頁）

「良観等の天魔の法師らが親父左衛門の大夫《たいふ》殿をすかし、わどのばら二人を失わんとせし」（「兵衛志殿御書」一〇九五頁）

また、四条金吾への圧迫は、金吾が文永十一（一二七四）年九月、主君江間《えま》氏を折伏して主君の不興を買ったことから始まる。それから金吾は江間氏に仕える同僚たちの讒言を受け、命まで狙われる事態になっていくのであるが、金吾に対する迫害が頂点に達するのは、建治三（一二七七）年六月、良観配下の僧竜象房《りゅうぞうぼう》と日蓮の弟子三位房《さんみぼう》との問答（桑ケ谷《くわがやつ》問答）に関して金吾が介入したと竜象房側から江間氏に讒訴された時である。江間氏は、竜象房側の訴えに基いて、金吾に法華経の信心を捨てなければ江間家から追放するとの命令を下したが、金吾に対するこの策謀にも竜象房の後ろ盾になっていた良観の意図が働いていた。

この点を見抜いていた日蓮は、四条金吾に対して、「良観・竜象が計らいにてやじょう（定）あるらん」（「不可惜所領事」一一六三頁）と、背後に良観一派による策謀があることは間違いないと述べている。

良観としては、念仏の良忠《りょうちゅう》や禅宗の道隆《どうりゅう》らとともに平左衛門尉や北条宣時《のぶとき》らの要人を動かして日蓮を亡き者にしようとし、斬首は失敗に終わったものの、日蓮の佐渡流罪処分を勝ち取った。しかし、日蓮が赦免されて身延に入ってしまうと、当面、日蓮に対するこれ以上の攻撃は不可能となった。そこで良観は、攻撃の目標を日蓮自身から教団の中核になっている主要門下に移し、門下を切り崩すことで日蓮教団に打撃を与えようとしたのであろう。主要門下の中で池上兄弟は父親の康光が良観の帰依者であり、良観にとって標的とするのにもっとも格好な存在であったと考えられる。

また四条金吾の場合、江間氏の理解と支持を失っているところに桑ケ谷問答という事件が発生したことを捉え、それを金吾を追い落とす絶好の機会としたのであろう。

1　門下への迫害――池上兄弟の場合

建治二（一二七六）年四月、池上宗仲が父親から勘当されたとの知らせを受けた日蓮は、直ちに兄弟に宛てて「兄弟抄」を送り、兄弟が心を合わせて事態を乗り越えるよう激励した。

当時の武士社会では家長（総領）が家を統制する絶対的な権力をもっており、家の中における家長の権力には幕府も介入できなかった。例えば、家長には「悔返権《くいかえしけん》」といわれる権利があり、いったん子などに譲り渡した所領も家長の一方的な判断で取り戻すことができた。当時の武士は、領地を軸とする日常の経済活動にしても、戦闘行動にしても、「家」を単位として行動するのが基本となっていたから、家から追放する「勘当」は武士としての生存の基盤を奪う極めて厳しい処分であった。

勘当した際にはその旨を官に届け出るとともに「義絶状」を作成し、一門あるいは在所人《ざいしょにん》の証判を得るのが通例であった（石井良助『日本法制史概説』三五二頁）。しかし、康光の場合、まもなく宗仲への勘当を許したことからも分かるように、官に届け出た形跡はない。後戻りできない最終的な勘当ではなかった。それは、宗仲への勘当が康光の心底からの決断から出たものではなく、良観の働きかけによるものであることを物語っているのではなかろうか。

宗仲の勘当が確定すれば、弟の宗長が将来、家長の地位と家の財産を継承する立場となる。家長の地位の継承を約束されることは当時の武士にとって大きな誘惑であったであろう。良観は宗仲と宗長を離間させ、宗長の信仰を突き崩そうと計ったのである。

兄の勘当という事態になって、宗長は信仰の危機に直面した。宗長にとって、家長の地位と財産を得るという誘惑もあったが、父の意志に反して親子の間に信仰上の対立をもたらすことが親に対する「不孝」となるのではないかという倫理的な問題があったと考えられる。兄弟の中でも宗仲の信仰は堅固であったが、宗長の場合、ややもすると父と兄の間で揺れ動く面があったと思われる。そこで日蓮は、この事態に際し、主に宗長に対して激励・指導している（兄の宗仲に対する指導もあったと思われるが、その書簡はほとんど残っていない）。

「兄弟抄」は池上兄弟に宛てた日蓮の書簡の中で最初のものである。それ以前にも書簡はあったと思われるが、散逸したのであろう。

池上兄弟の最大の苦難に際して書かれた「兄弟抄」は、信仰者が受ける苦難の意味について多方面から説かれており、消息としては異例の長編である。そこに兄弟の苦難を何としても乗り越えさせたいとの日蓮の慈愛をうかがうことができる。

「兄弟抄」では、まず法華経が諸仏成道の「師」であることを述べて、法華経を捨てることがどれほど重大な罪になるかを確認し、法華経の信心を妨げるのは「第六天の魔王」の働きであるとしている。すなわち、第六天の魔王が種々の人の身に入って正法の行者を妨げるという「悪鬼入《あっきにゅう》其身《ごしん》」の原理が強調される。その点が端的に示されるのは、「第六天の魔王、あるいは妻子の身に入って親や夫をたぼらかし、あるいは国王の身に入って法華経の行者をおどし、あるいは父母の身に入って孝養の子をせむることあり」（一〇八二頁）の文である。

日蓮は兄弟に対して、戦うべき相手は父親ではなく、父親を動かしている「魔」の存在であることを教え、魔を打ち破る信心の戦いを促しているのである。

仏法では、人々の幸福と成仏を妨げ、生命を破壊する方向に働く宇宙の働きを「魔」と表現するが、池上兄弟が置かれた状況は、まさに「魔」の働きが明確な形をとって現れているものであることを教えている。父親に対する感情的な反発に流されるのではなく、迫害の本質を仏法の眼から洞察していくことを示しているといえよう。

また「兄弟抄」で示されているもう一つの視点は、苦難を自身の「宿業」として捉えていく視点である。この点は日蓮が自身の佐渡流罪に即して述べられているが、「兄弟抄」では門下の苦難にも敷衍して示されている。

すなわち「佐渡御書」で挙げた「般泥洹経《はつないおんきょう》」の「衣服不足にして飲食麤疎《そそ》なり。財を求めるに利あらず。貧賤の家及び邪見の家に生まれ、あるいは王難及び余の種々の人間の苦報に遭う。現世に軽く受くるは斯《こ》れ護法の功徳力に由る故なり」の文をここでも引用し、「この中に邪見の家と申すは誹謗正法の家なり。王難等と申すは悪王に生まれあうなり。この二つの大難は各々の身に当たっておぼえつべし。過去の謗法の罪を滅せんとて邪見の父母にせめられさせ給う。また法華経の行者をあだむ国主にあえり。経文明々たり、経文赫々たり。我が身は過去に謗法の者なりけること疑い給うことなかれ」（一〇八三頁）と述べている。

すなわち、現在の苦難は自身の宿業の故であり、その苦難を受けることによって謗法の重罪を滅することができるとの「罪障消滅」「宿命転換」の法理を強調している。そして、「各々随分に法華経を信ぜられつるゆえに過去の重罪をせめいだし給いて候。たとえば、くろがね（鉄）をよくよくきたえ（鍛）ばきずのあらわるるがごとし。石はやけばはい（灰）となる。金はやけば真金となる。この度こそまことの御信用はあらわれて、法華経の十羅刹も守護せさせ給うべきにて候らめ。雪山童子の前に現ぜし羅刹は帝釈なり。尸毘王《しびおう》のはと（鳩）は毘沙門天ぞかし。十羅刹、心み給わんがために父母の身に入らせ給いてせめ給うこともやあるらん」（同頁）と、宿業が現れたのは兄弟の信心が進んでいるためであり、今の苦難は兄弟の信心が本物であるかどうかを試す「試練」であると述べている。

親子の倫理についても日蓮は、「一切はおやに随うべきにてこそ候えども、仏になる道は随わぬが孝養の本にて候か。されば、心地観経《しんちかんぎょう》には孝養の本をとかせ給うには『恩を棄《す》て無為に入るは真実の報恩者なり』等云々。言《いうこころ》は、まことの道に入るには父母の心に随わずして家を出でて仏になるがまことの恩をほう（報）ずるにてはあるなり。世間の法にも父母の謀反なんどをおこすには随わぬが孝養とみえて候ぞかし」（一〇八五頁）と述べる。要するに、世俗的な倫理を超えた普遍的・宗教的価値に立脚することが真実の倫理であることを教えたのである。

日蓮は、兄弟が結束して事に当たることの重要性を種々の説話を通して示し、また兄弟の夫人たちに対しても、「この法門のゆえには設《たと》い夫に害せらるるとも悔ゆることなかれ。一同して夫の心をいさめば、竜女が跡をつぎ、末代悪世の女人の成仏の手本と成り給うべし」（一〇八八頁）と毅然と信仰を貫くことを教示している。

このような日蓮の指導を受けて、池上兄弟とその夫人たちは父親の反対にも屈せず、信仰を貫いていった。その結果、父康光の心もやがて和らぎ、建治二年にはいったんは勘当が許されることとなった。

いったん事態は好転したものの、兄弟を巡る厳しい状況は続き、建治三年十一月には宗仲は再度の勘当を受けるに至った。二度目の勘当は「兵衛志《ひょうえさかん》殿御返事」（三障四魔事）に、「ただこのたびえもん（右衛門）の志どの、かさねて親のかんどう（勘当）あり。とのの御前にこれにて申せしがごとく、一定かんどうあるべし」（一〇九〇頁）とあることからも明らかである。この「三障四魔事」は、従来、建治元年十一月の述作とされてきたが、「当時も武蔵の入道そこばくの所領・所従等をすてて遁世あり」（一〇九一頁）と、建治三年五月の連署北条義政《よしまさ》（武蔵守）の遁世を記しているので、建治三年十一月の述作とするのが妥当である。

康光が一度は宗仲への勘当を許しておきながら、建治三年十一月になって突如、再度の勘当をした理由は何か。そこには、またも極楽寺良観の働きがあったと推定できる。というのも、この年の六月、「桑ケ谷問答」が契機となって、四条金吾が主君江間氏から日蓮門下であり続けるならば江間家から追放するとの圧迫を受けていたからである。問答の当事者である竜象房を配下にしていた良観がこの事件の背後にあったことは明らかだが、金吾を落とそうとする策謀は、江間氏が疫病に倒れて金吾の治療を受けざるを得ない状況になり、成功しなかった（弘安元年一月の「四条金吾御書」には金吾が供侍として主君の出仕の列に加えられたことが記されている）。そこで、良観は金吾への策謀が失敗に終わったこともあって、再度、池上兄弟切り崩しの工作を試みたと考えられる。

宗仲に対する再度の勘当によって、弟の宗長はいよいよ信心を取るか家督を取るかというぎりぎりの選択を迫られることとなった。信心堅固な宗仲に対して、ややもすれば動揺しがちな宗長を心配していた日蓮は、宗長に宛てた「兵衛志殿御返事」（三障四魔事）で、宗長に対して厳愛の指導をした。

すなわち、同抄では、「今度は、とのは一定おち給いぬとおぼうるなり。おち給わんをいかにと申すことはゆめゆめ候わず、ただ地獄にて日蓮をうらみ給うことなかれ。しり候まじきなり」（一〇九〇頁）、「わどのばらがわずかのことをへつらいて、心うすくて悪道に堕ちて、日蓮をうらみさせ給うな。かえすがえす今度とのは堕つべしとおぼうるなり。このほど心ざしありつるが、ひきかえて悪道に堕ち給わんことがふびんなれば申すなり」（一〇九一頁）と、宗長に対して一見突き放した、極めて厳しい言葉を述べている。その上で、「親なればいかにも順いまいらせ候べきが、法華経の御かたきになり給えばつきまいらせては不孝の身となりぬべく候えば、すてまいらせて兄につき候なり。兄をすてられ候わば兄と一同とおぼすべしと申し切り給え」（同頁）と、父親に対して言うべき言葉まで具体的に示して指導している。

本抄で日蓮は、「わどの兄をすててあにがあとをゆずられたりとも、千万年のさかえ（栄）かたかるべし」（一〇九三頁）と、宗長が信心を捨てて家督を得たとしても、それは一時的な栄えに過ぎず、退転は堕地獄に繋がっているとの道理を強調している。日蓮の真情あふれるこの書簡は、恐らく宗長の心に深くしみいったことであろう。宗長は、日蓮のこの厳愛の指導によって、目先の利益に囚われる愚かさを知り、兄とともに信心を貫くことを決意できたのだった。

兄弟が結束して難に立ち向かったことによって、康光も結局、宗仲に対する勘当を解かざるを得ない状況となった。兄弟をともに勘当したならば池上家の家督を継ぐ者がいなくなり、家の断絶となってしまうからである。また、勘当が許された背景には、弘安元年一月の「四条金吾御書」に、「えもん（右衛門）のたいう（大夫）のおやに立ちあいて上《かみ》の御一言にてかえりてゆり（許）たる」（一一七五頁）とあるように、「上」すなわち執権北条時宗のとりなしもあったと思われる。

さらに兄弟の説得により、弘安元年には父康光も良観への帰依を止め、法華経の信心に帰することとなった。このことは宗長に宛てた「兵衛志殿御書」に、「殿の御心賢くして日蓮がいさめを御もちい有りしゆえに、二つのわ（輪）の車をたすけ、二つの足の人をになえるが如く、二つの羽のとぶが如く、日月の一切衆生を助くるが如く、兄弟の御力にて親父を法華経に入れまいらせさせ給いぬる御計らい、ひとえに貴辺の御身にあり」（一〇九五頁）と述べられている（再度の勘当を記した「三障四魔事」が建治三年の述作と考えられるから、康光の入信を記す「兵衛志殿御書」は弘安元年と見るべきであろう）。この間に日蓮は兵衛志宗長の妻にも書簡を送るなど、兄弟が夫婦結束して事に当たるよう激励している。日蓮の懇切な指導・激励により、池上兄弟は最大の苦難を乗り越えることができたのである。

2　門下への迫害——四条金吾の場合

（1）迫害の経緯

池上兄弟が父親からの勘当という逆境に直面していた時期、鎌倉における主要門下である四条金吾夫妻も主君江間氏の支持を失い、極めて苦しい状況に置かれていた。

金吾の苦難のきっかけになったのは、文永十一（一二七四）年九月、金吾が江間氏に対し、それまでの信仰を捨てて法華経に帰依するよう折伏を行ったことである（当時の主君の名は明らかでない）。

江間氏に対する金吾の折伏は文永十一年九月二十六日の「主君耳入此法門免与同罪事」《しゅくんのみみにこのほうもんをいれよどうざいをまぬかれるのこと》によって知られる。四条金吾は、日蓮が身延の地に落ち着いたことを見届けて、主君の江間氏に日蓮の法義を説き、改宗を勧めたのである。

江間家（名越家）は代々、念仏を信仰していた家であり、また、この当時、幕府と結びついていた極楽寺良観ともつながりがあった。金吾は主君への真情から、念仏や良観に帰依することの誤りを言わずにおれない心境だったのであろう。主従の君臣関係を軸にしていた当時の武士にとって、主君はいわば絶対的な存在であり、主君がもっている信仰を批判して改宗を勧めるという行為は一般的には考えられないことであった。しかし、仏法弘通の熱情に燃える金吾は、あえて主君の折伏に踏み切ったのである。主君は金吾の行動を不快とし、それ以後、金吾を遠ざけることとなった。

日蓮は金吾の行動について、謗法への与同罪を免れるものであると称賛したが、同時に、「これより後には口をつつみておわすべし」（一一三三頁）と、これ以上の主君への折伏を差し控えるよう指導している。主君の不興を買うことで、金吾がこれ以上、苦境に立たされることを危惧したのである。

実際、金吾が主君の支持を失ったことで、金吾はすぐに江間氏に仕える同僚たちから圧迫を受ける事態となった。当時の武士は、それぞれが主君と主従関係を結んで、相互に競合する関係にあった。同じ主君に仕える同輩を出し抜いて自身の立場を強化することは広く見られる態度であった。武術に優れるだけでなく、医術の心得もあった金吾は、主君の理解と信頼を受けていた。金吾自身の資質も加えて、父の代から江間家に仕え、親子二代にわたって忠誠を尽くしてきたことが主君の厚い信頼になっていたのである。

金吾の父頼員《よりかず》は、仕えていた江間（名越）光時が寛元《かんげん》四（一二四六）年に執権北条時頼への謀反を企てたかどで伊豆にある江間の領地に流された時（この謀反事件は「宮騒動」と呼ばれる）、多くの家臣が離れていった中で、最後まで光時に従った家臣の一人であった。

また、金吾も、光時の弟である名越時章《ときあき》・教時《のりとき》が殺害された文永九年の「二月騒動」の際、危急を聞いて伊豆の地から鎌倉まで箱根山を越えて馳せ参じている。これらのことは日蓮が金吾に代わって筆を執った「頼基陳状《よりもとちんじょう》」で、次のように述べられている。

「頼基は父子二代、命を君にまいらせたること顕然なり。故親父中務《なかつかさ》某、故君の御勘気かふらせ給いける時、数百人の御内の臣等心かわりし候いけるに、中務一人、最後の御供奉して伊豆国まで参りて候いき。頼基は去ぬる文永十一年二月十二日の鎌倉の合戦の時、折節、伊豆国に候いしかば、十日の申の時に承りて、ただ一人、筥根山《はこねやま》を一時に馳せ越えて御前に自害すべき八人の内に候いき」（一一六一頁）

文永八（一二七一）年の法難の際、日蓮の門下の多くが追放・所領没収などの迫害を受けた時も金吾が何事もなかったのは、主君江間氏の庇護があったからであった。文永九年に金吾は佐渡の日蓮を訪ねているが、このようなことも江間氏の理解がなくては不可能だったであろう。

しかし、金吾が主君から重用されてきたことは同僚たちの「妬み」の対象となっていた。また、心情を率直に態度に表す金吾の直情径行の性格も、多くの敵を作る一因になっていたようである。そこで、金吾が一転して主君から遠ざけられると、同僚たちは金吾への攻勢を強めることとなった。

また、金吾が鎌倉における日蓮門下の中核的な存在であることは広く知られていたから、金吾が江間氏の不興を買ったことは、極楽寺良観一派など日蓮教団の切り崩しを企図している勢力にとって、金吾を除く機会の到来と捉えられたであろう。良観一派が、金吾に敵意を持つ江間家の家臣と結びついて、金吾を襲撃する恐れも出てきたのである。

実際に「免与同罪事《よどうざいをまぬかれるのこと》」で、早くも日蓮は、「かまえてかまえて御用心候べし。いよいよにくむ人々ねらい候らん。御さかもり、夜は一向に止め給え。ただ女房と酒うち飲んでなにの御不足あるべき。他人のひるの御さかもり、おこたるべからず。酒を離れてねらうひま有るべからず」（一一三三頁）と、酒席の後で襲撃される危険があることを警告している。金吾を巡る状況は、主君への折伏を境に急速に険悪になっていったのである。

同僚たちは、しきりに主君に金吾への讒言をしたことから、主君も金吾の忠誠心に対する疑念を抱くようになり、ますます江間家にいることが苦しくなった。そこで、さしもの金吾も文永十二（建治元、一二七五）年三月には「信心をしてきたけれども大難が雨のようにやってくる」と周囲に愚痴をこぼすこともあったようである。

その様子を聞いた日蓮は、「法華経の文に難信難解と説き給うはこれなり。この経をききうくる人は多し。まことに聞き受くる如くに大難来たれども、憶持不忘《おくじふぼう》の人は希なるなり。受くるはやすく、持《たも》つはかたし。さるあいだ、成仏は持つにあり。この経を持たん人は難に値うべしと心得て持つなり」（一一三六頁）と、難に耐えて信心を貫くことが成仏の要諦であることを強調して激励している。

建治二（一二七六）年六月には日蓮は、人生の苦難を受け止めながら信仰を貫くべきことを、次のように金吾に書き送っている。

「ただ世間の留難来たるともとりあえ給うべからず。賢人・聖人もこのことはのがれず。ただ女房と酒うちのみて南無妙法蓮華経ととなえ給え。苦をば苦とさとり、楽をば楽とひらき、苦楽ともに思い合わせて南無妙法蓮華経とうちとなえい（居）させ給え。これあに自受法楽にあらずや。いよいよ強盛の信力をいたし給え」（一一四三

頁）
しかし、理不尽な圧迫が続くため、金吾は江間家を辞めて入道することまでも考えるようになった。そのことを聞いた日蓮は、恩を受けた主君を捨てることは不知恩となるとの道理を説いて、江間家に留まるよう、次のように金吾を諭している。
「日蓮がさどの国にてもかつえし（餓死）なず、またこれまで山中にして法華経をよみまいらせ候は、たれかたすけん。ひとえにとのの御たすけなり。また殿の御たすけはなにゆえぞとたずぬれば、入道殿（江間氏のこと――引用者）の御故ぞかし。あらわにはしろしめさねども定めて御いのりともなるらん。こうあるならば、かえりてまたとのの御いのりとなるべし。父母の孝養もまたかの人の御恩ぞかし。かかる人の御内を如何なること有ればとて、すてさせ給うべきや。かれより度々すてられんずらんはいかがすべき。また、いかなる命になることなりとも、すてまいらせ給うべからず。上にひきぬる経文に不知恩の者は横死有りと見えぬ。孝養の者は、また横死有るべからず」（一一四七頁）
その上で日蓮は、さらに細心の注意を払っていくよう、次のように述べている。
「この文御覧ありて後はけっして百日が間、おぼろげならではどうれい並びに他人と我が宅ならで夜中の御さかもりあるべからず。主の召さん時は、昼ならばいそぎ参らせ給うべし。夜ならば三度までは頓病の由を申させ給いて、三度にすぎば下人また他人をかたらいて、つじを見せなんどして御出仕あるべし」（同頁）
主君の庇護を失った金吾に対して、暗殺の危機が迫っていた。日蓮は、そのことを指摘し、事態を決して甘く見てはならないという警告を重ねて金吾に与えたのである。
その間にも金吾に対する圧迫はさらに進み、建治二年九月には金吾の領地を越後国《えちごのくに》（新潟県）に替えるという「領地替え」の内命が下った。江間家における金吾への批判の声が高まり、主君としても何らかの処分をしなければならない状況に至ったのであろう。
このことを金吾は直ちに日蓮に報告した。それに対して主君への返答の在り方について教示したのが「智人弘法《ちじんぐほう》抄《しょう》」である。すなわち同抄では、再度の蒙古襲来までは身を慎むように教示し、次のように述べている。
「前に申せしように、蒙古国のよ（寄）するまでつつしませ給うなるべし。主の御返事をば申させ給うべし。
『身に病ありては叶いがたき上、世間すでにこうと見え候。それがしが身は時によりて憶病はいかんが候わんずらん。只今の心はいかなることも出来候はば入道殿の御前にして命をすてんと存じ候。もしやのこと候ならば、越後よりはせ上らんははるかなる上、不定なるべし。たとい所領をめさるるなりとも、今年はきみ（君）をはなれまいらせ候べからず。これより外はいかに仰せ蒙るともおそれまいらせ候べからず。これよりも大事なることは日蓮の御房の御事と過去に候父母のことなり』とののしらせ給え。

『すてられまいらせ候とも、命はまいらせ候べし。後世《ごせ》は日蓮の御房にまかせまいらせ候』と高声にうちなのり居させ給え」（一一四九頁）

すなわち、越後にいたのでは事件があった場合に鎌倉にいる主君のもとにすぐには駆けつけられず、主君を守るという武士の責務をまっとうできないという「道理」をもって主君に対応するよう指導している。

武士にとって主君を守ることが最大の責務であることは当時の社会においては誰人も否定できない「道理」であった。江間氏も金吾の言う「道理」を正面から否定はできなかったと見え、また再度の蒙古襲来が予想されるという危機的状況もあったためか、この「領地替え」の内命は実際には実行されなかったようである。

文永九（一二七二）年の「二月騒動」の際には金吾は主君に殉ずる覚悟で馳せ参じており、その忠誠心の厚さを思い起こせば、命をなげうっても主君を守るという金吾の言葉を主君も否定することができなかったのであろう。

ここで注目されるのは、日蓮が主従の責務よりも日蓮門下としての信仰を貫くことと親への報恩が優先する、としていることである。

すなわち、日蓮は、武士としての責務以上に、人間であるならば誰人であれ、踏み外してはならない絶対の「道」があることを述べている。

鎌倉時代の武士にとって、主君への忠誠は社会生活の根本に関わる重大な倫理であった。しかし、日蓮は、信仰や親への報恩はそれをも超える道徳であるとしている。

これは倫理思想の歴史にとって刮目すべき思想というべきである。すなわち日蓮にとって、信心を貫くことと親の恩に報いることは、時代や社会の状況、あるいは社会的地位などを超越した、普遍的・絶対的な倫理であった。ここに日蓮仏法が力強い倫理思想として、各人の生き方に働く側面を見ることができる。

領地替えの内命を婉曲にせよ拒否した結果、江間家の内部では、金吾の態度は主君の命令を軽んずるものであり、これ以上、金吾に恩恵を与えるべきではない、という非難が高まった。そのような情勢から、金吾は訴訟の場に問題を持ち込もうとも考えたが、日蓮は法難の際に金吾を擁護してくれた主君の恩を強調し、訴訟など考えずに江間家に踏みとどまって、忍耐強く戦うよう激励している（「八風抄」一一五二頁）。

建治三（一二七七）年六月九日、金吾にとって迫害の頂点となる事件が発生した。極楽寺良観の配下の僧で、当時、鎌倉で人気を博していた竜象房と、日蓮門下の三位房が鎌倉の桑ケ谷《くわがやつ》において公衆の面前で法論し、竜象房が惨敗した「桑ケ谷問答」である。この問答の場に金吾が参加していたことから、竜象房側は金吾が武力で威嚇して法座を乱したとの事実無根の讒言を江間氏に行ったのである。「不《ふ》可惜所領事《かしゃくしょりょうじ》」に、「良観・竜象が計らいにてやじょう（定）あるらん」（一一六三頁）とあるように、当然、この策謀には竜象房を庇護していた良観が働いていた。良観は、金吾が桑ケ谷問答の座に同席していたことを攻撃の材料にして、信徒の中核である金吾を追い落とすことにより、日蓮の教団を切り崩そうとしたのである。

竜象房側の訴えを聞いた主君（「頼基陳状」には江間光時を指して「故君」とあるので、光時の子と考えられる）は、金吾への悪感情の延長から竜象房側の主張を鵜呑みにして一方的な判断を下した。すなわち、法華経の信仰を捨てるとの「起請文《きしょうもん》」（誓約書）を書いて提出するよう金吾に命じたのである。その命令に従わなければ江間家から追放するとの意であった。すなわち、金吾はいよいよ江間家の家臣という地位をとるか、法華経の信心をとるか、というぎりぎりの選択を迫られることとなった。

しかし、金吾に迷いはなかった。たとえ江間家から追放されても法華経の信心は捨てないとの決意を事件の経過に関する報告とともに日蓮に伝えたのである。その報告に対する日蓮の指導の書が「不可惜所領事」である。日蓮は、金吾の不退転の決意を称賛し、この事態に対処する心構えと具体的な対応について教示している。

本抄の冒頭には次のようにある。

「去月二十五日の文、同月の二十七日の酉《とり》の時に来たりて候。仰せ下さるる状とまた起請かくまじきよしの御せいじょう（誓状）とを見候えば、優曇華《うどんげ》のさきたるをみるか、赤栴檀のふたばになるをえたるか。めずらし、こうばし。三明六通を得給う上、法華経にて初地・初住にのぼらせ給える証果の大阿羅漢、得無生忍《とくむしょうにん》の菩薩なりし舎利弗・目連・迦葉等だにも娑婆世界の末法に法華経を弘通せんことの大難こらえかねければ、かなうまじき由、辞退候いき。まして三惑未断の末代の凡夫がいかでかこの経の行者となるべき。設《たと》い日蓮一人は杖木・瓦石・悪口・王難をも忍ぶとも、妻子を帯せる無智の俗なんどはいかでか叶うべき。『なかなか信ぜざらんはよかりなん。すえとお（末通）らずしばしならば、人にわらわれなん』と不便《ふびん》におもい候いしに、度々の難、二箇度の御勘気に心ざしをあらわし給うだにも不思議なるに、かくおどさるるに二所の所領をすてて法華経を信じとおすべしと御起請候こと、いかにとも申す計りなし」（一一六三頁）

本抄で日蓮は、「すこしもへつらわず振る舞い仰せあるべし。中々へつらうならばあしかりなん。設い所領をめされ追い出だし給うとも、十羅刹女の御計らいにてぞあるらんと、ふかくたのませ給うべし」（一一六四頁）と、主君に対しても決して諂《へつら》うことなく毅然と振る舞うことを教え、たとえ江間家から追放されたとしても、それも十羅刹女の計らいであると受けとめよと指導している。

日蓮は、金吾からの報告を受けて、金吾が主君に提出する「陳状」（弁明書）を金吾に代わって執筆した。それが「頼基陳状《よりもとちんじょう》」である。「不可惜所領事」は、その「頼基陳状」とともに金吾に送られたものであり、「頼基陳状」の「送状」の意義も持っている。

日蓮は、「これはあげなば事きれなん」（同頁）として、「陳状」を提出したならば事態は決着するであろうとする。そして「陳状」を、大学三郎や富木常忍など、能筆の同志に清書してもらって、良観一派に騒ぐだけ騒がせた後に、時期を判断して主君に提出すべきであると、提出の仕方や時期についてまで具体的に教示している。

また、主君の代理である奉行人への対処として、「この領地は主君の病を助けたことから賜ったものですから、それを召し上げたならば、主君の病気もまた戻ってくるでしょう」と言い切るよう、金吾に示している。主君に対しても、どこまでも毅然とした対応を貫くよう教えているのである。

（２）頼基陳状

「頼基陳状」は、江間氏から金吾に下された「下文《くだしぶみ》」に対して江間氏に提出する「陳状」（弁明書）を、日蓮が金吾に代わって執筆したものである。真筆は伝わらないが、日興の写本が現存する（北山本門寺蔵）ので、真書であることに疑いはない。

弟子の個人的問題に関する対外的な文書を、師匠が弟子に代わって執筆することは一般的にも異例であろう。その異例の振る舞いに、金吾に降りかかった苦難を何としても乗り越えさせたい、との日蓮の真情が表れている。

本抄は、江間氏から金吾にかけられた嫌疑に対する弁明を示すもので、法律的にも注目すべき内容を含む。

江間氏の言い分の第一は、金吾を含む日蓮門下の者が武器を帯びて竜象房の説法の場に出入りしたというものである。それに対して陳状では、それは事実無根であり、訴えた側と金吾側の両者を召し合わせて事の実否を糾明すべきである、と答えている。

金吾は問答の場に同席したが、在家の立場なので一言も発していないと事の次第を述べ、合わせて三位房に詰められて竜象房が答えに窮していった問答の内容を克明に述べている。

すなわち三位房が、法華経を無明の辺域とした弘法大師、また法華経を捨閉閣抛《しゃへいかくほう》せよと述べた法然について多宝如来や十方諸仏の言葉に違背していることを指摘したのに対し、竜象房が何の反論もできずに絶句してしまった問答の経過が述べられている。

江間氏の主張の第二は、世間の人が仏の出現かと尊敬している良観を批判するのは適切でないというものであるが、それに対して「陳状」では、良観が日蓮の殺害を企てたこと、また良観が日蓮との祈雨の勝負に敗北して日蓮への恨みを募らせたことなど、良観の実態を暴いている。

江間氏の主張の第三は、竜象房も世間の人々から仏のように尊敬されているというものであるが、それに対しては竜象房は京都で人肉を食していたことが露見し、京都から追放された者であるという竜象房の実像を指摘している。

このように「頼基陳状」は嫌疑に対する単なる弁明ではなく、この機会に良観と竜象房の実態を世間に広く知らしめ、また彼等の法門上の誤りを積極的に糾弾するものになっている。

さらに江間氏が、主君や親の言うことに従うのが世間の礼であるとしているのに対し、主君や親の誤りを諫めるのが正しい道であると述べている。

「不可惜所領事」では、この陳状を主君に提出したならば、その内容が鎌倉中に知られ、また執権なども知るところとなって事態は決着するであろうと述べているが、まさに「頼基陳状」は良観と竜象房の実態を暴露し、彼等の誤謬を理路整然と示したもので、その内容は誰人も納得せしめる強い説得力をもっている。

「陳状」の提出については、同じ建治三年の「世雄御書」にも、「また今度いかなる便も出来せば、したため候いし陳状を上げらるべし。大事の文なれば、ひとさわぎはかならずあるべし」（一一六九頁）とある。

しかし、この陳状は実際には江間氏に提出されずに終わったと見られる。「頼基陳状」が書かれてまもなく、江間氏が当時、鎌倉に流行していた病に倒れ、四条金吾の力を必要とする事態となったからである。

（3）事態の好転

江間氏が病に倒れたことについて、建治三年九月十一日の「崇峻《すしゅん》天皇御書」（三種財宝御書）には次のように述べられている。

「上《かみ》は我がかたきとはおぼさねども、一たんかれらが申すことを用い給いぬるによりて、御しょろう（所労）の大事になりて、ながしらせ（長引）給うか。彼等が柱とたのむ竜象すでにたうれぬ。和讒《わざん》せし人も、またその病におかされぬ」（一一七一頁）

金吾を讒言した者も、江間氏と同様に病に倒れた。金吾を巡る状況の大きな転機であったが、この時期は金吾にとって襲撃される危険がもっとも高まった時期でもあった。主君の館から帰る夕暮れ時などは特に危険であるとして、日蓮は次のように警告している。

「上《かみ》よりへやを給いて居しておわせば、その処にては何事無くとも、日ぐれ・暁なんど入り返りなんどに定めてねらうらん。また我が家の妻戸の脇、持仏堂、家の内の板敷の下か天井なんどをば、あながちに心えて振る舞い給え。今度はさきよりも彼等はたばかり賢かるらん。いかに申すとも鎌倉のえがら（荏柄）夜廻りの殿原にはすぎじ。いかに心にあわぬこと有りとも、かたらい給え」（一一七二頁）

四条金吾は挑発に乗って感情的になりやすい人であったため、日蓮はとくにその点を指摘し、どこまでも慎重な言動を貫くよう教示している。

「殿は腹悪しき人にて、よも用いさせ給わじ。もしさるならば、日蓮が祈りの力及びがたし」（同頁）と、池上宗長と同様、逆説的な表現をもって日蓮の警告通りの行動をとるよう指導している。

主君の依頼を受けて金吾は懸命に主君の治療に当たり、その結果、主君の病も好転したので、金吾の存在意義が江間家においても改めて認識され、金吾への誤解が解けることとなった。数年に及ぶ四条金吾の苦難も、ようやく出口が見えてきた。そのことが明らかになったのは弘安元年一月である。すなわち、主君江間氏が出仕する際の供侍に金吾も加えられることとなったのである。弘安元年（建治四年）一月の「四条金吾御書」には次のように記されている。

「なによりも承りてすず（爽）しく候ことは、いくばくの御にくまれの人の御出仕に人かずにめしぐせられさせ給いて、一日二日ならず御ひまもなきよし、うれしさ申すばかりなし。えもん（右衛門）のたいう（大夫）のおやに立ちあいて上《かみ》の御一言にてかえりてゆりたると、殿のすねんが間のにくまれ去年のふゆはこうときさしにかえりて日々の御出仕の御とも、いかなることぞ。ひとえに天の御計らい、法華経の御力にあらずや。

その上、円教房の来たりて候いしが申し候は、えま（江間）の四郎殿の御出仕に御とものさふらい二十四五、その中にしゅ（主）はさておきたてまつりぬ、ぬしのせいといい、かお・たましい、うま・下人までも中務《なかつかさ》のさえもんのじょう（左衛門尉）第一なり。あわれ、おとこや、おとこやと、かまくらわらわべ（童）は、つじちにて申しあいて候いしとかたり候」（一一七五頁）

江間氏の感情は好転しても、なおさら金吾を憎悪する同僚たちの敵対心は一層激しくなっていった。そこで日蓮は、この事態を喜びながらも、それで油断せず、なお一層、警戒心をもっていくべきことを教えている。すなわち、同抄には次のようにある。

「これにつけてもあまりにあやしく候。孔子は九思一《きゅうしいち》言《げん》、周公旦《しゅうこうたん》は浴する時は三度にぎり、食する時は三度は(吐)かせ給う。古の賢人なり、今の人のかがみなり。されば、今度はことに身をつつしませ給うべし。

よるはいかなることありとも、一人そとへ出でさせ給うべからず。たとい上《かみ》の御めし有りとも、まず下人をごそ(御所)へつかわして、ないない一定をききさだめて、はらまきをきて、はちまきし、先後左右に人をたてて出仕し、御所のかたわらに心よせのやかた(館)か、また我がやかたかにぬぎおきて、まいらせ給うべし。

家へかえらんにはさきに人を入れて、と(戸)のわき(側)、はしのした、うまや(厩)のしり、たかどの(高殿)、一切くらきところをみせて入るべし。しょうもう(焼亡)には我が家よりも人の家よりもあれ、たからをおしみてあわてて火をけすところへずっとよるべからず。まして走り出ずることなかれ。

出仕より主の御ともして御かえりの時は、みかど(御門)より馬よりおりて、いとま(暇)のさしあうよし、ほうかん(傍官)に申していそぎかえるべし。上のおおせなりとも、よ(夜)に入りて御ともして御所にひさしかるべからず。かえらんには第一心にふかきようじん(用心)あるべし。ここをばかならずかたきのうかがうところなり。人のさけ(酒)た(賜)ばんと申すともあやしみて、あるいは言をいだし、あるいは用いることなかれ」(同頁)

弘安元(建治四、一二七八)年九月には、金吾に新しい領地を賜る話が持ち上がった(それまでの領地に代わるものか、それまでの所領に加えて新領地の下賜があったのか、はっきりしない。「四条金吾殿御返事」〈源遠長流御書〉には「度々の御所領をかえして今また所領給わらせ給うと云々」〈一一八〇頁〉とあるので、それまでの領地に代わるものとも考えられるが、弘安三年の「四条金吾殿御返事」では以前からの領地である殿《との》岡《おか》でとれた米を日蓮に送っているので〈一一九三頁〉、従来の領地に加えて新領地を賜ったとも解せられる)。

弘安元年十月には、新領地の下賜が現実になった。新しい領地は従来の領地である殿岡の三倍の収入のあるものであった。しかし、金吾は新領地に不満があったようである。恐らく、遠隔地で不便であるなどの事情があったのであろう。しかし、日蓮は金吾に対し、「いかにわろくとも、わろきよし、人にもまた上《かみ》へも申させ給うべからず候。『よきところ、よきところ』と申し給わば、またかさねて給わらせ給うべし。『わろき処、徳分なし』なんど候わば、天にも人にもすてられ給い候わんずるに候ぞ。御心えあるべし」(一一八三頁)と、決して不満を口にしてはならないと厳しく注意している。

このように、江間氏の金吾に対する誤解は解消し、以前に増して厚い信頼と待遇を得ることになったが、同僚たちと良観一派の金吾に対する害意は依然として続いており、決して安心できる状況ではなかった。弘安元年十月、金吾は事の経過を報告するため、鎌倉から身延の日蓮を訪問したが、日蓮はその帰り道に金吾が敵から襲撃を受けることを深く心配し、今後は大事な用件がなければ身延に来るべきではない、と注意している（一一八五頁）。

実際に、弘安二（一二七九）年十月、熱原《あつはら》法難で富士方面の農民信徒が逮捕されて鎌倉に護送された時期に、金吾は何者かの襲撃を受けた（「四条金吾殿御返事」〈法華経兵法事〉一一九二頁）。金吾は、普段から警戒していたので、この襲撃を免れることができた。金吾は、日蓮からの注意を忠実に遵守し、幾多の危険と迫害を遂に乗りきったのである。

3 「曾谷入道殿許御書」

文永十二年（建治元年）三月、日蓮は下総国の有力檀越である曾谷教信《そやきょうしん》と大田乗明《おおたじょうみょう》に宛てて長文の書簡を送った。「曾谷入道殿許御書《そやにゅうどうどのもとごしょ》」である（真筆完存。同抄の成立年次については「法華取要抄」に記される「二の日」の関連から文永十年または同十一年とする考え方もあるが、内容および真筆の状況から、従来通り文永十二年とするのが適切と思われる）。

同抄は、日蓮のもとにあった経典などの章疏類が散逸・毀損したので、両人の所領ないしは近辺にある寺院の聖教をもってそれを補うことを依頼した書簡であるが、その要件に触れるまでに「宗教の五綱」など重要な思想が提示されており、いわば十大部にも匹敵する内容を備えている。その意味で本抄は、書簡というよりも、日蓮の思想をこの時点で整理し、後世に伝えることを意図した思想的作品と評せられる。曾谷教信に対して本抄が宛てられているのは、章疏の収集という目的に加えて、本抄を後世に残すことを期待する意図があったと考えられる（以下、本抄を「曾谷抄」と略す）。

「曾谷抄」の重要性に鑑み、各章ごとに内容を見ていくことにする。章立ては『日蓮大聖人御書講義』第十九巻による。

第一章――一〇二六頁冒頭「夫れ以《おもんみ》れば、重病を」～同頁四行目「経法を演説したまわず」。

ここでは「夫れ以れば、重病を療治するには良薬を構索し、逆謗を救助するには要法には如かず」（一〇二六頁）と、病が重いほど優れた薬を必要とすることを譬えとして、謗法が深い時代であればあるほど衆生の救済のためには優れた法を用いなければならないとの道理を提示している。その上で教・機・時・国・師という「五綱」が次のように示される。

「いわゆる時を論ずれば正像末、教を論ずれば小大・偏円・権実・顕密、国を論ずれば中・辺の両国、機を論ずれば已逆と未逆と、已謗と未謗と、師を論ずれば凡師と聖師と、二乗と菩薩と、他方と此土と、迹化と本化となり」(同頁)

五綱については伊豆流罪中の「教機時国抄」において既に示されてきたが、本抄では発迹顕本《ほっしゃくけんぽん》後の境地から五綱について改めて論じられている。その故に「曾谷抄」は「五綱抄」とも呼ばれる。

「教機時国抄」において示された「五綱」は、「教」「機」「時」「国」「教法流布の先後」の五つであった。それに対して、本抄では「教法流布の先後」に代えて「師」が示される。「五綱」は「顕謗法抄」に「行者、仏法を弘むる用心」とされている通り、仏法弘通のための規範である。「教法流布の先後」という場合はその基準を客観的に示されているのに対し、「師」とは仏法を弘通する主体者を示すという意味で主体的な観点から論じられている。両者は力点に相違はあるものの、いわば表裏一体の関係にあるともいえる。竜の口の法難以後、日蓮は末法の教主としての振る舞いを開始しているので、「曾谷抄」では「教法流布の先後」という客観的基準を超えて仏法弘通の主体である「師」を明示する立場に立ったと解せられる。

第二章――一〇二六頁四行目「所詮無智の者いまだ大法を謗ぜざるには」〜一〇二七頁二行目「演説して根機を練らしむ」。

ここでは、法華経においても、譬喩品など衆生の機根に応じて弘通する在り方(摂受)と、不軽品など迫害があっても強いて法を説いていく在り方(折伏)の両方が説かれることを指摘し、そのどちらを選択すべきか、との問題提起が示される。

この問題に対して日蓮は天台大師の『法華文句』の次の文を挙げて答えとしている。

「問うて曰わく、釈迦は出世して踟蹰《ちちゅう》して説かず。今はこれ何の意ぞ。造次《ぞうじ》にして説くは何ぞや。答えて曰わく、本已に善有るには釈迦、小をもってこれを将護し、本未だ善有らざるには不軽、大をもってこれを強毒《ごうどく》す」(一〇二六頁)

この文は釈尊と不軽菩薩の弘教を対比して示し、「本已《ほんい》有善《うぜん》」「本未有善《ほんみうぜん》」の言葉の典拠となった重要な文である。すなわち、釈尊は過去に善根を積んできた機根(本已有善)の衆生を対象に法を説いたので、衆生が謗法を犯して各自の善根を破ることのないよう配慮して小法を説いたのに対し、不軽菩薩は過去に善根を持たない（本未有善）衆生を対象に法を説くので、衆生が謗法を犯すことを恐れずに大法を説くというのである。

法華経不軽品において不軽菩薩は釈尊の過去世の姿とされているが、両者の弘教の在り方はまったく対照的である。天台大師は、その両者の弘教の相違は対象とする衆生の機根の相違によると洞察した。しかも、釈尊が説くのは小法であるのに対し、不軽が説くのは大法であるとして、衆生の機根が本已有善から本未有善へと変わった場合には教主も釈尊から不軽へと交代する道理を示している。日蓮は、本抄において、機根の相違を正像末の「時」に当てはめ、正法・像法時代の衆生は、過去に下種を受けた本已有善の機根なので機根を無視して法を説くべきではないが（正法を誹謗して善根を破らせないよう配慮しなければならない）、末法にはそれらの衆生は尽きてしまい、過去に善根を持たない本未有善の衆生だけになるので、不軽菩薩のように逆縁（毒鼓《どっく》の縁）によって弘教しなければならないというのである。

「波木井三郎殿御返事」に、「仏、不軽品に自身の過去の現証を引いて云わく『爾の時に一《ひと》りの菩薩有り。常不軽と名づく等』云々。また云わく『悪口罵詈等せらる』。また云わく『あるいは杖木瓦石をもってこれを打擲す』等云々。釈尊、我が因位の所行を引き載せて末法の始めを勧励したまう」（一三七一頁）とあるように、不軽品の本意は、釈尊の過去世の姿を説くことに託して実は末法弘通の在り方を示すところにあると解せられる。

日蓮は佐渡流罪以後、自身と不軽菩薩との一致・符合を強調している。それは、日蓮が末法の教主・本仏として、正像未弘の大法を弘通する立場に立っているからに他ならない。例えば「顕仏未来記」に次のようにある。

「例せば、威音王仏の像法の時、不軽菩薩、『我深敬《がじんきょう》』等の二十四字をもってかの土に広宣流布し、一国の杖木等の大難を招きしが如し。かの二十四字とこの五字と、その語ことなりといえどもその意これ同じ。かの像法の末とこの末法の初めと全く同じ。かの不軽菩薩は初随喜の人、日蓮は名字の凡夫なり」（五〇七頁）

「曾谷抄」では「正像＝釈尊」、「末法＝不軽」の対比を明示している。そして日蓮が不軽と同一であるということは、日蓮が決して釈尊の弟子ではなく、釈尊に代わる末法の教主・本仏であることを意味している。佐渡流罪以後に著された諸抄と並んで、まさに本抄も「日蓮本仏」の趣旨を示すものとなっている。

第三章――一〇二七頁三行目「問うて曰わく、華厳の時、別円の大菩薩」～同頁一五行目「下種と為すべきの由来を知らざるか」。

ここでは、諸経で説かれる得道も法華経に示される種熟脱の法理によって初めて理論的に裏づけられることが説かれる。また、大日経等による真言密教における即身成仏は、譬えば困窮者が妄りに帝王と称して処断されるようなものであると破折している。この破折は、密教の説く成仏が何の根拠も実体もない妄想に過ぎないことを暴露したもので、根底的・本質的な密教批判といえよう。

その上で正像末の三時における衆生の機根を論じ、次のように述べている。

「仏の滅後に於いて三時有り。正像二千余年にはなお下種の者有り。例せば在世四十余年の如し。根機を知らずんば左右《そう》無く実経を与うべからず。今は既に末法に入って在世の結縁の者は漸々に衰微して権実の二機皆ことごとく尽きぬ。かの不軽菩薩、末世に出現して毒鼓を撃たしむるの時なり。しかるに今時の学者、時機に迷惑して、あるいは小乗を弘通し、あるいは権大乗を授与し、あるいは一乗を演説すれども題目の五字をもって下種と為すべきの由来を知らざるか」（一〇二七頁）

すなわち、正像二千年の衆生は過去に下種を受けた衆生であるから小乗や権実の大乗教で救済されたが、末法の衆生は権実の大乗教で救われる機根ではなく、たとえ反発されてもひたすら題目の五字を下種しなければ救済できない衆生であるとする。

この文は、末法の衆生は一乗を説く文上の法華経でも救済できず、題目の五字（南無妙法蓮華経）による下種以外に成仏させることはできないことを明確に示しており、いわゆる「種脱相対」を明示した文として重要である。

第二章・第三章を整理すれば、次のようになろう。

正像——衆生に過去の下種あり（本已有善）——摂受
　——釈尊————小乗・大乗の法
末法——衆生に過去の下種なし（本未有善）——折伏
　——不軽（日蓮）——南無妙法蓮華経

第四章——一〇二七頁一五行目「ことに真言宗の学者、迷惑を懐いて三部経に依憑し」～一〇二八頁四行目「本尊に法華経を置きし、これなり」。

ここでは、真言宗本来の教義が説くのは菩薩乗までで仏乗を説いておらず、そのため即身成仏や草木成仏の法理などは真言宗本来の教義には全く存在しないことが示される。善無畏三蔵らはインドから中国に真言密教をもたらした際、既に天台宗が中国に流布しているのを見て、従来の自らの教義では対抗できないことを知り、天台宗の教義を自宗に取り入れて真言宗の教義とした。このような歴史的な事実が明示される。日蓮はここで、真言密教の教理的な浅薄さとそれを偽ってきた欺瞞性を指摘しているのである。

第五章――一〇二八頁五行目「問うて曰わく、今時の真言宗の学者」～同頁一〇行目「この消息の詮にあらざれば、これを出ださず」。

三論宗の吉蔵《きちぞう》、華厳宗の法蔵《ほうぞう》・澄観《ちょうかん》、法相宗の玄奘《げんじょう》・慈《じ》恩《おん》らの諸宗の祖師たちが天台に帰服していることを指摘し、彼らの類型として、

①心を移して身を移さず、
②身を移して心を移さず、
③身心共に移す、
④身心共に移さず、

の四つがあることを示している。ただし、「その証文は別紙にこれを出だすべし」（一〇二八頁）として別の書に譲っている。

この四類型を示した書としては「真言七重勝劣事《しんごんしちじゅうしょうれつじ》」がある。そこには次のように示されている。

「一に身心ともに移る　――三論の嘉祥《かじょう》大師／華厳の澄観法師
二に心移りて身移らず――真言の善無畏《ぜんむい》・不空／華厳の法蔵／法相の慈恩
三に身移りて心移らず――慈覚大師／智証大師
四に身心ともに移らず――弘法大師」（一三二一頁）

「真言七重勝劣事」は従来、文永七年の成立とされてきたが、近年の研究では身延期成立が有力視されている。同書が「曾谷抄」にいう「別紙」であるとは断定できないが、少なくとも「曾谷抄」成立の当時、この四類型が日蓮に強く意識されており、それが「真言七重勝劣事」にも表れている。「真言七重勝劣事」の成立が身延期とされることは、「曾谷抄」の身延期成立説を支える一つの材料となろう。

第六章――一〇二八頁一〇行目「仏滅後に三時有り」～同頁一八行目「四つの義有り、先のごとし」。

正法時代の前半五百年と後半五百年の仏法弘通を示す。前半五百年は釈尊の直弟子である迦葉・阿難らが小乗教を弘通し、後半五百年は馬鳴《めみょう》・竜樹・無著《むじゃく》・世親（天親）らが法華経を除く大乗教を弘通した旨を述べる。

迦葉・阿難らが大乗教を、竜樹・天親らが法華経を弘めなかった理由として、

①自身にその能力がなかった、
②衆生に機根がなかった、
③仏より譲り与えられていなかった、
④時が来ていなかった、

の四点を挙げている。

第七章――一〇二八頁一八行目「問うて曰わく、諸の真言師の云わく」～一〇二九頁九行目「これらはしばらくこれを置く」。

ここでは、真言宗のいわゆる「鉄塔相承」の説を破折する。鉄塔相承とは、竜樹（竜猛）が顕教である華厳・法華等を馬鳴から受けて提婆菩薩に伝え、密教を南インドの鉄塔で大日如来と金剛薩埵から受けて竜智菩薩に伝え、それが善無畏・金剛智・不空に伝えられて中国に伝来したというものである。この説は中国真言宗で作られ、空海によって日本にもたらされて仏教界一般に流布していた。それに対して日蓮は、この説は経論に根拠のない妄語に過ぎないと一蹴している。

そもそも大日如来・金剛薩埵・竜智菩薩といっても歴史的に実在しない架空の存在であり、南インドの鉄塔も同様である。要するに鉄塔相承説は、竜樹の権威を借りて自らを正当化するために真言宗が捏造したものに過ぎない。日蓮は、竜樹を利用した真言宗の欺瞞性を厳しく指摘している。

第八章――一〇二九頁一〇行目「像法に入って一千年」～同頁一八行目「漢土の学者このことを知らず」。

像法時代の中国における仏教状況に触れた箇所である。像法時代にインドから中国に仏教が伝来したが、仏教内部で見解が分裂し混乱した。その中で南岳大師・天台大師が出現して法華経を宣揚したが、その後、中国に伝来した法相宗・華厳宗・真言宗が既存の天台宗に勝ると主張する事態となった。

第九章――一〇三〇頁一行目「像法の末八百年に相当たって」～同頁五行目「重病を治せんとする、これなり」。

像法の末に、南岳・天台もなしえなかった大乗戒壇建立を日本の伝教大師が実現したが、伝教は天台宗と真言宗の勝劣については明確にしなかったことを述べる。

第十章――一〇三〇頁六行目「今末法に入って二百二十余年」～同頁一三行目「『恒河沙の如し』等云々」。

末法の状況として、大謗法の者が国中に充満した結果、正嘉の大地震、文永の大彗星などの天変地夭が起きていることを述べる。後の「撰時抄」では謗法の結果としてさらに蒙古襲来が加えられるが、「曾谷抄」ではそこまでは触れられていない。

第十一章――一〇三〇頁一三行目「今のあたりこの国を見聞するに」～一〇三一頁三行目「細科を捨て元意を取るがごとし」。

法華経において釈尊から付属を受けたのが地涌の菩薩であること、また地涌の菩薩に付属した法体が法華経の中でも「広」「略」ではなく「要」である妙法蓮華経の五字であることを述べる。付属を受けた主体が地涌の菩薩であることは、それまで「観心本尊抄」で示されているが、「曾谷抄」では地涌の菩薩の上首である四大菩薩を強調している。「撰時抄」ではさらに進んで主体を上行菩薩とする。ここに日蓮の思想展開の過程を見ることができる。また付属の法体を「広」「略」でなく「要」の妙法五字とすることは「法華取要抄」と同一である。

第十二章――一〇三二頁三行目「この四大菩薩は釈尊の成道の始め」～同頁一八行目「諸大菩薩に超過せり」。

地涌の菩薩が正像ではなく末法に限って出現することが述べられている。このことは「観心本尊抄」において既に触れられているテーマだが、地涌の出現が末法に限られる理由について「観心本尊抄」では詳しく述べられていない。「曾谷抄」は、まさにこの問題について第十二章と十三章にわたって論じている。

第十二章では、地涌の出現が末法に限られる理由として、

①地涌の菩薩は長い期間、娑婆世界に住している、

②地涌の菩薩は釈尊が久遠以来、初めて発心させた弟子である、

③地涌の菩薩は釈尊が最初に下種した菩薩である、

の三点が挙げられる。

要するに、地涌の菩薩は釈尊の最初の弟子として他の菩薩よりも長く妙法を受持し、長く娑婆世界に縁してきた存在であるから、他の菩薩よりも末法の弘通を行う力を備えているという趣旨である。

第十三章――一〇三三頁一行目「問うて曰わく、その証拠いかん」～同頁一五頁「応生するもまたまたかくの如し』云々」。

ここでは第十二章を裏づける文証として、法華経涌出品と天台・妙楽等の文を挙げる。それらの文の趣旨は、「経釈の心は、迦葉・舎利弗等の一切の声聞、文殊・薬王・観音・弥勒等の迹化・他方の諸大士は末世の弘経に堪えずと云うなり」(一〇三三頁)と、地涌の菩薩以外の声聞・菩薩は末法の弘通を行うだけの能力がないことを示すところにあるとしている。

その上で、ここでは、「濁悪の衆生、この大士(地涌の菩薩のこと――引用者)に遇って仏種を殖うること、例せば水精の月に向かって水を生じ、孔雀の雷の声を聞いて懐妊するが如し」(同頁)として、地涌の菩薩こそが末法の濁悪の衆生を下種する主体者であることを宣言している。

第十四章――一〇三三頁一六行目「慧日大聖尊、仏眼をもって」～一〇三四頁三行目「捃拾《くんじゅう》の遺属なり」。

釈尊が上行などの四大菩薩に伝えた要法の経文は口伝によって伝えるとする。その上で要法以外の「広」「略」の

教えと釈尊一代の一切経を正像二千年の衆生のために文殊・観音等の菩薩や諸天に付属したと述べられている。「広」「略」が正像、「要」が末法という位置づけが明確にされている。

釈尊から地涌の菩薩へ要法を付属した経文は、「観心本尊抄」「三大秘法抄」にも示されているように、神力品のいわゆる結要付属の文、すなわち「要をもってこれを言わば、如来の一切の所有の法、如来の一切の自在の神力、如来の一切の秘要の蔵、如来の一切の甚深の事《じ》は、皆この経に於いて宣示顕説す」(法華経五七二頁)である。

しかし、釈尊が地涌の菩薩へ付属する経文がこの結要付属の文であることは天台教学の常識であり、口伝によって伝えるような秘事ではない。それにもかかわらず日蓮が口伝によって伝えるとしたのは何故か。このことは軽々に論ずることはできないが、考察する一つの要素として日興門流に伝承された相伝である「上行所伝三大秘法口訣《くけつ》」(『富士宗学要集』第一巻四五頁)がある。これは三大秘法と戒定慧の三学の関連を示し、三大秘法の依文として法華経神力品の「能く是の経を持たん者は」以下の神力品末尾の文を挙げ、その文についての解釈を述べたものである。「三大秘法口訣」についての詳しい検討が必要だが、「三大秘法口訣」が「曾谷抄」の「口伝」に相当する可能性は否定できない。神力品の文を三大秘法の根拠とすることは、他宗との公場対決の可能性もあった当時、まだ公表することをはばかられるものであったので、口伝に譲ったと考えることもできよう。

第十五章――一〇三四頁四行目「ここをもって滅後の弘経に於いても」~一〇三五頁一行目「一を挙げんに万を察せよ」。

迦葉・阿難から竜樹・南岳・天台にいたる正像時代の弘通に触れ、南岳・天台の弘通も法華経の「広」「略」を本とするもので「要」には及んでいないことを確認している。また、伝教が大乗戒壇を建立して全仏教を法華経のもとに統一したことを述べている。

第十六章――一〇三五頁二行目「弘法大師の十住心論《じゅうじゅうしんろん》」~同頁一八行目「末学等、眼を閉じてこれを案ぜよ」。

弘法大師空海が「十住心論」などで法華経を「戯論《けろん》」「無明の辺域」と下し、また天台大師など中国の諸師が六波羅蜜経の醍醐の法を自宗の中に盗み取ったと主張していることに対し、それらが何の根拠もない悪口であること、また六波羅蜜経は唐代の末に中国に伝来した経であるから、それ以前の人である天台などがそれを盗める道理がないことを指摘し、弘法の主張を大謗法と破折している。

第十七章――一〇三六頁一行目「問うて曰わく、昔より已来いまだかつて」～同頁一八行目「これらはしばらくこれを止どむ」。

中国の南三北七の邪義を天台大師が、法相宗の慈恩や得一などの邪義を伝教大師が破折したことを述べるとともに、日本の法然や弘法の邪義は日蓮以外に誰人も破折することがなかったとする。

邪義を容認せずに徹底的に批判し破折していく思想闘争は天台・伝教も行ってきた正当な行為であることを示すとともに、天台・伝教も破折せずに残した邪法を日蓮が破折していることを述べている。

第十八章――一〇三七頁一行目「迦葉・阿難等、竜樹・天親等」～一〇三八頁一三行目「客人の来たるには鵶鵲のごとし」。

大集経の五箇の五百歳と法華経薬王品の「後の五百歳広宣流布」の経文を挙げ、日蓮の時代が大集経の第五の五百歳（闘諍言訟・白法隠没）に当たり、薬王品の文が今の日本国に当たるとする。その上で弥勒菩薩の「瑜伽論《ゆがろん》」の「東方に小国有り」の文、僧肇《そうじょう》の「この経典、東北に縁有り」の文、遵式《じゅんしき》の「始め西より伝う。なお月の生ずるがごとし。今また東より返る。なお日の昇るがごとし」の文、伝教大師の「代を語れば則ち像の終わり末の初め……」（「法華秀句」）、「正像やや過ぎおわって末法はなはだ近きに有り……」（「守護国界章」）の文を引く。

このうち、法華経薬王品の文、遵式と伝教の文は既に「顕仏未来記」でも引かれており、また大集経の五の五百歳説、瑜伽論と僧肇の文を引いて日本が法華経有縁の国であることを示すことは「南条兵衛七郎殿御書」に見ることができる。すなわち末法における妙法流布を予言するだけではなく、日本国という具体的な国までも指し示して宣言したのが「曾谷抄」の趣旨である。

さらに「曾谷抄」のこの章は伝教の文に触れて、「大師、薬王菩薩として霊山会上に侍して、仏、上行菩薩出現の時を兼ねてこれを記したまう故に、ほぼこれを喩《さと》すか。しかるに予、地涌の一分に非ざれども兼ねてこのことを知る故に、地涌の大士に前立ちてほぼ五字を示す」（一〇三八頁）と、四大菩薩の中でも上行菩薩が末法流布の教主であることを示唆し、日蓮自身がそれに当たることを謙遜の表現をもって婉曲に示していることが注目される。「曾谷抄」で婉曲に示された「日蓮本仏論」は、まもなく著される「撰時抄」においてさらに明確に説かれることとなる。

第十九章――一〇三八頁一三行目「この大法を弘通せしむるの法には」～一〇三九頁一行目「伝教大師は国道《くにみち》・弘《ひろ》世《よ》等を恃怙《たの》む云々」。

越中（富山県）に所領をもっている曾谷教信・大田乗明に対し、領地内ならびに近辺の諸寺にある文献の収集を依頼した箇所である。ここで留意したいのは、「もし黙止して一期を過ぐるの後には、弟子等定んで謬乱出来の基《もとい》なり。ここをもって愚身、老耄已前にこれを糾調せんと欲す」（一〇三八頁）とあるように、文献収集の目的が弟子たちの育成・教育にあるということである。日蓮が本格的に弟子の育成に力を注いだのは身延入山以後であるから、そのことからも本抄の成立が身延入山後であることをうかがうことができる。

また、「この大法を弘通せしむるの法には必ず一代の聖教を安置し八宗の章疏を習学すべし」（一〇三八頁）との言葉から、日蓮は可能であれば一代聖教を完備した大規模な施設を構想していたとも考えられ、そのような施設を置くことができる場所としては身延の地以外には考えにくい（流人の境遇である佐渡では到底不可能であり、また赦免直後では落ち着く場所も決まっていないのであるから大規模な文献収集に着手できる状況ではない）。

第二十章――一〇三九頁二行目「仁王経に云わく『千里の内をして」～同頁一四行目「何ぞ大福無からん」。

仁王経・法華経ならびに伝教大師の文を引いて、正法を行ずる功徳と誹謗した場合の罰を強調している。

「今この亀鏡をもって日本国を浮かべ見るに、必ず法華経の大行者有るか。既にこれを謗る者に大罰有り。これを信ずる者、何ぞ大福無からん」（一〇三九頁）と、日本に「法華経の大行者」のあることを宣言し、自身がそれに当たることを示唆している。この点も後に「撰時抄」において本格的に述べられることになる。

ここで注目されるのは「二つの日、二つの月」の難がまだ現れていないとしていることである。そこで「法華取要抄」で、「今年佐渡国の土民は口々に云う。『今年正月二十三日の申の時、西の方に二つの日出現す』。あるいは云わく『三つの日出現す』等云々」（三三六頁）と「二つの日」「三つの日」出現が述べられていることによって「曾谷抄」の成立は「法華取要抄」以前であるとする見方が成立する。しかし、問題はそれほど単純ではないと思われる。ここで詳しく述べる余裕はないが、「法華取要抄」「曾谷入道殿許御書」両抄の書かれた目的、意義づけ等を慎重に考慮する必要があるからである。「法華取要抄」を踏まえつつも、曾谷・大田両人に対してはあえて「二つの日なし」と述べた可能性もありうると思われる。

第二十一章――一〇三九頁一五行目「今、両人、微力を励まし」～末尾。

曾谷教信に対し、大田乗明と連絡を取り、文献収集の発願を実現するよう重ねて要請し、本抄を結んでいる。

「曾谷抄」の特徴として挙げられる点は、真言宗に対する本格的破折が見られることである。

日蓮の真言密教破折は、それまでも「諸宗問答抄」（文永六年頃）、「善無畏三蔵抄」（文永七年）、「真言天台勝劣事」（文永七年）、「早勝問答」（文永八年）、「真言見聞」（文永九年）、「法華真言勝劣事」（建治年間）、「真言七重勝劣事」（身延期）などの諸抄があるが、それらは対論における破折内容を門下に示したものか、ないしは破折の論点を整理するための「覚書」的なものである。真言密教に対する本格的な破折が展開されるのは佐渡流罪以後であることはよく知られている。その理由については「三沢抄」に次のように述べられている。

「また法門のことは、さどの国へながされ候いし已前の法門はただ仏の爾前の経とおぼしめせ。この国の国主、我が代をもたもつべくは、真言師等にも召し合わせ給わんずらん。爾《そ》の時まことの大事をば申すべし。弟子等にもないない申すならば、ひろうしてかれらしりなんず。さらばよもあわじとおもいて各々にも申さざりしなり」

（一四八九頁）

「曾谷入道殿許御書」に見られる真言批判は、「撰時抄」「報恩抄」等に見られる本格的な真言破折の出発点ともいうべき内容となっている。

「曾谷入道殿許御書」に見られる真言破折の要点を示せば次のようになる。

①大日経などでは種熟脱が説かれていないので、真言宗が即身成仏を主張しても何の実体もなく、譬えば庶民が勝手に帝王であると名乗って処刑されるようなものである。

②中国真言宗の祖である善無畏・金剛智・不空などは天台の法理を大日経などに取り入れた。彼らはその罪を悔い、真言宗を捨てている。

③真言師が言う「釈尊滅後八百年に竜樹（竜猛）菩薩が顕教を提婆菩薩に伝え、密教を竜智菩薩に伝えた」との鉄塔相承説は、どの経論にも根拠のない大妄語である。

④弘法が法華経を指して「戯論の法」「無明の辺域」と下し、天台大師などを盗人と誹謗したのは何の根拠もなく、慈恩・得一・善導・法然などとは比較にならないほどの大謗法である。

⑤弘法の流れを汲む正覚房覚鑁《かくばん》が「顕教の者は真言師の履物取りにも及ばず」というのは弘法の「戯論の法」との悪口から出たもので、大謗法に他ならない。

以上、「曾谷抄」の概略を見てきたが、正像末に及ぶ仏教弘伝を概観するとともに真言宗に対する本格的な破折を記述した「曾谷抄」は、「撰時抄」「報恩抄」で詳細に展開される歴史認識と密教批判の前提となる準備的作品ということができよう。

4　公場対決への動き

「曾谷入道殿許御書」（曾谷抄）で日蓮が書籍の収集・整備を意図した背景には、諸宗との法論（公場対決）への準備という面があったと考えられる。

事実、建治元（一二七五）年の十二月には真言僧強仁《ごうにん》から法論の挑戦がなされた。それに対する返報が「強仁状御返事」（一八四頁、真筆現存）である。

同書で日蓮は、私的な法論は単なる「喧嘩」に過ぎない故に、強仁から幕府と朝廷に奏上して公の場で法論をすべきであると返答している。

強仁がどのような人物か、詳しいことは一切不明である。日蓮の諸宗破折を聞いて、日蓮に一矢報いようと法論を挑んできたのであろう。しかし、日蓮から「幕府と朝廷に奏上した上で公場で法論せよ」と切り返されて、その後は結局、何の返答もできずに終わってしまった。取るに足りない人物ではあるが、日蓮は慎重・周到に対応した。「日乾《にちけん》目録」「日筵《にちえん》目録」によれば、「強仁状御返事」を執筆するに際し、草案を作成したと見られる。

なお「強仁状御返事」では、「真言宗の元祖たる東寺の弘法、天台山第三の座主慈覚、この両大師、法華経と大日経との勝劣に迷惑し、日本第一の聖人なる伝教大師の正義を隠没してより已来、叡山の諸寺は慈覚の邪義に付き、神護七大寺は弘法の僻見に随う。それより已来、王臣、邪師を仰ぎ、万民、僻見に帰す」（一八五頁）と、弘法と並んで慈覚を破折の対象にしていることが注目される。「台密」の破折は「撰時抄」「報恩抄」に詳しく展開されるが、建治元年の時点で既に「台密」破折の線を明らかにしていたことが分かる。

翌建治二（一二七六）年正月に日蓮は清澄寺の大衆に対して書簡を送った（「清澄寺大衆中」八九三頁）。

同抄では、「そもそも参詣を企て候わば、伊勢公の御房に十住心論・秘蔵宝鑰《ひぞうほうやく》・二教論等の真言の疏を借用候え。かくの如きは真言師蜂起の故にこれを申す。また、止観の第一・第二、御随身候え。東春《とうしゅん》・輔正記《ふしょうき》なんどや候らん。円智房の御弟子に観智房の持ちて候なる宗要集かしたび候え。それのみならず、ふみの候由も人々申し候いしなり。早々に返すべきのよし、申させ給え。今年はことに仏法の邪正たださるべき年か」（同頁）と述べられている。主に真言宗を相手にした法論に備えて各種文献の収集に努めていることがうかがわれる。「今年はことに仏法の邪正たださるべき年か」とあるところから、この当時、真言宗を中心とする既成仏教勢力からの法論の動きがあったと推定される。強仁からの法論の申し出は、その一端であったと見られる。

建治二年七月、日蓮は、剃髪の師匠である道善房《どうぜんぼう》死去の報に接して、追善のため「報恩抄」を執筆した。「報恩抄」を五老僧の一人である日向《にこう》に持たせて清澄寺に派遣しているが、「報恩抄送文」には日向について、「この御房はまた、内々、人の申し候いしは『宗論やあらんずらん』と申せしゆえに、十方にわかって経論等を尋ねしゆえに、国々の寺々へ人をあまたつかわして候に、この御房はするが（駿河）の国へつかわして、当時こそ来たって候え」（三三〇頁）と述べている。この文によれば、日蓮が法論の準備のため、各地に弟子を派遣して文献の収集に努めていることが分かる。

諸宗との公場対決は、日蓮がかねてから主張してきたところであり、それが実現すれば、諸宗の教義の誤謬と日蓮の主張の正しさを広く人々に知らせ、正法を流布する重要な契機となる。

日蓮が待望していた公場対決は、弘安元（一二七八）年三月に至って、いよいよ実現への動きが現れた。それについて、弘安元年三月二十一日の「諸人御返事」（真筆完存）には次のように記されている。

「三月十九日の和風《つかい》並びに飛鳥《ふみ》、同じく二十一日戌《いぬ》の時到来す。日蓮一生の間の祈請並びに所願、たちまちに成就せしむるか。はたまた、五五百歳の仏記あたかも符契の如し。所詮、真言・禅宗等の謗法の諸人等を召し合わせ、是非を決せしめば、日本国一同に日蓮が弟子・檀那と為り、我が弟子等の出家は主上・上皇の師と為らん。在家は左右の臣下に列《つら》ならん。はたまた、一閻浮提、皆この法門を仰がん」（一二八四頁）

しかし、公場対決は、結局、実現することはなかった。既成仏教勢力からすれば、法論といっても日蓮を攻撃するための手段の一つであり、自身の宗教的・社会的生命を危険に晒すような真剣な対決など想定の外であったであろう。文字通りの「公場対決」など、望むべくもなかったといえよう。

5 「撰時抄」

（1）「日蓮本仏」の宣言書

建治元（一二七五）年、日蓮は「宗教の五綱」のうち、とりわけ「時」を中心に仏教史を論じた「撰時抄」を撰述した（本抄の真筆は各地に散在し、系年については異説もあるが、ここでは触れない）。「撰時抄」の題名は日蓮自身によるものである。

日興の弟子日澄《にっちょう》が執筆したとされる「富士一跡門徒存知《ふじいっせきもんとぞんち》の事《こと》」（二六〇五頁）によれば、「撰時抄」は日興の外戚にあたる河合の由比《ゆい》氏に与えられた。由比入道は、日興の母方の祖父で、幼少時代の日興を養育した人物として知られる。由比家は社会的に安定した有力な一族であり、その一門には日興の教導を受けた強信な門下が多かったので、日蓮は「撰時抄」を後世に伝える意味で由比氏に与えたと考えられる。

冒頭に、「夫れ仏法を学せん法は、必ず先ず時をならうべし」（二五六頁）とある通り、本抄の根本テーマは「時」である。本抄において日蓮は「機」よりも「時」を重視し、「時」を五綱の中心的概念に置いている。このことは次の諸文に明らかである。

「機は有りしかども、時の来たらざれば、のべさせ給わず」（同頁）、

「機の熟・不熟はさておきぬ。時の至れるゆえなり」（同頁）、

「機に随って法を説くと申すは大なる僻見《びゃっけん》なり」（二六七頁）

「時」によって自ずから弘めるべき「教」が確定され、「教」が定まれば、その教えを弘通する「師」も明らかとなる。そのうえで衆生の「機」および「国」は、「師」が「教」を弘通する際の付随的条件となる。

まず「時」について日蓮は、あくまでも時の判断は経典によるべきであるとの立場に立つ。「撰時抄」で用いられているのは、他の御書と同様、基本的には大集経の「五の五百歳」説である（「守護国家論」では、賢劫経《けんこうきょう》・大術経《だいじゅっきょう》・大集経・末法灯明記によって釈尊滅後二千年以後を末法とする説を用いている）。すなわち、「闘諍言訟・白法隠没」の末法においては、「かの白法隠没の次には法華経の肝心たる南無妙法蓮華経の大白法の、一閻浮提の内八万の国あり、その国々に八万の王あり、王々ごとに臣下並びに万民までも今日本国に弥陀称名を四衆の口々に唱うるがごとく、広宣流布せさせ給うべきなり」（二五八頁）として、釈尊の「白法」は全て隠没し、それに代わって南無妙法蓮華経の「大白法」が流布すべき時代であるとする。つまり、末法弘通の法体は釈尊の説いた文上の法華経ではなく、法華経の肝心（文底）である南無妙法蓮華経であることを明示している。

弘通の法体が南無妙法蓮華経であるならば、その「教」を弘通した人こそが末法の「師」（教主）となる道理である。南無妙法蓮華経を初めて弘めた人は日蓮以外にないのであるから、日蓮を末法の教主（本仏）とすることが論理必然的に導きだされる（文上法華経の教主である釈尊は正像の教主であっても末法の教主にはならない）。「撰時抄」では随所に日蓮自身が末法の「師」であることが明示されている。日蓮が主師親の三徳を具備する末法の教主（本仏）である

ことは「開目抄」などで既に示されているが、「撰時抄」ではさらに踏み込んだ言明が見られる。まさに「撰時抄」こそ「日蓮本仏」の宣言書といっても過言ではない。

（2）仏教史観の展開

「撰時抄」の特徴の一つは、釈尊滅後から末法今時に至るまでの仏教流伝の歴史観が詳細に示されていることである。正法・像法時代二千年に及ぶ歴史を踏まえるだけでなく、さらに日蓮が教主として弘通する南無妙法蓮華経が未来にわたって全世界に広宣流布していくことを宣言した予言書の意義をも含む。いわば、本抄は過去・現在・未来にわたる仏教の展開を述べている。

本抄の仏教史の記述は、大集経の五箇の五百歳説に基づき、各時代の「師」と「教」を示す形でなされている。

その概要を示すならば、まず釈尊滅後初めの五百年（正法時代前半＝解脱堅固）は迦葉・阿難から脇比丘《きょう》などがインドで小乗教を弘めた時代である。大乗経も成立していたが、弘通されていなかった（二六一頁）。

次の正法時代後半の五百年（禅定堅固）は、馬鳴《めみょう》・竜樹などがインドに出現し、小乗教に対抗して大乗教を弘通した時代である。しかし、法華経と他の大乗経との勝劣は明確にされなかった（同頁）。

像法時代前半の五百年（読誦多聞堅固）には仏教が中国に伝来し、諸経典の勝劣について混乱したが、天台大師がそれまでの学説を破折し、法華第一の教判を確立して諸経典の位置づけを明確にした（二六二頁）。また、この時代に仏教の諸宗が日本に伝来したが、天台宗は弘通されなかった（同頁）。

像法時代後半の五百年（多造塔寺堅固）には、中国に法相宗・華厳宗・真言宗などが伝来し、皇帝権力の保護を受けて隆盛したため、天台宗は衰退した。しかし、日本では伝教大師が出現して天台宗を伝え、天台大師も成し得なかった法華円頓戒壇を建立した（二六二頁から二六四頁）。

末法は「闘諍言訟・白法隠没」と説かれるように世界中で戦乱が起きる時代とされる。蒙古によって北宋が滅亡し、また日本も襲来を受けたことは、「闘諍言訟」との仏語が真実であることを証明している。一切の仏法が滅尽した後（白法隠没）、上行菩薩（日蓮）が弘通する南無妙法蓮華経が世界に流布することは疑いないことである（二六五頁）。

このような仏教の歴史的把握の結論として、南無妙法蓮華経の世界広宣流布を繰り返し強調していることが「撰時抄」の大きな特徴の一つである。

ちなみに該当する本抄の文を挙げれば、次のようなものがある。

「かの白法隠没の次には法華経の肝心たる南無妙法蓮華経の大白法の、一閻浮提の内八万の国あり、その国々に八万の王あり、王々ごとに臣下並びに万民までも今日本国に弥陀称名を四衆の口々に唱うるがごとく、広宣流布せさせ給うべきなり」（二五八頁）

「国主等そのいさめを用いずば、鄰国《りんごく》におおせつけて彼々の国々の悪王・悪比丘等をせめらるるならば、前代未聞の大闘諍、一閻浮提に起こるべし。その時、日月所照の四天下の一切衆生、あるいは国をおしみ、あるいは身をおしむゆえに一切の仏菩薩にいのりをかくともしるしなくば、かのにくみつる一《ひと》りの小僧を信じて無量の大僧等八万の大王等、一切の万民皆頭《こうべ》を地につけ、掌を合わせて一同に南無妙法蓮華経ととなうべし。例せば神力品の十神力の時、十方世界の一切衆生、一人もなく娑婆世界に向かって大音声をはなちて、『南無釈迦牟尼仏、南無釈迦牟尼仏。南無妙法蓮華経、南無妙法蓮華経』と一同にさけびしがごとし」（二五九頁）

「これをもって案ずるに、大集経の白法隠没の時に次いで法華経の大白法の日本国並びに一閻浮提に広宣流布せんことも疑うべからざるか」（二六五頁）

「衆流あつまりて大海となる。微塵つもりて須弥山となれり。日蓮が法華経を信じ始めしは日本国には一渧・一微塵のごとし。法華経を二人・三人・十人・百千万億人唱え伝うるほどならば、妙覚の須弥山ともなり、大涅槃の大海ともなるべし。仏になる道は、これよりほかにまたもとむることなかれ」（二八八頁）

（3）真言破折

「撰時抄」の特徴の一つは、台密（天台宗の密教）も含めて真言密教への本格的な破折が展開されていることである。それは、先に述べた「曾谷入道殿許御書」（曾谷抄）などでの真言批判を踏まえ、より詳細なものとなっている。「撰時抄」で示される真言破折の論点は次のようなものである。

①真言宗が依拠とし、竜樹（竜猛）造・不空訳としている「菩提心論」は竜樹の作ではなく不空三蔵の作であり、文証も現証も示さずに真言経典において即身成仏が説かれていると主張するなど、誤りが多い。

②善無畏・金剛智・不空らが中国にもたらした大日経などの真言経典の思想は華厳・般若・法華に比べて劣るものであったが、善無畏三蔵は法華経・大日経はインドでは同一の経であると言って天台僧一行《いちぎょう》を誑かし、大日経は印・真言が説かれている点で法華経よりも勝る、との学説を立てさせた。

③日本の弘法大師空海が「十住心論」などで法華経を「戯論の法」と言っているが、大日経・金剛頂経などには根拠となる文がまったくない。

④正覚房覚鑁《かくばん》が法華経などを指して「履物取りにも及ば

ず」と誹謗しているのは、現身のまま阿鼻地獄に堕ちたとされるインドの大慢婆羅門と同様である。
⑤天台座主の慈覚が「理同事勝《りどうじしょう》」の教義を立て、太陽を矢で射る夢を見たことを根拠に真言が法華に勝るとしたのは国を滅ぼすものである。その現証として、承久《じょうきゅう》の乱の時、真言密教の祈禱を行った朝廷方が惨敗した事実が挙げられる。

①から④までの論点は、それまでの他の御抄にも述べられてきたが、⑤の台密破折は「撰時抄」において、ほとんど初めて見られる論点である。台密破折は、これ以降、「報恩抄」などにおいてさらに詳細に展開されていくが、「撰時抄」はまさにその端緒をなすものといえる。

佐渡流罪以前において、真言密教なかんずく台密に対する破折を公表してこなかったのは、真言師との法論が予想されていたためであった。この事情については先に引いた「三沢抄」の文に示されている。

「撰時抄」において日蓮は、蒙古による北宋の征服、日本への襲来などの東アジアの動乱を直視し、その様相を「闘諍言訟・白法隠没」の「闘諍」に当てはめている。そのことが端的に見られるのは次の文である。

「今末法に入って二百余歳、大集経の『我が法の中に於いて闘諍言訟白法隠没』の時にあたれり。仏語まことならば、定んで一閻浮提に闘諍起こるべき時節なり。伝え聞く、漢土は三百六十箇国・二百六十余州はすでに蒙古国に打ちやぶられぬ。華洛《からく》すでにやぶられて徽宗《きそう》・欽宗《きんそう》の両帝、北蕃にいけどりにせられて、韃靼《だったん》にして終にかくれさせ給いぬ。徽宗の孫高宗《こうそう》皇帝は長安をせめおとされて、田舎の臨安行在府《りんあんあんざいふ》に落ちさせ給いて、今に数年が間京を見ず。高麗六百余国も新羅《しらぎ》・百済《くだら》等の諸国等も、皆大蒙古国の皇帝にせめられぬ。今の日本国の壱岐・対馬並びに九国のごとし。闘諍堅固の仏語地に堕ちず、あたかもこれ大海のしおの時をたがえざるがごとし」（二六四頁）

日蓮は「撰時抄」で蒙古襲来について深く思索し、その意味を述べている。

その一つの視点は、法華経の行者を迫害する故に諸天善神がその国を罰する姿として蒙古襲来があるというものである。その点は次の文などに見られる。

「闘諍堅固の時、日本国の王臣と並びに万民等が、仏の御使いとして南無妙法蓮華経を流布せんとするを、あるいは罵詈《めり》し、あるいは悪口し、あるいは流罪し、あるいは打擲し、弟子・眷属等を種々の難にあわする人々、いかでか安穏にては候べき。（中略）蒙古のせめも、またかくのごとくなるべし。設い五天のつわものをあつめて鉄囲山《てっちせん》を城とせりともかなうべからず。必ず日本国の一

切衆生、兵難に値うべし。されば、日蓮が法華経の行者にてあるなきかはこれにても見るべし」(二六五頁)

もう一つの視点は、蒙古襲来の危機が妙法流布の契機になるというものである。この点は次の文などに見られる。

「いまにしもみよ、大蒙古国、数万艘の兵船をうかべて日本をせめば、上一人より下万民にいたるまで、一切の仏寺・一切の神寺をばなげすてて、各々声をつるべて『南無妙法蓮華経、南無妙法蓮華経』と唱え、掌を合わせて『たすけ給え、日蓮の御房、日蓮の御房』とさけび候わんずるにや」(二八六頁)

蒙古襲来について二重の意義を見ていく点は、天変地夭について正法誹謗の報いとする視点(「立正安国論」など)と、妙法流布の瑞相と見る視点(「顕仏未来記」など)の両面が説かれることと軌を一にしている。

「撰時抄」執筆の前年に起きた第一回の蒙古襲来(文永の役)の場合、蒙古・高麗軍が短期間で撤退したため、かろうじて最悪の事態は免れたが、再度の襲来は必至であり、「撰時抄」成立当時は日本の社会全体が政治的にも宗教的にも異常な緊張状態にあった。いわば日本にとって、国家の存亡を賭けた最大の危機に直面していたと言っても過言でない。しかし、外国軍隊による侵略・征服という最大の危機をも日蓮は「災厄」とせず、むしろ妙法を流布していく契機として積極的に捉えていたのである。

以上の概略を踏まえて、次に「撰時抄」の内容を具体的に考察していくこととする。章立ては池田大作著『池田大作全集27　撰時抄講義』による。

第一章——二五六頁一行目「夫れ仏法を学せん法は」~同頁五行目「時を糺さざるべしや」。

「曾谷入道殿許御書」(曾谷抄)では五綱全体が扱われたが、「撰時抄」では五綱の中でも「時」が要であることを示す。「時」という視座から仏法流布の在り方を論ずるのが本抄の特徴である。

第二章——二五六頁五行目「寂滅道場の砌《みぎり》には」~同頁一三行目「『大乗を説かん』等云々」。

法華経が説かれたのも衆生の機根によるのではなく「時」が来たからであるとの認識を示す。

第三章——二五六頁一四行目「問うて云わく、機にあらざるに」~二五七頁一六行目「いかにもとかせ給わぬにや」。法華経には「機根に応じて法を説け」という立場(摂受)と「機根に関わらず法を説け」とする立場(折伏)の両説があるが、天台・章安は「時」によって摂受・折伏のいずれをとるかが決定されるとする。「曾谷抄」の第二章・第三章と同じ問題提起である。「曾谷抄」では天台の釈を踏まえて摂受・折伏を釈迦・不軽に対応させて正像末の三時に配当したが（正像＝摂受・釈迦、末法＝折伏・不軽）、撰時抄ではその選択の基準は「時による」とする。

第四章――二五七頁一七行目「問うて云わく、いかなる時にか小乗」～二五八頁一七行目「広宣流布せさせ給うべきなり」。

「時」を知る基準として、大集経の「五箇の五百歳」説（①解脱堅固②禅定堅固③読誦多聞堅固④多造塔寺堅固⑤闘諍言訟・白法隠没）を挙げる。道綽《どうしゃく》など念仏の祖師が浄土教をもって第五の五百歳の「白法隠没」の時に広まる「大白法」とするのに対し、日蓮は「かの白法隠没の次には法華経の肝心たる南無妙法蓮華経の大白法の、一閻浮提の内八万の国あり、その国々に八万の王あり、王々ごとに臣下並びに万民までも今日本国に弥陀称名を四衆の口々に唱うるがごとく、広宣流布せさせ給うべきなり」（二五八頁）として、法華経の肝心である南無妙法蓮華経こそが一閻浮提に広宣流布する大白法であるとする。

二十八品の法華経ではなく、法華経の肝心である南無妙法蓮華経が末法流布の法体であると明言していることが注目される。「法華経の肝心」との表現によって文上の法華経を退けて法華経文底の妙法を選択する「種脱相対」の趣旨が示されている。

第五章――二五八頁一八行目「問うて云わく、その証文いかん」～二五九頁一四行目「一同にさけびしがごとし」。

末法に南無妙法蓮華経が流布することの文証として、法華経薬王品の「我が滅度の後、後の五百歳の中に広宣流布して閻浮提において断絶せしむることなけん」等の文が示される。

ここで重要なのは、「文の心は」として示される末法流布の様相である。

そこでは次の内容が説かれる。

①悪鬼が身に入った大僧などが国に充満している時に一人の智人が現れる。

②大僧が権力者や民衆を動かして智人を悪口罵詈し、杖木瓦石・流罪死罪などの迫害を智人に加える。

③釈迦・多宝・十方の諸仏が地涌の菩薩に命じ、地涌の菩薩は梵天・帝釈・日月天などに命じ、その結果、その国に天変地夭が盛んに起きる。

④天変地夭による警告を国主が用いなければ、隣国に命じて智人を迫害している国の悪王や悪僧を責めさせ、前代未聞の大闘諍が全世界に起きる。

⑤その結果、無量の大僧や国王、民衆は、それまで迫害してきた一人の小僧（智人）を信じ、手を合わせて一

同に南無妙法蓮華経と唱える。

ここに説かれる智人が日蓮を指すことはいうまでもない。すなわち、日本に頻発する天変地夭や蒙古襲来は日蓮を迫害したために起きた結果であり、またその戦乱が妙法流布の契機になるとしているのである。

もとより日蓮は戦争を望んでいるのでないが、戦争による混乱が社会を大きく変える動因となり、そこから妙法の興隆・流布が始まるとの認識が示される。ここに、苦難をもって向上への転機とする、煩悩即菩提・変毒為薬《へんどくいやく》の法理に裏づけられた日蓮の積極的な歴史観が表れている。この文は、本抄成立の前年である文永十一（一二七四）年十月に第一回の蒙古襲来があったことを受けて記されたものである。この箇所は、蒙古襲来の宗教的意義付けを示したという点で、重要な意味がある。

日蓮の時代において、蒙古による日本侵略は失敗に終わった。しかし、第二次世界大戦の終結を契機にして日本に創価学会が興隆・発展し、創価学会インタナショナル（SGI）によって今日では世界的な規模で南無妙法蓮華経の流布がなされている。この事実は、世界的な戦乱が妙法流布の契機になるとの本抄の言葉を裏づけるものといえよう。

第六章――二五九頁一五行目「問うて曰わく、経文は分明に候」〜二六〇頁一二行目「鬱頭羅弗《うずらんほっ》とはならじ』と云々」。

妙法の末法流布を裏づける文証として、天台・妙楽・伝教の末法を待望していた言葉を挙げる。彼らの時代は南無妙法蓮華経が流布する時ではなかった。それ故に日蓮は、「かの天台の座主よりも南無妙法蓮華経と唱うる癩人とはなるべし」（二六〇頁）と南無妙法蓮華経を行ずることの偉大さを強調している。

第七章――二六〇頁一三行目「問うて云わく、竜樹・天親等の論師の中に」〜二六一頁二行目「解脱堅固の時なり」。

竜樹・天親らは南無妙法蓮華経を内心では知っていたが外に対しては述べなかったとして、その理由として、

①機根がない、
②時がない、
③迹化の菩薩なので仏から妙法弘通の付嘱を受けていない、

の三点を挙げる。また、正法時代前半の五百年（解脱堅固）は迦葉・阿難などが小乗教を弘めた時代であるとする。

第八章――二六一頁二行目「正法の後六百年」〜同頁九行目「禅定堅固の時にあたれり」。

正法時代後半の五百年（禅定堅固）は、馬鳴・竜樹らが権大乗教を弘通したが法華経は弘めなかった時代であると

する。

第九章――二六一頁九行目「正法一千年の後は」～二六二頁四行目「読誦多聞堅固の時にあいあたれり」。

像法時代前半の五百年（読誦多聞堅固）の仏法流伝を述べる。この時代に仏教が中国に伝来したが、仏教内部で見解が多岐に分かれた。その中で天台大師が出現し、それまでの邪義を破って法華経第一の立場を明確にしたことを述べる。

第十章――二六二頁四行目「像法の後五百歳は」～二六三頁二行目「前二百余年が内なり」。

像法時代後半の五百年（多造塔寺堅固）のうち、前の二百年間の仏教状況に触れる。玄奘三蔵が法相宗、法蔵法師が華厳宗、善無畏・金剛智・不空が真言宗を中国にもたらして天台宗を批判したが、天台宗がその批判に反論しなかったので、人々が仏法に迷う事態になったことを述べている。

第十一章――二六三頁三行目「像法に入って四百余年」～同頁一一行目「入滅し了わんぬ」。

像法に入ってから四百年後に朝鮮半島の百済《くだら》国を通して日本に仏教が伝来し、その後、十五代にわたる天皇の統治期間に三論宗・成実宗・法相宗・倶舎宗・華厳宗・律宗の六宗が日本に伝えられた事実を述べる。

第十二章――二六三頁一一行目「その後、人王第五十代」～二六四頁一三行目「白法隠没の時にはあたらず」。

像法に入ってから八百年後に日本に伝教大師が出現し、既存の六宗の教義を破折したこと、さらに天台大師もなしえなかった大乗戒壇を建立したことを述べる。大乗戒壇建立について、「伝教大師は、その功を論ずれば竜樹・天親にもこえ、天台・妙楽にも勝れておわします聖人なり」（二六四頁）とその功績を強調している。大乗戒壇の建立によって、日本ではその戒壇で受戒することが正式な僧侶となるための要件となり、制度的に法華経のもとにあらゆる宗派が統合される体制が確立されたからである。この点について、この章で、「この日本国は、伝教大師の御弟子にあらざる者は外道なり、悪人なり」（二六四頁）と述べている。

第十三章――二六四頁一四行目「今末法に入って二百余歳」～二六五頁八行目「この事は一定なるべし」。

末法が大集経のいう「闘諍言訟・白法隠没」の時にあたっており、世界的な戦乱が起きる時代であるとする。蒙古によって北宋が滅ぼされて南宋も地方に追いやられたこと、朝鮮半島も侵略されたことなど、当時の世界情勢が大集経の予言の通りになっていることを指摘する。その上で、「大集経の白法隠没の時に次いで、法華経の大白法の日本国並びに一閻浮提に広宣流布せんことも疑うべからざるか」（二六五頁）として、末法は「法華経の大白法」が世界に広宣流布する時であることを宣言している。第四章と同様の趣旨である。

「法華経の大白法」とは文上二十八品の法華経ではなく、文底（肝心）の南無妙法蓮華経である。さらに、「後五百歳に一切の仏法の滅せん時、上行菩薩に妙法蓮華経の五字をもたしめて、謗法一闡提の白癩病の輩の良薬とせん」（二六五頁）と、末法（後五百歳）において一切の仏法が滅した時に人々を救済する良薬が妙法蓮華経の五字（南無妙法蓮華経）であること、その救済の主体者が上行菩薩であることを明示している。

第十四章――二六五頁八行目「このこと一定ならば闘諍堅固の時」～二六六頁一四行目「四海に肩をならぶべきや」。

ここでは、「法華経をひろむる者は日本国の一切衆生の父母なり。（中略）されば、日蓮は当帝の父母、念仏者・禅衆・真言師等が師範なり、また主君なり」（二六五頁）と、南無妙法蓮華経を弘める日蓮が主師親の三徳を具える末法の本仏であることが示される。また、「蒙古のせめもまた、かくのごとくなるべし」（同頁）、「日蓮は閻浮第一の法華経の行者なり。これをそしり、これをあだむ人を結構せん人は、閻浮第一の大難にあうべし」（二六六頁）として、蒙古襲来も日蓮を迫害した故に起きたものであることを重ねて述べている。

前章までで末法流布の法が南無妙法蓮華経であることを確認した後に、その南無妙法蓮華経を弘通する主体者である日蓮こそが末法の教主であることを明らかにしたのがこの章の趣旨である。

第十五章――二六六頁一五行目「疑って云わく、たとい正法の時は」～二六七頁八行目「大いなる僻見《びゃっけん》なり」。

正法時代に天親（世親）が「法華論」を造って法華経を宣揚し、インドでも法華経を弘通する仏教家が多数存在したと伝えられること、像法時代には天台大師が天台三大部によって法華経の法理を極め、伝教大師が円頓戒壇を建立したこと等の事実を挙げ、正法・像法時代にも法華経が広まったのではないかとの疑問を提示する。

この疑問に対し、この章では直接には回答は示されない。それは、次の第十六章から第十八章で正法・像法時代における法華経弘通の内容を検証することによって示されるからである。

ここでは、「機に随って法を説くと申すは大いなる僻見なり」（二六七頁）として、機根を基準にすることの誤りを示すにとどめている。仏法を判断する基準は機ではなく時であるとの本抄冒頭からの主張が底流にあるからである。

第十六章——二六七頁九行目「問うて云わく、竜樹・世親等は法華経の実義をば」〜二六九頁一二行目「第一の大事にては候らめ」。

竜樹・世親等、正法時代後半の祖師が弘めたのは華厳・方等・般若等の権大乗経であり、法華経を弘めていないことを確認する。その上で真言宗の不空三蔵が竜樹造と称する「菩提心論」を自宗の根拠としていることを取り上げ、「菩提心論」は不空の捏造によるものであり、竜樹造というのは偽りであると破折している。羅什三蔵以外の訳者には多くの誤りがあるが、とくに不空は誤りが多いだけでなく、人々を誑《たぶら》かす悪意があることを指摘している。

第十七章——二六九頁一三行目「疑って云わく、正法一千年の論師」〜二七一頁一行目「いまだ広宣流布の時にあらず」。

天台大師が『法華玄義』『法華文句』『摩訶止観』の三大部をもって法華経の法理を宣揚したことは法華経の広宣流布といえるのではないかとの問いに対し、天台の弘通は戒定慧のうち定と慧のみで戒壇の建立がないことを指摘し、天台の時代は読誦多聞堅固の時で法華経の広宣流布の時ではないとしている。

なお、この章では三論宗の吉蔵、律宗の道宣、華厳宗の法蔵が天台大師を賛嘆している文を引き、また真言宗の不空三蔵が天台に帰服したことを示す物語を『高僧伝』から引用している。これらは、天台滅後に伝来した諸宗を含めて、中国仏教全体が天台の法理の影響下にあったことを示す趣旨である。

第十八章——二七一頁二行目「問うて云わく、伝教大師は日本国の士《ひと》なり」〜二七二頁一八行目「広宣流布すべきやのこと不審極まり無きなり」。

ここでは伝教大師の事跡について述べている。一つは大乗戒壇の建立であり、一つは六宗を公場で論破したことである。大乗戒壇の建立は日本の仏教全体を法華経のもとに統合する偉業であった。故に日蓮は伝教のその功績を、「仏法の人をすべて一法となせることは竜樹・天親にもこえ、南岳・天台にもすぐれて見えさせ給うなり」（二七一頁）と述べている。

六宗の論破については延暦《えんりゃく》二十一（八〇二）年の高雄山《たかおさん》講経を取り上げ、六宗の高僧が提出した伝教への帰伏状を引用している。

その上で、伝教大師が従来の六宗の邪義を公場で打ち破っただけでなく比叡山に大乗戒壇を建立したことは法華経の広宣流布ではないかとの問いに対し、迦葉・阿難が弘通しなかった法を馬鳴・竜樹・提婆・天親が弘通し、竜樹・天親らが弘めなかった法を天台が弘通し、天台が弘通しなかった円頓戒壇を伝教が建立したことは明らかであるとする。

その上で、「仏滅後に迦葉・阿難・馬鳴・竜樹・無著・天親、乃至天台・伝教のいまだ弘通しましまさぬ最大の深密の正法、経文の面に現前なり」（二七二頁）と、天台・伝教も弘通していない最大・深密の正法が存在し、それは経文の上に顕れているとする。その正法が日蓮が弘通する南無妙法蓮華経であることはこれまでの論旨からいうまでもないが、南無妙法蓮華経は法華経の文底に秘沈されている法であり、経文の表には顕れていないはずである。それにもかかわらず、「撰時抄」で「経文の面に現前なり」としているのは何故か。

この点について考察した大石寺第二十六世日寛《にちかん》は、「依《え》義判文抄《ぎはんもんしょう》」で、「文底の義に依って今経の文を判ずれば、三大秘法あたかも日月の如し。故に経文の面に顕然なりと云うなり」（『六巻抄』一一六頁）として、文底の義から法華経を読めば、その文に妙法が説かれていることを読み取ることができるとしている。正法が「経文の面に現前」であるというのは、文底の南無妙法蓮華経の立場から文上の法華経を「解釈」した結果の表現である。

第十九章――二七三頁一行目「問う。いかなる秘法ぞ」～同頁一七行目「世間のたて入りの者のごとし」。

前章を受けて、経文の面に現前しているという秘法はどのようなものか、その名と義を尋ねるが、その問いには答えず、念仏宗・禅宗・真言宗を破折することが「三つの大事」であるとする。この三宗に対する破折は、以下の第二十、第二十一、第二十二の各章で示される。

ここでは、真言宗を破折する中で慈覚大師に触れ、慈覚が比叡山の天台宗を真言宗にしてしまったと批判している。天台座主である慈覚が真言宗に同《どう》じてしまったので、真言宗を批判する者はいなくなってしまったとする。

念仏や禅に対する批判はそれまでも天台宗などからなされてきたが、東密・台密を含めて真言密教を正面から破折するのは日蓮が初めてである。中でも台密破折は、日本仏教界において最高の権威と最大の勢力を持つ天台宗を正面から批判することであり、念仏・禅・律など新興勢力を相手にするのとは異なり、最強の敵を相手にすることに他ならない。その故に日蓮も台密破折は各宗破折の最後に置いた。「曾谷入道殿許御書」などのそれまでの御書では触れられなかった台密への本格的な破折がここから開始されていく。

第二十章――二七三頁一八行目「問うて云わく、この三宗の謬誤いかん」～二七四頁一七行目「童子に蔑如せらるるがごとし」。

曇鸞《どんらん》・道綽《どうしゃく》・善導・法然という念仏の系譜に触れ、「諸宗は正像二千年の上機の衆生のための教えであり、末法の下機の衆生は念仏でなければ救われない」とする法然の機根中心の思想に各宗の人々が感化されていった経過が述べられている。機根ではなく時が仏法を判断する基準であるとする日蓮の主張が念仏破折から出ていることが理解できる。

第二十一章――二七四頁一七行目「禅宗はまたこの便を得て」～二七五頁四行目「地神は身をふるう」。

「教外別伝《きょうげべつでん》」という禅宗の教義を取り上げ、禅宗は不孝・無礼である故に父母・主君から排除される邪法であると破折する。自身の主観を「悟り」と錯覚して経典や社会倫理を無視していく禅宗の独善と虚構を指摘している。

日蓮は立宗宣言の当時から念仏と禅への破折をしてきたが、二十二年後においても一貫して念仏・禅を破折し続けていることが分かる。

第二十二章――二七五頁四行目「真言宗と申すは」～二七六頁一八行目「誑惑《おうわく》一筆みえて候」。

先の念仏と禅とは比較にならないほどの大僻見として、真言宗の破折がなされる。ここで取り上げられるのは中国に真言宗をもたらした善無畏三蔵である。その内容の骨子は「曾谷抄」第四章（一〇二七頁一五行目以下）とほぼ同様だが、記述は「曾谷抄」よりも詳しい。すなわち、善無畏が天台僧の一行《いちぎょう》を使って天台宗の教義を自宗の中に取り込み、法華経と大日経は「理」においては同一だが印と真言が説かれているので「事」においては大日経が法華経よりも勝っているとの「理同事勝《りどうじしょう》」の邪義を立てた経緯が詳細に説かれる。

伝教大師は天台宗と真言宗の勝劣について表だっては明確に説かなかったが、「依憑集《えひょうしゅう》」の中では真言宗を破折した文が少し存在していることが示されている。

第二十三章――二七六頁一八行目「弘法大師は同じき延暦年中に」～二七八頁一〇行目「かかるあさましきことはありけるやらん」。

ここでは日本真言宗の開祖である弘法大師空海を破折する。すなわち弘法が「十住心論」などの著作で、法華経は大日経に対すれば「戯論」、六波羅蜜経に対すれば「盗人」、守護経に対すれば「無明の辺域」と主張していることを取り上げ、その主張に経文上の何の根拠もないことを指摘する。とりわけ天台大師が六波羅蜜経の醍醐を盗みとったとしていることについて、六波羅蜜経は天台滅後に中国に伝来した経典であり、天台が六波羅蜜経を盗める道理はないと一蹴している。

これらの破折は「曾谷抄」の第十六章（一〇三五頁）で既に示されたものであり、「撰時抄」が「曾谷抄」をさらに発展させたものであることがうかがえる。

なお、本章では、弘法が唐から帰国後、天台宗に対抗しがたいことを知って、真言宗を前面に出さず、華厳宗は法華経に勝ると主張して天台宗に対抗したことが記されている。この点は「曾谷抄」にはない内容である。

第二十四章――二七八頁一〇行目「かかる僻見の末なれば」～二七九頁一二行目「申さば信ずる人もやありなん」。

新義真言宗の開祖である正覚房覚鑁《かくばん》（一〇九五～一一四三）を破折する。

覚鑁が「舎利講式」で法華・華厳などの仏や僧は真言師の履き物取りにも及ばないと誹謗していることを取り上げ、覚鑁は、釈尊などの四聖を座席の足に造らせてその上に座した大慢婆羅門や、末法の衆生は自分が造った普経《ふきょう》でなければ救われないとして「生き仏」のように振る舞った三階禅師信行《しんぎょう》（五四〇～五九四、三階教の開祖）と同様の存在であると破折している。

覚鑁への破折は「曾谷抄」の第十六章にも見られるが、大慢や信行を引き合いに出しての破折は「撰時抄」独自のものである。大慢や信行の言葉と同様、覚鑁の主張が何らの根拠もない、空疎な慢心の言に過ぎないことを指摘しているのである。

第二十五章――二七九頁一二行目「これよりも百千万億倍信じがたき最大の悪事はんべり」～二八〇頁五行目「仏の記し給うはまことなるかなや」。

前章までは弘法大師が立てた真言宗（東密）の破折であったが、ここから第二十七章まで、密教化した天台宗（台密）の破折が展開される。当時の天台宗は、日本において、社会的にも宗教的にも最高・最大の権威と勢力をもつ存在であった。ここで日蓮が「最大の悪事」と述べているように、日蓮にとって、天台宗に巣食った真言密教こそ伝教大師が確立した法華経の正法を内側から突き崩した最悪の存在であった。それ故に、日蓮は台密破折を諸宗批判の最終段階に置き、身延入山後もすぐにそれに着手することはなかった。「撰時抄」において、その最後の敵に対する本格的な思想闘争をいよいよ開始したのである。

ここでは天台宗密教化の元凶とされる第三代天台座主の慈覚大師円仁《えんにん》（七九四～八六四）を取り上げる。本来は天台宗こそが真言宗の最大の敵となるはずであるが、慈覚が真言は法華経に勝ると書いたことが真言宗にとっての最大の味方になったと述べている。

第二十六章――二八〇頁六行目「伝教大師は日本国にして」~二八一頁一五行目「大日仏眼の印・真言なり」。

ここでは慈覚が立てた台密の教義の骨子を取り上げる。すなわち、法華経と真言三部経は理においては一念三千の法門として同一だが、印と真言の事法においては真言三部経が法華経に勝るという、いわゆる「理同事勝《りどうじしょう》」の教義である。慈覚は日輪を弓矢で射た夢をもってその教義を正当化し、天皇の宣旨によって権威づけて日本国中に弘めた。その結果、伝教大師が建立した寺もすべて真言の寺になってしまったとする。

約十年にわたって唐に留学して顕密二教の奥底を極めたと喧伝された慈覚は、生存中、伝教大師以上に権威ある存在として世間に受け入れられていた。その慈覚が確立した教義が日蓮の時代まで日本仏教界の支配的学説として社会に通用していた事情を述べている。日蓮が開始した台密破折は、それまで誰人も挑戦したことのない絶対的権威に対する徹底的な思想闘争であった。

第二十七章――二八一頁一六行目「疑って云わく、法華経を真言に勝ると申す人」~二八三頁六行目「国定めてほろびなん」。

ここでは夢が根拠にならないことを指摘し、経論の文または現実の証拠(現証)を根拠とすべきであるとして慈覚の主張を批判する。夢に基づくのであれば、日を射るという夢が吉夢である証拠がどこにあるのかとする。また、現証としては承久の乱の事例を挙げ、真言の祈禱を行った後鳥羽院が敗北して隠岐の島に流罪された事実を提示している。このように日蓮はあくまでも客観的な根拠に基づいて慈覚を破折しており、文証と現証の両面から慈覚の主張が何の証拠もない妄説であることを指摘しているのである。

さらに東密・台密の僧が武士階層に取り入っている実態に触れ、彼らを用いるならば国が滅びることになると警告している。

第二十八章――二八三頁六行目「亡国のかなしさ、亡身のなげかしさに」~二八四頁九行目「肩をならぶる者は有るべからず」。

台密への破折は前章までで終了し、ここから本抄末尾までの長大な部分は日蓮自身が閻浮提第一の法華経の行者、智人・聖人であること、すなわち日蓮が末法の本仏・教主であることを宣言することに費やされる。

この第二十八章では日蓮ほど法華経の味方をして強敵を受けた者はいないということから、「日蓮は閻浮提第一の者としるべし」（二八三頁）と断言し、さらに「欽明《きんめい》より当帝にいたるまで七百余年、いまだきかず、いまだ見ず。南無妙法蓮華経と唱えよと他人をすすめ、我と唱えたる智人なし」（二八四頁）として、「日蓮は日本第一の法華経の行者なることあえて疑いなし。これをもってすいせよ。漢土・月支にも、一閻浮提の内にも、肩をならぶる者は有るべからず」（同頁）と宣言している。

南無妙法蓮華経の題目を弘通した前人未到の行動こそ自身を末法の教主とする根拠であるとしているのである。

第二十九章――二八四頁一〇行目「問うて云わく、正嘉の大地しん、文永の大彗星は」～二八五頁四行目「いださせ給うところの災難なり」。

正嘉の大地震、文永の大彗星が起きた所以を取り上げ、「日蓮は凡夫なり。このことをしるべからずといえども、汝等にほぼこれをさとさん」（二八四頁）と、日蓮こそがそれらの災難の所以を知る「智人」であることを示唆している。また、それらの災難は、国主が日蓮を迫害し、禅・念仏・真言の徒を用いた故に天がもたらした災難であると断じている。

第三十章――二八五頁五行目「問うて云わく、なにをもってかこれを信ぜん」～二八六頁一七行目「心田に仏種をうえたる」。

国主が日蓮を迫害し悪人を用いたために災難が起きるという前章の結論に対し、その裏づけとなる文証として最勝王経と仁王経の文を挙げる。

「またこの国に智人あり。国主これをにくみてあだすということもまた疑いなし」（二八五頁）として、日蓮が智人であることを重ねて示唆している。

さらに、仏教を壊すのは仏教内部の僧侶であることを経文を引いて示し、慈覚・安然《あんねん》・恵心の三人を「法華経・伝教大師の師子の身の中の三虫なり」（二八六頁）と断じ、天台宗の密教化を進めた慈覚と五大院安然（八四一～九一五?）、浄土教を鼓吹した恵心僧都源信（九四二～一〇一七）を、伝教大師が確立した天台仏教を内側から破壊した「師子身中の虫」として破折している。ここでは慈覚だけではなく、台密の教義の大成者とされる安然も破折の対象としていることが注目される。

第三十一章――二八六頁一八行目「いまにしもみよ、大蒙古国」～二八七頁七行目「南無計りにてやあらんずらん。ふびん、ふびん」。

蒙古による侵略が現実のものとなった時には日本国中が日蓮に帰依する事態になろうとの確信が示されている。

ここでは「今日本国の高僧等も『南無日蓮聖人』ととな

えんとすとも『南無』計りにてやあらんずらん」（二八七頁）と、日蓮自身を帰依（南無）の対象と位置づけていることが重要である。帰依する対象が本尊であるから、曼荼羅本尊を法本尊、日蓮を人本尊とし、両者は一体不二（人法一箇）であるとの教義がこの文によって裏づけられる。

第三十二章——二八七頁八行目「外典に曰わく、未萠をしるを聖人という」〜二八八頁七行目「これよりほかにまたもとむることなかれ」。

ここでは、未来を予見できる存在を聖人とするのが内典・外典一致の見解であるとし、日蓮が三度にわたって未来を正しく予見した事実を挙げて、日蓮が聖人であることを予言的中の角度から述べている。

三度の予言的中を「三度のこうみょう（高名）」とするのは、その予言的中が世間の人々からも広く認められた事実であるからである。「三度のこうみょう」とは、

①文応元年七月十六日に「立正安国論」を北条時頼に提出して自界叛逆難・他国侵逼難を予言したこと

②文永八年九月十二日の逮捕の際、平左衛門尉頼綱に対して自界叛逆難・他国侵逼難を予言したこと

③文永十一年四月八日に平左衛門尉に対して年内の蒙古襲来を予言したこと

の三回にわたる予言の警告である。その予言が現実のものになったことは日蓮に敵対する者であっても認めざるを得ない客観的な事実であった。日蓮は予言的中という万人が認める事実の重みをもって自身が万人から仰がれるべき聖人に当たることを示しているのである。

なおこの章で述べられている、「王地に生まれたれば身をば随えられたてまつるようなりとも、心をば随えられたてまつるべからず」（二八七頁）との言葉は、いかなる権力にも侵されない精神の絶対的自由を宣言したものとして名高い。この言葉は、「世界人権宣言」二十周年を記念してユネスコが編纂した『語録　人間の権利』にも収録されている。

第三十三章——二八八頁八行目「問うて云わく、第二の文永八年九月十二日」〜二八九頁七行目「日本第一の大人なりと申すなり」。

日蓮を迫害する故に自界叛逆難・他国侵逼難が起きるとの根拠として大集経の文を挙げる。経典の文証に基づいて主張するという姿勢をどこまでも堅持している。ここでも、「我が身はいうにかいなき凡夫なれども、御経を持ちまいらせ候分斉は、当世には日本第一の大人なりと申すなり」（二八九頁）との宣言が見られる。

第三十四章——二八九頁八行目「問うて云わく、慢煩悩

は」～二九〇頁一四行目「日蓮は満月のごとし」。

自身を「一閻浮提第一の智人」「日本第一の大人」と言うことは大慢であるとの非難に応えた箇所である。この非難に対して、「現に勝れたるを勝れたりということは慢ににて大功徳なりけるか」（二八九頁）と応えている。

常識的には自分が聖人や仏であると広言することは、通常は救いがたい慢心か誇大妄想の言動として、到底受け入れられるものではない。しかし、日蓮が自身を聖人とするのは慢心や誇大妄想から出たものではない。日蓮が打ち立てた宗教の偉大さがその裏づけになっており、また日蓮を万人を救済する教主、本仏と認識することが日蓮の宗教の根本教義となるからである。

その上で、法華経を受持する者は一切衆生の中で第一であるとする法華経の文を引き、「当世日本国の智人等は衆星のごとし、日蓮は満月のごとし」（二九〇頁）と重ねて自身の境地を述べている。

第三十五章――二九〇頁一五行目「問うて云わく、古えかくのごとく」～二九一頁一一行目「この度《たび》仏法を心みよ。南無妙法蓮華経・南無妙法蓮華経」。

ここでは伝教大師や法華経の文を引いて、人の偉大さはその人が持つ法によって決まるとの道理を示す。日蓮が説いた南無妙法蓮華経が万人を救済する永遠の法である故に、それを弘めた日蓮を世界第一の聖人、根本の本仏とするのである。

また、この章では「されば我が弟子等、心みに法華経のごとく身命もおしまず修行して、この度仏法を心みよ」（二九一頁）と、身命を惜しまず仏法を行じていくことを門下に促している。

第三十六章――二九一頁一二行目「そもそもこの法華経の文に」～本抄末尾。

不惜身命とは命にも及ぶ迫害を受けても正法の正義を主張しぬくことであるとの趣旨が示される。末尾に「霊山浄土の教主釈尊、宝浄世界の多宝仏、十方分身の諸仏、地涌千界の菩薩等、梵釈・日月・四天等、冥に加し顕に助け給わずば一時一日も安穏なるべしや」（二九二頁）と述べているのは、死地を何度もくぐり抜けてきた実感から出た言葉であろう。命に及ぶ激闘の裏づけがあるところに日蓮の言葉が人々の心を動かす所以があるといえよう。

6 「報恩抄」

建治二（一二七六）年六月、自身が出家した時の師匠である道善房《どうぜんぼう》が死去したとの報に接した日蓮は、道善房に対する報恩のために「報恩抄」を執筆し、翌月、修学時の兄弟子である浄顕房・義浄房に宛てて同抄を送った。同抄を後の六老僧の一人である民部日向《にこう》に持たせて安房の清澄寺に赴かせ、清澄寺の嵩《かさ》が森の頂と道善房の墓前で同抄を読むように指示した。

浄顕房に宛てた「報恩抄送文」には次のように記されている。

「この文は随分大事の大事どもをかきて候ぞ。詮なからん人々にきかせなば、あしかりぬべく候。また設いさなくとも、あまたになり候わば、ほかさまにもきこえ候なば、御ためまたこのため安穏ならず候わんか。御まえと義成房と、二人この御房をよみてとして嵩がもり（森）の頂にて二三遍また故道善御房の御はか（墓）にて一遍よませさせ給いてはこの御房にあずけさせ給いて、つねに御聴聞候え」（三三〇頁）

「報恩抄送文」によれば、この当時、法論の準備として経論を求めるため、民部日向はじめ数人の弟子が各地の寺院に派遣されていた。日向に「報恩抄」を清澄寺に届けさせたのも、その活動の一環と考えられる。

道善房の死去を知った時の心境について、「報恩抄」では次のように記されている。

「かの人の御死去ときくには、火にも入り、水にも沈み、はしりたちてもゆいて、御はかをもたたいて、経をも一巻読誦せんとこそおもえども、賢人のならい、心には遁世とはおもわねども人は遁世とこそおもうらんに、ゆえもなくはしり出ずるならば、『末もとおらず』と人おもいぬべし。さればいかにおもいたてまつれども、まいるべきにあらず」（三二三頁）

先に述べたように、身延入山後も幕府権力と日蓮の教団との緊張関係は続いており、幕府は日蓮を反体制集団の中心人物として警戒していた。日蓮が動いた場合、権力を刺激し、門下への迫害を招く恐れがあった。日蓮が道善房の死去の際にも身延を離れなかったのは、このような対外的な事情を考慮したと考えられる。

「報恩抄」の内容は、大要、以下の三点に要約される。

①「報恩」の基本倫理を示す。

②真言密教の破折を中心に、正像末の仏教史を示す。

③「三大秘法」の法門を示す。

特に、②の真言密教破折は「曾谷入道殿許御書」「撰時抄」などを踏まえるとともに、台密を含めて詳細を極めており、日蓮による真言密教破折の一つの頂点をなしている。

同抄で真言破折を強調しているのは、天台宗寺院である清澄寺が台密の強い影響下にあったことが一つの背景にあったと推察される。

日蓮に帰依していた浄顕房・義浄房は、清澄寺に蔓延している密教や念仏と対抗しながら、法華信仰を貫いていたことと思われる。密教の詳細な破折が展開されている同抄は、その二人にとって信仰上の大きな支えになったであろう。もちろん同抄は、浄顕房・義浄房に託して未来の人類に向けて法門を提示するところにその本義があるのであるが、清澄寺の僧侶に宛てて執筆されていることを無視することはできない。

「報恩抄」における密教破折の柱は、第一には法華最勝の立脚点に立つことである。

法華第一の立場に立った天台大師が、その観点から当時の諸宗を破折したこと、また天台大師滅後、中国に流入した法相宗・華厳宗・真言宗などが隆盛していき、それに対抗して妙楽大師の思想闘争があったことなどが記される。

次に、日本に天台宗を弘通した伝教大師が法相宗・華厳宗を含めた六宗を破折したが、比叡山の戒壇建立を実現させるために真言宗破折は公にしなかったこと、しかし伝教の本意は真言宗を天台宗の下位に置いていたことなどが確認される。

このように天台・妙楽・伝教の事跡と法華第一の立場を踏まえたうえで、東密の弘法（空海）、台密の慈覚（円仁）・智証（円珍）の破折が展開されていく。

その破折の基本は、弘法が法華経を「戯論」と貶《おとし》め、慈覚が「理同事勝」と立て、智証が法華経は大日経に劣るとしたことについて、いずれも経文に根拠のない邪義と断じていくところにある。

そのうえで弘法が、夜中に太陽が出た、あるいは口（または眉間）が開いて金色の毘盧舎那仏《びるしゃなぶつ》になった、あるいは中国から帰国する海上で投げた三鈷《さんこ》が日本の高野山で発見されたなどの「怪異」を主張して自身を誇示していることに対し、厳しく破折している。

三十九歳の時の著述である「唱法華題目抄」に、「通力をもって智者・愚者をばしるべからざるか。ただ仏の遺言の如く、一向に権経を弘めて実経をついに弘めざる人師は、権経に宿習ありて実経に入らざらん者は、あるいは魔にたぼらかされて通を現ずるか。ただし法門をもって邪正をただすべし。利根と通力とにはよるべからず」（一六頁）とあるように、仏法の正邪の判定に際して「通力」による「奇跡」を厳しく排除するのが日蓮の一貫した態度である。

「報恩抄」においても、「古の人々も不可思議の徳ありしかども、仏法の邪正はそれにはよらず。外道があるいは恒河を耳に十二年留め、あるいは大海をすいほし、あるいは日月を手ににぎり、あるいは釈子を牛羊となしなんどせしかども、いよいよ大慢をおこして生死の業とこそなりしか」（三一九頁）として、いわゆる「奇跡」「霊験」の類いが無意味であることを強調している。

日蓮のこの主張は、真言密教が、東密・台密を問わず、「呪術宗教」として、さまざまな祈禱を売り物にしつつ教勢を拡大していったことと関連づけられよう。日蓮の宗教においても祈りは当然認められるが、宗教の骨格はあくまでも文証・理証に基く教義であり、教義を度外視して「呪術」に走る態度は厳しく拒絶される。正当な教義に基く祈りであることが要請されるのである。

夜中に日が出たとの弘法の発言に対して、日蓮はそれは何月何日の何時か、また公家などの日記類にその記述はあるか、と問い詰めていく。あくまでも客観的・普遍的な根拠を要求していくのである。また、弘法が海上で投げた三鈷が高野山で発見されたとの「霊験」に対しては、「三鈷のこと、ことに不審なり。漢土の人の日本に来たりてほりいだすとも信じがたし。已前に人をやつかわしてうずみけん」（三二一頁）として、作為的な「捏造」であると一蹴している。

さらに慈覚・智証に対して、彼等が天台宗の座主でありながら密教の教義を立てたことは、正法と紛らわしい姿を取るゆえに、弘法以上に人々を誤らせる大謗法であると破折している。

法華経を正面から誹謗した弘法の主張は、あまりにも極端なために弘法の弟子も用いなかったが、善無畏・金剛智・不空・慈覚・智証らの「理同事勝」の教義は真言宗でも用いるようになった。その意味では、日本仏教全体が密教化していった要因としては弘法よりも慈覚・智証の存在が大きく働いたと評することができる。日蓮が、「日本国は慈覚・智証・弘法の流れなり。一人として謗法ならざる人はなし」（三二一頁）と、謗法の元凶として弘法よりも慈覚・智証を重視しているのもその故と考えられる。

実際に大乗戒壇を持つ比叡山延暦寺は、僧侶を正式に得度させる戒壇を持つことを通して日本仏教全体の総本山的地位にあった。その延暦寺が密教に傾斜していったことは、まさに日本仏教全体を密教化させる要因となった。

第三の「三大秘法」の説示については、「報恩抄」ではまず、「されば、内証は同じけれども法の流布は迦葉・阿難よりも馬鳴・竜樹等はすぐれ、馬鳴等よりも天台はすぐれ、天台よりも伝教は超えさせ給いたり。世末になれば人の智はあさく仏教はふかくなることなり。例せば、軽病は凡薬、重病には仙薬、弱人には強きかとうど（方人）有りて扶《たす》くるこれなり」（三二八頁）として、時代の進展に応じて次第に深い教えが説かれてきたとの歴史観を示している。

そのうえで、「問うて云わく、天台・伝教の弘通し給わざる正法ありや。答えて云わく、有り。求めて云わく、何物ぞや。答えて云わく、三つあり」（同頁）と、天台・伝教も弘通しなかった正法として「本門の本尊」「本門の戒壇」「本門の題目」の「三大秘法」が説示される。

三大秘法については、身延入山直後の「法華取要抄」で、

「問うて云わく、如来滅後二千余年、竜樹・天親・天台・伝教の残したまえる所の秘法は何物ぞや。答えて云わく、本門の本尊と戒壇と題目の五字となり」（三三六頁）と初めて整足した形で示されたが、その内容に立ち入って明かされることはなかった。

それ以後も日蓮は、三大秘法について触れなかったが、「報恩抄」において初めて三大秘法のうち「本門の本尊」と「本門の題目」について、その意義を明かした（「本門の戒壇」は名目を挙げるにとどめている）。

「本門の本尊」については次のように述べられている。

「一つには日本乃至一閻浮提、一同に本門の教主釈尊を本尊とすべし。いわゆる宝塔の内の釈迦・多宝、外の諸仏並びに上行等の四菩薩、脇士《きょうじ》となるべし」（三二八頁）

ここで言う「本門の教主釈尊」とは、法華経文上に説かれる五百塵点劫成道（久遠実成）の釈尊ではなく、根源の本仏である久遠元初自受用身（南無妙法蓮華経如来）である。久遠実成の釈尊は「宝塔の内の釈迦」であり、それは文が示すように本仏に対する脇士となるからである。

すなわち「本門の教主釈尊」とは人本尊を表す。そして「いわゆる宝塔」以下の文は法本尊を表す。日蓮図顕の曼荼羅こそが法本尊であることを示している。曼荼羅においては中央の「南無妙法蓮華経　日蓮」の脇士として、釈迦・多宝、また上行等の四菩薩がしたためられているからである。

この点について大石寺第二十六世日寛は「報恩抄文段」で「『本門の教主釈尊』とは、これ標の文にして人の本尊なり。『いわゆる宝塔』の下は、これ釈の文にして法の本尊なり。即ち本尊抄に同じ。文少しく略なるのみ。既に人の本尊を標して、法の本尊をもってこれを釈す。故に知んぬ、『本門の教主釈尊』とは、即ちこれ人法体一の久遠元初の自受用報身、本因妙の教主なることを」（『日寛上人文段集』四三六頁）と述べている。

仏像ではなく曼荼羅が日蓮の宗教における「本尊」であることは「観心本尊抄」などで既に示されてきたところであるが、「報恩抄」においては「三大秘法」の一環として、その本尊義が明かされたところに意義がある。

「本門の戒壇」については、「報恩抄」では名目を挙げるにとどめられている。戒壇の建立は、教団内部の問題に留まらず、社会的な意義を持つ故に、この時点で戒壇の意義を示すことは慎重に差し控えたのであろう（戒壇について明かされるのは、入滅の年の「三大秘法抄」まで待たなければならない）。

「本門の題目」については次のように述べられている。

「三つには日本乃至漢土・月氏、一閻浮提に人ごとに有智・無智をきらわず、一同に他事をすてて南無妙法蓮華経と唱うべし。このこといまだひろまらず。一閻浮提の内に仏滅後二千二百二十五年が間一人も唱えず。日蓮一

人、南無妙法蓮華経・南無妙法蓮華経等と声もおしまず唱うるなり」（三二八頁）

日蓮こそが南無妙法蓮華経の題目を人類に向けて初めて弘めた創始者であること、そして、その題目が全世界に流布していくことを宣言している。

日蓮が人類の師であり、教主であるとの教示は、次の文においてさらに明確である。

「日蓮が慈悲曠大ならば、南無妙法蓮華経は万年の外《ほか》、未来までもながるべし。日本国の一切衆生の盲目をひらける功徳あり。無間地獄の道をふさぎぬ。この功徳は伝教・天台にも超え、竜樹・迦葉にもすぐれたり」（三二九頁）

この文の直前には「根ふかければ枝しげし、源遠ければ流れながしというこれなり」と述べられている。まさに日蓮こそが未来永遠に及ぶ広宣流布の「根源」であるとの趣旨である。「日本国の一切衆生」とあるが、意はもちろん日本に限らず全世界に及ぶ。日寛は、この文について「日蓮が慈悲」以下の部分を親徳、「日本国の一切衆生の盲目を開ける」を師徳、「無間地獄の道をふさぎぬ」を主徳を明かす文と解し、日蓮が主師親三徳を具備する本仏であることを明かした文としている（『日寛上人文段集』四三八頁）。すなわち「報恩抄」も、「撰時抄」と同じく、「日蓮本仏」を明かすところにその帰結があるといえよう。

「報恩抄」の元意について、池田大作創価学会名誉会長は「本抄は、一往は故師道善房に対する報恩を明かされてはいるが、その元意すなわち御内証は、日蓮大聖人が末法の御本仏として、三大秘法を建立し、広宣流布されることを明かされているのである」（『池田大作全集28　報恩抄講義』三二頁）と述べている。

次に、文の順序に従って「報恩抄」の内容を見ていきたい（章立ては池田大作著『池田大作全集28　報恩抄講義』による）。

第一章――冒頭「夫れ老狐は塚をあとにせず」～二九三頁三行目「父母・師匠・国恩をわするべしや」。

「報恩」が倫理の根本であることが提示される。剃髪の師匠である道善房死去の報に接し、亡き師への報恩のために執筆された本抄成立の根本動機がここに表れている。

道善房は、師匠とはいっても、日蓮を地頭東条景信《とうじょうかげのぶ》の圧迫から擁護することもできず、世間の眼を恐れて法華経の正法に帰依することもできない小心・臆病な人物であった。そのような道善房に対しても、大恩ある師匠として日蓮は最大の報恩の誠を尽くしている。ここに、恩を重んずる日蓮の根本的な倫理観をうかがうことができよう。

第二章――二九三頁三行目「この大恩をほうぜんには」～同頁九行目「三界第一の孝となりし、これなり」。

父母・師匠・国恩を報ずるためには仏法を習い究めなければならず、そのためには父母・師匠・国主に随っていてはならないとする。真理を把握するためには、父母等に随うだけの表面的な生き方ではならないからである。またこの言葉には、何物にも盲従せずに真理を探究してきた日蓮自身の軌跡が反映されている。

第三章——二九三頁一〇行目「かくのごとく存じて」～二九四頁五行目「衆星の日月に随うがごとし」。

日本仏教の各宗がそれぞれ自宗を第一としている実態を指摘する。

第四章——二九四頁五行目「我等凡夫は、いずれの師々なりとも」～同頁一五行目「一切経の心をばしるべきか」。

日蓮が各宗の主張に盲従することなく、涅槃経の「法に依って人に依らざれ」「了義経に依って不了義経に依らざれ」の言葉に従い、経文なかんずく了義経である法華経の文を基準として一切経を探求した旨が記される。経文の裏づけのない己義を排除し、また経典自体の勝劣を厳しく判定していく日蓮の思想基準をうかがうことができる。

第五章——二九四頁一六行目「随って法華経の文を開き奉れば」～二九五頁一二頁「いわんや余宗の人々をや」。

法華経が一切経に対して第一の経典である旨を述べていること、他経にそのような文がないこと、涅槃経も自らが法華経に劣ると説いていることを確認する。また、天台・妙楽・伝教がそのことを明らかにしていることを述べる。

第六章——二九五頁一三行目「ある人疑って云わく、漢土・日本に」～二九六頁一五行目「かの人々を信ずる輩はおそろし、おそろし」。

インド・竜宮・四天王・日月の宮殿には法華経よりも勝れた経があるのではないかとの疑問を破折する。また、ここでは慈覚・智証についても善無畏・弘法らと並べて「諸仏の大怨敵」としていることが注目される。智証への破折は「撰時抄」ではまだ見られなかったが、「報恩抄」では詳しく述べられている。

第七章——二九六頁一六行目「問うて云わく、華厳の澄観」～二九八頁二行目「これらは正法一千年の内なり」。

日蓮が諸宗の祖師たちを仏敵として破折したために釈尊が受けた以上の難を受けたこと、また弟子を殺されるなどの釈尊が受けた難、竜樹・馬鳴など正法千年間の人々が受けた難を述べる。

第八章——二九八頁二行目「像法に入って五百年」～

二九九頁九行目「からすのごとく鳥合せり」。
像法の前半の五百年に中国に天台大師が出現して「法華第一」を主張し、それまで権威を誇ってきた光宅寺法雲《ほううん》(四六七～五二九)の「華厳第一・涅槃第二・法華第三」との教義を打ち破った時、中国各地の諸師が集まって天台大師に対抗したことが述べられている。諸宗の祖師を「謗法によって地獄に堕ちた」と破折することは天台大師も行ってきたことであるとするのである。

第九章――二九九頁九行目「智顗《ちぎ》法師をば頭をわるべきか」～三〇〇頁一七行目「仏教二度あらわれぬとほめられ給いしなり」。

天台大師が陳の皇帝の前で法雲の弟子たちと公場対決し、彼らを打ち破ったという、当時伝えられていた天台の事蹟が説かれる。法雲の教義には経文上の根拠がなく、法雲の弟子たちはその点を天台に責められて反論できなかったのである。

第十章――三〇〇頁一八行目「その後、天台大師も御入滅なりぬ」～三〇二頁一〇行目「一時にとりひしがれたる書なり」。

天台大師の滅後、玄奘三蔵が法相宗を、法蔵法師が華厳宗を、善無畏三蔵・金剛智三蔵・不空三蔵が真言宗を中国に伝えて天台宗に対抗した。天台宗の人々はそれらを十分に論破できなかったが、天台の滅後二百年に妙楽大師が出現して『止観輔行伝弘決』『法華玄義釈籤』『法華文句記』の三十巻を著し、法相宗・華厳宗・真言宗を破折したことが述べられている。同様の内容は「曾谷入道殿許御書」「撰時抄」にも見られるが、「報恩抄」ではそれに加えて妙楽大師の事蹟を取り上げている。

第十一章――三〇二頁一一行目「また日本国には人王第三十代」～三〇四頁四行目「空に声なしとおもうがごとし」。

日本に仏教が伝来し(五五二年)、三論宗・華厳宗・法相宗などの六宗が成立したこと、伝教大師最澄《さいちょう》が天台宗の立場から六宗を公場対決の場で打ち破ったことを述べる。同様の内容は「撰時抄」第十八章でも述べられているが、「曾谷入道殿許御書」「撰時抄」で強調されている伝教の大乗戒壇建立の功績については「報恩抄」では略されている。

第十二章――三〇四頁五行目「真言宗と申すは、日本人王」～三〇五頁四行目「ばかされてこのことに迷惑せるか」。

伝教大師は入唐して真言密教を学んだが、大日経は法華経よりも劣ると認識して日本では真言宗を一宗と認めず法華宗の中に入れたこと、また天台・真言の勝劣については大乗戒壇建立を優先させるために弟子にも教えなかったこと、しかし「依憑集」には天台・真言の勝劣が示されていることなどが述べられる。このように、ここでは真言密教に対する伝教大師の態度が要約して示されている。

第十三章――三〇五頁五行目「また石淵《いわぶち》の勤操《ごんぞう》僧正の御弟子」～同頁一七行目「天下第一の大凶なり」。

弘法大師空海が、伝教大師の死後、嵯峨《さが》天皇に取り入って真言宗を立て、法華経を「戯論」、釈尊を「無明の辺域」、天台大師を真言の醍醐を盗んだ「盗人」と誹謗したことを取り上げる。この弘法の主張に対して、義真《ぎしん》・円澄《えんちょう》・慈覚・智証など伝教大師滅後の日本天台宗の諸師が有効な反論をしなかったことも述べられている。

この章から東密・台密の真言密教に対する詳細な破折が展開されていくが、ここでは日本真言宗の開祖である弘法を取り上げ、「天下第一の大凶なり」と断じている。

第十四章――三〇五頁一七行目「慈覚大師は去ぬる承和《じょうわ》五年に」～三〇六頁一二行目「法華経と大日経とは同じ等云々」。

「撰時抄」から本格的に開始された台密破折がさらに詳細に展開されているのが「報恩抄」の特色だが、この章では台密の創始者である慈覚大師円仁を取り上げる。

慈覚が十年間、唐で天台・真言を学んだ結果、善無畏らに随って理同事勝（法理の上では天台と真言は同じだが、印・真言などの事相においては真言宗が天台宗に勝るという教義）の立場に立ち、金剛頂経疏・蘇悉地経疏を作成したこと、それを日輪を射た夢によって正当化し、天皇の宣旨を得て日本中に弘めたことが「撰時抄」の内容を要約して再度示されている。

第十五章――三〇六頁一三行目「智証大師は本朝にしては」～三〇七頁六行目「恒例と為すべし』云々）。

慈覚の後を継いで天台宗の密教化を進めた智証大師円珍を取り上げ、智証も慈覚と同様に理同事勝の立場に立っていたことを述べる。智証破折は「撰時抄」ではまだ現れておらず、智証破折は「報恩抄」の特徴の一つとなっている。

第十六章――三〇七頁七行目「されば慈覚・智証の二人は」～三〇九頁七行目「日本一州、皆謗法の者となりぬ」。

天台と真言について理同事勝の立場に立った慈覚・智証は、伝教大師も二宗が同じと述べているとした。それに対して日蓮は、そのようなことが伝教のどの書にあるのかと破折している。また真言宗は天台宗に劣ると述べている伝教の「依憑集」を挙げ、慈覚・智証が伝教大師に違背する者であると断じている。

弘法の主張はあまりにも極端であったために弘法の弟子

さえも用いなかったが、慈覚・智証が立てた理同事勝という紛らわしい教義には人々が誑かされ、日本全体が謗法の者になってしまったと破折している。

伝教の死後、日本天台宗が急速に密教化していったのはなぜか。伝教・弘法の死後、天台宗・真言宗を支えた貴族階層が求めたものは鎮護国家や個人の欲望充足を図るための祈禱・呪術だった。しかし、体系的な密教という点では天台宗は真言宗に後れをとっており、その後れを挽回し、追い越す役割を担って唐に派遣されたのが慈覚・智証であった。天台宗は貴族階層の要求に応え、その供養を獲得するために自ら呪術宗教へと傾斜していったのである。平安時代の貴族が怨霊《おんりょう》信仰・呪術信仰に傾斜していった事情は速水侑著『呪術宗教の世界』に詳しい。

第十七章――三〇九頁八行目「そもそも法華経の第五に」〜三一〇頁二行目「罪を無間に開く」』等云々」。
法華経第一を示す法華経・天台大師・伝教大師の文を引く。

第十八章――三一〇頁二行目「法華経・天台・妙楽・伝教の経釈の心」〜同頁一三行目「共に清むと申すは一定にて候いけり」。

インドの釈尊、中国の天台大師、日本の伝教大師の三人こそが法華経の行者であることを示す。この点は「顕仏未来記」において、この三人に日蓮自身を加えて「三国四師」としていることと合致する。

ここで法華経の虚空会において大日如来が宝塔の中の下座にあったと説かれる。もちろん、法華経において釈尊と並んで宝塔の中に座るのは多宝如来であり、大日如来ではない。それにもかかわらず、ここで多宝ではなく大日が宝塔の中に坐したと説かれるのは、不空三蔵の『法華儀軌』に多宝如来を大日と呼び、大日経・金剛頂経の両界の大日如来を多宝如来（大日）の脇士とすると説かれるからであろう。


第十九章――三一〇頁一三行目「しかるに日本国は叡山計り」〜三一一頁一七行目「人王あに安穏ならんや」。

伝教大師の後、初代天台座主の義真だけは伝教と同一だったが、第二代円澄は半ば弘法の弟子となり、第三代慈覚は名は伝教の弟子でありながら、法門は伝教の弟子ではなくなったとして、鳥でも鼠でもない蝙蝠《こうもり》のような存在となったと破折している。

そのうえで、天台宗では慈覚の末流である比叡山延暦寺と智証の末流である園城寺、真言宗では弘法の末流である金剛峯寺と正覚房覚鑁《かくばん》が立てた伝法院が合戦を繰り返している事実を指摘する。慈覚・智証・弘法・覚鑁の末流の悲惨な姿こそ、彼らの大謗法を裏づける現証であるとの趣旨である。

また、弘法の弟子が弘法の死後、弘法が中国から投げた仏具が高野山まで届いた等の神話を作り上げて弘法の超人化を計ったことを取り上げる。

神話化・超人化による弘法大師信仰は弘法の生存中から真言宗において意図的に形成され、日本社会に流布していったが、日蓮はそれを「糞を集めて栴檀となせども、焼く時はただ糞の香なり。大妄語を集めて仏とごう（号）すとも、ただ無間大城なり」（三一一頁）と破折している。神話による数百年にわたる「だまし」もやがて崩壊する時が来ることを鬼弁《きべん》婆羅門や㝹《く》留外道等の例を引いて述べている。

第二十章――三一一頁一七行目「日本国は慈覚・智証・弘法の流れなり」～三一二頁一五行目「誰の人か疑うべき」。

「日本国は慈覚・智証・弘法の流れなり。一人として謗法ならざる人はなし」（三一一頁）とある通り、台密・東密の影響によって平安時代には奈良仏教各宗を含めて日本仏教界全体で密教化が進んだ。この点について速水侑氏は「天台・真言・南都の仏教は、三大勢力を形成して、たがいに教勢を競いつつも、最後は密教の大潮流に合流した。古くからの神祇信仰、外来の陰陽道《おんみょうどう》・宿曜道《しょくようどう》、その他さまざまの呪術的要素も、密教呪術と交流融合し、その外縁を構成した」（速水侑・前掲書六六頁）と述べている。

この章では、一国挙げての謗法を指摘した日蓮を迫害した故に二月騒動や文永の役が起きた旨が述べられる。この点は「撰時抄」で示された内容と同様である。

第二十一章――三一二頁一五行目「弘法・慈覚・智証の悞り国に年久し」～三一三頁一四行目「いにしえのみだれよりも大きなるべし」。

ここでは正法の行者を迫害すれば、諸天が隣国の王の身に入ってその国を攻めることを金光明経の文などを引いて示されている。この趣旨は「撰時抄」において繰り返し示されたものである。

第二十二章――三一三頁一五行目「法滅尽経に云わく」～三一四頁九行目「あながちに敵とにくませ給う」。

第二十三章――三一四頁九行目「この例をもって知るべし」～三一五頁一二行目「善無畏三蔵も脱れがたし」。

この二章では、法華経を信じ讃嘆していても法華経と他経の心が同じであるとしたり、他経でも成仏できると考えていたならば、法華経の心に背き、謗法となるという道理を示されている。

第二十二章に「当世日本国には我も法華経を信じたり信

じたり。諸人の語のごときんば、一人も謗法の者なし」（三一三頁）とあるように、当時の日本では、念仏や真言など他宗と並べて行じていたとしても法華経を信じているのであれば法華経の否定にはならないという観念が一般的であった。どの経典も仏の教えなのだから、その心は一つであり、特定の経典に限定する必要はないとする「融和」の論理である。

その論理からすれば、仏教を信仰しているならば謗法の者は誰一人存在しないことになってしまう。八宗・十宗のうち何を信じても、各宗を兼行しても差し支えないことになる。日蓮は、修学時代からこの融和主義を退ける姿勢をとった。各宗が自宗を第一としているのであるから、各宗の教義は互いに他を否定するものである。したがって、一人の人間が複数の宗を兼ねるなどということはありえない。釈尊の本意に叶った宗ないしは経典はどれか一つであるはずである――。日蓮は融和主義を退け、法華経こそが釈尊の本意に叶った経典であるとの結論に達して、立宗の当初から融和主義との対決を続けたのである。

第二十三章において、法華経と諸大乗経の心は一つであるとした嘉祥《かじょう》大師吉蔵がその罪を悔いて天台大師に仕えたことを述べられているが、それは、法華経と大日経の法理は同一であるとすること自体が法華経を否定する謗法であることを示す趣旨である。

第二十四章――三一五頁一二行目「されば善無畏三蔵は中天の国主なり」～三一七頁二行目「伝えたりけるか。心にくし、心にくし」。

ここでは、中国真言宗の祖師である善無畏三蔵・金剛智三蔵・不空三蔵の現証を挙げて破折している。すなわち善無畏三蔵の遺体が生前よりも縮まって色が黒く、骨が露わであったと記録されていることを挙げ、その死相が堕地獄の姿であるとする。また、金剛智三蔵・不空三蔵が祈雨の祈りをしたが大風が吹いて大失敗に終わった事実を挙げる。

ここから再度、東密の破折に戻る展開になっているが、東密の元祖である善無畏・金剛智・不空に対して、法理の上だけでなく現証の上からも破折を加えている。

第二十五章――三一七頁三行目「弘法大師は去ぬる天長元年」～同頁一六行目「三部の敵となせしゆえにこの夢出現せり」。

ここから第二十八章までは弘法と慈覚を現証の上から破折する箇所である。

弘法は祈雨の祈禱をしたが、二十一日間も雨が降らなかった。そこで天皇が雨乞いをしたところ、すぐに雨が降った。ところが、弘法とその弟子たちは「これは弘法が祈って降らせた雨である」と喧伝した。日蓮はここで、弘法らがいう現証が「だまし」に過ぎないことを指摘している。

また慈覚が日輪を射るという夢を見たことをもって自説の証明としたことは既に第十四章で触れられているが、それに対して、ここでは日輪を射る夢が吉夢であることは内典にも外典にもなく、むしろ忌むべき夢であることを指摘して破折している。

このように、教理だけではなく、現証の面からも真言密教を破折していることが「報恩抄」の一つの特徴となっている。

第二十六章――三一七頁一七行目「例せば漢土の善導が」～三一八頁六行目「慈覚大師の御夢はわざわいなり」。

中国の善導が法華経は千人修行しても一人も得道できない（千中無一）との趣旨の著述を造った時、毎晩、阿弥陀仏が一人の僧として夢に現れ、指南をしたという。しかし日蓮は、そのような夢は経典と矛盾している故に真実ではありえないと一蹴する。善導の夢の例を挙げて先の慈覚の夢が何の正当性の根拠にならないことを指摘しているのである。

善導や慈覚に限らず、宗教の世界ではいわゆる「夢の御告げ」を重んずる態度がしばしば見られるが、日蓮はあくまでも文証・理証・現証という客観的な証拠を重んじ、夢を判断の基準とする態度を厳しく退けている。

第二十七章――三一八頁六行目「問うて云わく、弘法大師の心経の秘鍵に云わく」～三一九頁七行目「智慧かしこからん人は用ゆべからず」。

第二十八章――三一九頁七行目「いかにいわんや、上にあげられて候徳どもは不審あることなり」～三二一頁六行目「仏意に叶う人の証拠とはしりがたし」。

この二章では、弘法が主張する霊験を三つ取り上げ、それらが人を誑《たぶら》かす偽りであることを指摘し破折している。

弘法が主張している霊験とは次のようなものである。

①弘法の「般若心経秘鍵《はんにゃしんぎょうひけん》」によれば、弘仁九年の春に弘法が般若心経の趣旨を書いていた時、夜中に太陽が赫々と輝いた。

②弘法が唐から帰国後、天台宗の円澄など諸宗の代表を集めた時、弘法が印を結んで南方に向かったところ、弘法の口がにわかに開いて弘法が金色の毘盧遮那仏となった。その霊験を見て、円澄などは弘法に帰服したと「孔雀経音義《くじゃくきょうおんぎ》」に記されている。

③「弘法大師伝」には、中国から日本に帰国する日、「自分が学んだ教えを弘めるのに適した地があれば、この三鈷《さんこ》がその地に至るだろう」と言って弘法が日本に向

かって三鈷を投げたが、その三鈷は高野山にあると記されている。

それに対し、第二十七章では、外道がさまざまな神通力を現じたが、結局、生死の苦悩を逃れられなかったこと、また光宅寺法雲が雨を降らし花を咲かせるなどの霊験を現したが、妙楽大師から「理にかなっていない」と破折されたことを挙げて、どのような霊験も教義の正当性を裏づけるものにはならないと破折している。

第二十八章では、次のように先の①②③の霊験について破折している。

①については、夜に太陽が出たという月日は何時か明確ではなく、公家等の日記など他の文献にも記されていないので信用できず、大妄語である。

②についても年月が明らかでなく、伝教・義真の存命中であるのに弟子の円澄を招いたというのも不審である。また「孔雀経音義」は弘法の弟子によるもので信用できない。

③については、人を遣わして三鈷を高野山に埋めたとみられる。

先に述べたように、真言宗は弘法の存命中からさまざまな霊験を強調して自宗を権威づけ、正当化することを図った。日蓮はそれらの「霊験」や「奇跡」がいずれも信用できない虚構であることを暴露し、それが人々を欺く「だまし」であることを明らかにしたのである。真言宗が主張する「霊験」にまで踏み込んで破折していることが「報恩抄」の特色の一つである。

第二十九章――三二一頁七行目「されば、この真言・禅宗・念仏等」～同頁一四行目「他国にせめらるること出来すべし」。

真言密教が謗法の悪法である現証として承久の乱を挙げる。後鳥羽法皇が北条義時を滅ぼそうとして台密や東密、さらには奈良の七大寺や賀茂《かも》神社などに数年にわたって祈禱させたが、二三日も持たずに敗北して隠岐の島に流された事実を挙げ、それはまだ小さなことであり、真言密教に祈禱させれば今後は日本が他国から侵略される事態になると警告している。

第三十章――三二一頁一四行目「このこと日本国の中にただ日蓮一人計りしれり」～三二三頁五行目「山林にまじわれということは定まるれい（例）なり」。

諸宗を破折したために、かねて覚悟した通り、日蓮が国中からの迫害を受けたことを、伊豆流罪・竜の口の法難・佐渡流罪から身延入山までの経過を挙げて述べる。その記述は「報恩抄」と同じ建治二年頃の成立と考えられている「種種御振舞御書」とほぼ合致している。

日蓮自身の逢難の経過を述べることは「撰時抄」にはない。本抄でそれが説かれるのは、次章で明らかなように、難に耐えて正法を弘通した功徳を道善房に回向する趣旨と解せられる。

第三十一章――三二三頁五行目「この功徳は定めて上三宝」〜三二四頁三行目「後生は疑いおぼすべからず」。

道善房が地頭東条景信や清澄寺の住僧である円智房・実成房などを恐れたため、弟子である日蓮を守らずに捨て去ったこと、日蓮の佐渡流罪の時にも佐渡を訪れようとしなかったことなど、道善房の振る舞いを厳しく総括しつつ、なおかつ道善房死去の報に接して、墓参し追善することを念願した心情を述べる。また兄弟子である浄顕房・義浄房については、日蓮が東条景信の圧迫で清澄寺退出を余儀なくされた時、日蓮を守って清澄寺を出た振る舞いに触れ、その行為を「天下第一の法華経の奉公なり」と称賛し、後生の大果報は疑いないと断言している。

第三十二章――三二四頁四行目「問うて云わく、法華経一部・八巻」〜三二五頁三行目「凡薬は病をいやせども命をのべず」。

第三十三章――三二五頁四行目「疑って云わく、二十八品の中に何か肝心ぞや」〜三二六頁一一行目「氷の日天にと（溶）くるがごとくなりゆくをみよ」。

この二章では、経典や仏の肝心がそれぞれの題目あるいは名にあることを示し、妙法蓮華経の題目が法華経、一切経の肝心であり、一切の諸仏・菩薩等の頂上の正法であるることを述べる。南無妙法蓮華経の題目を唱えることと他経の題目を唱えることでは功徳に雲泥の相違があるとし、南無妙法蓮華経の力用にあえば他仏・他経の力用も失われるとする。

宗教の力用は、各人の能力などではなく、法の浅深によって決定されるという道理を示している。ここからは日蓮が三大秘法の大法を弘通する功徳を説き、その功徳を道善房に回向することを示していく流れになっている。

第三十四章――三二六頁一二頁「問うて云わく、この法実にいみじくば」〜三二七頁八行目「このことをもっておもいやらせ給え」。

ここでは南無妙法蓮華経が尊いのであれば、迦葉・阿難・馬鳴・竜樹・無著・天親・南岳・天台・妙楽・伝教等がなぜそれを弘めないのか、との問いを起こす。ただし、この章ではこの問いに直接は答えず、大乗教を弘通した馬鳴・竜樹など正法時代後半五百年の人々が小乗の勢力から激しい迫害を受けたことを述べるにとどめている。

第三十五章――三二七頁九行目「また仏滅後一千五百余年にあたりて」～三二八頁一二行目「弱き人には強きかとうど（方人）有りて扶くる、これなり」。

像法時代の天台・妙楽・伝教が他宗の勢力から激しく反発され、非難を浴びたことを述べる。ここでは「内証は同じけれども、法の流布は迦葉・阿難よりも馬鳴・竜樹等はすぐれ、馬鳴等よりも天台はすぐれ、天台よりも伝教は超えさせ給いたり。世末になれば、人の智はあさく仏教はふかくなることなり。例せば、軽病は凡薬、重病には仙薬、弱き人には強きかとうど（方人）有りて扶くる、これなり」（三二八頁）と述べていることが重要である。

時代の経過とともにより偉大な法が現れるとの道理は「撰時抄」の第十八章でも触れられており、また重病の者を治療するためには良薬が必要であるとの譬喩は「曾谷入道殿許御書」の冒頭（一〇二六頁）や「法華取要抄」（三三五頁）にも見られる。これは、日蓮が弘通する三大秘法が天台・伝教をも超える最高の法であることを示す趣旨と解せられる。

第三十六章――三二八頁一三行目「問うて云わく、天台・伝教の弘通し給わざる正法ありや」～三二九頁一三行目「日本国は一同の南無妙法蓮華経なり」。

本門の本尊・戒壇・題目の三大秘法を明かした章である。三大秘法については二年前の文永十一年成立の「法華取要抄」に、「問うて云わく、如来滅後二千余年、竜樹・天親・天台・伝教の残したまえる所の秘法は何物ぞや。答えて云わく、本門の本尊と戒壇と題目の五字となり」（三三六頁）としてその名目は挙げられているが、内容が説かれることはなかった。三大秘法の内容を明かしたのは「報恩抄」が最初である。この点に「報恩抄」の重大な意義がある。

浄顕房に宛てた「報恩抄送文」に、「この文は、随分大事の大事どもをかきて候ぞ」（三三〇頁）と述べられているが、その「大事の大事ども」とは日蓮が弘通する法体である三大秘法に他ならない。ただし、「本門の戒壇」については「報恩抄」でも名目だけにとどめられている。「本門の戒壇」について説かれるのは入滅の年の「三大秘法稟《さんだいひほうぼん》承事《しょうじ》」（三大秘法抄）を待たなければならない。

まず、「本門の本尊」については、「一つには日本乃至一閻浮提、一同に本門の教主釈尊を本尊とすべし。いわゆる宝塔の内の釈迦・多宝、外《そのほか》の諸仏並びに上行等の四菩薩、脇士《きょうじ》となるべし」（三二八頁）と説かれる。ここで「本門の教主釈尊を本尊とすべし」とある教主釈尊とは法華経の文上本門で説かれる釈尊ではない。文上本門で説かれる釈尊はこの文に言う「宝塔の内の釈迦」である（同じ仏が同時に本尊となり脇士になるということは論理的にあり得ない。

人本尊としての仏と脇士となる仏は別の存在とならなければならない)。それに対して「本門の教主釈尊」とは「宝塔の内の釈迦」を脇士とする根本仏の意味である。

それは何を指すかといえば、日蓮図顕の文字曼荼羅本尊を見れば明らかとなる。宝塔の中に登場する釈迦牟尼仏と多宝如来を脇士として、曼荼羅本尊の中央に大きくしたためられているのは「南無妙法蓮華経　日蓮」である。すなわち、「報恩抄」でいう本尊としての教主釈尊とは、南無妙法蓮華経と一体の日蓮に他ならない。すなわち、「報恩抄」のこの文は、日蓮を末法の人本尊とすることを意味しているのである。

本門の戒壇については、「二つには本門の戒壇」(同頁)と名目を挙げるにとどめている。

「本門の題目」については、「三つには日本乃至漢土・月氏・一閻浮提に、人ごとに有智・無智をきらわず、一同に他事をすてて南無妙法蓮華経と唱うべし。このこといまだひろまらず。一閻浮提の内に仏滅後二千二百二十五年が間一人も唱えず。日蓮一人、南無妙法蓮華経・南無妙法蓮華経等と声もおしまず唱うるなり」(同頁)と説かれる。南無妙法蓮華経が世界の全人類にとって各人の能力の違いを超越して唱えるべき普遍の大法であることが宣言される。また、その南無妙法蓮華経は日蓮一人が初めて弘通した法であることも示される。

その上で、「日蓮が慈悲曠大ならば、南無妙法蓮華経は万年の外、未来までもながるべし。日本国の一切衆生の盲目をひらける功徳あり。無間地獄の道をふさぎぬ」(三二九頁)の文は、日寛が本抄の文段で示している通り(『日寛上人文段集』四三八頁)、日蓮に主師親の三徳が具わることを示す文と解される。

まず、「日蓮が慈悲曠大ならば、南無妙法蓮華経は万年の外、未来までもながるべし」は親の徳を表す。親の徳とは衆生を慈愛する働きだからである。南無妙法蓮華経の流布の原点は日蓮の境涯にある。その大慈悲の境涯が広大無辺である故に南無妙法蓮華経は未来永遠に流布していくとするのである。

釈迦仏を含めてあらゆる仏の教えには正法・像法・末法の三時があるということが仏教の原則である。仏の教えを含めてどのような思想も時代が経過すれば時代の変化に適応できなくなって形骸化し、やがては無力になる。人間の思想も無常の存在に過ぎないと仏教は見ているのである。それは、あらゆる思想がそれぞれの時代に適合する形で、時代状況に限定されて示されたものだからである。しかし、南無妙法蓮華経は時代に適合して説かれたものではなく、歴史を超越した宇宙と生命の根源の法である。それ故に南無妙法蓮華経は未来永遠にわたって流布するとするのである。

次に「一切衆生の盲目をひらける功徳あり」が師の徳に当たる。師の徳とは、人々に正しい価値観・人生観を示す働きだからである。日蓮は南無妙法蓮華経の法を根幹とする教義を示すことにより、人々の迷妄を打ち破った。そこに日蓮に師の徳を見ることができる。

最後に「無間地獄の道をふさぎぬ」が主の徳に当たる。主の徳とは、衆生の生命・生活を守る働きだからである。日蓮は、南無妙法蓮華経の大法を示すことにより、万人が地獄の苦しみに落ち込むことを防いだと解されるからである。

誰人であれ、南無妙法蓮華経の本尊を信受して題目を行じていくならば、どのような不幸も幸福へと転ずることができる。その宿命転換の原理は個人だけでなく、民族や国家、さらには人類社会全体にも当てはまる。日蓮は無間地獄の道に向かいかねない人類に対して、その宿命を転ずる道を開いたのである。

日蓮は南無妙法蓮華経の大法を弘めることによって、人類を根底から救済する道を示した。それ故に、「この功徳は伝教・天台にも超え、竜樹・迦葉にもすぐれたり」（三二九頁）と、これまでの一切の仏教者に勝る功徳があるというのである。

第三十七章――三二九頁一三行目「されば、花は根にかえり」〜同頁一七行目「浄顕房・義成房の許に奉送《ぶそう》す」。

本抄の末尾に当たるこの章では、全人類を救済する大宗教を確立し弘めた日蓮の功徳が故道善房の身に集まることを説いて、師匠への回向の誠を遂げる。

ほぼ同じ趣旨を示されているのが「華果成就御書《けかじょうじゅごしょ》」の次の文である。

「いねは華果《はなみ》成就すれども、必ず米の精、大地におさまる。故にひつじ（稲孫）おいいでて二度華果成就するなり。日蓮が法華経を弘むる功徳は必ず道善房の身に帰すべし。あらとうと、とうと」（九〇〇頁）

臆病のために弟子の日蓮を守れず、正法の信仰にも至ることができなかった師匠に対しても日蓮はその恩を深く受け止め、最大の誠意をもって報恩を尽くしたのである。

7 「四信五品抄」

建治三（一二七七）年四月、日蓮は富木常忍に「四信五《ししんご》品抄《ほんしょう》」を送り、末法の修行について教示した（真筆完存）。

本抄は富木常忍が日蓮に、諸法の理を得るための修行は何かということや、肉や五辛を食した後の修行の在り方等について質問したことの返書と伝えられている。この点については「富士一跡門徒存知の事」に、「四信五品抄一巻。法門不審の条々申すに付いての御返事なり。よって、かの進状を奥にこれを書く」（一六〇五頁）と述べられている。ただし、常忍の質問書（不審状）は『日蓮宗宗学全書』第一巻に収録されているものの常忍の直筆は現存せず、この伝承の確証はない。また、本抄の題号は後人が付けたものである。

本抄では冒頭に、法華経の修行には戒定慧の三学がすべて揃っていなければならないとする当時一般の見解を掲げ、それに対して戒と定の二法は必要なく慧だけが必要なのであり、また慧も信によって代えることができるとの「以信代慧《いしんだいえ》」の法理を説いている。

本抄では、法華経の分別功徳品に説かれる四信と五品が在世と滅後にわたる亀鏡であるとし、中でも四信の最初の一念信解と五品の一番目の初随喜が末法の衆生に当たるとする。一念信解と初随喜とは、いずれも仏法を聞いて信受したばかりの名字即《みょうじそく》すなわち初心の位である。すなわち、末法の衆生はすべて初心の衆生であり、末法においては仏法の学解を得た高位の者はありえないという立場である。

本抄に、「檀・戒等の五度を制止して一向に南無妙法蓮華経と称せしむるを一念信解・初随喜の気分《けぶん》と為すなり。これ則ちこの経の本意なり」（三四〇頁）とあるように、末法においては菩薩の修行である六波羅蜜（布施〈檀〉・持戒・忍辱《にんにく》・精進・禅・智慧波羅蜜）のうち、前の五波羅蜜（戒定慧のうちの戒と定）は必要なく、智慧も信によって代替されるのであるから、末法の修行としては六波羅蜜全てが不要となり、ひたすら南無妙法蓮華経の唱題に尽きることになる。

戒定慧の三学を行じて初めて得脱できるというのが従来の仏教の常識であるが、日蓮はそれを覆し、これまでの仏教で説かれてきた学解や持戒等の諸行を排除して唱題の一行に徹することを説いたのである。この点は「初心の者、諸行と題目と並び行ずれば所益《しょやく》全く失う」（三四一頁）との文にも明らかである。日蓮のこの教示は、修行論の上から、日蓮の宗教が従来の正像の仏教を完全に超越していることを示している。すなわち、「一念三千の観門を勧進せず、ただ題目計りを唱えしむる」（同頁）の文が示す通り、天台流の一念三千の観法をも完全に退ける立場である。

当時は、日蓮の門下にも従来の天台流の観念に囚われる傾向が見られたので、本抄ではその迷いを打ち破り、従来の仏教との相違を明確にしたと解せられる。

次に、ひたすら南無妙法蓮華経と唱える日蓮の門下の位を論じ、諸宗の元祖よりも百千万億倍勝れた地位にあると宣言している。すなわち、次の文である。

「問う。汝が弟子、一分の解《げ》無くしてただ一口に南無妙法蓮華経と称するその位いかん。

答う。この人はただ四味三教の極位並びに爾前の円人に超過するのみに非ず、はたまた真言等の諸宗の元祖、畏・厳・恩・蔵・宣・摩・導等に勝出すること百千万億倍なり。請う。国中の諸人、我が末弟等を軽んずることなかれ。進んで過去を尋ぬれば、八十万億劫に供養せし大菩薩なり。あに熈連《きれん》一恒《いちごう》の者に非ずや。退いて未来を論ずれば、八十年の布施に超過して五十の功徳を備うべし。天子の襁褓《むつき》に纏われ、大竜の始めて生ずるが如し。蔑如することなかれ、蔑如することなかれ」（三四二頁）

妙法を行ずる人の尊極の地位を明示し、その人を蔑如し迫害する者に現罰のあることを強調している。

最後に弘法・慈覚・智証の三人を「釈迦・多宝・十方の諸仏の大怨敵」（三四三頁）と断じ、この三大師の邪法が国土の滅亡と衆生の悪道をもたらすと破折している。智証を破折の対象に置いていることは「報恩抄」と同一である。

8 「下山御消息」

建治三（一二七七）年六月、日蓮は弟子の因幡房日永《いなばぼうにちえい》に代わって「下山御消息」を執筆し、甲斐国下山郷の地頭である下山兵庫五郎光基《みつもと》に送った。真筆の断簡が各地に現存している。

日永は、元は念仏の信者であったが、日興の折伏によって日蓮の門下となった。そのことに対し、父（一説には主君）の下山光基は日永に反対し、追放した。そこで、日蓮が日永に代わって法華経信仰の正当性を説いた書簡が本抄である。下山光基は、本抄の教導を機縁として日蓮に帰依したと伝えられる。この時期、日蓮が迫害を受けた門下に代わって迫害者に宛てた文書を執筆した例としては、四条金吾に代わって執筆した「頼基陳状」がある。その点で本抄は「頼基陳状」と同様の意義を持つ。

また、本抄は弟子の日永の立場で執筆されたことから、第三者としての客観的視点から記述がなされていることに特徴がある。

まず、なぜ念仏を捨てて法華経を信仰するかという問題について、本抄では経典の勝劣・浅深の相違という日蓮の基本的立場から説かれる。ついで伝教大師が大乗戒を主張して小乗戒を捨棄したことを例として、邪見方便の諸経を捨てることが正しい在り方であることを示す。

さらに正像の仏教史を踏まえた論述があるが、その中で、「地涌の大菩薩、末法の初めに出現せさせ給いて、本門寿量品の肝心たる南無妙法蓮華経の五字を一閻浮提の一切衆生に唱えさせ給う」（三四六頁）、「今の時は世すでに上行菩薩等の御出現の時剋に相当たれり」（同頁）として、末法弘通の主体者と法体について地涌の菩薩（上行菩薩）と南無妙法蓮華経であると明示していることが注目される。

また、本抄では念仏だけでなく禅宗・真言宗・天台宗（台密）などの諸宗破折が見られるが、中でも律宗の極楽寺良観の破折に多くの紙数が費やされていることが特徴的である。

日蓮と良観との祈雨の勝負にも詳しく言及し、良観について、「一には名は持戒ときこゆれども実には放逸なるか、二には慳貪なるか、三には嫉妬なるか、四には邪見なるか、五には婬乱なるか、この五つにはすぐべからず」（三五〇頁）と、持律の外見の下に隠された良観の本質を見破り、破折している。

本抄で良観を詳しく破折している理由としては、対告衆である下山光基が律宗と何らかの関係をもっていた可能性が考えられる。極楽寺を中心とした鎌倉の律宗は幕府と結びついて土木や交通・海運など社会の広範な領域に影響力を持っていたからである。

また、日蓮自身の事蹟について詳しい記述があることも本抄の特徴で、例えば「立正安国論」の提出から松葉ケ谷の法難、伊豆流罪に至る事情について次のように述べられている。

「先ず大地震に付いて去ぬる正嘉元年に書を一巻注したりしを故最明寺の入道殿に奉る。御尋ねもなく御用いもなかりしかば、国主の御用いなき法師なればあやまちたりとも科《とが》あらじとやおもいけん、念仏者並びに檀那等、またさるべき人々も同意したるとぞ聞こえし。夜中に日蓮が小庵に数千人押し寄せて殺害せんとせしかども、いかんがしたりけん、その夜の害もまぬかれぬ。しかれども心を合わせたることなれば、寄せたる者も科なくて大事の政道を破る。『日蓮がいまだ生きたる、不思議なり』とて伊豆国へ流しぬ。されば、人のあまりににくきには我がほろぶべきとがをもかえりみざるか、御式目をも破らるるか」（三五五頁）

竜の口の法難、また佐渡流罪赦免後の平左衛門尉との会見（文永十一年四月八日）についても言及があり、それらの記述は日蓮の事蹟を確認するうえで極めて貴重な証言となっている。

また、本抄では日蓮自身の位置づけが示されている。それは次の文である。

「たとい鉄囲山《てっちせん》を日本国に引き回《めぐ》し、須弥山を蓋《おおい》として十方世界の四天王を集めて波際に立て並べてふせがするとも、法華経の敵となり教主釈尊より大事なる行者を法華経の第五の巻をもって日蓮が頭《こうべ》を打ち、十巻共に引き散らして散々に踏みたりし大禍は、現当二世にのがれがたくこそ候わんずらめ」（三六二頁）

ここで自身について「教主釈尊より大事なる行者」と規定していることが重要である。なぜ、日蓮が「釈尊より大事」なのか。それは、釈尊は末法における教主ではなく、日蓮こそが末法に南無妙法蓮華経を弘通する教主であるからである。すなわち、この文は「日蓮本仏」を裏づけるものとして解せられる。

日蓮が末法における唯一の教主であるとの自覚に立つからこそ、因幡房日永の立場を借りて、「この御房（日蓮をさす——引用者）は唯一人おわします。もしやの御事の候わん時は御後悔や候わんずらん」（三六四頁）と述べているのである。

9 「日女御前御返事」（御本尊相貌抄）

「報恩抄」の翌年、建治三（一二七七）年八月、日蓮は有力な女性信徒である日女御前に書簡を送り、曼荼羅本尊の意義について詳しく教示した。「日女御前御返事」（御本尊相貌抄）である。真筆は現存しないが、「日朝本録外目録《ろくげ》」「三宝寺録外目録」に名が記されている。行学院日朝の写本がある。

文中に八葉蓮華説が見られること、天台本覚思想を示す「修善寺決」と類似の文があるなどの理由で偽書説が出されたこともあったが、それらはいずれも偽書とするだけの理由にならないことがほぼ明らかになっており、真書として扱われるべきである。

曼荼羅本尊の意義について説かれている御書は、本抄のほか「観心本尊抄」「妙法曼荼羅供養事《みょうほうまんだらくようのこと》」など数少なく、その意味で本抄は本尊という日蓮の根本教義を知るうえで重要不可欠の位置を占める。

本抄では、曼荼羅本尊について、「この御本尊は在世五十年の中には八年、八年の間にも涌出品より属累品まで八品に顕れ給うなり」（一二四三頁）と法華経に根拠を置いていることを述べている。涌出品から嘱累品での八品とは、地涌の菩薩が登場している八品に他ならない。

曼荼羅本尊が法華経に裏づけられることは、同抄に、「これ全く日蓮が自作にあらず。多宝塔中の大牟尼世尊、分身の諸仏、すりかたぎ（摺形木）たる本尊なり」（同頁）と述べられている。「すりかたぎ」とは文字や絵を木版で刷る際の「版木」のことである。多宝如来と釈迦如来が宝塔中に並坐して会座の大衆が空中に浮かんでいる「虚空会《こくうえ》」は、仏の悟りの世界を表したものであり、曼荼羅本尊は、その虚空会の様相によって示された悟りの世界を版木で刷り出したようにそのまま表したものである、との趣旨である。

根源の妙法を覚知した仏の悟りは、あらゆる仏において共通である。その悟りの表現は仏によって異なるが、法華経の虚空会はまさに仏の悟りの世界、仏の生命を象徴的に表現している。日蓮は、その虚空会に表された仏の生命を曼荼羅として顕し、人々が帰依の対象とする本尊としたのである。

「されば首題の五字は中央にかかり」（同頁）以下の文は、

曼荼羅本尊の相貌を説いた文であるが、その相貌は、仏界から地獄界に至る十界全ての生命が「妙法五字の光明にてらされて本有《ほんぬ》の尊形《そんぎょう》となる」(同頁) 姿を表している。すなわち、一切の存在が仏の生命に包まれ、仏界に具わる十界の存在として、仏の働きの一部を担うものになるということである。「本有の尊形」の「本有」とは生命に本来具わっているということであり、「尊形」とは仏の働きを顕した姿との意である。一切の生命は、本来、仏の働きをなすものであり、その生命本来の姿が「本有の尊形」なのである。一切の生命をして仏の働きをなさしめるものが妙法である。本尊の相貌で言えば中央にしたためられた「南無妙法蓮華経　日蓮」である。

法華経の虚空会において、宝塔中の釈迦・多宝に向かって大衆が集合している姿は、一切の生命が仏の世界に包まれて仏の働きをなしている姿を表現している。もちろん、法華経文上では大衆を本有の尊形にさせる根源の妙法は明示されない。しかし、釈迦・多宝が並座している間の中央には、経典には明示されていなくても、一切を仏のうちに包摂する根源の妙法(ないしは妙法と一体である根源仏)が潜在的に示されていることになる。日蓮は、法華経が示さなかった中心の妙法と根源仏を「南無妙法蓮華経　日蓮」と明示し、曼荼羅本尊として図顕したのである。

日蓮は宝塔について述べた「御義口伝」で『法華文句』の「前仏すでに居し、今仏並びに座す。当仏もまた然なり」との文を挙げている(七三九頁)。「前仏」とは多宝如来、「今仏」とは釈迦如来である。天台大師は、虚空会に多宝如来、釈迦如来が座しているならば、未来の仏(当仏)もまた釈迦・多宝と同様に虚空会に座していくと述べている。いわば、天台は、未来の仏が顕れることを予言しているのである。曼荼羅本尊に示された「南無妙法蓮華経　日蓮」こそ、天台が予見した「当仏」に当たると解せられよう。

日蓮は曼荼羅本尊について、「経王殿御返事」で、「日蓮がたましいをすみにそめながしてかきて候ぞ、信じさせ給え」(一一二四頁)として、日蓮自身の生命をそのまま図顕したものであると述べている。「人法一箇《にんぽういっか》」というように、日蓮(人本尊)と曼荼羅(法本尊)は一体不二である。日蓮即曼荼羅であり、曼荼羅即日蓮なのである。

曼荼羅にしたためられている十界は仏界所具の十界であるが、より具体的に言えば日蓮の生命に具わる十界に他ならない。この点は日興門流の相伝書である「御本尊七箇相承」に「日蓮と御判を置き給うこと、いかん(三世印判日蓮躰具)。師の曰わく、首題も釈迦・多宝も上行・無辺行等も普賢・文殊等も舎利弗・迦葉等も梵釈・四天・日月等も鬼子母神・十羅刹女等も天照・八幡等もことごとく日蓮なりと申す心なり」(『富士宗学要集』第一巻三二頁)と述べられている通りである。

「日女御前御返事」に、「日蓮が弟子・檀那等、『正直捨方便』『不受余経一偈』と無二に信ずる故によって、この御本尊の宝塔の中へ入るべきなり」（一二四四頁）とあるように、御本尊に向かって唱題する時、唱題する人もまた、虚空会の会座に連なる一員として「本有の尊形」になっていることになる。

「宝塔の中に入る」とされることについては、曼荼羅が「立体」の構造をなしていることが指摘される。すなわち、中央の首題と釈迦牟尼仏・多宝如来が曼荼羅を拝する側の方に向いているのに対し、上行菩薩・安立行菩薩から提婆達多に至るまでの九界の衆生は首題と釈迦・多宝の方を向いている。つまり両者は向き合っているのである。曼荼羅は、このような虚空会の立体構造を平面上に表した投影図のようになっている。その故に、曼荼羅を拝する衆生は、曼荼羅にしたためられている九界の衆生と同様に、九界の衆生の一員として、曼荼羅本尊に顕された虚空会の儀式に参列していることになるのである。

また同抄では、本尊の意義について、「この御本尊全く余所《よそ》に求むることなかれ。ただ我等衆生の法華経を持《たも》ちて南無妙法蓮華経と唱うる胸中の肉団におわしますなり。これを九識心王真如《くしきしんのうしんにょ》の都とは申すなり」（同頁）とも教示されている。法華経（南無妙法蓮華経）を信受して題目を唱える衆生の生命に本尊があるとの趣旨である。九識心王真如の都とは、万人に内在する仏界の生命を指す。本尊とは、実は自身の外にあるものではなく、自身の内にある。その内なる本尊である仏界の生命を現実の人生のうえに顕現していくことが仏教の目的である。曼荼羅本尊は、各人の仏界の生命を顕現するための手段と位置づけられる。

大石寺第二十六世日寛は、「文底秘沈抄」において、「夫れ本尊とは所縁の境なり。境能く智を発し、智また行を導く。故に境もし正しからざれば、智・行もまた随って正しからず。妙楽大師謂える有り。『たとい発心真実ならざる者も、正境に縁すれば功徳なお多し。もし正境に非ずんば、たとい偽妄無きも、また種と成らず』等云々。故にすべからく本尊を簡《えら》んで、もって信行を励むべし」（『六巻抄』八〇頁）と述べている。すなわち、曼荼羅本尊は各人の仏界を顕すための仏縁となる修行の「対境」である。仏の生命を図顕した曼荼羅本尊という対境に触れることによって各人に内在する仏の生命が触発され、顕れていく。その意味で、あくまでも各人の仏界を顕すための曼荼羅本尊なのである。

仏教一般において、自身の外にある仏像などの本尊を崇めるのが通途の形であるが、実は、外にある本尊を崇めるのは仏法本来の趣旨ではない。どこまでも各人の可能性、尊厳を実現していくことが仏法の目的であるとの教示といえよう。

10　「本尊問答抄」

さらに本尊の意義を明かした御書として、弘安元（一二七八）年九月、清澄寺《せいちょうじ》の浄顕房に宛てられた「本尊問答抄」がある。真筆は現存しないが、日興と日源《にちげん》の写本がある。

本抄では、日蓮の仏法における本尊が仏像ではなく、文字によって法を図顕した曼荼羅であることが明示されている。この点においては「観心本尊抄」「日女御前御返事」などと全く同一である。

その点を示す本抄の文は次のようなものである。

「問うて云わく、末代悪世の凡夫は何物をもって本尊と定むべきや。答えて云わく、法華経の題目をもって本尊とすべし」（三六五頁）

「問うて云わく、しからば汝、云何ぞ釈迦をもって本尊とせずして法華経の題目を本尊とするや。答う、上に挙ぐるところの経釈を見給え。私の義にはあらず。釈尊と天台とは法華経を本尊と定め給えり。末代、今の日蓮も、仏と天台との如く法華経をもって本尊とするなり。その故は法華経は釈尊の父母、諸仏の眼目なり。釈迦・大日総じて十方の諸仏は法華経より出生し給えり。故に今、能生をもって本尊とするなり」（三六六頁）

すなわち、日蓮は釈迦仏を本尊とせず、法華経の題目である「妙法蓮華経」を本尊とするとしている。釈迦を劣、法華経の題目（妙法蓮華経）を勝とするのである。妙法蓮華経が釈迦を含めた一切諸仏を仏ならしめた「能生」の法体であり、釈迦は妙法蓮華経によって仏にさせてもらった「所生」の存在だからである。この文は、日蓮の真意が釈迦本仏論ではないことを示す明文である。「妙法」「妙法五字」「妙法蓮華経」「南無妙法蓮華経」といっても同義である。その故に、先の文で「法華経をもって本尊とするなり」と言われている「法華経」とは文上二十八品の法華経を指すのではなく、根源の妙法である南無妙法蓮華経を指すと解さなければならない。文上の法華経はあくまでも釈迦仏が説いた教説に過ぎず、釈迦仏を仏にさせた能生の法ではないからである。

南無妙法蓮華経を本尊とするとは、南無妙法蓮華経を顕した曼荼羅を本尊とする意である。このように「観心本尊抄」「日女御前御返事」「本尊問答抄」などに一致して示された教示に従うならば、諸派の寺院が釈迦仏像などを本尊としていることが日蓮の本意に違背していることは明白である。

なお、本抄では弘法と並んで慈覚・智証を破折の対象とし、台密破折まで踏み込んでいる。また、真言破折の現証として承久の乱における朝廷方敗北の事実を強調している。これらの点については「報恩抄」と同様である。

さらに、蒙古調伏の祈禱を台密を含む真言密教にさせたならば、平家の滅亡、承久の乱の敗北に続いて今回が三度目に当たり、法華経に「還著於本人《げんちゃくおほんにん》」と説かれる通り、日本国敗北の事態を招くであろうと述べている（三七三頁）。

11 「御義口伝」

(1)「御義口伝」の基本性格

身延において日蓮は、門下に対して法華経を中心に経釈の講義をした。教学を軸に人材を育成することを通して、未来の広宣流布の道を開こうとしたのである。そのことについては、次のような文に見ることができる。

「法華読誦の音、青天に響き、一乗談義の言、山中に聞こゆ」（「忘持経事」九七七頁）

「今年一百よ人の人を山中にやしないて、十二時の法華経をよましめ、談義して候ぞ」（「曾谷殿御返事」一〇六五頁）

「まかるまかる昼夜に法華経をよみ、朝暮に摩訶止観を談ずれば」（「松野殿女房御返事」一三九四頁）

これらの文によれば、時には百人を超える門下が日蓮のもとに参集し、日蓮の指導・講義を受けながら研学に励んでいたと見られる。

身延における日蓮の法華経講義を日興が筆録して整理し、成立したのが「御義口伝」である。日蓮が自ら経文に注を書き入れ、手元に置いて用いていたのが現存する「注法華経」だが、身延においても、この「注法華経」を用いて法華経の講義がなされたと考えられる。

身延での法華経講義は日興をはじめとする身近な弟子に対してなされたもので、そのために外には容易に示されることのない日蓮の奥底の法門が展開されている。その講義をまとめた「御義口伝」には日蓮の法華経観とともに対外的には広く示されることのなかった思想をうかがうことができる。その意味で「御義口伝」は日蓮の思想展開を考察するうえで極めて重要な文献であるが、相伝書に類するものとして日興門流に秘伝的に伝えられ、長い間公開されることがなかった。

文献上、「御義口伝」の内容が初めて引用されるのは、円明日澄による『法華経啓運抄』（一四九二年）である。また、現存する最も古い写本は八品派日経の古写本（一五三九年）である。このように「御義口伝」が世に知られるようになるのは十五世紀末以降であるが、それまで知られることがなかったのは、日興門流において秘伝的に扱われてきたためで、決して理由のないことではない。

次第にその内容が知られるにつれ、「御義口伝」は日興門流だけでなく、他の門流においても日蓮の根本思想をうかがう重要文献として重視されるようになった。しかし他方で近年、その成立が日蓮入滅後になるものとして、偽書説が主張されるに至った。しかし、以下に述べるように、「御義口伝」を偽書として全面的に否定するのは適切ではない。

日興は晩年の重須時代にも「御義口伝」を講義したと伝えらえる（要法寺日震の『日宗年表』には正安二〈一三〇〇〉年九月、日興が重須において「御義口伝」を講じたとの記述がある）。「御義口伝」の骨格は日蓮の法華経講義に基くものと見られ、「奥書」は後世の作と考えられるが（日亨編の創価学会版『御書全集』では「奥書」は削除されている）、本体は「真書」として扱われるべきである（講義をまとめた日興の判断が何らかの形で入っていることは当然である。その事情は、天台大師の講義を弟子章安が筆録・編纂した天台三大部と類比するものと考えられる。章安の判断が入っているからといって天台三大部を「偽書」とするのが不当であることはいうまでもない）。

「御義口伝」偽書説の論拠は次のようなものである。

①「弘安元年正月一日」の日付

建治四年が二月に改元されて弘安元年になったのであるから、正月一日に弘安元年とするのは不自然であるというものである。「御義口伝」が日蓮の法華経講義をまとめたものであるならば、後年になってから、改元された年号を元日から用いるのは、多くの実例もあり、決して不自然ではない。

弘安元年正月一日の日付がある理由は文献上では明らかでないが、一つの推論としては、法華経講義が前年末までで一旦終了していたので区切りをつける意味があったとも考えられる。いずれにしても「弘安元年正月一日」の日付は「御義口伝」を偽書とする根拠にはならない。

②「補註（科註）」の文の引用

偽書説の論者は「御義口伝」に日蓮の滅後十三年に成立した「補註《ふちゅう》（科註）」の文が引用されていることをもって偽書説の根拠とする。

その引用は、宝塔品二十箇の大事の中の「第十　如却《にょきゃく》関鑰開大城門《けんやくかいだいじょうもん》の事」の次の文である。

「補註の四に云わく、この開塔見仏は、けだし所表有るなり。何となれば、即ち開塔は即開権なり。見仏は即顕実なり。これまた前を証し、またまさに後を起こさんとするのみ。如却関鑰とは却は除なり。障除《さわりのぞ》こり機動くことを表す。謂わく、法身の大士、惑を破し、理を顕し、道を増し、生を損するなりと。

御義口伝に云わく、関鑰《けんやく》とは謗法なり。無明なり。開とは我等が成仏なり。大城門とは我等が色心の二法なり。

大城とは色法なり。門とは口なり。今、日蓮等の類い、南無妙法蓮華経と唱え奉る時、無明の惑障却《さ》けて己心の釈迦・多宝住するなり。関鑰とは無明なり。開とは法性なり。鑰とは妙の一字なり。天台の云わく『秘密の奥蔵を発《ひ》らく。これを称して妙と為す』と。妙の一字をもって鑰と心得べきなり。この経文は謗法不信の関鑰を却《さ》けて己心の仏を開くと云うことなり。開仏知見これを思うべし云々」（七四一頁）

ここで引用されている「註」の文は、日蓮の滅後十三年に平磵必昇が校訂した「科註」にある。創価学会版「御書全集」では元亀本によって「補註」となっているが、「科註」とするのが妥当であろうか。ただし、ここで引かれている「註」の文が、後の「御義口伝に云わく」以下の文と内容的にまったく関連がないことに注目したい。つまり、この「註」の文は、日蓮滅後に伝わったものを日興が参考のために掲げておいたものと考えることができる。「御義口伝」の主要部分は、あくまでも「御義口伝に云わく」以下に述べられている思想展開であり、それ以前に掲げられている天台、妙楽などの釈は、あくまでも「御義口伝」独自の思想に至るまでの前提、参考に過ぎない（釈を挙げずに直ちに「御義口伝に云わく」としている場合も少なくない）。必昇の註も、天台などの釈と同列の参考資料として、編纂時に補って加えたと見ることができる。したがって、「御義口伝」に日蓮滅後の文献があることなど何の問題にもならず、「科註」の文があることは「御義口伝」を偽書とする根拠とはならない。

③天台本覚思想の影響

「御義口伝」偽作説の代表的な論者は立正大学の執行海秀《しぎょうかいしゅう》氏であるが、氏が偽作説の根拠として最も重視したのが「御義口伝」に天台本覚思想の影響が濃厚に見られることであった。

氏は「御義口伝」について次のように言う。

「本書全体の思想から見れば、本書は全く室町中期頃の中古天台の理的な観心思想に基づいて『法華経』を口伝したもので、『等海口伝《とうかいくでん》』の思想と軌を一にするものであり、当時中古天台に傾倒した一致派教学の思想に近いものがある」（『興門教学の研究』六四頁）

「本書は、観心主義の思想を基調とするので、五百塵点を事顕本とし、この顕本に対して無作三身の理顕本を如来神通之力の文に依て強調してゐる」（同書三一二頁）

「本書の口伝形態や文体が、南北朝の頃出来た等海口伝等に類似する点から見て本書の成立は聖人滅後のものと思はれる」（同書三一三頁）

執行氏のこのような見解は、氏の学問上の師で、天台本覚思想が示されている御書を全て偽書として否定していった浅井要麟《あさいようりん》の態度を引き継いだものと思われる。しかし、天台本覚思想がうかがえる文献を全面的に偽作視する姿勢が、今日、妥当なものといえるか、むしろこの点の方が問題であろう。

とりわけ執行氏が「御義口伝」について『等海口伝』の思想と軌を一にするもの」と断じていることは同意しがたい。例えば氏は「等海口伝」の「円教三身は無作三身なり。無作三身は始めて修顕したる三身にあらず。我等身口意の三業、本来無作として三身円満の体なるを無作三身と云うなり」の文を引いて「御義口伝」と同一であるとする(「大崎学報」一〇〇号一三五頁)。

これは我々の現状がそのまま無作三身であるから修行の必要もないとする天台本覚思想の立場を表明した文であるが、「御義口伝」にはそのような思想は皆無である。「御義口伝」では無作三身について次のように述べられている。

「無作の三身とは末法の法華経の行者なり。無作の三身の宝号を南無妙法蓮華経と云うなり」(七五二頁)

「この無作の三身をば一字をもって得たり。いわゆる信の一字なり」(七五三頁)

「無作の三身の当体の蓮華の仏とは日蓮が弟子・檀那等なり。南無妙法蓮華経の宝号を持ち奉る故なり」(七五四頁)

これらの文に明らかなように、「御義口伝」は南無妙法蓮華経への信受を貫く「日蓮が弟子・檀那」となることが「無作三身」の条件であるとしている。「等海口伝」と大きな相違があることは明白である。

「等海口伝」は、貞和《じょうわ》五(一三四九)年に関東天台の等海が著したもので、その思想が「御義口伝」の思想内容と大きく異なることは両者を確認すれば自明である。用語の類似をもって両者の思想が「軌を一にする」と短絡的に断定する態度は学問的良心を欠いた偏見という以外にない。

天台本覚思想とは、要するに現状の一切を肯定し、全ての存在がそのままで本覚の如来であるとして修行の必要もないとする思想である。平安時代の中期以降、日本天台宗の中に台頭し、平安末期には天台宗の中で支配的な思潮になった。

天台宗の清澄寺で得度し、修行した日蓮が、少年時代から天台本覚思想に触れてきたことはむしろ当然である。

日蓮は十七歳の時、天台本覚思想の初期の作品である「円多羅義集《えんたらぎしゅう》」を、また三十歳の時には天台本覚思想の特徴を示す正覚房覚鑁の「五輪九字明秘密釈」を書写している。

さらに、偽書の疑いも強いが、最初の著作とされる「戒体即身成仏義」にも天台本覚思想が濃厚に見ることができる。

例えば同抄には次のような文がある。

「我が身に十界を具すと意得し時、欲令衆生仏之知見《よくりょうしゅじょうぶつしちけん》と説いて、自身に一分の行無くして即身成仏するなり」（昭和定本一三頁）

「我等衆生も則ち釈迦如来の御舎利なり。されば多宝塔と申すは我等が身、二仏と申すは自身の法身なり」（同一四頁）

このように日蓮が修学時代から天台本覚思想を深く吸収し、それを自身の思想の要素として用いていることがうかがえる。田村芳朗博士が「日蓮においても、天台本覚思想的なものをすべて取り除こうとすることは、天台本覚思想の思想的高級性から見て不可であろう」（『本覚思想論』三四〇頁）と述べているように、天台本覚思想に類似の表現がある御書をすべて偽書として否定し去る態度は日蓮思想の多面性を理解しない判断であり、妥当でない。

日蓮が天台本覚思想を吸収しつつ、それを克服していることは多くの御書の中に見ることができる。

例えば「如説修行抄」には次のように説かれている。

「問うて云わく、如説修行の行者と申さんは何様に信ずるを申し候べきや。

答えて云わく、当世日本国中の諸人、一同に如説修行の人と申し候は、『諸乗一仏乗と開会《かいえ》しぬれば何れの法も皆法華経にして、勝劣浅深あることなし。念仏を申すも、真言を持つも、禅を修行するも、総じて一切の諸経並びに仏菩薩の御名を持ちて唱うるも、皆法華経なりと信ずるが如説修行の人とは云われ候なり』等云々。予が云わく、『然らず。所詮、仏法を修行せんには人の言を用う可からず。ただ仰いで仏の金言をまほるべきなり』」（五〇二頁）

開会した後は念仏も真言も禅もすべて法華経であって勝劣はないとする見解こそ天台本覚思想そのものであるが、日蓮はその主張を明確に退けている。

同様の論述は、日興の弟子日代《にちだい》の写本がある「諸宗問答抄」にも次のようにある。

「世間の人、天台宗は、開会の後は相待妙の時斥《きら》い捨てられし所の前四味の諸経の名言を唱うるも、また諸仏・諸菩薩の名言を唱うるも、皆これ法華の妙体にて有るなり。大海に入らざるほどこそ各別の思いなりけれ、大海に入って後に見れば日来よしわるしと嫌い用いけるは大僻見にて有りけり。嫌わるる諸流も、用いらるる冷水も、源はただ大海より出でたる一水にて有りけり。しかれば何れの水と呼びたりとても、ただ大海の一水に於いて別々の名言をよびたるにてこそあれ、各別各別の物と思うてよぶにこそ科《とが》はあれ、ただ大海の一水と思うて何れをも心に任せて有縁に従って唱え持つに苦しかるべからずとて、念仏をも真言をも何れをも心に任せて持ち唱うるなり。

今云う。この義は与えて云う時はさも有るべきかと覚うれども、奪って云う時は随分堕地獄の義にて有るなり。その故は、縦《たと》い一人かくの如く意得、何れをも持ち唱うるとても万人この心根を得ざる時はただ例の偏見偏情にて、持ち唱えれば一人成仏するとも万人は皆地獄に堕すべき邪見の悪義なり」(三七七頁)

そもそも日蓮の身延における法華経講義は、「法華経をよましめ、談義して候ぞ」(「曾谷殿御返事」一〇六五頁)とあるように、日蓮の一方的な講義ではなく、「談義」すなわち参加者相互が議論する形式であったと考えられる。その事情に関して大石寺第六十六世日達《にったつ》は次のように述べている。

「身延で老僧達が法華経の講義をしてもらいたいと云った時、日蓮様は註法華経を持っていらっしゃるから、その要文を取ってこれについてみんなで講談しようと云われた。そこで弟子達が大勢で議論をたたかわせた。その場合、註法華経に書いてある文句等はことさらに書き上げる必要はない。すでに註法華経に書いてあるんですから。それ以外の文句の文などを取って、お互いに論じ合った。そこで、最後に大聖人様が御義を下されたのを口伝として、日興上人が筆録された。それが御義口伝である」(「大日蓮」昭和三十七年二月号)

当時、すでに本覚思想が天台宗内の支配的思潮になっていたのであるから、日蓮門下の高弟など天台宗の教義を学んできた者にとって、天台本覚思想はいわば常識に属するものであり、その論議に本覚思想と同じ用語、語法が現れるのもむしろ当然である。しかも「御義口伝」は天台本覚思想を吸収しつつも、本覚思想を批判し、それを超えている。そのように考えるならば、「御義口伝」に天台本覚思想と類似した表現があることをもって「偽作」と断ずることが適切でないことは明らかである。

日興が日蓮の御書の収集・書写に努力し、その講義を通して門下の育成に力を注いだことはよく知られている。それほど日蓮の教義を後世に残すことに心を用いた日興が、日蓮の奥底の思想をうかがう貴重な機会である法華経講義について何の記録も残さなかったとは考えにくい。もちろん、建治年間において、日興は富士方面の弘教を進めていた関係上、常に身延に滞在していたわけではないが、留守の間は法華経講義の参加者に記録をとどめることを要請し、記録の体制をとることは可能であっただろう。

日蓮の法華経講義の筆録が本書の思想的中核、原資料としてあって、それを日興の立場から整理・編集して成立したのが「御義口伝」であると考えるのが公平な見方であろう。そのような原資料が全くないところから、いわばゼロから本書を「創作」するのは、そこに示された思想の自由闊達さ、水準の高さを考えるならばほとんど不可能と思われる。それ故に、「御義口伝」の表現には当然後世の判断が入っているものの、その中核は日蓮の思想を反映していると考える。いわば、「御義口伝」は師弟合作の作品であり、全面的に排除するのではなく、日蓮の思想をうかがうための重要資料として扱うべきであろう（その点では「御講聞書」も同様である）。

（2）御義口伝の思想

「御義口伝」は特定の門下を対象にした一機一縁の述作ではなく、高弟を対象にした法華経講義の記録であるから、日蓮の奥底の思想が表れている。そこで、「御義口伝」に展開される思想の特質を概観しておきたい。

①種脱相対

「御義口伝」では、弘めるべき法体を文上の法華経とせず、法華経文底・肝要の南無妙法蓮華経であるとする「種脱相対」を明確に打ち出している。種脱相対は「開目抄」「観心本尊抄」「上野殿御返事」など、既に多くの御書に説かれるところであるが、「御義口伝」ではそれが明瞭な形で示されている。

種脱相対を示す「御義口伝」の文には次のようなものがある。

「御義口伝に云わく、無上に重々の子細あり。外道の法に対すれば三蔵教は無上、外道の法は有上なり。また三蔵教は有上、通教は無上。通教は有上、別教は無上。別教は有上、円教は無上。また爾前の円は有上、法華の円は無上。また迹門の円は有上、本門の円は無上。また迹門十三品は有上、方便品は無上。また本門十三品は有上、一品二半は無上。また天台大師所弘の止観は無上、玄文二部は有上なり。今日蓮等の類いの心は、無上とは南無妙法蓮華経、無上の中の極無上なり。この妙法を指して無上宝聚と説き給うなり。宝聚とは三世の諸仏の万行万善の諸波羅蜜の宝を聚《あつ》めたる南無妙法蓮華経なり」（信解品六箇の大事、七二七頁）

「二十八品は有差別なり、妙法の五字は無差別なり」（薬草喩品五箇の大事、七二九頁）

「酒に重々これ有り。権教は酒、法華経は醒めたり。本迹相対する時、迹門は酒なり、始覚の故なり。本門は醒めたり、本覚の故なり。また本迹二門は酒なり、南無妙法蓮華経は醒めたり」（五百弟子品三箇の大事、七三五頁）

「権教は小音声、法華経は大音声なり。二十八品は小音声、題目は大音声なり」（宝塔品二十箇の大事、七四〇頁）

「今日蓮等の類い南無妙法蓮華経と唱え奉る者は寿量品の本主なり。惣じては迹化の菩薩、この品に手をつけいろうべきに非ざる者なり。彼は迹表本裏、これは本面迹裏。しかりといえども、しかも当品は末法の要法に非ざるか。その故は、この品は在世の脱益《だっちゃく》なり。題目の五字計り当今の下種なり。しかれば、在世は脱益、滅後は下種なり。よって下種をもって末法の詮と為す」（寿量品二十七箇の大事、七五三頁）

「今日蓮等の弘通の南無妙法蓮華経は体《たい》なり、心なり。二十八品は用《ゆう》なり。二十八品は助行なり。題目は正行なり。正行に助行を摂すべきなり」（二十八品ことごとく南無妙法蓮華経の事、七九四頁）

これらの文に明らかな通り、日蓮が弘通する法体は文上・脱益の法華経ではなく、文底・下種の南無妙法蓮華経である。そこで「御義口伝」では「今日蓮等の類い南無妙法蓮華経と唱うる（者）」という言葉が常套句として頻繁に用いられる。

「御義口伝」において「法華経」とは文上の法華経二十八品ではなく、南無妙法蓮華経を指すものと解せられる。

②日蓮本仏

種脱相対と並んで「御義口伝」では、「日蓮本仏」が示されている。「日蓮本仏」もまた、相伝書を待つまでもなく、「開目抄」「撰時抄」などに明示されている通りである。末法弘通の法体は文上の法華経二十八品でなく、文底の南無妙法蓮華経であるから、弘通の教主も文上の法華経を説いた釈迦仏ではなく、初めて南無妙法蓮華経を衆生に説いた日蓮となるのは必然の道理である。

「日蓮本仏」は「御義口伝」では次のように示されている。

「御義口伝に云わく、父に於いて三つこれ有り。法華経・釈尊・日蓮これなり。法華経は一切衆生の父なり。この父に背く故に流転の凡夫となる。釈尊は一切衆生の父なり。この仏に背く故につぶさに諸道を輪《め》ぐるなり。今日蓮は日本国の一切衆生の父なり」（信解品六箇の大事・第二捨父逃逝の事、七二六頁）

ここで法華経とは一往は文上の法華経と受け取れるが、再往は末法弘通の法体である南無妙法蓮華経を指すと解すべきであろう。また釈尊を一切衆生の父としているのは正像まで釈尊が教主にあったことを意味し、また「今日蓮は日本国の一切衆生の父なり」とは、末法における教主・本仏が日蓮であることを示すものといえよう。

「御義口伝に云わく、日本国の一切衆生は子の如く、日蓮は父の如し」（同・第四心懐悔恨の事、同頁）

「共の一字は日蓮に共する時は宝処に至るべし。不共ならば阿鼻大城に堕つ可し」（化城喩品七箇の大事・第七皆共至宝処の事、七三四頁）

「今日蓮等の類い南無妙法蓮華経と唱え奉る者は、日蓮に違わずして宣説すべきなり」（提婆達多品八箇の大事・

第二若不違我当為宣説の事、七四四頁）
「戒定慧の三学は寿量品の事の三大秘法これなり。日蓮たしかに霊山に於いて面授口決せしなり。本尊とは法華経の行者の一身の当体なり云々」（寿量品二十七箇の大事・第二十五建立御本尊等の事、七六〇頁）

この日蓮本仏論の前提には、真実の仏（本仏）は経典に説かれる仏ではなく、妙法を受持した凡夫であるとする「凡夫本仏論」がある。

この凡夫本仏論は、例えば「諸法実相抄」に次のように示されている。

「釈迦・多宝の二仏と云うも用《ゆう》の仏なり。妙法蓮華経こそ本仏にては御座《おわし》候え。経に云わく『如来秘密神通之力』これなり。『如来秘密』は体《たい》の三身にして本仏なり。『神通之力』は用の三身にして迹仏ぞかし。凡夫は体の三身にして本仏ぞかし。仏は用の三身にして迹仏なり。しかれば、釈迦仏は我等衆生のためには主師親の三徳を備え給うと思いしに、さにては候わず。返って仏に三徳をこうらせ奉るは凡夫なり」（一三五八頁）

要するに、経典に説かれるさまざまな仏は、仏の働き（用）を示すために説かれた象徴に過ぎず、実体があるものではない（例えば、阿弥陀如来や薬師如来などが宇宙のどこかに実在するということではない）。したがって、それらの仏は皆、架空の仏、迹仏に過ぎない。実体のある現実の仏（本仏）は妙法を受持した凡夫以外にないとするのである。

この凡夫本仏論は、超越的な仏を教主として仰ぎ、その「超越者」からの救済を求めてきた従来の仏教の在り方を根底的に覆す革命的な思想といえる。この「凡夫こそ仏」の思想を明確に打ち出したところに日蓮仏法の革命性が存するといえるが、「御義口伝」にはまさにこの凡夫本仏論が縦横に展開されている。

それは、次の文にうかがうことができる。

「我等衆生は親なり、仏は子なり。父子一体にして本末究竟等なり」（方便品八箇の大事・第六如我等無異如我昔所願の事、七二〇頁）

「今日蓮等の類いの意は、惣じては如来とは一切衆生なり。別しては日蓮の弟子・檀那なり。されば、無作の三身とは末法の法華経の行者なり。無作の三身の宝号を南無妙法蓮華経と云うなり」（寿量品二十七箇の大事・第一南無妙法蓮華経如来寿量品第十六の事、七五二頁）

「末法の仏とは凡夫なり、凡夫僧なり。法とは題目なり。僧とは我等行者なり。仏とも云われ、また凡夫僧とも云わるるなり」（常不軽品三十箇の大事・第十三常不値仏不聞法不見僧の事、七六六頁）

「御義口伝に云わく、如来とは本法不思議の如来なれば、この法華経の行者を指すべきなり」（嘱累品三箇の大事・

第二如来是一切衆生之大施主の事、七七二頁）

このように見るとき、「御義口伝」には種脱相対、日蓮本仏（及び、その前提としての凡夫本仏）という日蓮奥底の教義が明確に説かれていることが分かる。

末法においては南無妙法蓮華経を弘通する凡夫僧日蓮を教主・本仏とするのであるから、法華経文上における久遠実成の釈迦仏を末法今時の教主とすることは誤りとなる。久遠実成の釈迦仏は、眉間白毫相を具えるなど、凡夫からかけ離れた色相荘厳の仏として説かれるからである。

寿量品に説かれる五百塵点劫成道の釈尊であっても、五百塵点劫という時点で初めて成道を遂げた仏であり、それまで仏でなかった存在がある時点において仏になったという構図を脱することはできない。五百塵点劫成道の釈尊であっても、いわば根源の法（そしてその法と一体の仏）によって初めて仏に成ることができた（仏にさせてもらった）所生の仏であり、真の根源仏ではない。久遠実成の釈迦仏といっても、経典制作者が作り上げた観念にすぎず、実在するものではない（実在する釈尊とは、王子として生まれ、八十で入滅した歴史的釈尊以外にない）。久遠実成の釈迦仏も、それを通して根源の仏と法が存在することを示すために法華経制作者によって創作された架空の仏（迹仏）に過ぎないのである。

したがって諸御書において「釈尊」とある場合も、文上法華経の教主である釈迦仏としてだけ捉えるべきではない。「御義口伝」に、「この本門の釈尊は我等衆生のことなり」（七二〇頁）とあるように、妙法を受持した衆生を指す場合もあれば、また法華経文上の釈尊を成仏せしめた根源の本仏（久遠元初自受用身）を指す場合もある。御書に「釈尊」とあれば無条件で文上法華経の教主・釈迦仏と理解する文字に囚われた思考では日蓮の奥底の教義を把握することはできない。

さらに「御義口伝」を筆録・編纂した日興に種脱相対、日蓮本仏義があるのは当然である。

もっとも、日蓮本仏義について、大石寺第九世日有《にちう》など日興門流の末流が後に創作したものであるとする批判がある。しかし、先ほどから述べてきた「御義口伝」の位置づけを了解するならば、そのような批判は妥当ではない。

日興が日蓮を末法の本仏としていたことは、後に詳しく述べるように、日興および日興門流における曼荼羅本尊の書写形式を見れば明らかである。

五老僧などが図した曼荼羅には首題の「南無妙法蓮華経」の直下に筆をとった自分自身の名が書かれているのに対し、日興は南無妙法蓮華経の直下には必ず「日蓮　在御判」と記し、自身の名は「書写する」者として書かれている。いわば五老僧が、自分自身を日蓮と同列の存在として自分の名前を日蓮と同様に首題の直下に記したのに対し、日興は終始一貫、日蓮を南無妙法蓮華経と一体の存在、すなわち人法一箇の本仏と位置づけていることが分かる。

③法華経の生命論的把握

日蓮の法華経講義の記録である「御義口伝」には、日蓮独特の法華経観をうかがうことができる。その特色は、法華経の文々句々を衆生の生命の表現として捉える生命論的把握にある。すなわち、法華経を釈尊一仏による説法として固定的に捉えることなく、そこに万人に妥当する普遍的法理を見いだしていくのである。

例えば、序品で法華経の会座に参加している阿闍世王について「御義口伝」では、「日本国の一切衆生は阿闍世王なり。既に諸仏の父を殺し、法華経の母を害するなり。（中略）謗法の人、今は母の胎内に処しながら法華の怨敵たり。あに未生怨《みしょうおん》に非ずや」（序品七箇の大事・第三阿闍世王の事、七一〇頁）と、正法に違背する謗法の生命として捉えている。さらには、阿闍世王が父母を害したことは「逆」であるが、その父母が正法不信である場合には正法の敵と戦ったという意味で「順」になると「逆即是順《ぎゃくそくぜじゅん》」の道理を示し、日蓮の門下が貪愛・無明と戦っていることは阿闍世王に当たると述べている。すなわち、この場合には、阿闍世王は悪と戦う「善」なるものとして現れることになる。このように、阿闍世王に善悪両面にわたる生命の在り方を見ているのである。

このような法華経の普遍的、生命論的解釈は、他の類例を見ない。苛烈な弾圧に耐え、法華経を実践の中で身読した日蓮のみが到達し得た法華経理解というべきであろう。日蓮が「御義口伝」で示した法華経観は、法華経という経典の意義を解明するための不可欠の視点となっている。

12 「御講聞書」（日向記）

「御講聞書《おこうききがき》」は、五老僧の一人である民部日向《みんぶにこう》が、日蓮の法華経講義を筆録したものとされる。冒頭に「弘安元年三月十九日より連々の御講、同三年五月二十八日に至る。よって、これを記しおわんぬ」（八〇七頁）とある。この文によれば、弘安年間における法華経講義の記録ということになる。

もっとも「御講聞書」についても「御義口伝」と同様、天台本覚思想の影響下にあるという理由で偽書説が行われているが、「御義口伝」の項で述べたのと同じ理由で、偽書として単純に切り捨てるべきではない。日蓮も門下も、当時の時代思潮である天台本覚思想を深く吸収していたのであるから、日蓮の講義の筆録に天台本覚思想と類似の表現があることはむしろ当然である。「御講聞書」も「御義口伝」と同様、その記述には筆録・編集者の判断が加わっているものの、思想の骨格は日蓮自身によるものと考えるべきであろう。

そこで「御講聞書」における顕著な思想を見るならば、次の諸点を挙げることができよう。

①「南無妙法蓮華経」の強調

「御講聞書」の思想として、第一に挙げられるのは、末法弘通の法体として南無妙法蓮華経を強調していることである。

その点は、例えば次の文に見ることができる。

「今末法は南無妙法蓮華経の七字を弘めて利生得益あるべき時なり。されば、この題目には余事を交えば僻事《ひがごと》なるべし」（八〇七頁）

「本因の因というは下種の題目なり。本果の果とは成仏なり。因と云うは信心領納のことなり。この経を持ち奉る時を本因とす。その本因のまま成仏なりと云うを本果とは云うなり。日蓮が弟子・檀那の肝要は、本果より本因を宗とするなり」（八〇八頁）

「末法の要法・南無妙法蓮華経これなり」（八二二頁）

「この等雨法雨《とううほうう》は法体の南無妙法蓮華経なり。今末法に入って、日蓮等の類いの弘通する題目は、等雨法雨の法体なり」（八二八頁）

「所詮、末法に入っては題目の五字即ちこれなり。この妙法蓮華経の五字は万法能生の父母なり」（八三五頁）

ただし、南無妙法蓮華経と法華経二十八品との勝劣、すなわち種脱相対は「御義口伝」に比べて明確ではない。これは、筆録者が種脱相対を十分に理解できていなかったためであろう（種脱相対を明示した「観心本尊抄」は富木常忍のもとに秘蔵され、日蓮在世当時は教団全体には知られていなかったと考えられる）。なお「御講聞書」には「所詮、日蓮が意に云わく、法華経の極理とは南無妙法蓮華経これなり」（八四四頁）の文がある。「御講聞書」の筆録者は末法弘通の法体が二十八品の文上法華経ではなく南無妙法蓮華経であることは了解しており、南無妙法蓮華経が二十八品の「極理」であるとの認識はもっていたのである。

②曼荼羅の宣揚

また、「御講聞書」の特色として、曼荼羅本尊を強調していることが挙げられる。その点は次のような文に見られる。

「この妙法の大曼荼羅を身に持ち、心に念じ、口に唱え奉るべき時なり」（八〇七頁）

「本有《ほんぬ》の霊山とはこの娑婆世界なり。中にも日本国なり。法華経の本国土抄、娑婆世界なり。本門寿量品の未曾有の大曼荼羅建立の在所なり云々」（八一一頁）

「所詮、此珠と云うは我等衆生の心法なり。よって一念三千の宝珠なり。いわゆる妙法蓮華経なり。今末代に入ってこの珠を顕すことは日蓮等の類いなり。いわゆる未曾有の大曼荼羅こそ正しく一念三千の宝珠なれ」（八三二頁）
「今末法に入って、眼とはいわゆる未曾有の大曼荼羅なり。この御本尊より外には眼目無きなり」（八四一頁）
「御講聞書」が南無妙法蓮華経と文字曼荼羅を強調していることは日興門流の思想と合致する。その延長でいえば、教主についても日興門流と同じく「日蓮本仏」の立場を示すかというと、「御講聞書」ではその点についての明確な主張は見られない。教主については釈尊の表現が多く見られるが、ただし「御講聞書」には「今末法の時は、所弘の法は、法華経本門の事の一念三千の南無妙法蓮華経なり。能弘の導師は本化地涌の大菩薩にてましますべし」（八四三頁）との文がある。このように、地涌の菩薩を末法の「師」とする見解が打ち出されているのを見れば、「御講聞書」は「御義口伝」のように「日蓮本仏」を明示するには至らないまでも、実質的にはそれとほぼ同様の思想があったことがうかがわれるのである。
結論して言えば、「御講聞書」の筆録者が身延派の祖である日向とされているところから推察されるように、本書は日興門流とは別の立場からまとめられたものと思われるが、その根本思想は「御義口伝」と本質的に矛盾するものではない。その事実は、両書の中核的な思想がともに日蓮の法華経講義に由来していることを物語っているといえよう。

13　日蓮本仏論

「日蓮本仏」については、これまでも各所で繰り返し述べてきたが、ここで追加の論点に触れておきたい。
「顕仏未来記」「撰時抄」「報恩抄」の項で述べたように、日蓮自身、自らを末法の教主とする意識に立っていたことは明瞭である。
いずれも真筆のある「真言諸宗違目」「一谷入道御書」にも次のように示されている。
「日蓮は日本国の人の為には賢父なり、聖親なり、導師なり」（「真言諸宗違目」一四〇頁）
「日蓮は日本国の人々の父母ぞかし、主君ぞかし、明師ぞかし。これを背かんことよ。念仏を申さん人々は無間地獄に堕ちんこと決定なるべし」（「一谷入道御書」一三三〇頁）
主・師・親の三徳を具えることが本仏（教主）の要件であるから、これらの文が本仏（教主）としての言明であることは明らかである。
さらに「滝泉寺申状《りゅうせんじもうしじょう》」の日蓮の真筆部分にも、日蓮自身を指して「法主聖人、時を知り、国を知り、法を知り、機を知り、君の為、臣の為、神の為、仏の為、災難を対治せらるべきの由勘え申す」（八五〇頁）と述べられている。「法主聖人」は文字通り法（教え）の主を示す言葉であるから、日蓮の教主としての自覚を明確にうかがうことができる。

このように「日蓮本仏」は日蓮自らが示したものであり、決して日興門流が勝手に根拠なく主張しているものではない。むしろ、日蓮独自の法門にまで立ち入って説かれた御抄を見るならば、日蓮を釈迦仏に代わる末法の教主・本仏と定めることが日蓮仏法の帰結であることを了解できるのである。

もちろん、日蓮は「教主釈尊」として、釈尊を教主と仰ぐ趣旨の教示を多く残しているが、それは、あくまでも阿弥陀如来や大日如来など諸経の教主に引きずられがちであった当時の人々を教導するための「方便」であって、日蓮の真意は文上の法華経を含めた釈尊の仏法を改めて弘通することではないことは明らかである。日蓮の思想表現には対外的な戦略や門下の仏教理解のレベルに対応しての教導という「方便」と、限定された範囲に示された奥底の「真意」があり、そのような多義性を踏まえて日蓮の「真意」に依らなければならない。

ただし「日蓮本仏」といっても、それは決して釈尊を貶《おとし》めるものではない。仏の悟りは共通・普遍であり、釈尊も根源の法を悟った仏であることはいうまでもない。しかし、仏の悟りは共通であっても、それを人々に対して説き示す在り方は時代と社会の状況に応じて相違がある。その意味で、釈尊を正法・像法時代の教主、日蓮を末法の教主と位置づけるのである。

日興は、日蓮を末法の本仏とする信仰に立った。このことは日興の消息文に、日蓮を指して「仏」「仏聖人」等の尊称が用いられていること、また門下からの供養を必ず日蓮の御影に供えていることにうかがうことができる。また日興が供養の品を釈迦仏に供えたという例はない。このことは日興が釈迦本仏義を退けていたことを示している。

さらに重要なことは日興門流における曼荼羅本尊書写の形式である。五老僧を祖とする他門流は曼荼羅本尊を顕す時、中央にしたためられる南無妙法蓮華経の首題の直下には筆を執った自分自身の名と花押を記すことが通例である。例えば、日朗の場合では「南無妙法蓮華経　日朗　花押」となる。それは、日蓮が曼荼羅を図顕した時には首題の直下に自身の名と花押を記したので、五老僧はそのことを表面的に受け止めて首題の直下には曼荼羅を書いた当人の名前と花押を記すものと理解し、日蓮の例に倣ったのであろう（もっとも、最近、身延派などが「販売」している曼荼羅には南無妙法蓮華経の下に日蓮と記されている。それは、日昭や日朗などという名前よりも日蓮の名を記した方が有りがた味が増すからという「販売方針」によるものであろう。それによって五老僧の本仏義の誤謬が払拭されるものでないことは言うまでもない)。

しかし日興は、曼荼羅本尊を顕す場合、首題の直下には必ず「日蓮　在御判」と記し、自身の名は「書写之　日興花押」と記すにとどめている。日興は曼荼羅を顕すことを「書写」と称し、自身を日蓮と同列の位置に置いて本尊を「図顕」するという態度をとっていない。このような曼荼羅「書写」の在り方を見る時、日興が日蓮を南無妙法蓮華経と一体の教主と認識していたことが分かる（松岡幹夫『日蓮正宗の神話』は「ここに、後の大石寺門流において顕示される『人法体一』の本尊義の濫觴をみるのは不当ではなかろう」と述べている〈同書一四頁〉。適切な見解というべきである）。

本尊書写の形式という信仰の根本に関わる事柄において、日興が生涯にわたって、曼荼羅の中央に「南無妙法蓮華経　日蓮　在御判」と書き続けた事実は極めて重いと言わなければならない。日興に日蓮本仏義がなかったと主張する論者は全てこの事実を軽視している。

日興門流における本尊書写の形式については日蓮から日興に伝えられた相伝書とされる「御本尊七箇相承」に「本尊書写のこと、予が顕し奉るが如くなるべし。もし日蓮御判と書かずんば、天神・地神もよも用い給わざらん」（『富士宗学要集』第一巻三二頁）と述べられている。「御本尊七箇相承」については議論の余地があるが、本尊書写の形式が日興門流独自のものであることを考えるならば、本尊書写の在り方について日蓮から日興へ何らかの教示があった可能性がある。

日興や日興門流上古の諸師の文書に釈迦仏を宣揚する文言があることは、日蓮自身が通例においては釈迦仏を宣揚していたのと同様、化導上の手段、方便と見るべきであり、日興が釈迦本仏義に立っていたという根拠にはなりえない。例えば東佑介著『大石寺教学の研究』は、日興の「原殿御返事」に「日蓮聖人御出世の本懐南無妙法蓮華経の教主釈尊久遠実成の如来」とあることをもって日興が釈迦本仏義に立っていたとする（同書七八頁）。しかし、これは行き過ぎた「切り文」である。この文に続く部分まで引くと次のようになる。

「日蓮聖人御出世の本懐南無妙法蓮華経の教主釈尊久遠実成の如来の画像は一二人書き奉り候えども、いまだ木像は誰も造り奉らず候に、入道殿御微力をもって形の如く造立し奉らんと思《おぼ》し召し立ち候を、御用途候わずに、大国阿闍梨の奪い取り候仏の代わりにそれほどの仏を作らせ給えと教訓し進らせ給いて、固くその旨を御存知候を、日興が申す様は、責めて故聖人安置の仏にて候わばさも候なん。それもその仏は上行等の脇士も無く、始成の仏にて候いき。その上、それは大国阿闍梨の取り奉り候いぬ。なにのほしさに第二転の始成無常の仏のほしく渡らせ給え候べき。御力契《かな》い給わずんば、御子孫の御中に作らせ給う仁《ひと》出来し給うまでは、聖人の文字にあそばして候を御安置候べし。いかに聖人御出世本懐の南無妙法蓮華経の教主の木像をば最前には破し給うべきと強いて申して候いしを、軽しめたりと思しめしけるやらん」（編年体御書一七三二頁）

〈現代語訳〉

「日蓮聖人の出世の本懐である南無妙法蓮華経の教主である釈尊、すなわち久遠実成の釈迦如来の画像は一人二人の人が書いてきましたが、木像は誰も造っていないのに、波木井実長入道殿が『微力ながら形の通り造立したい』と思い立ったところ、何の使いみちもないのに、民部日向が『大国阿闍梨日朗が奪い取った仏像の代わりにそれと同程度の仏像をつくりなさい』と教えたので、入道殿は固くその旨を心に決めてしまいました。日興が申すには『せめて故聖人が安置された仏像であるならばともかく、それでもその仏像は上行菩薩などの脇士もない始成正覚の仏に過ぎません。その上、その仏像は大国阿闍梨が持って行ってしまったのです。何が欲しくて第二転（元のものに似せて作ったもの――引用者）の始成正覚・無常の仏を欲しがる理由があるでしょうか。あなたの力ではかなわないのであれば、御子孫の中にその仏像をお造りになる人が現れるまでは、日蓮大聖人が文字でお書きなった曼荼羅を御安置すべきです。どうして大聖人の御出世の本懐である南無妙法蓮華経の教主の木像を最初に破るのですか』と強く申し上げたのを、入道殿は『日興は自分を軽んじた』とお思いになったようです」

この文の全体を読めば分かる通り、この文は民部日向が波木井実長に釈迦仏像の造立を勧めたことを批判したもので、釈迦本仏義などを述べたものではない。

そもそも、「日蓮聖人御出世の本懐南無妙法蓮華経の教主釈尊久遠実成の如来」の文の眼目は日蓮の出世の本懐が南無妙法蓮華経であるというところにある。寿量品文上に説かれる五百塵点劫成道（久遠実成）の釈迦仏は、南無妙法蓮華経を一切説いていないのであるから、本来、南無妙法蓮華経の教主にはならない。それにもかかわらず、日興が釈迦仏を宣揚してこのような表現をとったのは、阿弥陀仏などに引かれがちな当時の人々を化導するための方便と解すべきである。その点は「原殿御返事」の後の文で「日蓮聖人の御法門は、三界衆生の為には釈迦如来こそ初発心の本師にておわしまし候を捨てて、阿弥陀仏を憑《たの》み奉るによって、五逆罪の人と成って無間地獄に堕つべきなりと申す法門にて候わずや」（編年体御書一七三三頁）とあることからも知ることができる。当時の人々にとっては、阿弥陀仏などではなく釈迦仏を立てるべきであるということを理解するのが精一杯で、「日蓮本仏」という奥底の教義は到底理解できなかったのである。

「御力契い給わずんば、御子孫の御中に作らせ給う仁《ひと》出来し給うまでは、聖人の文字にあそばして候を御安置候べし」（編年体御書一七三三頁）とあるように、日興は将来における子孫による造立ということに寄せて実質的には波木井実長の釈迦仏造立を制止し、曼荼羅本尊を安置するよう教示している。この点は、上行等の四菩薩の像を建立する時を質問して四菩薩像造立の意志をほのめかした富木常忍に対し、日蓮が地涌の菩薩の出現の時に建立されるものであるとして、実質的に四菩薩像の造立を制止したことと同様といえよう（「四菩薩造立抄」九八八頁）。仏像造立にとらわれがちな当時の人々の心を頭から否定せずに受け止めながら、実際は文字曼荼羅本尊への信仰を促すところに日興の本意があるというべきであろう。

日蓮本仏論は日蓮、日興という日蓮仏法の源流において既に存在しており、日興門流に継承されてきたが、日興およびその後の貫首は日蓮本仏論を消息や著述に明示することはなかった。それは日蓮本仏論が日興門流においては当然の前提となっており、また他門流が受け止められない奥義であるという事情があったためであろう。

しかし、文献に明示されていないからその思想が存在しないということにはならない。人間は明確な思想を持っていても、それをあえて言語に表現しない場合がありうることは当然の道理である（その場合でも、具体的な振る舞いにその思想をうかがうことはできる）。

日興門流に継承されてきた日蓮本仏論を大石寺貫首として初めて文献上に明示したのが第九世日有《にちう》（一四〇二〜一四八二）であった。日有の時代は大石寺において少年貫首が続いた時代だったので、日有は日興門流の奥底の教義を文献上に明示することによって仏法を後世に正しく伝えようとしたと考えられる。

日蓮本仏論を初めて文献上に示したのが日有だったことから日蓮本仏論は日有の創作であるとする説があるが、その説によれば日蓮本仏論は日蓮、日興にもなく、それまで誰も唱えることのなかった日蓮本仏論を日有が新たに唱えたことになる。それでは、日有が何故にそれまでの釈迦本仏から日蓮本仏に切り替えるという革命的大転換に踏み切ったのか、合理的な説明がなければならない。しかし、日有創作説の論者にこの点の説明は一切ない。

日有は「我カ申ス事私ニアラス、上代ノ事ヲ違セ申サズ候」（「聞書拾遺」『歴代法主全書』第一巻四二五頁）と述べているように、宗門の上代から伝承されてきた教義を誤りなく後世に伝えようとする姿勢を貫いてきた人物である。その日有が日蓮・日興が説いていない新たな教義を立てることは余りにも不自然であり、あり得ないというべきだろう。

結論として日有創作説は成立せず、日蓮本仏論は日蓮、日興から日興門流の根本教義として既に存在しており、それを貫首として初めて文献化したのが日有であったと捉えるのが妥当である。

第十七章　熱原法難

弘安二（一二七九）年を頂点にして生起した熱原《あつはら》法難は、直接迫害を受けた当事者は熱原の農民信徒を中心とする門下であるが、日蓮の化導において極めて重要な意義を持っている。

そこで、熱原法難の概略を確認し、その意義について考察することとしたい。

1　法難までの経過

熱原法難は、日蓮の身延入山後、日興が富士方面で果敢に弘教を展開したことに応じて、天台宗に代表される既成勢力が反発し、北条家の権力と結びついて農民信徒など日蓮門下に迫害を加えた法難である。

したがって、日興の富士方面への関係・縁故が熱原法難の前提になっている。そこで、熱原法難に触れる前に、日興の行動から確認することとする。

日興は、父の死後、母が再婚した関係で、四、五歳の頃から母方の祖父である富士河合の由比《ゆい》入道のもとで育てられ、初等教育を受けるため、天台宗の寺院である四十九院に登った。四十九院があった場所は確定できないが、現在の静岡県富士市中之郷《なかのごう》がもっとも有力視されている。この点について日亨の『富士日興上人詳伝』では「幼少にして父を失ない、母の武蔵の人綱島九郎太郎に再嫁するをもって、外祖父河合の由比入道に養われて富士に移り、蒲原荘内の四十九院に上りて修学す。四十九院は岩本実相寺の西南にありて、天台宗にして横川《よかわ》系なり」（同書九頁）と述べられている。

四十九院で初等教育を受けた日興は、次にやはり天台宗の寺院である岩本実相寺に登り、仏教一般を学んでいる。現在も残っている実相寺は、当時、この地方で有力な大寺院であり、多くの住房で学僧が学んでいた。実相寺が備える一切経を日蓮が閲覧していた正嘉《しょうか》二（一二五八）年、日興が日蓮と接して師弟の絆を結んだと伝えられる（それを裏づける具体的な文献はないが、それを否定する格段の理由もない）。

四十九院と実相寺はともに天台宗の横川系の寺院で、富士川を挟んで地理的にも近接していることから、「両寺一寺」（二つの寺であっても実質的には一つの寺のように運営されていること。『富士日興上人詳伝』一一頁）と言われるほど、極めて密接な交流があった。『富士日興上人詳伝』に「興師は少年時代より壮年にいたるまで、この寺の供僧《ぐそう》であったとみえ、また実相寺にも住まれたろう」（同頁）とあるように、日興は日蓮の弟子となった以降も四十九院の供僧の身分を持ち続けており、四十九院、実相寺の住僧とも深いつながりがあった。

「家中抄《けちゅうしょう》」によれば、日興は日蓮の門下になった以後も実相寺で修学を続けていたが、弘長元（一二六一）年、日蓮が伊豆の伊東に流罪されると直ちに伊豆に赴き、日蓮に給仕しながら付近を弘教したという。

日蓮の伊豆流罪赦免後は、鎌倉の松葉ケ谷草庵で日蓮に仕えながら、富士方面の弘教にもあたっていたと推測される。しかし、日興が弘教の拠点としていた四十九院や実相寺では、院主が権力に癒着して腐敗が進行していた。その模様は、文永五（一二六八）年、日興が実相寺の第四代院主慈遍《じへん》の罪状を糾弾し、慈遍の解任を求めて幕府に提出した訴状である「実相寺大衆愁状《じっそうじたいしゅうしゅうじょう》」（『富士宗学要集』第十巻三〇五頁）に見ることができる。

それによれば、実相寺は鳥羽法皇が帰依していた天台僧智印《ちいん》の創建で、天台宗横川系の寺院であった。第二代の院主が法橋禅印、第三代が道暁《どうぎょう》である。道暁は法橋禅印の弟子で、源頼朝の弟阿野全成《あのぜんじょう》の五男であった。その権勢を恃《たの》んで次第に乱行となり、自身の実子に実相寺を継がせようとしたが、その企ては成功しなかった（『富士日興上人詳伝』

一八頁)。

第四代の院主として幕府から任命された慈遍は、道暁以上の乱行をほしいままにした。慈遍は実相寺とは何の関係もなかったが、幕府は実相寺を支配下に置くために寺内の住僧を院主にするという実相寺の規則を無視して慈遍を院主に任じたのである。

「実相寺大衆愁状」では慈遍の罪状五十一カ条を挙げて糾弾している。主な罪状は次のようなものである。

①本堂、鎮守の社、潅頂堂、如法経堂、庵室、仁王堂、鐘楼、食堂、浴室などの堂宇を修理しない。
②油料を受け取りながら、灯明や香を供養しない。
③寺の財産を私的に流用する。
④仏事の際に酒宴を行う。
⑤学頭を招かない。
⑥寺中の桜を伐採する。
⑦遊女を院主の坊に入れ、魚鳥を食す。
⑧不動堂に女性を入れて酒宴を行う。
⑨遊女の送迎を住僧に行わせる。
⑩寺男たちに苦役を課す。

住僧から院主を出すという山規を無視して幕府が実相寺の院主人事に介入した背景には、実相寺のある富士地方には北条家の領地が多くあり、北条家の影響力が強かったという事情があったと推測される。いずれにしても、実相寺の例を通して、この当時、幕府権力が地方有力寺院を直接、支配下に置く動きを強めていたことが分かる。そこには、当時の寺院が純粋な信仰の場というよりも、権力による住民支配の道具に化していた現実があった。

「実相寺大衆愁状」については日興による正筆の草案が現存しているので、日興がこの訴状を起草し、院主に対抗する勢力の中で中心的な役割を果していたことは確実と見られる。

この訴状に対して幕府がどのような判断を下したか、史料がないためにその結末は明らかではない。しかし、幕府権力と癒着した院主と、それに対抗する寺内の大衆という対立構造が日興の周囲で形成されていたことは疑いない。後に、実相寺や滝泉寺《りゅうせんじ》など天台宗寺院から日蓮門下に入った人々(その中心に日興がいた)と天台宗寺院の院主との対決が熱原法難として顕在化していく伏線は、十一年前の文永五年に既に存在していたのである。

2　熱原法難の経緯

文永十一(一二七四)年五月、日蓮を案内して身延に入った日興は、翌月、日蓮の庵室が完成したことを見届けた後、縁故のある甲斐・駿河地方への弘教を本格的に開始した。

日興は、日蓮の佐渡流罪以前も波木井実長《はきいさねなが》や伊豆の新田《にいだ》家など弘教の実を挙げていた。文永七年には日持《にちじ》、日位《にちい》、日法《にっぽう》が日興の教化により日蓮門下になっている。文永十一年以後の日興の活動について、『富士日興上人詳伝』では次のように述べられている。

「日興上人は、甲斐にありてはすでに南部波木井の一族を化了し、その中より播磨公、越前公が徒弟となりて出家す。同じき甲斐源氏の中にて大井・秋山等の諸武人を化導し、秋山氏よりは日華《につけ》率先して入室す。日華は嶽麓七覚山の山武士なりしかば、その弟子日仙《にっせん》（小笠原氏）日伝《にちでん》（大井氏）日妙《にちみょう》等、次第に改衣す。これらは多く西郡の人なり。のちに中部にて柏尾の蓮長弟子となる。伊豆にしては、すでに新田家あり。その地より土佐房を出す。駿河にありては、上野の南条七郎次郎はその亡父兵衛七郎の信仰を復活し、その縁辺より河西の松野・興津《おきつ》を教導し、松野より出でたる日持は、四十九院時代興師最初の弟子なり。富士上方《かみがた》成出の南条の出なる日位は、師の日持とともに四十九院にありて門下に加わる。

河合・西山の由比家は外戚にして、はやくに法雨に浴し、その縁辺によりて、実相寺の筑前房・豊前房等弟子となり、四十九院の日源《にちげん》また門下に列す。市庭寺《いちばじ》にては日秀《にっしゅう》・日弁《にちべん》・日禅《にちぜん》等弟子となり、ついに遠江《とおとうみ》に延びて新《に》池《いけ》・相良《さがら》等の武人を教化せらる。これらの中において、長時にわたりて住せられしは、四十九院、実相寺、上野の南条家、加島の高橋家等にして、もっとも弘教に身血をそそがれしは、熱原滝泉寺の僧分の指導およびそれによって入信せる在家への慈教なり」（同書五四頁）

それによれば、日興は四十九院、実相寺、南条家、高橋家などを拠点にして弘教を進め、その結果、四十九院の日源、実相寺の筑前房・豊前房・肥後公、滝泉寺の日秀・日弁・日禅などが日蓮の門下になっていった。

四十九院、実相寺、滝泉寺は、いずれも天台宗寺院で場所も近接していたため、極めて密接な関係があったが、それらが所在する荘園は異なっている。すなわち四十九院が蒲原荘（領家は唐橋通資《からはしみちすけ》。後に通資の子雅清《まさきよ》から石清水八幡宮に寄進された）、実相寺は加島《かじま》荘（領家は藤《とう》中納言）、滝泉寺は下方《しもがた》荘（領家は北条家）である（『日本歴史地名大系』等による）。

四十九院、実相寺、滝泉寺などの住僧が次々と日蓮門下に入り、また周辺の在家信徒まで日蓮門下に改宗していく事態になると、それらの寺院の院主ら支配層は、当然、その動きに反発し、力をもって妨害に出てきた。

建治元年（文永十二年）、滝泉寺の日秀・日弁・日禅らが日蓮の門下になると、同年六月には滝泉寺の院主代行智《ぎょうち》は早くも日蓮門下迫害の動きを起こした。そのことは「浄蓮房御書」の追伸に、「返す返するが（駿河）の人々、みな同じ御心と申させ給い候え」(一四三五頁)とあることによって知ることができる。

滝泉寺のあった場所であるが、日亨は静岡県富士市浅間本町にある三日市浅間《せんげん》神社の北二、三町の古瓦が発掘された場所がそれであると推定している(『富士日興上人詳伝』七八頁)。この点については今後の研究の進展を待ちたい。

滝泉寺における迫害の状況は、日蓮のもとに逐一報告されており、日蓮から覚静房日静《かくじょうぼうにちじょう》や民部日向《にこう》が日興への援軍に派遣された(堀日亨『熱原法難史』四頁)。日蓮教団にとって富士方面での天台宗勢力との確執は重大な事件であり、日蓮も援軍を派遣する一方、日興のもとで奮戦している門下に対し、木目細かな激励・指導を繰り返し行っている。

建治二(一二七六)年には滝泉寺の院主代行智が日秀・日弁・日禅らに念仏を称《とな》える旨の誓状を出すよう要求し、それを拒否した三人は滝泉寺からの退去を命じられる事態になった。日禅は河合に居を移したが、日秀・日弁は行智の命に従わず、依然として寺中にあって活動を持続していった(『富士日興上人詳伝』七四頁)。

院主代の平左近入道《たいらのさこんにゅうどう》行智は正式な僧侶ではなく、北条一族に属することから領内の人民を支配するために北条家から任命された人物で、院主代としての資質などもとより持ち合わせた者ではなかった。後の「滝泉寺申状」によれば、行智は寺の財産を私物化し、狸狩り、鹿狩りなどをしてはその獲物を食べたり、寺の池に毒を入れて魚を殺し、その魚を売るなどの悪行をしてはばからなかった。かつて日興が指弾した実相寺の院主慈遍と同様の乱脈・非道が行われていたのである。

滝泉寺と同様の迫害は、実相寺と四十九院でも生じていった。弘安元(一二七八)年正月の「実相寺御書」によれば、実相寺の住僧尾張阿闍梨《おわりあじゃり》、また四十九院の小田一房《おだいちぼう》が中心になって日蓮門下への攻撃を行っている。

また同年三月の「四十九院申状」(八四八頁)によれば、四十九院の寺務(住職)である二位律師厳誉《ごんよ》は寺内の僧侶に評定させ、日興・日持・日位・日源ら、日蓮門下の僧侶の追放を決定し、実行に移した。このような経過から滝泉寺・実相寺・四十九院の院主・住職らは連係をとって日蓮門下に対処してきたと見られる。しかし、日興たちは四十九院の住坊を追放されても弘教の戦いを緩めず、「四十九院申状」をもって厳誉の不法を幕府に訴え出たのである。

同申状では、厳誉が法華をもって外道・邪教としている主張にはまったく根拠がないことを述べ、厳誉との公場対決の実現を要望している。また、国土に災難が多いのは仏法の邪正を糺していないところによるとし、「立正安国論」の予言が的中している事実を挙げている。すなわち、同申状は単に厳誉の不法を訴えるだけでなく、権力に対する諫暁の意味も含まれている。日興は四十九院の法難に際しても国主諫暁の実践を念じていたのである。

なお、日興を中心とする弘教活動により、入信したのは天台宗寺院の住僧たちだけではない。とくに滝泉寺の日秀・日弁は日頃から農民など在家信徒の人望が厚く、影響力をもっていたので、滝泉寺の在家信徒がその感化を受けて相次いで日蓮に帰依するに至った。日興の「弟子分帳」によれば、後に殉教を遂げた神四郎《じんしろう》・弥五郎・弥六郎の兄弟が弘安元年に日秀・日弁の教化により入信している。この兄弟は滝泉寺のある熱原郷の農民信徒の中心的存在になっていった。

日興の「弟子分帳」には「在家人弟子分」として次のように記されている。

「富士下方熱原郷の住人神四郎、兄。
富士下方同郷の住人弥五郎、弟。
富士下方熱原郷の住人弥六郎。
この三人は越後房・下野房の弟子二十人の内なり。弘安元年信じ始め奉るところ、舎兄弥藤次《やとうじ》入道の訴えに依って鎌倉に召し上げられ、ついに頸を切られ畢わんぬ。平の左衛門入道の沙汰なり」（『富士宗学要集』第九巻二五七頁）

ただし、神四郎について言えば、兄が弥藤次で弟が弥五郎・弥六郎であるならば、通常は弥四郎と称するのが普通であり、神四郎の名称は不自然である。この点について日亨は『熱原法難史』で、日興が殉教の功績を称えて神四郎の名称を与えたと推定している。また、厚原《あつはら》本照寺の縁起には、神四郎の名を与えたのは日蓮であると書かれているという（堀日亨『熱原法難史』五三頁）。

滝泉寺の行智は日秀・日弁・日禅を追放しても人々が日蓮門下へと改宗していく動きをとどめることができなかったので、日蓮門下の切り崩しを工作するに至った。その工作によって反逆し行智側に寝返ったのが三位房《さんみぼう》であった。なお、長崎時綱《ながさきときつな》と大田親昌《おおたちかまさ》についても、もとは日蓮門下だったとの説もあるが、近年はその説は否定され、両名は北条得宗家の家臣で、政所《まんどころ》側の人物と考えられている。

三位房は、日興よりも入門が古く、比叡山にも留学した学僧であった。しかし、名誉心が強く、京都留学の折、貴族の館に招かれて説法したことを名誉に思うと述べたことに対し、日蓮より厳しく叱責されている（「法門申さるべき様の事」一二六八頁）。桑ケ谷問答で良観一派の竜象房を論破するなど、派手な行動は取るものの、民衆の中に入って地道な活動に励むことなどはほとんどなかったと見られる。要するに、自身のわずかな学問を鼻にかけ、死身弘法の精神とはほど遠い人物であった。

富士方面の法戦に際して、日蓮より日興を補佐すべく援軍として派遣されたが、現地に行ってみると日興ほどの尊敬も受けられず、また後輩である日興を人々が中心者に仰ぐことが不愉快であるなどの感情から、行智側の工作に乗せられて反逆したと考えられる。三位房は弘安二年十月一日の「聖人御難事」では、既に死亡していたことが記されている。同抄に「はらぐろとなりて大難にもあたりて候ぞ」（一一九一頁）とあるように、反逆後まもなく、何らかの災厄で急死したのであった。

なお、後に触れる「伯耆殿御書」の追伸部分や「聖人御難事」「常忍抄」に出ている大進房については、もとは日蓮の弟子であったとの説もあるが、判然としない。また、日蓮門下の長老である大進阿闍梨と大進房とは別人と見られている。

また、行智らは、熱原の農民信徒の中心であった神四郎兄弟の長兄弥藤次入道を自らの陣営に引き入れた。弥藤次入道は「強慾奸智の曲者で、村での口利《くちきき》」（『熱原法難史』一四頁）とされる人物であり、真面目な神四郎三兄弟とは気質も合わなかったのであろう。そうしたところを行智側から働きかけられ、弟たちを抑圧する側に回ったのである。

行智らによる迫害は、弘安二年四月にはいよいよ暴力に訴える事態にまでになった。四月八日、熱原郷内の浅間神《せんげん》社分社で行われた流鏑馬《やぶさめ》の行事の折、熱原の信徒四郎の息子が刀で切りつけられ、さらに八月には信徒弥四郎の息子が殺害されるという事件が起きた。

このことは「滝泉寺申状」に、「下方の政所《まんどころ》代に勧め、去ぬる四月、御神事の最中に法華経信心の行人四郎男を刃傷《にんじょう》せしめ、去ぬる八月、弥四郎坊男の頸を切らしむ」（八五三頁）と記されている。ここに「下方の政所代に勧め」とあるように、これらの事件は、下方荘の政所（領主である北条得宗家が荘園を管理するために置いていた事務所）の役人を行智らが動かして起こしたもので、もとより犯人などは明らかにならなかった。

これらの動きに対して日興は滝泉寺への対決姿勢を強め、滝泉寺との対論を計画していたと見られる。九月二十日には、日蓮から日興に宛てて対論の留意点を記した「伯《ほう》耆殿御書《きどのごしょ》」が出されている。それは次の内容である。

「（前欠）形像舎利並余経典　唯置法華経一部と申す釈と、直専持此経則上供養の釈をかまうべし。余経とは小乗経と申さば、況彼華厳○以法化之。故云乃至不受余経一偈の釈を引け。

はわきどのへ
弘安二年九月二十日　　　　　日蓮　花押
この事のぶ（延）るならば、この方にはとが（失）なしとみな人申すべし。また大進房が落馬あらわるべし。

あらわれば人々ごとにおずべし。天の御計らいなり。各にはおずる事なかれ。つよりもてゆかば、定めて子細いできぬとおぼうるなり。今度の使いにはあわじ（淡路）房を遣すべし」（昭和定本一六七一頁）。

なお、この追伸部分は、これまで同年十月十七日の「聖人等御返事」（一四五五頁）の追伸とされてきたが、近年の研究で「伯耆殿御書」の追伸であることが判明している。

暴力による弾圧、脅迫によっても日蓮門下の団結と信心は揺らぐことはなかった。そこで、行智らは、より大規模な弾圧を画策していく。すなわち、日蓮門下が集まる機会を捉えて信徒を捕縛し、権力をもって一気に日蓮党の壊滅を図ろうとしたのである。

行智らがその計画を実行に移したのが弘安二年九月二十一日の事件であった。

この日、田の稲刈りが行われ、多数の農民信徒がその作業に参加していた。そのことを知った行智らは、兼ねてからの計画を実行する好機と捉え、弓矢・刀で武装した武士の騎馬集団をもって信徒の逮捕に向かった。

もとより、農民信徒側も激しく抵抗したと思われるが、武装した多数の集団に囲まれては抵抗にも限界があり、結局、二十人の信徒が逮捕され、下方政所に連行された（逮捕された人数については「御伝土代」には二十四人、左京日教の「穆作抄《むかさしょう》」には二十三人と記されているが、法難の当事者である日興が「弟子分帳」に二十人と明記していることを重んじるべきであろう）。

なお同年十月一日の「聖人御難事」に、「大田の親昌、長崎次郎兵衛の尉時綱、大進房が落馬等は法華経の罰のあらわるるか」（一一九〇頁）と、大田親昌・長崎時綱・大進房の落馬が記されている。それについて、これまで九月二十一日の農民信徒逮捕の際の出来事であるとされてきたが、先に挙げた「伯耆殿御書」の追伸部分によれば、少なくとも大進房の落馬はそれ以前の出来事と考えられる。

行智らは下方政所に農民信徒二十人を連行した後、直ちに弥藤次入道が訴人になって訴状を政所に提出した。その訴状の趣旨は「滝泉寺申状」に、「訴状に云わく、今月二十一日、数多の人勢を催し、弓箭を帯し、院主分の御坊内に打ち入り、下野坊《しもつけぼう》（日秀のこと——引用者）は乗馬《じょうめ》相具し、熱原の百姓紀次郎男、点札《たてふだ》を立て、作毛を苅り取り、日秀の住房に取り入れ畢わんぬ云々［取意］」（八五二頁）と記されている。

すなわち行智たちは、農民信徒たちが院主の田の稲を刈り取って盗んだと訴えたのである。事件直後に訴状を提出したということは、農民信徒たちの拘束と連行という事件そのものが行智側の計画によるものであることを推定させる。

農民信徒二十人は直ちに鎌倉に移送され、平左衛門尉頼綱の取り調べを受けることとなった。尋問は頼綱の私邸の庭で行われた。事件が得宗家の領地内で起きたものであるため、平左衛門尉は幕府の公人としてではなく、得宗家の家司《けいし》(内管領《ないかんれい》)として取り調べに当たったからである。一方、日興は鎌倉に赴き、鎌倉在住の門下とともに対応に当たったと推定される。

九月二十六日には日蓮から日興のもとへ「伯耆殿並びに諸人御書」が出された。その内容は次の通り。

「このことはすでに梵天・帝釈・日月等に申し入れて候ぞ。あえてたがえさせ給うべからず。各々天の御はからいとおぼすべし。恐々謹言。

九月二十六日　　日蓮　花押

伯耆殿並びに諸人　御中」（昭和定本二八七四頁）

本抄は本来、十九紙の御書だが、現存しているのは第七紙と末尾の第十九紙のみである。熱原信徒二十人の連行という事態に当たり、本抄で日蓮から対応のための種々の指示がなされたと推察される。

3　「聖人御難事」

日蓮は、十月一日、鎌倉の中心的信徒である四条金吾に宛てて書簡を送り、拘束されている農民信徒を励ましていくよう指示した。それが「聖人御難事」である。本抄は、四条金吾のもとに留めよとの指示があるが、「人々御中」とあるように、門下一同に与えられた御抄である。この点からも日蓮が熱原法難を教団全体に関わる重大事件と捉えていたことがうかがえる。

本抄では、「過去・現在の末法の法華経の行者を軽賤する王臣・万民、始めは事なきようにて終《つい》にほろびざるは候わず」（一一九〇頁）と、法華経の行者を迫害する勢力に罰が顕れることは必然であると断言し、大田親昌や大進房らの落馬を現罰・別罰であると述べている。

日蓮においては「仏法は勝負」であり、罰と功徳の「現証」において、正邪の勝負は決せられるとするのである。

そして、「各々師子王の心を取り出だして、いかに人おどすともおずることなかれ。師子王は百獣におじず。師子の子またかくのごとし。彼等は野干《やかん》のほうるなり。日蓮が一門は師子の吼うるなり」（一一九〇頁）と、迫害する勢力はいかに強大であるように見えても所詮は強いものに諂《へつら》う「畜生」の類いであり、なにものも恐れない「師子王の心」をもって戦いぬくよう門下を激励している。

本抄ではまた、囚われている農民信徒への指導が見られる。

「彼等には、ただ一えんにおもい切れ。よからんは不思議、わるからんは一定とおもえ。ひだるし（空腹）とおもわば餓鬼道をおしえよ。さむしといわば八かん地獄をおしえよ。おそろしとといわば、たかにあえるきじ、ねこにあえるねずみを他人とおもうことなかれ」（同頁）の文である。

これは、まことに峻厳な指導である。要するに処刑されるという最悪の事態を覚悟し、安易な楽観などすべきでないと戒めている。「ただ一えんにおもい切れ」として、命をなげうつ覚悟を決めよというのである。現世の飢えや寒さの苦しみは死後の餓鬼道や八寒地獄の苦に比べれば取るに足らないものであるから、それに負けてはならないとしている。法のために命を捨てなければならない事態になるならば、その時には喜んで死に赴くべきであるとの教示である。正法のための殉教は、永遠に三悪道の苦を免れ、生々世々に仏の果報を受ける功徳となるからである。

農民信徒の中心者である神四郎らが処刑に直面しても信仰を貫くことができた背景には、それまでの日興や日秀らの教導に加えて、日蓮の厳愛の指導があったといえよう。

さらに「聖人御難事」が書かれた十月一日には鎌倉に滞在していた富木常忍からの書状が届き、日蓮はこの日の夜、急いで返書をしたためた。「常忍抄《じょうにんしょう》」（九八〇頁）である。

常忍からの書状は、下総国で行われた天台宗僧侶と常忍との法論の報告であった。その返書である「常忍抄」では法論に関する注意を与えるだけでなく、熱原法難に触れて次のように述べている。

「この沙汰のことを定めてゆえありて出来せり。かしま（加島）の大田・次郎兵衛・大進房、また本院主もいかにとや申すぞ。よくよくきかせ給い候え」（九八一頁）

「この沙汰のこと」というのは、農民信徒の逮捕の後に竜泉寺側が起こした訴訟を指していると推定される。この訴訟について政所の役人である大田親昌と長崎次郎兵衛、大進房、竜泉寺の院主（または院主代行智）がどのように言っているのか、よく聞いておくようにと富木常忍に指示していることから、常忍がこの時点で熱原法難の対応に加わっていたことが分かる。後に触れるように「竜泉寺申状」の原案が富木常忍の筆になるものであることを考える時、常忍は日興らと共に訴訟の対応に当たっていたと思われる。

また、本抄の末尾には次のように記されている。

「大進房がこと、さきざきかきつかわして候ように、つよづよとかき上げ申させ給い候え。大進房には十羅刹のつかせ給いて、引きかえしせさせ給うとおぼえ候ぞ。また魔王の使者なんどがつきて候いけるが、はなれて候とおぼえ候ぞ。『悪鬼入其身《あっきにゅうごしん》』は、よもそら事にては候わじ。事々重く候えども、この使いいそぎ候えば、よる（夜）かきて候ぞ」（九八二頁）

本抄によれば、大進房は落馬という現罰を受けて退転を悔い改め、日蓮側に戻った可能性がある。

4　裁判闘争への準備

農民信徒二十人の逮捕、鎌倉への連行という事態を受けた日興は直ちに鎌倉に移動し、鎌倉在住の門下や富木常忍らと事件への対応を協議したと推定される。行智側から弥藤次入道を訴人とする訴状が出されたことが分かると、日興を中心に日秀・日弁の名で幕府に提出する陳状（答弁書）の作成が開始された。当然、身延の日蓮のもとにも報告がなされ、日蓮からはさまざまな指示がなされたと考えられる。

陳状の原案は日蓮のもとに送られ、日蓮は門下が作成した原案を後半に残した上で前半部分を自ら執筆した（「滝泉寺申状」。冒頭から「これらの子細、御不審を相貽《あいのこ》さば」〈八五二頁八行目〉までが日蓮の執筆部分である。原案の起草者についてこれまで日興と考えられてきたが、書体の検討から、近年、富木常忍とする説が有力である。原本は中山法華経寺に現存する）。

十月十二日、完成した「滝泉寺申状」に添えて、日蓮から日興のもとに裁判闘争の方針を示した書簡が出された。「伯耆殿等御返事」（一四五六頁）である（日興の古写本が現存する）。

同抄で示されている日蓮の指示は、以下の諸点である。

①農民信徒が釈放されたならば、日秀等の名で裁判に訴える必要はない。

②四郎と弥四郎の息子たちが刃傷・殺害された事件は大進房や弥藤次入道が行智の指図で犯した事件であるから、被害者である信徒側から謝罪して起請文《きしょうもん》を書くなどということがあってはならない。

③裁判になって行智の所行が明らかになれば、行智は身の置き所もなくなり、裁判で強く主張すれば、それが執権時宗の耳に入ることになろう。

④行智らが農民信徒の罪状を証言する証人を立ててきた場合には、それらの証人は行智と同意して熱原の農民の稲を刈り取り盗んだ者であると反論せよ。

⑤行智らが証文を出したならば、それは偽造文書であると主張せよ。

⑥こちらから主張するのは、四郎と弥四郎の息子たちが傷つけられ殺害された事実だけに限定せよ。

日蓮は、九月二十一日の事件について争うことは稲の窃盗をどちらが行ったかという「水掛け論」になることを洞察し、四郎と弥四郎の息子たちの傷害・殺害という動かすことのできない事実に争点を絞るべきであるとした。

本抄の冒頭には「大体この趣をもって書き上ぐべきか」とあるので、本抄は日蓮が「滝泉寺申状」の文案を完成して、それを日興に送った際に同時に送付された書簡と考えられる。

本抄で「起請文」が問題とされていることから、農民信徒に対する尋問で、法華経の信仰を捨てて謝罪し、念仏を称《とな》えるとの起請文を書けとの要求がなされていたと考えられる。日蓮のもとには農民信徒に対する尋問の様子が既に伝えられていたのであろう。

いずれにしても、日蓮は、正式な裁判になれば行智らの悪行が明らかになり、正邪の決着が着くと確信していたことが分かる。

行智側にしてみれば、自身の悪行をごまかすために訴えを起こしたものの、正式な裁判が始まれば敗北は必至であることから、裁判になる前に事実上の処分を行い、事件を片付ける必要にかられたことであろう。行智と結託した平左衛門尉は、当初から公平に事実を糾明する姿勢はなく、尋問に名を借りて一方的に法華経の信心を捨てさせる脅迫に終始した。行智と平左衛門尉としては、幕府の軍事・警察権力を事実上掌握する平左衛門尉の力をもってすれば農民信徒たちを容易に突き崩すことができると考えたのであろう。しかし、農民信徒らは、どのような脅しにも屈せず、法華経の信仰を貫き通したのである。

5 「滝泉寺申状」

先に述べたように、行智側の訴状に対抗して幕府に提出すべく、日秀・日弁の名で作成された陳状（答弁書）が「滝泉寺申状」（八四九頁）である。書名には「申状」とあるが、実際には訴状に対抗して作成された「陳状」である。前半が日蓮、後半が門下の執筆によるもので、熱原法難の経過を知る上で欠くことのできない重要史料である。

成立の経過としては、訴状に対抗する陳状の文案作成を日蓮から指示された門下が文案を作成したが、日蓮はそこに自身の思想を注入すべく、大部分を自ら執筆し、後半の陳状部分と合体して完成したものと推定される。清書して幕府へ提出することが企図されたが、実際に提出されたかどうかは不明である。

日蓮が執筆した前半部分では、「立正安国論」以来の国主諫暁の趣旨を再説し、安国論に予言された自界叛逆難・他国侵逼難が現実になった事実を受け止め、蒙古に対抗するためにも日蓮を用いるべきであると次のように主張している。

「この条は日弁等の本師日蓮聖人、去ぬる正嘉以来の大彗星・大地動等を観見し、一切経を勘えて云わく、当時日本国の体《てい》たらく権小に執著し実経を失没《しつもつ》せるの故にまさに前代未有の二難を起こすべし。いわゆる自界叛逆難・他国侵逼難なり。よって治国の故を思い、兼日かの大災難を対治せらるべきの由、去ぬる文応年中、一巻の書を上表す。立正安国論と号す。勘え申すところ、皆もって符合す。既に金口《こんく》の未来記に同じ。あたかも声と響きとの如し」（八五〇頁）

また、真言師などに蒙古調伏の祈禱を行わせている幕府の対応に触れ、真言密教による祈禱が逆効果になることを警告している。

すなわち日蓮は、日秀・日弁による陳状の提出をも幕府権力に対する諫暁の機会にしようとしていたことが分かる。日蓮自身による国主諫暁は、佐渡から鎌倉に戻った文永十一年の時点で一応の区切りが付けられていたが、日蓮は為政者が日蓮の主張を用いる可能性を否定せず、為政者への働きかけを続けようとしたのである。

本抄は、日秀・日弁という弟子が公の機関に宛てて提出する公文書の文案である。それを日蓮が執筆したということは、日蓮自身による日蓮の客観的な位置づけが示されているということになる。このように本抄は、日蓮の対外的な「自己認識」が明示されているという意味で重要な意義を持つ。

そこでは次のように述べられている。

「本師はあに聖人なるかな。巧匠《こうしょう》内に在り、国宝外に求むべからず。外書に云く『隣国に聖人有るは敵国の憂なり』云々。内経に云く『国に聖人有れば、天、必ず守護す』云々。外書に云く『世、必ず聖智の君有り。しかしてまた賢明の臣有り』云々。この本文を見るに、聖人、国に在るは日本国の大喜にして蒙古国の大憂なり。諸竜を駆り催して敵舟を海に沈め、梵釈に仰せ付けて蒙王を召し取るべし」（八五〇頁）

「法主聖人、時を知り、国を知り、法を知り、機を知り、君のため、臣のため、神のため、仏のため、災難を対治せらるべきの由、勘え申す」（同頁、口絵参照）

日蓮が自身について「法主」「聖人」と明言している意義は重大である。「法主」とは、中阿含経に「世尊を法主となす」とある通り、本来、万人を救済する法を教示する仏、主体者を指す言葉であり（一宗派の長に過ぎない者を法主と呼ぶのは、厳密に言えば詐称である）、また「聖人」も仏を意味する言葉である。すなわち「滝泉寺申状」のこの文は、日蓮が自身が釈尊に代わる末法の本仏、教主であるという確信に立っていたことを示している。曼荼羅本尊において常に「南無妙法蓮華経　日蓮」と中央に大書する傍ら、釈迦・多宝の二仏を左右の脇士の位置に置いていることと合わせて、本抄の記述から「日蓮本仏」こそが日蓮自身の内証真実の立場であることが明瞭となる。日蓮自身に日蓮本仏義がないとする論者はこのような事実を見落としている。日興および日興門流が日蓮本仏義を立てるのは、このような日蓮の内奥の思想を継承したものといえる。

また、「国に聖人有れば、天、必ず守護す」「聖人、国に在るは日本国の大喜にして蒙古国の大憂なり」の文は、日蓮が存在する限り、たとえ蒙古の襲来があっても日本国は必ず守護されるとの確信の表明に他ならない。

さらに、「諸竜を駆り催して敵舟を海に沈め、梵釈に仰せ付けて蒙王を召し取るべし」の文が注目される。

この文には、敵船を海に沈めることで蒙古を撃退するとの具体的な危機克服の道筋までが示されている。三年後の「弘安の役」において、蒙古の大艦隊が台風の直撃を受けて壊滅した事実を考えるとき、未来を的確に洞察する日蓮の境地に深い感銘を覚えざるをえない。

後半の門下による執筆部分では、行智側の訴状が全くの虚偽であることを具体的な根拠を挙げて指摘している。

行智側の訴状の趣旨は、「今月二十一日、数多の人勢を催し、弓箭を帯し、院主分の御坊内に打ち入り、下野坊（日秀）は乗馬《じょうめ》相具し、熱原の百姓紀次郎男、点札《たてふだ》を立て、作毛を苅り取り、日秀の住房に取り入れ畢わんぬ」（八五二頁）というものであった。

それに対して「滝泉寺申状」では次のように反論している。

「この条、跡形も無き虚誕《こたん》なり。日秀等は行智に損亡せられ不安堵の上は誰の人か日秀等の点札を叙用せしむべき。はたまた尫弱《おうにゃく》なる土民の族《やから》、日秀等に雇い越されんや。もししからば弓箭を帯し悪行を企つるに於いては、行智と云い、近隣の人々と云い、いかでか弓箭を奪い取りその身を召し取りて子細を申さざらんや」（同頁。真筆によって本文を補正し、本文の読み下しを改めた）

すなわち、日秀・日弁は滝泉寺から追放された身の上であるから、そのような者の立札など誰も取り上げるはずもないし、また身分も不安定な日秀らに雇われて滝泉寺に反抗する農民がいる道理もない。日秀らが弓矢をもって悪行を働いたならば、行智も近隣の人々も、日秀らの弓矢を奪い取り、その身を召し捕って事の次第を言わないわけがない、という反論である。

その上で、行智の悪行として、日禅・日秀・日弁の追放、寺の財産の横領、日蓮門下になった農民信徒の傷害・殺害などの事実を列挙している。この「陳状」が提出された場合、当然、その内容が審理されることから、行智の悪行が裁判の場で明るみに出ることとなる。日蓮と日興は、法廷の場で正邪を明らかにし、勝負を決しようとしたのである。

6 農民信徒の殉教

ところで、当初から日蓮党の壊滅を目指していた平左衛門尉の尋問は、常軌を逸するものであった。日興の「弟子分帳」に「子息飯沼判官《いいぬまほうがん》（十三歳）、ひきめ（蟇目）をもって散々に射て、念仏を申すべき旨再三これを責むといえども、二十人さらにもってこれを申さざるあいだ、張本三人を召し禁《いまし》めて断罪せしむる所なり」（『富士宗学要集』第九巻二五八頁）とあるように、十月十五日、平左衛門尉は二男の飯沼判官に信徒らを鏑矢《かぶらや》（＝ひきめ）で射させ、転向を強要した。鏑矢とは、中を空洞にして蕪《かぶ》の形をした木製のやじりを付けた矢で、それを射ると異様な音がすることから、魔を降すためのまじないとして用いられたものである。実際の戦闘に用いるものではないが、それを射かけられた時の激痛と恐怖は想像に余りある。

平左衛門尉が脅迫に際して鏑矢を用いた理由は、自身の尋問にも屈しない農民信徒に「魔物」でも取りついているような印象を受けたからであろう。幕府の権力を担う自身の意向が一介の農民らにはねつけられたことに、彼は異様なものを感じたのではなかろうか。

これ以上の尋問は無意味と判断した平左衛門尉は尋問を打ち切り、農民信徒の中心者と見られる神四郎・弥五郎・弥六郎の三人を直ちに斬首、残り十七人を禁獄処分に付した（後に釈放）。先に述べたように、行智側としては事実上の処分をいち早く完了し、正式な裁判を回避する必要があったと考えられる。

神四郎らの斬首を十月十五日とする根拠としては「聖人等御返事」がある。

同抄には次のように記されている。

「今月十五日［酉時《とりのとき》］御文、同じき十七日［酉時］到来す。彼等御勘気を蒙るの時、南無妙法蓮華経・南無妙法蓮華経と唱え奉ると云々。ひとえに只事に非ず。定めて平金吾《へいのきんご》の身に十羅刹入り易りて法華経の行者を試みたまうか。例せば雪山童子・尸毘王《しびおう》等の如し。はたまた、悪鬼その身に入る者か。釈迦・多宝・十方の諸仏・梵帝等、五五百歳の法華経の行者を守護すべきの御誓いはこれなり。大論に云わく『能く毒を変じて薬と為す』。天台云わく『毒を変じて薬と為す』云々。妙の字、虚しからずんば、定めて須臾《しゅゆ》に賞罰有らんか」（一四五五頁）

「御勘気を蒙る」との表現は、単なる尋問や脅迫ではなく、何らかの処分が下されたことを推定させる（日蓮は「御勘気」の言葉について、「文永八年九月十二日の御勘気」一二八八頁、「両度の御勘気」一三六三頁などと、「処分」の意で用いるのが通例である）。

さらに「酉時」として、十五日の事実を報告した知らせが書かれた時刻と、それを受け取った時刻がともに明記されている。鎌倉から身延まで二日間で届けられた緊急連絡は、その報告が重要なものであったことをうかがわせる。

その報告には神四郎らが処刑のその時まで題目を唱え続けていたことが記されていた。その報告に接した日蓮は、必ず賞罰の現証が現れると断じている。「定めて須臾に賞罰有らんか」とは極めて激しい表現であり、そこに農民信徒処刑の報告がなされたことをうかがうことができる。

ただし、日亨《にちこう》は、農民信徒の処刑と追放の日付について、日興が神四郎ら殉教の三烈士追悼のために塚を立てたのが正応《しょうおう》五年四月八日であること、また三烈士のために記念の曼荼羅を書写した日付が徳治《とくじ》三年四月八日であることから、弘安三年四月八日と推定している（『熱原法難史』二六頁）。しかし、これらは決定的な根拠にはならない。四月八日は釈尊生誕の日であり、塚の建立などは、その意義を込めてなされた可能性も否定できない。「聖人等御返事」の文意に照らせば、処刑・追放の処分は弘安二年十月十五日とするのが自然であろう。

なお「聖人等御返事」では、「伯耆房等、深くこの旨を存じて問注を遂ぐべし。平金吾《へいのきんご》に申すべき様は『文永の御勘気の時、聖人の仰せ忘れ給うか。その殃《わざわい》いまだ畢わらず。重ねて十羅刹の罰を招き取るか』。最後に申し付けよ」（一四五五頁）と、日興らに対して、あくまで裁判闘争を継続すること、さらに平左衛門尉に直接面会して「文永八年九月の逮捕の際、日蓮がこのままでは他国から侵略されると警告したことを忘れたのか。この災難はまだ終わっていない。重ねて十羅刹女の罰を受けるつもりか」と難詰するよう厳しく指示している。農民信徒処刑の報に接した日蓮が、さらに権力と戦いぬく闘志を示していることが分かる。

なお、本抄は日蓮自ら「聖人等御返事」と記されていることが注目される。すなわち、権力との戦いに挺身している日興・日秀・日弁を日蓮は「聖人」と呼んで称賛しているのである。ここにも法敵と戦う実践を重んじた日蓮の精神をうかがうことができる。

7 法難後の経過

十月十五日の処分で、事件は事実上の決着を見た。日蓮はその後も法廷闘争に持ち込むべきことを日興らに指示したが、実際には裁判は開かれずに終わった。幕府においても事件が決着済みのものとして見なされたのであろう。

行智らは、神四郎らの中心信徒三人を処刑し、また十七人の信徒を熱原郷から追放したことをもって一段と攻勢に出て、中心信徒の一人であった新富地《しんふち》神社の神主の拉致を図るなど、熱原一帯の日蓮門下を一掃しようとした。そこで日秀・日弁は富士一帯には居られなくなり、同年十一月、日蓮は二人を下総の富木常忍のもとに避難させる措置をとった。また、日興にとっても富士は安住の地でなくなり、身延や上野の南条家、また遠く遠州袋田《ふくろだ》の新池《にいけ》家に滞在せざるを得ない状況となった。また、門下を保護して活躍した南条時光は、幕府からさまざまな圧迫を受けることとなった（『富士日興上人詳伝』九六頁）。

なお、南条時光に対して日蓮は、弘安二年十一月六日、書簡を送って、「これは、あつわらの事のありがたさに申す御返事なり」（一五六一頁）と、法難時の時光の活躍に感謝の意を表し、さらに「上野賢人殿」と「賢人」の称号を贈っている。

時光のもとには弘安三年まで新富地神社の神主が妻子とともに保護されており、そのことを心配した日蓮が、七月二日、神主を身延の日蓮のもとに預けるよう伝えている（「上野殿御返事」一五六四頁）。

弘安三年に至っても、中心信徒は潜伏しなければならないほど危険な状況が続いていたのである。南条時光も幕府から過大な課税を課せられ、生活が困窮するほどであった。その模様は弘安三年十二月二十七日の「上野殿御返事」に次のように記されている。

「あつわら（熱原）のものどもの、かくおしませ給えることは、承平《しょうへい》の将門《まさかど》、天喜《てんぎ》の貞当《さだとう》のようにこの国のものどもはおもいて候ぞ。これひとえに法華経に命をすつるがゆえなり。まったく主君にそむく人とは天御覧あらじ。その上、わずかの小郷におほくの公事《くじ》せめあてられて、わが身はのるべき馬なし。妻子はひきかくべき衣なし」（一五七五頁）

しかし、その困難の中でも時光は日蓮に対する供養を絶やさず、そのたびに日蓮から御礼の書簡を受けた。やがて、南条家に対する迫害も終息し、安定した生活が回復したと見られる。

弾圧の張本人となった滝泉寺院主代の行智、およびその手先となって神四郎ら弟の処刑をもたらした弥藤次のその後については明らかな記録はない。しかし、滝泉寺は、法難直後は権力を背景にして勢力を振るったが、民衆の支持を失い、やがて衰退し廃寺となっていった。

平左衛門尉頼綱《よりつな》の末路も、また悲惨であった。頼綱は執権時宗の死後、御家人の代表格であった安達泰盛《あだちやすもり》をはじめ多くの御家人を滅ぼし、七年間にわたり中央において専制的な恐怖政治を敷いたが、神四郎らの処刑から十四年後の永仁《えいにん》元（一二九三）年四月、長男の讒言によって執権北条貞時《さだとき》の命を受けた軍勢に攻められ、二男の飯沼判官資宗《すけむね》ともども滅ぼされた。日興は、この事実について「これただ事にあらず、法華の現罰を蒙れり」（『富士宗学要集』第九巻二五八頁）と述べている。

【熱原法難関連　略年表】

文永十一（一二七四）年

六月　日興、甲斐・駿河方面への本格的弘教を開始。

建治元（一二七五）年

　この年、滝泉寺の日秀・日弁・日禅と在家信者、日蓮門下となる。

六月　滝泉寺の院主代行智、日蓮門下迫害の動きを起こす。

建治二（一二七六）年

　日秀・日弁・日禅、滝泉寺からの退去を命ぜられる。

弘安元（一二七八）年

一月　実相寺と四十九院で日蓮門下への迫害始まる。

三月　四十九院の住職厳誉、住僧である日興・日持・日位・日源らを四十九院から追放。

　この年、神四郎・弥五郎・弥六郎の兄弟が入信。

弘安二（一二七九）年

四月　熱原の信徒四郎の息子が刀で切りつけられる。

六月　熱原の信徒弥四郎の息子が殺害される。

九月二十日　日蓮、日興に宛てて滝泉寺との対論の留意点を記した「伯耆殿御書」を執筆。

九月二十一日　熱原の農民信徒二十人逮捕。まもなく鎌倉に連行される。連行後、行智側は訴状を提出。日興、鎌倉に移動し鎌倉在住の門下と協力して対応に当たる。

九月二十六日　日蓮、日興に宛てて「伯耆殿並びに諸人御書」を執筆。事件への対応方法を指示するとともに、事件を天の計らいと受け取るよう教示。

十月一日　日蓮、門下一同に宛てて「聖人御難事」を執筆、四条金吾に送る。日蓮、同日夜、富木常忍に宛てて「常忍抄」を執筆。その後、日興は富木常忍らと協議して「竜泉寺申状」の原案を作成、日蓮のもとに送付。

十月十二日　日蓮、自ら加筆して完成した「滝泉寺申状」に添えて日興に宛て、裁判闘争の方針を示した「伯耆殿等御返事」を発す。

十月十五日　平左衛門尉、神四郎・弥五郎・弥六郎の三人を斬首、その他の信徒十七人を禁獄処分とする。

十月十七日　日蓮、神四郎ら斬首の報告を聞き、日興らに対し「聖人等御返事」を発し、裁判闘争の継続を指示。

十一月六日　日蓮、南条時光に「上野殿御返事」を送り、「賢人」の称号を与えるとともに熱原法難における時光の活躍に謝意を述べる。

十一月二十五日　日蓮、日弁・日秀を下総国の富木常忍のもとに避難させる。

弘安三（一二八〇）年

七月　日蓮、南条時光に対し、保護している神主を日蓮のもとに預けるよう指示。

第十八章　曼荼羅本尊

日蓮は、弘安二年十月一日の「聖人御難事」で、「仏は四十余年、天台大師は三十余年、伝教大師は二十余年に出世の本懐を遂げ給う。その中の大難申す計りなし。先々に申すがごとし。余は二十七年なり。その間の大難は各々かつしろしめせり」（一一八九頁）と、立宗宣言から二十七年に当たる弘安二年に出世の本懐を遂げることを宣言した。「出世の本懐」とは、仏が世に出現した目的ということである。この出世の本懐について、大石寺では弘安二年十月十二日になされた一閻浮提総与の大御本尊（「本門戒壇の大御本尊」ともいう）の建立であると主張してきた。

しかし、この点については、近年、金原明彦《きんぱらあきひこ》氏の注目すべき研究が公表された（金原明彦『日蓮と本尊伝承』）。金原氏は、現在、大石寺に安置されているこの本尊（以下、戒壇本尊という）について、日蓮が直接建立したものではなく、日興の弟子日禅《にちぜん》が日蓮から授与された本尊をもとに、大石寺第六世日時ないし第八世日影の時代に当時の法華講衆が大石寺の本堂に安置する本尊として造立したものと推定している。当初は本堂に安置されていたが、やがて日蓮が直接造立したとの伝承が生じたとする。

ただし、金原氏は後世造立説に立つとはいえ、戒壇本尊を本尊として認めないというのではない。「正しき弘安式の相貌を持った特殊な模写彫刻本尊であり、その点、他の模刻本尊や、書写本尊、形木本尊と変わるものではないだろう」（同書二一三頁）と述べている。

金原氏はその推定を、戒壇本尊と日禅授与本尊との書体・相貌の比較、弘安二年十月十二日の歴史状況、日興の身延入山時期、「日興跡条々事《にっこうあとじょうじょうのこと》」の考察などをもとに下している。今後、金原説を批判する場合には、単なる感情論や論点のすり替えではなく、金原氏が提起している内容に対して客観的根拠のある反論が必要であろう。

この問題については本格的な研究が開始されたばかりであり、今後の展開を待ちたい。


日蓮が熱原法難のさなかである弘安二年十月の時点で出世の本懐を遂げる時が来たとしていることは重大な意義を持つ。熱原法難において、逮捕・連行され、拷問を受けるという法難の矢面に立ったのは一般の農民であった。そして、農民信徒は、生活はもちろん生命まで奪われるという最大の脅迫にも屈せず、信仰を貫き通したのである。

日本に仏教が伝来して以来、鎌倉時代まで、仏教信仰は民衆次元にまで深く浸透していたが、その基調は、当面の功徳を求めるか、そうでなければ死後の救済を求める信仰であった。自身の人生をなげうってでも貫く信念を仏教に見いだした例は、ほとんど皆無であったといってよい。熱原法難で明確に示されたのは、どのような権力・権威にも屈することのない自立した個人の出現である。その意味でこの法難は、日本の精神史上、特筆されるべき事件ということができる。

日蓮仏教の展開のうえでも熱原法難は、生命に及ぶ幾多の迫害を乗り越えて妙法弘通の闘争を持続してきた日蓮と同一の精神が民衆次元にまで定着したことを意味している。そのことは、日蓮の立宗宣言以来の活動が確かな結実を生んだことを示している。日蓮が出世の本懐が実現する時が到来したとした背景には、このような熱原法難の重大性があったといえよう。

1　曼荼羅本尊の相貌

日蓮図顕の文字曼荼羅は、竜の口の法難を経て佐渡に向かう前日、依智の本間六郎左衛門の館で図顕された、いわゆる「楊枝《ようじ》本尊」を嚆矢《こうし》とする。日蓮は最晩年まで曼荼羅本尊の図顕を続け、信心強盛の門下に授与した。

日蓮は四条金吾などごく一部の門下が例外的に釈迦仏像を建立した場合（門下が釈迦の仏像を造立した例は四条金吾

夫妻と富木常忍に限られる）、それを容認したが、自ら積極的に造像したり、門下に造像を勧めたことは一切ない。このことから釈迦仏像造立の容認はあくまでも門下を化導するための「方便」であり、日蓮の本意ではないことが理解できよう。信仰の対象として日蓮が門下に与えたのは文字曼荼羅のみであり、「観心本尊抄《かんじんのほんぞんしょう》」の項で述べたように、文字曼荼羅こそ日蓮の仏法における「本尊」に他ならない。

したがって文字曼荼羅には日蓮の教義が凝縮して示されている。そこで御書と並んで曼荼羅本尊について考察していくことは、日蓮の思想を探究するうえで欠かすことのできないものといえる。

曼荼羅本尊の研究については、既に富士門流の在家信徒である松本佐一郎氏の『富士門徒の沿革と教義』がある（同書は富士門流の教義に関して示唆に富む内容が多いが、大石寺法主を絶対視するなど僧侶中心主義の枠を出ていない憾みがある）。

同書に基づくならば、曼荼羅本尊の相貌は、次のように分類できる（同書二三二頁）。

一、中尊　中央にしたためられている「南無妙法蓮華経　日蓮　花押」である。

二、列衆諸尊

イ、仏部　釈迦・多宝　上行・安立行・浄行・無辺行菩薩

ロ、明王部　不動・愛染（曼荼羅の左右に梵字でしたためられている）

ハ、国神部　天照太神・八幡大菩薩

ニ、聖衆部　文殊師利菩薩などの迹化の菩薩と舎利弗などの二乗

ホ、先師部　天台大師・伝教大師などの先師

ヘ、迹仏部　十方分身・善徳仏《ぜんとくぶつ》・大日如来など

ト、鬼神部　鬼子母神・十羅刹女

チ、天部　梵天・帝釈・日天・月天・第六天魔王

リ、六道部
　人界　転輪聖王・阿闍世王
　修羅　阿修羅王
　畜生　大竜王
　地獄　提婆達多

三、詞　書

イ、讃文　「仏滅後二千二百二十余年……」などの文を指す。

ロ、脇書（または腰書）日付、受者の名前、御本尊図顕の理由などを示す文

この中で最も重要なものは中央に大書される中尊で、これが略された曼荼羅はない。この事実は、中尊こそが曼荼羅本尊の本質であることを示している。

釈迦・多宝は、通常は存在するが、希には略されることがある。例えば、最初に図顕されたいわゆる「楊枝本尊」には釈迦・多宝は示されていない。これは重大な事実である。つまり、釈迦・多宝は中尊の脇士《きょうじ》に過ぎず、絶対不可欠の存在とはされないのである。

善徳仏などの迹仏がしたためられるのは文永・建治までで、それ以降は次第に略されていく。

文殊師利などの迹化の菩薩も、しばしば略されることがある。

天台・伝教、日天・月天、鬼子母神・十羅刹女は、ほとんど常にしたためられている。

次に注目されるのは中尊の「南無妙法蓮華経」と「日蓮花押」の位置関係、および大きさである。

すなわち、文永年間の曼荼羅本尊は南無妙法蓮華経の下に書かれる日蓮の名と花押が左右に分かれている例が多い。それが建治・弘安と時期が下るにつれて南無妙法蓮華経の首題の直下に近づき、また日蓮の文字と花押の大きさが次第に大きくなる。弘安期になると、南無妙法蓮華経の直下に日蓮の名と花押がほとんど一体となって大書されるに至る。日蓮が南無妙法蓮華経と一体不二の根源仏、すなわち教主であることがその相貌によって示されるのである(曼荼羅本尊の相貌の推移については山中喜八『日蓮聖人真蹟の世界　上』が詳しい)。

2　曼荼羅本尊に見る日蓮教団

日蓮のもとで、日蓮在世中に形成された教団はどのようなものであったか。その第一の手がかりが御書であることは言うまでもない。ただし、曼荼羅本尊の被授与者には御書にその名前が全く見られない人物も少なくない。したがって教団の構成員を調べる場合、御書とともに曼荼羅本尊の被授与者まで考察の範囲に入れる必要がある。

ちなみに、『富士宗学要集』第八巻所収の「漫荼羅脇書」及び山中喜八『日蓮聖人真蹟の世界　上』をもとに真筆本尊の被授与者として本尊の脇書および添書に名前が見られる門下の名前を授与の年代順に示すと次のようになる。

(文永九年?)

波木井法寂房、沙門日興

(文永十一年)

沙門天目

(建治元年)

南条時光、経一丸

(建治二年)

日与、日照、亀若、亀姫

(弘安元年)

沙門日門、日頂、優婆塞日専、優婆塞日長

（弘安二年）

比丘尼日符、沙弥日徳、沙門日永、釈子日目、日向、比丘日弁、妙心、優婆塞日田、優婆塞日仰、優婆塞日安、優婆塞日久、沙門佑盛日合、俗日増

（弘安三年）

沙門日華、比丘日禅、民部日向、僧日崇、比丘日法、日仏、沙弥妙識、尼日厳、尼日実、日妙、日昭、四条金吾（俗日頼）、日眼女、藤原清正、吉清、優婆塞日安、日安女、藤原広宗、盲目乗蓮、俗日円、藤原国貞、俗日肝、俗日重、俗日目、優婆塞源日教、俗日円

（弘安四年）

僧日春、比丘尼持円、日教、比丘尼持淳、摩尼女、優婆塞藤原日生、俗日大、俗真広、俗日常、俗守常、俗資光、俗守綱、俗真永、俗近吉、優婆塞一妙、俗平太郎

（弘安五年）

沙門天目、俗安妙、俗日専、俗藤三郎日金

これらの名前を見るとき、御書に現れない門下が多数にのぼることを知ることができる。日蓮真筆の曼荼羅本尊で散逸したものも多数あると推測されることから、曼荼羅を授与された門下はさらに多数になると思われる。

ちなみに「種種御振舞御書」では、竜の口の法難後、処分の対象となった日蓮門下が「二百六十余人」あったとされることから、御書や御本尊脇書、その他の資料で名前が残っている門下は全体の一部と考えられる。

御書と御本尊脇書、さらに日興による「宗祖御遷化記録」「弟子分帳」などの資料を合わせ、高木豊氏は日蓮の門下として出家六十六名、在家百六十二名を数えることができるとしている（『日蓮とその門弟』五二、六七頁）。実際の教団の構成員は、家族・眷族などを含めれば、この数の数倍に及ぶのではなかろうか。

なお、本尊の脇書を見る限り、曼荼羅本尊の大小について僧俗の区別は見られない。「法華堂」と称した集会所、すなわち多くの門下が集まる信仰活動の拠点を持っていた門下には、僧俗の区別なく大幅の本尊が授与されている。ちなみに、丈二三四・九センチ、幅一二四・九センチ、二十八枚継ぎという、現存する中で最大の曼荼羅本尊は在家信徒日長に与えられたものである。

日蓮が日号や聖人・上人などの称号を僧俗の区別なく与えていることも考え合わせると、日蓮が僧俗に差別を設けることなく、僧俗平等の立場に立っていたことは明らかである。「僧が上で信徒は下」などとして露骨な僧俗差別を唱えている日蓮正宗などの態度は日蓮の精神に違背してい

るといわなければならない。

日蓮門下の社会的階層を考察した高木豊氏は、日蓮の在家信者は武士(御家人・従者)や農民、下人を持つ女性などで、貴族や上級武士がいないことに着目している(前掲書七五頁)。ちなみに、日蓮の門下でもっとも安定した社会的地位にあったと思われる富木常忍も下総国の守護千葉氏の家臣であり、富木常忍とともに下総国の代表的な信徒であった曾谷教信にしても曾谷の邑主《ゆうしゅ》に過ぎない。鎌倉の中心的信徒である四条金吾も北条一族の江間家に仕える家臣である(例外的に北条一族に属していたと見られる北条弥源太《やげんた》がいるが、これはほとんど唯一ともいえる例外である)。

日蓮の檀越に支配階層である貴族や上級武士が皆無であるという事実は、日蓮の宗教の基本的性格を物語っている。すなわち、日蓮は支配階層から保護を受けるという姿勢を一切とらず、むしろ支配され抑圧される側に立っていたということである。日蓮が漁民の出身であることを誇りとしたことはよく知られているが、門下の社会的階層を見ても、日蓮の宗教があくまでも民衆に基盤を置く民衆宗教であることが明瞭となる。

日蓮滅後、南北朝時代から戦国時代へと至る激動期の中で、日蓮宗各教団は、いずれも貴族や大名などの支配層に接近し、その保護を受けることで繁栄・存続を図る道を選択していった。いわば、権力に対して従順に従う「骨ぬき」の状態になったのである。しかし、教団存続のためとはいえ、そのような在り方は、生涯、権力と対峙して「支配される側」に立った日蓮の精神にもとるものといわざるを得ない。

特に江戸時代以降、檀家制度のもとで幕府権力の末端に組み込まれた日蓮宗各派は、他宗派と同様、完全に「支配する側」の存在となって葬式仏教化し、民衆の自発的な支持を失っていった(江戸時代における民衆の宗教的エネルギーは支配機構の一部と化した既成仏教に向かわず、富士講や黒住教・天理教など、檀家制度の枠外にある新宗教に向かった)。その傾向は、明治以降、現在に至るまで変わらず、日興門流も含めて日蓮宗各派は全て、他の既成仏教各派と同様、葬儀・法要・墓管理で生き延びているだけの葬祭業者的存在になっている。現代人の生きた信仰としてはまったくその対象にならず、宗教としてほとんど「死に体」になっているといっても過言ではない。

第十九章　晩年の化導

弘安三（一二八〇）年になっても熱原法難の余波は続き、日興が遠江《とおとうみ》の新池家に避難を余儀なくされるほどであったが（『富士日興上人詳伝』九七頁）、日蓮は身延にあって門弟への法華経講義を続けるなど、仏法を後世に残すための行動を持続していた（「御講聞書《おこうききがき》」によれば、弘安三年六月十五日まで門弟への法華経講義が続いていた）。さらに弘安三年以降、特筆されるのは、曼荼羅本尊を多くの門下に授与していったことである。

弘安三年から五年まで、御本尊を授与された門下で名前が判明する者は、前章に挙げた通り、四十人以上を数える（この時期に図顕された曼荼羅本尊で、被授与者が記されていないものも少なくない）。日蓮は信心の確立した門下には積極的に曼荼羅本尊を授与していったことが分かる。このような日蓮の振る舞いにも、曼荼羅本尊を多くの人に受持せしめることが日蓮の本意であることが推察される。

1　門下への激励

弘安三年以降も書簡を通して各地の門下に対する指導・激励が続けられた。この時期、肉親を亡くした門下への指導が目につくが、とりわけ特筆されるのは南条家に対する教導である。

この年の九月五日、南条時光の弟七郎五郎が十六歳で死去した。原因は明らかでない。五郎死去の知らせは日蓮にとっても衝撃的であった。というのも、同年六月十五日には五郎は兄の時光とともに日蓮のもとを訪れており、五郎の印象が日蓮の脳裏に鮮明に残っていたからである。

五郎死去の報告は、直ちに日蓮のもとに達した。翌六日、日蓮は時光に宛てて、次のような書簡を送っている（現代語訳）。

「南条七郎五郎殿のご死去のこと、うかがいました。人は生まれては死ぬのが習いであるとは、智者も愚者も地位の上下も問わず、一同に知っていることですから、今初めて嘆いたり驚くべきこととは思われないと自分でも考え、人にも教えてきましたが、さてその時に当たってみると、五郎殿の死去が夢か幻か、いまだにわきまえ難く思います。まして、母上がどれほど嘆かれていることでしょうか。

母上は父母にも兄弟にも先立たれ、愛する夫にも死に別れましたが、子供が大勢いるので心を慰めておられたことでしょう。愛しい子供、しかも男の子で、容貌も人に優れ、心もしっかりしていると見えましたので、よその人も爽やかな印象で見ていましたのに、五郎殿が亡くなったことは、不条理にも花の蕾が風にしぼみ、満月がにわかに失われたようにお思いなっているでしょう。本当のこととも思われませんので、ものを書いている感じもいたしません。またまた申し上げます。恐恐謹言。

弘安三年九月六日　　日蓮　花押

上野殿御返事

追申。この六月十五日に五郎殿にお目にかかりました時、『ああ、心のしっかりした人だな。立派な男性だな』と思いましたのに、再びお会いすることができないことが悲しく思われます。しかしながら、五郎殿は釈迦仏・法華経を深く信じておられたので、臨終の姿も立派だったのです。だから、五郎殿の生命は父君兵衛七郎《ひょうえしちろう》殿と一緒に霊山浄土に行かれて、今は父君と手を取り、頭を合わせて喜んでおられるでしょう。しみじみと心打たれることです」（「上野殿御書」一五六七頁）

日蓮は五郎の死去を深く悼み、時光と母尼御前に対して五郎を追悼する書簡を繰り返し送って激励した（弘安五年正月までに五郎に触れた書簡は十通に及ぶ）。特に愛息を亡くした母尼の悲嘆を汲み取り、その心痛に同苦する多くの言葉を残している。

例えば、翌弘安四年一月、日蓮は上野尼御前に対する書簡の末尾で、次のように述べている（現代語訳）。

「故五郎殿は年は十六で、性格も容貌も人に優れていた上に、男としての能力も備わっていて、万人に褒められていました。それだけではなく、五郎殿が親の心に随うことは、水が器ものに随い、影が身に随うようでありました。あなたは五郎殿を、家にあっては柱と恃《たの》み、道においては杖と思ってこられました。

『箱に収めた財物もこの子のため、使っている従者もこの子のため。自分が死んだならば、この子に担われて墓にも行こう。死後も思い残すことはない』と深く思っておられたのに、残念にも五郎殿が先に亡くなってしまったので、『どうしたらいいのか。夢か幻か。覚めるだろう、覚めるだろうと思っていたが、夢は覚めないで年も改まった。いつまで待ったらいいのか分からない。行き会う場所さえ言っておいてくれたならば、羽は無くても天にも登ろう。舟がなくても唐土にも渡ろう。大地の底にいると聞いたならば、どうして地面を掘らないでおられようか』と思われていることでしょう。

やすやすと五郎殿にお会いできる方法があります。釈迦仏を御使いとして、霊山浄土へ参り、そこでお会いしなさい。法華経では『もしも法を聞く者があるならば、一人として成仏しない者はいない』（方便品）として、大地を指さして外れることがあっても、日月が大地に墜ちることがあっても、潮が満ち干ないことがあっても、花が夏に実のならないことがあっても、南無妙法蓮華経と唱える女人が愛しく思う子に会えないということはないと説かれています。早々と唱題に務めていかれなさい」

（「上野尼御前御返事」一五七六頁）

このように日蓮は、母尼の心情を代弁するように記し、母尼を励ましている。このような言葉に日蓮の深い人間愛をうかがうことができよう。ちなみに、この書簡で「釈迦仏を御使いとして」とあることが注目される。すなわち日蓮の意識としては、釈迦仏は使いとして用いる存在なのである。

南条家の母尼だけでなく、この時期、高橋六郎入道の妻（持妙尼・窪尼とも呼ばれる）・千日尼・光日房など、家族を亡くした門下への激励が続いている。

2 「諫暁八幡抄」

弘安三年の重要御抄として「諫暁八幡抄《かんぎょうはちまんしょう》」がある。本抄は、この年の十一月十四日に鎌倉の鶴岡《つるがおか》八幡宮が炎上したことを踏まえて述べられたものである。鎌倉幕府の総鎮守の神社であり、宗教的主柱ともいうべき鶴岡八幡宮が炎上したことは人々にとって衝撃的な事件であった。しかも、蒙古による第二回襲来が切迫しており、八幡宮の炎上は日本国守護の神の喪失を象徴するものとして人々に大きな不安を投げかけることとなった。鎌倉幕府は、軍事的次元だけでなく、宗教的・精神的次元においても危機的状況に陥っていたといえよう。

本抄において日蓮は、八幡宮の炎上は日蓮を迫害する権力者を八幡神が罰せず、逆に守護してきたために梵天・帝釈などからの罰を蒙った姿であると断じている。

その趣旨を示す文は、「法華経の行者をあだむ国主・国人等を対治を加えずして守護する失《とが》に依りて、梵釈等のためには八幡等は罰せられ給いぬるか」（五七八頁）など、多くを見ることができる。

このように八幡宮炎上の意味を捉える一方で、日蓮は、「今八幡大菩薩は、本地は月支《がっし》の不妄語の法華経を、迹に日本国にして正直の二字となして賢人の頂きにやどらんと云々。もししからば、この大菩薩は宝殿をやきて天にのぼり給うとも、法華経の行者日本国に有るならばその所に栖み給うべし」（五八八頁）として、国土を守護する八幡神の働きは法華経の行者の所にあるとしている。

すなわち日蓮は、鶴岡八幡宮を中心とする幕府の宗教体系を完全に否定している。この文には、日本国は八幡宮ではなく日蓮が存在することによって守護されるとの確信の表明がある。この点は「種種御振舞御書」の、「この国の亡びんこと疑いなかるべけれども、しばらく禁《きん》をなして『国をたすけ給え』と日蓮がひかうればこそ今までは安穏にありつれども」(九一九頁)の文にも通ずるものといえよう。

本抄で示されているのは、法華経の行者が主人であり、神々は行者に従う存在として、働きが十分でなければ諫暁し戒める対象に過ぎず、それ自体は礼拝の対象にはならないとの神祇観である。諸天善神とは国土や行者を守護する宇宙の働きの意味であるが、法華経の行者はその働きを用いていく権能を有する存在であることを示しているのである。

次に本抄では、末尾において次のように「仏法西還」の宣言がなされている。

「天竺国《てんじくこく》をば月氏国と申すは仏の出現し給うべき名なり。扶桑国《ふそうこく》をば日本国と申す。あに聖人出で給わざらん。月は西より東に向かえり。月氏の仏法の東へ流るべき相なり。日は東より出ず。日本の仏法の月氏へかえるべき瑞相なり。月は光あきらかならず。在世はただ八年なり。日は光明月に勝れり。五五百歳の長き闇を照らすべき瑞相なり。仏は法華経謗法の者を治し給わず。在世には無きゆえに。末法には一乗の強敵充満すべし。不軽菩薩の利益これなり」(五八八頁)

この文ではインドから日本へと東に流伝した釈尊の仏法を月に譬え、日本に出現した日蓮の仏法を太陽に譬え、日本からインドへと西還することを示している。そして、釈尊の仏法が法華経謗法の者を救済できないのに対し、末法の仏法は不軽菩薩と同様に逆縁の功徳によって正法を誹謗する「一乗の強敵」をも救うことのできる仏法であることを宣言する。また釈尊の法華経が在世八年の間しか力を持ち得なかったのに対して、日蓮の仏法は末法万年の衆生を照らす仏法であることを示される。

すなわち、この末尾の文は、釈尊の仏法に対して日蓮の仏法が勝ることを示しており、種脱相対が明確に宣言されている。法が勝るならば、法を説き示す教主もまた勝れることは当然である。この文から、釈尊が仏法が西から東に流伝した正像の教主であるのに対し、日蓮が仏法が西還する末法の教主であることが導き出されるのであり、その意味でこの文は、「扶桑国をば日本国と申す。あに聖人出で給わざらむ」とあるように、「日蓮本仏」を裏づけるものといえる。

この世界広布、仏法西還の宣言は、長い間、ほとんど現実のものとして受け取られてこなかった。しかし今日、創価学会インタナショナル（ＳＧＩ）の活動によって、地球上のほとんどの国に日蓮の仏法が弘められている。日蓮の世界広宣流布の確信は、創価学会によって初めて現実のものとなったのである。

3　第二回蒙古襲来（弘安の役）

文永の役の後、蒙古（元）は南宋の征服に力を注ぎ、弘安二（一二七九）年、南宋は完全に滅亡した。元は名実ともに中国大陸全土を支配する大帝国となった。元の皇帝フビライの日本遠征の意志は固く、同年二月、フビライは旧南宋が支配していた揚州など四省に日本遠征用の戦艦六百隻の建造を命じた。弘安三（一二八〇）年八月には日本遠征軍の司令部「征収日本行中書省《せいしゅうにほんこうちゅうしょしょう》（征東行中書省）」が高麗《こうらい》の首都開城《ケソン》に設置され、高麗の忠烈王や旧南宋の将軍らがその長官に任命されて、日本遠征の準備が本格的に開始されることになった。

遠征軍の基本戦略は、全軍を高麗から出発する元・高麗の連合軍四万人、九百隻の東路軍と、江南の寧波《ニンポー》から出発する旧南宋の兵士十万人、三千五百隻の江南軍に分け、日本近海の洋上で合流して日本上陸を目指すというものであった。合計して兵士十四万人、四千四百隻の艦隊となり、文永の役に比べて五倍に当たる兵力である。人類史上、これほどの大兵力が外洋を超えて戦闘行動を行った例は存在しない。まさに空前絶後の大艦隊であった。

前回の文永の役の場合、日本の軍事的実力を瀬踏みする目的であったと考えられるのに対し、今回は、遠征軍は農具や日常生活用品まで携えており、いわば屯田《とんでん》軍となって本格的に日本を占領・支配する意志を明確にしていた。

一方、日本側においても蒙古襲来に対する準備を周到に重ねていた。

まず、先に述べたように、建治二（一二七六）年から、博多湾の海岸線に沿って約二十キロメートルにわたって石築地《いしついじ》（防塁）を築き、前方の浜には上陸を阻むための乱杭《らんぐい》を立てた。石築地は長門国《ながとのくに》にも築かれたと言われる。

それに先だって建治元（一二七五）年には、それまで御家人の重要な義務であった京都大番役を在京人だけで行うこととし、御家人たちを蒙古との戦闘に振り向ける体制をとった。

また、襲来が予想される諸国の守護も大幅に改められた。すなわち、豊前・肥後・筑後・周防・長門・石見・伯耆・越前・備中・播磨の守護が交代になり、そのうち、越前・伯耆を除く八カ国の守護が北条一門で固められた。執権時宗を中心に連係を密にする戦時体制が整えられたのである。さらに石築地による専守防衛だけでなく、積極的に敵の基地を攻撃する「異国征伐」計画も策定され、実際に水軍の準備なども進められたが、結局、異国征伐を断念せざるを得なかったことは先に述べた通りである。

また幕府は朝廷にも申し入れを行い、西国の神社を警護する御家人を蒙古との戦闘に参加させること、本所一円地の人々も守護の命令の下に戦地に赴くべきこと、西国の貴族の領地から得られる米を兵糧として守護が徴発できることを承認させた。再度の蒙古襲来の危機をバネにして幕府の権力が実質的に西国まで浸透したことになる。朝廷にしても、国家存亡の危機に直面して、幕府に異を唱えられる状況ではなかった。まさに日本は、一国を挙げて全力で蒙古の襲来に備えたのである。

このように弘安の役は、蒙古と日本の双方にとって、文永の役とは比較にならないほど本格的な準備の下で展開された戦闘であり、日本にとってはまさに国家の存亡を賭けた戦争であった。

弘安四（一二八二）年五月三日、兵士四万、艦船九百隻の東路軍は高麗の合浦《がっぽ》を出発、同月二十一日に対馬沖に姿を現した。その一部は対馬に上陸し、住民を殺害。壱岐《いき》に上陸した後、六月四日頃には長門国に襲来、六月六日にはその主力が博多湾に到着した。江南軍との合流を待たずに東路軍は上陸作戦を開始したのである。

日本側の準備は万全であった。上陸を目指す元軍に対して日本側は石築地の上から矢を浴びせかけた。博多湾からの上陸を阻止された元軍は、防備が手薄な志賀島・能古島《のこ》に停泊した。日本の武士たちは小船に分乗して夜襲をかけたほか、六月八日、海の中道で戦闘した。

蒙古襲来の情報はいち早く関東にも伝えられた。六月十六日に書かれた「小蒙古御書」で日蓮は、「小蒙古の人、大日本国に寄せ来たるのこと、我が門弟並びに檀那等の中にもし他人に向かい、はたまた自ら言語に及ぶべからず。もしこの旨に違背せば門弟を離すべき等の由、存知せる所なり。この旨をもって人々に示すべく候なり」（一二八四頁）と述べている。

日蓮は門下全体に対して、蒙古の襲来を他人に広言する場合には師檀の縁を切ると厳しく警告している。その背景には、日蓮の門下の中に蒙古襲来を喜ぶような意味で人に語る例があったかと思われる。蒙古襲来は日蓮の予言の的中になるとはいえ、国家の危機を歓迎するような態度は社会的に許されないことである故に日蓮の異例の警告となったと解せられる。

一方、兵士十万人の江南軍は、六月中旬頃から寧波を出発。七月初旬には平戸《ひらど》から五島列島周辺に集結した。東路軍との合流地点を壱岐から平戸に変更したのである。東路軍と合流し、七月下旬、合計四千隻を超える大艦隊は博多湾を目指して進んでいった。

七月三十日、天候は荒天模様となり、翌閏《うるう》七月一日は激しい暴風雨となった。大型台風の到来であった。猛烈な風雨にさらされて元・高麗軍の艦船は覆滅し、おびただしい溺死者を出した。九州の浦々は、打ち寄せられた兵士たちの遺体で塞がったと伝えられる。

大打撃を受けた元・高麗軍に日本側が攻撃をかけた。船に乗って追撃を加えた日本の武士たちに捕らえられた捕虜は二、三万人にも及んだが、蒙古人・高麗人・漢人（北中国に住む中国人・女真人《じょしん》）は全て殺害され、唐人《とうじん》（旧南宋支配下にあった江南の中国人）のみが助けられて奴隷にされた（網野善彦『蒙古襲来』二二四頁）。

将軍たちが乗っていた大艦（二百トンから三百トンの船と考えられている）は覆滅は免れたが、台風による大被害と日本側の追撃にあって完全に戦意を失い、朝鮮半島と中国大陸に退却していった。

元・高麗軍は、もともと多民族の寄せ集め部隊で、将軍たち同士の反目も激しく、意志統一が困難であったという弱点を内在していたが、十四万人の大兵力による侵攻が失敗に終わった大きな原因が七月三十日の台風であったことは否定できない。もしも天候に恵まれて、元・高麗軍による本格的な上陸作戦が敢行されたならば、たとえ石築地などの防衛施設を備えていても、上陸を完全に阻止するのは困難であったであろう。

しかし、蒙古の襲来が台風のために失敗に終わったという事実は、日本国内で「神国思想」の一段の高揚をもたらすなど、思想面にも大きな影響を残した。

日本にとって最大の危機であったこの第二回蒙古襲来を、日蓮はどのように捉えたのであろうか。

弘安四年閏七月一日、すなわち元・高麗軍が暴風に遭遇して壊滅的な打撃を受けたその日に日蓮は曾谷教信《そやきょうしん》に対して返書を送った。「曾谷二郎入道殿御返事」と呼ばれる書簡である。蒙古襲来に関する記述は末尾の以下の部分にある。

「蒙古の牒状已前に去ぬる正嘉・文永等の大地震・大彗星の告げに依って再三これを奏すといえども、国主敢えて信用無し。しかるに日蓮が勘文、ほぼ仏意に叶うかの故に、この合戦既に興盛なり。この国の人々、今生には一同に修羅道に堕し、後生には皆阿鼻大城に入らんこと、疑い無き者なり。

ここに貴辺と日蓮とは師檀の一分なり。しかりといえども、有漏《うろ》の依身《えしん》は国主に随うが故に、この難に値わんと欲するか。感涙押さえ難し。何れの代《よ》にか対面を遂げんや。ただ一心に霊山浄土を期《ご》せらるべきか。設い身はこの難に値うとも、心は仏心に同じ。今生は修羅道に交

わるとも、後生は必ず仏国に居せん」（一〇六九頁）

本抄の基調はまことに痛切である。本抄によれば、下総国の一在地領主に過ぎない曾谷入道までも対蒙古戦争に動員される事態となっていたことがうかがえる。戦闘に加わったならば、戦死することも覚悟しなければならなかった。

下総の御家人が対蒙古戦争に動員された例は数多く、例えば富木常忍が仕えていた下総国の守護千葉《ちば》頼胤《よりたね》も文永の役に出陣し、その時の負傷がもとで死去している。そのことから考えれば、千葉氏の被官（家臣）である富木常忍が九州に動員される可能性もありえた。日蓮の記述は戦地に赴こうとする曾谷入道の苦悩を共有する真情に満ちたものとなっている。

本抄は一貫して、真言の謗法のもとにある日本の衆生が阿鼻地獄に堕ちる運命にあることを述べている。その記述は、日本人全体が蒙古の侵略によって甚大な被害を受けることを覚悟しているかのようである。日蓮は、蒙古襲来の事態を決して安易に考えてはいなかった。蒙古の日本侵略の意志が強固である以上、厳しい脅威に直面しなければならない日本の運命を日蓮は冷静に直視していたのである。

いずれにしても日蓮が予言した「他国侵逼難」は文永の役に続いて弘安の役で再び現実のものとなった。その事実から、人々は日蓮に対して畏怖にも似た感情を懐くことにもなったようである。このことは弘安四年八月の「光日上人御返事」に次のように記されている。

「今、日本国の四十五億八万九千六百五十八人の人々は、皆、この地獄へ堕ちさせ給うべし。されども一人として堕つべしとはおぼさず。例せば、この弘安四年五月以前には、日本の上下万人、一人も蒙古の責めにあうべしともおぼさざりしを、日本国にただ日蓮一人計り、かかることこの国に出来すべしとしる。

『その時、日本国の四十五億八万九千六百五十八人の一切衆生、一人もなく他国に責められさせ給いて、その大苦は、譬えばほうろく（焙烙）と申す釜に水を入れて、ざっこ（雑魚）と申す小魚をあまた入れて、枯れたるしば木をたかんが如くなるべし』と申せば、『あらおそろし、いまいまし。打ちはれ、所を追え、流せ、殺せ。信ぜん人々をば田はたをとれ、財を奪え、所領をめせ』と申せしかども、この五月よりは大蒙古の責めに値いてあきれ迷ふほどに、『さもや』と思う人々もあるやらん。にがにがしうしてせめたくはなけれども、有ることなれば『あたりたり、あたりたり。日蓮が申せしことはあたりたり』。ばけ物のもの申す様にこそ候めれ」（九三三頁）。

七月三十日から閏七月一日にかけての大暴風雨で蒙古軍

の艦船が覆滅し、第二回蒙古襲来が失敗に終わったという情報は、富木常忍からの書簡によって閏七月二十日に日蓮にもたらされた。この点は弘安四年十月の「富城入道殿御返事」の次の文から知ることができる。

「去ぬる後の七月十五日の御消息、同じき二十比《はつかごろ》到来せり。その外、度々の貴札を賜うといえども、老病為るの上、また不食気《ふしょくけ》に候あいだ、いまだ返報を奉らず候条、その恐れ少なからず候。何よりも去ぬる後の七月、御状の内に云わく『鎮西《ちんぜい》には大風吹き候いて、浦々島々に破損の船充満のあいだ、乃至、京都には思円上人《しえん》』、また云わく『理、あに然らんや』等云々」（九九三頁）

元と高麗の大艦隊が台風によって覆滅したという情報に接して日蓮が失望したと捉える意見もあるが、おそらくそれは事実に反するだろう。「滝泉寺申状」の項で述べた通り、日蓮は自身が存在する限り日本国は天によって守護されるという確信を強く持っており、また、蒙古の艦船を海に沈めることを脳裏に描いていた。そのように考えれば、元と高麗の艦船が台風に遭遇して壊滅したことを知っても、むしろそれは想定の範囲であったと思われる。

しかし日蓮は、弘安の役の蒙古軍撤退を一時的な撤退とみなし、蒙古の危機がなくなったものとは捉えなかった。むしろ、台風がもたらした「勝利」に浮かれる世間の風潮を厳しく戒め、蒙古襲来の危機は依然続いているとの認識を示している。それは「富城入道殿御返事」の、「秋風にわずかの水に敵船・賊船なんどの破損仕りて候を『大将軍生け取りたり』なんど申し、祈り成就の由を申し候げに候なり。また『蒙古の大王の頸の参りて候か』と問い給うべし」（九九四頁）の文にうかがうことができる。侵略に対する日蓮の危機意識は、蒙古軍撤退の情報によっても左右されなかったというべきであろう。

実際、元の皇帝フビライは第二回の遠征失敗にもかかわらず日本遠征の意志を失っていなかった。日本遠征の司令部である征収日本行中書省は引き続き設置されており、三回目の日本侵略計画が造られていった。元の日本侵略計画はフビライの死後もなお残り、日本は南北朝時代になってもなお、大陸からの侵略に備え続けなければならなかった。日蓮は、そのような日本を巡る厳しい国際情勢を的確に認識していたといえよう。

4　朝廷への諫暁

弘安四年、日蓮は天皇に対する奏上を行った。同年五月の弘安の役の事態に接し、もはや鎌倉幕府が日蓮の意見を取り入れる可能性が事実上なくなった現実を直視し、朝廷に対する働きかけを開始したのである。当時の日本は、蒙古襲来の機会に幕府の実権が一段と強化されていたとはいえ、朝廷と幕府の二重権力体制が続いていた。そこで日蓮は、幕府と並ぶもう一つの権力である朝廷に働きかけることによって事態打開の道を探ったのであろう。どこまでも現実の社会に安穏・平和を実現しようとする日蓮の立正安国の情熱は、晩年においてもなお衰えることはなかったといえよう。

日蓮は朝廷に対する申状を作成し、日興を代理として朝廷に提出せしめた。この初の天奏について日亨《にちこう》は『富士日興上人詳伝』で次のように述べている。

「熱原等の法難二たび歳を越してやや終息したりといえども、二十有余年の直接間接の諫暁ついに鎌倉政府を動かすことあたわざれば、このこと天聴を煩わすの止むを得ざるあるのみとして、最後の一大事を興上に付して、日目を代官とし、弘安四年に上京して申状を朝廷に奏せしむ。同五年さらに日目に命じて天意を奉伺《ほうし》す。皇帝これを伝奏《てんそう》に命じて、園城寺の碩学に批判せしむ。答旨大いに申状および三時弘経の図の附文を時宜に適せりと賞賛す。ここにおいて、皇帝大いに蓮祖の誠忠を嘉《よ》みし『朕《ちん》、他日法華を持たば必らず富士山麓に求めん』との下し文を賜わる。まことに一宗の美目たり」(同書一二六頁)

また、大石寺第十七世日精は「家中抄《けちゅうしょう》」で、「同四年(弘安四年——引用者)には聖人、園城寺の申状を書いて日興に給ぶ。日興、師の御代官として奏聞の使節を勤めたまえり。これ当家天奏の最初なり。その後、日目等、相続して奏聞す」(『富士宗学要集』第五巻一五四頁)と述べている。

また、大石寺第四十八世日量は「大石寺明細誌」で、「同四辛巳《かのとみ》、蓮祖、園城寺の申状を書す。師命を奉じ、日目を相伴いて帝都に上り上奏を経、親しく御下文を賜う。これを園城寺御下文と云う。天奏の最初、一宗の規模なり」(同三二〇頁)と述べている。

これらによれば、日興は弘安四年、日目を伴って上京し、朝廷に対する上奏を果した。ただし、実際に天奏の実務に奔走したのは日目であったと推定される。

日蓮の申状(「園城寺申状」と言われる)と朝廷からの下文については「日興上人御遺跡の事」に次のように述べられている。

「日蓮聖人御影《みえい》並びに御下し文、園城寺申状。上野六人老僧の方巡に守護し奉るべし。ただし、本門寺建立の時は本堂に納め奉るべし。この条、日興上の仰せに依って支配し奉ること、かくの如し」(『富士宗学要集』第八巻一八頁)

この文に明らかなように、園城寺申状と下文は長く日興門流の重宝《じゅうほう》として尊重されてきたが、いつしか紛失するに至ったのは遺憾という以外にない。

日目は、弘安四年、五年の天奏をきっかけにして、朝廷ならびに幕府に対する国主諫暁を繰り返し行っていった。

この事実は、日蓮の国主諫暁の精神が日興を経て日目に伝えられていたことを物語っているといえよう。

5　大坊の完成

日蓮が身延における活動の拠点とした庵室は、当初から質素な造りであったこともあり、老朽化が目立つようになった。また数十人の門下が学ぶ道場としては手狭になった事情もあったためか、弘安四年十月から大坊《たいぼう》の建設が開始された。十間四面の規模と二重のひさしを持ち、鎌倉で作ったならば一千貫の費用をかけても作れないだろうと言われた本格的な建築であった。その建設の模様は、十一月二十五日に波木井実長《はきいさねなが》（南部六郎、一二二二〜一二九七）に宛てた「地引御書《じびきごしょ》」に次のように詳しく記されている。

「坊は十間四面にまたひさしさしてつくりあげ、二十四日に大師講並びに延年《えんねん》、心のごとくつかまつりて、二十四日の戌亥《いぬい》の時、御所にすえ（集会）して三十余人をもって一日経かきまいらせ、並びに申酉《さるとり》の刻に御供養すこしも事ゆえなし。

坊は地ひき山づくりし候いしに、山に二十四日、一日もかた時も雨ふることなし。十一月ついたちの日、しょうぼう（小坊）つくり、馬やつくる。八日は大坊のはしらだて、九日十日ふき候い了わんぬ。しかるに七日は大雨、八日九日十日はくもりて、しかもあたたかなること春の終わりのごとし。十一日より十四日までは大雨ふり、大雪下りて今に里にきえず。山は一丈二丈雪こほりて、かたきことかねのごとし。二十三日四日は、またそらはれてさむからず、人のまいること洛中・かまくらのまちの申酉の時のごとし。さだめて子細あるべきか。

次郎殿等の御きうだち、おやのおほせと申し、我が心にいれておわしますことなれば、われと地をひき、はしらをたて、とうひょうえうまの入道・三郎兵衛尉《ひょうえのじょう》等、已下の人々、一人もそらく（粗略）のぎ（義）なし。坊はかまくらにては一千貫にても大事とこそ申し候え」（一三七五頁）。

〈現代語訳〉

「大坊は十間四面で、二重の庇《ひさし》をつけて造りあげ、二十四日には大師講とお祝いの延年舞《えんねんまい》を思った通りに行いました。二十四日の午後九時頃には御本尊の前に三十余人の人々が集まって法華経の一日書写行を行い、それに先立って午後五時頃に少しの事故もなく落成の供養が終わりました。

大坊は、地面を均《なら》し、山を削って作りましたが、山では二十四日、一日片時も雨の降ることはありませんでした。十一月一日には小坊を造り、厩《うまや》を造りました。八日に大坊の柱を立て、九日・十日には屋根を葺き終わりました。その間、七日は大雨、八日・九日・十日は曇って、しかも暖かなことは春の終わり頃のようでした。十一日から十四日まで大雨が降り、大雪となって、その雪が里では今でも消えていません。山では一丈二丈と雪が積もり、それが凍って堅いことは金のようです。二十三日・二十四日は、また空が晴れて寒くなく、人々が来られて賑わう様子は京都・鎌倉の町の午後五時のようです。これらのことは、きっと謂われのあることでありましょう。

次郎殿などの若殿たちは、親のあなたの仰せというだけでなく、ご自分の心から取り組んでおられることでありますので、自ら地面を均し、柱を立てておられました。藤兵衛右馬《とうのひょうえのうま》の入道や三郎兵衛尉など以下の人々も、一人も仕事をおろそかにする人はありませんでした。大坊は、鎌倉で造ったならば一千貫の費用を出してもできないだろうと人々が言っておりました」

本抄によれば、建設には波木井一族が中心になって当たったと推定される。二十四日には完成を記念して大師講と延年舞が催され、大勢の人々がにぎやかに集った様子は京都か鎌倉の街中のようであったという。

もちろん、大坊の建設には波木井一族だけでなく他の門下の協力もあった。例えば、建設資金として四貫文の銭を供養した富木常忍に対して日蓮は、「銭四貫をもちて一閻浮提第一の法華堂造りたりと霊山浄土に御参り候わん時は申しあげさせ給うべし」（「富城入道殿御返事」九九五頁）と述べている。

6　波木井実長（南部六郎）

ところで、「地引御書」では大坊完成を記念して行われた一日経（法華経を大勢で一日のうちに書写する行）の供養を日蓮が途中で中止させたことが述べられている。その中止の背景には波木井実長の信心の在り方があった。「地引御書」では、先に引いた部分に続いて、次のようにある。

「ただし、一日経は供養しさ（止）して候。その故は、御所念の叶わせ給いて候ならば、供養しはて候わん。なにと申して候とも、御きねんかなわずば、言のみ有りて実なく、華さいてこのみ（果）なからんか。いまも御らんぜよ。このこと叶わずば、今度法華経にては仏になるまじきかと存じ候わん。叶いて候わば、二人よりあいまいらせて、供養しはてまいらせ候わん。『神ならわすはねぎ（禰宜）から』と申す。このこと叶わずば、法華経信じてなにかせん。ことごと、またまた申すべく候。恐々」

（一三七五頁）

〈現代語訳〉

「ただし、一日経は途中で供養を中止させました。その理由は、あなたが大坊建立に当たって立てられた念願が叶ってから供養を成し遂げたいと思ったからです。何を言ったとしても祈りが叶わなければ、言葉だけあって実がなく、花が咲いて果実が実らないようなものです。今も御覧なさい。あなたの願いが叶わなければ、『このたび法華経を信じても仏に成れないのではないか』と思われることでしょう。祈念が叶ったならば、二人でともどもに供養を終えましょう。『神の働きは神に仕える禰宜《ねぎ》次第である』と言われます。この願いが叶わないならば、法華経を信じても何の意味もないでしょう。さまざまなことについては、また機会ある時に申しあげましょう」

日蓮が一日経を行った例は大坊落成のこの時以外にはない（一日経は天台宗で伝統的に行われてきたもので、大勢の僧侶が一斉に書写行に取り組むという派手な外観から、一つの儀式として行われてきた）。また、大師講も、日蓮が鎌倉にいた時は定例的に行われていたが、身延に入山してからはこの時以外には行われていない（門下のいる場所から遠く離れた身延では大師講の催し自体が不可能である）。

そのようなことから考えれば、この時の大師講と一日経は、延年舞と合わせて、大坊落成を祝賀するための対外的な儀式として行われたと見られる。しかも、日蓮が一日経を途中で中止したことから、一日経の実施は日蓮の本意ではなく、大坊建立の施主である波木井実長の意向を酌んでなされたものであることがうかがえる（むしろ一日経の否定が日蓮の本意であろう。日興は一日経は過去の修行であるとして末法に行ずることを否定している）。

実長にしてみれば、多くの費用と労力をかけた大坊を世間に少しでも華々しく披露するために大師講や一日経の実施を要望したのであろう。日蓮は、一日経などの儀式にこだわる実長の心を正面から否定せず、「あなたの念願が叶った時には供養をやりとげましょう」と事を将来に寄せて、事実上、一日経の実施を回避したのである。このように儀式などの世間体を重んずる実長の態度からは、信仰の実質をうかがうことは困難である。

波木井一族は鎌倉幕府を開いた源頼朝と同じ源氏の一族で、実長の父光行《みつゆき》は治承《じしょう》四（一一八〇）年の石橋山の戦いにおいて頼朝に従軍して戦功があり、その恩賞として甲斐国の南部郷を与えられた。そこで、光行は南部姓を名乗った。さらに光行は奥州征伐の恩賞として新たに与えられた奥州に移ったので、実長は甲斐の南部領を相続し、そこの地頭となった。南部光行に与えられた奥州の領地は、摂政藤原忠実《ふじわらのただざね》（一〇七八〜一一六二）の日記「殿暦《でんりゃく》」によると、現在の岩手県北半分と下北半島を含む青森県の二分の一という広大なものであった。ここから、南部氏が相当有力な御家人であったことが分かる。実長は南部領の中の波木井郷に住んで波木井姓を名乗ったので、波木井南部氏の祖とされる。初めは南部三郎といったが、後に南部六郎と改めた。

甲斐国には軍馬を育成する牧場が多数営まれた。南部領にある牧場のうち、身延山の南にある牧場を飯野御牧《いいのみまき》（南部御牧）といい、波木井郷はその御牧の中にあった（従来、南部領に飯野・御牧・波木井の三箇郷があるとされてきたのは誤りである）。

日興の「弟子分帳」「原殿御返事」などによれば、実長は日興の教化によって入信した。その時期は文永六年頃と推定されている（堀日亨「富士宗門史」）。実長が日蓮から受けた御書として「地引御書」などが伝わっているが、その内容を見る限り、実長は入信以前は念仏を信仰していて、日蓮仏法に対する理解は浅い次元にとどまっていた。日蓮滅後においても、「原殿御返事」に示されているように、日興のもとに子息を遣して念仏無間地獄の理由を質問させるなど、念仏無間地獄という日蓮の教義を信じきれていなかった様子がある。

実長は、日蓮の門下として法華経の信仰をもったもの、日蓮や日興の教導も素直に聞きいれない傲岸不遜《ごうがんふそん》の性格をもっていたと見られる。このことは、訴訟問題で日蓮の指導に従わず、自分勝手な判断で処理したため、思うような結果が得られなかったことなどからもうかがうことができる。

「四条金吾殿御返事」（八風抄）には次のようにある。

「だいがくどの（大学殿）・えもんのたゆうどの（衛門大夫殿）のことどもは、申すままにて候あいだ、いのり叶いたるようにみえて候。はきいどの（波木井殿）のことは法門の御信用あるように候えども、この訴訟は申すままには御用いなかりしかば、いかんがと存じて候いしほどに」（一一五一頁）

すなわち、大学三郎や池上右衛門大夫宗仲《むねなか》は日蓮の指導通りに実践したので、訴訟も意図通りの結果が得られたが、波木井実長の場合、日蓮の指導に従わなかったので、うまくいかなかったのである。

有力者の父のもとで育ち、成人後は自分の思い通りにできる領地を与えられた実長は、人の意見を容易には聞き入れない、傲慢で自己中心的な傾向を強めていったのではなかろうか。日蓮滅後、実長が日興の教導に従わず、釈迦仏像の造立など、いわゆる四箇の謗法を犯して日興の身延離山の原因を作った背景にも、このような実長の人格があったと考えられる。

7 「三大秘法抄」

日蓮は、入滅する弘安五年四月、自身の宗教思想を総括する重要な法門書を著し、門下の大田《おおた》乗明《じょうみょう》に送った。「三大秘法抄」と略称される「三大秘法稟承事《さんだいひほうぼんしょうじ》」である。本抄については偽作説もあったが、コンピュータを用いて文体などの分析が進められた結果、真書である可能性が高いことが認められた（伊藤瑞叡『なぜいま三大秘法抄か』）。浅井《あさい》要麟《ようりん》のように、自身が依る教義に都合の悪い文献をむやみに偽作として葬ろうとする態度は厳しく戒めなければならない。いずれにしても「三大秘法抄」は、日蓮の思想を知るうえでの重要文献として位置づけられるべきである。

本抄執筆の由来について、本抄の末尾には次のように述べられている。

「予、年来己心に秘すといえども、この法門を書き付けて留め置かずんば、門家の遺弟等、定めて無慈悲の讒言を加うべし。その後は何と悔ゆとも叶うまじきと存ずるあいだ、貴辺に対し書き送り候。一見の後、秘して他見有るべからず。口外も詮無し」（一〇二三頁）

この文が示すように、本抄に示されているのは日蓮が胸中に秘めてきた法門であった。大田乗明に対して口外を禁じているのは、本抄の内容が、人々が容易に受けとめられないほど衝撃的なものであるからである。その内容とは、本門の題目・本尊・戒壇という三大秘法のうち、戒壇に関する法門に他ならない。

三大秘法のうち、「本門の題目」については立宗宣言当時から常に門下に教えてきたところであり、「本門の本尊」については「観心本尊抄《かんじんのほんぞんしょう》」「本尊問答抄」「報恩抄」などの諸抄でその教義が説かれてきた。しかし、「本門の戒壇」については三大秘法を列挙している「法華取要抄」「報恩抄」でもその名目が挙げられるにとどまり、戒壇論が詳細に示されることはなかった。日蓮の戒壇論を明示した著述としては、この「三大秘法抄」がほとんど唯一のものといってよい。したがって、もし本抄がなかったならば、三大秘法の法理について重要な欠落が生じていたともいえる。「その後は何と悔ゆとも叶うまじき」とあるように、まさにその悔恨を残さないために日蓮は本抄の執筆に踏み切ったと解せられる。

本抄は末尾に「大田金吾殿御返事」とあるように、大田乗明に対する書簡の形をとっている。しかし、その実態は、書簡の形を用いて、日蓮の法門を後世に残すための著述であることは明らかである。したがって、本抄が大田乗明に宛てられているのは、「観心本尊抄」が富木常忍に託されたと同様、本抄を後世に格護・伝持せしめる趣旨といえるのではなかろうか。しかし、御書を後世に伝える意志が大田乗明において薄弱であったためか、本抄の真筆が失われ、後に真偽問題が生ずるに至ったことは遺憾という以外にない。

本抄では、冒頭に次のように述べられている。

「夫れ法華経の第七神力品に云わく『要をもって之を言わば、如来の一切の所有の法、如来の一切の自在の神力、如来の一切の秘要の蔵、如来の一切の甚深の事《じ》、皆この経に於いて宣示顕説す』等云々。釈に云わく『経中の要説の要、四事に在り』等云々。
問う、所説の要言の法とは何物ぞや。
答えて云わく、夫れ釈尊初成道より四味三教、乃至法華経の広開三顕一《こうかいさんけんいち》の席を立ちて、略開近顕遠《りゃくかいごんけんのん》を説かせ給いし涌出品まで秘せさせ給いし、実相証得の当初《そのかみ》修行し給いし処の寿量品の本尊と戒壇と題目の五字なり」(一〇二二頁)

法華経神力品のいわゆる「四句の要法」の文を挙げて、神力品における結要付嘱《けっちょうふぞく》の法体が三大秘法であることを示している。

この点については本抄の後半で、「この三大秘法は二千余年の当初、地涌千界の上首として、日蓮たしかに教主大覚世尊より口決相承せしなり。今、日蓮が所行は、霊鷲山の稟承《ほんしょう》に芥爾《けに》計りの相違なき、色も替わらぬ寿量品の事の三大事なり」(一〇二三頁)と繰り返し確認し、さらに日蓮が結要付嘱を受けた主体である上行菩薩であることを宣言している。

これまでの御抄では、例えば「右衛門太夫殿御返事《うえもんのたいふどののごへんじ》」にしても、「日蓮は上行菩薩の御使いにも似たり」(一一〇二頁)として、日蓮が上行菩薩であるとの明示はなかったが、本抄においては「上行=日蓮」が明確に示されていることが特筆される。

これまで日蓮は、地涌の菩薩に対する結要付嘱について述べることはあっても、その法体についてこれほど明確に示すことはなかったといってよい。

例えば「観心本尊抄」においては、「今末法の初め、小をもって大を打ち、権をもって実を破し、東西共にこれを失し、天地顛倒せり。迹化の四依は隠れて現前せず。諸天、その国を棄て、これを守護せず。この時、地涌の菩薩始めて世に出現し、ただ妙法蓮華経の五字をもって幼稚に服せしむ」(二五三頁)として、地涌の菩薩が正像ではなく末法に出現することを示しているが、弘通の法体については「妙法蓮華経の五字」とするにとどめている。もちろん、「在世の本門と末法の始めは一同に純円なり。ただし、彼は脱、これは種なり。彼は一品二半、これはただ題目の五字なり」(二四九頁)と述べ、妙法蓮華経の五字が下種の法体であることを明示して種脱相対を明確にしているが、それを三大秘法として示すことはなかった。

また、身延入山二年目の「曾谷入道殿許御書」でも結要付嘱に言及しているが、その付嘱の法体については、「その所属の法は何物ぞや。法華経の中にも広を捨て略を取り、略を捨てて要を取る。いわゆる妙法蓮華経の五字、名・体・

宗・用・教の五重玄なり」（一〇三二頁）と妙法五字の要法であるとするにとどめている。

また、「慧日大聖尊《えにちだいしょうそん》、仏眼をもって兼ねてこれを鑑みたまう故に、諸の大聖を捨棄し、この四聖を召し出だして要法を伝え、末法の弘通を定むるなり。問うて曰わく、要法の経文如何。答えて曰わく、口伝をもってこれを伝えん」（一〇三三頁）とあるように、要法を示す経文を直接明示することは避けて口伝に譲っている。その口伝が弘安二年の「上行所伝三大秘法口訣《くけつ》」（『富士宗学要集』第一巻）の可能性があることは前に述べた通りである。

このように、「三大秘法抄」ではそれまでよりも踏み込んだ思想展開があることが分かる。

しかも「三大秘法抄」では、「実相証得の当初《そのかみ》修行し給いし処の寿量品の本尊と戒壇と題目の五字なり」（一〇二一頁）と、三大秘法が、釈迦仏が五百塵点劫に成道した際に修行したところの法体であることが示されている。

五百塵点劫成道（久遠実成）の釈尊を成道せしめた根源の法体が三大秘法であることが明示されていることは実に重大である。すなわち、寿量品に説かれる久遠実成の釈迦仏も根源の仏ではなく、三大秘法の南無妙法蓮華経を修行することによって初めて証得することができた仏であることが明かされているからである。すなわち、南無妙法蓮華経は諸仏を生み出したものであるから能生、五百塵点劫成道の釈迦仏は南無妙法蓮華経によって成仏することができた所生の関係にある。したがって、寿量品文上に説かれる五百塵点劫成道の釈迦仏を根源の本仏とすることはできず、根源の仏は南無妙法蓮華経と一体の南無妙法蓮華経如来（久遠元初自受用身）となる。

その故に本抄で、「寿量品に建立する所の本尊は五百塵点の当初《そのかみ》より以来、此土有縁深厚本有無作三身《しどうえんじんこうほんぬむさざんじん》の教主釈尊これなり」（一〇二二頁）と述べられる「教主釈尊」とは五百塵点劫成道の釈尊ではなく、南無妙法蓮華経如来であり、また「五百塵点劫の当初」とは五百塵点劫ではなく、五百塵点劫における釈尊の成道をもたらした根源、すなわち久遠元初の意と解さなければならない。

本抄の末尾に、「法華経を諸仏出世の一大事と説かせ給いて候は、この三大秘法を含めたる経にて渡らせ給えばなり」（一〇二三頁）とある通り、法華経寿量品の真の意義は釈尊成道の因（本因）を通して根源の法体である三大秘法の南無妙法蓮華経を指し示しているところにあるといえよう。

次いで本抄では、「本門の題目」について論じ、題目に正像の題目と末法の題目の二意があり、「末法に入って今日蓮が唱うる所の題目は、前代に異なり、自行・化他に亘りて南無妙法蓮華経なり。名体宗用教の五重玄の五字なり」（一〇二二頁）と、正像の自行の題目に対して日蓮が立てる末法の題目が自行・化他にわたるものであることを示している。

第四章「立宗宣言」の章で述べたように、南無妙法蓮華経という言葉は日蓮以前にも存在していた。しかし、同じ題目でも、日蓮が立てた題目とその以前の題目では意義が異なることに留意しなければならない。それ以前の題目は、妙法蓮華経という経典に南無するという意味の言葉に過ぎなかったのに対し、日蓮が立てた題目は諸仏を成道せしめた根源の法体であり、一切衆生を成仏せしめる力用を具える題目である。

最後に本抄は、本門の戒壇を論じている。ここに本抄の他の御抄には見られない特徴がある。その文を見てみよう。

「戒壇とは、王法、仏法に冥じ、仏法、王法に合して、王臣一同に本門の三秘密の法を持《たも》ちて、有徳王・覚徳比丘のその乃往《むかし》を末法濁悪の未来に移さん時、勅宣《ちょくせん》並びに御教書《みぎょうしょ》を申し下して、霊山浄土に似たらん最勝の地を尋ねて戒壇を建立すべきものか。時を待つべきのみ。事の戒法と申すはこれなり。三国並びに一閻浮提の人、懺悔滅罪の戒法のみならず、大梵天王・帝釈等も来下して踏み給うべき戒壇なり」（一〇二二頁）

ここで言われる戒壇は、「王臣一同に本門の三秘密の法を持ちて」とあるように、広宣流布が進展して王仏冥合が実現した暁に実現する戒壇である。

大石寺第二十六世日寛《にちかん》は「文底秘沈抄」で、「夫れ本門の戒壇に事有り、義有り。いわゆる義の戒壇とは、即ちこれ本門の本尊所住の処、義、戒壇に当たる故なり。例せば文句の第十に『仏その中に住す、即ちこれ塔の義』と釈するが如し云々。正しく事の戒壇とは、一閻浮提の人懺悔滅罪の処なり。ただ、しかるのみに非ず、梵天・帝釈も来下して踏みたまうべき戒壇なり」（『六巻抄』九八頁）と述べ、「三大秘法抄」で示された広宣流布の暁に現れる戒壇を「事の戒壇」とし、広宣流布の時まで本門の本尊を安置する場所を「義の戒壇」としている。

若干の補足をするならば、「事の戒壇」について、天台宗の建てる「理の戒壇」に対して日蓮の仏法において建てる戒壇を「事の戒壇」という場合がある。このように天台の理戒壇に対比していう意味では、日蓮の仏法において建てる戒壇は全て「事の戒壇」である。つまり、下種仏法における戒壇には「事中の事」の戒壇と「事中の義」の戒壇がある。広宣流布が実現する以前において本尊を安置するところは全て「事中の義」の戒壇であるが、「事の戒壇」と「義の戒壇」のいずれについても本尊という法体に相違はなく、法体においていささかも欠けることはないのである。

日蓮は事の一念三千、南無妙法蓮華経の法体を曼荼羅本尊として図顕した。「文底秘沈抄」に「夫れ本尊とは所縁の境なり」（『六巻抄』八〇頁）とあるように、この「本門の本尊」が末法における仏道修行の対境であり、本尊を信じて自行・化他の唱題に励むことが「本門の題目」である。この本門の題目は、本尊が「境」であるのに対して「智」に当たる。「以信代慧《いしんだいえ》」の法理により「信」が「智」に代わるからである。さらに対境を定めて修行を行うのには当然、具体的な場所・空間が伴う。これが「本門の戒壇」である。つまり南無妙法蓮華経の本尊を拝して自行・化他の題目を唱える場所は全て本門の戒壇となるのである。

このように本門の本尊（対境）と題目（実践）と戒壇（場所）が具わるところに仏法の全体が現出する。この三大秘法は一大秘法である「本門の本尊」に集約される故に、法体の次元においては本門の本尊の建立をもって三大秘法の宗旨は完結しているといえる。

しかし、法体の確立ということと、その法体を現実社会の上に実現していくということは、おのずから別の問題である。日寛が「観心本尊抄」の「この四菩薩、折伏を現ずる時は賢王と成って愚王を誡責《かいしゃく》し、摂受を行ずる時は僧と成って正法を弘持す」（二五四頁）の文について、日蓮の振る舞いである「法体の折伏」と在家の実践である「化儀の折伏」の二義を立てているのもその故である。

法体の確立はあくまでも宗教的次元での問題であって、まだ社会的次元の問題ではない。一方、広宣流布の暁に現れる「事の戒壇」は社会的現実の上に具体化された戒壇であり、事の一念三千の法体が社会的に実現された結果に他ならない。それは日蓮在世中には成し得なかった課題である故に、日蓮はそれを後世にゆだねたのである。

日蓮は立正安国、王仏冥合の理想を掲げて仏法の精神を社会の上に具体化していくことを目指した。日蓮が大乗戒壇を実現した伝教大師について、その功績を天台大師以上に評価しているのも戒壇の建立に仏法の社会的実現の象徴を見いだしたが故と解せられる。

伝教大師の戒壇建立について日蓮は次のように述べている。

「伝教大師は、その功を論ずれば竜樹・天親にもこえ、天台・妙楽にも勝れておわします聖人なり」（「撰時抄」二六四頁）

「叡山の大乗戒壇すでに立てさせ給いぬ。されば、内証は同じけれども、法の流布は迦葉・阿難よりも馬鳴《めみょう》・竜樹等はすぐれ、馬鳴等よりも天台はすぐれ、天台よりも伝教は超えさせ給いたり。世末になれば人の智はあさく仏教はふかくなることなり」（「報恩抄」三二八頁）

天台大師は一念三千の法門と観念観法の修行を説いたが、その仏法はいまだ個人的信仰の次元にとどまり、社会的次元にまで発展することはなかった。伝教大師による大乗戒壇の建立によって、法華経のもとに全仏教を統合する天台宗の地位が社会的に確立されたといえる。

ところで「事の戒壇」の意義を明らかにするためには、国主の概念を確認しておく必要がある。

日蓮の国主観として、国家および権力が存在する意義は民衆の生命・生活を守るためにあるという一貫した見解をうかがうことができる。それは「立正安国論」の真筆において、国の文字として国構えの中に民と書く文字（囻）が多用されていることに明瞭にうかがわれるが、そこに国の中心となるのは民衆そのものであるとの民衆根本の国家観が明確に示されている。

その点は日蓮が「王は民を親とし、民は食を天とす」（一五五四頁）と述べ、また当時の権力者、平左衛門尉に対して、「貴殿は一天の屋梁《おくりょう》為り、万民の手足為り」（一七一頁）と断じていることにもうかがえる。民衆の幸福のために民衆に奉仕し、その手足となって働いていくことが権力を預かる者の責務であるとしているのである。

王法の目指す理想について、日蓮は「滅劫御書」で次のように述べている。

「これら（太公望《たいこうぼう》や張良《ちょうりょう》のこと——引用者）は仏法已前なれども、教主釈尊の御使いとして民をたすけしなり。外経の人々はしらざりしかども、彼等の人々の智慧は内心には仏法の智慧をさしはさみたりしなり」（一四六六頁）

「民をたすけ」ること、すなわち民衆の幸福に尽くしていくことが王法の理想であり、仏法の智慧に合致した姿であるとの教示である。

日蓮が「国主」の言葉を用いる場合、「立正安国論」に、「万民百姓《ひゃくせい》を哀れんで国主・国宰の徳政を行う」（一七頁）とあるように、基本的には当時の日本社会を実質的に統治していた鎌倉幕府、なかんずくその中枢である北条氏得宗を指していることが多い。第一回の国主諫暁の書である「立正安国論」も、出家入道して得宗の地位は嫡子時宗に譲ったものの、当時、権力を実質的に掌握していた北条時頼に対して提出されている。

しかし、それは鎌倉幕府が当時の政権を握っていたという現実に即してなされたものである。本来、王法（権力）とは民衆に奉仕する「民の手足」であり「民を親」とするものであるという日蓮の王法観からすれば、民衆の生命・生活を保障するところに権力の存在理由がある。つまり、権力の正統性の根拠も民衆それ自体にあるということになる。最終的、本質的な意味での国主とは民衆そのものなのである。

したがって広宣流布の暁に実現する「事の戒壇」は当然、妙法を信受する民衆の意志と支持によって、民衆の幸福を目的として建立される戒壇ということになる。事の戒壇は本質的に「民衆立」の戒壇なのであり、民衆を度外視した事の戒壇はありえない。

日蓮は事の戒壇が実現する広宣流布の時について、「三大秘法抄」では「有徳王・覚徳比丘のその乃往《むかし》を末法濁悪の未来に移さん時」（一〇二二頁）と述べている。

有徳王とは民衆の上に君臨する権力者ではなく、むしろ仏法に対する世間法、出家に対する在家を象徴している。つまり、妙法を信受した在家の民衆が有徳王なのである。正法を守るために悪僧と戦って殉教した有徳王は不惜身命の信心を表している。要するにこの文は、広範な民衆が不惜身命の信心に立った時という広宣流布の姿を表しているといえよう。

「王法、仏法に冥じ、仏法、王法に合して」の「王法」とは、世間法すなわち政治を含むあらゆる社会生活の在り方全体を指す。すなわちこの文は、社会の在り方（王法）が生命の奥深いところで仏法に合致していることを意味する。一切衆生の幸福を実現しようとする仏法の慈悲の心と同じ心で社会が営まれることが王仏冥合の趣旨である。

結局、「王法が仏法に冥ずる」とは、仏法の慈悲の精神、生命の尊厳の理念を根本とした社会活動が行われることであり、「仏法が王法に合する」とは、仏法の方も現実社会を重んじ、社会の中で仏法の実証を示し貢献していくことといえよう。

「王臣一同に本門の三秘密の法を持ちて」とは、今日では主権者である民衆が王であり臣であるから、民衆一同が三大秘法の妙法を信受して、との意となる。

「有徳王・覚徳比丘のその乃往《むかし》を末法濁悪の未来に移さん時」とは、先に述べたように民衆に不惜身命の信心が確立されて世間法（王法）と仏法の冥合が実現した時、との趣旨である。

「勅宣並びに御教書を申し下して」の「御教書」とは、本来、三位以上の公卿ならびにそれに準ずる者の意志を側近が承って出す奉書形式の文書を指すが、ここでは鎌倉幕府が発する「関東御教書」を指していると解せられる。

「勅宣」とは、天皇の宣旨と上皇の院宣の総称である。ただし「詔書」および「下知状」が大事に関する命令であるのに対し、「勅宣」と「御教書」は日常の小事に関する命令である。したがって「勅宣並びに御教書を申し下して」とは、決して国家意志の表明などという重大な意味ではない。通常の合法的な手続きに則って、との意と解すべきであろう。

「時を待つべきのみ」とは、事の戒壇を実現する広宣流布の時が必ず到来する、との確信を示すとともに、その時が実現するよう随力弘通していくべきであるとの門下への指南と解せられる。

「事の戒法と申すはこれなり」とは、天台迹門の理戒に対して本尊の受持が本門の事の戒法となるのであるが、「三大秘法抄」では広宣流布の時に実現する戒壇をもって事の戒法としている。各人が本尊を安置して自行・化他の唱題に励むところは全て義の戒壇であり、広宣流布の暁に実現する戒壇が事の戒壇となる。

「三国並びに一閻浮提の人、懺悔滅罪の戒法のみならず、大梵天王・帝釈等も来下して踏み給うべき戒壇なり」の文では、広宣流布の暁に実現する「事の戒壇」が国家の枠組みを超越した人類的・普遍的な戒壇であることが示されている。「大梵天王・帝釈」は諸天善神の代表であり、人類社会を守る力の象徴といえる。「大梵天王・帝釈等も来下して踏み給う」とは、社会や国土を守る宇宙の働きが厳然と現れ、平和で繁栄した社会が現出するとの意である。

広宣流布が進展して日蓮の仏法の精神が広く社会に認められ、受け入れられる状況になれば、世界と社会を守る諸天善神の働きも活性化する。その広宣流布、王仏冥合が成就した状況について「如説修行抄《にょせつしゅぎょうしょう》」には、「天下万民、諸乗一仏乗と成って妙法独り繁昌せん時、万民一同に南無妙法蓮華経と唱え奉らば、吹く風枝をならさず、雨壌《つちくれ》を砕かず、代《よ》は義農《ぎのう》の世となりて、今生には不祥の災難を払い長生の術を得、人法共に不老不死の理《ことわり》顕れん時」（五〇二頁）と述べられている。

「事の戒壇」は、広宣流布の象徴として、世界平和実現のために建立される戒壇である。したがって日蓮門下の目標はあくまでも広宣流布であり、世界平和の実現である。妙法を流布して全人類の平和と安穏を実現するために戒壇も存在するのである。

それまでの戒壇は出家者に対する授戒の儀式の場であった。小乗戒が僧侶と在家を峻別していたのに対し、伝教大師が立てた大乗戒は僧俗に共通する戒で、僧俗の差別は克服されたが、比叡山に建てられた大乗戒壇は出家者への授戒の儀式の場という従来の性格を乗り越えるものではなかった。それに対し、日蓮が説いた「本門の戒壇」は出家者への授戒の場という制約を完全に脱し、万人に開かれた仏道修行の場となっている。その意味で、「本門の戒壇」において戒壇の意義の革命的変革がなされたといえよう。まさに世界の民衆のために建立され、万人に対して開かれた殿堂が事の戒壇なのである。

第二十章　入　滅

1　病の経過

日蓮は身延入山後に旺盛な執筆活動と門下への教育を続けたが、弘安期に入ってからは健康を損なうことが多くなった。身延の厳しい寒さに加え、佐渡流罪などの大難を乗り越えてきた疲労が現れてきたのであろう。

例えば弘安元（一二七八）年六月二十六日の四条金吾に宛てた「中務《なかつかさ》左衛門尉殿御返事」では、「日蓮、下痢《くだりはら》、去年十二月三十日、事起こり、今年六月三日四日、日々に度をまし、月々に倍増す。定業かと存ずる処に貴辺の良薬を服してより已来、日々月々に減じて、今百分の一となれり」（一一七九頁）と述べられている。

すなわち、前年の建治三年暮れに発病した消化器系の病は、弘安元年の前半に病勢が進んだが、四条金吾の処方による薬を服用して快方に向かったことが分かる。日蓮は金吾の医師としての技量を信頼し、治療について全面的に委ねていたほか、周囲の人々の治療にも当たらせていたと見られる。そのことは弘安元年九月の「四条金吾殿御返事」（源遠長流御書）に、「ちご（稚児）のそらう（所労）、よくなりたり。悦び候ぞ。また、大進阿闍梨の死去のこと、末代のぎば（耆婆）いかでかこれにすぐべきと皆人舌をふり候なり。さにて候いけるやらん、三位房《さんみぼう》がこと、そう四郎がこと。このことはあたかも符契符契と申しあいて候。日蓮が死生をばまかせまいらせて候。全く他のくすしをば用いまじく候なり」（一一八二頁）と述べられている。

弘安元年十月の「四条金吾殿御返事」には、「今、所労平癒し、本よりもいさぎよくなりて候」（一一八五頁）とあるが、同年十一月の「兵衛志殿《ひょうえのさかん》御返事」には、「去年の十二月の三十日よりはらのけの候いしが、春夏やむことなし。あきすぎて十月のころ、大事になりて候いしが、すこして平愈つかまつりて候えども、ややもすればおこり候」（一〇九九頁）とあるように、一時的には回復しても一進一退を繰り返す病状であったようである。

病状は弘安四（一二八一）年にはさらに進み、同年五月二十六日の「八幡宮造営事《はちまんぐうぞうえいのこと》」には、「たとい十に一、今年はすぎ候とも、一二をばいかでかすぎ候べき」（一一〇五頁）と死期が迫っていることを自覚するまでになった。

病の進行により、それまでの庵室では到底、その年の冬を越えることは困難な状況になったので、門下一同の協力で同年十一月に大坊が完成した。

しかし、同年十二月には、ほとんど食事も進まず、門下への書簡の執筆も困難となった。その模様は十二月八日の「上野殿母御前御返事」に次のように述べられている。

「やせやまいと申し、とし（齢）と申し、としどしに身ゆわく、心おぼれ候いつるほどに、今年は春よりこのやまいおこりて、秋すぎ、冬にいたるまで、日々におとろえ、夜々にまさり候いつるが、この十余日はすでに食もほとおとどまりて候上、ゆきはかさなり、かん（寒）はせめ候。身のひゆること、石のごとし。胸のつめたきこと、氷のごとし」（一五八三頁）

「日蓮は所ろうのゆえに人々の御文の御返事も申さず候」（一五八四頁）

また同抄では「これもよも、ひさしくもこのよに候わじ。一定、五郎殿にいきあいぬとおぼえ候。母よりさきにけさん（見参）し候わば、母のなげき申しつたえ候わん」（同頁）と、自身が亡くなって故南条五郎殿と冥土で行き会った時には母の悲しみを申し伝えましょうとして、死期の切迫を重ねて述べている。

病重い日蓮であったが、弘安五年二月、南条時光が生命も危ぶまれる重病に陥った時には、時光を襲った病魔を打ち破るべく、渾身の気迫をもって時光宛ての御書を執筆した。「法華証明抄」（一五八六頁、真筆現存）である。それ以前に時光の病が重いことを聞いていた日蓮は、日興宛ての書簡を日朗に代筆させて送ったが、それではなお不十分と感じたのか、その三日後に自ら筆を執ったのが本抄である。

本抄は、本文に入る前の冒頭に「法華経の行者　日蓮花押」と大書されるという、極めて特殊な形を持つ（口絵参照）。本文においても、「鬼神めらめ、この人をなやますは剣をさかさまにのむか、また大火をいだくか、三世十方の仏の大怨敵となるか。あなかしこ、あなかしこ。この人のやまいをたちまちになおして、かえりてまほりとなりて、鬼道の大苦をぬくべきか。その義なくして現在には頭《ず》破七分《はしちぶん》の科《とが》に行われ、後生には大無間地獄に堕つべきか」（一五八七頁）と、日蓮が法華経の行者として、鬼神を直接、厳しく叱責する内容になっている。時光を苦しめている病魔を日蓮が自ら打ち破る趣旨である。時光は、本抄に示された日蓮の、鬼神をも呵責していく気迫に触れ、自身においても病魔と立ち向かう勇気を得ることができたのではなかろうか。

ともあれ、南条時光は日蓮の渾身の激励により、重病を脱することができた。自身の重篤な病状にもかかわらず、未来の広宣流布を担う門下を全力で救済した振る舞いに、日蓮の深情をうかがうことができよう。

2　後継者・日興

日蓮の生涯から少し離れるが、ここで日蓮の後継者の問題について触れておきたい。

日蓮は入滅を前にした弘安五（一二八二）年十月八日、本弟子六人（日昭・日朗・日興・日向《にっこう》・日頂《にこう》・日持）を定めたが（「宗祖御遷化記録」）、「種脱相対」「日蓮本仏」「曼荼羅本尊」などの奥底の思想を理解していたのは日興一人のみであった。これらの点において日興と他の五人は極めて対極的な立場に立っており、そのこと自体が重大な問題である。

日興は伊豆流罪以来、鎌倉、佐渡、身延と、日蓮にもっとも長期間にわたって随順し、日蓮の奥底の教義を受け止めてきた高弟であった。そもそも日蓮の身延入山にしても、日興が身延の地頭波木井実長《はきいさねなが》を入信に導いたという事情から日興の勧めによるものであり、また、身延から池上までの日蓮最後の旅に日興が随順し、池上到着後、波木井実長に対して出された書状（波木井殿御報）を代筆するなど、日興こそ日蓮の側にあって日蓮からもっとも厚い信頼を受けてきた弟子であった。

その点において、日昭・日朗・日向ら五老僧が鎌倉や房総方面など各地に教線を張っていたものの、佐渡流罪以降、日蓮の教示を直接受ける機会が比較的少なかったことと対比される（日頂が佐渡に随順し、日向などが身延における日蓮の法華経講義を短期間聴講したことなどはあったとしても）。

また、仏法弘通の実践という面においても、日興の実績は抜群のものがあった。十代にして既に伊豆方面の弘通に目覚ましい実績を残しただけでなく、日蓮の身延入山後、日興は縁故のある富士方面の弘教に励み、滝泉寺《りゅうせんじ》・実相寺など天台宗寺院の僧侶を数多く入信せしめた。その弘教の波動は広く一般農民にまで及び、危機感を抱いた天台宗勢力から熱原法難という権力まで動かした迫害を招いたことは先に述べてきた通りである。熱原法難のような大規模な法難をもたらすほどの弘教の展開は、他の弟子にはまったく見ることはできない。まさに日興こそ、日蓮の生前において、日蓮の仏法を広範に弘教できることを実証した唯一の弟子であったと言ってよい。

このように、法門の理解においても、弘教開拓の力量においても、日興は門弟の中で随一の存在であった。日興が日昭・日朗ら他の門弟と同列の存在でなかったことは、その仏法理解が他の門弟と一線を画していたことにも明らかである。

日興と他の門弟（具体的には日昭・日朗・日向・日持・日頂の五老僧）との教義上の相違点については、日興は後年、弟子の三位日順《さんみにちじゅん》に筆記せしめた「五人所破抄」、およびその準備として弟子日澄《にっちょう》に執筆させた「富士一跡門徒存知《ふじいっせきもんとぞんち》の事」で次のような諸点を列挙している。

それによれば、その相違点は次の諸点である（これを、五老僧と日興との対比という意味で「五一相対」という）。

①日興が日蓮の弟子と称したのに対し、五老僧は「天台沙門」、伝教の余流と称した。

②日興が「神天上《かみてんじょう》の法門」を遵守して神社参詣を禁じたのに対し、五老僧は神社参詣を認めた。

③日興が日蓮にならって他宗と並んでの国家安泰の祈禱を拒否したのに対し、五老僧は他宗と交わっての国家安泰の祈禱を行った。

④日興が日蓮の御書を尊重して御書の収集・講義に努めたのに対し、五老僧は御書を焼却するなどして軽視した。

⑤日興は文字曼荼羅を本尊としたのに対し、五老僧は釈迦仏像を本尊とし、文字曼荼羅を軽視した。

⑥日興は経典の書写行や経典一部の読誦を禁じて唱題と折伏を行じたのに対し、五老僧は経典の書写や一部読誦を行った。

「五人所破抄」また「富士一跡門徒存知の事」が示す五老僧の行動について、そのような行動が実際にあったのかどうか、今日、その全てを具体的に裏づけることは困難だが、逆に「五人所破抄」「富士一跡門徒存知の事」の内容を事実無根と否定することはそれ以上に困難である。日興の意図のもとに作成された「五人所破抄」「富士一跡門徒存知の事」の主張は日興自身の主張と見てよい。

そこに示された「五一相対」の相違点を見れば、日興と五老僧の教義理解があまりにも隔たっていることが明瞭となる。およそ同じ師匠に学んだ同門とは考えにくいほどの相違・対立という以外にない。

日興と五老僧の間で、これほどの大きな相違が形成された原因はどこにあると考えるべきであろうか。

それはひとえに、日蓮からどれだけの教示を受けてきたかという師弟の絆の深さの相違によるとしか考えられない。

五老僧、とくにその中核である日昭・日朗が日蓮から直接教示を受けてきたのは竜の口の法難までであって、佐渡期および身延期においては直接の教示を受ける機会はほとんどなかったと見られる。しかし、日蓮独自の法門が本格的に展開されるのは佐渡期以降であり、その深い思想展開を日昭・日朗は十分に理解できる立場になかったと評せられる。

日蓮は立宗宣言においてまず題目の実践を説き、竜の口の法難以降、曼荼羅本尊の図顕に進み、身延入山以降に戒壇を説いた。すなわち、題目・本尊・戒壇という順序で三大秘法の法義を展開したのであるが、日昭・日朗は題目の教義は理解していても、本尊ないしは戒壇に関しては、日蓮の教義をほとんど把握できていなかったと考えられる。

この点は、身延における日蓮の法華経講義を聴聞したと見られる日向などもほとんど同様であった。というのも、日向は『金綱集《きんこうしゅう》』と題する法義書を残しているが、そこに説かれるのは唱題の教義のみで、本尊・戒壇に関する内容は皆無であるからである。日頂・日持は、日昭・日朗・日向に従属していた存在であり、ほとんど問題外といえる(日頂は後に日興に帰服し、日持は他の四人とも袂を分かって独自に大陸弘教を試み、大陸で没した)。

五老僧が日蓮図顕の文字曼荼羅を信仰の対象である「本尊」と受け止めることができず、釈迦仏像を本尊としたことも、彼らが日蓮の本尊義を十分に理解していなかったことを示している。五老僧の流れを汲む門流が今日においても、礼拝の対象について、釈迦仏像だったり、二尊四士(釈迦・多宝と上行などの四菩薩)の像だったり、また文字曼荼羅や鬼子母神、大黒天、稲荷、七面大明神、三十番神など、雑多な本尊を祭って「本尊雑乱」の状態から脱することができないのも(同じ日蓮宗に所属しながら寺によって礼拝の対象が異なる。何を拝んでも差し支えない、というい加減さである)、その根源は五老僧における本尊観の混乱にある。

また、五老僧が「天台沙門」と名乗り、他宗派と並んでの国家安泰の祈禱を行ったり、神社参詣を容認したりしたことも、日興と大きく異なるところであった。

両者のこの相違は、教義の理解とは別に、権力に対する姿勢の相違と見ることもできる。要するに五老僧は権力に対して融和的・従属的であったのに対し、日興は権力と距離を置き、一線を画した。この点は、五老僧が他宗と並んでの国家安泰の祈禱を行ったのに対し、日興がこれを拒否したところに端的に表れている。

日蓮は佐渡流罪の赦免後、鎌倉に戻った際、平左衛門尉から寺院寄進の申し出とともに蒙古調伏の祈禱を要請されたが、他宗への帰依を止めなければ受け入れがたいとして、その要請を拒絶した。日興の対応は、まさに日蓮の行動と軌を一にするものであった。

日興と五老僧の相違の背景には、日蓮滅後、日蓮教団に押し寄せた政治情勢があったと考えられる。日蓮が入滅した弘安五年当時、幕府の中枢部では御家人勢力を代表する安達泰盛《あだちやすもり》と北条得宗家身内人勢力を代表する平左衛門尉頼綱《よりつな》の熾烈な権力闘争が展開されていた。両者の闘争は、執権時宗が弘安七年に没した後、さらに激しさを増し、弘安八(一二八五)年、頼綱が安達泰盛を一族もろとも殲滅した(霜月《しもつき》騒動)ことで終止符が打たれたが、権力を掌握した頼綱は専横を極めることとなった。

他方、蒙古襲来の危機は依然として続いていた。三度目の襲来の風評は弘安七（一二八四）年、正応《しょうおう》三（一二九〇）年にあり、正安《しょうあん》元（一二九九）年には蒙古の国書が到来している。そのような状況下で諸社寺には蒙古調伏の祈禱の指示が出されていた。日蓮の門下にも他宗と同様に蒙古調伏の祈禱を行うよう指示がなされたと推定される。

この時、権力側からは拒絶した際には住坊を破却するとの脅迫もなされたと見られる。その裏づけとしては日興の「弟子分本尊目録」に「故聖人の御弟子六人の中に、五人は一同に聖人の御姓名を改め、天台の弟子と号してここに住坊を破却せられんと欲するの刻《とき》、天台宗を行じて御祈禱を致すの由、おのおの申状を捧ぐるに依って破却の難を免れ了わんぬ」（『富士宗学要集』第八巻六頁）と記されていることが挙げられる。

権力からの圧迫に直面して、日蓮の高弟たちの対応は大きく分かれた。日昭・日朗は、鎌倉を本拠地にしていたためか、幕府の意向に従順に従い、他宗と並んでの祈禱を受け入れた。ともかく、彼らはひたすら弾圧を回避する道を選んだのである。日向らの三人もそれに従った。

彼らが幕府に対して従順な姿勢に終始したことは、彼らが幕府に提出した申状に明らかに見てとることができる。彼らの申状を見るならば、それが権力への諫暁などというものでないことは明らかである。

例えば日昭は、執権北条貞時《さだとき》を「副将軍」と持ち上げ、その安穏のために法華の道場を構え、勤行を行っていると述べている。また日朗は、幕府の治世下を「徳政聖主の御代」「今の賢君の御代」などと述べ、幕府に諂《へつら》う姿勢を隠そうともしていない（日昭・日朗の申状は『日蓮宗宗学全書』第一巻に収録）。

彼らが「天台沙門」と名乗ったことも、自分たちを天台宗に属するものとアピールすることによって迫害を回避しようとしたからである。もちろん、日昭・日朗においては、日蓮の教義について天台宗の範疇から出るものではないと理解していた面もある。日蓮は佐渡流罪の以前、対外的には「根本大師門人」等と天台僧としての立場で発言する例も少なくなかった。それ自体、対外面での日蓮の深い配慮によるものと考えられるが、日昭・日朗らは日蓮の佐渡以前の言動しか認識していなかったため（しかも、その理解は表面的な次元にとどまる）、自分たちの自己規定についてもためらうことなく「天台沙門」としたのであろう。

それに対して日興は幕府の指示に従わず、他宗に交わっての祈禱を拒否したばかりか、天台沙門ではなく日蓮の弟子との立場を明確にしたのである（日興の申状は『日蓮宗宗学全書』第二巻に収録）。

その背景としては、日興が身延や富士を本拠地としていて幕府の権力が鎌倉に比べて直接的に及びにくいという面もあったであろうが、それよりも日蓮の後継者として、日蓮の教義・精神に忠実であろうとする内的必然性が大きく働いていたと考えられる。

流罪・死罪という弾圧にもいささかも屈することのなかった日蓮の精神を忠実に継承しようとするならば、住坊破却などの脅迫に屈して教義を改変するなどという選択は取りようがない。自身にも弟子にも極めて厳格であった日興にとって、幕府の指示を受け入れる選択は念頭にも浮かばなかったことであろう。

従来の日蓮研究者は、その大半が五老僧の流れをくむ宗派に属していたためか、その宗派性に縛られ、日興と五老僧との思想的対立をきちんと考察することを回避してきた。しかし、学問的良心をもって公平・厳密に「五一相対」問題を考察するならば、本弟子六人の中で日興こそが日蓮の精神に忠実であった人であることはおのずから明らかとなろう。

日興が他の五人と決定的に異なる見解に立っていたことは、むしろ、日興が日蓮の正統後継者であるとの自覚をもっていたことを物語る。その自覚があるからこそ、日興は他の五人と妥協せず、徹底的に対決する道を選んだといえよう。

日興が正統後継者としての自覚に立っていたことは、後に波木井実長や日向と対立して身延を離れた際の心境を述べた「原殿御返事」にも明らかである。すなわち同書には次のように述べられている。

「身延沢を罷《まか》り出で候こと、面目なさ、本意なさ、申し尽くし難く候えども、打ち還し案じ候えば、いずくにても聖人の御義を相継ぎ進らせて、世に立て候わんことこそ詮にて候え。さりともと思い奉るに、御弟子ことごとく師敵対せられ候いぬ。日興一人、本師の正義を存じて本懐を遂げ奉り候べき仁《じん》に相当たって覚え候えば、本意忘るること無く候」（編年体御書一七三三頁）

日興は五老僧が全て日蓮に「師敵対」していると断じ、自身こそが日蓮の「正義」を継承していることを宣言している。日興は五老僧との教義的対立を明確に後世に残すために、後年、「富士一跡門徒存知の事」と「五人所破抄」の作成を門下に指示したのである。

いずれにしても、日蓮の高弟六人において、その教義理解に大きな相違があるという事実は重大である。というのも日蓮の思想を把握するうえで、日蓮から直接教示を受けた高弟がどのように日蓮の教義を捉えていたかということが重要な意義を持つからである。

周知の通り、日蓮の思想表現は時期や対告衆によって多様であり、用語の意味も多義的であって、日蓮が本意とした内奥の思想体系を把握することは容易なことではない（一般の信徒に対して日蓮が奥底の法門を説示することは限られていたと考えられる。そのことは、例えば「本門の本尊」義を明かした「観心本尊抄」について、対告衆である富木常忍に対し、決して大勢に見せてはならないと注意していることなどからも明らかである）。

例えば「教主釈尊」という言葉をとっても、その「釈尊」が歴史的釈尊を指すのか、法華経寿量品文上における五百塵点劫成道の釈尊を指すのか、またそれを超えた根源仏を指すのか、文字面だけで判断できるものではない。また「法華経」といっても二十八品の法華経を指す場合もあれば、曼荼羅本尊をもって法華経と言うこともある。このように多義的かつ複雑多岐にわたる日蓮の思想表現を、それぞれの論者が各人なりに解釈しても混迷するばかりである。

端的に言えば、それぞれの論者がどれほど日蓮の遺文（御書）を読み込んで推論・想像を逞しくしても、結局は論者の理解程度に応じて勝手な日蓮像を作りだしているだけのことで、そのような何の基準も持たない自己中心的な態度では決して日蓮の実像に近づくことはできない。

日蓮の真実の思想体系を知るためには、やはり日蓮に随順して日蓮の人格を深く理解し、内奥の思想を日蓮から直接伝えられた高弟の理解を指標とする以外にない。師弟を外して仏法を捉えることはできないからである。具体的には、われわれは、伊豆流罪の時から入滅の時に至るまで最も長く日蓮の近くに仕え、日蓮の正統継承者の自覚に立った日興を通して初めて日蓮の真実の思想を知ることができると考える（言い換えれば、日興を度外視した日蓮解釈は無意味である）。仏法僧の三宝について、日興門流では仏宝＝日蓮大聖人、法宝＝曼荼羅本尊、僧宝＝日興上人という三宝義を立てる。日興を僧宝とするのは、日興を基準にしてはじめて日蓮の教義の正しい理解に到達できる、との信念の表れと解することができよう。

3　常陸の湯

ところで、日蓮の病状は弘安五年の秋にはさらに進み、寒さの厳しい身延で越年することは不可能と見られる状況となった。そこで、門下が協議し、冬を迎える前に常陸国《ひたちのくに》の温泉での療養を行うこととなったと思われる。

日蓮が目指したのは、池上に到着した時に書かれた「波木井殿御報」（一三七六頁）に「ひたちのゆ」とあることから、常陸国の温泉であることは間違いないが、この常陸の湯がどこを指すかについて、宮崎英修「波木井殿御報『常陸の湯』について」（『大崎学報』一二五・一二六合併号）などによれば、古来、次のような諸説がある（括弧内に示したのはその説を唱えた主な論者）。

①「さばくの湯（福島県いわき市湯本温泉）」（本土寺第

七世日意、安国院日講、稲田海素、堀日亨）
②「下総国塩部の湯」（了智院日健《にちごん》）
③「下野国塩原・那須の湯」（身延山第三十二世日省、姉崎正治）
④「常陸国加倉井《かくらい》の湯（茨城県水戸市加倉井町）」（岡教邃、井上恵宏、宮崎英修）

まず、日蓮自身が「ひたち」と述べているところから②と③の説は支持し難い。残るのは①と④の説であるが、いずれも確定するだけの決め手に乏しい。

「さばくの湯」は古来、兵庫の有馬温泉、愛媛の道後温泉と並ぶ日本の三大名湯として有名だが、それだけでは決め手にはならない。

日亨は『富士日興上人詳伝』で「さばくの湯」説の根拠として、日目の書状を二通挙げているが、それは必ずしも明確な根拠となっていない。

加倉井の湯は「さばくの湯」ほどの全国的な知名度はないが、中世における常陸国の温泉としては袋田《ふくろだ》温泉とともに知られていた。

加倉井の地は波木井実長の次男実氏《さねうじ》の領地であり、波木井実長が「ひたちのゆ」まで波木井一族の子弟を日蓮の警護のために付けたことなどを勘案するならば、日蓮を外護する便宜から、どちらかといえば加倉井の湯の可能性が高いと考える。いずれにしても、この点については今後の研究を待ちたい。

4　最後の旅

行学院日朝《にっちょう》の『元祖化導記《がんそけどうき》』によれば、日蓮は弘安五年九月八日、身延を出発した。その日は下山兵衛四郎の館に宿泊し、九日は大井庄司入道宅、十日は曽根次郎宅、十一日は黒駒、十二日は河口、十三日はくれじ、十四日は竹下、十五日は関本、十六日は平塚、十七日は瀬谷を経て、十八日の正午に武蔵国荏原《えばら》郡の池上兄弟の館に到着した。

富士山の静岡県側から身延に入った時の行程とは異なり、山梨県側からの行程を取ったことになる。富士山の南麓には北条一族の領地が多くあり、南麓の行程を取ったならば幕府を刺激することを配慮したのであろう。日蓮には日興をはじめとする門下や波木井一族の子弟が従っていた。波木井実長が贈った良馬を用いての旅とはいえ、一日の休みもない行程は、病体の日蓮にとって困難な移動であったと推察される。

池上に到着した日蓮は、波木井実長に対して、書状を発した。「波木井殿御報」である。全文を引用する。

「畏《かしこ》み申し候。みちのほどべち（別）事候わで、いけがみまでつきて候。みちの間、山と申し、かわと申し、そこばく大事にて候いけるを、きうだち（公達）にす（守）護せられまいらせ候いて、難もなくこれまでつきて候こと、おそれ入り候ながら悦び存じ候。さては、やがてかえりまいり候わんずる道にて候えども、所ろうのみにて候えば、不じょう（定）なることも候わんずらん。

　さりながらも、日本国にそこばくもてあつかうて候み（身）を九年まで御きえ候いぬる御心ざし、申すばかりなく候えば、いずくにて死に候とも、はか（墓）をばみのぶさわ（身延沢）にせさせ候べく候。

　また、くりかげの御馬は、あまりおもしろくおぼえ候ほどに、いつまでもうしなうまじく候。ひたち（常陸）のゆ（湯）へひかせ候わんと思い候が、もし人にもぞとられ候わん、またそのほかいたわしくおぼえば、ゆよりかえり候わんほど、かずさ（上総）のもばら（茂原）殿のもとにあずけおきたてまつるべく候に、しらぬとねり（舎人）をつけて候いてはおぼつかなくおぼえ候。まかりかえり候わんまで、このとねりをつけおき候わんとぞんじ候。そのようを御ぞんじのために申し候。恐々謹言。

　　九月十九日　　日蓮

　進上　波木井殿御報

　所ろうのあいだ、はんぎょう（判形）をくわえず候こと、恐れ入り候」（一三七六頁）

〈現代語訳〉

「謹んで申し上げます。道中の様子は特別のこともなく、池上まで着きました。道中では山といい、河といい、いくらか大変なこともありましたが、御子息たちに守っていただき、支障もなくここまで到着しましたことは、かたじけなく思いながら喜んでおります。さて、やがては帰参する道ではありますが、病気の身でありますから、思いがけないこともあるかも知れません。

　しかしながら、日本国の中でずいぶん持て扱いかねる私の身を九年間も守護して帰依された殿の志は言葉で言い尽くせないものでありますから、どこで死んだとしても、私の墓は身延の沢に作っていただきたいと思います。

　また、殿からいただいた栗鹿毛《くりかげ》の馬は、大変に好ましく思いますので、いつまでもなくしたくないと存じます。常陸の湯まで引いていこうとも思いましたが、もしかしたら人に盗られるかも知れません。また、それ以外にもいたわしいと感じましたので、湯から帰る途中の上総の茂原殿のところに預け置きましたが、慣れていない馬飼いをつけたならば心配に思います。私が帰るまでは、いままでの馬飼いをつけておいていただきたいと存じます。この事情をご存知いただくために申し上げました。恐恐謹言。

　九月十九日　　日蓮

進上　波木井殿御報

病気のために、判形（花押）もいたしませんこと、恐縮に存じます」

本抄は、日蓮の口述を日興が筆記したもので、「日意目録」などによれば、日興の正本が身延に存在していた。九月十九日の時点ではすでに花押を記すこともできない状態であり、衰弱がかなり進んでいたことが分かる。このような状態では、これ以上、旅を続けることは不可能となり、日蓮は池上兄弟の館に滞在することとなった。

本抄では、身延に在住した九年間、日蓮の外護に当たった波木井実長に感謝の意を表し、どこで亡くなったとしても墓を身延の地に建立するよう遺言している。身延を墓所に指定したのは、いうまでもなく波木井実長への謝意の表れであろう。身延から乗ってきた馬にまで細かな配慮と愛情を示しているところに、全ての生あるものに対する日蓮の深い慈悲心をうかがうことができよう。

本抄の記述に明らかなように、日蓮は門下の勧めに従って、一応は常陸の湯を目指したが、その途上で臨終を迎えることは、ほとんど予知していたと思われる。

それでは、日蓮は何故に身延を出て最後の旅に出たのであろうか。もちろん、日蓮の病状を気遣う門下の心に応えたという面はいうまでもないが、さらにいえば、身延の地を出ることによって、これまで導いてきた多くの門下との再会を果したいとの思いがあったのではなかろうか。

僻遠の地である身延では門下が集まることは難しい。また、鎌倉に赴いたのでは、あまりに権力を刺激し過ぎる。それに対して武蔵国の池上邸ならば、そこは多くの門下が住む鎌倉や房総からも比較的に交通が容易で、門下が集合しやすい。事実、日蓮が池上邸に滞在していることを知って、後に六老僧と定められる弟子たちのほか、鎌倉の四条金吾、椎地《しいじ》四郎、大学三郎、富士の南条時光、下総の富木常忍、大田乗明など、主要な信徒が次々と池上邸に馳せ参じてきた（それらの名前は日蓮入滅直後、日興が記した「宗祖御遷化記録」にある）。彼らは、久々に日蓮と面会し、万感の思いを込めて、日蓮に導かれてきたこれまでの歳月を振り返ったことであろう。

『元祖化導記』『仏祖統紀』『日蓮聖人年譜』などによれば、九月二十五日、日蓮は参集した門下を前に病躯を押して「立正安国論」を講義した。これが日蓮の最後の説法となった。

日蓮が最後の説法として「立正安国論」を講義したことは、「立正安国論」に日蓮の宗教を貫く根本理念があることを示している。古来「日蓮の化導は、安国論に始まり安国論に終わる」といわれるが、まさに「立正安国」の実現こそ日蓮の生涯の目標であり、願業であったといえよう。

十月八日には、本弟子六人（六老僧）を定めた。日興の真筆が現存する「宗祖御遷化記録」には次のようにある。

「定

一、弟子六人の事　不次第

一、蓮華阿闍梨　日持

一、伊与公　日頂

一、佐土公　日向

一、白蓮阿闍梨　日興

一、大国阿闍梨　日朗

一、弁阿闍梨　日昭

右六人は本弟子なり。よって向後のために定むるところ件《くだん》のごとし」（『富士宗学要集』第八巻二頁）

この記載の順序は、入門の新しい順になっている。それにも関わらず「不次第」とあるのは何故であろうか。

要するに、この配列は入門の若い順に記したに過ぎず、仏法の継承は、この順序を超越したものであることを示していると解せられる。

日蓮が入滅を前にして本弟子六人を定めたのは何故であろうか。この六人は、これまで鎌倉や富士、また房総など、それぞれの地方で教線を張ってきた存在であり、日蓮教団の出家における中核である。その中核が教団の後継者である日興を中心に日蓮滅後も力を合わせて仏法弘通に励んでもらいたい——。そのような日蓮の願望が六老僧選定に込められていたのではなかろうか。

なお、大石寺では日蓮入滅の前に日興への付属がなされたとして「日蓮一期弘法付属書」（身延相承書、一六〇〇頁）、「身延山付属書」（池上相承書、同頁）」の「二箇相承」があったと主張する。この点については、古来、真偽の議論がなされてきたが、その結論については更なる研究を待ちたい。ただし、日興が日蓮の正統継承者であることは日蓮の思想の上から十分に論証できることであり、「二箇相承」の存在を必要としない。

5　入滅

日蓮は、弘安五（一二八二）年十月十三日の午前八時ごろ、多くの門下が見守るなか、滞在していた池上兄弟の屋敷で入滅した。

『元祖化導記』によれば、日蓮は入滅の前日、それまで安置していた釈迦像を退け、曼荼羅本尊を掛けるよう指示したと伝えられる。この伝承にも、本尊に関する日蓮の最終的な真意が示されているといえよう。

また、日蓮は入滅に先立ち、所持の釈迦立像と注法華経の処置について遺言した。それは、日興の「宗祖御遷化記録」に次のように記されている。

「仏は釈迦の立像、墓所の傍らに立て置くべし云々。経は私集最要文注法華経、同じく墓所の傍らに篭め置き、

六人香華《こうげ》当番の時これを披見すべし。自余《じよ》の聖教は沙汰の限りに非ず云々」（『富士宗学要集』第八巻三頁）

これによれば、六人が当番で墓所の香華当番に当たることは日蓮の遺言であったと見られる。

事実、六老僧による墓所輪番の定めは、弘安六年正月、身延山で合意され、日興が執筆した「墓所可守番帳事《ぼしょまもるべきばんちょうのこと》」に記されている。これは先の「宗祖御遷化記録」の末尾、第五紙に記録されている。「宗祖御遷化記録」は全五紙から成るが、紙の継ぎ目の裏側には日昭・日朗・日興・日持と入門順にそれぞれの花押がなされている（日向と日頂は欠席）。

この六人による墓所輪番は、六老僧選定と同じく、教団の団結を図る趣旨と考えられる。日興を中心軸として各方面の門下をまとめる意図がそこにあったといえよう。しかし、先に述べた通り、五老僧は日興の指導に服することを拒否し、独自の道を歩んでいった。日蓮の遺言によって定めた香華当番も、形のみの合意がなされただけで、すぐに実体のないものとなったのである。

日蓮の滅後、日蓮の教団は先師の意志に反してそれぞれの門流に分裂していった。しかし、日蓮の奥底の思想は日興によって後世に伝えられた。そして今日、日蓮が確立した宗教は、日興の精神を継承する創価学会および創価学会インタナショナル（ＳＧＩ）によって、日本のみならず全世界に伝播しつつある。

日蓮の仏法は、長い間、葬式仏教と化した既成教団のもとで埋もれていたが、創価学会の出現により、まさに現代に生きる世界宗教として、その真実の姿を現したといえよう。全人類の平和と幸福に寄与する宗教として、世界の歴史上に現れつつあるのである。

参考文献

（複数の章に関わる文献は、関連する最初の章の箇所に掲げた）

《全体に通ずるもの》

堀日亨編『日蓮大聖人御書全集』創価学会（一九五二）
創価学会教学部編『編年体日蓮大聖人御書』創価学会（一九七三）
立正大学日蓮教学研究所編『昭和定本日蓮聖人遺文』全四巻 身延山久遠寺（一九五二）
堅樹日寛『六巻抄』聖教新聞社（一九六〇）
堀日亨編『富士宗学要集』全十巻 創価学会（一九七四）
堀日亨『富士日興上人詳伝』創価学会（一九六三）
立正大学日蓮教学研究所編『日蓮宗宗学全書』全二十三巻 山喜房仏書林（一九五九）
創価学会教学部編『教学の基礎』聖教新聞社（二〇〇二）
仏教哲学大辞典編纂委員会編『仏教哲学大辞典』（第三版）創価学会（二〇〇〇）
網野善彦『蒙古来襲』（日本の歴史10）小学館（一九七四）
高木豊『日蓮とその門弟』弘文堂（一九六五）
高木豊『日蓮――その思想と行動』太田出版（二〇〇二・初版一九七〇年）
竜粛訳注『吾妻鏡』岩波書店〈文庫〉（一九八二）
『日蓮上人伝記集』本満寺（一九七四）
六牙院日潮『本化別頭仏祖統紀』本満寺（一九七三）
鈴木一成『日蓮聖人遺文の文献学的研究』（一九六五）
日本史広辞典編集委員会編『日本史広辞典』山川出版社（一九九七）
石井良助『日本法制史概説』創文社（一九六〇）

《第一章》

豊田武・児玉幸多編『交通史』山川出版社（一九七〇）
新井孝重『蒙古襲来』〈戦争の日本史7〉吉川弘文館（二〇〇七）
豊田武編『産業史I』山川出版社（一九七六）
平凡社地方資料センター編『千葉県の地名』〈日本歴史地名体系12〉平凡社（一九九六）

《第三章》

戸田城聖『戸田城聖全集3』聖教新聞社（一九八三）
硲慈弘『天台宗史概説』大蔵出版（一九六九）
鈴木正知『日蓮伝承考』新人物往来社（一九八四）
堀米日淳『日淳上人全集』全二巻 日蓮正宗仏書刊行会（一九六〇）
中村元『日本人の思惟方法』春秋社（一九八九）

《第四章》
高木豊『平安時代法華仏教史研究』平楽寺書店（一九七三）
戸田城聖『戸田城聖先生質問会集』創価学会（一九六三）
池田大作『法華経の智慧I・3』聖教新聞社（一九九六）
川村芳朗・新田雅章『智顗』大蔵出版（一九八二）

《第五章》
中尾尭編『鎌倉仏教の思想と文化』吉川弘文館（二〇〇二）
鎌倉遺跡研究会編『鎌倉と日蓮大聖人』新人物往来社（一九七七）
松尾剛次『中世都市鎌倉を歩く』中央公論社（一九九七）
鎌倉市史編纂委員会編『鎌倉市史　総説編』吉川弘文館（一九五九）
網野善彦『日本中世都市の世界』筑摩書房（一九九六）
平雅行「鎌倉仏教論」『岩波講座　日本通史8』岩波書店（一九九四）

《第六章》
池田大作『池田大作全集25　立正安国論講義　上』聖教新聞社（一九八九）
池田大作『池田大作全集26　立正安国論講義　下』聖教新聞社（一九九〇）
池田正一郎『日本災変通志』新人物往来社（二〇〇四）
石井進「中世都市鎌倉研究のために」『三浦古文化』26号（一九七九）
執行海秀『御義口伝の研究』山喜房仏書林（二〇〇六）
比叡山専修院編『恵心僧都全集3』比叡山図書刊行所（一九二八）
三田全信『成立史的法然上人諸伝の研究』平楽寺書店（一九六六）
平雅行『日本中世の社会と仏教』塙書房（一九九二）
丸山眞男『丸山眞男集7』岩波書店（一九九六）
丸山眞男『丸山眞男講義録4』東京大学出版会（一九九八）

《第七章》
高木豊「鎌倉名越の日蓮の周辺」『金沢文庫研究』272号（一九八四）
『日蓮聖人伝記全集』第十三・十四巻（法華霊場記）法華ジャーナル（一九八七）

《第八章》
石井進ほか編『中世政治社会思想 上』〈日本思想大系21〉岩波書店（一九七二）
竹内理三編『鎌倉遺文12』東京堂出版（一九八二）
石母田正・佐藤進一編『中世の法と国家』東京大学出版会（一九六〇）

井上光貞ほか校注『律令』〈日本思想大系3〉岩波書店（一九七六）
森末義彰編『流人帖』人物往来社（一九六四）
伊東市史編纂委員会編『伊東市史　本文編』伊東市教育委員会（一九五八）
新倉善之「日蓮伝小考——『日蓮聖人註画讃』の成立とその系譜」『立正大学文学部論叢』10号（一九五九）
創価学会大阪・堺〈県〉青年部編『教機時国抄に学ぶ』全二巻　聖教新聞社（一九九五）
浜野建雄『伊東誌』全二巻　市立伊東図書館（一九六九）
細川涼一『中世の身分制と非人』日本エディタースクール出版部（一九九四）
松尾剛次『中世の都市と非人』法蔵館（一九九八）
松尾剛次編『叡尊・忍性』吉川弘文館（二〇〇四）

《第九章》
井上光貞ほか編『武家政権の形成』〈日本歴史大系4〉山川出版社（一九九六）

《第十章》
川添昭二『北条時宗』吉川弘文館（二〇〇一）
川添昭二『日蓮とその時代』山喜房仏書林（一九九九）
山川智応『日蓮聖人伝十講』新潮社（一九二一）
丸山眞男『日本の思想』岩波書店（一九六一）

《第十一章》
和島芳男『叡尊・忍性』吉川弘文館（一九八八）
平凡社地方資料センター編『神奈川県の地名』〈日本歴史地名大系14〉平凡社（一九八四）
佐藤進一『鎌倉幕府訴訟制度の研究』岩波書店（一九九三）

《第十二章》
山川智応『日蓮聖人研究2』新潮社（一九三一）
寺泊町編『寺泊町史』全六巻　新潟県寺泊町（一九八八）

《第十三章》
橘正隆『日蓮聖人佐渡霊跡研究』新潟県立佐渡農業高等学校（一九九二）
田中圭一『新版　日蓮と佐渡』平安出版（二〇〇四・初版一九七七）
畑野町史編纂委員会編『畑野町史』新潟県畑野町（一九八五）

《第十四章》
戸田城聖著・池田大作補訂『日蓮大聖人御書十大部講義　観心本尊抄』創価学会（一九六五）
創価学会沖縄県青年部編『顕仏未来記に学ぶ』聖教新聞社

（一九九八）

《第十五章》

創価学会山梨県青年部編『五人所破抄に学ぶ』上下　聖教新聞社（二〇〇〇）
服部英雄『歴史を読み解く』　青史出版（二〇〇三）
近藤成一編『モンゴルの襲来』〈日本の時代史9〉　吉川弘文館（二〇〇三）
南基鶴『蒙古襲来と鎌倉幕府』　臨川書店（一九九六）
海津一朗『蒙古襲来』吉川弘文館（一九九八）
太田広毅『蒙古襲来――その軍事史的研究』　錦正社（二〇〇七）
川添昭二『日蓮と鎌倉文化』　平楽寺書店（二〇〇二）

《第十六章》

御書講義録刊行会編著『日蓮大聖人御書講義19』　聖教新聞社（一九八六）
池田大作『池田大作全集27　撰時抄講義』　聖教新聞社（一九九二）
池田大作『池田大作全集28　報恩抄講義』　聖教新聞社（一九九三）
池田大作『御義口伝講義』上下　創価学会（一九六五、一九六七）
速水侑『呪術宗教の世界』　塙書房（一九八七）
田村芳朗『本覚思想論』　春秋社（一九九〇）
執行海秀『興門教学の研究』　海秀舎（一九八四）
東佑介『大石寺教学の研究』　平楽寺書店（二〇〇四）
松岡幹夫『日蓮正宗の神話』　論創社（二〇〇六）

《第十七章》

堀日亨『熱原法難史』　中国報編集室（一九八九・初版一九二三）

《第十八章》

金原明彦『日蓮と本尊伝承』　水声社（二〇〇七）
松本佐一郎『富士門徒の沿革と教義』　大成出版社（一九六八）
山中喜八『日蓮聖人真蹟の世界　上』　雄山閣出版（一九九二）

《第十九章》

伊藤瑞叡『なぜいま三大秘法抄か』　隆文館（一九九七）

《第二十章》

宮崎英修「波木井殿御報「常陸の湯」について」『大崎学報』125・126合併号（一九七〇）
姉崎正治『法華経の行者日蓮』　講談社（学術文庫）（一九八三・初版一九二六）

人名索引

《あ行》

《か行》

兀庵普寧《ごったんふねい》　59, 99
後鳥羽上皇《ごとばじょうこう》　17, 101, 112, 360, 376
厳誉《ごんよ》　409-410, 422

《さ行》

最蓮房《さいれんぼう》　233-235, 237-238, 282, 292
佐久間兵庫助《さくまひょうごのすけ》　161, 165
佐藤進一《さとうしんいち》　134, 196, 200
三田全信《さんだぜんしん》　78
三位房《さんみぼう》　64, 180, 329-331, 410-411
慈円《じえん》　24
慈恩《じおん》　184, 338, 342, 344
慈覚《じかく》（円仁《えんにん》）　16, 58, 111, 159, 338, 345, 350, 357, 359-361, 365-366, 369, 371-375, 382, 387
執行海秀《しぎょうかいしゅう》　75, 390-391
竺《じく》の道生《どうしょう》　246, 285
四条金吾《しじょうきんご》（頼基《よりもと》）　54-55, 65, 188, 202-203, 206, 208, 214-215, 228, 249, 256-257, 319-320, 323-334, 382, 413, 422, 424, 427-428, 451, 461
慈遍《じへん》　406-407, 409
下山光基《しもやまみつもと》　382-383
須梨耶蘇摩《しゅりやそま》　159
遵式《じゅんしき》　228, 342
俊範《しゅんぱん》　24, 70
章安《しょうあん》　351, 389
浄円房《じょうえんぼう》　40-41
貞慶《じょうけい》　33, 85, 113
浄顕房《じょうけんぼう》　17, 47, 53, 153, 364-365, 377-378, 387
浄光《じょうこう》　173
聖光《しょうこう》（弁長《べんちょう》）　60, 88, 191
定照《じょうしょう》　78
証真《しょうしん》　24
少弐景資《しょうにかげすけ》　312
少弐経資《しょうにつねすけ》　315
少輔房《しょうぼう》　180, 198
信行《しんぎょう》　359
進士義春《しんじよしはる》　68
神四郎《じんしろう》　410, 411, 414, 419-423
心地覚心《しんちかくしん》　174
親鸞《しんらん》　12, 61, 124
菅原道真《すがわらのみちざね》　42
杉山正明《すぎやままさあき》　313
勝呂信静《すぐろしんじょう》　178
鈴木一成《すずきいちじょう》　169
鈴木正知《すずきまさとも》　27
世阿弥《ぜあみ》　227
善導《ぜんどう》　78, 81-82, 110-113, 120, 144, 230, 344, 358, 375
千日尼《せんにちあま》　232-233, 293, 296, 431
僧肇《そうじょう》　342
宗資国《そうすけくに》（総馬尉）　311-312
曾谷教信《そやきょうしん》　131, 214, 216, 260, 334, 343, 428, 435

《た行》

大学三郎《だいがくさぶろう》　213, 330, 442, 461
大休正念《だいきゅうしょうねん》　59, 174
大進阿闍梨《だいしんあじゃり》　64, 216, 228, 411, 451
大進房《だいしんぼう》　411-415
提婆達多《だいばだった》　265, 305, 386, 425
大慢婆羅門《だいまんばらもん》　184, 350, 359
平景隆《たいらのかげたか》　311
平清盛《たいらのきよもり》　197
平雅行《たいらまさゆき》　58
高木豊《たかぎゆたか》　12, 24, 26, 42, 128, 169, 427-428
橘正隆《たちばなまさたか》　225
田中圭一《たなかけいいち》　225-227, 232-233, 255
田村芳朗《たむらよしろう》　46, 127, 392
檀那僧正《だんなそうじょう》　25
智印《ちいん》　73

《は行》

《ま行》

《や行》

《ら行》

《わ行》

事項索引

《さ行》

《た行》

《な行》

《は行》

《ら行》

《わ行》

〈著者紹介〉

須田晴夫（すだ　はるお）

1952年2月、東京生まれ。
1977年3月、東京大学法学部卒業。
2012年2月、団体職員定年退職。
論　文　「西田哲学と『中道』の論理」
　　　　「神の変貌」、その他
著　書　『新 法華経論　現代語訳と各品解説』（ラピュータ）
　　　　『日興門流と創価学会』（鳥影社）

新版 日蓮の思想と生涯

定価（本体3500円+税）

乱丁・落丁はお取り替えします。

2016年 8月25日初版第1刷発行
2021年10月26日初版第2刷発行
著　者　須田晴夫
発行者　百瀬精一
発行所　鳥影社 (www.choeisha.com)
〒160-0023 東京都新宿区西新宿3-5-12トーカン新宿7F
電話 03-5948-6470, FAX 0120-586-771
〒392-0012 長野県諏訪市四賀229-1(本社・編集室)
電話 0266-53-2903, FAX 0266-58-6771
印刷・製本　モリモト印刷

ISBN978-4-86265-575-2 C0015